I0295928

www.ingramcontent.com/pod-product-compliance
Lightning Source LLC
Chambersburg PA
CBHW032002220426
43664CB00005B/106

* 9 7 8 0 8 1 4 2 5 6 2 9 9 *

Jerusalem of Lithuania   ירושלים ד'ליטא

ירושלים ד'ליטא

די ייִדישע קולטור אין דער ליטע

Jerusalem of Lithuania
A Reader in Yiddish Cultural History

Jerold C. Frakes

The Ohio State University Press

Columbus

Frakes, Jerold C.
 Jerusalem of Lithuania : a reader in Yiddish cultural history / Yerusholayim d'lite: di yidishe kultur in der lite / Jerold C. Frakes.
    p. cm.
 Summary: This is an anthology of Yiddish-language texts about Jewish Lithuania, demonstrating its cultural importance in Jewish history during the last four centuries. It also functions as a Yiddish reader for intermediate and advanced readers of Yiddish.
 ISBN-13: 978-0-8142-1167-0 (cloth : alk. paper)
 ISBN-10: 0-8142-1167-4 (cloth : alk. paper)
 1. Yiddish language—Readers. 2. Jews—Lithuania—Vilnius. 3. Vilnius (Lithuania)—In literature. I. Title.
 PJ5120.F73 2011
 439'.186421—dc22
                              2011012769

Cover design by Laurence J. Nozik

Contents
אינהאַלט

Preface		viii
Acknowledgments		xix
Abbreviations		xx
1	די געשיכטע פֿון די ייִדן אין ווילנע און אין דער ליטע [1]	1
	ביז 1800 [1]	1
	ביזן חורבן [1]	4
	בעתן חורבן און דערנאָכדעם [1]	7
	דאָס ייִדישע לעבן הײַנט אין ווילנע [1]	12
	באַוווּסטע פּערזענלעכקייטן [1]	13
2	שלמה אטאמוק (1918־), "השכלה און מוסר" [3]	16
3	דער [טראַדיציאָנעלער] ייִדישער חינוך [1]	19
4	די קאַראַימער (קָראִים) [1]	22
5	יעקבֿ בן אַבֿרהם פֿון מעזריטש, *איין שוין מעשה בוך* (1602) [4]	25
6	*קינה על גזירות הקהילות דק"ק ליטע* (נאָך 1656) [4]	36
7	גר־צדק (? - 1749) [1]	42
8	אליהו בן שלמה זלמן קרעמער/דער ווילנער גאָון (1720־1797) [1]	44
9	שלמה מיימון (1753־1800) [1]	47
10	ישראל מענדלאוויטש, *אליין אין וואלד* [2]	49
11	אײַזיק־מאיר דיק (1807־1893), "די בהלה" [4]	53
12	מאָטקע חב"ד (1820־1885) [1]	67
13	שלום־יעקבֿ אַבראַמאָוויטש [מענדעלע מוכר־ספרים] (1835־1917), *שלמה ר' חיימס: אַ בילד פון אידישען לעֶבען אין דער ליטאָ*[4]	78
14	מרדכי [מאַרק] אַנטאָקאָלסקי (1843־1902) [1]	87

88	הרבֿ אהרן בן־ציון שורין, "דער הפֿץ־חיים" [4]	15
95	י.־ל. פרץ (1852-1915), "צווישן צוויי בערג" [4]	16
112	דער בונד [1]	17
115	פרץ הירשביין (1880-1948), מײַנע קינדער־יאָרן [3-4]	18
137	דער טונקעלער [יוסף טונקל] (1881-1949) [2-3]	19
147	בער באראקאו (1881-1917), "העברעיסמוס מיליטאנס" [4]	20
153	ה. לייוויק [לייוויק האלפערן] (1886-1962), "ערגעץ ווײַט" [2]	21
156	מארק שאגאל [סעגאל] (1887-1985) [2]	22
158	בעלא שאגאל (1895-1944), די ערשטע באגעגעניש [3]	23
167	חיים סוטין (1893-1943) [1]	24
169	מאקס ווײַנרײַך (1894-1969), געשיכטע פֿון דער ייִדישער שפּראַך [3]	25
176	הערמאַן קרוק (1896-1944), טאָגבוך פֿון ווילנער געטאָ [3]	26
183	יאשא חפץ [הייפעץ] (1901-1987) [1]	27
184	יודל מארק (1897-1975), "מיט וואָס גראַמאַטיק פֿאַרנעמט זיך" [3]	28
188	משה קולבאַק (1896-1937), "ווילנע" [4]	29
195	ווילנער דרוקערײַען [1]	30
197	די סטראַשון ביבליאָטעק [1]	31
199	דער ייִדישער וויסנשאַפֿטלעכער אינסטיטוט — ייוואָ [1]	32
202	הירש גליק (1922-1944), "פֿאַרטיזאַנער־ליד" און "פֿאַרטיזאַנער־הימען" [2]	33
206	אפֿרים־לייב וואָלפֿסאָן, "ווילנע" (1867-1946) [2]	34
209	ש. אַנ־סקי [שלמה זײנוויל ראפאפארט] (1863-1920) [1]	35
211	שמואל ניגער [שמואל טשארני] (1883-1955), "וועגן ייִדישקייט" [3]	36
214	די ליטעראטור־באווגונג "יונג ווילנע" [1]	37
215	חיים גראַדע (1910-1982), די עגונה [4]	38
230	ירושלים ד'ליטא []	39
231	"אברהם סוצקעווערן — 90 יאָר" [2]	40
234	אברהם סוצקעווער (1913-2010), "די בליִענע פּלאַטן פֿון ראָמס דרוקערײַ", "שפּילצײַג", "ייִדישע גאַס", "ווילנע" [3]	41
240	שמערקע קאַטשערגינסקי (1908-1954), "ייִד, דו, פֿאַרטיזאַנער" [2]	42
242	פרץ מיראנסקי (1908-1993), "מײַן זיידע" [2]	43
245	לייזער וואָלף [אליעזר מעקלער] (1910-1943), "מאַנטעפּיאָרע אין ווילנע" [2]	44
249	אבא קאָוונער (1918-1987) [1]	45
250	אברהם קאַרפּינאָוויטש (1918-2004), "צאלקע דער פֿרײער" [2]	46
256	איזי כאריק (1898-1937), "לידער וועגן לידער" און "אוגוסט" [3]	47
260	הירש רעלעס (1913-2004), "געביטן די יוצרות", "אין לאבירינט", "איך און דו" [2]	48
265	ה. בנימין [בנימין הרשב] (1928-), "שפֿורון פֿון גלעטשערס" [4]	49

268	50 דוד-אליהו פֿישמאַן (1957-), "נאָך דער מלחמה – דער ייִדישער מוזיי" [3]
275	51 הירשע-דוד מעינקעס [הירשע-דוד קאַץ] (1956-), "די לבֿנהדיקע שטאָט" [4]

Preface

This volume comprises an anthology of texts by and about representative individuals and cultural groups in Jewish Lithuania – particularly Vilnius and its environs – over the course of the last four centuries. In the early twenty-first century such a topic might at first glance seem insignificant, but, from the necessarily historical perspective of cultural studies, it is anything but obscure or trivial. The broad and deep cultural significance of a city that some might deem culturally unimportant in the twenty-first century needs some further elaboration in order to reveal its ongoing relevance in Jewish culture and Jewish studies. Jewish Lithuania – ליטא/ליטע *Lite* in Hebrew and Yiddish – was not nationally but culturally conceived and included not only present-day Lithuania, but also Latvia, northeastern Poland, and most of Belarus. Lithuanian Jews and their culture are termed Litvak(s) in Yiddish (and in Jewish English). Litvak culture was marked by a distinct dialect of Yiddish, a distinct religious practice (in general a traditional but anti-Hasidic Judaism, termed מתנגדות *misnagdes* in Yiddish), a kind of intellectualism that permeated society, and often even a slight cultural snobbery vis-à-vis the rest of European Jewry. Until the arrival in Lithuania of the German army in 1942, which of course irrevocably changed everything forever, Vilnius (Vilne in Yiddish) was known as ירושלים ד'ליטא *Yerusholayim d'Lita* 'Jerusalem of Lithuania,' the veritable center of Jewish intellectual culture on the planet: rabbis' sons from Berlin and London and Warsaw and even New York and Jerusalem were sent to yeshivahs in and around Vilne for advanced Talmudic study. But the bustling city was also the hub of a broad range of secular culture. Whatever was going on in Jewish literature, journalism, politics, theater, labor organizing, etc., was going on in Vilne.

The most famous collection of tales ever published in Yiddish, the *Mayse-bukh* (1602) was compiled by a Litvak, Jacob b. Abraham of Mezhirech, while one of the earliest historical poems in Yiddish was written and published (ca. 1656) about the infamous Chmelnitski massacres throughout the Ukraine, Poland, and reaching all the way north to Vilne. Shneur Zalman of Liadi, the founder of Chabad Hasidism (the origin, for instance, of all Chabad Houses on U.S. university campuses) came from northeastern Belarus – a Litvak. His anti-Hasidic arch-enemy, the Vilne Gaon, the most important and most famous modern commentator on the Bible and the Talmud anywhere in the world – lived his entire life in Vilne. Solomon Maimon, the Kantian philosopher (who – Kant himself claimed – was the only one of his contemporaries who truly understood his work), was born and educated near Mir in Litvak Belarus. While passing through Vilne toward his date with history in Moscow, Napoleon took a tour of Vilne's grand synagogue, the שטאָט־שול *shtot-shul*, and characterized it as one of the great triumphs of European architecture. The three founders of modern Hebrew *and* Yiddish literature, S.A. Abramovitsh (Mendele Moykher Sforim), Sholem Aleykhem, and Y.L. Peretz are generally associated with Polish or Ukrainian Yiddish culture, but Abramovitsh was born and spent his formative years in Litvak territory, which supplied him with literary themes for his entire life. Sholem Alekhkem and Peretz, on the other hand, were not Litvaks, but they wrote extensively and significantly about Litvak themes and culture. The inventor of Esperanto, Dr. L.L. Zamenhof lived for many years in Kovne (Lithuanian: Kaunus), the sister city down-river from Vilne. One of the most prolific exponents of journalistico-literary didacticism, Isaac Meier Dik, lived and worked in Vilne, where he published some 300 individually issued novelettes over the course of his career. Among the most important exponents of Yiddish literary modernism were the Litvaks Chaim Grade, H. Leivik, and Peretz Hirshbeyn. The legendary jokester of Yiddish folklore, Motke Chabad, was an actual historical Vilne-ite, about whom there are scores of anecdotes still in circulation, some probably of his own composition, written for his local patrons. The Jewish Bund labor movement was founded in Vilne, and the first and most important home of YIVO (the Yiddish Scientific Institute, now in New York and Buenos Aires) was there, where its early star scholars, Max Weinreich, Yudl Mark, and Ber Borochov also lived and worked. For a time Vilne was the 'big city' for Marc Chagall, who was born and grew up in nearby Vitebsk, as did his wife, author and memoirist, Bela Rosenfeld-Chagall. The painter Chaim Soutine was born near Minsk in Belarus – a Litvak – and studied in the academy in Vilne. Jascha Heifetz was born in Vilne and spent the formative years of his life there. The most detailed and harrowing diary of the Holocaust was written by Hermann Kruk, not himself a Litvak but an inmate of the Vilne Ghetto, where he wrote his diary, and the most famous of all Holocaust songs, the "Partisan's Hymn" was written by another inmate of the Vilne Ghetto, Hirsh Glik. The longtime doyen of post-war Israeli poets, Abraham Sutzkever, grew up in Vilne and survived the war as a partisan there, as did Aba Kovner, one of the heroes of the 1948 Jewish-Palestinian war, and they both retained the city as one of the focal topics of their life's work in poetry. The 'French' philosopher Emmanuel Levinas was actually born and attended yeshivah in Kovne, which experience had a more profound influence on his thought and work than any other.

Vilne (Yiddish)/Vilnius (Lithuanian)/Wilno (Polish) was, however, not simply a center of Jewish intellectual and cultural life. It was and remains a multi-lingual and multicultural city where one could before WWII easily get by in Yiddish, Lithuanian, Polish, and Russian, all of which are even now relevant and functional, although Yiddish is waning, as the last remaining Jews born before World War II pass away. Beyond the boundaries of specifically Jewish culture, Vilne has also long been a center of intellectual life for the other component local cultures. Poland's national poet, the great Romantic, Adam Mickiewicz, was born in Belarus and attended the university and lived and worked in Vilne, while the Polish Nobel Prize winner, Czesław Miłosz, was born near Kovne and attended secondary school and university in Vilne. Lithuanian poet and scholar, Tomas Venzlova, was born and educated in Vilne, as was the semiotician and linguist Algirdas Greimas. The exiled Russian poet and Nobel Prize winner, Joseph Brodsky, spent many productive years in Vilne.

For multiple reasons, this volume has at least two distinct identities or functions: it is, on the one hand, an anthology of the cultural history of Jewish intellectual life in Litvak Eastern Europe over the course of the last four centuries (1602-2010), while on the other hand, it is an intermediate/advanced-level Yiddish language textbook. The range of Jewish individuals and groups noted above provides a general outline of the topics, figures, and kinds of texts included in the volume, which comprises a cultural history of one of the most important cities in Jewish history. The format of the volume is as follows: the Yiddish texts by and/or about Lithuanian Jews and Litvak culture – i.e. *examples* of Yiddish literature, sociology, historiography, and linguistics from the pens of Yiddish poets, novelists, raconteurs, journalists, and scholars – are the volume's primary focus, each of which is introduced by a newly composed biographical or contextualizing note by the editor; additionally the editor has provided contextualizing 'mini-essays' on other Yiddish cultural figures and movements or historical events (e.g. a survey of the history of Jews in Lithuania, an introduction to the local hybrid Turkic-Jewish Karaite culture, a condensation of several Motke Chabad anecdotes, etc.).

As the reader will immediately notice, there are multiple orthographical traditions represented in the texts edited here: the glosses and the newly composed texts, as well as a number of the edited texts, conform to the YIVO system, while the early seventeenth-century *Maysebukh* has its own, rather different, system, as does the 1928 reprint of Abramovitsh's mid-nineteenth-century novel, and the contemporary Hasidic novel by Yisroel Mendelovitsh. Those individual orthographic manifestations of the long history of Yiddish printing have been preserved, not because – as partisans of one or another orthographic camp might contend – there is anything sacred in any one of those orthographical systems, but rather for the very pragmatic reason that, just as advanced readers of ancient Greek literature cannot avoid a constant confrontation with the intricacies of Greek dialects, advanced readers of Yiddish cannot but contend with the intricacies of the multiple systems of orthography that have arisen in the course of the nine-hundred year history of Yiddish texts, beginning with the three dozen Yiddish glosses in the biblical and Talmudic commentaries of Rashi (d. 1105). Eventually the omnivorous reader of Yiddish literature will need to come to grips at the very least with seventeenth-century orthography, various nineteenth-century systems, contemporary Hasidic orthography, the YIVO standard, and the Soviet standard. The sooner the reader is weaned from the artificially imposed textbook standard and immersed in the sea of competing orthographies, the better.

There are several levels of linguistic difficulty in the texts included, and each text is identified in the table of contents and in the body of the book itself by a numerical indicator of its difficulty: 1-4 (four being the most difficult). Those texts graded 1 are written at an intermediate level and can be read by students who have completed the equivalent of Uriel Weinreich's first-year language textbook.[1] The easiest texts are the Motke Chabad anecdotes, followed by the introductory biographical notes, then the contextual mini-essays (all at level 1), followed by the edited texts, which range from level 2 to level 4, the most difficult being the oldest and the newest: the *Mayse-bukh* and the lament on the Chmelnitski massacre at the earlier extreme, and the poems by H. Binyomin (Benjamin Harshav) and the short story by Hirshe-Dovid Meynkes (Dovid Katz) among our contemporaries. Readers may take note of these levels in plotting their own course through the book.

With the exception of the texts classified here as level four in difficulty, each text is individually glossed for low-intermediate-level readers, i.e. at the level appropriate for a second-year student of Yiddish, with the glosses arranged in the order in which the words occur in the texts, providing an English definition, in addition to essential grammatical information. This mode of glossing radically alters the 'functional literacy' of readers: while all texts included in the volume are at the intermediate level of difficulty or higher, most readers with the competence of a second-year student will be able to work through texts at levels one through three in the volume, since the vocabulary that they still lack is conveniently glossed for them adjacent to the text, so that they need not take time to look up words in a dictionary or an alphabetized back-of-the-book glossary. In other words, low intermediate readers will be able to read 'functionally' as high intermediate readers, while high intermediate readers will read at the advanced level. Unless practically every word were glossed, the level-four texts would generally be beyond the grasp of intermediate readers of Yiddish. Such glossing is both impractical and ultimately unnecessary, since the diligent intermediate student who works patiently and systematically through the texts at levels one through three will thereby develop the language competence to begin working through the advanced texts, which are here glossed for advanced readers only.

The glosses provided for each text are designed as practical guides to understanding that particular text. Sometimes a broader range of

---

[1] Uriel Weinreich, *College Yiddish: An Introduction to the Yiddish Language and to Jewish Life and Culture*, 6th ed. (New York: YIVO, 1999).

significations is supplied, but only to provide context for the readers' understanding of the specific usage here. These glosses are by no means to be imagined as full dictionary entries: they are strictly pragmatic and keyed to the text at hand. Thus readers may find that the same word is glossed differently according to its specific usage and context in various parts of the book. In general there is no attempt in the glosses to be anything other than *de*scriptive and certainly none to account for registers of usage or dialectal usage; words are glossed as they occur without *pre*scription for their broader usage. In the case of some of the older texts, archaic vocabulary is glossed with the modern standard Yiddish word; to a lesser extent this practice is also found with the use of Russian and German or dialectal vocabulary that occurs in others of the texts. In general, each text is glossed as if in isolation; that is: words reckoned as belonging to a vocabulary level beyond that expected of a second-year university-level student of Yiddish language are glossed in each text in which they occur. This practice, which may at first seem repetitive and unnecessary, frees the reader from a strict linear progression through the book, so that the interested reader may choose and read texts in any order, and it frees the reader from the use of a dictionary or a single, end-of-the-book glossary. While intermediate- and advanced-level students of Yiddish must obviously accustom themselves to looking up words efficiently and quickly in an alphabetical glossary and a dictionary, it is also clear that in practical terms of *reading*, ease of progress through the text is of paramount importance: as soon as 'reading' devolves into an exercise in dictionary usage, it becomes drudgery, from which, obviously, both enjoyment and learning suffer. With each text individually glossed and the glosses arranged in the order in which the words occur in the text, the reader may keep one finger on her place in the text and the other on her place in the glossary, looking back and forth as needed. One word of caution: while one purpose of the book is to wean intermediate-level students of Yiddish from 'textbook Yiddish' and ease them into reading authentic Yiddish literary prose, poetry, and scholarly texts by means of copious and judicious glossing, a word is glossed only at its first occurence in any given text. Thus there is pedagogical encouragement for the student to learn a word when first encountered.

The YIVO system of orthography is used in all glosses. Thus the reader may see אויפכאפן in the text, but will find אויפֿכאַפּן in the gloss. If there is more than an orthographical difference, i.e. if an archaic word has been replaced in the standard language, or if the standard gender or plural form varies, then there *may* be additional guiding information for the reader. In general, however, students should be wary of assuming that a word or phrase idiomatically used in a literary text from a hundred (or four hundred!) years ago may still be so used in twenty-first century Yiddish speech or writing. Not only do connotations change over time, but words and idioms disappear and are replaced. Some brief indicators of archaisms are included in the glosses here, but there is no attempt to provide the reader with a full guide to proper *contemporary* stylistic usage: this book is a text anthology/cultural history, not a prescriptive guide to contemporary stylistics.

One should keep in mind that the glosses are themselves part of the overall *pragmatic* program of this volume and are thus designed to enable access to the particular text at hand in each case. Basic grammatical information is additionally provided for nouns (gender [indicated by the nominative singular form of the definite article] and plural form):

מאַרק, דער מערק   market

and verbs (past participle; the symbol * indicates that the past auxiliary is זײַן):

אָנװײַזן אָנגעװיזן   indicate
קומען * געקומען   come

Phonetic pronunciation is provided for Semitic-component words [in square brackets], according to standard Yiddish pronunciation; phonetic pronunciation is provided for non-Yiddish, Semitic words according to traditional Ashkenazic (i.e. *not* Sephardic/Israeli) pronunciation:

סוחר [סױכער], דער ־ים [סאָכרים]   merchant

While the rules of word stress in modern Yiddish are complex, there are clear patterns that account for most words. The word accent of glossed words that deviate from those patterns is here generally indicated by a superimposed diacritic; otherwise the reader should assume that the standard patterns apply:

yawn	גע֞נעצן געגענעצט

In the case of the regular pluralization of a Semitic-component noun ending in ־ה via its replacement by the inflection ־ות, it is to be assumed, unless otherwise indicated, that the pronunciation of the plural inflection is [-*es*].[2]

craftsman	בעל־מלאָכה [באַלמעלאָכע], דער ־ות

Idioms that might otherwise be unclear from glosses of individual words are presented as phrases {with the expected grammatical information in pointed brackets}:

make a dash for	געבן {געגעבן} זיך אַ לאָז אויף

If there are multiple possibilities for gender, plural, or participial forms, they are provided, as well:

seethe, boil	זידן געזאָדן/געזאָטן
cemetery	בית־עלמין [בעסאַלמען], דער/דאָס ־ס
bank, shore	ברעג, דער ־ן/־עס

Another aspect of the strictly pragmatic aspect of the glosses is illustrated by glosses such as:

Orthodox law code	שולחן ערוך [שולכנאָרעך], דער

The *Shulkhan orekh*/Shulchan Aruch is obviously both much more and much less than the 'Orthodox law code.' Moreover, the gloss does not identify the text's author or the time period of its composition or the scope

[2] A reasonable decision can generally be reached about whether a given Semitic word or phrase is to be identified as 'merged Hebrew' (i.e. an originally Hebrew word or phrase that has been incorporated into Yiddish as a [now] native element) or 'whole Hebrew' (i.e. Hebrew that has not [yet] been so incorporated into Yiddish language usage and thus still functions as a quasi-foreign quotation). Merged Hebrew is here treated as any other Yiddish vocabulary, while whole Hebrew is generally simply glossed in English without providing any further grammatical information. In ambiguous cases, I have tried to err on the side of pragmatic usage.

of its historical or contemporary acceptance and application, among many other issues. A dictionary might not even include such an item, since it does not really require a lexical definition but rather a cultural definition, an encyclopedia entry. This brief gloss is, however, a compromise, i.e. a pragmatic gloss.

In choosing words to gloss, the expectation has been that the reader has a strong command of English and reasonably well developed strategies for recognizing and decoding both inter-language cognates and intra-language related words. Thus, for instance, ליקווידירן in the context of an institution such as a museum or a ghetto remains unglossed, as does דיסערטאַציע in a description of a scholar's writings.

Since the book may be of value and use to a broad range of readers – including university students of Jewish culture, the statistically significant non-student aficionados of Yiddish worldwide, including the multiple networks of Yiddish reading groups and clubs, as well as general readers with a competence in Yiddish and an interest in Yiddish-language culture – it is impossible to cater to all needs and expectations, especially with respect to glosses, for which there will most likely be readers who have little need for the glosses and would prefer to have that space devoted to more texts, while others who do use the glosses will find it borderline insulting that, for instance, the (to them) familiar word פּרנסה is repeatedly glossed, while others will be aggravated that דיסערטאַציע is not. I have attempted to strike a useful compromise.

The initial impetus for this volume arose from the need for practical reading materials for first- and second-level students in the Summer Program in Yiddish Language and Literature at the Vilnius Yiddish Institute at the Universitetas Vilniaus, where I taught for some years in the intensive four-week program. As the texts and the Yiddish-Russian and Yiddish-English glosses accumulated over the course of time, many were tested in the classroom in Vilnius. Eventually the folder of materials took on a life of its own beyond the classroom, and texts were added that far exceeded the complexity appropriate for students at those levels. At some point it began to take on the dimensions of a book, at which time the entire project had to be reconceived and the piece-meal accumulation of materials had to be systematized by means of selection, editing, glossing (and the elimination of the Russian glosses that were used specifically for the Vilnius program), etc. Thanks are due to many colleagues who have encouraged the project at various stages over the years. First and foremost are Dovid Katz (Universitetas Vilniaus) and Dov-Ber Kerler (Indiana University), my first teachers of Yiddish, both erudite scholars and men of letters, and both inspiring in their own very distinct ways. As founder of the Summer Yiddish Program in Vilnius, Professor Katz first invited me to teach the elementary and intermediate levels there. As director of the program for several of the summers during which I worked there, Mendy Cahan (Yung Yidish, Jerusalem) was ever supportive even under often harried conditions. Anna Verschik (Tallinn University), with whom I shared beginning/intermediate-level teaching duties in Vilnius, was on the teaching staff in Vilnius from the beginning. Šarunas Liekis (Universitetas Vilniaus), scholar and unflappable practical administrator of the summer program for several years, provided a rock-steady center around which the intensity of the intensive summer program swirled. For several summers in Vilnius, Sidney Rosenfeld (Oberlin College) was a force of calm intelligence who helped to provide direction for many staff and students. Since the end of my association with the Vilnius Institute, I have enjoyed the support of many other colleagues. Alan Astro (Trinity College) provided both encouragement and a very useful professional critique of the project at a critical juncture. In the concluding stages of the work, Shane Baker (Congress for Jewish Culture) trained his consummate proofreading and editorial skills on the manuscript. Amidst his own myriad editorial tasks, Dov-Ber Kerler graciously made time to pass some of these pages under his own ever vigilant editorial gaze. Finally and most systematically, Gennady Estraikh (New York University) and Paul Glasser (YIVO) have generously and meticulously edited the texts that I composed for the volume. I herewith express my profound thanks to them all. All remaining errors are of course my own.

As indicated, this project grew out of my participation in the Vilnius Institute's summer program, and it is to the Jewish community of Vilne that my thoughts return as the project draws to a close. Many members of the community have participated in a variety of important ways in the Institute's summer program over the years: among those whom I met there were Shimen Alperovitsh (President of the Jewish Community of Lithuania), Emanuelis Zingeris (Director, Vilna Gaon Jewish State Museum), Rokhl Kastanian-Danzig (Assistant Director, Vilna Gaon Jewish State Museum), and Fania Brantsovsky (Librarian, Vilnius Yiddish

Institute). Beyond these public faces of the community are many others, however, whose enthusiastic participation has enabled the program to be much more than a classroom and tour-group experience for students and staff alike. In its investigation into and celebration of Jewish culture in *Lite*, may this book be a small sign not just of my abiding interest in and deep appreciation of historical Litvak culture but also and especially of my gratitude to and respect for the members of the contemporary Jewish community of Vilnius.

Acknowledgements

Baltijos fotografijos linija (cover photograph); YIVO Institute for Jewish Research (all other photographs; texts by Max Weinreich, Dovid Fishman, and Herman Kruk); Dr. Faye Ran (Vilne map by Leyzer Ran); Benjamin Harshav (text by H. Benyomin); Anna Miransky (text by Peretz Miransky); *Yerusholayim d'Lite* (article: "Avrom Sutskever — 90 yor"); Congress for Jewish Culture (text by Yudl Mark); Dovid Katz (text by Hirshe-Dovid Meynkes); Masha Grodnikiene (text by Solomon Atamukas); Liliane Cordova Kaczerginski (text by Shmerke Katscherginsky); Artists Rights Society [C2010 Artists Rights Society ARS, New York / ADAGP, Paris] (text by Marc Chagall, text by Bella Chagall); Rina Sutzkever (texts by Avrom Sutskever); Samuel Leivick (text by H. Leyvik); Forward Association (texts by Rabbi Aaron Ben-Tsien Shurin, Der Tunkler, Shmuel Niger, Avrom Karpinovitsh). A good faith effort was made to contact all possible copyright holders; if any have been overlooked, please contact the editor for acknowledgement in any further editions.

Abbreviations

adj.	adjective
c.	century
cont.	contemptuous
dim.	diminutive
Eng	English
fem.	feminine/female
Ger.	German
Hebr.	Hebrew
imp.	imperative
iron.	ironic
pl.	plural
Pol.	Polish
Rus.	Russian
skept.	skeptically
*	past tense formed with the auxiliary verb זיין
דימ'	diminutive
ל"ר	plural
[1]	low intermediate level of difficulty
[2]	high intermediate level of difficulty
[3]	low advanced level of difficulty
[4]	high advanced level of difficulty

ליטע / ליטא
ריגע
דענעבורג
באַלטישער ים
פּאַלאַנג
ווילִיאַ
קאָוונע
ווילנע
וויטעבסק
מינסק
מאָגילעוו
גראָדנע
ביאַליסטאָק
פּינסק
בריסק
טשערניגאָוו

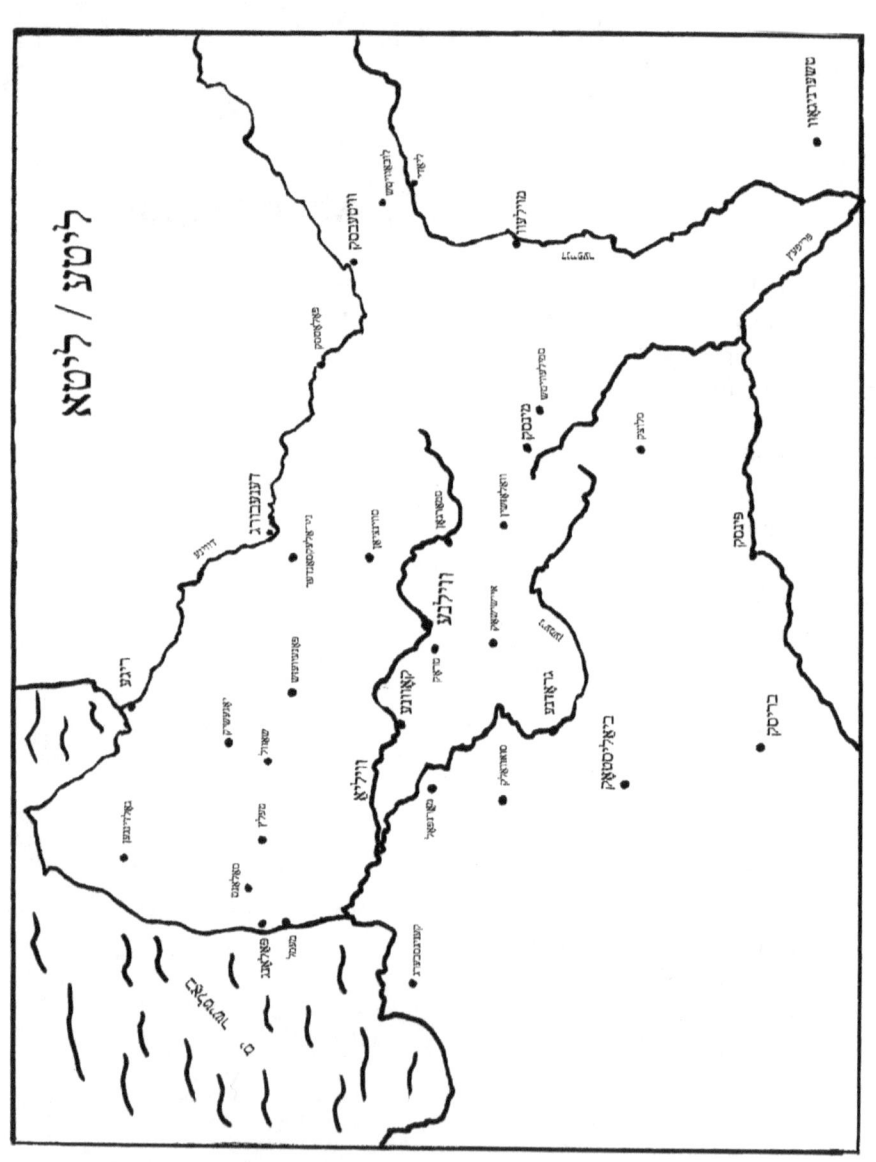

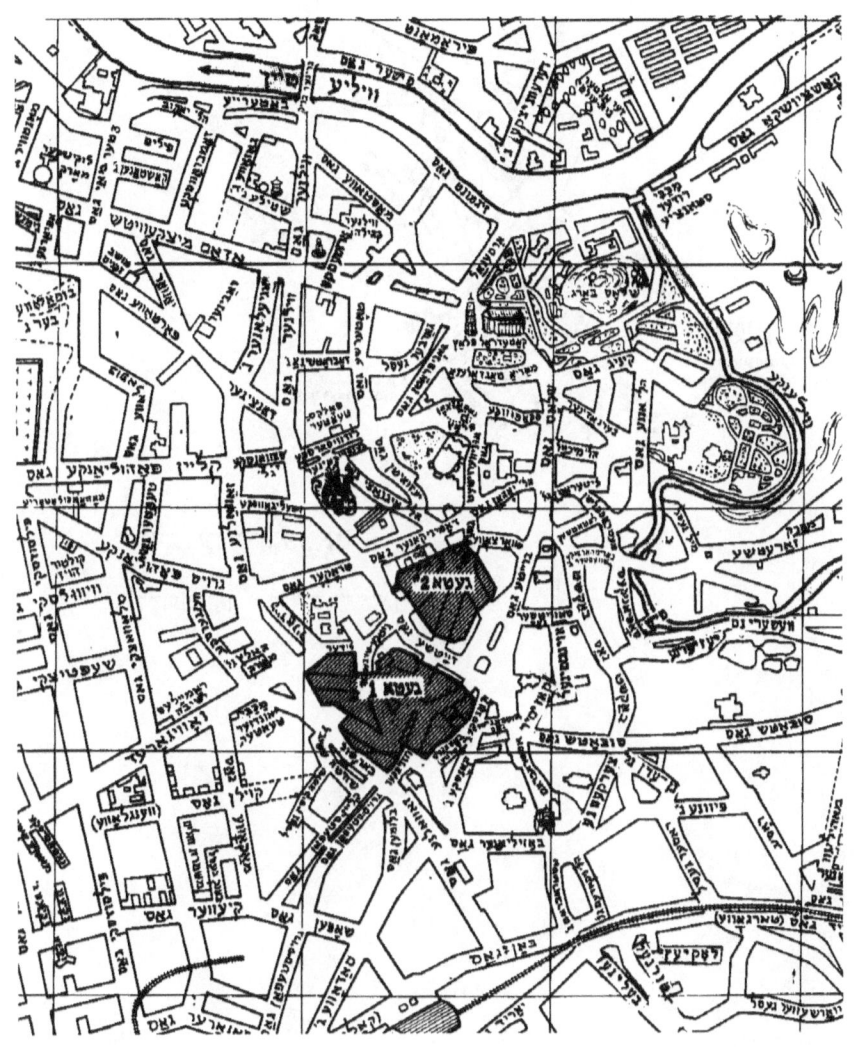

ווילנע

[לייזער ראַן, ירושלים ד'ליטא]

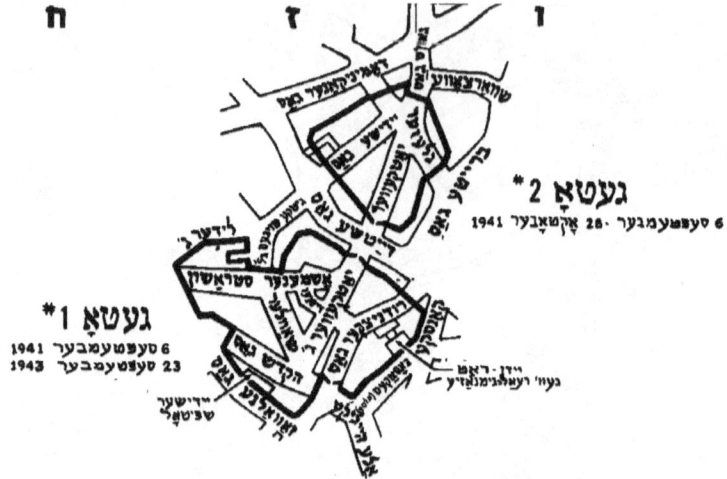

ווילנע: די געטאָס

[לייזער ראַן, ירושלים ד'ליטא]

1

די געשיכטע פון די יידן אין ווילנע און אין דער ליטע [1]

ביז 1800

דער ליטווישער גרויספירשט וויטאווט (וויטאוטאס) האט אין 1389-1388 געגעבן די יידן פון טראק, בריסק, גראדנע, לויצק, און לודמיר (וואלין) א פריווילעגיע, וואס האט רעגולירט די עקאנאמישע און סאציאלע באציונגען צווישן יידן און דער מדינה, ווי אויך צווישן יידן און קריסטן. דורך דעם ווייסט מען, אז דעמאלט זיינען שוין געווען יידן אינעם גרויספירשטנטום ליטע. אט די פריווילעגיע האט פראקלאמירט, אז יידן אין ליטע זיינען פרייע מענטשן, וואס זיינען אונטערטעניק נאר דעם גרויספירשט אליין. טייל פארשערס האלטן, אז יידישע סוחרים האבן שוין אין 1326 געהאנדלט אויפן ווילנער מארק; אנדערע טענהן, אז ערשט אין מיטן 14טן י"ה האבן יידן זיך באוויזן אין ווילנע; אייניקע היסטאריקער מיינען, אז יידן האבן נאך לאנג ניט געטארט וווינען און ארבעטן אין ווילנע. פונעם יאר 1487 האבן מיר א דאקומענט, וואס זאגט עדות, אז יידן וווינען אין ווילנע, ווייל דארטן ווערט דערמאנט, אז אין ווילנע איז שוין דא א יידישער בית־עולם. אינעם 15טן י"ה איז פארגעקומען זייער א גרויסער איבערבייט אינעם לעבן פון די אשכנזישע יידן: דער צענטער פון דער יידישער קולטור אין אייראפע, וואס איז אין משך פון יארהונדערטער געווען ביים טייך ריין צווישן דייטשלאנד און פראנקרייך, האט זיך איבערגערוקט אויף מיזרח: קיין פוילן און ליטע. אין 1569 האט מען אונטערגעשריבן די לובלינער אוניע, וואס האט פאראייניקט פוילן און ליטע (זשעטש פאספאליטע). אין 1551 איז געגעבן געווארן א קעניגלעכע דערלויבעניש צוויי יידן און זייערע דינער צו פירן האנדל אין ווילנע (כאטש דארטן האבן זיי אליין ניט געטארט וווינען). זייער געשעפט האט מיט זיך פארגעשטעלט א לאמבארד. פון 1568 איז פאראן די ערשטע אינפארמאציע וועגן א יידישער קהילה אין ווילנע. אין 1590 האט סיגיזמונד וואזא געגעבן א דערלויבעניש, אז יידן מעגן וווינען אין ווילנע, פארנעמען זיך מיט האנדל און מלאכות און פארמאגן הייזער. שוין אין 1573 האט מען אויך געקראגן דאס דערלויבעניש צו בויען די גרויסע שול. ביז 1592 האט די גאס לעבן דער שול געהייסן "יידן־גאס" (אינעם זעלביקן יאר איז אין ווילנע געווען א פאגראם). אין 1566 זיינען געווען בערך 10,000-8,000 יידן אינעם גרויספירשטנטום ליטע, וואס האבן געלעבט אין 15 קהילות מיטן צענטער אין בריסק. אין 1633 האט מען דערלויבט כל־מיני האנדל פון יידן, ווי אויך דיסטילעריעס און מלאכות וואס זיינען ניט געווען אונטערן

קאָנטראָל פֿון קיין צעך; זיי האָבן געקענט וווינען נאָר אין באַשטימטע און באַגרענעצטע געגנטן. אין דעם זעלביקן יאָר האָט מען אויך געקראָגן די דערלויבעניש צו בויען אַ שטיינערנע שול.

אין די יאָרן 1634־1635 זײַנען געווען אין ווילנע נײַע פּאָגראָמען, און בעת די יאָרן 1639־1641 האָבן די יעזויִטישע סטודענטן פֿון דעם ווילנער אוניווערסיטעט אויסגעפֿירט גוואַלד־מעשׂים אויף ייִדן. אינעם שפּעטן 17טן י"ה זײַנען אָנגעקומען ייִדישע אימיגראַנטן קיין ליטע פֿון פּראָג און פֿון דײַטשלאַנד; צווישן זיי זײַנען געווען אויך למדנים און נגידים. פֿון די 15,000 ווילנער תּושבֿים זײַנען דעמאָלט געווען 3,000 ייִדן. אין 1648־1649 האָט זיי געטראָפֿן דאָס גרעסטע אומגליק. די אוקראַיִנישע באַפֿעלקערונג האָט אויפֿגעהויבן אַן אויפֿשטאַנד קעגן דער פּוילישער אייבערהערשאַפֿט. דער קאָזאַקישער אַטאַמאַן באָגדאַן כמעלניצקי האָט געפֿירט די אוקראַיִנער קעגן די פּאָליאַקן און אונטער זײַן אָנפֿירונג האָט זיך אויך אָנגעהויבן אַ כוואַליע שחיטות אויף ייִדן, וועלכע איז דערגאַנגען ביז ווילנע. אין 1655 האָבן כמעלניצקיס קאָזאַקן און די רוסישע אַרמיי אײַנגענומען ווילנע, און בעת דער אָקופּאַציע האָט מען אונטערגעצונדן די שטאָט. ס'רובֿ ייִדן זײַנען צו יענער צײַט שוין אַנטלאָפֿן; טייל פֿון זיי זײַנען אַוועק קיין עסטרײַך, דײַטשלאַנד און האָלאַנד. ייִדן וואָס האָבן ניט באַוויזן צו מאַכן פּליטה האָט מען דערהרגעט. די ייִדישע געגנטן פֿון דער שטאָט האָט מען סיסטעמאַטיש צעפּאָגראָמירט. קיין ווילנע האָבן זיך די ייִדן אומגעקערט ערשט אין 1661. בכלל האָט מען בעת כמעלניצקיס שחיטות אויסגעהרגעט עטלעכע צענדליק טויזנט ייִדן און פֿאַרטריבן פֿון פּוילן־ליטע אויף אייביק פֿיל אַנדערע, אפֿשר 50,000 נפֿשות.

אין 1676 האָבן געלעבט אינעם ליטווישן גרויספֿירשטנטום בערך 32,000 ייִדן. צום סוף פֿונעם 17טן י"ה איז דער ייִדישער ייִשובֿ אינעם גרויספֿירשטנטום געוואָרן דער גרעסטער אין אייראָפּע; אין מיטן 18טן י"ה איז ער געוואָרן דער גרעסטער אויף דער גאָרער וועלט. אָבער צו דער זעלבער צײַט איז אויך דאָרט שטאַרק געוואַקסן די אַנטי־ייִדישע דיסקרימינאַציע. די גוואַלד־מעשׂים פֿון די יעזויִטן אין אוניווערסיטעט, למשל, האָבן ממשיך געווען אָן הפֿסקה.

אין די ערשטע יאָרצענדלינגער פֿונעם 18טן י"ה, בעת דער רוסיש־שוועדישער מלחמה, איז ווילנע אײַנגענומען געוואָרן עטלעכע מאָל פֿון ביידע זײַטן. אין 1709־1710 זײַנען 24,000 ווילנער געשטאָרבן פֿון הונגער, צווישן זיי 4,000 ייִדן. אינעם 17־18טן י"ה האָט די ייִדישע אויטאָנאָמיע אין ליטע דערגרייכט דעם העכסטן ניוואָ (ביזן 20סטן י"ה); דערנאָך האָט מען זי סיסטעמאַטיש רעדוצירט. די ייִדישע מאַכטאָרגאַנען זײַנען געווען װעד און קהילה, וואָס האָבן רעגולירט געריכטן, פֿינאַנצן פֿון דער קהילה, האַנדל, סאַניטאַציע, מאָראַל, געזונט און דאָקטוירים, אַפּטייקערס, אַקושערקעס, פֿאַבריק־מאַכערס, אויפֿזעערס פֿון היימלאָזע, יתומים־הײַזער, בתּי־מדרשים, בית־עלמינס, שחיטה־שטיבער, חדרים, ישיבֿות און מושבֿ־זקנימס. אין 1783 – נאָך לאַנגע פֿאַרהאַנדלונגען – האָט מען די ייִדן באַפֿרײַט פֿון באַגרענעצונגען אין תּחום פֿון פּראָפֿעסיע און מלאכה; בלויז אויף צוויי ווילנער גאַסן האָבן ייִדן נאָך אַלץ ניט געטאָרט וווינען. די שטײַערן פֿאַר ייִדן זײַנען געווען פּונקט ווי פֿאַר ניט־ייִדן. נאָך דער דריטער צעטיילונג פֿון פּוילן (1795) איז ליטע געוואָרן אַ טייל פֿון דער רוסישער אימפּעריע. אין 1795 האָבן אין ווילנע געוווינט 3.600 ייִדן. אין דעם זעלביקן יאָר האָט די רוסישע מדינה שטאַרק באַגרענעצט די מאַכט פֿון דער ייִדישער קהילה.

ביזן סוף 18טן י"ה איז ווילנע געוואָרן דער צענטער פֿון די מתנגדים אין זייער קאַמף קעגן חסידות און אין 1772 האָט מען דאָרט פֿונאַנדערגעלאָזט דעם חסידישן מנין און אַרײַנגעלייגט די חסידים אין חרם; ביז 1790 האָבן זייערע סודותדיקע אַקטיוויטעטן געוווּנען אָנהענגערס אויך אין ווילנער קהל. נאָכן טויט פֿונעם ווילנער גאָון, אין 1797, איז דער קאַמף צווישן די מתנגדים און די חסידים געוואָרן נאָך ביטערער. די מתנגדים האָבן, למשל, בויקאָטירט חסידישע בראָנפֿן־הענדלערס. צום סוף האָט מען געמאַכט שלום, און אין דער קהילה האָבן זיך געפֿונען ביידע גרופּעס.

גרויספֿירסט	Grand Duke
טראָק	Trakai
וואָלין	Volhynia
באַציִונג, די ־ען	relation(s)
מדינה [מעדינע], די ־ות	state, government
גרויספֿירסטנטום, דאָס	Grand Duchy
אונטערטעניק	subject to
טייל	some
פֿאָרשער, דער ־ס	scholars
סוחר [סויכער], דער ־ים [סאָכרים]	merchant
האַנדלען געהאַנדלט	trade, deal in
מאַרק, דער מערק	market
טענהן [טײַנען] געטענהט	argue
ערשט	first = not before
באַווײַזן זיך באַוויזן	appear
אָנווײַזן אָנגעוויזן	indicate
עדות [איידעס], די ־־	witness
בית־עולם [בייסוילעם], דער ־ס	cemetery
איבערבײַט, דער ־ן	change, switch
אין משך [מעשעך] פֿון	in the course of
טײַך רײַן {טײַך, דער ־ן}	Rhine River
איבעררוקן איבערגערוקט	shift
אויף מיזרח [מיזרעך]	east(ward)
אונטערשרײַבן אונטערגעשריבן	sign
לובלינער אוניע	Lublin Union
פֿאַראייניקן פֿאַראייניקט	unified
זשעטש פּאָספּאָליטע	state resulting from treaty
קעניגלעך	royal
דערלויבעניש, די ־ן	decree/permission
דינער, דער ־ס	servant
פֿירן {געפֿירט} האַנדל {דער}	conduct trade
פֿאָרשטעלן {פֿאָרגעשטעלט} מיט זיך	constitute of
לאָמבאַרד, דער ־ן	pawn-shop
פֿאַרנעמען זיך פֿאַרנומען	occupy themselves
מלאָכה [מעלאָכע], די ־ות	craft
פֿאַרמאָגן פֿאַרמאָגט	own, possess

קריגן געקריגן/געקראָגן	receive/get
בערך [בעערעך]	approximately
קהילה [קעהילע], די ־ות	[Jewish] community
כּל־מיני [קאָלמינײַ]	all kinds of
צעך, דער ־ן/־עס	guild, proto-trade union
באַשטימט	particular
געגנט, דער/די ־ן	area, district
יעזויִטיש	Jesuit
גוואַלד־מעשׂים [־מײַסים] ל"ר	acts of violence
למדן [לאַמדן], דער ־ים/לומדים [לאַמדאָנים/לאָמדים]	scholar
נגיד [נאָגיד], דער ־ים [נעגידים]	wealthy person
תּושבֿ [טוישעוו], דער ־ים [טוישאָווים]	resident
דעמאָלט	at that time
אומגליק, דאָס ־ן	catastrophe
באַפֿעלקערונג, די ־ען	populace, people
אויפֿהייבן אויפֿגעהויבן	raise, mount, start
אויפֿשטאַנד, דער ־ן	revolt, insurrection
איבערהערשאַפֿט, די ־ן	rule, dominion
אַטאַמאַן, דער ־ען	Cossack chief/leader
אָנפֿירונג, די ־ען	leadership
כוואַליע, די ־ס	wave
שחיטה [שכיטע], די ־ות	slaughter, massacre
אונטערצינדן אונטערגעצונדן	ignite, set on fire
ס'רובֿ [סראָוו]	most
אַנטלויפֿן * אַנטלאָפֿן	escape
באַווײַזן באַוויזן	succeed in, manage to
פּליטה [פּלייטע], די ־ות	refugee
מאַכן {געמאַכט} פּליטה	flee
אויסהרגענען [אויסהאַרגענען] אויסגעהרגעט	massacre
אומקערן זיך אומגעקערט	return
צענדליק, דער ־ער	tens of
פֿאַרטרײַבן פֿאַרטריבן	drive out
אויף אייביק	forever
נפֿש [נעפֿעש], דאָס/דער ־ות [נעפֿאָשעס]	person, soul
ישובֿ [יישעוו], דער ־ים [יישוווים]	settlement

גאָר entire
ממשיך [מאַמשעך] זײַן continue
הפסקה [האַפּסאָקע], די ־ות pause
יאָרצענדלינג, דער ־ער decade
אײַנבעמען אײַנגענומען capture
דערגרייכן דערגרייכט reach
ניוואָ, דער ־ען level
ועד [וואַד], דער council
געריכט, דאָס ־ן court
סאַניטאַציע, די ־ס sanitation
אַפּטייקער, דער ־ס apothecary, druggist
אַקושערקע, די ־ס mid-wife
פּאַריק־מאַכער, דער ־ס barber/wig-maker
אויפֿזעער, דער ־ס overseer
יתומים־הויז [יעסוימים־], דאָס ־הײַזער orphanage
בית־מדרש [בעסמעדרעש], דער בתּי־מדרשים [באָטע־מידראָשים] study house, synagogue
בית־עלמין [בעסאַלמען], דער/דאָס ־ס cemetery
שחיטה־שטוב [שכיטעשטוב], די ־ער Jewish slaughterhouse
חדר [כיידער], דער ־ים [כאַדאָרים] traditional elementary school
מושבֿ־זקנים [מוישעוו־זקיינים], דער ־ס dwelling for elderly
פֿאַרהאַנדלונג, די ־ען negotiation
באַפֿרײַען באַפֿרײַט free
באַגרענעצונג, די ־ען restriction
אין תחום [טכום] פֿון with respect to
שטײַער, דער ־ן tax
פּונקט exactly
צעטיילונג, די ־ען partition
מתנגד [מיסנאַגעד], דער ־ים [מיסנאַגדים] opponent of Hasidism
פֿונאַנדערלאָזן ־געלאָזט/־געלאָזן dissolve, disband
מנין [מיניען], דער ־ים [מיניאָנים] congregation
חרם [כיירעם], דער ־ס excommunication
אַרײַנלייגן {אַרײַנגעלייגט} אין חרם excommunicate
סודותדיק [סוידעסדיק] mysterious, secret
אָנהענגער, דער ־ס devotee
קהל [קאָאָל], דאָס/דער – Jewish community
גאון [גאָען], דער ־ים [געוינים] genius
ביטער bitter

ביזן חורבן [1]

אין 1808 האָט מען פֿאַראָרדנט, אַז במשך פֿון פֿיר יאָר דאַרף מען אַלע ייִדן אַרויסטרײַבן פֿון די דערפֿער פֿון ווײַסרוסלאַנד און ליטע. אַ סבֿרא, אַז דאָס איז ניט געווען זייער עפֿעקטיוו, ווײַל אין 1823 איז אַרויסגעגאַנגען נאָך אַמאָל אַזאַ פֿאַראָרדענונג. דערווײַל האָט זיך דער סיכסוך צווישן די חסידים און די מתנגדים ממשיך געווען. אין ווילנע האָט מען צוזאַמענגעבראַכט די ביכער, וואָס ס'האָט אין 1822-1823 געשאַפֿן דער משׂכּיל און תּלמודיסט רב מנשה אליעזר (1767-1831), און ווילנער ייִדן האָבן זיי עפֿנטלעך פֿאַרברענט. אין 1827 איז אַרויס אַ באַפֿעל פֿון דער רוסישער אַדמיניסטראַציע אונטער ניקאָלײַ דעם ערשטן, אַז ייִדן טאָרן מער ניט באַצאָלן קיין "רעקרוטן־שטײַער", וואָס פֿלעגט זיי באַפֿרײַען פון דינען אין מיליטער, נאָר אַ געוויסע צאָל ייִדן אין עלטער צווישן 12 און 25 (אַזוי גערופֿענע "קאַנטאָניסטן") האָבן איצטער טאַקע געמוזט אָפּדינען 25 יאָר אין דער רוסישער אַרמיי. די ייִדן אַליין האָבן אין יעדער קהילה געמוזט די ייִנגלעך "כאַפּן" און שיקן אין מיליטער. דער רוסישער ציל איז געווען אײַנצופֿלאַנצן סיסטעמאַטישע רוסיפֿיצירונג בײַ די ייִדן אין רוסלאַנד. די קליינע ייִנגלעך – אַ סך מאָל נאָר 12 יאָר אַלט – האָט מען אַוועקגעשיקט זייער ווײַט פֿון דער היים און פֿון אַנדערע ייִדן. דאָרטן האָבן זיי געלעבט אין קאַזאַרמעס מיט אַנדערע קאַנטאָניסטן און זעלנער. מען האָט זיי באַלוינט, ווען זיי האָבן זיך אָפּגעזאָגט ייִדישקייט און זיך געשמדט, און מע האָט זיי באַשטראָפֿט ווען זיי האָבן געוואָלט זיך ווײַטער האַלטן בײַ ייִדישקייט.

במשך פֿון די 1830ער יאָרן איז ווילנע געוואָרן דער צענטער פֿון דער נײַער משׂכּילישער קולטור און ליטעראַטור, מיט אַזעלכע מחברים ווי: א.ו. קאַצנעלענבאָגן, מ.א. גינצבורג, א.מ. דיק, ש. זאַלקינד, שמואל פֿין, א.ב. לעבענזאָן, מ.י. לעבענזאָן, מ.ל. ליליענבלום, ק. שולמאַן, מ. סטראַשון און י.א. בן־יעקבֿ. דיק האָט אַליין אָנגעשריבן מער פֿון 300 ביכער. אין 1853 האָט דער קאָוונער תּושבֿ אַבֿרהם מאַפּו (1807־1867) אַרויסגעלאָזט זײַן ראָמאַן "אַהבֿת ציון", דעם ערשטן מאָדערנעם ראָמאַן אויף לשון־קודש.

אין 1846 איז סער משה מאָנטיפֿיאָרע דורכגעפֿאָרן רוסלאַנד כּדי געוווּיר צו ווערן, ווי אַזוי מען קען לייזן די "ייִדישע פּראָבלעם" און אונטער וועגנס איז ער אויך געווען אין ווילנע.

אין 1856 האָט מען דאָס ייִדישע מיליטער־דינסט אויסגעגליכן מיטן דינסט פֿון ניט־ייִדן. אין די יאָרן 1859־1861 האָט מען דערלויבט רײַכע ייִדישע סוחרים און ייִדן וואָס האָבן שטודירט כאָטש איין יאָר אין אוניווערסיטעט צו וווינען אין גאַנץ רוסלאַנד, ניט נאָר אינעם תּחום־המושבֿ, און אין 1865 האָבן אויך אייניקע בעל־מלאָכות געקראָגן אַזאַ רעכט. אין 1864 האָבן ייִדן באַקומען דאָס רעכט אָנטייל צו נעמען אין די שטאָטישע זעלבסטפֿאַרוואַלטונגען און געריכטן, אָבער כּמעט אַלע אַזעלכע פּריווילעגיעס האָט מען אָפּגעשאַפֿן אויף ס'נײַ אין די לעצטע יאָרן פֿון צאַר אַלעקסאַנדער דעם צווייטן.

סוף 19טן און אָנהייב 20טן י"ה זײַנען ווילנער ייִדן געווען פּאָליטיש זייער אַקטיוו. דאָרטן זײַנען, למשל, געווען טעטיק פּועלי־ציון, אגודת־ישׂראל און מיזרחי צווישן אַנדערע וויכטיקע פּאָליטישע גרופּעס. בעת די 1890ער יאָרן איז ווילנע געוואָרן אויך אַן אַקטיווער אָרט פֿאַר סאָציאַליסטן. אין 1897 איז דאָרט פֿאָרגעקומען דער גרינדונגס־צוזאַמענפֿאָר פֿונעם בונד. אין 1903 האָט טעאָדאָר הערצל באַזוכט ווילנע, וווּ דער עולם האָט אים אויפֿגענומען מיטן גרעסטן ענטוזיאַזם. אָנהייב 20טן י"ה איז ווילנע געווען די היים פֿון דער ציוניסטישער אָרגאַניזאַציע פֿון רוסלאַנד און אויך פֿון די פּועלי־ציון. די פּאָליטישע און סאָציאַלע אומרוען פֿון יענע יאָרן האָבן אויך גורם געווען דערצו אַז בעת די יאָרן 1896־1914 האָבן פֿון ליטע עמיגרירט 33,800 ייִדן.

די יאָרן פֿון דער ערשטער וועלט־מלחמה און דער רוסישער רעוואָלוציע מיטן בירגערקריג זײַנען געווען כאַאָטיש אויך פֿאַר ייִדן אין מיזרח־אייראָפּע. צוליב די צרות און עוואַקויִרונגען אין יענער תּקופֿה האָט זיך די צאָל ייִדן אין ווילנע שטאַרק פֿאַרקלענערט במשך פֿון די יאָרן 1914־1920: פֿון כּמעט 100,000 ביז ווייניקער פֿון 50,000. אין 1919־1920 איז די שטאָט ניט איין מאָל אײַנגענומען געוואָרן פֿון דער פּוילישער צי דער רויטער אַרמיי. נאָך דער ערשטער וועלט־מלחמה איז די שטאָט געוואָרן אַ טייל פֿון פּוילן, ניט נאָר העט ווײַט פֿונעם צענטער, העט ווײַט אינעם מיזרחדיקן עק לאַנד, נאָר אויך עקאָנאָמיש אָפּגעשניטן פֿונעם רוסישן מאַרק. דעריבער האָט ווילנע געליטן בעת די נאָכמלחמהדיקע יאָרן פֿון די נעגאַטיווע עקאָנאָמישע באַדינגונגען: די אינדוסטריע און דער האַנדל זײַנען אײַנגעשרומפּן געוואָרן; אַ סך אַרבעטערס און די אינטעליגענץ האָבן זיך אַריבערגעקליבן אין ערטער, וווּ עס זײַנען געווען בעסערע עקאָנאָמישע מיגלעכקייטן. למשל, אין די יאָרן 1920־1940 האָבן פֿון ליטע עמיגרירט 20,000 ייִדן, ס'רובֿ אין די יאָרן 1928־1939. אָבער מען דאַרף דאָס האַלטן אַלץ אין אַ פּערספּעקטיוו, ווײַל פּונקט אין יענע יאָרן האָט די וועלטלעכע גײַסטיקע קולטור בײַ ייִדן געבליט אין ווילנע: מען האָט אויפֿגעבויט אַ נעץ וועלטלעכע ייִדישע שולן (פֿאָלקסשולן און גימנאַזיעס וווּ מען האָט

געלערנט א ו י ף יידיש) און אויך פֿאַכשולן, דעם יידישן לערער־סעמינאַר און דעם ווילנער יידישן טעכניקום. במשך פֿון די יאָרן 1930-1931 האָבן שטודירט אין ווילנער אוניווערסיטעט כּמעט 1,200 יידישע סטודענטן. דער בולטסטער מוסטער פֿון אַזאַ קולטורעלן אויפֿבלי איז דער יידישער וויסנשאַפֿטלעכער אינסטיטוט (ייִוואָ), וואָס מען האָט געגרינדעט אין 1925.

פֿאַראָרדענען פֿאַראָרדנט	decree
במשך [בעמעשעך] פֿון	during, in the course of
א סבֿרא [סוואָרע], אז	it may be that, probably
ארויסגיין * ארויסגעגאַנגען	be issued
דערווײַל	in the meantime
סיכסוך [סיכסעך], דער ־ים [סיכסוכים]	conflict, feud
מתנגדות [מיסנאַגדעס], די	traditional opposition to–Hasidism
משׂכּיל [מאַסקל], דער ־ים [מאַסקילים]	Haskalah adherent
עפֿנטלעך	openly, publicly
פֿאַרברענען פֿאַרברענט	burn [something]
רעקרוט, דער ־ן	recruit
שטײַער, דער ־ן	tax
געוויס	certain, definite
קאַנטאָניסט, דער ־ן	Jewish conscript
כאַפּן געכאַפּט	catch, seize
אײַנפֿלאַנצן אײַנגעפֿלאַנצט	establish, inculcate
רוסיפֿיצירונג, די ־ן	Russification
קאַזאַרמע, די ־ס	barracks, army camp
זעלנער, דער ־ס/–	soldier
באַלוינען באַלוינט	reward
שמדן [שמאַדן] זיך געשמדט	convert to Christianity
באַשטראָפֿן באַשטראָפֿט	punish
מחבר [מעכאַבער], דער ־ים [מעכאַברים]	author
תּושבֿ [טוישעוו], דער ־ים [טוישאָווים]	resident
ארויסלאָזן ארויסגעלאָזן/־געלאָזט	publish
געוווירווערן	find out, discover
לייזן געלייזט	solve
אונטער וועגנס	on the way
דינסט, דאָס/דער ־ן	service
אויסגלײַכן אויסגעגליכן	make equal to
סוחר [סויכער], דער ־ים [סאָכרים]	merchant
כאָטש	at least
תּחום־המושבֿ [טכום־האַמוישעוו], דער	Pale of Settlement
בעל־מלאָכה [באַלמלאָכע], דער ־ות	craftsman
אָנטיילנעמען אָנטיילגענומען	participate
זעלבסטפֿאַרוואַלטונג, די ־ען	self-management/-rule
געריכט, דאָס ־ן	court
אָפּשאַפֿן אָפּגעשאַפֿט/אָפּגעשאַפֿן	abolish, repeal
פּועלי־ציון [פּוילעציִען] ל"ר	Labor Zionist party
אגודת ישׂראל [אַגודעס־ייסראָעל]	orthodox anti-Zionist party
מיזרחי [מיזראַכי]	orthodox Zionist party
פֿאָרקומען * פֿאָרגעקומען	take place
צוזאַמענפֿאָר, דער ־ן	meeting/conference
עולם [אוילעם], דער ־ס	public, audience
אומרו, דער/די ־ען	disturbance
גורם [גוירעם] זײַן	cause
בירגער־קריג, דער /די ־ן	civil war
תּקופֿה [טקופֿע], די ־ות	period, era
העט ווײַט	very far away
אָפּשנײַדן אָפּגעשניטן	cut off
לײַדן געליטן	suffer
אײַנשרומפּן אײַנגעשרומפּן	shrink
אריבערקלײַבן זיך אריבערגעקליבן	move
בליִען געבליט	blossom, flourish
פֿאַכשול, די ־ן	trade/vocational school
בולט [בוילעט]	clear, marked
מוסטער, דער ־ן	model, paradigm

בעתן חורבן און דערנאָכדעם [1]

ערבֿ דער צווייטער וועלט־מלחמה האָט דער ראַטן־פֿאַרבאַנד אײַנגענומען ווילנע (דעמאָלט אין פּוילן) און שפּעטער אָפּגעגעבן די שטאָט דער ליטווישער רעפּובליק. בערך 20,000 פּליטים פֿון פּוילן, וואָס איז "צעטיילט" געוואָרן צווישן דײַטשלאַנד און דעם ראַטן־פֿאַרבאַנד, זײַנען אַנטלאָפֿן קיין ווילנע. אין דער גאַנצער ליטע זײַנען סוף 1940 געווען אַ פֿערטל מיליאָן ייִדן. אין יוני 1940 האָט דער ראַטן־פֿאַרבאַנד אָקופּירט ליטע. די סאָוועטן האָבן תּיכּף געמאַכט אַ סוף צו אַלע ייִדישע קולטור־אָרגאַניזאַציעס און צו דער ייִדישער פּרעסע. אַ צאָל שרײַבער און אַקטיוויסטן האָט מען אַרעסטירט, אַרײַנגעזעצט אין תּפֿיסה, פֿאַרשיקט אין סיביר אָדער פּשוט דערשאָסן. אין מיטן יוני 1940, בשעת דער סאָוועטישער מאַסן־דעפּאָרטאַציע, האָט מען אַרויסגעפֿירט פֿון ליטע בערך 30 טויזנט מענטשן, צווישן זיי 6־7 טויזנט ייִדן, ד"ה 3 פּראָצענט פֿון דער גאַנצער ייִדישער באַפֿעלקערונג. זיי זײַנען געווען קולטור־טוערס, לערערס, פּאָליטישע טוערס, סוחרים, זשורנאַליסטן וכדומה. אַנדערע 8,500 ייִדן פֿון דער ליטע האָבן באַוויזן צו אַנטלויפֿן אין די ווײַטע מיזרחדיקע געביטן פֿונעם ראַטן־פֿאַרבאַנד אין די טעג פֿאַר דער דײַטשישער אָקופּאַציע. אַ סך פֿון די עוואַקויִרטע מענער האָבן דערנאָכדעם געדינט אין דער 16טער ליטווישער דיוויזיע פֿון דער סאָוועטישער אַרמיי אינעם קאַמף קעגן די נאַציס (בײַם אָנהייב זײַנען 25 פּראָצענט פֿון אירע זעלנער און 13 פּראָצענט פֿון די אָפֿיצירן געווען ייִדן).

דעם 24סטן יוני 1941 זײַנען די נאַציס אָנגעקומען אין ווילנע און האָבן תּיכּף אָנגעהויבן אָרגאַניזירן די עקספּלואַטאַציע און דעם מאָרד פֿון ייִדן. דעם 4טן יולי האָבן זיי געשאַפֿן דעם ייִדנראַט און שוין דעם 7טן יוני האָט מען פֿאַרלאַנגט פֿונעם ייִדנראַט 5,000,000 רובל. ווען ער האָט ניט געקענט באַצאָלט אַזוי פֿיל געלט, האָבן די נאַציס דערשאָסן צוויי מיטגלידער פֿונעם ייִדנראַט. דעם 31סטן אויגוסט האָבן ייִדן שוין געשאָסן אויף נאַציס אין דער גלעזער גאַס (Stiklių gatvė) און פֿאַרוווּנדיקט איינעם פֿון זיי. דערנאָכדעם, בײַ נאַכט, האָט די עס־עס אַרומגערינגלט דעם אַלטן ייִדישן קוואַרטאַל און אַרויסגעטריבן פֿון דאָרטן די גאַנצע ייִדישע באַפֿעלקערונג. 5,000 ייִדן האָט מען געשיקט אין דער לוקישקער טורמע אָדער דירעקט אויף פּאָנאַר, אַ וואַלד בערך 10 ק"מ פֿון ווילנע, וווּ מען האָט אַרײַנגעטריבן די ייִדן אין זיי דאָרטן אויסגעשאָסן, פֿאַרגראָבן און שפּעטער נאָך אַויסגעגראָבן און פֿאַרברענט די מתים. דעם 6סטן און 7טן סעפּטעמבער האָט מען געטריבן טויזנטער ייִדן פֿון דער גאַנצער שטאָט אין די ליידיקע הײַזער (פֿון די אַנדערע ייִדן). מען האָט אָרגאַניזירט די געטאָס: אויף מיזרח פֿון דער דײַטשער גאַס (Vokečių gatvė) איז געשאַפֿן געוואָרן די קליינע געטאָ (11,000 ייִדן); צו מערבֿ און דרום פֿון דער דײַטשער גאַס צו – די גרויסע געטאָ (29,000 ייִדן). ווי מען זעט שוין פֿון די צאָלן האָט מען נאָך פֿריִער, איידער מ'האָט אָרגאַניזירט די געטאָס, שוין געהאַט אויסגעהרגעט צווישן 20,000 און 35,000 ייִדן פֿון ווילנע און אַרום – פּשוט אויף דער גאַס און בײַ די אַרבעט־בריגאַדעס. עס זײַנען אַדורך אין גאַנצן 46 טעג ווען מע האָט שוין ליקווידירט די קליינע געטאָ.

אין געטאָ האָבן ייִדן אָרגאַניזירט, אויף וויפֿל מיגלעך, בילדונג און סאָציאַלע וווילטעטיקייט, טעאַטער, געזעלשאַפֿטלעכע אָרגאַניזאַציעס, פּאָליציי, ביבליאָטעק, אַ וואַנט־בולעטין ("געטאָ־ידיעות"), לעקציעס, אונטערערדישע ישיבֿות און שולן.

די צאָל ייִדן אין געטאָ האָבן ווײַטער פֿאַרקלענערט די אַזוי גערופֿענע "אַקציעס". אין די ערשטע וואָכן נאָכן אָנהייב פֿון דער אָקופּאַציע האָט מען געצוווּנגען זייער אַ סך ייִדישע מענער צו אַרבעטן אין די אַרבעט־בריגאַדעס, טייל לויט זייער אויסבילדונג און קוואַליפֿיקאַציעס, אַנדערע בלויז צוליב זייער מוסקלקראַפֿט: בײַם פֿל־פֿעלד, אין סקלאַדן, בײַם אַריבערפֿירן מאַטעריאַלן, בײַם פּראָדוצירן וואָפֿנס, אין דער פּעלץ־ און גאַרבערײַ־אינדוסטריעס, בײַ דער פּאָסט און אינעם דעפּאָ פֿאַר מיליטער־אויטאָס. אַזעלכע אַרבעטערס האָבן געהאַט אַן אַרבעטפּאַס. די בעל־מלאָכות האָבן געהאַט געלע פּאַסן, וואָס זײַנען געווען די בעסטע; אַזעלכע זײַנען געווען בלויז 3,000. מיט אַזאַ פּאַס האָט מען געמעגט האָבן אַ ווײַב מיט צוויי קינדער בײַ זיך. אַ סך פֿאַלשע חתונות און קינדער האָט מען רעגיסטרירט, כּדי מען זאָל קענען ראַטעווען וואָס מער ייִדן.

סעפּטעמבער 1941 האָט דער ייִדנראַט געמאַכט יעקבֿ גענס, אַ ייִד וואָס איז פֿריִער געווען אַן אָפֿיציר אין דער ליטווישער אַרמיי, פֿאַרן קאָמאַנדיר פֿון דער ייִדישער געטאָ־פּאָליציי. דעם 12טן יולי 1942 האָבן די נאַציס געמאַכט גענסן פֿאַרן פֿאָרשטייער פֿון געטאָ, ער זאָל טראָגן דאָס אַחריות פֿאַר דער אָרדענונג אין געטאָ.

אין געטאָ זײַנען אויך געווען טעטיק פֿאַרשיידענע פּאַרטיזאַנער־אָרגאַניזאַציעס. דעם 21סטן יאַנואַר 1942 האָבן עטלעכע פּאַרטיזאַנער־ און אַנדערע פּאָליטישע אָרגאַניזאַציעס אין געטאָ זיך פֿאַראייניקט, ווײַל עס איז שוין געווען קלאָר, אַז זיי האָבן געהאַט בלויז איין שונא און מען האָט אָנערקענט, אַז דער קאַמף איז דעמאָלט געווען נאָר פֿאַרן איבערלעבן די נאַצישע אָקופּאַציע און ניט פֿאַר קיין אַנדערע פּאָליטישע צילן. מיט דער דאָזיקער "פֿאַראייניקטער פּאַרטיזאַנער אָרגאַניזאַציע" (פֿפּ"אָ) האָט איציק וויטענבערג אָנגעפֿירט. זײַנע שותּפֿים זײַנען געווען יוסף גלאַזמאַן (רעוויזיאָניסטן), אַבא קאָוונער (השומר־הצעיר), אַבֿרהם כוואָיניק (בונד) און ניסן רעזניק (ציוניסטן). די פּאַרטיזאַנער האָבן געקליבן וואָפֿנס און אַמוניציע, אויסגעשולט קעמפֿערס, געגרייט דיווערסיעס, אײַנגעשטעלט קאָנטאַקטן מיט די געטאָס אין וואַרשע און ביאַליסטאָק. צום אָנהייב האָט די אָרגאַניזאַציע געהאַט דרײַ, שפּעטער פֿינף באַטאַליאָנען. דערנאָכדעם האָט זיך אויסגעבילדעט נאָך אַ גרופּע אונטער דער פֿירערשאַפֿט פֿון יחיאל שײַנבוים. באַלד נאָכן אָרגאַניזירן די פֿפּ"אָ האָבן די אָנפֿירער באַשלאָסן, אַז אַנשטאָט פֿאַרלאָזן די געטאָ און גיין אין וואַלד זאָל אַ טייל פֿון זיי בלײַבן אין געטאָ און קעמפֿן קעגן די נאַציס ווען עס וועט קומען די ליקווידאַציע פֿון געטאָ. שײַנבוימס גרופּע איז אַרויסגעגאַנגען אין וואַלד.

סוף־כּל־סוף זײַנען די נאַציס געוווּיר געוואָרן, אַז אין געטאָ איז דאָ אַ פּאַרטיזאַנער אָרגאַניזאַציע. זיי האָבן געפֿונען אַ באַהעלטעניש פֿול מיט וואָפֿנס און געכאַפּט צוויי פּאַרטיזאַנערס. איינע פֿון זיי, ליזע מאַגון, איז געווען אַלט 22 יאָר. די נאַציס האָבן זיי ביידע געשיקט אויף פּאָנאַר און דערשאָסן. דערנאָכדעם איז דער אויסרוף "ליזע רופֿט" געוואָרן דער פּאַראָל פֿאַר דער מאָביליזאַציע. דעם 8טן יוני 1943 האָט באַפֿוילן דער נײַער אָנפֿירער פֿונעם אָפּטייל פֿאַר ייִדישע ענינים בײַ דער געסטאַפּאָ, אַז דער ייִדנראַט דאַרף אים איבערגעבן וויטענבערגן. וויטענבערג האָט זיך באַהאַלטן און די נאַציס האָבן אים ניט געקענט געפֿינען. דעם 15טן יוני האָט גענס פֿאַרבעטן וויטענבערגן, קאָוונערן, באָראָווסקין און כוואָיניקן אין זײַן ביוראָ אויף רודניצקי גאַס 6 (Rūdninkų gatvė). וויטענבערגן האָבן די נאַציס תּיכּף אַרעסטירט און אַרויסגעפֿירט צום טויער פֿון געטאָ. אַ גרופּע פּאַרטיזאַנערס זײַנען זיי באַפֿאַלן און באַפֿרײַט וויטענבערגן. אָבער עס איז גלײַך קלאָר געוואָרן, אַז טאָמער

וועט מען אים צוריק ניט איבערגעבן אין די הענט פֿון דײַטש וועט מען ליקווידירן די געטאָ. הגם די אָנפֿירער פֿון דער פֿפּ"אָ האָבן פּרובירט אויפֿצובויען סאָלידאַריטעט צווישן די ייִדן אין געטאָ – ווײַל אַלעמען האָט דערוואַרט דער זעלביקער גורל – איז די שטימונג פֿון זיך־אַליין־ראַטעווען געווען זייער שטאַרק. בײַ אַ זיצונג האָט מען באַשלאָסן אַרויסצוגעבן וויטענבערגן. ווען מען האָט אים געזאָגט, אַז מען וויל אים איבערגעבן די נאַציס, האָט ער מסכּים געווען. ער איז געגאַנגען מיט קאָוונערן צו גענסן, וועלכער האָט אים תּיכּף איבערגעגעבן צו די נאַציס. וויטענבערגן האָט מען דערהרגעט דעם זעלביקן טאָג.

נאָך וויטענבערגס אומקום האָבן די מיטגלידער פֿון דער פֿפּ"אָ פֿאַרשטאַנען, אַז די נאַציס ווייסן צופֿיל וועגן זיי. צוליב דעם האָט מען באַשלאָסן, אַז נאָך אַ טייל פֿון די פּאַרטיזאַנערס זאָלן אַרויסגיין פֿון געטאָ אין וואַלד. בערך 200 מיטגלידער זײַנען אַרויס. אין אויגוסט 1943 האָט מען אָנגעהויבן דעפּאָרטירן קיין עסטלאַנד די איבערגעבליבענע ייִדן. יעקבֿ גענסן, דעם ייִדישן פֿירער פֿון געטאָ, האָבן די נאַציס אין סעפּטעמבער 1943 דערשאָסן. אַלע ייִדן האָבן געמיינט, אַז עס וועט איצטער קומען די ליקווידאַציע פֿון געטאָ, און זייער אַ סך האָבן זיך באַהאַלטן אין זייערע באַהעלטענישן, וואָס מע האָט זיי גערופֿן "מאַלינעס", וואָס זיי האָבן צוגעגרייט פֿאַר זיך. דעם 5טן סעפּטעמבער 1943, פֿינף אַ זייגער פֿאַר טאָג, האָבן די געסטאַפּאָ און די עסטישע פּאָליצײַ אַרומגערינגלט די געטאָ. 5,000 ייִדן האָט מען תּיכּף אַוועקגעשיקט קיין עסטלאַנד. די פֿפּ"אָ האָט זיך מאָביליזירט; בערך 200 פֿון די פּאַרטיזאַנערס זײַנען אַרויסגעגאַנגען פֿון געטאָ אין וואַלד; אַנדערע האָבן אָנגעהויבן קעמפֿן קעגן די דײַטשן וואָס זײַנען אַרײַנגעקומען אין געטאָ, דער ערשטער באַטאַליאָן אויף סטראַשון גאַס 6 (Žemaitijos gatvė), דער צווייטער אויף שפּיטאָל גאַס 6 (Ligoninės gatvė). דעם צווייטן באַטאַליאָן האָבן די נאַציס אַרומגערינגלט פֿריִער ווי ער האָט געקענט זיך באַוואָפֿענען. עטלעכע האָבן זיך אַרויסגעראַטעוועט דורך די געטאָ־טויערן. דעם טאָג האָט די פֿפּ"אָ אַרויסגערופֿן צום קאַמף קעגן די דײַטשן, כּדי מען זאָל ניט גיין "ווי שעפּסן צו דער שחיטה". מען האָט טאַקע געקעמפֿט, אָבער די צאָל קעמפֿערס איז געווען קליין און באַוואָפֿנט זײַנען זיי געווען אַ סך ערגער פֿון די נאַציס. די מענער וואָס זײַנען געבליבן לעבן אין געטאָ האָבן די נאַציס דעפּאָרטירט קיין עסטלאַנד; די יונגע פֿרויען קיין לעטלאַנד; און די אַלטע לײַט און קינדער קיין מײַדאַנעק. נאָר עטלעכע ייִדן האָט זיך אײַנגעגעבן אויסצובאַהאַלטן אין ווילנע. ווען די רויטע אַרמיי האָט באַפֿרײַט די שטאָט, דעם 12טן יולי 1944, זײַנען דאָרטן געווען נאָר אַ צענדליק ייִדן.

פֿון די 5,000,000 ייִדן וואָס האָבן ערבֿ דער מלחמה געוווינט אין ראַטן־פֿאַרבאַנד האָבן די נאַציס אויסגעהרגעט מער פֿון 1,5 מיליאָן. 500,000 ייִדן האָבן געקעמפֿט אויף די פֿראָנטן אין די שלאַכטן קעגן די היטלעריסטן. די העכסטע באַלוינונג – "העלד פֿון דעם ראַטן־פֿאַרבאַנד" – האָט מען 150 ייִדישע זעלנער און אָפֿיצירן צוגעטיילט. בערך 6,000 ווילנער ייִדן האָבן איבערגעלעבט דעם חורבן: פֿון די וועלדער אַרום ווילנע זײַנען צוריקגעקומען ווײניקער פֿון 1,000 ייִדן; פֿון די קאָנצענטראַציע־לאַגערן האָבן זיך צוריקגעקערט קיין ליטע אַ פּאָר טויזנט לעבן־געבליבענע. די גרעסטע צאָל ייִדן וואָס זײַנען נאָך דער מלחמה צוריקגעקומען קיין ליטע זײַנען געווען די עוואַקויִרטע קיין רוסלאַנד, די זעלנער פֿון דער 16טער ליטווישער דיוויזיע און – סאַראַ איראָניע – אַ סך פֿון די ייִדן, וואָס דער סטאַלין־רעזשים האָט נאָך פֿאַר דער מלחמה דעפּאָרטירט קיין סיביר. אין סעפּטעמבער 1944 זײַנען שוין אין ווילנע געווען כּמעט 2,000 ייִדן. די צאָל ייִדן איז בשעת די

ווײַטערדיקע יאָרן ווײַטער געוואַקסן – ניט נאָר ווילנער ייִדן וואָס האָבן זיך צוריקגעקערט אַהיים, נאָר אויך עטלעכע טויזנט ייִדן פֿון אַנדערע שטעט און פֿון אַנדערע רעפּובליקן פֿונעם ראַטן־פֿאַרבאַנד.

נאָך דער מלחמה האָט אין ווילנע זייער גיך אַרויסגעשפּראָצט פֿונעם אַש אַ ייִדיש לעבן. שוין אין 1945 האָבן די לעבן־געבליבענע אויפֿגעשטעלט אַ ייִדישן מוזיי אין ווילנע. זיי האָבן אויך גענומען אײַנאָרדענען אַ קהילה און אַנדערע ייִדישע אינסטיטוציעס. נאָר אַזעלכע אינסטיטוציעס האָט די סאָוועטן־מאַכט ניט לאַנג טאָלערירט. שוין אין 1949 האָבן די סאָוועטן געמאַכט דעם ייִדישן מוזיי פֿאַר אַ טייל פֿונעם ווילנער עטנאָגראַפֿישן מוזיי, וואָס האָט פּשוט געהייסן דער סוף פֿונעם ייִדישן מוזיי. אין די דאָזיקע נאָך־מלחמהדיקע יאָרן האָבן די סאָוועטן נאָך חרובֿ געמאַכט דעם אַלטן ייִדישן בית־עולם און פֿאַרבויט דאָס אָרט מיט אַ ספּאָרטפּלאַץ. די אַלטע ווילנער שטאָטשול, וואָס האָט געשפּילט אַזאַ גרויסע ראָלע אין דער ייִדישער טראַדיציע פֿון דער שטאָט, איז בשעת דער מלחמה זייער שטאַרק צעשעדיקט געוואָרן – אָבער ניט אין גאַנצן צעשטערט. מען האָט זי נאָך געקענט רעסטאַווּרירן, און אין די 1950ער יאָרן האָבן דאָך נאָך געוווינט 15־20 טויזנט ייִדן אין ווילנע. די סאָוועטן האָבן אָבער געמאַכט די שול מיט דער ערד גלײַך און געבויט אויף איר אָרט אַ קינדער־גאָרטן. די אַלטע נעמען פֿון די ייִדישע גאַסן, ווו ייִדן האָבן געוווינט שוין יאָרהונדערטער, האָט מען געביטן. דעם דענקמאָל אויפֿגעשטעלט אויף פּאָנאַר לזכר די ייִדישע און אַנדערע קרבנות פֿון די נאַציס, האָט מען אין 1952 אַראָפּגענומען; שפּעטער צו, אין די 1960ער יאָרן, ווען די סאָוועטן האָבן דערלויבט אויפֿצושטעלן דאָרטן אַ דענקמאָל, האָט מען מיט קיין וואָרט ניט דערמאָנט, אַז ס'רובֿ קרבנות זײַנען געווען ייִדן: מען האָט דאָרטן נאָר אויסגעקריצט אויפֿן דענקמאָל, אַז דאָרטן האָט מען אויסגעהרגעט "סאָוועטישע בירגער".

ניט־קוקנדיק אויף די פֿאַרדינסטן פֿון די ייִדן בעת דער מלחמה און אין דער געזעלשאַפֿט בכלל האָט סטאַלין אָנגעהויבן נאָך דער מלחמה אַ ברייטע אַנטיסעמיטישע קאַמפּאַניע, וואָס האָט ברוטאַל אונטערגעדריקט כּלערליי ייִדישע קולטורעלע און געזעלשאַפֿטלעכע אָרגאַניזאַציעס אין דער ליטע (און פֿאַרשטייט זיך, ניט נאָר דאָרטן); די ייִדישע אינטעליגענץ אַליין האָט מען אָדער רעפּרעסירט אָדער דערהרגעט: מען האָט זיי אַרויסגעטריבן פֿון דער אַרבעט, פֿון זייערע פּאָסטנס אין דער וויסנשאַפֿט און אינדוסטריע, פֿון די אוניווערסיטעטן, אָדער מען האָט זיי געמאַכט דאָס לעבן און אַרבעטן אַזוי שווער, אַז זיי זײַנען געוואָרן לחלוטין דעמאָראַליזירט. נאָך סטאַלינס טויט האָט די פּאַרטיי געשאַצט לגבאַי זײַן קולט און זיך אָפּגעטרייסלט פֿון אַ סך אַספּעקטן פֿון זײַן פּאָליטיק, אָבער ניט אַלץ פֿון זײַן אַנטיסעמיטישער פּאָליטיק. נאָך דער מלחמה פֿון 1967 אין ישׂראל האָט די אַנטי־ייִדישע פּאָליטיק אין ראַטן־פֿאַרבאַנד זיך נאָך מער פֿאַרשטאַרקט, דערפֿירנדיק צו אַ גרעסערער עמיגראַציע פֿון ייִדן: בשעת די יאָרן 1970־1975 האָבן מער ווי 10,000 ייִדן עמיגרירט פֿון ליטע. אָבער ניט אַלע זײַנען זיי געווען אַלט־געזעסענע ליטווישע תּושבֿים – ווײַל עס איז געווען אַ ביסל גרינגער צו עמיגרירן פֿון ליטע איידער פֿון אַנדערע סאָוועטישע לענדער, זײַנען אַ סך סאָוועטישע ייִדן פֿריִער אַריבערגעפֿאָרן קיין ליטע (בפֿרט פֿון ווײַסרוסלאַנד, אוקראַינע און מאָלדאַוויע), כּדי זיי זאָלן קענען ווײַטער עמיגרירן פֿונעם סאָוועטן־פֿאַרבאַנד. ניט קוקנדיקן דערויף וואָס די סאָוועטן האָבן געפּרווט דערשטיקן די ייִדישע קולטור האָט זיך צונויפֿגעשטעלט אַ קרײַז שרײַבערס: אַבֿרהם סוצקעווער, אַבא

קאָוונער און שפּעטער :ה. אָשעראָוויטש, ה. כאַצקעלס, י. יאָסאַדע, י. לאַצמאַן, ש. בעלי־לעגיס, מ. יעלין, י. קאָטליאַר. דער ווילנער ייִדישער קונסט־קאָלעקטיוו איז אין יענע יאָרן געוואָרן דער ערשטער אינעם גאַנצן ראַטן־פֿאַרבאַנד.

אין די יאָרן ווען מען האָט אַראָפּגעוואָרפֿן די סאָוועטן־מאַכט, האָבן נאָך אַ מאָל אויפֿגעבליט די רעשטלעך פֿון דער ייִדישער קולטור אין ווילנע. אין 1989 האָט מען אויף ס'ניײַ מיסד געווען דעם ספּאָרטפֿאַראיין "מכּבי". אין 1990 האָט מען ווידער אַ מאָל געקענט אויפֿשטעלן אַ ייִדישן מוזיי אין ווילנע, אונטערן דירעקטאָר עמנואל זינגער. צוויי אַלטע ייִדישע גאַסן האָבן צוריקבאַקומען זייערע אַלטע נעמען: די "ייִדישע גאַס" (Žydu gatvė) און די "גאָון־גאַס" (Gaono gatvė). אין דער ליטווישער "ביכער־פּאַלאַטע" פֿון דער נאַציאָנאַלער ביבליאָטעק האָט מען 1989 געשאַפֿן אַן אָפּטייל פֿאַר ייִדישער ליטעראַטור, מיט וועלכן עס פֿירט אָן פֿירע בראַמסאָן. די זאַמלונג באַשטייט אין ביכער וואָס זײַנען געקומען פֿון פֿאַרשיידענע פֿריִערדיקע זאַמלונגען – פֿון ייִוואָ, פֿון דער סטראַשון־ביבליאָטעק אאַז"וו. אין דער זעלביקער צײַט האָט פּראָפֿעסאָר מאיר שוב – אַ פּראָפֿעסאָר פֿון אייראָפּעיִשער פֿילאָסאָפֿיע – מיסד געווען אינעם ווילנער אוניווערסיטעט אַן אָפּטיילונג פֿאַר יודאַיִקאַ (ייִדישע לימודים). אין 1989־1990 האָבן זיך אין דער ווילנער ייִדישער נאַציאָנאַלער שול געלערנט 800 ייִדישע קינדער; דעמאָלט האָט מען געלערנט מיט אַ טייל קינדער אויך ייִדיש; הײַנט לערנט מען מיט די קינדער מער ניט קיין ייִדיש. זינט 1989 גייט אַרויס די צײַטונג "ירושלים ד'ליטא"; איצטער ווערט זי אַרויסגעגעבן אויף פֿיר שפּראַכן: ייִדיש, ליטוויש, רוסיש און ענגליש. אין די זעלביקע יאָרן אָבער האָט זיך פֿון ס'ניײַ אָנגעהויבן אַ כוואַליע עמיגראַציע פֿונעם גאַנצן אַמאָליקן ראַטן־פֿאַרבאַנד, וואָס נעמט אַרײַן אויך די ליטע.

ערבֿ [ערעוו] on the eve of
ראַטן־פֿאַרבאַנד, דער Soviet Union
אָפּגעבן אָפּגעגעבן hand over, deliver
בערך [בעערעך] approximately
פּליט [פּאָלעט], דער ־ים [פּלייטים] refugee
אַנטלויפֿן * אַנטלאָפֿן flee, escape
איבערנעמען איבערגענומען take over control of
תּיכּף [טייקעף] immediately
תּפֿיסה [טפֿיסע], די ־ות prison, jail
דערשיסן דערשאָסן shoot dead
באַפֿעלקערונג, די ־ען population, populace
סוחר [סויכער], דער ־ים [סאָכרים] merchant
וכדומה [אוכדוימע] and so forth, etc.
באַוויזן באַוויזן succeed in, manage to
אַנטלויפֿן * אַנטלאָפֿן escape
שאַפֿן געשאַפֿן form, create
ייִדנראַט, דער Jewish Council
פֿאַרלאַנגען פֿאַרלאַנגט demand

מיטגליד, דער ־ער member
פֿאַרוווּנדיקן פֿאַרוווּנדיקט wound
אַרומרינגלען אַרומגערינגלט surround
אַרויסטרײַבן אַרויסגעטריבן drive out
טורמע, די ־ס prison
גרוב, דער/די גריבער pit
מת [מעס], דער/דאָס ־ים [מייסים] corpse
אויסהרגענען [אויסהאַרגענען] אויסגעהרגעט kill
אויף וויפֿל מיגלעך to the extent possible
בילדונג, די secular education
וווילטעטיקייט, די welfare
געזעלשאַפֿטלעך social
ידיעה [יעדיע], די ־ות information, news
אונטערערדיש secret, ‘underground’
אַריבערפֿירן אַריבערגעפֿירט transport
וואָפֿן, דער ־ס weapon
פּעלץ, דער ־ן fur
גאַרבערײַ, די ־ען tannery

פֿאָסט, די ־ן	mail, post office
בעל־מלאָכה [באַלמעלאָכע], דער ־ות	craftsman
בלויז	only, no more than
ראַטעווען געראַטעוועט	save, rescue
וואָס מער	as many as possible
פֿאָרשטייער, דער ־ס	representative, agent
אחריות [אַכרײַעס], דאָס/די	responsibility
פֿאַרייניקן פֿאַראייניקט	join together, unify
שונא [סוינע], דער ־ים [סאָנים]	enemy
אָנפֿירן מיט אָנגעפֿירט	lead, conduct
שותּף [שוטעף], דער ־ים [שוטפֿים]	colleague, associate
אויסשולן אויסגעשולט	train
אײַנשטעלן אײַנגעשטעלט	establish
באַשליסן באַשלאָסן	decide
געוויר ווערן * געוואָרן	discover, find out
כאַפּן געכאַפּט	seize, capture
באַהעלטעניש, דאָס ־ן	hide-out
אָפּטייל, דער ־ן	section
טויער, דער ־ן	gate
באַפֿאַלן * באַפֿאַלן	attack
טאָמער	if, in the case that
הגם [האַגאַם]	although
אויפֿבויען אויפֿגעבויט	build up
גורל [גוירעל], דער/דאָס ־ות גויראָלעס	fate, destiny
שטימונג, די ־ען	mood, attitude
זיצונג, די ־ען	meeting
אַרויסרופֿן אַרויסגערופֿן	call forth, summon
אײַנגעבן {אײַנגעגעבן} זיך (דאַטיוו)	succeed
אויסבאַהאַלטן אויסבאַהאַלטן	hide

שלאַכט, די ־ן	battle
באַלוינונג, די ־ען	reward, award
זעלנער, דער ־/־ס	soldier
חורבן [כורבם], דער ־ות	holocaust
אַרויסשפּראָצן אַרויסגעשפּראָצט	sprout, emerge
פֿאַרבויען פֿאַרבויט	block/cover up by construction
צעשעדיקן צעשעדיקט	damage
אַראָפּטראָגן אַראָפּגעטראָגן	take down
לזכר [לעזייכער]	in memory of
אויסקריצן אויסגעקריצט	engrave
ניט קוקנדיק אויף	in spite of, despite
פֿאַרדינסט, דאָס ־ן	merit, service
געזעלשאַפֿט, די ־ן	society
בכלל [ביכלאַל]	in general
אונטערדריקן אונטערגעדריקט	oppress
כּלערליי [קאָלערליי]	all kinds of
לחלוטין [לאַכלוטן]	completely
שאַצן {געשאַצט} לגנאַי [ליגנײַ]	condemn
אָפּטרייסלען {אָפּגעטרייסלט} זיך פֿון	disavow, distance oneself from
אַלט־געזעסן	long-time resident
דערשטיקן דערשטיקט	suffocate, choke
אַראָפּוואַרפֿן אַראָפּגעוואָרפֿן	cast off
אויפֿבליִען אויפֿגעבליט	blossom, bloom
רעשטל, דאָס ־ך	remnant
מיסד [מעיאַסעד] זײַן	found
ספּאָרטפֿאַריין, דער ־ען	athletic club
צוריקבאַקומען צוריקבאַקומען	get back,again receive
זאַמלונג, די ־ען	collection

דאָס ייִדישע לעבן הײַנט אין ווילנע [1]

זינט דעם חורבן איז אַלץ, פֿאַרשטייט זיך, אין גאַנצן אַנדערש ווי פֿריִער. ניט נאָר אין ליטע, נאָר אויך און בפֿרט אין ליטע. אויפֿן אָרט פֿונעם אַלטן שולהויף שטייען מער ניט קיין שולן און קלויזן, נאָר אַ ליטווישער קינדער־גאָרטן. דאָס ייִדישע לעבן פֿון "ווילנע פֿון אַמאָל" וועט מען מער ניט זען. פֿונדעסטוועגן איז נאָך פֿאַראַן אַ ייִדיש לעבן: אין דער הײַנטצײַטיקער ליטע וווינען בערך 4,000 ייִדן. פֿון די הונדערטער שולן און קלויזן פֿון אַמאָל איז הײַנט פֿאַרבליבן אין ווילנע בלויז איין־און־איינציקע פֿאַר־מלחמדיקע שול ווו מען דאַוונט (די כאָרשול), און אויך אין קאָוונע איז פֿאַראַן איין שול. אין ווילנע איז אויך דאָ אַ חב"ד־הויז ניט ווײַט פֿון דער כאָרשול. שוין פֿופֿצן יאָר איז דאָ דער ייִדישער מלוכה־מוזיי אין ווילנע, וואָס געפֿינט זיך אין צוויי הײַזער אין שטאָט: אין איינעם פֿון אָט די בנינים

געפֿינען זיך אויך די ביוראָען פֿון דער ייִדישער קהילה פֿון ליטע (אויף דער פּילימאָ גאַס 4 = Pylimo gatvė די אַמאָליקע זאַוואַלנע גאַס). אין פּאָנאַר, וווּ די נאַציס האָבן אויסגעהרגעט די ווילנער ייִדן, איז דאָ אַ מוזיי. אויף צפֿון־מערבֿ פֿון דער שטאָט, אויפֿן אַזוי גערופֿענעם נײַעם בית־עולם, קען מען נאָך זען דעם אוהל (קבֿר) פֿון דעם ווילנער גאָון (צוזאַמען מיט דעם גר־צדק). אַ ייִדישע שול פֿאַר קינדער (די "שלום־עליכם־שול") איז ווײַטער טעטיק אין שטאָט; נאָר דאָרטן רעדט מען און לערנט מען ניט קיין ייִדיש, ווײַל די ישׂראלדיקע רעגירונג וועט ניט באַוויליקן שטיצן פֿינאַנציעל אַ שול וווּ מען לערנט ייִדיש (עס מוז זײַן רק עבֿרית !). אין די פֿאַרגאַנגענע יאָרן איז אין ווילנע געשאַפֿן געוואָרן אַן אינסטיטוט, וואָס פֿאַרנעמט זיך מיט ייִדישע קולטורעלע ענינים: אין 2001 האָט מנחם־מענדל כּהנא מיסד געווען דעם ווילנער אינסטיטוט פֿאַר ייִדישער שפּראַך און קולטור בײַם ווילנער אוניווערסיטעט (אוניווערסיטעטאָ 7). מיט דעם אינסטיטוט פֿירן איצט אָן די פּראָפֿעסאָרן דוד קאַץ און שאַרונאַס ליעקיס. אינעם אינסטיטוט פֿירט מען דורך סעמינאַרן און לעקציעס פֿאַרן ווילנער אוניווערסיטעט, ווי אויך פֿאָרשפּראָיעקטן און פּובליקאַציעס, און יעדן זומער איז דאָרטן טעטיק די זומער־פּראָגראַם פֿאַר ייִדישער שפּראַך און קולטור.

חורבן [כורבם], דער	Holocaust
אוודאי [אוואדע]	indeed, especially
שולהויף, דער ־ן/שולהייף	synagogue courtyard
קלויז, די ־ן	small guild synagogues
אַמאָל	earlier, the past
פֿונדעסטוועגן	nonetheless
הײַנטצײַטיק	contemporary
בערך [בעערעך]	approximately
מלוכה [מעלוכע], די ־ות	state, national
בנין [ביניען], דער, בנינים [ביניאָנים]	building
געפֿינען זיך געפֿונען	are located
אויסהרגענען אויסגעהרגעט	massacre
צפֿון [צאָפֿן]	north
מערבֿ [מײַרעוו]	west
בית־עולם [בייסוילעם], דער ־ס	Jewish cemetery
אוהל [אויעל], דער ־ים [אויהאָלים]	tomb structure of an important person
דער ווילנער גאָון	the Vilne Gaon (1720-97)
גר־צדק [גער־צעדעק]	Count Valentin Potozki (?- 1749)
באַוויליקן באַוויליקט	grant, accord
שטיצן געשטיצט	support
רק עבֿרית [ראַק איווריט]	Hebrew only [*Hebr.*]
פֿאַרגאַנגען	last, recent
פֿאַרנעמען זיך פֿאַרנומען	are occupied with
ענין [איניען], דער ־ים [איניאָנים]	matter, affair, case
מיסד [מעיאַסעד] זײַן	found
פֿאָרשפּראָיעקט, דער ־ן	research project

באַוווּסטע פּערזענלעכקייטן [1]

במשך פֿון די יאָרהונדערטער איז ליטע געווען אַ שיידוועג פֿאַר באַוווּסטע מענטשן און קולטורן. מען קען דערמאָנען דעם רבי שניאור־זלמן פֿון ליאַדי (1745־1813), וואָס ער האָט מיסד געווען די חב"דער חסידות אין ליובאַוויטש (מיזרח־רײַסן). אויך זײַן קעגנער, דעם ווילנער גאָון (1720־1797), וואָס ער איז געווען דער חשובֿסטער פֿאַרטרעטער פֿון מתנגדות. אין 1812, בעת זײַן קאַמפּאַניע קעגן רוסלאַנד, איז נאַפּאָלעאָן באָנאַפּאַרט

(1769־1821) געווען אין ווילנע, וווּ ער האָט געוווינט אינעם פּאַלאַץ לעבן אוניווערסיטעט, וואָס דאָס איז איצטער דער פּאַלאַץ פֿונעם ליטווישן פּרעזידענט. נאַפּאָלעאָן איז אויך אַרײַנגעגאַנגען אין דער ווילנער שטאָט־שול, וואָס, ער האָט געמיינט, איז געווען אַ בײַשפּיל פֿון דער סאַמע שענסטער אַרכיטעקטור פֿון אייראָפּע. דער אויגן־דאָקטער און פֿילאָלאָג לודוויג זאַמענהאָף (1859־1917), וואָס האָט אויסגעפֿונען דאָס אינטערנאַציאָנאַלע לשון עספּעראַנטאָ, הגם ער איז געווען אַ געבוירענער פֿון ביאַליסטאָק, האָט געוווינט אַ ווײַלע אין קאָוונע. פֿון קאָוונע קומט אויך דער מחבר אַבֿרהם מאַפּו (1807־1867), וואָס האָט אָנגעשריבן דעם ערשטן מאָדערנעם העברעיִשן ראָמאַן, *אַהבֿת ציון*, פּובליקירט אין ווילנע אין 1853. ער האָט זיך באַניצט מיט טראַדיציאָנעלע ייִדישע טעמעס און מיטן סטיל פֿון תנך, אָבער מיט דער מאָדערנער ראָמאַן־טעכניק, וואָס מען האָט געקענט, למשל, פֿון דער רוסישער אָדער דײַטשער ליטעראַטור. אין 1846 איז בשעת זײַן נסיעה דורך רוסלאַנד אויך געווען אין ווילנע דער גרויסער פֿילאַנטראָפּ סער משה מאָנטעפֿיאָרע (1784־1885). דער גרויסער פּוילישער מחבר און קולטור־טוער אַדאַם מיצקיעוויטש (1798־1855), וואָס זײַן הויפּטווערק איז געווען *פּאַן טאַדעוש* (1843), איז געבוירן געוואָרן אין דער ליטע (נאָוואַרעדאָק) און געווען אַ סטודענט אין ווילנער אוניווערסיטעט. אים האָט מען צוליב זײַן פּאָליטישער טעטיקייט אַרויסגעטריבן פֿון דער ליטע. שפּעטער האָט ער געהאַלטן לעקציעס אין פּאַריזער אוניווערסיטעט וועגן דער השפּעה פֿון דער ייִדישער קולטור אויף דער פּוילישער קולטור. ער איז געווען אַ גרויסער שומר־ישׂראל און האָט געפֿאָדערט גלײַכע רעכט פֿאַר ייִדן אָן אַסימילאַציע. דער אַטאָם־פֿיזיקער ראָבערט אָפּנהיימער, וואָס ער האָט געוווּנען די נאָבעל־פּרעמיע, איז אַ געבוירענער פֿון סאַלאַנט אין דער ליטע און איז געווען אַ ישיבֿה־בחור אין טעלדז. אין 20סטן יאָרהונדערט האָבן געלעבט און געאַרבעט אין ווילנע זייער אַ סך חשובֿע קולטור־טוערס: עמנואל לעווין [שפּעטער: לעווינאַס] איז געבוירן געוואָרן אין קאָוונע, וווּ ער האָט געלערנט אין חדר און ישיבֿה, איידער ער האָט אימיגרירט קיין פֿראַנקרײַך, וווּ ער איז געוואָרן אַ באַוווּסטער פֿילאָסאָף. די ברידער לייזער [1917־1969] און פֿישל טשעס, וואָס זײַנען געבוירן געוואָרן אין מאָטעלע לעבן פּינסק, האָבן אימיגרירט קיין שיקאַגאָ, וווּ זיי האָבן אויסגעבויט אַ וויכטיק געשעפֿט בײַם רעקאָרדירן דיסקן פֿון בלוזזינגערס ווי מאַדי וואַטערס, טשאַק בערי און עטאַ דזשיימס. אי דער פּוילישער נאָבעל־לאַווראַט טשעסלאַוו מילאָש (1911־2004), אי דער ליטווישער פּאָעט און ליטעראַטור־קריטיקער טאָמאַס ווענצלאָוואַ (1937־), זײַנען געבוירענע ווילנער. דער באַוווּסטער סעמיאָטיקער אַלגירדאַס גריימאַס (1917־1992), וואָס איז געווען אַ מיטגרינדער פֿונעם קולטורעלן סטרוקטוראַליזם אין פֿראַנקרײַך, איז געבוירן געוואָרן אין דער ליטע. דער רוסיש־ייִדישער פּאָעט יוסף בראָדסקי (1940־1996), וואָס איז געבוירן געוואָרן אין פּעטערבורג, האָט אָבער אין די 60ער יאָרן געוווינט אויף דער ליִעיקלאָס גאַס אין ווילנע. ווילנע איז געווען און איז נאָך הײַנט אַ שיידוועג פֿון קולטור־טוערס און קולטורעלע באַוועגונגען.

באוווסט	famous
במשך [בעמעשעך] פֿון	in the course of, during
שיידוועג, דער ־ען	crossroads
דערמאָנען דערמאָנט	mention
חסידות [כסידעס], דאָס –	Hasidism
רײַסן, דאָס	[Litvak] Belarus, Belorussia
חשובֿ [כאָשעוו]	important
פֿארטרעטער, דער ־ס	representative
מתנגדות [מיסנאַגדעס], די –	traditional opposition to Hasidism
סאַמע	the very + *superlative*
אויסגעפֿינען אויסגעפֿונען	invent
הגם [האַגאַם]	although
מחבר [מעכאַבער], דער ־ים [מעכאַברים]	author
באַניצן זיך (מיט) באַניצט	use
טעמע, די ־ס	theme, concept
נסיעה [נעסיע], די ־ות	journey, trip
הויפּטווערק, דאָס –	*magnum opus*
טעטיקייט, די ־ען	activity
אַרויסטרײַבן אַרויסגעטריבן	drive out, exile
דערנאָכדעם	thereafter, later
השפּעה [האַשפּאָע], די ־ות	influence
שומר [שוימער], דער ־ים [שאָמרים]	champion, defender of
פֿאָדערן געפֿאָדערט	promote
גלײַך	equal
טייל	some of
פּרעמיע, די ־ס	prize
לאַורעאַט, דער ־ן	laureate
מיטגרינדער, דער ־ס	co-founder

2

שלמה אטאמוק (‎-1918)

השכלה און מוסר [3]

די היסטאָריש־עטנאָגראַפישע ליטע, ווילנע, ווי אויך די דערבײַ ליגנדיקע ווײַסרוסישע טעריטאָריעס, ווו עס האָבן געלעבט "ליטוואקעס", זײַנען געווען א וועלט־צענטער פון יידישער קולטור, וויסנשאַפט און בילדונג. דאָ האָבן געלעבט און געשאַפן בארימטע תלמודיסטן, אהער פלעגן קומען לערנען תורה יידן פון גאַנץ רוסלאַנד און אנדערע לענדער. פון דאנען זײַנען ארויס אין דער וועלט באַוווסטע רבנים. זייער בילדונגס־באזע זײַנען געווען ישיבות, וועלכע האָבן פונקציאָנירט אין פארשיידענע שטעט און שטעטלעך פון ליטע. דעם בעסטן נאָמען אין דער וועלט האָבן געהאט די וואָלאָזשינער, ווילנער ראַמיילעס, ראַדונער, מירער, קאָוונער (סלאָבאָדקער), טעלשער ישיבות. [...]

דער מעטאָד פון שטודירן אין ישיבות איז באשטאַנען אין דעם, וואָס די תורה האָט מען ניט נאָר געלערנט, אָבער "געטײַטשט", קאָמענטירט, זיך ארײַנגעגריבלט אין תוך פון יעדער טעזיס און געזוכט זײַן טיפן געדאַנק. דאָס האָט אַנטוויקלט בײַ ישיבה־בחורים די פעיקייט צו דענקען, דיסקוטירן, זוכן און געפינען דעם תמצית פון יעדער דערשײַנונג. אויסער רבנים, איז פון ישיבות ארויס א טייל פון דער יידישער אינטעליגענץ, בארימטע משכילים. שפּעטער – אויך אקטיווע טוער פון דער ציוניסטישער און רעוואָלוציאָנערער באַוועגונג, פאַרשיידענע ספּעציאַליסטן, געלערנטע, וועלכע האָבן שפּעטער שטודירט אין הויכשולן פון רוסלאַנד און אין אנדערע לענדער.

יידן האָבן שטענדיק געהאט א גרויסן אָפּשײַ פאר די, וואָס קלײַבן זיך פונאַנדער אין די "שווארצע פינטעלעך". תורה האָבן געלערנט ניט נאָר רײַכע, אויך מיטגלידער פון אָרעמע משפּחות. עס האָבן זיך אײַנגעפונען ניט ווייניק מעצענאַטן, וועלכע האָבן זיי געשטיצט. די השכלה האָט זיך ארײַנגעריסן אין טראַדיציאָנעלן גײַסטיקן רעליגיעזן לעבן און אים צערודערט. ניט קוקנדיק אויפן ווידערשטאַנד פון די אָרטאָדאָקסאַלע קרײַזן, האָט זי פארנומען אלץ נײַע און נײַע פּאָזיציעס. דאָס איז ניט געווען קיין וווּנדער. די השכלה האָט סטימולירט די קולטורעלע און עקאָנאָמישע באַדערפענישן, דער גאַנצער ארום. בײַם געבילדעטן נײַעם דור האָט זיך ביסלעכווײַז אַנטוויקלט א נײַער באַגריף פון לעבן, א נײַער צוגאַנג צו זײַן גורל און דער צוקונפט. דאָס איז געווען ניט קיין פּשוטער און לײַכטער פּראָצעס.

די תורה איז בײַ ייִדן טראַדיציאָנעל געווען דער העכסטער אויסדרוק פֿון נאַציאָנאַלער און סאָציאַלער חכמה: "ווּ תורה – דאָרט איז חכמה". זי, די תורה, האָט מען געהאַלטן פֿאַר דער באַזע און דעם עיקר פֿון ייִדישן לעבן און וועלט־אויפֿפֿאַסונג בכלל. די השׂכּלה האָט אָבער געפּרײַדיקט און דערוויזן, אַז הינטער די ווענט פֿון בית־מדרש און דער ישיבה עקסיסטירט "אַ גרויסע, שיינע, ליכטיקע וועלט".

די אָרטאָדאָקסאַלע ייִדן האָבן גערופֿן צו קעמפֿן קעגן דעם נײַעם קוק אויפֿן לעבן, קעגן דעם צוגאַנג צו די רעליגיעזע און נאַציאָנאַלע צילן. לויט דער איניציאַטיוו פֿון באַרימטן רב י. סאַלאַנטער, איינעם פֿון די גרינדער און אָנפֿירער פֿון דער קאָוונער סלאָבאָדקער ישיבה, איז אין דער צווייטער העלפֿט פֿון 19טן י.ה. אַנטשטאַנען די רעליגיעז־עטישע מוסר־באַוועגונג. י. סאַלאַנטער האָט אין דער השׂכּלה אײַנגעזען אַ גרויסע געפֿאַר פֿאַרן ייִדישן רעליגיעזן לעבן און פֿאַרן שולחן־ערוך. לויט זײַן אויפֿפֿאַסונג האָט דער ענטפֿער אויף דער השׂכּלה ניט געדאַרפֿט זײַן בלויז אַ נעגאַטיווער. דאָס לעבן האָט געפֿאָדערט אַרײַנצוטראָגן אין טראַדיציאָנעלן דענקען געוויסע קאָרעקטיוון. דער לאָזונג פֿון די משׂכּילים "דערקען די וועלט" האָט י. סאַלאַנטער קעגנגעשטעלט אַ לאָזונג "דערקען דאָס, וואָס איז ייִדיש, דערקען זיך אַליין". לויט זײַנע ווערטער האָבן די אַלטע למדנים אונדז געלערנט: "דערקען די תורה", די חסידים – "דערקען גאָט", י. סאַלאַנטער האָט געזאָגט: "דערקען זיך". דער מוסר האָט אַרײַנגעטראָגן אין פּראָצעס פֿון לערנען תורה אַן עטיש־מאָראַלישן עלעמענט. דאָס לערנען די הייליקע תורה, דער רעליגיעזער זעלבסט־באַוווּסטזײַן, מאָראַל און תשובה האָבן געזאָלט אָפּווענדן די ייִדן פֿון דער טאָגטעגלעכקײַט און פּרימיטיווער מאָראַל, העלפֿן זיי מאָראַליש זיך דערהעכערן און פֿאַרפֿולקאָמען. די מוסרניקעס האָבן געהאַט אָנהענגער אין ליטע, אוקראַינע און אַנדערשווּ. און כאָטש דער מוסר איז ניט געוואָרן קיין ברייטע באַוועגונג, איז ער געווען אַ וויכטיקע דערשײַנונג אין גײַסטיקן לעבן פֿון ייִדנטום. [...]

אין דער אַלגעמיין אָנערקענטער נויטווענדיקײַט צו רעפֿאָרמירן דאָס לעבן האָבן אָבער די משׂכּילים פֿון מערב און מיזרח אײַנגעזען פֿאַרשיידענע וועגן צום ציל. אין מערב האָט געהערשט דער ווילן זיך צו דערנענטערן און אפֿילו זיך צוזאַמענגיסן מיטן קריסטלעכן אַרום און זײַן קולטור, אַ דראַנג צו אַסימילאַציע. דאָרט האָבן די משׂכּילים אַליין מערסטנטייל געשריבן אויף דײַטש. אין מיזרח אייראָפּע, רוסלאַנד, בפֿרט אין ליטע, זײַנען ניט געווען אַזוינע באַדינגונגען, וועלכע זאָלן, ווי אין מערב, סטימולירן זיך אָפּצוזאָגן פֿון דער טראַדיציאָנעלער גײַסטיקער ירושה און פֿאַרבײַטן זי מיט ווערטן פֿון אַנדערע פֿעלקער און רעליגיעס. אויך דאָ זײַנען געווען געוויסע אַסימילאַציע־טענדענצן, אָבער געהערשט האָט די איבערצײַגונג, אַז דער וועג צום ציל גייט ניט דורך אַסימילאַציע, נאָר דורך שטאַרקן דעם נאַציאָנאַלן באַוווּסטזײַן און פֿאַרשפּרייטן בילדונג, דורך בײַטן דעם לעבנס־שטייגער אויפֿן גרונט פֿון אייגענע נאַציאָנאַלע ווערטן. די משׂכּילים אין ליטע האָבן געשאַפֿן זייערע ווערק אויף העברעיִש און ייִדיש; פֿון ליטע האָבן געשטאַמט און דאָ האָבן זיך געלערנט די באַרימטסטע משׂכּילים אין רוסלאַנד.

[שלמה אטאמוק, *ייִדן אין ליטע* (ווילנע: אקציע־געזעלשאפט 'ליטואנוס', 1990), ז. 56-61.]

השׂכּלה [האַסקאָלע], די	Jewish Enlightenment
מוסר [מוסער], דער	mid-19th century moralistic movement in Lithuania
דערבײַ	*here*: nearby
בילדונג, די	[secular] education
שאַפֿן געשאַפֿן	work, create
אַהער	to here
פֿלעגן	used to (more than once)
באַשטײן * באַשטאַנען	consist
טײַטשן געטײַטשט	translate into Yiddish
אַרײַנגריבלען זיך אַרײַנגעגריבלט	probe, speculate
תּוך [טאָך], דער	core, essence, substance
געדאַנק, דער ־ען	idea, motive
אַנטוויקלען אַנטוויקלט	develop
פֿעיִקייט, די ־ען	ability
דענקען געדענקט	reason, cogitate
תּמצית [טאַמצעס], דער/דאָס ־ים [טאַמציייסים]	essence
משׂכּיל [מאַסקל], דער ־ים [מאַסקילים]	Haskalah adherent
באַוועגונג, די ־ען	movement
הויכשול, די ־ן	academy, university
שטענדיק	constantly, always
אָפּשײַ, דער	reverence, awe
פֿונאַנדערקלײַבן פֿונאַנדערגעקליבן	analyze, interpret
אײַנגעפֿינען אײַנגעפֿונען	be present; realize
מעצענאַט, דער ־ן	sponsor, financial supporter
שטיצן געשטיצט	support
אַרײַנרײַסן זיך אַרײַנגעריסן	break in, intrude
גײַסטיק	intellectual, spiritual
צערודערן צערודערט	agitate, rattle
ניט קוקנדיק אויף	in spite of, despite
ווידערשטאַנד, דער	resistance, opposition
פֿאַרנעמען פֿאַרנומען	take
וווּנדער, דער ־ס	marvel, wonder
באַדערפֿעניש, דאָס ־ן	need
אַרום, דער ־ען	environment, surroundings
דור [דאָר], דער ־ות [דוירעס]	generation
ביסלעכווײַז	gradually
באַגריף, דער ־ן	concept, notion
צוגאַנג, דער צוגענג	approach, attitude
גורל [גוירל], דער/דאָס ־ות [גויראָלעס]	fate, destiny
צוקונפֿט, די	future
העכסט	highest
אויסדרוק, דער ־ן	expression

חכמה [כאָכמע], די	wisdom, wit
עיקר [איקער], דער ־ים [איקרים]	principle, tenet
אויפֿפֿאַסונג, די ־ען	conception
בכלל [ביכלאַל]	in general
פּרײדיקן געפּרײדיקט	preach
דערווײַזן דערוויזן	prove
אַנטשטײן * אַנטשטאַנען	originate
אײַנזען אײַנגעזען	recognize
געפֿאַר, די ־ן	danger
שולחן־ערוך [שולכנאָרעך], דער	Shulhan Arukh [Code of Jewish Law]
פֿאָדערן געפֿאָדערט	demand, call for
אַרײַנטראָגן אַרײַנגעטראָגן	introduce, incoporate
לאָזונג, די ־ען	slogan
דערקענען דערקענט	recognize, know, identify
קעגנשטעלן קעגנגעשטעלט	oppose
לויט	according to
באַוווּסטזײַן, דאָס	consciousness
תּשובֿה [טשוווע], די ־ות	repentance; reply
אָפּווענדן אָפּגעווענדט/אָפּגעוואָנדן	divert
טאָגטעגלעכקייט, די ־ען	daily life
דערהעכערן זיך דערהעכערט	improve/raise themselves
פֿאַרפֿולקומען פֿאַרפֿולקומט	perfect
נויטווענדיקייט, די ־ען	necessity
ציל, דער ־ן	goal
הערשן געהערשט	dominate
ווילן, דער ־ס	will
דערנענטערן דערנענטערט	approach
צוזאַמענגיסן צוזאַמענגעגאָסן	meld, integrate
דראַנג, דער ־ען	striving
מערסטנטייל	primarily, mostly
באַדינגונג, די ־ען	condition
אָפּזאָגן אָפּגעזאָגט	renounce
ירושה [יערושע], די ־ות	inheritance, heritage
פֿאַרבײַטן פֿאַרביטן	change
ווערט, די/דער ־ן	worth, value, merit
איבערצײַגונג, די ־ען	conviction, belief
באַוווּסטזײַן, דאָס	consciousness
פֿאַרשפּרייטן פֿאַרשפּרייט	spread
בײַטן געביטן	change
לעבנס־שטייגער, דער ־ס	way of life
שטאַמען געשטאַמט	come/derive from

3

דער [טראַדיציאָנעלער] ייִדישער חינוך [1]

די ווערטער "דערציִונג" און "בילדונג" זײַנען דאָך גוטע ייִדישע ווערטער, אָבער מיט ייִדישקייט און יהדות האָבן זיי ניט צו טון: ווען מען גייט אין גימנאַזיע און שטודירט אין אוניווערסיטעט און ווען מען ווייסט וועגן אַנאַטאָמיע און מאַטעמאַטיק און אַפֿריקאַנישער לינגוויסטיק – דאָס איז דער רעזולטאַט פֿון דערציִונג. ווען מען ווייסט אויך וועגן שעקספּירן און טאָלסטויען און מאָצאַרטן און שאַגאַלן און אַריסטאָן, דאָס איז בילדונג. אָבער ווען מען גייט שוין צו דרײַ יאָר אין חדר און שפּעטער אין דער ישיבֿה און לערנט אַ גאַנץ לעבן, יעדן טאָג, אַ בלאַט גמרא – אויך ווען מען איז אַ שוסטער אָדער אַ שנײַדער אָדער אַ פּראָגראַמירער פֿון קאָמפּוטערס – דאָס איז ניט קיין "דערציִונג" און ניט קיין "בילדונג". ווען מען מוז לגמרי האָבן אַ וואָרט דערפֿאַר, דאָס איז "חינוך" אָדער פּשוט "לערנען".

שוין אין דער צײַט איידער דאָס ייִנגעלע גייט אין חדר האָט ער זיך שוין באַטייליקט אין די ברכות און די יום־טובֿים אין דער היים, און ער איז אַוודאי שוין געגאַנגען מיטן טאַטן אין שול. פֿאַר מיידעלעך האָט מען ניט געהאַט אומעטום חדרים. פֿונדעסטוועגן האָבן מיידעלעך בײַ דער מלמדקע געלערנט לייענען און שרײַבן ייִדיש און לייענען תּחינות און אַ מאָל אַ ביסל לשון־קודש. פֿאָרמעל האָט זיך דאָס לערנען אָנגעהויבן פֿאַר אַ ייִנגל ווען ס'איז געווען אַלט דרײַ ביז זעקס יאָר, ווען מען האָט אים געבראַכט צום מלמד – ווי י.־י. זינגער דערציילט – אין טאַטנס טלית אײַנגעוויקלט און פֿונעם טאַטן אויף די הענט געטראָגן. דאָרטן, בײַם מלמד אינעם דרדקי־חדר, האָבן די ייִנגעלעך געלערנט די אותיות פֿונעם אַלף־בית. שפּעטער האָבן זיי געלערנט נקודות, לייענען טראָפּ, גאַנצע ווערטער און דערנאָכדעם – אָנגעהויבן לייענען פֿונעם סידור. און שפּעטער זײַנען די ייִנגלעך געקומען אינעם חומש־חדר, וווּ זיי האָבן געלערנט לייענען און פֿאַרטײַטשן (איבערזעצן וואָרט אין וואָרט אויף ייִדיש) טיילן פֿון דער פּרשה. שפּעטער האָבן זיי די פּרשה געלערנט מיטן סאַמע וויכטיקסטן פּירוש אין דער ייִדישער טראַדיציע, ד"ה חומש מיט רש"י. שפּעטער איז דער בחור אָנגעקומען אינעם גמרא־חדר, וווּ ער האָט אָנגעהויבן לערנען גמרא מיט רש"י, דערנאָכדעם גמרא מיט תּוספֿות, און שפּעטער צו האָט ער אפֿשר ווײַטער געלערנט אין דער ישיבֿה – באַזונדערש ווען ער איז געווען אַ גוטער תּלמיד. דאָרטן האָט ער געלערנט אי פֿאַר זיך, אי בחבֿרותא מיט אַ צווייטן בחור.

דער סדר אָדער די פּראָגראַם פֿון לערנען איז געווען אומעטום בײַ די אַשכּנזים דער זעלביקער. אויך איינהייטלעך האָבן ישיבֿה־בחורים געלערנט אומזיסט – אָן צו באַצאָלן

שׂכר־לימוד. מערסטנס האָבן זיי אויך געגעסן טעג: יעדער איינער האָט געגעסן וואַרעמעס בײַ אַ משפּחה פֿון דער קהילה ווו ער לערנט זיך אין דער ישיבֿה. דער ציל פֿון אַ ישיבֿה־בחור איז געווען צו געפֿינען זיבן משפּחות, וואָס יעדע פֿון זיי גיט אים איין מאָל אַ וואָך וואַרעמעס, ווײַל ווען ער האָט זיבן אַזעלעכע "עסנטעג" האָט ער יעדן טאָג אַ גוטע מאָלצײַט (קען ער האָפֿן!). געשלאָפֿן האָט מען אין דער ישיבֿה גופֿא.

ווען אַ ישיבֿה־בחור (צי פּשוט אַ יונגער ייִד פֿון אַ בעל־הבתּישער משפּחה) האָט חתונה געהאַט, איז אָפֿט געווען אַ טייל פֿון דער כּתובה דאָס באַשטימען "קעסט", ד"ה, אַז דער חתן מעג נאָך דער חתונה נאָך לערנען ווײַטער, אָן זיך צו זאָרגן וועגן פּרנסה: ער וווינט בײַ די מחותּנים אומזיסט און לערנט ווײַטער אין דער ישיבֿה אָדער כּולל אָדער פּשוט פֿאַר זיך. אַ בחור וואָס האָט באַקומען זיבן יאָר קעסט איז געווען אַ בר־מזל.

אין טעלדז (Telšiai), קאָוונער גובערניע ,איז געווען איינע פֿון די סאַמע באַרימטסטע ישיבֿות. די ישיבֿה האָט מען אין 1875 מיסד געווען. נאָך דער ערשטער וועלט־מלחמה האָט די טעלדזער ישיבֿה נאָך געהאַט אַ שם אין דער גאָרער וועלט. אַהער פֿלעגט מען קומען לערנען תּורה פֿון אומעטום: פֿון מיזרח־ און מערבֿ־אייראָפּע, פֿאַרשטייט זיך, אָבער אויך פֿון צפֿון־ און דרום־אַמעריקע און דרום־אַפֿריקע. אויפֿן סמך פֿון דער סמיכה, וואָס זיי האָבן געקראָגן דאָ אין טעלדז, האָבן זייער אַ סך רבנים פֿאַרנומען בכּבֿודיקע פּאָסטנס. בשעת די יאָרן 1927־1933 האָט מען אין טעלדז אויפֿגעבויט נײַע בנינים. אין 1940 האָבן געלערנט דאָרטן 500 תּלמידים. אין דער שטאָט זײַנען אויך געווען אַ גימנאַזיע פֿאַר מיידלעך און אַ לערער־סעמינאַר. אין אָט דעם יאָר האָבן די סאָוועטן קאָנפֿיסקירט די בנינים פֿון דער ישיבֿה. עטלעכע תּלמידים האָבן מצליח געווען צו קומען אין די פֿאַראייניקטע שטאַטן. אין קליוולאַנד אין אָהײַאָ האָבן זיי אויף ס'נײַ מיסד געווען די טעלדזער ישיבֿה, ווו זי געפֿינט זיך נאָך ביז הײַנט.

דערציִונג, די –	education, upbringing
בילדונג, די –	education, culture
יהדות [יאַדעס], דאָס	Judaism
גימנאַזיע, די ־ס	secondary/prep school
אַריסטאָ	Aristotle
גמרא [געמאָרע], די	Gemara; Talmud
שוסטער, דער ־ס	cobbler, shoemaker
שנײַדער, דער ־ס	tailor
פּראָגראַמירער, דער ־ס	programmer
חינוך [כינעך], דער	Jewish education; dedication
באַטייליקן זיך באַטייליקט	participate
ברכה [בראָכע], די ־ות	blessing; prayer
יום־טובֿ [יאָנטעף], דער ־ים [יאָנטויווים]	holiday
אומעטום	everywhere
פֿונדעסטוועגן	nonetheless
תּחינה [טכינע], די ־ות	prayer of supplication

מלמדקע, די ־ס	wife of the schoolmaster
טלית [טאַליס], דער ־ים [טאַלייסים]	prayer shawl
אײַנוויקלען אײַנגעוויקלט	wrap up
דרדקי־חדר [דאַרדעקע־כיידער], דער ־ים [־כאַדאָרים]	lowest level of elementary school
אות [אָס], דער/דאָס ־יות [אויסיעס]	letter
נקודה [נעקודע], די ־ות	vowel pointing
טראָפּ, דער –	accent; cantorial chant
סידור [סידער], דער ־ים [סידורים]	siddur, prayer book
פּרשה [פּאַרשע], די ־יות [פּאַרשעס]	weekly Pentateuch text
פּירוש [פּייִרעש], דער ־ים [פּייִרושים]	commentary
תּוספֿות [טויספֿעס] ל"ר	additions to Rashi's commentary
אי ... אי	both ... and

בחבֿרותא [בעכאַווּרוסע]	together with
איינהייטלעך	uniform(ly)
אומזיסט	free, at no cost
שׂכר־לימוד [סכאַרלימעד], דער	tuition payment
קריגן געקריגן/געקראָגן	receive
עסן {געגעסן} טעג	have standing lunch invitation
וואַר[ע]מעס, דאָס ־ן	main meal (midday)
ציל, דער ־ן	goal
עסן־טאָג, דער ־טעג	standing lunch invitation
מאָלצייט, דער ־ן	meal
כּתובה [קסובע], די ־ות	marriage contract
באַשטימען באַשטימט	determine, determination (*as nominalized infinitive*)
קעסט, די	room and board
זאָרגן געזאָרגט	be concerned
פּרנסה [פּאַרנאָסע], די ־ות	living, subsistence
מחותּן [מעכוטן], דער ־ים [מעכוטאָנים]	[male] in-law
כּולל [קוילעל], דער ־ים [קאָלעלים]	study group for married men
בר־מזל [באַרמאַזל], דער ־ס	lucky person
גובערניע, די ־ס	governmental district (Russia)
מיסד [מעיאַסעד] זײַן	found
שם [שעם], דער	reputation
אַהער	to here
סמך [סמאַך], דער ־ן	basis
סמיכה [סמיכע], די	rabbinical ordination
בכּבֿודיק [בעקאָוועדיק]	honorable, respectable
פּאָסטן, דער ־ס	position, post
אויפֿבויען אויפֿגעבויט	build, construct
בנין [ביניען], דער ־ים [ביניאָנים]	building
מצליח [מאַצליעך] זײַן	succeed

4

די קאַראַימער (קָרָאִים) [1]

דער אָפּשטאַם פֿון די קאַראַימער ליגט העט אינעם טונקעלן עבֿר. דער קאַראַימישער גלויבן האָט זיך געמוזט אַנטוויקלען נאָך פֿאַר דער תּלמודישער תּקופֿה, ווײַל די קאַראַימער האַלטן שטרענג נאָר פֿון תּנך אַליין; דעם תּלמוד אָנערקענען זיי ניט. געדאַוונט האָבן זיי ביז גאָר ניט לאַנג אויף לשון־קודש; איצטער האָבן זיי איבערגעזעצט זייערע תּפֿילות אויף טאָטעריש (פֿון דער משפּחה טערקישע שפּראַכן). אַחוץ דעם איז דער גלויבן ניט זייער אַנדערש פֿון דעם ייִדישן, רבנישן.

וועגן דעם אויפֿקום פֿון די קאַראַימער ווייס מען, אַז זיי שטאַמען פֿונעם מיטעלן מיזרח, נאָר מען ווייס ניט פֿון וואָסער תּקופֿה. לויט די קאַראַימישע לעגענדעס שטאַמען זיי שוין פֿון דער תּקופֿה, ווען דאָס ייִדישע פֿאָלק האָט זיך געשפּאַלטן אונטער ירבעם, 900 יאָר פֿאַר יעזוסן; טייל פֿאַרבינדן זיי מיט די עסייִנען (איסיים), וואָס האָבן געשריבן די מגילות פֿונעם ים־המלח מיט 2,000 יאָר צוריק. געוויינטלעך, אָבער, מיינען וויסנשאַפֿטלערס, אַז טאָטערישע שבֿטים אין קרים זײַנען אַריבער צום קאַראַימישן גלויבן ניט שפּעטער פֿונעם 9טן י"ה, ווען מען לייענט וועגן זיי צום ערשטן מאָל. אין 1392 האָט דער גרויספֿירסט וויטאַוטאַס פֿון ליטע גענומען געפֿאַנגענע טאָטערן מיט זיך קיין טראָק [Trakai], ניט ווײַט פֿון ווילנע, און שפּעטער האָט ער פֿאַרבעטן נאָך בערך 400 קאַראַימישע משפּחות צו קומען פֿון קרים קיין טראָק צו ווערן דאָרטן זײַן לײַבוואַך. פֿון דאָרטן האָבן זיי זיך פֿאַרשפּרייט אין דער ליטע (קיין ווילנע למשל). אינעם 16טן י"ה האָט זיך בײַ די קאַראַימער אין דער ליטע אַנטוויקלט אַ גײַסטיקער און אינטעלעקטועלער רענעסאַנס, מן־הסתּם דורך דעם קאָנטאַקט מיט דער אָרטיקער ייִדישער קולטור. דעמאָלט האָבן זיך ביידע גרופּעס אידענטיפֿיצירט ווי ייִדן. בעת די שחיטות ת"ח־ות"ט פֿון באָגדאַן כמעלניצקין האָבן די קאַראַימער געליטן פּונקט אַזוי ווי די ייִדן.

אין 1795 האָט די צאַרישע רעגירונג באַפֿרײַט די קאַראַימער פֿון די טאָפּעלע שטײַערן וואָס די ייִדן האָבן געמוזט באַצאָלן; צווייטנס, האָט מען זיי דעמאָלט דערלויבט צו פֿאַרמאָגן ערד. שפּעטער האָט מען זיי אויך באַפֿרײַט פֿון דינען אין מיליטער. ביז 1835 האָבן זיך די קאַראַימער אײַנגעשפּאַרט, טענהנדיק אַז זיי זײַנען גאָר אַנדערש פֿון די ייִדן: פֿלײַסיקע, פּראָדוקטיווע און געטרײַע דינער פֿונעם צאַר. ביז 1863 האָבן זיי באַקומען די זעלביקע רעכט ווי די רוסן אַליין. אין 1932 זײַנען געווען 2,000 קאַראַימער אין טראָק און ווילנע (טאָטער גאַס, הײַנט Totorių gatvė). די נאַציס האָבן די קאַראַימער ניט

אידענטיפֿיצירט ווי ייִדן און זיי ניט גערודפֿט און ניט געהרגעט. אָבער ווײַל די קאַראַיִמער, וואָס וווינען נאָך אין אַראַבישע לענדער, לײַדן פֿון אַנטיסעמיטיזם, האָבן זיי אין מדינת־ישׂראל דעם חוק־השבֿות פּונקט אַזוי ווי אַלע ייִדן. לויט דער סאָוועטישער פֿאָלקציילונג פֿונעם יאָר 1959 האָבן דעמאָלט געוווינט 5700 קאַראַיִמער אין טראָק. הײַנט זײַנען אין טראָק נאָך פֿאַראַן עטלעכע צענדליקער קאַראַיִמישע משפּחות (בערך 200 נפֿשות). אָבער ווײַל די טראָקער קאַראַיִמער דערלויבן ניט, אַז מען זאָל אַריבער צו זייער גלויבן, און ווײַל זיי לייקענען אַלע פֿאַרבינדונגען מיט ייִדן און אויך מיט אַנדערע קאַראַיִמער (למשל פֿון אוקראַיִנע), וועלן זיי ווי אַ פֿאָלק אין ליטע ניט לאַנג אויסדויערן. הײַנט זײַנען פֿון די ייִנגערע מענטשן וואָס קענען דאָס טראַדיציאָנעלע קאַראַיִמישע טאָטעריש און וואָס זײַנען נאָך גענוג יונג חתונה צו האָבן און אויפֿצוהאָדעווען קינדער פֿאַראַן בלויז: איין מאַן און איין פֿרוי. אין טראָק זײַנען בײַ הײַנטיקן טאָג מער ניטאָ קיין קאַראַיִמישע מומחים אין די טראַדיציאָנעלע טעקסטן.

פֿאַראַן אין טראָק אויך אַ קענעסע (= אַ קאַראַיִמישער בית־מדרש), אַ מוזיי און אַ סך טיפּישע קאַראַיִמישע הײַזער, וואָס זײַנען פֿון האָלץ, האָבן דרײַ פֿענצטער און אַ שפּיץ פֿון דאַך אויפֿן מויער לעבן גאַס. דער בית־עולם ליגט אויף אַ בערגל איבער דער "טאָטערישער אָזערע" (Totoriskai) לעבן טראָק. ס'איז אויך פֿאַראַן אַ קאַראַיִמישער רעסטאָראַן ("קיבינע") אין טראָק, וווּ מען קען עסן די טראַדיציאָנעלע קאַראַיִמישע פֿליישקיכעלעך און געדישעכץ.

אָפּשטאַם, דער ־ען	origin, ancestry
העט	way, very, extremely
עבֿר [אָווער], דער ־ס	past
גלויבן, דער ־ס	belief, faith
תּקופֿה [טקופֿע], די ־ות	period, era
שטרענג	strict
אָנערקענען אָנערקענט	recognize
ביז גאָר ניט לאַנג	until very recently
תּפֿילה [טפֿילע], די ־ות	prayer
טאָטעריש, דאָס	Tatar language
רבניש [ראַבאָניש]	rabbinical
אויפֿקום, דער	origin
שטאַמען געשטאַמט	originate from
מיטל מיזרח, דער	Middle East
שפּאַלטן געשפּאַלטן	split
טייל	some
פֿאַרבינדן פֿאַרבונדן	associate
עסיין, דער ־ען	Essene
מגילה [מעגילע], די ־ות	scroll
ים־המלח [יאַמאַמעלעך], דער	Dead Sea
מיט ... צוריק	ago
געוויינטלעך	generally
שבֿט [שייוועט], דער ־ים [שוואָטים]	tribe
קרים, דער	Crimea
גרויספֿירסט	Grand Duke
פֿאַרבעטן פֿאַרבעטן	invite
לײַבוואַך, די ־ן	bodyguard
פֿאַרשפּרייטן פֿאַרשפּרייט	spread
מן־הסתּם [מינאַסטאָם]	probably
אָרטיק	local
דעמאָלט	at that time, then
שחיטה [שכיטע], די ־ות	slaughter, massacre
ת"ח־ות"ט [טאַכוועטאַט]	408-409 [=1648-49 C.E.]
כמעלניצקי	Bohdan Khmelnytsky (1595-1657)
טאָפּעל	double
שטײַער, דער ־ן	tax
דערלויבן געדערלויבט	allow, permit
פֿאַרמאָגן פֿאַרמאָגט	own
אײַנשפּאַרן זיך אײַנגעשפּאַרט	insist
טענהנדיק [טײַנענדיק]	arguing
פֿלײַסיק	industrious
געטרײַ	loyal

רודפֿן [רוידעפֿן] גערודפֿט	persecute
חק־השבות [כאקאַשוווּס],דער	Jewish right of return
פֿאָלקציילונג, די ־ען	census
נפֿש [נעפֿעש], דאָס ־ות [נעפֿאָשעס]	soul, person
לייקענען געלייקנט	deny
אויסדויערן אויסגעדויערט	endure, last
אויפֿהאָדעווען אויפֿגעהאָדעוועט	raise (children)
מומחה [מומכע], דער ־ים [מומכים]	expert
מויער, דער/די ־ן	outside wall
געדישעכץ, דאָס ־ן	stew

5

יעקבֿ בן אַבֿרהם פֿון מעזריטש

איין שוין מעשׂה בוך[1]

דאָס באַוווּסטע *מעשׂה בוך*, וואָס מען האָט געדרוקט אין 1602 אין באַזל (שווייץ) איז אַ זאַמלונג מעשׂיות, פֿאָלק־דערציילונגען און לעגענדעס, וואָס שטאַמען פֿון אַ סך פֿאַרשיידענע מיטל־עלטערישע ייִדישע טראַדיציעס – אי געשריבענע אי בעל־פּה. צווישן זיי זײַנען פֿאַראַן אַ סך מאַטעריאַלן פֿון תּלמודישער אַגדה און פֿון מדרש, און אויך אַ סך פֿון ניט־ייִדישע טראַדיציעס. שוין פֿריִער זײַנען געווען אַנדערע ייִדישע זאַמלונגען מעשׂיות. כאָטש מען האַלט ניט, אַז דאָס בוך האָט עפּעס צו טאָן מיט דער ליטע – איז דאָך דער זאַמלער געווען אַ ליטוואַק: די דאָזיקע זאַמלונג האָט צונויפֿגעשטעלט יעקבֿ בן אַבֿרהם פֿון מעזריטש (יאַנקעוו פּאָלאַק), וואָס האָט אויך צונויפֿגעשטעלט רעליגיעזע לערנביכלעך און געאַרבעט ווי אַ דרוקער און מוכר־ספֿרים; ער שרײַבט אין דער הקדמה, אַז זײַן בוך איז די ערשטע אויסגאַבע פֿון אַזאַ מין און אַז עס זײַנען פֿאַראַן מער ווי 300 מעשׂיות אינעם בוך, הגם מיר ווייסן, אַז עס זײַנען דאָך געווען פֿריִערדיקע אויסגאַבעס און עס זײַנען טאַקע פֿאַראַן בלויז 255 מעשׂיות אין דער באַזלער אויסגאַבע פֿון 1602. בכלל האָט מען צונויפֿגעשטעלט די זאַמלונג פֿאַר אַ ברייטער לייענערשאַפֿט, וואָס מע זעט קלאָר אין דער פּשוטער שפּראַך און אין דעם צוטריטלעכן סטיל פֿון די מעשׂיות. אַזוי האָט דאָס פֿאָלק געקענט לייענען און פֿאַרשטיין אַ זאַמלונג פֿרומע מעשׂיות, וואָס האָט פֿונקציאָנירט ווי אַן אַגדה אויף ייִדיש, כּדי צו אַמוזירן דאָס פֿאָלק אָבער אויך, כּדי דאָס פֿאָלק זאָל לערנען עטיק, ד"ה ווי צו פֿירן אַ פֿרום לעבן. אין דער זאַמלונג זײַנען פֿאַראַן דרײַ פֿאַרשיידענע מינים מעשׂיות: ערשטנס, מעשׂיות פֿון תּלמוד און מדרש, דער עיקר פֿון *עין יעקבֿ*, וואָס איז אַ זאַמלונג דערציילונגען וועלכע מען האָט אַרויסגענומען פֿון תּלמוד. צווייטנס: 27 לעגענדעס וועגן ר' שמואל החסיד און זײַן זון ר' יהודה החסיד, די גרויסע מיסטיקער פֿון מיטל־עלטערישן דײַטשלאַנד וואָס האָבן אָנגעשריבן דאָס באַוווּסטע בוך *ספֿר חסידים*. דריטנס: פֿאַרשיידענע דערציילונגען וועגן רש"י, רמב"ם און דעם "ייִדישן פּויפּס". דאָס *מעשׂה־בוך* איז געווען איינס פֿון די סאַמע פּאָפּולערסטע און משפּיעדיקסטע ייִדישע ביכער בכלל. אַלע שפּעטערדיקע דערצייל־טראַדיציעס אויף ייִדיש ווײַזן אַרויס זײַן השפּעה. ביז

1763 האָט מען שוין געדרוקט צוועלף אויפֿלאַגעס פֿונעם בוך. מאַקס עריק האָט באַמערקט, אַז פּונקט ווי דאָס *שמואל־בוך* און די *צאינה־וראינה*, האָט אויך דאָס *מעשׂה־בוך* פֿונקציאָנירט בײַ די אַשכּנזים ניט נאָר ווי אַ ליטעראַרישער טעקסט, נאָר אויך ווי אַ גאַנצע ליטעראַטור־שול, ווי אַ באַזונדערע ליטעראַטור־טראַדיציע, וואָס איז געווען אַ דערצייל־שפּיגלער פֿאַר די אַשכּנזים ביזן סוף 18טן י"ה.

די שפּראַך פֿונעם טעקסט איז אַוודאי *מיטל־ייִדיש*, ד"ה זי איז שטאַרק אַנדערש פֿון דער מאָדערנער שפּראַך. מיט אַ ביסל געדולד קען מען דעם טעקסט, אָבער, לייענען און האָבן הנאה פֿון אים. עטלעכע אָרטאָגראַפֿישע עקוויוואַלענטן זײַנען:

מאָדערן ייִדיש	מיטל־ייִדיש
גע־	גי־
די	דיא
זיי	זיא
אַ / אָ	א
אַ	איין
פֿאַר־	ור־
עס	עש / עז
ס	ס / ש
אַז	דז
ש, שׂ, שׁ, ס	ש
בֿ, וו, ו, אָ	ו

דער שער־בלאַט און די הקדמה זײַנען דאָ גלאָסירט פֿאַר אַלע לייענערס; די מעשׂה אַליין איז נאָר גלאָסירט פֿאַר ווײַטהאַלטערס און אַפֿילו בײַ זיי קען עס אַרויסרופֿן געוויסע שוועריקייטן. ווײַל די מערסטע 'אומבאַקאַנטע' ווערטער אין אַזאַ טעקסט זײַנען אַרכאַיִשע, וואָס זײַנען ניט פֿאַראַן אין דער מאָדערנער כּלל־שפּראַך (אָדער באַקאַנטע ווערטער מיט אַן אומבאַקאַנטער אָרטאָגראַפֿיע), ווערן דאָ אַזעלכע ווערטער גלאָסירט מיט זייערע מאָדערנע (ייִדישע) עקוויוואַלענטן.

דרוקן געדרוקט	print, publish	מוכר־ספֿרים [מויכער־ספֿאָרים], דער, מוכרי־ [מאָכרע־]	bookseller
זאַמלונג, די ־ען	collection	הקדמה [האַגדאָמע], די ־ות	preface
מעשׂה [מײַסע], די ־יות [מײַסעס]	story	אויסגאַבע, די ־ס	edition
מיטל־עלטעריש	medieval	מין, דער ־ים	sort, kind
בעל־פּה [באַלפּע]	oral	הגם [האַגאַם]	although
אגדה [אַגאָדע], די ־ות	Aggadah	לייענערשאַפֿט, די ־ן	readership
מדרש [מעדרעש], דער ־ים [מידראָשים]	Midrash	צוטריטלעך	accessible
צונויפֿשטעלן צונויפֿגעשטעלט	compile		

דער עיקר [דעריקער]	primarily
משפיעדיק [מאשפּיִעדיק]	influential
השפּעה [האשפּאָע], די ־ות	influence
אויפֿלאַגע, די ־ס	printing, edition
שפּײַכלער, דער ־ס	storehouse
געדולד, די	patience
הנאה [האַנאָע], די	pleasure,enjoyment
שער־בלאַט [שאר], דער ־בלעטער	title page
אַרויסרופֿן אַרויסגערופֿן	call forth, cause
כּלל־שפּראַך [קלאַל־], די ־ן	standard language

שער־בלאַט און הקדמה (1 א־ב)[4]

קומט הער איר ליבן מאנן אונ' ורויאן · אונ' טוט דאש שין מעשה בוך אן שויאן · דאש נאך נין ווייל דער עולם שטיט אין דרוק איז ווארדן גיבראכֿט · מיט דרייא הונדרט אונ' עטליכֿה מעשים דיא דא זיין אל אויש דיא גמרא גימאכֿט · אונ' אך אויש דען רבתֿה אונ' בחיי אונ' אך רבי יהודה החסיד מעשים וועט אייך אך קיינש טון פֿעלין · אונ' אך אויש דען ספר חסידים אונ' ספר מוסר אונ' אויש דען ילקוט וויא איר וועט הינטון אין מיינן סמנים טון זעהן · דרום איר ליבן ורויאן איר האט נון דיא טייטשי ביכֿר אל ואר · איצונדר האט איר אך דיא טייטשי גמרא אזו וועט איר האבן כל התורה כולה גאר :

במצות יעקב בר אברהם ז"ל מק"ק מעזריטש דליטא פה בסליאה הגדולה בשנת שס"ב לפ"ק ע"י האדון קונראד וואלדקירך

גאט יתֿברך שמו אליין דיא ער · דער מיר האט גיהאלפֿין מיין ביגער · וועלכֿש איך מיך האב לנג ויר גינומן · צו דינן דיא ווייבר דיא ורומן · איך האב נון ויל ספרים אויף גיריכֿט · נאך אישט דאך גיגן דיזם וועךק אליר ניכֿט · דען דא ארויש וערט לייאנן רבֿ אונ' רעבצין אונ' אידר מאן · טרוץ איינם דער דא ויל גמרא קאן · ווערד ער מדרשים ומעשים והגדות הרוישר ווערפֿין · דאש זיך כֿל עולם אויף אים ווערט ואר גאפֿין · אונ' אידר מאן זאגן מוש · איך גלויב ער קאן כל התורה אויף איינם פֿויש · וויא קאן ער בקיאותֿ אויש דער גמרה · איך גלויב ער קאן כל התורה · ווער האט זיין גלייכֿנש גיזעהן · צו אלי זכֿן זאגט ער איין הלכֿה למעשה וואש דא אישט גישעהן · צו צייטן ווארדן זיך מענכֿיר אן איינם מעשה שטוסין · זיין בויזי מחשבות אונ' בויזי וועךק אב לוסין · דען מענכֿיש משל ומעשה טוט מענכֿין ויל גוטש לערין · אר הלט מענכֿין בייא גוט אונ' בייא ערין · דרום איר ליבן מאנן אונ' ורויאן · לייאנט איר אפֿט דרויש זא ווערט איר דרינן ביהויאן · אונ' ניט צו לייאנן אויש דעם ביכֿר פֿון קויאן · אונ' פֿון דיטריך פֿון בערן אונ' מיינשטר הילדא ברנט זאלט איר אך אייך ניט טון מיאן · נון עש זיין ווערליך אייטל שמיץ . זיא געבן אייך ניט נאך וואךים נאך היץ · אך זיין זיא ניט געטליך דער בייא · איר בידרפֿט וואל אז אייכֿש גוט ור צייא · אונזרי ספרים שרייבן עש איז איין זינט אז איין הויז · צו לייאנן אן דען הייליגן שבת דרויז · וועלט איר אייער צייט מיט לייאנן ור טרייבן · אזו וויל איך איין שין מעשה בוך שרייבן · דרום איר ליבן ורויאן קויפֿט איר זיא ביהענד · אי זיא ווערדן קומן אין ורעמדן לענד · אין פֿיהם אונ' אין רייסן אונ' אין פולן · אזו ווערט מאן זיא אך טון ווידליך הולין · אונ' אנדרן לענדרן

מער · דרום קויפט איר זיא זער · דער נאך ווערד איר זאגן ווארום האב איך קיינש גיקויפ̄ט
דא זיא זיין גיוועזן אין לנד · איצונדר וועלט איך גערן איינש צאלין וועו איך קעניט נייארט
איינש ביקומן בלד · דרום לאשט אייכ̄ש אום איין טאליר ניט זיין צו טייאר אזו ווערט אייך
גוט ביהיטן ור ביזן אונ' גיהייאר : אמן סלה :

אן שויען = אָנקוקן אָנגעקוקט
נין = קיינמאָל ניט
ווייל = דערווײַל
מעשים = מעשׂה [מײַסע], די ־יות [מײַסעס]
אך = אויך
רבתֿה / בחיי / יהודה החסיד / ספר חסידים/ ספר מוסר / ילקוט traditional sources of stories
סימן [סימען], דער, סימנים [סימאָנים] mark, sign
דרום = צוליב דעם
נון = איצטער, שוין
ואר [פֿאַר] = פֿריִער
כל התורה כולה [קאָל־אַטוירע־קולע] the entire Torah
במצות ... וואלדקירך Jacob b. Avrom, may his memory be for a blessing, from the city of Mezritsh in Lite [had the book printed] here in Basel the great by Konrad Waldkirch in 362 [= 1602], according to the small count [= without the thousands] [*Hebr.*]
יתֿברך שמו [ייסבאָרעכשמוי] may His name be blessed
ער = כּבֿוד
דער (דאָ) = וואָס
ביגער = באַגער, דער ־ן desire
דינען געדינט serve
פֿרום honorable [*rarely* 'pious']
ויל [פֿיל] = אַ סך
אויף גערײַכט prepared
דיזם = דעם דאָזיקן
אישט = איז
ניכֿט = ניט
אידר = יעדער
טרוץ = אַחוץ
הרוישר = אַרויס

כול עולם [קאָלוילעם] = יעדערער
ואר [פֿאַר] גאפן = גאַפֿן
בקיאותֿ [בעקיִעס], דאָס proficiency, skill, mastery
הלכֿה [האַלאָכע], די ־ות Halakhah
צו צייטן = אַ מאָל
מענכער = אַ סך
שטוסן = טרעפֿן זיך מיט
בויז = בייז
מחשבה [מאַכשאָווע], די ־ות thought
דען = ווײַל
לערין = לערנען [מיט]
אר האלט = אויפֿהיטן
דרום = צוליב דעם therefore
ביהויאן = בלײַען, געדײַען
ביכער פֿון קויאן / דיטריך פֿון בערן / מיינשטר הילדא ברנט secular narratives
מיאן [מײַען] = דערפֿרייען זיך מיט
ווערליך = אמתדיק
אייטל = נאַר, גאָרנישט אַנדערש ווי
שמיץ = עקסקרעמענט
ור צייא = מוחל זײַן
אז איין הויז = אַזוי גרויס ווי איין הויז
ור טרייבן = פֿאַרברענגען
ביהענד = גיך
אי = פֿריִער
פיהם = ביימען, טשעכיע
רייסן = רײַסן, דאָס [Litvak] Belarus, Belorussia
ויידליך = גיך, גוט
האלין = כאַפּן
ווארום = פֿאַר וואָס
דא = ווען
ביהיטן = באַשיצן
אונ' גיהייאר = מאָנקאַלב, מאָנסטער

מעשׂה קמג (פב־ב – פו־א) [4]

מעשה גישאך אן איינם מאן דער זאש אין ארץ ישראל אונט ער וואר דער נעשט בייא דעם מלך אונ' וואר איין רייכֿר פֿרומר מן · אונ' ער וואשטט אל דינג וואש גישהן זולט אונ' דא ער בון אלט ווארד דש ער נון שטערבן זאלט אונ' ער האט איין זון דער היש רבי חנינה דער קונט כל התורה אונ' ווען ער זאלט נון שטערבן דא שיקט ער נאך דען זון אונט טעט אין צוואה דאש ער זאלט תורה לערבן טאג אונט נכֿט אונ' הלט אך דיא מצות אונט זייא דיא עניים גיטרייא דען ער אונ' זיין מוטיר ווערן שטערבן אין אכֿט טאגן אונ' דיא שבעה ימים ווערן עבן אויש זיין אם ערב פסח אונ' ער זאלט ניט זער אום זיא טרויארן · אונ' ווען ער פֿון דיא שבעה ימים אויף שטיט דא זאל ער אויף דעם מרק גין אונ' ווייש ער אם ערשטן פֿייל פֿינט דאש זאל ער קויפֿן · ווען מן עש וועלט שון טייאר געבן · ווער עש עפיש אז מן קענט אויף ציהן אזו זעלט ערש הלטין אונ' זעלטט עש אויף ציהן מיט גרושן ערן דען עש ווערט דיר דיין מיא גאר וואל ביצאלן · אביר ער וועלט אים ניט זאגן ווייש עש זיין ווער · אונ' וויא ער נון זיין צוואה אויש האט גיטון אזו שטורב ער אונט זיין ווייב אויף איינם טאג וויא ער נון גיזאגט האט אונ' דער זון רבי חנינה דער הילט וויא אים זיין פֿאטיר צוואה האט גיטאן · אונ' וויא עש נון אם ערב פסח קאם דש ער פֿון שבעה ימים אויף שטון דא גינג ער אויף דעם מרק דא ביגעגנט אים איין אלטיר מאן דער האט איין היפש זילברן כלי פֿייל דא שפראך רבי חנינה וויא ווילשטו מיר דש זילברן כילה געבן · דא שפראך דער מאן אום אכֿציק גילדן אונ' ער בוט אים זעכֿציק גילדן דרויף דא שפראך דר אלט מאן איך גיב עש ניט לסוף ער קויפֿט עש ווען עש שון טייאר איש גיוועזן בייארט דז ער זין פֿאטרש צוואה זול הלטין · אונ' דיא ערשט נכֿט פסח דש מן זעלט דען סדר זאלט געבן דא זעצט ער דאש כילה אויף דעם טיש אונ' וויא ערש אויף טעט דא פֿאנט ער נאך איין כֿילה דרינן אונט ער טעט דאש אנדר כילה אך אויף דא פֿאניט ער איין פֿראש אין דען כילה זיצן אונט דיא פֿראש וואר גאר פֿרילך אין דעם כילה מיט טנצין אונט מיט שפרינגאן אונ' ער גאב דיא פֿראש צו עשן אונט צו טרינקין · אונט אי עש פסח אויש גיט אזו וואר עש איין גרושיר פֿראש דרויש דאש עש נימיר אין דאש כילה קעניט גין אונט דער רבי חנינה דער מאכֿט דען פֿראש איין קליין שענקליין דש ער דען וראש דרינן זעצט אונ' גאב אים עשן אונ' צו טרינקין דש אים דער שענקליין אך צו קליין ווארד אונ' ער בויאט אים איין קמיר דז ער דיא פֿראש אינן זעצט אונ' ער הילט דיא פֿראש אזו גאר וואל מיט עשין אונ' טרינקין דש ער אלש מיט דער פֿראש פֿר צערט ווייש ער גיהט העט אונ' דש טעט ער אלש דרום דש ער זיין פֿאטריש צוואה ניט וועלט שוועכֿין אונ' ער וואר אזו גאר ארים דש ער נישט מין האט גיהט · דא גינג זיין ווייב מיט אים אין דיא קמיר אונ' זאגט ווידר דיא פֿראש ליבור פריינט מיר קענן דיר נימן צו עשן געבן דען מיר האבן נישט מין מיר האבן אלש איבור דיר פֿר צערט דא הוב דיא פֿראש אן צו רידן מיט אינן אונ' שפראך ליבור רבי חנינה גיהלט דיך ניט אזו איבל וו֗ייל דוא מיך האשט אויף גיצאגן אונ' דער נערט האשט · ביגער דוא פֿון מיר ווייש דיין הערץ ביגערט דש זאל דיר ווערדן אונ' וויל דירש געבן · דא זאגט רבי חנינה איך ביגער ווייטר נישט מין דען דש דוא מיך ווילשט כל התורה לערנן · דא שפראך דיא פֿראש יוא דש זאל דיר ואר היישן זיין

אונ' לערנט אין כל התורה אונ' לערנט אין אך שבעים לשונות דש ער קענט אליר לייא שפראך ואר שטין אונ' אלזו לערנט ער אין ער נאם איין פפייאר אונ' שריב עטליכֿיר ווערטיר דרויף אונ' ליש רבי חנינה איין עשן דא קונט ער אלש אונ' קונט אך שבעים לשונת דאש ער אלי שפראך קענט פֿאר שטין עש ווער חיות אוביר עופות אונ' דער וראש שפראך ווידר רבי חנינה ווייב דוא האשט מיך וואל גיהלטין אונ' איך האב דיר דאך ניט גלונט דער הלבן וויל איך דיר לונן · אונ' וויל בלד פֿון דיר שיידן · אביר איר זאלט מיך בילייטין ביז אן דען וואלד אילני אונ' דא ווערט איר זעהן ווייש איך אייך וויל געבן אונ' זיא גינגאן מיט איר ביז אן דעם וואלד אונ' דא זיא נון אן דעם וואלד ווארדן דא הוב דיא פֿראש אן אונ' שריא איין הוך גישרייא אונ' רופט אלר לייא חיות אי זיא אויש שריא דא זען נון אליר לייא חיות דא אונ' עופות דיא ווידיר ציל נאך מאש העטן דא גיבוט אינן דיא פֿראש דש איין איטליכֿר זאלט אבנים טובת אונ' מרגליות גינוגן ברענגאן ווייש איין איטליכֿש טראגן קאנט אונ' גיבוט אך אינן דש זיא זאלין אך אליר לייא גוטן קרייטר מיט זאלן ברענגאן אונ' גוטן ווארצילין דעם ווייב דש זיא פֿיל דינגש מיט היילן קאן אונ' לערנט אך איר וואר צו איין איטליכֿש גוט אישט אונ' היש דאש אלש אין רבי חנינה הויז טראגן אונ' וויא נון דיא פֿראש וועלט פֿון אינן גין דא זאגט זיא גאט יתש דער מוז זיך איבור אייך דער ברמן דיא ארבייט דיא איר מיט מיר גיהט האט אונ' איר האט מיך ניט גיבֿרוגט ווער איך בין דוך וויל איך עש אייכש זאגן איך בין אדם הראשון זון אונ' ער האט מיך מיט לילות גיהט אין דען הונדרט אונ' דרייסיק יאר דש ער בֿון חוה גישיידן אישט אונ' הקבה האט מיר גיוואלט גיגעבן דש איך מיך מאג פֿר שטעלין אונ' פֿר ענדרן אין ווייש פֿר איין גישטלט אודר פֿורים איך וויל · אונ' נאם רשות בֿון אינן אונ' גינג הין וועק · אונ' זיא גינגאן אך איין היים אונ' זיא ווארדן רייך אונ' זעליג אונ' ווארד וואל גיהלטין בייא דעם מלך וויא זיין פֿאטיר אך וואר גיוועזן · אין דען זעלבין טאגן דא האט דער מלך פֿון ישראל קיין ווייב אונ' ער וואר איין גרושר רשע דא קאמן דיא עלטשטן פון ישראל צו אים אונ' זאגטן ווידר אין ער זעלט דוך איין ווייב נעמן דען עש ווער ניט פֿיין אז איין מלך זעלט קיין ווייב ניט האבן · דער ווארטן זאגן זיא אימש דש ער זאלט פֿרום ווערדן · דא זאגט דער מלך זיא זאלטין אין אכֿט טאגן ווידר קומן זא ווילט ער זיא ווידר תשובה געבן · אונ' אין דען זעלביגן אכֿט טאגן לערנט רבי חנינה הלכות עופות אונ' דרשת זיינן תלמידים אויש הילכות עופות דא קאם איין שווארציא ראב אונ' באט הקבה דש ער זאלט רבי חנינה ביהיטן פֿר דען גרושן מומן דש ער האבן ווערט אונ' רבי חנינה פֿר וואנדרט זיך דש דער ואגיל זעלכֿיש טעט דען ער פֿר שטונט דז דער ואגיל זעלכֿיש רידד · אונ' דער נאך קאם נאך איין ואגיל אונ' שריא אך וויא דער ערשט ואגיל אונ' באט אך הקבה דש ער וועלט רבי חנינה ביהיטין פֿר דען גרושן מומן אונ' רבי חנינה אונ' זיינן תלמידים ואר שטונן וואל ווייש דיא פֿיגל מיט אנדר גירעט העטן דען זיא פֿר שטונדן אך ויגל שפראך וויא דיא פֿראש אין גלערנט האט וויא איר אובן וואל גיהערט האט · אונ' דען זעלביגן טאג דא גינגאן דיא עלטשטן ווידר צום מלך אונ' וואלטן איר תשובה האבן פֿון ווייב נעמן וויא ער זיא בישיידן האט זיא זאלטין אין אכֿט טאגן ווידר קומן אונ' וויא זיא אים ורוגטן דא קאם איין גרושר ואגיל אונ' טרוג איין גרויש האר אין זיינם מויל אלש דש האר איידל גולד ווער אונ' דש האר וואר אזו לנג אז דער מלך וואר אונ' דער ואגיל ווארף דש האר אויף דען אכסיל פֿון דעם מלך אלזו הוב דער מלך דש האר אויף אונ' זאגט צו דיא עלטשטן פֿון ישראל ער וועלט קיין אנדר ווייב נעמן דען דיא דש האר אישט גיוועזן · אונ' ער גיבוט ישראל זיא זאלטין לוגן אונ' גידענקין אונ' זאלטין אין ברענגאן דיא דש האר אויף איר קאפא

גישטנדן אישט · ווא אביר ניט דא וויל ער ח"ו אל פֿון ישראל אום לאזן ברענגן · דא דער שראקין ישראל גאר זער דען זיא וואשטין ניט ווא זיא דאש מענש גיפֿינדן ווערדן נון ווארן איין טייל אונטיר ישראל דיא האטין רבי חנינה גאר ויינט ווייל ער אזו ביקנט וואר מיט דעם מלך אונ' זיא זאגטן ווידר דען מלך עש ווער קיינר גוט דער צו אונ' בעשיר אז רבי חנינה דער דיא דאזיג מלכה זוכֿן קאנט דען ער ווער איין גרושר לערניר אונ' אך איין גרושר חכם דען זיא מיינטן ווען ער זיא ניט קעניט ביקומן אזו וועט אים דער מלך פֿיינט קריגן · נון דער מלך ליגט עש אים אויף אז ער זאלט ציהן אונ' דיא מלכה זוכֿן אונ' ער טאר ניט ביין דער צו זאגן זינשט העט אין דער מלך גלייך ממית גיוועזן · אלזו גאבן זיא אים איינן מיט אזו וואלט ער נימנץ מיט אים האבן אונ' ער גינג אליין פֿארט אונ' זיין תלמידים טעטן אים לויה נאך ביז פֿר דיא שטט אונ' ער נאם צוועלף גילדן מיט אים אונ' דרייא לויב ברויט אויף צערונג אונ' ער היש זיינן תלמידים ווידר איין היים גין אונ' ער גינג אין ועלד אין איידל שניא ביז איבר דיא קניא דש ער גאר מיד ווארד אונ' לייגט זיך אן איינם בוים צו רואן דא הורט ער איין ראב שרייאן אונ' קלאגט וויא זיא אין דרייא טאגן העט ניקש גיגעשן · דא דאש רבי חנינה הורט דא גינג ער הין אונ' גאב דיא ראב איין שטיק ברויט צו עשן דש זיא איר לעבן ביהילט · דען אנדרן טאג הורט ער איין הונט שרייאן דער קלאגט וויא ער העט אין זעקש טאגן נישט גיגעשן דא גינג ער הין אונ' גאב אין אך איין שטיק ברוט צו עשן דש דער הונט דש לעבן ביהילט · דא האט ער נון קיין בישין ברוט מער דען דריט טאג גינג ער אויש דעם וואלד דא שיינט דיא זון גאר הייש דא קאם ער אויף איין שינן וויז דא ואנד ער אליר לייא גוטן בשמים דרויף וואקשין דש ער דער פֿון אש דש ער זיך ווידר דער קוויקט זיין לעבן אונ' קאם אן איינם גרושן בך דא ואנד ער וישיר דיא וישטן נאך פֿיש אונ' פֿינגאן איין גרושן פֿיש דש זיא אים ניט קענטין אויש דעם וואשיר ציהן דא הולף ער אין דש זיא דעם פֿיש אויף דש לנד בראכֿטן דא וואר עש איין שינר גרושר פֿיש אונ' רבי חנינה קויפֿט אים דען פֿיש אב אום צוועלף גולדן אונ' ווארף אין גלייך ווידר אין דש וואשר דא וואר דער פֿיש ווידר בשמחה דש ער וואר ווידר דער ליזט גיווארדן אלזו גינג רבי חנינה וווייטר דא זאך ער איין שטט פֿר איר ליגן דא גינג ער הניין דא וואר עש עבין דיא שטאט דש דיא מלכה דינן וואנט דא דש היפש האר וואר דער פֿון גיקומן · אונ' ער וואר אזו לנג חוקר ודורש נוך דיא מלכה ביז ער גיוואר ווארט ווא דיא מלכה וואר אונ' גינג פֿר דש הויז ווא דיא מלכה אינן אישט דא זאך דיא מלכה און גיפֿערט צום פֿענשטיר הינויש דא זאך זיא דען רבי חנינה פֿור אירם הויז שטין דא קונט זיא אים וויא ער אזו איין גרושר חכם זייא מיט כ"ד נון זיא זאגט ווידר דיא יועצים דונטין שטיט איין קעשטליכֿר מאן לאט אים פֿאר מיך אלזו ווארד ער איין גלאשין · וויא ער נון פֿאר זיא קאם דא טעט ער זיין ווארד געגן דיא מלכה וויא ער עש נון וואל קאנט וויא עש זיך אך טוט גיבירן קעגין איין מלכה אונ' הילט דיא מלכה אך דיא זאך פֿיר וויא עש שטין מיט דיא יודן ווען זיא ניט דען מלך נעם דא קעמן ח"ו אל דיא יהודים אום דש חיות דא זאגט דיא מלכה יוא איך האב דיין ריד פֿאר שטנדין איך וויל מיט דיר דש איך נייארט יהודים מציל בין אביר איך וויש וואל אז דוא איין גרושר חכם בישט אזו וויל איך דיך צווייא ביט ביטן ווען דוא ווילשט מיר זיא צו וועגן ברענגן אזו וויל איך מיט דיר ציהן ווא ניט אזו וויל איך ניט מיט דיר ציהן · דיא ערשט ביט וויל איך דיך בעטן דש דוא מיר צווייא קריגליך מיט וואשר צו וועגן ברענגשט איינש מיט גן עדן וואשר אונ' דש אנדר מיט גיהנום וואשר אונ' ווען דש גישעהן אישט אזו וויל איך דיך אום דיא אנדר ביט ביטן · דען זיא מיינט עש ווער ניט מיגליך צו קריגן אז דער אמת איז · נון מיין גוטר רבי חנינה דער וואר גאר טרויאריג

דען זיא זאגט צו אים איך ווייש וואל אז דש האר אישט פֿון מיר גיקומן דען איך האב מיך
איין מאל גיצוואגן אין מיינם גארטין דא אישט איין ואגיל גיקומן אונ' האט מיר איין האר
גינומן דרום זע אך אז דוא מיר דש צו ווענן ברענגשט אזו וויל איך מיט דיר ציהן · נון וואש
טעט דער רבי חנינה ער גינג פֿר דיא טיר אונ' וואר גאר טרויארג אונ' טעט תפילה פֿור
הקבה דש ער זאלט דאך דש וואשר ביקומן · דש ער דיא יהודים קענט מציל זיין פֿר דעם
טוט אונ' ער ווער אזו איין ווייטן וועג גיצוגן אונ' העט פֿיל סכונה גיהט אונ' ער זעלט ניקש
אויש ריכֿטן · אין דעם קאם דער ראב צו וליהן דער ער האט איין שטיק ברוט צו עשן געבן
דיא אין דרייא טאגן ניקש האט גיגעשן אונט רופֿט רבי חנינה מיט זיינם נאמן אונט שפראך
ליבור רבי קוינט איר מיך נוימן איך בין דער ואגיל דער איר אין דער נערט האט אין וואלד
מיט אייערים ברוט דש איר מיר האט צו עשן געבן · אונ' איך האב גיהערט אייער קלאג מיט
דעם וואשר דער הלבן הענקט איר מיר צווייא קריגליין אן מיינן פֿליגיל אזו וויל איך וליהן
אונ' וויל אייך דאש וואשר צו ווענן ברענגאן דא מיט דש איר דיא גזרה קענט מציל זיין ·
אלזו וואר דער רבי חנינה גאר פֿרויא דא ער דש הורט אונ' באנד דען פֿאגיל דיא צווייא
קריגליך אן דיא זייט וויא זיא עש נון הון וועלט אלש בלד פֿלוך דער פֿאגיל אין דז גיהנום
אונ' פֿילט דז איין קריגליין אונ' פֿור גרושר היץ דא פֿאר ברענט ער אל זיין פֿעדרן · דא
פֿלוך ער פֿלוקש צום בך דער אויש דעם גן עדן לויפֿט אונ' פֿילט דש אנדר קריגלאך מיט
וואשר אונ' פֿון דען גן עדן וואשיר ווארדן זיין ועדרין ווידר ווייש וויא פֿאר אונ' ער וואר‍ד
ווידר גיהיילט אונ' ולוך אלזו פֿארט אונ' בראכֿט עש רבי חנינה מיט גרושר ורייד אונ' רבי
חנינה ברוכֿט עש דיא מלכה מיט גרושר שמחה · דא זאגט דיא מלכה ווידר איך וויל עש פֿאר
זוכֿן אוב דיא וואשר גירעכֿט זיין וויא זיא זאלן זיין · אונ' גינג הין אונ' נאם דאש וואשר
אויש דעם קריגל פֿון גיהנום אונט שיטט עש אויף איין האנט דא פֿר בראנט עש איר דיא הנט
שיר גאר אב דא נאם זיא ביהענט ווידור דש וואשר אויז דען גן עדן אונ' שמירט זיך דיא הנט
ווידר דער מיט דא וואר זיא ווידר גיהיילט דיא האנט וויא פֿור דא דער קענט זיא וואל אז
דיא בייד וואשרן רעכֿט ווארדן · אונ' הוב ווידר אן איצונדר וויל איך דיך אום דיא אנדר ביט
ביטן איך בין איין מאל אויף דעם ים גיפארן דא האב איך איין שון גולדן פֿינגרליין מיט
איינם קעשליכֿן אבן טוב אויש דער הנט פֿר צעט אין ים ווען דוא עש מיר קאנשט ווידר צו
ווענן ברענגאן דער נאך וויל איך מיט דיר ציהן ווא הין דוא ווילשט דען זיא מיינט עש ווער
ניט מיגליך ווידר צו קריגן אביר הקבה דער הולף אין דאך · אלזו גינג דער רבי חנינה ווידר
טרויארג פֿר דיא שטט אן דש וואשיר אונ' טעט ווידר זיין תפילה פֿור הקבה דא קאם דער
גרוש פֿיש דער ער דער ליזט האט פֿון דען וישר אונ' שפראך מיין ליבור רבי קענט איר מיך
ניט איך בין דער פֿיש דען איר מיך דער ליזט האט פֿון דיא פֿישר ווייש איר ביגערט דז וויל
איך אייך ברענגאן · דא זאגט רבי חנינה איך מוז דש פֿינגרליין האבן אז דיא מלכה האט איין
מאל אין דש ים לאשן פֿאלין ביהענט וואר דער גוט פֿיש ווידר איין וועק צו דעם לויתן אונ'
זאגט אים וויא ער אים איין מאל גיהאלפֿין דער מאן פֿון דען פֿישר אונ' העט אים זיין לעבן
ביהלטין נון האט ער אים גיבעטן דיא מלכה העט איין מאל איין פֿינגרליין אין דש ים לאשין
פֿאלין דש וועלט ער גערן ווידר האבן דער הלבן ביט איך אייך אז איר דעש פֿינגרליין רבי
חנינה ווידר אכֿטיט דא שיקט דער לויתן נאך אלין פֿישן אונ' פֿראגט זיא בייא חרם וועלכֿיר
העט דש פֿינגרליין דער זולט עש ווידר געבן דא קאם איין פֿיש אונ' שפיא דש פֿינגרליין
ווידר אויש אלזו נאם דער גרוש פֿיש דש פֿינגרליין אונ' בראכֿט עש רבי חנינה אונ' שפיא
עש אויף דעם לאנד · דא קאם עבן איין ווילד חזיר אונ' שלאנד דש פֿינגרליין ווידר איין · דא

הוב ער רבי חנינה ווידר אן צו שרייאן אונ' טעט ווידר תפילה פֿר הקבה דא קאם דער הונד
דער ער אך מיט זיינם ברוט דער נערט האט אים וואלד דער שפראך ליבור רבי קעניט איר
מיך ניט דא זאגט רבי חנינה ניין דא זאגט דער הונט איך בין דער הונט דער איר דער נערט
האט אין וואלד דער שפראך ליבור רבי דרום בין איך איצונדר קומן אונ' וויל אייך ווידר
דינן וואר צו איר מיינר בדרפֿט דא זאגט רבי חנינה איצונדר קומשטו מיר עבן ווילקום דען
איך האב דא איין פֿינגרליין פֿר לורן דא אישט קומן איין ווילד חזיר אונ' האט מירש איין
גישלונדן · דא לוף דער הונט דען חזיר נאך אונ' צו ריש דש חזיר אין צווייא שטיקן אונ' רבי
חנינה פֿאניט זיין פֿינגרליין ווידר אונ' צוג דער מיט צו דער מלכה דא דער שראק דיא מלכה
גאר זער דען זיא האט גימיינט עש ווער ניט מיגליך דש ערש ביקומן קאן · אונ' האט גיזאגט
איך האב דירש צו גיזאגט ווען דוא מיר דיא צווייא שטיק צו וועגין וועשט ברענגאן אונ' דו
האשט מירש גיאכֿט דרום וויל איך אך הלטין וויא איך דיר האב צו גיזאגט אונ' וויל מיט דיר
ציהן אונ' אזו צוג זיא מיט אירן יועצים צום מלך אונ' אזו גיפֿילט אים דיא מלכה גאר וואל ·
אונ' שיקט רבי חנינה נאך לייטן דש ער זיא זאל ברייאן אויף זיין ברײלפֿט · אונ' וויא נון
דיא חכמים זעהן דש רבי חנינה ווידר אויש אונ' איין גינג בייא דעם מלך הויז דא ווארטיטן
זיא אויף אין אונ' שלאגן אים צו טוט · וויא דש דיא מלכה גיוואר ווארט דא דער שראק זיא
גאר זער אונ' גינג בהענט צו אים אונ' זאגט ער אישט ניט טוט אונ' נאם וואשר אויש דעם גן
עדן אונ' שמירט אין מיט דא ווארד ער ווידר לעבנדיג אלש ווער ער נין טוט גיוועזן · דא
נאם עש דעם מלך אונ' דיא חכמים גרוש וואנדיר דאש אים דיא מלכה לעבנדיג גימכֿט האט
אונ' דער מלך שפראך איך וויל זיא ניט נעמן דען זיא שלאג מיך אך פֿור צו טוט אונ' מכֿט
מיך ווידר לעבנדיג · דא שפראך דיא מלכה מיין ליבור הער קינג איך ביט דיך טוא עש ניט
דען ווען איך איינם לעבנדוג מך זא מוש ער איין גאנציר צדיק זיין אונ' גאטש פֿארכֿטיג זיין
אביר דער קינג דער וואלט עש ניט גלויבן אונ' ער גיבוט איינן פֿון זיינם קנעכֿטין דען אין
מושטיט טוט שלאגין · דא נאם דיא מלכה דאש וואשיר אויש דעם גיהנום אונ' גוש עש אויף
אים דא פֿר בראנט ער אונ' ווארד איידל עש אונ' פולבֿיר · דא זאגט דיא מלכה נון זעכֿט ליבן
הערן ווער דער קינג רעכֿט פֿרום גיוועזן אזו ווער ער ווידר לעבנדיג גיווארדן · אביר איך
זיך וואל דש ער איין רשע אישט גיוועזן · וויא זיא נון זאכֿט דש רבי חנינה איין זעלכֿיר חכם
וואר אונ' ורום וואר אונ' זייןווייב וואר אים גישטארבן דא בראטטין זיא זיך מיט איין אנבדר
דש זיא רבי חנינה צו איינם מלך איביר ישראל מכֿטין אונ' גאבין אין דיא מלכה צו איינם
ווייב אונ' ער ריכֿטיט ישראל לנגי צייט דער הלבן האט ער זיין צוג וואל אן גיליגט · דש ער
דיא מלכה ביקאם · סליק

גישאך = איז געשען
זאש = איז געזעסן
אונט/אונ' = און
וואר = איז געווען
נעשט = נאָענסט
וואשטט = האָט געוווסט
היש = האָט געהייסן

צוואה [צאַוואָע], די last will
אך = אויך
עני [אָני], דער עניים [אַניִים] poor person
שבעה ימים [שיווע יאָמים] seven days of mourning
ערב [ערעוו] the eve of
ווייש = וואָס
פֿייל = וואָס מען פֿארקויפֿט

וועגן = הגם
שון = שוין
זעלט[ט] = זאָל
זיין ווער = וואָלט געווען
שטורב = איז געשטאָרבן
הילט = האָט געהאלטן/געטאָן
קאם = איז געקומען
אויף שטון = איז אויפֿגעשטאַנען
גינג = איז געגאַנגען
כּלי [קיילע], די ־ים — vessel
גילדן = גילדן, דער ־ס — gold coin
באט = האָט אָנגעבאָטן
שפּראך = האָט געזאָגט
לסוף [לעסאָף] — in the end
פאנט/פאניט = האָט געפֿונען
פֿראָש, די/דער פֿרעש — frog
גאב = האָט געגעבן
דרויש דאש = מיט דעם רעזולטאַט אַז
נימיר = מער ניט
קעניט = קען
שענקליין = געפֿעס, דאָס ־ן — vessel, container
פר צערט = פֿאַרניצן פֿאַרניצט — consume
גיהט העט = האָט געהאַט
מין = מער
ווידר = קעגן/צו
נימן = מער ניט
דען = ווײַל
איבור = צוליב ...
הוב ... אן = האָט אָנגעהויבן
זאל דיר ואר היישן זיין = זאָל זײַן דיר צוגעזאָגט
שבעים לשונות [שיווים לעשוינעס] — seventy languages
אלזו = אַזוי
נאם = האָט גענומען
פפייאר = פּאַפּיר
שריב = האָט געשריבן
ליש = האָט געלאָזן
איין עשן = עסן
חיה [כײַע], די ־ות — animal
עוף [אָף], דער ־ות [אויפעס] — bird
גלונט = באַלוינען באַלוינט — reward
דער הלבן = צוליב דעם
שיידן = זיך שיידן
אילני [אילאַני] — forest
שריא = האָט געשריגן
וועדיר ... נאך = ניט ... ניט
ציל = צאָל, די ־ן — number
מאש = מאָס, די ־ן — measure

אבֿן־טובֿ [עוונטאָוו], דער אבֿנים טובֿות [אוואָנים־טויווועס] — gem, jewel
מרגליות [מאַרגאָליעס] = פּערל, דער –
אינן = זיי
קרייטער = קרײַטעכץ, דאָס ־ער — herbs
וואָרצל, דער ־ען — roots
וואר צו = צוליב וואָס
יתש = יתברך שמו [ייִסבאָרעך־שמוי] — blessed be His name
דער ברמן = רחמנות [ראַכמאָנעס] האָבן — have mercy on
גיבֿרוגט = געפֿרעגט
אדם הראשון [אָדעמאָרישן] — [biblical] Adam
לילות [לילים] — queen of the demons
הקבה = הקדש ברך הוא [האַקאָדעשבאָרכו] — the Holy One, blessed be He
רשות [רעשוס], דער ־ן — authority, permission
הין וועק = אוועק
איין היים = אַהיים
זעליג = גליקלעך
רשע [ראָשע], דער ־ים [רעשאִָים] — villain
ווער = וואָלט געווען
דער וואַרטן = אויסקוקנדיק
תשובה [טשוווע], די ־ות — response, reply
הילכות [הילכעס] ל"ר — principles
דרשת [דאַרשעט] — teach, preach
ראָב, דער ־ן — raven
מומן = פּראָבלעם
טרוג = האָט געטראָגן
ווארף = האָט געוואָרפֿן
דען = ווי
לוגן = קוקן
גידענקין = טראַכטן
קאפּא = קאָפּ
ח"ו = חס ושלום [כאַסוועשאָלעם] — God forbid
דערשרעקן דערשראָקן — become alarmed
וואשטין = האָבן געוווּסט
חכם [כאָכעם], דער ־ים [כאַכאָמים] — sage, wise man
זינשט = אַזיסט
ממית [מיימעס] זײַן = ממיתן געממיתט — kill
נימבץ = קיינער ניט
טעטן ... לויה [לעוויִע] — accompany
לויב = לײַב
וויז = לאָנקע, פֿעלד
ואנד = האָט געפֿונען
בשמים [בּסאָמים] ל"ר — spices
אש = האָט געגעסן
דערקוויקן דערקוויקט — refresh

בך = טײַכל

װישיר = פֿישער

קענטין = האָבן געקענט

הולף = האָט געהאָלפֿן

בראכטן = האָבן געבראַכט

בשמחה [בעסימכע] happy

דער ליזן = דערלייזן דערלייזט save, deliver

זאך = האָט געזען

דינן = אינעווייניק

חוקר ודורש [כויקער־וועדוירעש] זײַן seek

גיווארווארט = האָט אַנטדעקט

װא = װוּ

און גיפֿערט = צופֿעליק

מיט כ"ד = מיט כּל דבֿרים [קאָל־דוואָרים] in general

יועץ [יויעץ], דער ־ים advisor

דונטין = דאָ אונטן

קעשטליך excellent

לאט = לאָזט

חיות [כײַעס], דאָס life

גיבירן = פֿירן זיך

מציל [מאַצל] זײַן save

צו וועגן ברענגן fetch, do, bring about

װא ניט = װען ניט

קרוג, דער ־ן/קריג pitcher, jug

גן עדן [גאַניידען], דער/דאָס ־ס Paradise

גיהנם [ג(עה)ענעם], דאָס ־ס Hell

צוואָגען געצוואָגן wash one's hair

תפילה [טפֿילע], די ־ות prayer

סכנה [סאַקאָנע], די ־ות danger

אין דעם = דעמאָלט

קוינט = קענט

נוימן = מער ניט

פֿליגל, דער ־ען/– wing

גזרה [גזיירע], די ־ות [גזיירעס] discriminatory decree

פֿרויא happy

אלש בלד = תּיכּף [טייקעף] immediately

פֿלוך = איז געפֿלויגן

פֿלוקש = גיך

װארדן = זײַנען געוואָרן

פֿאר זוכֿן = פֿראָבירן

שיטט = גיסט

פֿר בראנט = האָט פֿאַרברענט

שיר = שיר ניט

ביהענט = גיך

איצונדר = איצט

פֿאר צעט = פֿאַרלוירן

אז = וואָס

איין וועק = אַוועק

לוויתן [לעוויאָסן], דער Leviathan, giant fish of Jewish legend

בייא חרם [כיירעם] under threat of excommunication

עבן = גראָד, אָט נאָר

שלאנד = האָט געשלונגען

דער ער = וואָס

ווילקום = אָנגעלייגט, גערעכט

לוף = איז געלאָפֿן

צו ריש = האָט צעריסן

צוג = איז געגאַנגען

האשט געאכט = האָסט אַכטונג געגעבן אויף

ברייאן = פֿאַרבעטן פֿאַרבעטן invite

בריילפֿט = חתונה [כאָסענע], די ־ות wedding

ווארטיטן = האָבן געוואַרט

שלאגן = האָבן געשלאָגן

אלש ווער ער נין as if he had never been

צדיק [צאַדיק], דער ־ים pious, saintly man

גאטש פֿארכֿטיג God-fearing

גיבוט = האָט באַפֿוילן

קנעכט = באַדינער

מושטיט = האָט געדאַרפֿט

גוש = האָט געגאָסן

איידל = לויטער nothing but, pure

עש = אַש, דאָס ־ן

פולבֿיר = פּולווער, דער ־ס powder

עש און פולבֿיר = אַש און פּאָרעך dust and ashes

זעכט = זעט [איר]

בראטטין = האָבן זיך באַראָטן

ריכטיט = איז דער ריכטער/שופֿט איבער

סליק = סוף

6

קינה על גזירות הקהילות דק"ק ליטע [4]

בשעת דער רוסישער אינוואַזיע און דער שוועדישער קעגן־אינוואַזיע פֿון פּוילן אין 1656 האָבן באָגדאַן כמעלניצקי און זײַנע קאָזאַקן אײַנגענומען לובלין און אַנדערע שטעט אין אָט דעם ראַיאָן. סוף־כּל־סוף זײַנען די קאָזאַקן אויך געקומען קיין ווילנע און אײַנגענומען די שטאָט, ווי אָט דאָס ליד דערציילט. דער פּעריאָד דערנאָכדעם איז איינער פֿון צעשטערונג פֿון זייער אַ סך יידישע קהילות דורך לאַנג־געדויערנדיקע באַלאַגערונגען, פֿאַרטרײַבונגען און מאַסן־שחיטות. דער דאָזיקער טעקסט איז ניט דאַטירט און ווײַזט אויך ניט אָן דאָס אָרט פֿון פּובליקירן, אָבער עס מוז זײַן 1656 אָדער שפּעטער. דאָס ליד אַנטפּלעקט די קלאָרע השפּעה פֿון אַן אַנדער קינה־ליד וועגן דעם חורבן ת"ח־ות"ט. דעם טעקסט האָט מען אַרויסגעגעבן ווי אַ בראָשור מיט זעקס זײַטן פֿון טעקסט און נאָך אַ זײַט מיט אַ האָלצגראַוויור פֿון אַ קאָזאַק וואָס האַלט אַ שווערד אין איין האַנט און אַ פּיסטויל אין דער צווייטער, מיט אַ מחנה (פֿון סאָלדאַטן) אויף איין זײַט און אַ האַרמאַט אויף דער צווייטער. דער טעקסט באַשטייט פֿון אַ הקדמה פֿון פֿיר זאַצן וועגן דער קינה אַליין, וואָס באַשטייט אין 29 פֿיר־שורהדיקע סטראָפֿעס, וואָס יעדערע שטעלט זיך צונויף פֿון צוויי קופּלעטן (דער צווייטער, אַ רעפֿרען); צום סוף קומט אַ סטראָפֿע פֿון פֿיר געגראַמטע שורות מיט אַ שלאָס־שורה. די שפּראַך איז אַוודאי מיטל־יידיש, ד"ה שטאַרק אַנדערש פֿון דער מאָדערנער שפּראַך. מיט אַ ביסל געדולד קען מען דעם טעקסט, אָבער, אין גאַנצן פֿאַרשטיין. עטלעכע אָרטאָגראַפֿישע עקוויוואַלענטן צווישן מאָדערן יידיש און מיטל־יידיש געפֿינט מען פֿאַרן טעקסט פֿונעם *מעשׂה־בוך* (אויבן).

קינה [קינע], די ־ות — lament
גזירה [גזיירע], די ־ות [גזיירעס] — discriminatory decree
דק"ק = דקהילה קדושה [דעקעהילע־קעדוישע] — of the holy community of
אײַננעמען אײַנגענומען — capture
סוף־כּל־סוף [סאָפֿקלסאָף] — finally, eventually
צעשטערונג, די ־ען — destruction
קהילה [קעהילע], די ־ות — Jewish community
לאַנג־געדויערנדיק — lengthy
באַלאַגערונג, די ־ען — siege
פֿאַרטרײַבונג, די ־ען — exile
מאַסן־שחיטה [־שכיטע], די ־ות — mass murder
אַנטפּלעקן אַנטפּלעקט — reveal

השפעה [האשפאָע], די ־ות influence
חורבן [כורבם], דער ־ות [כורבאָנעס] destruction, holocaust
תּ"ח־ותּ"ט [טאַכוועטאַט] 408-409 [=1648-49 C.E.]
האָלצגראַווירור, די ־ן woodcut
מחנה [מאַכנע], די ־ות camp
הארמאַט, דער ־ן cannon

הקדמה [האַגדאָמע], די ־ות preface
שורה [שורע], די ־ות line
סטראָפֿע, די ־ס stanza
צונויפֿשטעלן צונויפֿגעשטעלט construct, assemble
גראַמען געגראַמט rhyme
אָרטאָגראַפֿיש orthographic, spelling

איר ליבע ווייבר ווײַשט
אַז דיא קינה גאר שין גימכט אויף טייטש
דר מיט אז מען עז זאל ור שטין
דז עז די לייט זול צו הערצן גין.
גֿוֹט שטראף פר זיך זעהן
זיך צו גאטש פארכט גינעהן.
דרינן ווערט איר אַלש לעזן
אז ווען איר ווערט דר בייא געוועזן.
תשובה תפילה צדקה צו טאן
אז עש זול איין מאל איין אויף הערונג לאן
אונ' זאל אונש בהיטן פאר פיין
אונ' זאל אונש פירן אין הייליגן לנד אניין.
אמן.

אן ערשטן טאג אין תשרי תט"ז איז דיא גזרה גיווארן
דז זיא האבן בעו"ה אונזרי ידליך דיא תפלה אן געווארן
אך גאט וויא קאנשטו דאז זעהן
אזו איין מכה רבה איז גישעהן אוי לנו כי חטאנו.

ביזע בריוו הוט מן אויז דר ליטה ארויז גישריבן
דז קיין יהודה אין דער גנצה מדינה איז ניט גיבליבן
אך גאט וכו'

גרושן צער טואן דיא יהודים האבן
דז זיא טואן לויפֿן אין דיא וועלדר וואו דיא אויגן טראבן
אך גאט וכו'

דלות האבן דיא איבריגן יהודים ביקומן
דיא פויארן האבן זיא גאלד אונ' זילבר איין וועק גינומין

אך גאט וכו'

5 הייליגן ספר תורת טואן זיא אויף דער ערד צו שפרייטין
אונ' טואן ווייבר אונ' קינדר דרויף טיטן
אך גאט וכו'

וועלכי יהודים זענן אויש דער ליטא דער פון גיקומין
זענן בעו"ה אין ק"ק לובלין אום איר לעבין קומין
אך גאט וכו'

זיבן הימל זענן צו הויף קומין
דז דיא תפילות פון ישראל ניט קענן פר אונזר הר גאט קומין
אך גאט וכו'

ח' אלפים מאסקוויטר האבין זיך צו הויף גימאכט
אונ' האבין ליטא אונ' רייסין חרב גימאכט
אך גאט וכו'

טיר אונ' טאר האבין זיא גיבראכין
אונ' האבין מיט מעשר אין דיא הערצר גישטאכין
אך גאט וכו'

10 יודן קינדר גרוש אונ' קליין האבן זי אויף דיא גסין אויף גיפאנגין
און האבין זיא אין קוט גליגט אונ' זענן אז וויא אויף דיא ברוקן דרויף גנגין
אך גאט וכו'

כריווא נאז איז מיט דען מאסקוויטר אין מענכי שטאט אביין גיקומין
דז דאז בלוט איז צו טיר אונ' פענשטר אין דיא שטאט גירונין
אך גאט וכו'

לעמברגר שלאס אונ' שטאט האבן זיא ניט איין גינומין
זענן כמה מאות בעו"ה אין הונגר גישטארבין אונ' אום גיקומין
אך גאט וכו'

מיידן אונ' יונגין זענין פון קדוש השם אין וושיר אביין גישפרונגין
האט בעו"ה קיינר קענין דר פון אנטרינן
אך גאט וכו'

נ' אלפים טוט איין יהודי אויז דער ליטא געבין
נאך דענאך האבן דיא ריקם בעו"ה גינומין זיין לעבן

אך גאט וכו'

15 ספר תורת טואן זיא פר שמאכין
אונ' אויש דיא ספר תורת שיך דרויש צו מאכין
אך גאט וכו'

עניים זענן די יהודים גיווארין
ווייל זיא האבין לייב אונ' גוט אן גווארין
אך גאט וכו'

פון וועשט וועגן איז דיא גזרה גיקומין
ווייל דער רייכה האט דען ארמן ניט אן גנומין
אך גאט וכו'

צדיקים אונ' רבנים האבן זיא גישחט
אונ' זענן בעו"ה ניט צו קבר ישראל ווארין גבראכט
אך גאט וכו'

קריאה האבן דיא ווייבר גישריאן אונ' גריסן
ווייל זיא דיא מאנין האבין ניט טאן [אין] דער היים דער ווישן
אך גאט וכו'

20 רבנים אונ' חזנים אז דיא בהמות גישחט
אונ' דיא ברכה על השחיטה גאר הוך גמאכט
אך גאט וכו'

שלום חזן האט אל מלא רחמים גיזונגן
אונ' דיא מסקוויטר האבן גיטנצט אונ' גישפרונגן
אך גאט וכו'

תחיות המתים זול בלד ווערן
אונ' ג̄ו̄ט זול ווייטר דיא ביזה גזרות פר שטערן
אך גאט וכו'

אך האב איך ב[ע]ו"ה פר נומן
וויא לק"ק לובלין זענן ב[ע]ו"ה פיל לייט ווידר אום גקומן
אך גאט וכו'

קליין און גרוש יונג אונ' אַלט
אלש גיהרגת ווארדן ב[ע]ו"ה מיט שווערטר אונ' מיט גיוואלט

אך גאט וכו'

יאגן אונ' שלאגן טעטן זיא אלי גלייך
עש דער טראנקן פיל אין טיפן טייך
אך גאט וכו'

מיר מעגן וואול קלאגן מיט וויינן אונ' ברומן
אז אונז זעלכי קדושים זיין וועק גיקומן
אך גאט וכו'

אירי בשמות ווערן גוויש רואן בייא אנדרי פרומן
(עשרה הרוגי מלכות) דיא (על קדושת השם) זיין אום קומן
אך גאט וכו'

ליידר וויא האט דער חורבן קענן גרעשר זיין
אז זעלכי רבנים אזו איין טוט זאלן נעמן איין
אך גאט וכו'

וועןן איך גידענק טוט מיין הערץ פאכן
וואש זיא האבן אן גיטראפן אלץ דער שטאכן
אך גאט וכו'

רבון העולם טוא דיא טוטן ווידר דר וועקן
וואו מן זיא האט הין טאן צו דעקן
דען זיא ליגן ור גראבן אין אלי עקן
עמלק זאלשטו אויש מעקן
אוי לנו כי חטאנו אמן סלה.

קינה [קינע], די ־ות — lament
דער מיט אז = כּדי — in order that
פאָרכט = מורא [מוירע], די — fear
נעהן = צוקומען נאָענט צו — draw near
לעזן = לייענען — read
דר בייא = דערביַי — present, there
תּשובה [טשוווע], די ־ות — repentance
תּפֿילה [טפֿילע], די ־ות — prayer
צדקה [צדאָקע], די ־ות — charity
אויף הערונג = אָפּשטעל, דער ־ן — halt, stoppage

תשרי [טישרע] — month Tishri [Sept.-Oct.]
תט"ז = דאָס יאָר 416 — 1656 C.E.
גזירה [גזיירע], די ־ות [גזיירעס] — discriminatory decree
בעו"ה = בעוונותינו־הרבים [באווינעסיינו־האָראבים] — in view of our many sins
אָנווערן אָנגעווירן — prohibit, lose
מכּה רבה [מאקע־ראבע] — great blow [*Hebr*]
אוי לנו כי חטאנו [אוי־לאָנו־קי־כאטאָנו] — woe is to us due to our sin

וכו' = וכדומה [אוכדוימע]	etc. [*here*: repeat refrain]
צער [צאַר], דער	grief, sorrow
טראבן = ווערן פֿינצטער/פֿאַרטונקלען	grow dim
דלות [דאַלעס], דער	poverty, squalor
איבריגן = אַנדערע	others
איין וועק = אַוועק	away
צעשפּרייטן צעשפּרייט	scatter
וועלכי = וואָסערע	which
זענן ... אום איר לעבין קומין	they died
צו הויף קומין	come together
ח' אלפים [אַלאָפֿים] = אַכט טויזנט	eight thousand
מאסקווייטר	Muscovite
חרב [כאָרעוו] מאכן	destroy, ruin
טאָר = טויער, דער ־ן	gate
גישטאכין = שטעכן געשטאָכן	stab
אויפֿפֿאַנגען אויפֿגעפֿאַנגען	capture
קוט = קויט, דער	filth
ברוק = בריק, די ־ן	bridge
כריווא נאז	*personal [nick]name*
מענכי = אַ סך	many
אניין = אַרײַן	in[to]
רינען * גערונען	run
לעמבערג	Lviv/Lvov
כמה מאות [קאַמאַמייעס]	several hundred [*Hebr*]
מיידן	girls
קדוש השם [קידעשאַשעם]	martyrdom for being a Jew
אַנטרינען * אַנטרונען	escape
נ' אלפים	fifty thousand
דענאָך = פֿונדעסטוועגן	nevertheless
ריק [רייק], דער ־ים	vain/irresponsible person
פֿאַרשמאַכן = פֿאַראומווערדיקן	dishonor, desecrate
עני [אָני], דער ־ים [אַנִיִים]	indigent person
פֿון וועשט וועגן = צוליב דעם	for that reason
צדיק [צאַדיק], דער ־ים [צדיקים]	pious, saintly man
רבֿ [ראָוו], דער, רבנים [ראַבאָנים]	rabbi
שחתן = שעכטן געשעכט/געשאָכטן	slaughter
קבֿר ישׂראל [קייווער־ייסראָעל]	Jewish cemetery
קריאה = קריעה [קריאַ], די	tearing garments in mourning
רײַסן געריסן	tear, rip
דערווישן דערווישן	catch, track down
הזן [כאַזן], דער ־ים [כאַזאָנים]	cantor
בהמה [בעהיימע], די ־ות	cow, beast
ברכה [בראָכע], די ־ות	blessing
ברכה על שחיטה [בראָכע־אַל־שכיטע]	blessing said at slaughter of animals [*Hebr.*]
אל מלא רחמים [אייל־מאָלע־ראַכאַמים]	bereavement prayer [*Hebr.*]
תחיות המתים [טכיעסהאַמייסים]	resurrection of the dead
פֿאַרשטערן פֿאַרשטערט	disturb, destroy
אך = אויך	also
פֿאַרנעמען פֿאַרנומען	experience, discover
הרגע(נע)ן [האַרגע(נע)ן] געהרגעט	kill
געוואלט = רציחה [רעציכע], די ־ות	violence
יאָגן געיאָגט	pursue, hunt
טעטן = הרגע(נע)ן [האַרגע(נע)ן] געהרגעט	kill
דערטראַנקען = זײַנען דערטרונקען	drown
ברומען געברומט	roar
זעלכי = אַזעלכע	such
קדוש [קאָדעש], דער ־ים [קדוישים]	martyr, holy person
נשמה [נעשאָמע], די ־ות	soul
עשרה הרוגי מלכות [אַסאָרע־האַרוגיי־מאַלכוס]	ten of the kingdom’s slain
על קדושת השם [אַל־קעדוישעס־האַשעם]	martyrdom for being a Jew
ליידר = צום באַדויערן	unfortunately
חורבן [כורבם], דער ־ות [כורבאָנעס]	destruction, annihilation
פאכן = האַמערן געהאַמערט	beat loudly/furiously
אָנטרעפֿן אָנגעטראָפֿן	meet, happen upon
דערשטעכן דערשטאָכן	stab
רבון העולם [רעבוינאָוילעם], דער	lord of the world/universe
הין טאן = אַהינטאָן אַהינגעטאָן	place, put
צודעקן צוגעדעקט	cover up/bury
דען = ווײַל	because
עק, דער ־ן	corner, end, extremity
עמלק [אַמאָלעק]	Amalek – biblical enemy
אויש מעקן = אויסמעקן אויסגעמעקט	annihilate

7

גר־צדק (? - 1749) [1]

גראַף וואַלענטין פּאָטאָצקי/אַבֿרהם בן אַבֿרהם איז געווען אַ פּוילישער גראַף, אַ טאַלאַנטירטער אינטעלעקטועל, וואָס האָט שטודירט אין אוניווערסיטעט אין פּאַריז. דאָרטן האָט ער געזען ווי דער יידישער בעל־הבית פֿון א קרעטשמע זיצט און לערנט גמרא. ער האָט זיך פֿאַראינטערעסירט אין דעם און האָט אויך אָנגעהויבן צו לערנען תּורה. ער האָט אויך שטודירט ווײַטער אין דער פּויפּסישער אַקאַדעמיע אין רוים, און נאָך ווײַטער אין אַמסטערדאַם. סוף־כּל־סוף האָט ער זיך מגייר געווען און זיך באַזעצט נאָענט צו ווילנע. דאָרטן איז ער איין מאָל בייז געוואָרן אויף צוויי ניט־יידישע קינדער וואָס האָבן געשטערט יידן בײַם דאַוונען. זייער טאַטע האָט געמסרט, אַז פּאָטאָצקי איז אַ גר, און מען האָט אים אַרעסטירט, געמישפּט און פֿאַרמישפּט צום טויט. דעם 24טן מײַ 1749 האָט מען אים פֿאַרברענט בײַם סלופּ צופֿוסנס פֿונעם ווילנער שלאָס. אַן אָרטיקער ייִד האָט זיך פֿאַרשטעלט פֿאַר אַ קריסט כּדי צוצוקומען גענוג נאָענט און האָט געגנבֿעט אַ טייל פֿונעם אַש און אויך אַ פֿינגער, וואָס מען האָט שפּעטער מקבֿר געווען אויפֿן ווילנער בית־עולם. אַ ריזיקער בוים איז אַרויסגעוואַקסן פֿונעם קבֿר, וואָס איז געוואָרן אַ מקום פֿאַרן יידישן עולה־רגל זײַן. הגם פּוילישע וואַנדאַלן האָבן צעשטערט דעם קבֿר, און די סאָוועטן האָבן דעם גאַנצן אלטן ווילנער בית־עולם צעשטערט, האָט מען נאָך באַוויזן אַריבערצופֿירן דעם בר־מינן פֿונעם גר־צדק מיט יענעם פֿונעם ווילנער גאָון אויף דעם נײַעם ווילנער בית־עולם (סאַלטאָנישקיו).

גר [גער], דער ־ים [גיירים]	a convert to Judaism	סוף־כּל־סוף [סאָפּקלסאָף]	finally
גראַף, דער ־ן	count	מגייר [מעגײַער] זײַן	convert to Judaism
בעל־הבית [באַלעבאָס], דער ־ים [באַלעבאַטים]	proprietor, landlord, owner, boss	באַזעצן זיך באַזעצט	settle
קרעטשמע, די ־ס	tavern, inn	נאָענט	near
פֿאַראינטערעסירן זיך פֿאַראינטערעסירט	become interested	בייז	angry
פּויפּסיש	papal	מסרן [מאַסערן] געמסרט	report, denounce, inform
		מישפּטן [מישפּעטן] געמישפּט [געמישפּעט]	judge, try in court

פֿאַרמישפּטן [פֿאַרמישפּעטן] פֿאַרמישפּט [פֿאַרמישפּעט] condemn
פֿאַרברענען פֿאַרברענט burn
סלופּ, דער ־עס stake, post
צופֿוסנס at the foot of
שלאָס, דער שלעסער castle
אָרטיק local
פֿאַרשטעלן {פֿאַרשטעלט} זיך פֿאַר disguise
אש, דאָס ashes

מקבר [מעקאַבער] זײַן bury
ריזיק huge, giant
מקום [מאָקעם] , דער/דאָס ־ות [מעקוימעס] site, place
עולה־רגל [אוילע־רעגל] זײַן make a pilgrimage
הגם [האַגאַם] although
וואַנדאַל, דער ־ן vandal
אַריבערפֿירן אַריבערגעפֿירט transport, move
בר־מינן [באַרמענען], דער ־ס [dead] body, corpse

דעם ווילנער גאָונס אוהל אויפֿן אַלטן בית־עולם

[ייִוואָ]

8

אליהו בן שלמה זלמן קרעמער/דער ווילנער גאָון
(1797־1720) [1]

הגר"א [הגאָון רבֿ אליהו], אליהו בן שלמה זלמען קרעמער, איז געווען דער גרעסטער תּלמיד־חכם פֿון זײַן צײַט, און זײַן לערנען בפֿרט וועגן קבלה און הלכה האָט געהאַט אַ בלײַביקע ווירקונג אויף דער אַשכּנזישער טראַדיציע. ער איז אַליין געווען אַ פֿאַרעקשנטער אינטעלעקטועל, אַ נזיר, אַ פּאָלעמיקער, אַ מנהיג. ער איז געבוירן געוואָרן אין דער גראָדנער גובערניע אין אַ באַוווסטער רבנישער משפּחה. שוין אינעם עלטער פֿון זעקס יאָר האָט ער געהאַלטן זײַן ערשטע דרשה אין ווילנע. בדרך־כּלל האָט ער געלערנט פֿאַר זיך, און צוליב דעם איז זײַן שיטה ניט געווען די קאָנווענציאָנעלע פֿון זײַן תּקופֿה. שוין קינדווײַז איז ער געווען אַן עילוי פֿון תּורה, גמרא און קבלה. ער האָט אויך שטודירט דעם לשון־קודשדיקן דיקדוק [גראַמאַטיק], כּדי בעסער צו פֿאַרשטיין תּורה; אַלגעברע און געאָגראַפֿיע, כּדי בעסער צו פֿאַרשטיין די פּירושים; און אַסטראָנאָמיע, כּדי בעסער צו פֿאַרשטיין דעם לוח. ער האָט – ווי ווײַט מע ווייסט – ניט געקענט קיין שפּראַך אַחוץ יידיש און לשון־קודש: ער האָט געלערנט די אַלע "וועלטלעכע" לימודים פֿון לשון־קודשדיקע טעקסטן, וואָס זײַנען געווען אָנגעשריבן אין מיטל־עלטער. די מאָדערנע וויסנשאַפֿט פֿון ניוטאָן, קאָפּערניק, גאַלילעאָ האָט ער אין גאַנצן ניט געקענט. נאָך איידער ער איז געוואָרן 13 יאָר אַלט האָט ער פּרובירט שאַפֿן אַ גולם, אָבער ער האָט עס אויפֿגעהערט צו טאָן ווען ער האָט געזען אַ וויזיע, וואָס ער האָט פּותר־חלום געווען, אַז דער רבונו־של־אולם האָט ניט געוואָלט, ער זאָל שאַפֿן אַ גולם. ווען ער איז געווען אַלט פֿערציק יאָר, האָט ער אָנגעהויבן לערנען מיט תּלמידים, וואָס זײַנען אַליין געוואָרן באַוווסטע תּלמידי־חכמים. נאָך 1780 האָט

ער אין זײַן הויז געלערנט תּורה מיט זײַנע תּלמידים. זײַן וויכטיקסטער תּלמיד איז געווען חיים בן יצחק פֿון וואַלאָזשין, וואָס דער גאָון האָט אים געהייסן מיסד זײַן אַ ישיבֿה.

ער האָט חתונה געהאַט ווען ער איז געווען אַלט אַכצן יאָר. געווווינט האָט ער מחוץ דער שטאָט ווילנע, כּדי ער זאָל בײַם לערנען ניט ווערן געשטערט. שפּעטער האָט ער געמאַכט אַ נסיעה דורך פּוילן און דײַטשלאַנד, איידער ער האָט זיך סוף־כּל־סוף באַזעצט אין ווילנע. דאָרטן האָט ער באַקומען פֿון דער קהילה אַ דירה מיט אַ סטיפּענדיע, כּדי ער זאָל קענען זיך אָפּגעבן נאָר מיט לערנען תּורה. שפּעטער האָט ער געוואָלט עמיגרירן קיין ארץ־ישׂראל, אָבער אונטער וועגנס האָט ער זיך אומגעקערט קיין ווילנע; מע ווייסט ניט פֿאַרוואָס.

געלערנט האָט ער יום־ולילה מיטן שײַן פֿון אַ ליכטל און מיט פֿאַרמאַכטע פֿענצטער, כּדי ער זאָל ניט מבֿטל זײַן דאָס לערנען. ער האָט די פֿיס אַרײַנגעשטעלט אין אַ וואַנע מיט קאַלט וואַסער, כּדי ער זאָל ניט אַנטשלאָפֿן ווערן, ווײַל ער פֿלעגט שלאָפֿן בלויז צוויי שעה אַ מעת־לעת און דאָס אויך ניט מיט אַ מאָל, נאָר קיין מאָל ניט מער פֿון אַ האַלבער שעה.

ער איז געווען אַן עקשנותדיקער קעגנער פֿון חסידות. די ווילנער חסידים האָט ער אַרײַנגעלייגט אין חרם און צײַטנווײַז פֿאַרטריבן פֿון שטאָט. ווען ר' מנחם־מענדל פֿון וויטעבסק און ר' שניאור זלמן פֿון ליאַדי האָבן געוואָלט מאַכן שלום מיט אים, האָט ער זיך אָפּגעזאָגט צו רעדן מיט זיי. אין 1794 האָט ער געהייסן פֿאַרברענען אַ חסידישן ספֿר אין ווילנע.

וועגן כּמעט אַלע טעמעס, וואָס האָבן צו טון מיט יהדות, האָט ער אַרײַנגעשריבן נאָטיצן אויף די בלעטער פֿון זײַנע ספֿרים. זײַנע תּלמידים האָבן פֿאַרשריבן זײַנע לעקציעס. העכער 70 טיטלען קען מען היינט פֿון זײַנע ווערק, הגם די טעקסטן פֿון טייל האָבן זיך ניט אָפּגעהיט. בשעת זײַן לעבן האָט ער גאָרנישט ניט פּובליקירט. ער איז אויך קיין מאָל ניט געוואָרן קיין פּרנס אין דער ווילנער קהילה, כּדי ער זאָל ניט מבֿטל זײַן פֿון דער תּורה.

גאָון [גאָען], דער ־ים [געוינים] genius
תּלמיד־חכם [טאַלמעדכאָכעם], דער תּלמידי־חכמים [טאַלמידעכאַכאָמים] trad. Jewish scholar
בפֿרט [ביפֿראַט] especially, particularly
קבלה [קאַבאָלע], די Cabbalah
הלכה [האַלאָכע], די ־ות Halakhah
בלײַביק enduring
ווירקונג, די ־ען effect, influence
פֿאַרעקשנט [פֿאַראַקשנט] stubborn
נזיר [נאָזער] ־ים [נעזירים] hermit, recluse
מנהיג [מאַנעג], דער ־ים [מאַנהיגים] leader
דרשה [דראָשע], די ־ות sermon
בדרך־כּלל [בעדערעכקלאָל] generally
שיטה [שיטע], די ־ות system, method
תּקופֿה [טקופֿע], די ־ות age, epoch, era
קינדווײַז during childhood
עילוי [אילע], דער ־ים [אילויִם] child genius
פּירוש [פּיירעש], דער ־ים [פּערושים] commentary
לוח [לועך], דער ־ות [לוכעס] Jewish calendar
אחוץ [אַכוץ] outside, beyond
לימוד [לימעד], דער ־ים [לימודים] subject of study
גולם [גוילעם], דער ־ים [גוילאָמים]/־ס Golem
פּותר־חלום [פּויסער־כאָלעם] זײַן interpret a dream
רבונו־של־אולם [רעבוינעשעלוילעם], דער Lord (of the world/universe)
מיסד [מעיאַסעד] זײַן found
נסיעה [נעסיע], די ־ות journey
סוף־כּל־סוף finally

סטיפּענדיע, די ־ס scholarship, fellowship

אָפּגעבן זיך אָפּגעגעבן devote oneself to

אונטער וועגנס on the road

יום־ולילה [יאָמוועלײַלע] day and night

מבֿטל [מעוואַטל] זײַן distract from

וואַנע, די ־ס (bath)tub

אַנטשלאָפֿן ווערן fall asleep

מעת־לעת [מעסלעס], דער/דאָס ־ן 24-hour period

חרם [כײרעם], דער ־ס/־ים [כאַראָמים] excom-munication

אַרײַנלייגן {אַרײַנגעלייגט} אין חרם excommunicate

צײַטנווײַז at times, occasionally

פֿאַרטרײַבן פֿאַרטריבן expel, exile

אָפּזאָגן אָפּגעזאָגט refuse

יהדות [יאַהדעס], דאָס Judaism

טיטל, דער ־ען titles [esp. of books]

פֿאַרשרײַבן פֿאַרשריבן transcribe

אָפּהיטן זיך אָפּגעהיט be preserved

בשעת [בעשאַס] פֿון during

פּרנס [פּאַרנעס], דער ־ים [פּאַרנײסים/פּאַרנאָסים] leader in Jewish community

9

שלמה מײַמון (1800־1753) [1]

שלמה מײַמון איז געבוירן געוואָרן אין 1753 אין שקאָוויבאַרג (ניט ווײַט פֿון מירץ) און איז אויסגעוואַקסן אין דער ליטע. ייִנגלווײַז האָט מען אים שוין דערקענט פֿאַר אַן עילוי. ווען ער איז געווען אַלט עלף יאָר האָט ער שוין חתונה געהאַט און אין דרײַ יאָר אַרום איז ער געוואָרן אַ טאַטע. דעמאָלט האָט ער זיך אויסגעשלאָגן דאָס ביסל פּרנסה ווי אַ מלמד אין די דערפֿער און ייִשובֿים אין דער געגנט פֿון ניעסוויזש, ווו זײַן ווײַב און שוויגער האָבן געוווינט. אין דער פֿרײַער צײַט האָט ער געלערנט קבלה און ייִדישע פֿילאָסאָפֿיע. שפּעטער האָט ער פֿאַרלאָזן די משפּחה און איז געפֿאָרן קיין קעניגסבערג כּדי צו שטודירן אין אוניווערסיטעט. פֿון דאָרטן האָט מען אים אָבער געשיקט ווײַטער קיין בערלין, ווו די קהילה האָט ניט דערלאָזט, אַז ער זאָל אַרײַנקומען אין שטאָט – ווײַל ער האָט געוואָלט לערנען זיך וועלטלעכע פֿילאָסאָפֿיע. אין צוויי יאָר אַרום איז ער צוריקגעקומען קיין בערלין און מען האָט אים יאָ אַרײַנגעלאָזט אין שטאָט. במשך פֿון זײַנע יאָרן אין בערלין האָט ער געהערט צום קרײַז אַרום משה מענדעלסאָן. די אָרעמקייט, ווי אויך אַ הולטײַיִש לעבן, האָבן אָבער ניט דערלאָזט אַז ער זאָל קענען זיך קאָנצענטרירן נאָר אויף פֿילאָסאָפֿיע. נאָך אַ פּאָר יאָר האָט אים די קהילה געצוווּנגען צו פֿאַרלאָזן בערלין. שפּעטער האָט ער געוווינט אין האַמבורג, אַמסטערדאַם, ברעסלע, נאָך אַ מאָל בערלין און לסוף אין פּרײַשטאָט. נאָר אין די לעצטע יאָרן פֿון זײַן לעבן האָט ער געהאַט אַ מעצענאַט, וואָס האָט אים אויסגעהאַלטן. פֿונדעסטוועגן האָט ער פּובליקירט אַ סך וויכטיקע ביכער וועגן פֿילאָסאָפֿיע, בפֿרט וועגן דעם דײַטשן פֿילאָסאָף אימאַנועל קאַנט. מערסטנס האָט מײַמון געשריבן אויף דײַטש, אָבער אויך אויף לשון־קודש. צוויי פֿון זײַנע זייער חשובֿע ווערק זײַנען געווען: *Versuch über die Transzendentalphilosophie* (1790) און *Solomon Maimons Lebens-geschichte, von ihm selbst geschrieben* (1793).

דער ראָמאַן פֿון ישׂראל מענדלאָוויטשן פֿון יאָר 1999, *אליין אין וואלד*, וואָס פֿון דעם ווערט דאָ געדרוקט אַן אויסצוג, איז אַ בײַשפּיל פֿון דער נײַער חסידישער ליטעראַטור אויף ייִדיש, וואָס האָט זיך פֿונאַנדערגעבויט במשך פֿון די יאָרן פֿונעם שפּעטן 20סטן יאָרהונדערט, בפֿרט אין ניו־יאָרק און ישׂראל. דאָ, פֿאַרשטייט זיך, געפֿינט זיך קיין פּאָזיטיוו בילד ניט פֿון מײַמונען, ווײַל ער האָט זיך דאָך אָפּגעקערט פֿון ווײַב און משפּחה און דערעיקרשט פֿון ייִדישקייט, און איז נאָכגעלאָפֿן דער וועלטלעכער פֿילאָסאָפֿיע. דאָס הייסט, ער איז געוואָרן אַן אַפּיקורס. אינעם ראָמאַן איז דער פּועל־יוצא פֿון אָט דעם לעבן־שטייגער

אַוודאי אַ צעשטערערישער. מיַימון איז געשטאָרבן אין 1800 נאָך אַ יונגער מאַן. דער דאָזיקער אויסצוג מאָלט אויס אַ פּינקטלעך בילד פֿון דעם ייִדישן לעבן־שטייגער אין אַ ייִשובֿ אין דער ליטע אין די לעצטע יאָרצענדליגער פֿונעם 18טן יאָרהונדערט. שלמה מיַימון פֿאָרט – אַליין כּמעט נאָך אַ קינד – אַהין, כּדי צו ווערן דער מלמד פֿאַר די פֿיר זין פֿון אַ ייִשובֿניק. דאָ באַווײַזן די אָרטאָגראַפֿיע און די גראַמאַטיק פֿון דעם טעקסט אַ משל פֿונעם הײַנטצײַטיקן ייִדיש בײַ חסידים.

אויסוואַקסן אויסגעוואַקסן/־וואָקסן grew up
ייִנגלווײַז as a boy
דערקענען דערקענט recognize
עילוי [אילע], דער ־ם [אילוים] child genius
אויסשלאָגן אויסגעשלאָגן knock out
אויסשלאָגן זיך דאָס ביסל פּרנסה [פּאַרנאָסע] manage to make a living
מלמד [מעלאַמעד], דער ־ים [מעלאַמדים] elementary teacher
דאָרף, דאָס דערפֿער village
ייִשובֿ [ייִשעוו], דער ־ים [ייִשוווים] hamlet
געגנט, דער/די ־ן region
שוויגער, די ־ס mother-in-law
פֿרײַצײַט, די leisure time
קבלה [קאַבאָלע], די Cabbalah
פֿאַרלאָזן פֿאַרלאָזט/פֿאַרלאָזן abandon
דערלאָזן דערלאָזט allow
אַרײַנקומען אַרײַנגעקומען enter
במשך [בעמעשעך] פֿון in the course of
געהערן געהערט belong to
קרײַז, דער ־ן circle
אָרעמקייט, די poverty
הולטײַיִש dissolute
צווינגען געצוווּנגען force
פֿאַרלאָזן פֿאַרלאָזט/פֿאַרלאָזן leave, abandon
לסוף [לעסאָף] finally
מעצענאַט, דער ־ן financial supporter, sponsor
אויסהאַלטן אויסגעהאַלטן support (financially)
פֿונדעסטוועגן nonetheless
בפֿרט [ביפֿראַט] especially
מערסטנס mostly
חשובֿע [כאָשעווע] important
ראָמאַן, דער ־ען novel
אויסצוג, דער ־ן excerpt
פֿונאַנדערבויען פֿונאַנדערגעבויט develop
פֿאַרשטייט זיך of course
געפֿינען זיך געפֿונען is found
אָפּקערן פֿון אָפּגעקערט abandon
דערעיקרשט [דעריקערשט] most especially
נאָכלויפֿן * נאָכגעלאָפֿן pursue
אפּיקורס [אַפּיקוירעס], דער ־ים [אַפּיקאָרסים] heretic
פּועל־יוצא [פּויעל־יויצע], דער ־ס result
לעבן־שטייגער, דער ־ס way of life
צעשטערעריש destructive
אויסמאָלן אויסגעמאָלט depict
פּינקטלעך detailed
יאָרצענדליג, דער ־ער decade
אָרטאָגראַפֿיע, די ־ס orthography, spelling
אויפֿווײַזן אויפֿגעוויזן attest, show

10

ישראל מענדלאוויטש

אליין אין וואלד [2]

ארום אונטן־צייט האט זיך דער וואגן אפגעשטעלט נעבן א האלב איינגעפאלן פארריכערט שטיבל, וואס איז געווען שווארץ ווי קויל פון אינעווייניג און פונדרויסן. קיין קוימען איז אין שטיבל נישט געווען, נאר אין דאך איז געווען אן עפענונג, וואס דורך איר פלעגט ארויסגיין די רויך. אין די קאלטע טעג, אדער אין א רעגן און שניי פלעגט מען פארמאכן די עפענונג, כדי די ווארימקייט זאל נישט ארויס אדער דער רעגן און שניי זאלן נישט אריינקומען אין שטוב. אנשטאטס פענסטער מיט שויבן, זענען געווען לעכער, וואס זענען געווען איבערגעלייגט מיט העלצלעך אין די לענג און אין די ברייט, און איבערגעצויגן מיט פאפיר.

דאס גאנצע שטיבל איז באשטאנען פון איין צימער, וואס האט געדינט פאר א זאל, פאר אן עס־צימער, פאר א שענק, פאר א שלאפצימער און פאר א חדר אין וואס דעם ישובניק'ס קינדער האבן געלערנט. די ווענט און די ערד זענען תמיד געווען פייכט, און אין ווינטער ווען מען פלעגט הייצן דעם אויוון פלעגט פון די פייכטקייט זעצן א פארע. אין ווינטער פלעגט די פלאר זיין נאס און גלאטיג, פון דעם אריינגעברענגטן שניי. אז מען פלעגט הייצן דעם אויוון און אין דרויסן פלעגט זיין א ווינט, פלעגט די רויך צוריקגעטריבן ווערן אין שטוב, און עס איז געווען אוממעגליך דארט צו זיין צוליב דעם שטיקענדיגן רויך. דאן פלעגט מען זיין געצוואונגען זיך צו זעצן אויף די ערד, כדי די רויך זאל נישט זיין צו שטארק.

אין די חויך האט זיך געצויגן לאנגע שטאנגען, אויף וואס עס זענען געהאנגען שווארצע וועש און אנדערע שמוציגע מלבושים. נעבן די שמוציגע וועש זענען געהאנגען צום טריקענען געוויסע עסענווארג, וואס זייער פעטנס פלעגט אראפרינען אויף מענטשן וועלכע פלעגן דארט זיצן.

אין איין ווינקל זענען געשטאנען אמפערס מיט איינגעזייערטע קרויט און רויטע צוויקל, און אין אנדערן ווינקל — אמפערס מיט וואסער צום טרינקען און קאכן. גלייך נעבן דעם אמפער וואסער איז געשטאנען א מיסט קאסטן מיט אלערליי שמוץ, פון וואס א שלעכטער גערוך האט זיך צוטראגן איבער די גאנצער שטוב.

ווען שלמה איז אריינגעקומען אין שטוב, איז אים אנטקעגן געקומען אין פנים א פארשטיקטן גערוך, די ריחות פון א געקנעטעטעם טייג און פון די פארטריקענטע פרענקפורטערס, האבן זיך צונויפגעמישט מיט די ריחות פונעם זויערן קרויט און צוויקל. דער אויוון אין וואונקל מיט די שווארצע קוילן, וואס האט זיך געהייצט, האט נאך צוגעגעבן צו דעם שווערן ריח.

שלמה איז געבליבן שטיין אין מיטן שטוב. ער האט זיך גענומען ארומקוקן, און ווען ער האט א טראכט געטאן, אז אט אין דעם דאזיגן שטיבל וועט ער דארפן פארברענגען באלד פינף חדשים, האט עס אים א קוועטש געגעבן ביים הארצן. ווען ער קען נאר, וואלט ער זיך גלייך צוריקגעקערט. ער ווייסט אבער, אז ער האט קיין אנדערע ברירה, נאר צו בלייבן.

באלד איז אין שטוב אריינגעקומען א אינגל פון צען יאר, מיט א שמוציג העמדל. אין האנט האט ער געטראגן א קליין שיסל מיט מילך פון וואס עס האט נאך געזעצט א פארע און די שוים האט זיך נאך אנגעזען. ער האט די מילך נארוואס אויסגעמאלקן. ער האט א קוק געטאן אויף שלמה'ן וועלכער איז נאך אלץ געשטאנען ווי צוגעשמידט צו זיין פלאץ, און ער האט זיך צולאכט.

דער ישוב'ניק האט אראפגענומען זיין קוטשמע און ער האט עפעס ארויסגעמורמלט עטליכע אומפארשטענדליכע ווערטער צו די אידענע און איז צוגעגאנגען צום אינגל און האט אים אראפגעלאזט א פאטש.

– וואס לאכסטו – האט ער געזאגט – ער איז דאך דיין רבי!

דער אינגל האט אראפגעלאזט זיין קאפ און געשוויגן.

גיי רוף אריין דיינע ברידער. זאג זיי, אז דער רבי איז דא.

דער אינגל איז גלייך ארויס אינדרויסן. ער איז אריין אין דעם שייער, וואו צוויי פון זיינע ברידערס האבן געשניטן שטרוי, און ער האט זיי איבערגעגעבן די נייעס, אז זיי האבן שוין א רבי'ן.

– איר הערט, איר זאלט נישט לאכן. דער טאטע איז אין כעס – האט ער געווארנט – אבער דער רבי איז נאך אליין א יונגערמאנטשיקל.

דער עלטערער ברודער, פייווקע, א אינגל פון עלף יאר, האט אפגעטרייסלט די שטרוי און די היי פון זיין צופליקטן מאנטל און ער האט זיך אנגערופן צו זיין אינגערן ברודער, שעפסקען, וועלכער איז געווען ניין יאר אלט:

– דער טאטע האט געברענגט א רבי'ן פון שטאט. געציל האט געלאכט האט ער געכאפט פעטש. לאך אליין נישט, און מאך מיך נישט לאכן, דו הערסט, שעפסקע?!

– לאמיר זיך איצט אויסלאכן – האט שעפסקע געזאגט.

ביידע ברידערס האבן זיך הילכיג צולאכט אין שייער. זיי האבן געשפרונגען און זיך געדרייט. שעפסקע האט זיך עטליכע מאל איבערגעקאלערט אויף די שטרוי און האט נישט אויפגעהערט צו לאכן. באלד האבן ביידע ווידער אמאל אפגעטרייסלט פון זיך די שטרוי, און רואיג און געלאסען אריינגעגאנגען אין שטוב.

– וואו איז אברהמ'קע? – פרעגט דער ישוב'ניק.

– ער שפילט זיך אינדרויסן! ענטפערט ביילקע, די טאכטער פונעם ישוב'ניק.

– רוף אים גלייך אריין! – האט ער א געשריי געטאן – ער איז שוין באלד זיבן יאר, ער וועט אויך לערנען!

ביילקע איז ארויסגעגאנגען. זי האט אויפגעזוכט אברהמ'קען. ווען ער האט געהערט, אז דער רבי איז דא, האט ער געוואלט אנטלויפן, אבער ביילקע האט אים א כאפ געטאן און אים גענומען שלעפן. ער האט זיך געריסן פון אירע הענט, אבער זי האט אים געהאלטן פעסט.

– איי, ווּעסטו האבן פון טאטן! – האט זי אים געסטראשעט – דו דארפסט נישט מורא האבן, זאך איך דיר, אברהמ'קע – ער איז נישט ווי יענע רבי וואס איז ביי אונז געווארן פאריאר ... קום אריין, זאג איך דיר.

קוים מיט צרות איז ביילקען געלונגען אריינצושלעפן אברהמ'קען אין שטוב. ער האט געוויינט און געווישט זיינע אויגן. מיט זיינע שמוציגע הענט האט ער פארשמירט זיין פנים, אז עס איז שווער געווען צו דערקענען ווי אזוי ער זעט אויס.

– דארט, ביים טיש, וועט איר לערנען! – האט דער ישוב'ניק אנגעוויזן אויף אן אלטן טיש וואס האט געהאט בלויז איין פיס. די אנדערע דריי פיס זענען באשטאנען פון אפגעזעגטע קלעצער פון בוימער, וואס האבן אונטערגעהאלטן דעם טיש. בייביידע זייטן פונעם טיש זענען געווען צוויי לאנגע בענק, וואס זענען באשטאנען פון נישט קיין געהויבלטע ברעטער, וואס האבן זיך געהאלטן אויף קלעצער, צוגעקלאפט מיט פארזשאווערטע נעגלעך.

דעם ישוב'ניקס פיר אינגלעך האבן זיך געזעצט ביים טיש. דער ישוב'ניק איז צוגעגאנגען גאנץ נאענט צו דעם טיש און זיך געשטעלט נעבן דער וואנט, צו זען ווי אזוי דער נייער רבי וועט לערנען מיט זיינע קינדער.

– איך האב אייך געברענגט פעדערס און פאפיר – האט דער ישוב'ניק געזאגט און האט זיך איבערגעבויגן איבער א זאק וואס איז געלעגן אויף דער פלאר, און פון דארט ארויסגענומען דריי העפטן און בליי־פעדערס. ער האט ארויסגענומען דעם לאנגן מעסער און ער האט גענומען אויסשפּיצן די בליי־פעדערס.

ווען ער איז פארטיג געווארן האט ער די העפטן און די בליי־פעדערס געגעבן שלמה'ן, און ער האט זיך צוריקגעשטעלט אויף זיין פלאץ.

[ישראל מענדלאוויטש, *אליין אין וואלד*, ברוקלין: אור ישראל פאבלישינג, תשנ"ט; ז. 367־373]

אָפּשטעלן אָפּגעשטעלט	stop	פֿלעגן געפֿלעגט	was accustomed/used to
נעבן = לעבן	beside, near	רויך, דער ־ן	smoke
איינפֿאלן איינגעפֿאלן	collapse	פֿארמאכן פֿארמאכט	close
פֿאררויכערט	smoky	ווארעמקייט, די ־ען	warmth
קויל = קוילן [ל"ר]	coal	אנשטאָטס = אנשטאָט	instead of
אינעווייניק	inside	שויב, די ־ן	window panes
פֿונדרויסן	outside	איבערלייגן איבערגעלייגט	cover, frame
קוימען, דער ־ס	chimney	העלצל, דאָס ־עך	strip of wood [*dim*]
שטיבל דאָס, ־עך	cottage	איבערציִען איבערגעצויגן	cover, stretch over
דאך, דער דעכער	roof	באשטיין באשטאנען	consist
עפֿענונג, די ־ען	opening	דינען געדינט	serve

זאַל, דער ־ן	parlor, living room
שענק, די/דער ־ען	tavern
תּמיד [טאָמיד]	always
פֿײַכט	moist, humid
הייצן געהייצט	make a fire in
פֿײַכטקייט, די ־ן	moisture
זעצן געזעצט	*here*: rise, arise
פּאַרע, די ־ס	steam
עס זעצט אַ פּאַרע	steam rises
פֿלאָר = פּאָדלאָגע, די ־ס	floor [*Eng*]
גלאַטיק	slick
אַרײַנברענגען ־געברענגט/געבראַכט	bring/track in
צוריקטרײַבן צוריקגעטריבן	force/drive back
שטיקענדיקן	stinking, suffocating
אין די הויך	up high
ציִען געצויגן	stretch
שטאַנג, דער/די ־ען	pole, beam
וועש, דאָס	laundry
שמוציק	dirty
מלבוש [מאַלבעש], דאָס/דער ־ים [מאַלבושים]	garment
טריקענען געטריקענט	dry
עסנוואַרג, דאָס	food
פֿעטנס =פֿעטס , דאָס ־ן	fat
אַראָפּרינען * אַראָפּגערונען	run down
אַמפּער, דער ־ס	barrel
אײַנזײַערן אײַנגעזײַערט	pickle
קרויט, דאָס/די	cabbage
צוויקל = צוויק, דער ־עס	beet
מיסט, דאָס	garbage
קאַסטן, דער ־ס	crate, box
גערוך, דאָס ־ן	smell, odor, aroma
צוטראָגן = צעטראָגן צעטראָגן	permeate
אַנטקעגן	opposite, toward
פֿאַרשטיקט	stuffy
ריח [רייעך], דער ־ות [רייכעס]	smell, odor, aroma
קנעטן געקנעטן/געקנאָטן	knead
טייג, דאָס	dough
פֿרענקפֿורטער, דער ־ס	sausage
צונויפֿמישן צונויפֿגעמישט	mix
וואונקל = ווינקל, דער ־ען	corner
פֿאַרברענגען פֿאַרברענגט/פֿאַרבראַכט	pass [time]
קוועטש געבן {געגעבן}	squeeze, pinch
צוריקקערן צוריקגעקערט	turn back
ברירה [ברײרע], די ־ות	choice
אינגל = ייִנגל, דאָס/דער ־עך	boy
שוים, דער ־ען	foam
אָנזען זיך אָנגעזען	is visible
נאָרוואָס	just; freshly
אויסמעלקן אויסגעמאָלקן	milk
צושמידן צוגעשמידט	weld to/down
צולאַכן = צעלאַכן צעלאַכט	burst into laughter
קוטשמע, די ־ס	whip
אַרויסמורמלען אַרויסגעמורמלט	mumble
אַראָפּלאָזן אַראָפּגעלאָזט	bring down, launch
פּאַטש, דער פּעטש	whack, smack
שײַער, דער ־ן	barn
כּעס [קאַאַס], דער	anger
וואָרענען געוואָרנט	warn
אָפּטרייסלען זיך אָפּגעטרייסלט	shake off
צעפֿליקן צעפֿליקט	patch
אָנרופֿן [זיך] אָנגערופֿן	say to
אויסלאַכן זיך אויסגעלאַכט	get the laughs out of one’s system
הילכיק	loudly
איבערקאָלערן זיך איבערגעקאָלערט	turn somersaults
געלאַסן	relaxed
אַ כאַפּ טאָן {געטאָן}	snatch up
סטראַשען געסטראַשעט	threaten
מורא [מוירע] האָבן	be afraid
זאַך = זאָג	
פֿאַריאָר = פֿאַר אַ יאָרן	a year ago
קוים מיט צרות [צאָרעס]	with great difficulty
געלינגען געלונגען	manage
ווישן געווישט	wipe, rub
פֿאַרשמירן פֿאַרשמירט	smear
אָנווײַזן אָנגעוויזן	point
אָפּזעגן אָפּגעזעגט	saw off
קלאָץ, דער קלעצער	beam
אונטערהאַלטן אונטערגעהאַלטן	support, hold up
באַנק, די בענק	bench
הויבלען = הובלען געהובעלט	plane
ברעט, די/דאָס ־ער	board
פֿאַרזשאַווערט	rusty
פֿעדער, די ־ן/(־ס)	feather, quill-pen; *here*: pencil
איבערבייגן איבערגעבויגן	bend over
העפֿט, די ־ן	notebook
אויסשפּיצן אויסגעשפּיצט	sharpen

11

אײַזיק־מאיר דיק (1893־1807) [1]

אײַזיק־מאיר דיק איז געווען דער ערשטער פּאָפּולערער יידישער בעלעטריסט. ער איז געבוירן געוואָרן אין ווילנע, ווו ער איז געגאַנגען אין חדר. שפּעטער איז ער געוואָרן אַ משׂכּיל. אין 1838 האָט ער פּובליקירט זײַן ערשטע דערציילונג – אויף העברעיִש. נאָך 1861 האָט ער געשריבן נאָר אויף יידיש, כּדי ער זאָל קענען ברענגען זײַנע רעפֿאָרם־אידעעס דעם פּשוטן פֿאָלק. ער האָט אָנגעשריבן מער פֿון 300 דערציילונגען און קורצע ראָמאַנען און איז געוואָרן באַוווּסט ווי דער מחבר וואָס האָט אײַנגעפֿירט אין דער יידישער ליטעראַטור רעאַליסטישע דערציילונגען מיט אַ מאָראַל. זײַנע דערציילונגען האָבן די לייענערס פֿאַרווײַלט, אָבער אויך געזאָגט מוסר און געלערנט משׂכּילישע ווערטן, בעת ער האָט פֿאַראָדירט די טראַדיציאָנעלע ווערטן, אָבער אָן אָפּצופֿרעמדן די טראַדיציאָנעלע יידן צווישן זײַנע לייענערס. אין 1865 האָט ער אונטערגעשריבן אַ קאָנטראַקט מיט דער ראָם־דרוקערײַ. דערמיט האָט ער זיך אונטערגענומען אָנצושרײַבן יעדע וואָך אַ קורצן ראָמאַן. זיי זײַנען געווען אי סענטימענטאַל אי מעלאָדראַמאַטיש, און זײַנע לייענערס זײַנען געווען ניט נאָר פֿרויען, נאָר אויך מענער וואָס האָבן אָפּט געקויפֿט ביז צו 100,000 עקזעמפּלאַרן פֿון זײַנע ווערק. ער אַליין איז זײַן גאַנץ לעבן געבליבן אַ פֿרומער ייד.

דאָ ברענגען מיר די דערציילונג "די בהלה", וואָס דיק האָט פּובליקירט אין ווילנע אין 1868. אין זײַן איבערדרוק פֿונעם טעקסט שרײַבט שמואל ראָזשאַנסקי וועגן דער דערציילונג:

> "די בהלה" איז געבויט אויף אַ היסטאָרישן פֿאַקט, אין רוסלאַנד, אין יאָר 1835, אין די פֿינצטערע צײַטן פֿון ניקאָלײַ דעם ערשטן. עס איז דעמאָלט אַרויס אַ קלאַנג צווישן יידן, אַז עס האַלט בײַם אַרויסגיין אַן אוקאַז (אַ באַפֿעל פֿון דער רעגירונג), אַז יידישע טעכטער זאָלן נישט טאָרן חתונה האָבן פֿאַר זעכצן יאָר און יידישע בחורים—פֿאַר אַכצן יאָר. יידן, וועלכע זײַנען געוווינט געווען אויסצוגעבן זייערע קינדער, ווען זיי זײַנען נאָך געווען זייער יונג, האָבן געקוקט אויף דעם ווי אויף אַ ביטערער גזירה און עס האָט זיך אַנגעהויבן אַ בהלה, ד"ה, מען האָט גענומען פֿאַרקנסן און פֿירן צו דער חופּה אין גרויס אײַלעניש גאָר קליינע קינדער, ביז מען האָט זיך דערוווּסט, אַז די גאַנצע מעשׂה איז

אַן אויסגעטראַכטע און מען האָט זיך אומזיסט געשראָקן. אײַזיק־מאיר דיק האָט דעמאָלט געוווינט אין דער שטאָט ניעסוויזש, מינסקער גובערניע. אין דער דערציילונג ווערט געשילדערט אין אַ הומאָריסטישן טאָן די בהלה, ווי זי איז פֿאָרגעקומען און צו וואָס זי האָט געפֿירט.

עטלעכע אָפּטיילן פֿון דער דערציילונג הייבן זיך אָן מיט אַ העברעיִש וואָרט אָדער זאַץ, אַזוי ווי מען געפֿינט אויך אין אַלט־ייִדישע היסטאָרישע טעקסטן; דאָ ווערן די העברעיִשע ווערטער גלײַך אין טעקסט אַליין איבערגעזעצט, און צוליב דעם ווערן זיי ניט ווײַטער גלאָסירט.

בעלעטריסט, דער ־ן	author, writer
משׂכּיל [מאַסקל], דער ־ים [מאַסקילים]	proponent of Haskalah
דערציילונג, די ־ען	story
ראָמאַן, דער ־ען	novel
מחבר [מעכאַבער], דער ־ים [מעכאַברים]	author
אַרײַנפֿירן אַרײַנגעפֿירט	introduce
פֿאַרווײַלן פֿאַרווײַלט	entertain
מוסר [מוסער] זאָגן	edify, educate morally
ווערט, די/דער ־ן	value
אָפּפֿרעמדן אָפּגעפֿרעמדט	alienate
אונטערשרײַבן אונטערגעשריבן	sign
עקזעמפּלאַר, דער ־ן	copy [of a book]
בהלה [בעהאָלע], די ־ות	turmoil
קלאַנג, דער ־ען	rumor
האַלטן בײַ געהאַלטן	be imminent, about to happen
אוקאַז, דער ־ן	ukase, Czarist decree
געוווינט	accustomed
אויסגעבן אויסגעגעבן	marry off
גזירה [גזיירע], די ־ות	discriminatory decree
פֿאַרקנסן [פֿאַרקנאַסן] פֿאַרקנסט	betroth
אײַלעניש, דאָס	hurry
דערוויסן זיך דערוווּסט	learn, find out
אויסגעטראַכט	imaginary, untrue
אומזיסט	in vain, for nothing
שרעקן געשראָקן	be frightened
שילדערן געשילדערט	depict
אָפּטייל, דער ־ן	section

די בהלה [4]

דער טרויעריקער בריוו

בשנת תּקצ"ה, תּשעה באָבֿ אין דער פֿרי, ווען דער עולם האָט געזאָגט קינות, איז אין שול אַרײַן איינער פֿון די גרעסטע באַלעבאַטים פֿון שטאָט מיט אַ בריוו אין האַנט און גלײַך צוגעגאַנגען צום נאמן, דעם פֿירער פֿון דער קהילה, און צו אים געזאָגט גאָר אָן אַ נשמה:

— ר' בנימין, איך בעט אײַך, געשווינד לייענט־איבער דעם בריוו, דען עס איז נישט קיין פּשוטע זאַך. עס איז נוגע דעם כּלל־ישׂראל.

די דאָזיקע רייד האָבן געווירקט אויפֿן עולם ווי דאָס אַראָפּפֿאַלן פֿון אַ טויזנט פּודיקן שטיין אין מיטן אַ שטילער אָזערע.

ויהי, און עס איז געווען, אַז דער נאמן האָט דורכגעלייענט דעם בריוו, האָט ער זיך צעגאָסן אין טרערן, פֿאַרבראָכן די הענט, איינגעריסן דאָס קלייד, געפֿליקט די האָר פֿון קאָפּ און געשריִען:

— אַן אומגליק, אַ גרויס אומגליק איז געשען!

דאָס פֿאָלק אין שול איז געוואָרן אַזוי צעשראָקן, אַז עס איז אים שוין נישט געלעגן אין קאָפּ צו זאָגן קינות און עס האָט געווענדט זייַנע בליקן צום נכבד, וואָס האָט געבראַכט דעם בריוו, און צום נאמן, צו פֿאַרשטיין ווי וויַיט דאָס אומגליק קען גרייכן. עס איז אָבער אוממעגלעך געווען צו טרעפֿן, מען האָט אָפּגעכאַפּט די קינות, ווי דעם אַנדערן האַלבן סדר פֿון דער צווייטער נאַכט פּסח, און מען האָט זיך קוים אַרויסגעכאַפּט אויף דער גאַס. באַלד זייַנען געוואָרן רעדלעך נעבן יעדער שטוב. איינער האָט עס איינגערוימט דעם אַנדערן אויפֿן אויער, און דאָך האָט קיינער נישט געוווּסט, וואָס דאָ איז געשען.

די גרויסע אַסיפֿה

ויהי, און עס איז געווען, ווי דער עולם איז זיך אַזוי געשטאַנען קופּקעסוויַיז און האָט זיך געבראָכן די קעפּ, וואָס פֿאַר אַ נייַע גזירה דאָ איז, האָט מען דערזען, ווי די שטאָט־שמשים לויפֿן־אום איבער די הייַזער און רופֿן צום רבֿ אויף אַן אַסיפֿה. עס זייַנען גערופֿן געוואָרן פֿריִער די דיינים, די גרויסע לומדים, די חשובֿע באַלעבאַטים, דערנאָך אָבער אויך די פּראָסטע מענטשן און אַפֿילו גאָר די אבֿיונים. עס זייַנען געבליבן אין דער היים נאָר אַ פּאָר, וואָס זייַנען געזעסן שבֿעה.

און אַז אַלע האָבן זיך צוזאַמענגעקליבן ביַים רבֿ, האָט מען פֿאַרשלאָסן די טיר און דער נאמן האָט זיך אַוועקגעשטעלט און געזאָגט צום עולם אין נאָמען פֿון רבֿ, וואָס איז געווען נישט געזונט:

— זייַט וויסן, רבותי, עס דאַרף אַרויס די צייַטן אַ גזירה, וואָס צילט גאָר אין רעכטן פּינטל אַרייַן. אַ גזירה, וואָס באַרירט נישט איין מצווה, נאָר דעם גאַנצן קיום פֿון דער אומה ... עס האַלט דערביַי, אַז קיין יידישע טאָכטער זאָל ניט טאָרן חתונה האָבן פֿאַר זעכצן יאָר און אַ יינגל—פֿאַר אַכצן. נו, פֿאַרשטייט איר, ליבע ברידער, אַז דאָס איז אַן ערגערע גזירה פֿון פּרעהס, דען ער האָט גוזר געווען נאָר אויף יינגלעך און דאָ איז אַ גזר אויף אַלעמען...

און ער האָט זיי פֿאָרגעלייענט דעם בריוו, וואָס ער האָט באַקומען. דער בריוו איז געשריבן געווען פֿון זייַנעם אַ מחותּן פֿון מקום הגדול. דער מחותּן האָט אים מודיע געווען דעם סוד פֿון דער נייַער גזירה, כּדי ער זאָל זיך ביַי צייַטנס פֿאַרטיק מאַכן מיט זייַן טאָכטער.

די רייד פֿון נאמן און דער בריוו האָבן דעם עולם אַזוי שטאַרק גערירט, אַז אַלע האָבן זיך פֿונאַנדערגעוויינט, קיין אויג איז נישט געבליבן טרוקן. מען האָט עס געהאַלטן פֿאַר אַן אָנהייב פֿון די חבֿלי־משיח ...

צוויי שעה נאָך אַנאַנד איז מען געזעסן און געטראַכט וואָס צו טאָן. ביז עס איז געבליבן, אַז יעדערער, וואָס איז געטריַי צו גאָט און צו זייַן פֿאָלק ישׂראל, זאָל זען נאָך הייַנט, תּשעה באָבֿ, חתונה מאַכן זייַן זון אָדער זייַן טאָכטער, דען טאָמער קומט מאָרגן דער באַפֿעל, וועט שוין זייַן שפּעט.

און עס איז געבליבן דאָס אַלץ באַהאַלטענערהייט, עס זאָל חלילה, נישט אַרויסקומען קיין מכשול.

די מהומה אין שטאָט

אָבער נאָך אײדער דער עולם איז זיך פֿונאַנדערגעגאַנגען האָט שוין מיט דעם געליאַרעמט אין אַלע הײַזער, אין באָד, אין מיל און אין הקדש. אַ פּאָר שנײַדערס, וואָס האָבן זיך אַרויסגעכאַפּט בשעת דער אַסיפֿה פֿון רבֿס הויז, האָבן אָנגעדערציילט איינעם אַ וואַטן־מאַכער, וואָס איז געווען גראָד אין גאַס, הרים וגבֿעות און ער האָט צוגעלייגט נאָך עפּעס פֿון זיך און צעטראָגן עס צווישן די קראָמען. אין אַ שעה אַרום איז די געשיכטע דערציילט געוואָרן מיט אַ צוגאָב פֿון עמעצנס אַ חלום. מיט אַ האַלבער שעה שפּעטער האָט מען שוין געפֿונען רמזים אויף דער גזירה אין אַלטע ספֿרים, און חסידים האָבן געזאָגט, אַז דער רבי ווייסט שוין לאַנג פֿון דעם ענין און אַז דעריבער האָט ער בײַ צײַטנס שוין חתונה געמאַכט זײַן שמואלקען.

קורץ דערפֿון, ווי נאָר דער עולם איז זיך פֿונאַנדערגעגאַנגען פֿון דער אַסיפֿה, האָט זיך דאָס פֿאָלק גלײַך צעטיילט אויף צוויי טיילן: איין טייל איז געוואָרן שדכנים, דער אַנדערער—מחותּנים. מען האָט ניט געקוקט, וואָס עס איז געווען אַ רעגנדיקער טאָג. מען איז געגאַנגען איבער די בלאָטיקע גאַסן אין די זאָקן און איינער האָט זיך געשושקעט און געסודעט מיטן אַנדערן און אים באַוויזן ווי גלײַך עס איז פֿאַר אים דער שידוך מיט דעם און דעם—און ביז פֿאַר נאַכט איז שוין מער ווי אַ האַלבע שטאָט געווען פֿאַרקנסט.

די ערשטע שידוכים מיט זייערע קינדער האָבן געטאָן די אָרעמע לײַט, וואָס זײַנען דאָס רובֿ געווען חסידים. דער חסידישער רבֿ, וואָס איז אויך געווען אַ שטיקל רבי, פֿלעגט אַ מאָל נעמען אַ פּדיון און געבן אַ קמיע, האָט אויך געהאַנדלט מיט טליתים. האָט ער געמאַכט אַ גרויס וועזן פֿון דער גזירה צווישן די מאַנסבילן, און זײַן ווײַב, די רביצין, האָט נאָך מער ליאַרעם געמאַכט בײַ די פֿרויען, וואָס האָבן זיך פֿאַר דער גזירה נאָך מער געשראָקן ווי די מאַנסבילן, וואָרעם יעדערע פֿון זיי האָט זיך דערמאָנט, אַז ביז זעכצן יאָר איז זי שוין געווען אָדער אַ גרושה אָדער גלאַט געדרייט זיך מיט איר מאַן, און איר טאָכטער וועט ערשט אין די יאָרן דאַרפֿן אָנהייבן.

און קוים האָט זיך נאָר באַוויזן דער ערשטער שטערן, מען האָט נאָך ניט צײַט געהאַט אַפֿילו איבערצובײַסן, האָט מען שוין אָנגעהויבן צו שטעלן חופּות אין די הײַזער—שטיל, אָן קלעזמערס און אָן אַ בדחן, אָן באַזעצנס און אָן באַדעקנס. אַזוי האָט דער רבֿ געהייסן. ערשטנס, ווײַל עס איז דאָך תּשעה באָבֿ, און צווייטנס—מען זאָל אין שטאָט דערפֿון נישט וויסן.

עס זײַנען געווען אַזוי פֿיל חופּות אין יענער נאַכט, אַז עס איז ניט אויסגעקומען צו צען מענטשן אויף יעדער חופּה צו קאָנען זאָגן די ברכות נשׂואין, און איך, וואָס איך האָב געוווינט אויפֿן שולהויף, ווו די בהלה האָט זיך אָנגעהויבן, האָב געמוזט זײַן אויף אַלע חופּות, כּדי עס זאָל זײַן ווי עס איז אַ מנין.

די בהלה וואַקסט

און אַז עס איז געוואָרן טאָג, איז שוין די שטאָט פֿאַרמערט געוואָרן מיט אַכציק נײַע באַלעבאַטים. אַכציק טליתים־טרעגערס זײַנען צוגעקומען אין די קלײַזלעך און בתּי־מדרשים, און פֿון יענעם טאָג אָן האָט מען אויפֿגעהערט זאָגן תּחנון ביז סאַמע ערבֿ ראש־השנה.

דער עולם איז אומגעגאַנגען איבער די גאַסן האַלב פֿאַרשלאָפֿן, וואָרעם כּמעט אין יעדער שטוב איז מען געווען וואַך; מ'איז אַליין נישט געשלאָפֿן און מען האָט דעם אַנדערן נישט געלאָזט שלאָפֿן, ווײַל מ'האָט דאָך געדאַרפֿט האָבן אַ מנין צו דער חופּה. נעבן יעדער שטוב זײַנען געשטאַנען רעדלעך און מען האָט געשריִען מזל־טובֿ איינער צום אַנדערן איבער דער גאַס און מען האָט צוריק געענטפֿערט: מיט מזל זאָלט איר לעבן!

נאָכן דאַווענען האָט מען זייער שטאַרק געפּיפּקעוועט אין די קלײַזלעך און אַ סך גערעדט וועגן די חתונות. טייל האָבן עס געהאַלטן פֿאַר אַ גרויסן אײַנפֿאַל פֿון דער אַסיפֿה, וואָס האָט דערלויבט צו מאַכן חתונות נעכטן בײַ נאַכט, און זיי האָבן עס פּשוט געהאַלטן פֿאַר אַ נס, וואָס מען האָט זיך געכאַפּט בײַ צײַטנס. וואָרעם עס איז געווען צו הערן, אַז אין רײַסן איז שוין דער אוקאַז אַרויס און מען פֿאַסט שוין. אַנדערע, פֿאַרקערט, האָבן חוזק געמאַכט פֿון דער גאַנצער זאַך. ערשטנס, האָבן זיי נישט געגלייבט גאָר, אַז עס וועט קומען אַזאַ אוקאַז; און, צווייטנס, האָבן זיי גערעכנט, אַז אַפֿילו עס זאָל יאָ קומען, איז עס אויך נישט אַזאַ גרויסע צרה. די וואָס האָבן געהאַט אַזאַ מיינונג זײַנען אָבער געווען זייער ווייניק און מען האָט זיי באַלד איבערגעשריִען און גערופֿן אַפּיקורסים, און עס האָט געהאַלטן בײַ קלעפּ.

אַרום צען אַ זייגער אין דער פֿרי איז אָנגעפֿאָרן אַ גרויסער לאַנד־שדכן מיט אַ ליאַרעם, אַז ער האָט אַ בריוו פֿון מקום, אַז אַ מיידל וועט נישט טאָרן חתונה האָבן פֿאַר פֿינף־און־צוואַנציק יאָר און אַ בחור—פֿאַר דרײַסיק. ער איז געווען אַזוי פֿאַרשמײַעט, אַז ער האָט אין קרעטשמע אָפּגעדאַווענט נאָר פֿאַר זיך און האָט נישט געוואָלט אַרײַנגיין אַפֿילו צו אַ פּאָר נגידים, וואָס האָבן אים געשיקט בעטן צו זיך עטלעכע מאָל גאָר רחמים.

— איך האָב איצט נישט קיין מינוט צײַט—האָט ער געענטפֿערט די שלוחים. — איר זעט ניט? די וועלט שטייט אין פֿלאַמען, זי ברענט. בײַ מיר איז איצט אַ מינוט—גאָלד.

הדבֿרים האלה, די דאָזיקע רייד פֿון דעם לאַנד־שדכן האָבן זיך אין איין רגע פֿאַרשפּרייט איבער דער שטאָט און אַלע, פֿון קליין ביז גרויס, האָבן זיך אַרומגעשטעלט אַרום דער קרעטשמע, וווּ ער איז אײַנגעשטאַנען, כּדי אים צו זען אין זײַן גליק. דען אַזוי ווי אַ כאָליערע איז אַ גליק פֿאַר אַ קבֿורה־מאַן, אַזוי איז דאָך אַ בהלה אַ גליק פֿאַר אַ שדכן. ווידער האָט זיך יעדערן געדאַכט, אַז ער פֿירט מיט זיך פּעק שידוכים. אייניקע נגידעסטעס האָבן אויסגעשאַפּעט די ציגנער, כּדי צו ריידן מיט אים כאָטש אַ וואָרט. עס איז אָבער אוממעגלעך געווען צוצוקומען צו אים, ווי צו אַ גרויסן רבין. ער האָט קוים פֿאַרגונען איינעם אַ גרויסן נגיד, ר' אליקום רבצעס, אָפּצושטעלן זיך נעבן זײַן שטוב, פֿאָרנדיק פֿאַרבײַ אים. און דאָס אויך איז ער נישט אַרײַן צו יענעם, נאָר דער נגיד האָט געמוזט אַרויסגיין צו אים און זיך מיט אים מיישבֿ געווען, שטייענדיק, איבער אַן ענין, מן הסתּם וועגן זײַנעם אַ צוועלף יאָריקן מיידל.

פֿאָלגט מיר און טוט! — האָט מען געהערט, ווי דער נופֿף האָט צוגעשריִען צו ר' אליקום רבצעס.

— פֿאָלגט מיר נאָך אַ מאָל און טוט, דען ניט איצט איז די צײַט פֿון חכמהנען זיך, פֿון קלײַבן. די וועלט ברענט.

און ער איז אַוועקגעפֿאָרן אויף פּאָטשט. דאָס איז געווען געבנוג באַווײַז פֿאַרן עולם פֿון הערערס, אַז עס איז אין דער וועלט גאָר ניט גלאַט. אַז אַ שדכן זאָל נישט אַרײַנגיין צו ר' אליקום רבצעס און נאָך דערצו פֿאָרן אויף פּאָטשט! האָט די בהלה אָנגעהויבן נאָך האַלבן

טאָג צו שטײַגן פֿון שעה צו שעה. אַנטקעגן אָוונט האָט מען שוין געזען, אַז אַפֿילו יענע, וואָס האָבן אין דער פֿרי פֿון דעם חוזק געמאַכט, האָבן שוין געפֿירט זייערע קינדער צו דער חופּה.

האנשים האלה, און די דאָזיקע לײַט, וואָס זײַנען פֿאַרכאַפּט געוואָרן פֿון דער בהלה ערשט קעגן אָוונט אויף מאָרגן נאָך תּשעה באָבֿ און וואָס זײַנען געווען אויך פֿון בעסערן שטאַנד, האָבן געמאַכט זייערע חופּות אויפֿן שולהויף, מיט אַ בדחן און מיט קלעזמערס. דאָס הייסט, מיט אַ פידלער אַליין אָדער מיט אַ צימבלער אַליין. און פֿאַר נויט איז געווען אויך גענוג אַ פּײַקלער. דער בדחן האָט מער קיין צײַט נישט געהאַט ווי צו זײַן בשעת סידור־קידושין. אין דער צווייטער נאַכט זײַנען נאָך געווען פֿיל מער חתונות ווי אין דער ערשטער נאַכט און די שטאָט איז געווען אין אַ גרויסן ראַזרוך.

די ישובֿים

השמועה הרעה הזאת, די דאָזיקע ביטערע ידיעה האָט זיך אויף דעם דריטן טאָג אויסגעשפּרייט צווישן די אַרומיקע ישובֿים מיט נאָך טויזנט פֿאַרגרעסערטע שרעקן. עס האָט זיך אָנגעהויבן בײַ זיי צו הערן, אַז מען האָט צײַט מיידלעך חתונה צו מאַכן נאָר נאָך אַכצן טעג, און ייִנגלעך—נאָך דרײַסיק טעג. און ווײַבלעך, גרושות און אַלמנות, שוין גאָר ניט, און אַז אַ גרוש אָדער אַן אַלמן טאָר ניט חתונה האָבן צום פֿינפֿטן מאָל. נו, זײַנען זיי געוואָרן ממש ווי צעמישט און האָבן אַוועקגעוואָרפֿן די סערפּעס פֿון די הענט (עס איז דאַן געווען די רעכטע שניטצײַט) און האָבן אײַנגעשפּאַנט זייערע פֿערד אין די ליידיקע דראַבינעס, און זײַנען געקומען אין שטאָט הונדערטערווײַז, און האָבן זיך מיט זייערע פֿורן געשטעלט אויפֿן מאַרק, ווײַל זיי האָבן נישט געהאַט ווו צו פֿאַרפֿאָרן אַלע מיט איין מאָל. און איידער זיי האָבן נאָך צײַט געהאַט אַראָפּצוקריכן פֿון די דראַבינעס און נאָכצופֿרעגן זיך, צי די זאַך איז ריכטיק, ווי זיי האָבן געהערט, האָבן זיי דערהערט באַלד, ווי עס שפּילן קלעזמערס און געזען, ווי עס ווערן געפֿירט חתנים און כּלות זייער פֿיל פֿון יעדן געסל צום שולהויף צו. נו, האָבן זיי פֿאַרשטאַנען, אַז עס איז שוין טאַקע ריכטיק און האָבן שוין, אַזוי אַרום, פֿאַרשפּאָרט גאָר נאָכצופֿרעגן וועגן דעם. זיי זײַנען נאָר צוגעפֿאַלן צו די שטאָטלײַט, מ'זאָל זיי אויסהעלפֿן מיט חתנים און כּלות.

דאָ האָט מען פֿאַר זיי דאַן געעפֿנט די קלײַזלעך, תּלמוד־תּורהס און מ'האָט צוזאַמענגעטריבן אָרעמע יתומות, וואָס פֿלעגן זיך שלעפּן איבער די הײַזער און די ישובֿניקעס האָבן זיי צעצוקערט.

די נגידים

ובכן, און אַזוי איז די בהלה געשטיגן פֿון טאָג צו טאָג. עס זײַנען געווען חתונות אויף חתונות, גאָר אָן אַן אויפֿהער. פֿון תּנאָים איז שוין ניט געווען קיין רייד. און דאָך זײַנען געווען אַ צוואַנציק אָדער דרײַסיק פֿאַמיליעס אין שטאָט, וואָס זײַנען געבליבן גאַנץ גלײַכגילטיק און ניט פֿאַרכאַפּט פֿון דער בהלה. דאָס זײַנען געווען די גאָר רײַכע לײַט, גרויסע הענדלערס, די וואָס זײַנען ניט געווען קיין מתנגדים און ניט קיין חסידים. זיי פֿלעגן דאַוונען אַ מאָל דאָ און אַ מאָל דאָרט, ווו ס'איז געווען נענטער. זיי האָבן מיט די שטאָטלײַט געהאַט גאָר אַ קנאַפּן פֿאַרקער, דען זיי פֿלעגן זײַן גאַנץ זעלטן אין דער היים. דערצו נאָך זײַנען זיי געווען געבוירענע פֿון גרויסע שטעט און זײַנען אַהער אָנגעקומען פֿאַר

אײדעמס, זײַענדיק שוין געגטע אָדער פּאַראַלמנטע, און זײ האָבן בײַ אַ פּאָר וואָכן געקוקט אויף דער בהלה מיט שפּאָט און געלעכטער.

— נײן! — האָבן זײ געזאָגט — מיר גלײבן ניט דעם בריוו, וואָס בערל שׂרה־חנהס האָט באַקומען פֿון זײַן מחותּן, וואָס איז אין מקום, דען עס קאָן גרײַלעך זײַן, אַז יענער מחותּן, וואָס האָט ניט מיט וואָס צו סילוקן די מתּנה, וואָס ער האָט פֿאַרשפּראָכן צו געבן זײַן זון, האָט בכּיוון דאָס געשריבן, כּדי מען זאָל זיך אײַלן מאַכן די חתונה. דעם נופֿך, דעם שדכן, גלײבן מיר אויך ניט, ווײַל פֿאַר אים איז דאָס דערווײַל אַ יאַריד. ער מאַכט דערפֿון אַ גאַנצן עסק און דערצײלט אַכצן טויזנט ליגנס.

דאָך, די דאָזיקע פֿעסטע דעה פֿון דעם פּרט, האָט ניט אויסגעהאַלטן קײן גאַנצע צװײ וואָכן, דען זײערע ווײַבער האָבן ניט גערוט און ניט געראָסט און פֿלעגן תּמיד דורען זײ אין די אויערן, אַז זײ זאָלן זיך ניט האַלטן קליגער פֿון דער גאַנצער וועלט, און בפֿרט נאָך ווען זײ זײַנען באַפֿאַלן מיט מײדלעך מער פֿון אַנדערע באַלעבאַטים. דערצו נאָך האָט זײ דער רבֿ געגעבן צו פֿאַרשטײן, אַז אַזוי ווי דאָס הײסט זיך פּורש מן הציבור זײַן, קאָן דאָס שוין אַלײן שאַטן דערנאָך צו אַ שידוך. ומי יודע, אפֿשר האָט דער נופֿך רעכט? "דאַן וועט איר דאָך ניט קאָנען פֿאַרענטפֿערן זיך ניט פֿאַר גאָט און ניט פֿאַר לײַטן". לבֿד דעם האָבן זיך די מײדלעך זײערע באמת אָנגעהויבן שרעקן, ווי לוטס טעכטער, אַז עס וועלן פֿאַר זײ ניט בלײַבן קײן חתנים, דען מען כאַפּט דאָך אויס אַלע ייִנגלעך. קורץ דערפֿון, מען האָט זײ אַטאַקירט פֿון אַלע זײַטן אַזוי ווײַט, אַז זײ האָבן געמוזט נאָכגעבן און זײַנען מיטגעשלעפּט געוואָרן מיט דעם שטראָם פֿון דער בהלה.

דאָך אָבער, כּדי זיך אויסצוצײכענען פֿון אַלע בהלה־חתונות, וואָס ווערן געמאַכט ווי אַ קינדערשפּיל נאָר, האָבן זײ זיך געלאָזט קאָסטן עטלעכע צענדליק קערבלעך בײַ דעם אַסעסאָר און פּועל געווען, ער זאָל זײ לאָזן שפּילן זײערע חתונות גאַנץ אָפֿן, ווי געהעריק, ווײַל זײ האָבן געמײנט, אַז דער אַסעסאָר האָט שוין אפֿשר אַ באַפֿעל מכּוח דעם. דער אַסעסאָר, וואָס האָט נאָך פֿון קײן זאַך ניט געוווּסט, האָט זײ דערלויבט כאַטש קוליען זיך. און כּדי עס זאָל די זאַך צוגײן מיט מער אָרדענונג, האָט מען געדונגען פֿיר אָרעמע ייִנגלעך, וואָס האָבן די דרענגלעך פֿון דער חופּה געהאַלטן מער ווי פֿיר און צוואַנציק שעה אין יעדן מעת־לעת, און די צווײערלײ קלעזמערס, וואָס זײַנען אין שטאָט, האָבן זיך צעטײלט אין צווײערלײ פּאַרטײען. אײנערלײ פֿלעגן שטײן אונטער דער חופּה און שפּילן, די אַנדערע פֿלעגן צוברענגען חתן־כּלה און אָפּפֿירן צוריק אַהײם. און דאָך איז געווען אַ געדראַנג בײַ דער חופּה, ווי אין די ימים־נוראים־טעג בײַ דעם קהלשן חזן, און אַלערלײ מחותּנים פֿלעגן וואַרטן מיט דער גרעסטער אומגעדולד, אַז די אַנדערערלײ מחותּנים, וואָס זײַנען שוין אונטער דער חופּה, זאָלן שוין אַרויס פֿון דאָרט.

דער חזן

גם, אויך פֿאַר דעם חזן איז געווען דאַן אַ גאָלדענע צײַט, ווײַל ער האָט געמאַכט גאָר דעם גראָשן. ער איז די גאַנצע צײַט געזעסן אין פּאָליש פֿון שול מיט זײַנע משוררים. דאָרט האָט ער געגעסן, דאָרט געשלאָפֿן, דאָרט געשריבן די כּתובֿות. (די פּען געהערט צו דעם חזן דאָרט). און אַלע ווײַלע האָט ער אַרויסגעשטעקט דעם קאָפּ און געזונגען: "מי אַדיר". אויך האָט זײַן ווײַב פֿאַרקויפֿט דאָרט די טבעת־קידושינס, פּעקלעך ציצית, גלעזלעך צום צעברעכן. און אין דער קורצער צײַט, וואָס עס פֿלעגן זיך מאַכן צווישן אײן חופּה און דער

אַנדערער, פֿלעגט ער דאָרט גופֿא אונטערשדכנען און קוילענען עופֿות און דקות, דען ער איז געווען אויך דער שוחט פֿון שטאָט, און ער האָט אָט אַזוי געשאַכטן די קינדער מיט די רינדער מיט די הינער צוזאַמען.

נו, פֿאַר אַ חופּה באַזינגען פֿלעגט ער נעמען דאָפּלט ווי פֿאַר אַ ציגעלע קוילענען, ווײַל אונטער אַ חופּה איז געווען אַ דאָפּלטע שחיטה; און דאָס איז אויך אפֿשר דער טעם, פֿאַר וואָס בײַ אַ חופּה איז פֿיר שטענגלעך און בײַ אַ מיטה פֿון דער קבֿורה איז נאָר צוויי דרענגלעך, ווײַל דאָרט, בײַ אַזאַ חופּה, ווי אין דער בהלה־צײַט, איז מען מקבר צווייען און בײַ אַ מיטה פֿון אַ מת נאָר איינעם.

אין יענע צײַטן האָט מען ניט געלערנט אין קיין בית־מדרש, ווײַל יעדערער איז געוואָרן יעדן טאָג אַן אַנדער מחותּן. די בעזדיעטניקעס זײַנען געווען מחותּנים די גאַנצע צײַט פֿון דער בהלה, ווײַל זיי פֿלעגן זיך באַמיִען אויסצוזוכן אַלע טאָג פֿון אונטער דער ערד עפּעס אַ שטיק צרה, אַ קאַליקע, אַ הויקער, און זיי חתונה מאַכן. און מיט רעכט האָט אַ מאָל אַ געוויסער דײַטשישער דורכרײַזנדער געזאָגט:

— אַ קריסט, ווען ער האָט אַ סך קינדער, מאַכט ער איין חתונה; אַ ייִד, ווען ער האָט איין קינד, מאַכט ער עטלעכע חתונות. האָט ער גאָר קיין קינדער ניט, מאַכט ער הונדערט חתונות.

די בהלה אין העכסטן גראַד

ותּעל הבהלה מיום ליום מעלה מעלה, נו, די בהלה איז געשטיגן פֿון טאָג צו טאָג אַזוי ווײַט, אַז די גאַנצע שטאָט האָט אויסגעזען ווי אַ חתונה־דעפּאָ. אַפֿילו דורכפֿאָרערס פֿלעגן דאָרט חתונה האָבן. איז אַרײַנגעפֿאָרן אַ יינגל אָדער אַ מיידל אין שטאָט, איז ביז זיי זײַנען געקומען ביזן אַנדערן עק שטאָט, זײַנען זיי שוין געווען אַ באַלעבעסל אָדער אַ ווײַבל. דען די מויערן פֿון דער שטאָט האָבן זיי שוין קולט געווען, אײַנגעשלאָסן און נישט אַרויסגעלאָזן, ביז זיי האָבן חתונה געהאַט. קורץ דערפֿון, עס זײַנען אַלע קלאָסן מענטשן אַרונטער אונטער דער בהלה, אָרעם און רײַך אַלע גלײַך. פֿיל קינדערלעך זײַנען אַרונטער אונטער דער חופּה גאָר אָן די עלטערנס ידיעה. פֿיל דינסטמיידלעך, וואָס מען האָט געשיקט אין יאַטקע נאָך גרויפּן, נאָך מעל—זײַנען דערנאָך צוריק געקומען ווײַבלעך אָדער גאָר נישט געקומען. פֿיל קליינע מיידלעך, וואָס האָבן שוין נישט געהאַט פֿאַר זיך קיין יונגלעך חתונה צו האָבן, האָבן חתונה געהאַט מיט אַלטע אַלמנס, וואָס האָבן מער געדענקט פֿון יענער וועלט ווי פֿון דער וועלט. פֿיל האָבן געטראָגן זייערע כּלות אויף די הענט אונטער דער חופּה. פֿיל זײַנען אָנגעגריפֿן געוואָרן פֿון דער בהלה גאָר אומגעריכטערהייט און זײַנען געוואָרן, ניט פֿאַר אונדז געדאַכט, חתנים גאָר פּלוצלינג. אָט האָב איך מיט אַ האַלבער שעה צוריק גערעדט מיט איינעם, וואָס האָט געטראָגן צו פֿאַרקויפֿן רעטשקענע באָנדעס—אַ קאַרליק פֿון אַ יאָר פֿערציק און דערצו נאָך אַ יאַדעשליוועך, אַ געבריכטער; עס איז אים גאָר ניט אַרויף אויפֿן געדאַנק חתונה צו האָבן, און בפֿרט נאָך, אַז ער האָט זיך שוין מיט צוויי ווײַבער געגעט— האָט ער, אַלזוי, געטראָגן אויף זיך די רעטשקענע באָנדעס, גלײַך ווי עס וואָלט געווען אין שטאָט רויִק און שטיל. מיט אַ מאָל, אין אַ האַלבער שעה אַרום, כ'לעבן, ער שטייט שוין אונטער דער חופּה און דער חזן זינגט שוין איבער אים "מי אַדיר". קורץ דערפֿון, עס איז געווען ניט זיכער פֿון דער בהלה אַפֿילו אַ קינד אין וויג, ביז אין אַ צײַט פֿון אַ וואָך פֿיר איז ניט געווען צו זען אַ ווײַסן האָן אויף מאָרגן נאָך יום־כּיפּור.

עס האָבן שוין קיין טליתים נישט געקלעקט, האָט מען די טליתים געטיילט אין צווייען. די מתים, וואָס זײַנען געשטאָרבן אין דער צײַט, האָט מען קיין טליתים נישט מיטגעגעבן, ווײַל דער רבֿ האָט געזאָגט: "מעבֿירים את המת מלפֿני הכּלה", דאָס הייסט, אַ חתן איז פֿיל בילכער ווי אַ טויטער ...

דערווײַל האָט די שטאָט גאָר ניט געדענקט וועגן פּרנסה. די קראָמען זײַנען געווען צו. דער עולם איז געגאַנגען אָנגעטאָן יום־טובֿדיק, און ווי נאָר איינער האָט באַגעגנט דעם אַנדערן, האָט ער אים שוין געגעבן מזל־טובֿ, גאָר ניט וויסנדיק, צי האָט ער וועמען חתונה געמאַכט. דען ווער האָט עס ניט חתונה געמאַכט אין די דאָזיקע צײַטן?

צוויי ברידער

בימי הבהלה הזאת, אין די טעג פֿון דער בהלה האָט מען שוין ניט געקוקט אויף דער גלײַכקייט פֿון יאָרן, און אַזוי אויך ניט אויף יחוס, וואָס אין די פֿרידלעכע צײַטן האָט קיין צד קיין קווינט פֿון זײַן יחוס ניט געלאָזט אַריבערגיין. מען האָט, בכן, צונויפֿגעשטעלט אַ פּאָרפֿאָלק, ווי מען שטעלט־אויף אַ סוכּה אין אײַלעניש ערבֿ יום־טובֿ. מען האָט צוזאַמענגעפּאָרטוליעט, למשל, אַ ייִנגל פֿון צען יאָר מיט אַ מויד פֿון אַכצן יאָר און אַזוי אויך פֿאַרקערט—אַ מיידל פֿון צען יאָר מיט אַ יונגנמאַן אַן אַלמן.

נו, האָט זיך געמאַכט דאַן, אַז אַ געוויסער פֿאָטער האָט געהאַט צוויי ייִנגלעך: איינעם וואָס איז אַלט געווען נײַן יאָר און אַ צווייטן וואָס איז אַלט געווען נאָר זיבן יאָר. האָט מען חתונה געמאַכט דעם עלטערן מיט אַ מויד פֿון אַ יאָר אַכצן, דען ער האָט קיין ייִנגערע ניט געקאָנט געפֿינען, ווײַל זיי זײַנען שוין געווען פֿאַרכאַפּט. נו, פֿאַרשטייט זיך, אַז די פֿאַרבינדונג האָט זיך אַזוי געקאָנט האַלטן, ווי די פֿאַרבינדונג פֿון זײַד מיט אַ גראָבער שטריק. און מיט דער צײַט איז די געשיכטע פֿון מאַן־און־ווײַב דעם נײַן יאָריקן ייִנגל געווען אַזוי צו לאַסט, אַז ווי נאָר עס פֿלעגט ווערן אָוונט, פֿלעגט ער זיך באַהאַלטן. ער פֿלעגט פֿאַרקריכן אין אַ מויזלאָך, כּדי מען זאָל אים ניט צווינגען צו זײַן צוזאַמען מיט אַזאַ פּאַרשוין, וואָס האָט אים זײַן לעבן מער פֿאַרביטערט ווי פֿאַרזיסט.

ויהי, און עס איז געווען, אַז דער פֿאָטער האָט אים אַ פּאָר מאָל אָפּגעשמיסן, האָט ער אָנגעהויבן צו וויינען און דערבײַ געשריִען:

— פֿאַר וואָס טרײַבט איר מיך אַהין? לאָז שוין הײַנט גיין יאַשקע!

אַזוי האָט געהייסן זײַן ייִנגערער ברודער.

די שבתים

אַלע שבת פֿלעגט מען ברענגען אַ טראַנספּאָרט באַלעבאַטים אין שול. קליינע און גרויסע, אין שטיקלעך טליתים. זיי פֿלעגן עולה־לתּורה זײַן זאַלבע צענט, אַזוי ווי שׂמחת־תּורה, אַלע אויף איין מאָל, עם כּל הנערים. די קליינע באַלעבאַטים פֿלעגן מיט זיך ברענגען המוציאַס חלה, אַ פּאָלקע הון און פֿלעגן עס עסן בשעת קריאת־התּורה, שטייענדיק אויף די בענק, די הערלעך פֿול מיט די גערשטן, וואָס די ווײַבער האָבן אויף זיי אַרויפֿגעשאָטן, בשעת זיי האָבן אין דער וואָך באַדעקט זייערע כּלות.... פֿון קאָמען איז קיין רייד דאָרט ניט געווען אַ גאַנץ יאָר, בפֿרט נאָך בשעת בהלה, ווען ס'איז יעדערן פֿון די הענט געפֿאַלן ממש.

די נײַע באַלעבאָסטעס האָבן מיט זיך געבראַכט אין דער װײַבערשער שול זײערע ליאַלקעס, זײערע צײכנס, און בײַ טאָג האָבן זײ זאַמד געשאָטן אין זײערע שלײערס. שבת אין דער פֿרי, נאָכן דאַװנען, זײַנען די נײַע פֿאָרפֿאָלק געגאַנגען גוט־שבת־ביטן. נו, איז געװען די גאַנצע שטאָט אין די שבתים־טעג אױף דער װאַנדערונג און עס האָבן זיך באַגעגנט מחותּנים פֿון אַן אָפּרופֿעניש מיט מחותּנים פֿון אַ רומפּל. אַגבֿ, זײַנען אָנגעפֿאָרן מחותּנים פֿון פֿיל אַנדערע שטעט און דערצו זײער פֿיל שדכנים. און פֿון אָװנט זײַנען געװען שלוש־סעודותן, בײַ נאַכט האָבן אָנגעהױבן אַרױסצושפּרינגען זמירותן. קורץ דערפֿון, מען איז אין דער צײַט פֿון דער בהלה ניט געשלאָפֿן, ניט געגעסן, ניט געהאַנדלט, ניט געלערנט, נאָר געטרונקען און חתונות געמאַכט.

ענדע

די בהלה האָט געדױערט גאַנצע זעקס װאָכן און װאָלט נאָך אפֿשר מער געדױערט, װען עס װאָלטן נאָך געװען פֿיר ייִנגלעך, װאָס זאָלן צוהאַלטן די דרענגלעך פֿון דער חופּה. די גאַנצע שטאָט האָט זיך אַזױ פֿאַרשלײערט, אַז עס איז ניט געבליבן קײן דינסט בײַ קײן באַלעבאָס, דען עס האָבן אַלע חתונה געהאַט און זײַנען געװאָרן פֿאַר זיך באַלעבאָסטעס אָן דינסטן. און אַזױ איז ניט געװען צו באַקומען קײן שוסטער, קײן שנײַדער, װײַל עס האָט אין דער צײַט אױפֿגעהערט דאָרט מסחר און מלאכה. און ערשט דעמאָלט, אין עטלעכע װאָכן אַרום, װען דער אוקאַז איז שױן װירקלעך געקומען, אַז אַ מײדל טאָר ניט חתונה האָבן ייִנגער פֿון זעכצן יאָר און אַ ייִנגל—ייִנגער פֿון אַכצן יאָר, האָט ער שױן דערװישט אַ פֿולע אָפּגעגטע. דען דער עולם האָט זיך אַרומגעזען, װי נאַריש זײ זײַנען זיך באַגאַנגען, און האָבן זיך געשעמט אײנער פֿאַרן אַנדערן.

עס זײַנען געװען דאַן גטן איבער גטן. עס זײַנען געװען בײַם רבֿ אין שטוב דין־תּורהס איבער דין־תּורהס. און אין אַ פּאָר חדשים אַרום זײַנען שױן געװען דינסטן צװײ מאָל אַזױ פֿיל װי פֿריער. אין נײַן חדשים אַרום זײַנען נתרבה געװאָרן זײער פֿיל אַמען, װי אין מצרים בשעת דער גזירה, אַז מ'זאָל די זכרים אין װאַסער װאַרפֿן.

עס זײַנען געבליבן נאָך דעם אַ סך עגונות, דען עס האָבן זיך זײער פֿיל אַװעקגעשלעפּט אין דער װעלט און אַװעקגעװאָרפֿן זײערע װײַבער.

[*אַנטאָלאָגיע נוסח השׂכּלה*, רעד. שמואל ראָזשאַנסקי (בוענאָס־אײַרעס: ייִװאָ, 1968), ז. 187־202]

בהלה [בעהאָלע], די ־ות	turmoil	גשװינד = גיך	fast, quick(ly)
בשנת [בישנאָס] תּקצ"ה	in the year 495=1735 C.E.	נוגע [נעגײע] זײַן	concern
עולם [אױלעם], דער	audience, congregation	כּלל־ישׂראל [קלאַל־ײסראָעל]	all Jews
קינה [קינע], די ־ות	lamentation	װירקן געװירקט	have the effect
נאמן [נעמען], דער ־ים [נעמאָנים]	overseer	פּוד, דער ־ן	40 Russian pounds
פֿירער, דער ־ס	leader	צעגיסן צעגאָסן	pour out
קהילה [קעהילע], די ־ות	community	פֿאַרברעכן {פֿאַרבראָכן} די הענט	wring one's hands
נשמה [נעשאָמע], די ־ות	soul	אײַנרײַסן אײַנגעריסן	rip

פֿליקן געפֿליקט	pluck, tear out
אומגליק, דאָס ־ן	calamity
צעשראָקן	horrified, frightened
ווענדן געווענדט/געוואָנדן	turn
ניכבד [ניכבעד], דער ־ים [ניכבאָדים]	respected person
גרייכן געגרייכט	reach, extend
טרעפֿן געטראָפֿן	guess
אָפּכאַפּן אָפּגעכאַפּט	hurry through
ארויסכאַפּן ארויסגעכאַפּט	slip out
רעדל, דאָס ־עך	group, huddle
נעבן = לעבן	near, next to, beside
אײַנרוימען אײַנגערוימט	whisper
אסיפֿה [אַסיפֿע], די ־ות	meeting, assembly
קופּקעסווײַז	in small groups
ברעכן {געבראָכן} די קעפּ	rack one's brains
גזירה [געזיירע], די ־ות	discriminatory decree
דערזען דערזען	sight, notice, discern
שמש [שאַמעס], דער ־ים [שאַמאָסים]	synagogue beadle
רבֿ [ראָוו], דער, רבנים [ראַבאָנים]	rabbi
דיין [דײַען], דער ־ים [דאַיאָנים]	rabbinnical judge/ rabbi's legal assistant
למדן [לאַמדן], דער ־ים/לומדים [לאַמדאָנים/לאָמדים]	scholar
פּראָסט	simple
אבֿיון [עוויען], דער ־ים [עוויוינים]	pauper
שיבֿעה [שיווע], די	seven days of mourning
צוזאַמענקלײַבן צוזאַמענגעקליבן	gather
פֿאַרשליסן פֿאַרשלאָסן	lock
אוועקשטעלן אוועקגעשטעלט	stand
רבותי [ראַבויסײַ]	Gentlemen! [direct address]
די צײַטן	soon, in the coming days
צילן געצילט	take aim, hit the target
באַרירן באַרירט	touch (on)
נישט איין	not just one
מיצווה [מיצווע], די ־ות	commandment, good deed
קיום [קיִעם], דער	existence, survival
אומה [אומע], די ־ות	nation, people
פּרעה [פּאַרע], דער ־ס	Pharoah
גוזר [גויזער] זײַן	make an evil decree
גזר [גזאַר], דער ־ן	fateful sentence
מחותּן [מעכוטן], דער ־ים [מעכוטאָנים]	in-law
מקום הגדול [מאָקעמאַגאָדל]	large/capital city
מודיע [מעדיִע] זײַן	announce, inform
סוד [סאָד], דער ־ות [סוידעס]	secret
בײַ צײַטנס	on time
פֿאַרטיק	ready

רירן גערירט	touch, move
פֿונאַנדערוויינען פֿונאַנדערגעוויינט	weep abundantly
חבֿלי־משיח [כעוולע־מעשיִעך] ל"ר	human suffering prior to the Messiah's coming
געטרײַ	loyal
טאָמער	if, in the case that
באַהאַלטענערהייט	secretly
חלילה [כאָלילע]	God forbid
מכשול [מיכשל], דער ־ים [מיכשוילים]	obstacle
מהומה [מעהומע], די ־ות	stampede
ליאַרעמען געליאַרעמט	make noise
הקדש [העגדעש], דאָס ־ים [העגדיישים]	hospital for paupers
אָנדערציילן אָנ(גע)דערציילט	tell, pass on
וואַטן ל"ר	padding
הרים וגבֿעות [האָרימוגוואָעס]	'mountains and hills' [*Hebr.*] = a lot
צולייגן צוגעלייגט	add on
צוגאָב, דער ־ן	addition
רמז [רעמעז], דער ־ים [רעמאָזים]	allusion
ענין [איניען], דער ־ים [איניאָנים]	matter, affair
דעריבער	therefore , for that reason
שדכן [שאַטכן], דער ־ים [שאַטכאָנים]	matchmaker
בלאָטיק	muddy, dirty
שושקענען זיך געשושקעט	whisper
סודען [סוידען] זיך געסודעט	discuss secrets
שידוך [שידעך], דער ־ים [שידוכים]	marriage match
דאָס רובֿ [ראָוו]	mostly
פּדיון [פּידיען], דער ־ות [פּידיוינעס]	rabbinical advising fee
קמיע [קאַמייע], דו ־ות	amulet, charm
טלית [טאַליס], דער ־ים [טאַלייסים]	prayer shawl, tallith
גרויס וועזן, דער ־ס	big deal
מאַנצביל, דער ־ן	male
גרושה [גרושע], די ־ות	divorcée
קוים	scarcely
באַזעצנס, דאָס	trad. seating of bride
באַדעקנס, דאָס	trad. veiling of bride
נשואין [ניסויִן] ל"ר	second part of wedding ceremony
פֿאַרמערן פֿאַרמערט	increase
קלויז,די ־ן [דימ' ל"ר = קלײַזלעך]	small (guild) synagogue
בית־מדרש [בעסמעדרעש], דער בתּי־מדרשים [באָטעמידראָשים]	synagogue
תּחנון [טאַכנען]	weekday supplicatory prayers
ביז סאַמע	*here*: all the way to

ערבֿ ראש־השנה [ערעוו־ראָשעשאָנע]	Rosh Hashone eve
האַלבֿ פֿאַרשלאָפֿן	half-asleep, drowsy
פּיפּקע(ווע)ן געפּיפּק(עוו)עט	puff on a pipe
אײַנפֿאַל, דער ־ן	idea
נס [נעס], דער ־ים [ניסים]	miracle
רײַסן	[Litvak] Belorussia/Belarus
פֿאַסטן געפֿאַסט	fast
חוזק [כויזעק] מאַכן	mock, ridicule
רעכענען גערעכנט	reckon, consider
צרה [צאָרע], די ־ות	trouble, distress
איבערשרײַען איבערגעשריגן/איבערגעשריִען	outshout
אַפּיקורס [אַפּיקוירעס], דער ־ים [אַפּיקאָרסים]	heretic
האַלטן בײַ געהאַלטן	be on the verge of
קלאַפּ, דער קלעפּ	blow, stroke, punch
מקום [מאָקעם], דער/דאָס ־ות [מעקוימעס]	place, locality; *here*: the big city/capital
פֿאַרשמײַעט	very busy
קרעטשמע, די ־ס	inn, tavern
נגיד [נאָגיד], דער ־ים [נעגידים]	wealthy man
בעטן {געבעטן} רחמים [ראַכמים]	implore
שליח [שליִעך], דער ־ים [שליכים/שלוכים]	messenger
פֿאַרשפּרייטן פֿאַרשפּרייט	spread
אײַנשטיין * אײַנגעשטאַנען	stay, lodge
כאָל(י)ערע, די	cholera outbreak
קבֿורה [קווורע]־מאַן, דער ־מענער	gravedigger
פּאַק, דער פּעק	bundle, pack
אייניקע = עטלעכע	several
נגידטע [נעגידעסטע], די ־ס	wealthy woman
אויסשאַפּען אויסגעשאַפּעט	stick out
צונג, די ־ען/צינגער	tongue
פֿאַרגינען פֿאַרגונען	grant, allow
מישבֿ [מעיאַשעוו] זײַן זיך מיט	consult
מן־הסתּם [מינאַסטאָם]	probably
נופֿך [נויפֿעך], דער ־ים [נעפֿאָכים]	matchmaker
חכמה(נע)ן [כאָכמע(נע)ן] זיך געחכמהט	joke, be facetious
קלײַבן געקליבן	(*here*) intending and not doing
פּאָטשט, די ־ן	post coach/office, mail
גלאַט	smooth, even, simple
שטײַגן געשטיגן	increase
אַנטקעגן	near, opposite
שטאַנד, דער ־ן	class, status
צימבלער, דער ־ס	cimbalon- player
פֿאַר נויט	if need be
סידור־קידושין [סידער־קידוש(י)ן], דער סידורים־ [סידורים־]	marriage ceremony
ראַזרוך, דער	commotion
יישובֿ = [יישעוו], דער ־ים [יישוווים]	settlement, hamlet
ידיעה [יעדיִע], די ־ות	information, news, knowledge
אַרומיק	nearby
פֿאַרגרעסערט	magnified
אלמנה [אַלמאָנע], די ־ות	widow
ממש [מאַמעש]	truly, really
צעמישן צעמישט	bewilder, confuse
סערפּ, דער ־ן/־עס	sickle
דאַן	then
שניט, דער ־ן	grain harvest
אײַנשפּאַנען אײַנגעשפּאַנט	harness
דראַבינע, די ־ס	open-sided wagon
פֿור, די ־ן	wagon
פֿאַרפֿאָרן * פֿאַרפֿאָרן	lodge, park
אַראָפּקריכן * אַראָפּגעקראָכן	crawl down
נאָכפֿרעגן [זיך] נאָכגעפֿרעגט	inquire, check
פֿאַרשפּאָרן פֿאַרשפּאָרט	spare, save, not need to
תּלמוד־תּורה, די ־ות	elementary school for poor
יתומע [יעסוימע], די ־ות	orphan [*fem*]
צעצוקערן צעצוקערט	lure [by a high price]
אויפֿהער, דער	halt, end
תּנאָים [טנאָיִם], דער ־ס	engagement party/contract
גלײַכגילטיק	indifferent
מתנגד [מיסנאַגיד], דער ־ים [מיסנאַגדים]	orthodox opponent of Hasidism
קנאַפּ	slight, scant
פֿאַרקער, דער	contact, traffic
גטן [געטן] געגט	divorce
שפּאָט, דער	mockery
געלעכטער, דאָס ־ס	laughter
גרײַלעך	most certainly
סילוקן געסילוקט	settle, pay off debts
בכּיוון [בעקיוון]	deliberately
דערווײַלע	meanwhile
יריד [יאַריד], דער ־ן	market fair, uproar
עסק [אייסעק], דער/דאָס ־ים [אַסאָקים]	business, concern
דעה [דייע], די ־ות	authority, influence
פּרט [פּראַט], דער ־ים [פּראָטים]	particular, detail
רוען גערוט	rest
ראַסטן = ראַשטן געראָשט	rest
דורען געדורט	bother, drone
בפֿרט [ביפֿראַט]	particularly
פּורש מן הציבור [פּורעשמינאַציבער] זײַן	separate oneself from the community
שאַטן געשאַט	hinder, harm

ומי יודע [אומי יאָדייע]	and who knows [*Hebr.*]
פֿאַרענטפֿערן זיך פֿאַרענטפֿערט	justify oneself
לבֿד [לוואַד] דעם	moreover
שטראָם, דער ־ען	current, stream
אויסצייכענען אויסגעצייכנט	distinguish
קערבל,דאָס ־עך	ruble
אַסעסאָר, דער ־ס	sheriff, assessor
פּועל [פּויעל] זײַן = פּועלן געפּועלט	succeed, convince
געהעריק	appropriate, proper
מכּוח [מיקויעך]	about
קוליען זיך געקוליעט	tumble
אָרדענונג, די ־ען	order
דינגען געדונגען	hire, rent
דרענגל, דאָס ־עך	stick, rod
מעת־לעת [מעסלעס], דער/דאָס ־ן	24-hour period
איינערליי, צווייערליי, אַלערליי, אַנדערערליי	one / two / all / other kind(s) of
צוברענגען צוגעברענגט/צוגעבראַכט	bring
אָפּפֿירן אָפּגעפֿירט	take away
געדראַנג, דאָס ־ען	congestion, throng
ימים־נוראָים [יאָמימנעראָ:ים]	Days of Awe
קהלשן [קאָאָלשן]	public, communal
אומגעדולד, די	impatience
פּאָליש, דער/דאָס ־ן	anteroom of synagogue
משורר [מעשוירער], דער ־ים	synagogue choirboy
כּתובה [קסובע], די ־ות	marriage contract
מי אדיר	blessing of bride and groom
טבעת־קידושינס [טאַבאַאַס־קידושין], די ־ס	wedding ring
ציצה [ציצע], די ־ות	tassel of orthodox undergarment
ער ... גופֿא [גופֿע]	he himself
קוילע(נע)ן געקוילעט	slaughter
עוף [אָף], דער ־ות [אויפֿעס]	bird
דקה [דאַקע], די ־ות	small animal
שוחט [שויכעט], דער ־ים [שאָכטים]	ritual slaughterer
טעם [טאַם], דער ־ים [טײַמים]	reason
מיטה [מיטע], די ־ות	stretcher for a corpse
קבֿורה [קוורע], די ־ות	burial
מקבר [מעקאַבער] זײַן	bury
מת [מעס], דער/דאָס ־ים [מייסים]	dead person
בעזדיעטניק, דער ־עס	childless person
אויסזוכן אויסגעזוכט	seek out
קאַליקע, דער/די ־ס	crippled/handicapped person
הויקער, דער ־ס	hunchback
דורכרייזנדער, דער ־ס	traveller

גראַד, דער ־ן	grade, degree
איז [ביז זיי זײַנען ...]	so, then, well
מויער, דער/די ־ן	exterior wall
קולט זײַן	close up, prevent passage
דינסטמיידל, דאָס ־עך	serving maid
יאַטקע, די ־ס	butcher shop
גרויפּ, די ־ן	barley
די וועלט / יענע וועלט	this world / the next world
אָנגרײַפֿן אָנגעגריפֿן	attack
אומגעריכטערהייט	unexpectedly
ניט פֿאַר ___ געדאַכט	may it not happen to ___
רעטשקע, די	buckwheat
באָנדע, די ־ס	dumpling
קאַרליק, דער ־עס	dwarf
יאַדעשליוו	asthmatic
געבריכט	unfortunate, deformed
אַלזוי	then, consequently
כ'לעבן	indeed
וויג, די ־ן	cradle
האָן, דער העגער	rooster
קלעקן געקלעקט	suffice, be enough
בילכער	preferable
פּרנסה [פּאַרנאָסע], די ־ות	living, subsistence
צו זײַן {געווען}	be closed
גלײַכקייט, די ־ן	equality
ייחוס [ייכעס], דער	lineage, pedigree
פֿרידלעך	peaceful
צד [צאַד], דער צדדים [צדאָדים]	side
קווינט, דער ־ן	particle, bit
בכן [בעכיין]	then, therefore
פּאָרפֿאָלק, דאָס ־ן/פּאָרפֿעלקער	married couple
סוכּה [סוקע], די ־ות	Sukkoth tabernacle
פּאָרטוליען געפּאָרטוליעט	pair up
געוויס	certain
פֿאַרבינדונג, די ־ען	connection, link
זײַד, די	silk
שטריק, דער/די –	rope
לאַסט, די ־ן	burden
באַהאַלטן באַהאַלטן	hide
פֿאַרקריכן * פֿאַרקראָכן	crawl into
מויזלאָך, די/דער מויזלעכער	mouse hole
פּאַרשוין, דער ־ען	person
פֿאַרביטערן פֿאַרביטערט	make bitter
פֿאַרזיסן פֿאַרזיסט	sweeten
אָפּשמײַסן אָפּגעשמיסן	whip, spank
עולה־לתּורה [אוילע־לעטוירע] זײַן	be called to the Torah
זאַלבע ___	in a group numbering __

עם כל הנערים [אימקאָלאַנעאָרים] with all the young men = collectively
המוציא [האַמויצע], די [־ס] snack/piece of bread
פּאָלקע, די ־ס drumstick
קריאת־התּורה [קריִעסאַטוירע], די synagogue Torah reading
הערל, דאָס ־עך little gentleman [*dim.*]
גערשט, דער ־ן barley
אַרויפֿשיטן אַרויפֿגעשאָטן pour on
ממש [מאַמעש] really, indeed
ליאַלקע, די ־עס doll
זאַמד, דער/דאָס ־ן/זעמד sand
שלייער, דער ־ס veil, mantle
גוט־שבת־ביטן {געביטן} convey Sabbath greetings
וואַנדערונג, די ־ען hike, walk, stroll
אָפּרופֿעניש, דאָס ־ן cancellation
רומפּל, דער ־ס post-wedding celebration
אגבֿ [אַגעוו] incidentally
שלוש־סעודות [שאַלעסודעס], דער/דאָס ־ן final Sabbath meal
זמירות [זמירעס] ל"ר Sabbath songs
ענדע = סוף, דער ־ן end
דויערן געדויערט last, endure
דינסט, די ־ן maidservant
שוסטער, דער ־ס shoemaker, cobbler
מסחר [מיסכער], דער trade, business
מלאָכה [מעלאָכע], די ות craft, trade
דערווישן דערווישט catch
אַ פֿולע many
אָפּגעגט [אָפּגעגעט] divorced
דין־תּורה [דינטוירע], דער/די ־ות/־ס rabbinical lawsuit
נתרבה [ניסראַבע] ווערן increase, multiply
אַם, די ־ען wet nurse
זכר [זאָכער], דער ־ים [סכאָרים] male
עגונה [אַגונע], די ־ות abandoned wife
אַוועקשלעפּן זיך אַוועקגעשלעפּט sneak off

12

מאָטקע חב"ד (1820־1885) [1]

מאָטקע חב"ד איז געווען אַ ווילנער, וואָס איז אַליין געגאַנגען אין חדר לעבן דער ווילנער גאַס. ער איז געווען אַ בדחן וואָס איז אויפֿגעטראָטן אויף חתונות און בײַ אַנדערע געלעגנהייטן. ער האָט געקענט יעדערן און יעדערער האָט אים געקענט, און חוץ דעם וואָס ער איז געווען זייער אָרעם, האָט ער געהאַט צוטריט צו יעדנס הויז, געשעפֿט, לעבן און סודות. ווי וויל מע איז זיך באַגאַנגען מיט אים מיט דרך־ארץ, איז ער געווען צום טייל אַ נאַר, צום טייל אַ היימישער פֿילאָסאָף, צום טייל אַליין אַ קלוגער וויצלינג. מען טאָר ניט פֿאַרגעסן, אַז ער איז אויך געווען אַ ייִד פֿון אַ גאַנץ יאָר, און אויך אַ חב"דניק, ד"ה אַ חסיד. פֿאַראַן וועגן אים זייער אַ סך אַנעקדאָטן, און נאָך אַ סך האָט מען אים צוגעשריבן במשך פֿון די יאָרן. ער איז געוואָרן אַ לעגענדאַרע פֿיגור. די אַנעקדאָטן, וואָס מען דרוקט איבער דאָ, זײַנען באַאַרבעט געוואָרן פֿון עטלעכע קוואַלן.

בדחן [באַטכן], דער ־ים [באַטכאָנים] wedding entertainer
אויפֿטרעטן * אויפֿגעטראָטן perform
געלעגנהייט, די ־ן occasion, opportunity
צוטריט, דער access
סוד [סאָד], דער ־ות [סוידעס] secret
ווי וויל while, although
באַגיין זיך מיט באַגאַנגען treat
דרך־ארץ [דערעכערעץ], דער respect
וויצלינג, דער ־ען wit, wag
צושרײַבן צוגעשריבן attribute
במשך [בעמעשעך] פֿון in the course of
אַנעקדאָט, דער ־ן anecdote
איבערדרוקן איבערגעדרוקט reprint
באַאַרבעטן באַאַרבעט adapt
עטלעכע several, various
קוואַל, דער ־ן source

אַ שיכּור זאָגט אַ מאָל צו מאָטקען: "בעסער פֿון אַ גלאָז בראָנפֿן איז גאָר ניטאָ אויף דער וועלט".

מאַכט מאָטקע: "אפֿשר אַ פֿלעשל ניט?"

שיכּור [שיקער], דער ־ים [שיקורים]	intoxicated person	מאַכן געמאַכט	make; *here*: say
בראָנפֿן, דער ־ס	liquor / whisky	פֿלעשל, דאָס ־ען	small bottle

---

אַ מאָל בעט אַ גבֿיר בײַ מאָטקען אַן עצה, ווי ער קען בײַ נאַכט בעסער שלאָפֿן. זאָגט מאָטקע, "לייגט דעם קאָפּ אויף אַ קישן".
"וואָס רעדט איר, מאָטקע? אויף וואָס, מיינט איר, ליגט מײַן קאָפּ ביז איצט?"
"ביז איצט", מאַכט מאָטקע, "ליגט אײַער קאָפּ אויף שווינדל. צוליב דעם קענט איר ניט שלאָפֿן".

גבֿיר [גוויר], דער ־ים	rich man	ליגן * געלעגן	lie
עצה [אייצע], די ־ות	advice	שווינדל, דער ־ען	fraud
לייגן געלייגט	lay	צוליב דעם	for that reason
קישן, דער ־ס	pillow		

אַ מאָל גייט מאָטקע צו אַ ווילנער גבֿיר און זאָגט: "זײַט מיר געזונט, ר' ייִד, איך פֿאָר אַוועק פֿון ווילנע קיין טראָק; גיט מיר עפּעס אַ נדבֿה."
"ניין", זאָגט דער גבֿיר, "איך גיב דיר גאָרניט ניט".
זאָגט מאָטקע: "נו, אָן אַ נדבֿה קען איך ניט אַוועקפֿאָרן. מילא, זײַט זשע מיר שוין ניט געזונט".

גבֿיר [גוויר], דער ־ים	rich man	נדבֿה [נעדאָווע], די ־ות	donation, charity
זײַט מיר געזונט = זײַט געזונט	be well, goodbye	מילא [מיילע]	never mind, whatever
אוועקפֿאָרן * אוועקגעפֿאָרן	go away	שוין	then, so
טראָק	Trakai		

אַ מאָל, ווען מאָטקע איז געווען אין שניפּעשעק אויפֿן אַנדערן ברעג ווילִיע־טײַך, באַקלאָגט ער זיך בײַ אַ חבֿר: "דאָ קען מיך קיינער ניט. צוליב דעם לײַט מיר קיינער קיין איין גראָשן ניט אויס. אין ווילנע קען מיך יעדערער, און צוליב דעם לײַט מיר קיינער קיין איין גראָשן ניט אויס. שלעכט אַזוי און שלעכט אַזוי!"

שניפּעשעק	Šnipiškės	באַקלאָגן זיך באַקלאָגט	complain
ברעג, דער ־ן/־עס	riverbank	אויסלײַען אויסגעליגן	lend
ווילִיע, די	Neris River (in Vilnius)	יעדערער	everyone
טײַך, דער ־ן	river	גראָשן, דער ־ס	penny

אַ מאָל זיצט מאָטקע אין אַ בײַדל וואָס פֿאָרט אַהיים פֿון מאַרק אין שניפּעשעק. אין בײַדל זיצן אויך נאָך זייער אַ סך ייִדן. אַ ייִד זעצט זיך אויף עמעצנס פֿוס און פֿרעגט: "וועמענס פֿוס איז דאָס, וואָס איך זיצט דערויף?"
מאַכט מאָטקע: "אויב דער פֿוס איז מיט אַ בלאָען זאָק, איז ער מײַנער".

בײַדל, דאָס ־עך	wagon	דערויף	on it
מאַרק, דער מערק	market	אויב	if
עמעצנס	someone’s	בלאָ	blue
וועמענס	whose	זאָק, דער, ־ן	sock

אַ מאָל איז אַ ווילנער סטודענט אַוועק קיין פּעטערבורג צו שטודירן מעדיצין אין אוניווערסיטעט. זומערצײַט קומט ער אַהיים צו דער משפּחה. זעט ער מאָטקען אויף דער ווילנער גאַס. מאָטקע גיט אים אָפּ כּבֿוד ווי אַ גרויסער וויסנשאַפֿטלער און פֿרעגט אים וואָס איז זײַן פֿילאָסאָפֿיע פֿון לעבן.
זאָגט דער סטודענט: "לעבן און לאָזן לעבן".
ענטפֿערט מאָטקע: "אויב אַזוי, טאָ פֿאַר וואָס שטודירסטו אויף אַ דאָקטער?"

פעטערבורג	St. Petersburg
זומערצײַט, די ־ן	in the summer
באַזוכן באַזוכט	visit
גאַס, די ־ן	street
אָפּגעבן כּבֿוד אָפּגעגעבן	honor
וויסנשאַפֿטלער, דער ־ס	secular scholar
פֿילאָסאָפֿיע, די ־ס	philosophy
לעבן געלעבט	live
לאָזן געלאָזן/געלאָזט	let
טאָ	then
אויף [אַף]	*here*: to become a

אַ מאָל הערט מאָטקע חב"ד ווי צוויי ישיבֿה־בחורים רעדן צווישן זיך אויפֿן ייִדישן מאַרק דאָ אויפֿן ראָג פֿון דער ייִדישער, גלעזער־ און גאָון גאַס. איינער זאָגט דעם צווייטן: "איך האָב אַן עסנטאָג, וואָס ווען איך קום עסן, קאָרמעט מען מיך מיט קאַשע, אָבער קאַשע און ווידער קאַשע".

ענטפֿערט דער צווייטער: "דו האָסט ניט צו זינדיקן. איך האָב אַ טאָג ווו זיי קאָרמענען מיך אַלע מאָל מיט תּירוצים: 'מען האַט גראָד ניט געקאָכט', זאָגן זיי, אָדער: 'די קעכין איז ניט געווען אין דער היים' אָדער: 'די בעל־הביתטע האָט ניט געהאַט קיין צײַט צו קאָכן' וכדומה.

רײַסט מאָטקע איבער און פֿרעגט בײַם ערשטן בחור: "הײַנט וואָס האָט אַ בעסערן טעם: די קאַשע צי די תּירוצים?"

ישיבֿה־בחור [יעשיווע־באָכער], דער ־ים	yeshivah student
ראָג, דער ־ן	corner
ייִדישע גאַס	Žydų gatvė [Jewish St.]
גלעזער גאַס	Stiklių gatvė [Glazier St.]
גאָונער גאַס	Gaono gatvė [Gaon St.]
איינער ... צווייטן	one .. the other
עסן־טאָג, דער ־טעג	day with a guaranteed meal
קאָרמע(נע)ן געקאָרמע(נע)ט	feed
קאַשע, די ־ס	porridge
/ קשיא [קאַשע], די ־ות	question
אָבער	*here*: more
ווידער	*here*: and even more
ניט	*here*: no reason
זינדיקן געזינדיקט	sin; *here*: complain
תּירוץ [טערעץ], דער ־ים [טערוצים]	excuse; answer to a hard question
גראָד	just now
קאָכן געקאָכט	cook
קעכין, די ־ס	cook
בעל־הביתטע [באַלעבאָסטע], די ־ס	lady of the house
וכדומה [אוכדוימע]	and so forth, etc.
איבעררײַסן איבערגעריסן	interrupt
הײַנט	but, well
צי	or

אַ מאָל איז מאָטקע געווען בײַ פֿרײַנד אויף דער גלעזער גאַס. ווען ער האָט געוואָלט גיין אַהיים איז ער אַראָפּגעפֿאַלן די טרעפּ. די פֿרײַנד האָבן געהערט דעם קראַך און זײַנען געקומען צו געבן אַ קוק וואָס ס'איז. האָבן זיי געפֿונען אַ קרעכצנדיקן מאָטקען דאָרטן אויף די טרעפּ.
"מאָטקע, וואָס האָט פּאַסירט?" האָבן זיי געשריגן.
"מײַן מאַנטל איז אַראָפּגעפֿאַלן די טרעפּ", האָט ער געקרעכצט.
"דײַן מאַנטל? טאָ פֿאַר וואָס ליגסטו און קרעכצט?" האָבן זיי געפֿרעגט.
"ווײַל איך האָב געטראָגן דעם מאַנטל!"

אַראָפּפֿאַלן * אַראָפּגעפֿאַלן	fall down	פּאַסירן פּאַסירט	happen
טרעפּ, די ־ן	stairs	מאַנטל, דער ־ען	coat
קראַך, דער ־ן	crash	קרעכצן	moan
געבן אַ קוק	have a look	טראָגן געטראָגן	wear
קרעכצנדיק	moaning		

אַ מאָל האָט אַ ווילנער ייִד געזען ווי מאָטקע איז געגאַנגען אויף דײַטשער גאַס, האָט ער אים געפֿרעגט: "מאָטקע, פֿון וואַנעט קומסטו?"
"פֿון אַן אויסשטעלונג", האָט מאָטקע געזאָגט.
"אַן אויסשטעלונג? וואָסער אויסשטעלונג?" האָט דער ייִד געפֿרעגט בײַ מאָטקען.
האָט מאָטקע געזאָגט: "מײַן בעל־הבית האָט אויסגעשטעלט מײַן האָב־און־גוטס אויף דער גאַס".

דײַטשע גאַס	Vokiečių gatvė [German St.]		landlord
אויסשטעלונג, די ־ען	exhibition [*lit.* putting out]	אויסשטעלן אויסגעשטעלט	exhibit, put out
וואָסער	which one, what kind of	האָב־און־גוטס, דאָס	all one's belongings
בעל־הבית [באַלעבאָס], דער, ־ים [באַלעבאַטים]			

אַן אַנדער מאָל פּורים־צײַט האָבן אַלע געשלאָגן המנען. אַנשטאָט דעם האָט מאָטקע המנען געשאָלטן. זײַן שכן אין שול האָט געפֿרעגט בײַ אים: "וואָס איז, מאָטקע?"
האָט מאָטקע געמאַכט: "נו, אַ קלאַפּ פֿאַרגייט, אָבער אַ וואָרט באַשטייט".

פּורים־צײַט at Purim
המן [האָמען] Haman
שלאָגן געשלאָגן beat, hit
אַנשטאָט instead
שילטן געשאָלטן vituperate, curse

שכן [שאָכן], דער ־ים [שכיינים] neighbor
קלאַפּ, דער קלעפּ blow
פֿאַרגיין * פֿאַרגאַנגען pass, dissipate
באַשטיין * באַשטאַנען remains, is permanent

אַ מאָל איז מאָטקע געגאַנגען אויף דער גאַס בעת אַ זאַווערוכע, האָט ער זיך אויסגעגליטשט און זיך אויסגעצויגן אויפֿן אײַז. דערבײַ האָט ער זיך אויסגעדרייט די האַנט. צום גליק איז ער געלעגן לעבן גרויס־פּאָהוליאַנקע גאַס, ווו די גרויסע דאָקטוירים האָבן געוווינט. אויף דער טיר פֿונעם הויז ווו ער איז געלעגן איז געהאָנגען אַ שילד – "דאָקטאָר". האָט מאָטקע געגעבן אַ קלאַפּ אין טיר און איז אַרײַנגעגאַנגען אין הויז. ווען דער בעל־הבית איז געקומען, האָט מאָטקע געבעטן אַ רפֿואה פֿאַר זײַן האַנט. דער הער האָט געזאָגט, "זײַט מיר מוחל, ר' ייִד, אָבער איר פֿאַרשטייט ניט: איך בין קיין דאָקטער מעדיצין ניט, נאָר אַ דאָקטאָר פֿילאָסאָפֿיע".
האָט מאָטקע געמאַכט: "טאָ וואָס אי'דאָס פֿאַר אַ מין קרענק?"

זאַווערוכע, די ־ס blizzard
אויסגליטשן אויסגעגליטשט slip
אויסציִען זיך אויסגעצויגן fall down flat
אײַז, דאָס ice
דערבײַ so, in that way
אויסדרייען אויסגעדרייט sprain
צום גליק fortunately
לעבן beside
גרויס־פּאָהוליאַנקע גאַס Basanavičiaus gatvė
דאָקטער, דער דאָקטוירים physician, medical doctor

שילד, דער ־ן sign
דאָקטאָר, דער ־ן Ph.D.
רפֿואה, די ־ות remedy, curative
דאָקטער, דער ־ים [דאָקוירים] doctor, M.D.
הער, דער ־ן gentleman
פֿאַרשטיין פֿאַרשטאַנען understand
מין, דער/דאָס ־ים kind, sort
וואָס פֿאַר אַ מין what kind of
קרענק, די ־ן disease

אַ מאָל איז מאָטקע חב"ד געגאַנגען צו אַ חבֿר נאָך זייער פֿרי. האָט אים דער חבֿר געפֿרעגט: "צי ווילסטו אפֿשר אַ גלעזל בראָנפֿן, מאָטקע?"

האָט מאָטקע געענטפֿערט: "וואָס זאָל איך דיר זאָגן? ראשית, איז עס בײַ מיר נאָך פֿאַרן דאַוונען. והשנית, האָב איך שוין געטרונקען אַ גלעזל. און דריטנס, ווײַזט טאַקע אַהער, וועל איך מאַכן אַ שהכּל".

ראשית [ריישעס]	firstly	שהכּל [שאקל], דער ־ען	blessing for liquids (not wine)
והשנית [וועהאשיינעס]	secondly		
אהערווײַזן אהערגעוויזן	show it/give it here		

אַ מאָל איז מאָטקע חב"ד אַרײַנגעפֿאַלן אין שול מיט גרויסע נײַעס: האָט ער געשווירן מיט דער האַרבסטער שבֿועה, אַז ער האָט געזען ווי דער רבי האָט געגעסן אָן אַ היטל. קיינער האָט אים ניט געוואָלט גלייבן, וואָרן ווי קען עס געמאָלט זײַן, אַז דער רבי זאָל עסן אָן אַ היטל? האָט מאָטקע געמאַכט: "אויב איר וועט זיך מיט מיר וועטן מיט דרײַ רובל, וועל איך אײַך דערצײַלן ווי אַזוי דאָס איז געשען, וועט איר מיר גלייבן".

די חבֿרה האָט צונויפֿגעקליבן די דרײַ רובל, ווײַל זיי האָבן ניט געגלייבט, אַז דער רבי זאָל עסן בגילוי־ראָש.

ווען מאָטקע האָט געזען די רענדלעך פֿאַר זיך אויפֿן טיש, האָט ער געזאָגט: "גאַנץ פּשוט: געוויס האָב איך געזען, ווי דער רבי עסט אָן אַ היטל, נאָר אין אַ יאַרמולקע".

אַרײַנפֿאַלן * אַרײַנגעפֿאַלן	barge in	געמאָלט זײַן	be possible
נײַעס, דאָס –	news	וועטן זיך מיט געוועט	bet
שווערן געשוואָרן/געשווירן	swear	רובל, דער –	ruble
האַרב	harsh, severe	חבֿרה [כעווורע], די ־ות	'gang,' group (of friends)
שבֿועה [שווּע], די ־ות	oath	צונויפֿקלײַבן צונויפֿגעקליבן	collect
קיינער	no one	בגילוי־ראָש [בעגילעראָש]	bareheaded
גלייבן געגלייבט	believe	רענדל, דאָס ־עך	gold coin
וואָרן	for, because	געוויס	certainly

אין ווילנע איז אויסגעבראָכן אַ שׂרפֿה אין דער גרויסער שטאָט־שול. באַלד האָט אַ גרויסער עולם אַרומגערינגלט דעם אָרט זיך צוקוקן צו דער שׂרפֿה. בקרובֿ איז אָבער אָנגעלאָפֿן מאָטקע חב"ד און געשריגן:
"האָט רחמנות, ייִדן, פֿאַרדינט אַ מצווה און לאָזט מיך אָנקוקן דעם פֿײַער. איך האָב ניט געהאַט דעם זכות צו זען דעם בית־המקדש ברענען, לאָזט מיר כאָטש זען, ווי די שול ברענט".

אויסברעכן אויסגעבראָכן	break out
שׂרפֿה [סרייפֿע], די ־ות	fire
עולם [אוילעם], דער ־ס	public, audience
ארומרינגלען ארומגערינגלט	surround
אָרט, דער ערטער	place, location
צוקוקן זיך צוגעקוקט	watch
בקרובֿ [בעקאָרעוו]	soon
אָנלויפֿן * אָנגעלאָפֿן	come running
רחמנות האָבן	have pity
פֿאַרדינען פֿאַרדינט	earn
מצווה [מיצווע], די ־ות	good deed
לאָזן געלאָזן/געלאָזט	let
אָנקוקן אָנגעקוקט	look at
פֿײַער, דער ־ן	fire
זכות [סכוס], דער ־ן/־ים	merit, privilege
בית המקדש [בייסאַמיגדעש], דאָס/דער ־ן	Jerusalem Temple
ברענען געברענט	burn
כאָטש	at least

אַ מאָל, ווען מאָטקע חב"ד איז געגאַנגען צו א גבֿיר בעטן אַ נדבֿה, האָט אים דער גבֿיר ניט געוואָלט געבן גאָרנישט און האָט אים געוויזן די טיר. האָט מאָטקע געזאָגט: "איר וועט אין גיכן אַליין ווערן אָרעם".
"פֿון וואַנען ביסטו דאָס אַזוי זיכער?" האָט געפֿרעגט דער גבֿיר.
"גאַנץ פּשוט", האָט מאָטקע געמיינט: "אָרעמע־לײַט מוזן דאָך זײַן אויף דער וועלט. אַזיסט, וועמען זאָל מען אָפּגעבן אַ נדבֿה. אָבער אויב איר גיט קיין נדבֿה ניט, וועלן מיר דאָך אויסגיין פֿון הונגער, וועט איר מוזן אַליין ווערן די אָרעמע־לײַט".

נדבֿה [נעדאָווע], די ־ות	donation, charity
גבֿיר [גוויר], דער ־ים	rich man
ווײַזן געוויזן	show
אָרעמאַן, דער אָרעמע־לײַט	poor person
אזיסט	otherwise
וועמען	to whom
אויסגיין * אויסגעגאַנגען	die out

אַ מאָל האָט זיך מאָטקע באַרימט בײַ זײַן כאַליאַסטרע, אַז ער קען די בעסטע טרעפֿערקע אין גאַנץ ווילנע: "זי טרעפֿט אַלץ וואָס זי וואַרפֿט נאָר אויס", האָט ער געזאָגט.

חבֿרה האָט געענטפֿערט: "ווײַזט אונדז, ווײַזט אונדז אַזאַ טרעפֿערקע, מאָטל. ברענג זי צו אונדז".

"קומט מיט מיר", האָט מאָטקע געזאָגט. ער האָט זיי אַלע מיט זיך אַהיימגעפֿירט צו זײַן ווײַב.

"וואָס מיינסטו, מאָטקע?", האָט איינער געשריגן, "דאָס איז דאָך נאָר דײַן ווײַב".

"נו", האָט מאָטקע געמאַכט, "איך מיין טאַקע זי. זי איז די בעסטע טרעפֿערקע – ווען זי וואַרפֿט מיט אַ טעלער אויף מײַן קאָפּ, טרעפֿט זי אַלע מאָל!"

באַרימען זיך באַרימט	boast, brag	אויסוואַרפֿן אויסגעוואָרפֿן	predict, toss out
כאַליאַסטרע, די ־ס	group of pals	חבֿרה [כעווורע], די ־ות	‘gang’; group (of friends/pals)
טרעפֿערקע, די ־ס	fortuneteller, target shooter(*fem*)		

במשך פֿון די יאָרן איז מאָטקע – ווי יעדער מענטש – געוואָרן אַלט און שוואַך. אַ מאָל איז ער געגאַנגען צום דאָקטער כּדי צו בעטן, דער דאָקטער זאָל אים קורירן. האָט דער דאָקטער מאָטקען באַקוקט און האָט געזאָגט: "מאָטקע, דו ביסט געוואָרן אַלט, און פֿון אַלט קען איך ניט מאַכן יונג".

האָט מאָטקע געענטפֿערט: "אָבער דאָקטער, איך וויל ניט ווערן ייִנגער, נאָר עלטער".

במשך [בעמעשעך] פֿון	in the course of	באַקוקן באַקוקט	examine
שוואַך	weak	עלטער	older
קורירן קורירט	treat, provide a treatment/remedy		

מאָטקע חבֿ"ד האָט געגומען אַ צעטל אין דער לאָטעריע. אַז עס איז געקומען דער טאָג פֿון ציִען, האָט ער געבעטן דעם רבונו־של־עולם מיט אַזאַ לשון: "רבש"ע, גיב מיר דאָס גרויסע געווינס פֿון 200 טויזנט רובל. איך פֿאַרזיכער דיר הייליק, אַז אַ העלפֿט פֿון דעם וועל איך

צעטיילן אויף צדקה. נאָר אויב דו, רבש"ע, גלייבסט מיר ניט, צעטייל אַליין אַ העלפֿט שוין פֿריִער און גיב מיר די אַנדערע העלפֿט".

צעטל, דער ־ען	ticket, note, slip	פֿאַרזיכערן פֿאַרזיכערט	insure, affirm
לאָטעריע, די ־ס	lottery	הייליק	solemnly
ציִען געצויגן	draw	העלפֿט, די ־ן	half
רבונו של עולם [רעבוינע־שעל־אוילעם] = רבש"ע Lord of the world/universe		צעטיילן צעטיילט	distribute, allocate
		צדקה [צדאָקע],די	charity, alms
געווינס, דאָס ־ן	prize	פֿריִער	before(hand)
דאָס גרויסע געווינס	the grand prize		

אַ מאָל איז מאָטקע געשטאַנען אויף געאָרגעווקע פּראָספּעקט אין ווילנע, ווען אַן אָפֿיציר אויף אַ פֿערד האָט פֿאַרבײַ גאַלאָפּירט און איז אַראָפּגעפֿאַלן פֿון פֿערד. מאָטקע האָט געשריגן: "אַ שאַנד! בײַ מיר וואָלט דאָס קיין מאָל ניט געשען.
"וואָס איז", האָט געפֿרעגט אַ ייִד, וואָס איז געשטאַנען לעבן אים, "דו ביסט אַזאַ גרויסער רײַטער?"
"ניין", האָט מאָטקע געמאַכט, "נאָר איך וואָלט קיין מאָל ניט אַרויפֿגעקראָכן אויפֿן פֿערד".

געאָרגעווסקע פּראָספּעקט	*now*:Gedimino prospektas	רײַטער, דער ־ס	rider
גאַלאָפּירן גאַלאָפּירט	gallop	אַרויפֿקריכן * אַרויפֿגעקראָכן	climb onto, mount
שאַנד, די	shame		

אַ מאָל ווען, מאָטקע חב"ד האָט געהאַלטן אין שאַרף וויצלען זיך בײַ אַ גרופּע רבנים, גדולי־ישׂראל און תּלמידי־חכמים, האָט איינער פֿון זיי – אַ באַוווּסטער גאָון – געזאָגט צו מאָטקען: "נו, מאָטקע, שטעל זיך פֿאָר: מיט אַזאַ גוטן קאָפּ ווי דו האָסט, ווען דו וואָלטסט זיך גענומען צום לערנען, וואָס פֿאַר אַ גרויסער גאָון פֿון דיר וואָלט אויסגעוואָקסן?"
מאָטקע איז געשטאַנען אַ גאַנצע ווײַלע טיף פֿאַרטראַכט און צום סוף האָט ער צום גאָון געזאָגט: "איך מיין, רבי, אויב איר – אַזאַ גרויסער גאָון ווי איר זײַט – וואָלט זיך גענומען צו וויצלען זיך, וואָס פֿאַר אַ שאַרפֿער וויצלינג פֿון אײַך וואָלט אויסגעוואָקסן".

האלטן געהאלטן — be in the middle of
שאַרף — sharp, biting
וויצלען זיך געוויצלט — joke
רבֿ [ראָוו], דער, רבנים [ראַבאָנים] — rabbi
תּלמיד־חכם [טאַלמעדכאָכעם], דער תּלמידי־חכמים [טאַלמידעכאַכאָמים] — trad. Jewish scholar
גדול־ישׂראל [גאָדל־ייסראָעל], דער גדולי־ [גדוילע־] — leaders of the community
באַוווּסט — famous

גאָון [גאָען], דער ־ים [געוינים] — genius
פֿאָרשטעלן זיך פֿאָרגעשטעלט — imagine
נעמען גענומען — take up, concentrate on
אויסוואַקסן * אויסגעוואַקסן/־וואָקסן — develop
ווײַלע, די ־ס — while
טיף — deep, deeply
פֿאַרטראַכט — pensive, thoughtful
סוף [סאָף], דער ־ן — end
וויצלינג, דער ־ען — wit, wag

אַ מאָל האָט עמעצער געפֿרעגט בײַ מאָטקען, פֿאַר וואָס ער מיינט אַלע מאָל, אַז חזנים זײַנען נאַראָנים.
"גאַנץ פּשוט", האָט מאָטקע געזאָגט, "ווען זיי וואָלטן געווען קלוג, וואָלטן זיי ביט געדאַוונט פֿאַר אַנדערע לײַט, נאָר פֿאַר זיך".

חזן [כאַזן], דער ־ים [כאַזאָנים] — cantor
נאַר, דער נאַראָנים — fool

קלוג — smart, clever

13

שלום־יעקבֿ אַבראַמאָוויטש [מענדעלע מוכר־ספרים] (1917-1835) [1]

שלום־יעקבֿ אַבראַמאָוויטש איז געבוירן געוואָרן אין קאַפּוליע (רײַסן). זײַן טאַטע איז געשטאָרבן ווען אַבראַמאָוויטש איז אַלט געווען דרײַצן יאָר. ער האָט אַרומגעוואַנדערט איבער דער ליטע און האָט געלערנט אין עטלעכע ישיבֿות. ער האָט ווײַטער אַרומגעוואַנדערט אין וואָלין און פּאָדאָליע און האָט געוווינט אין באַרדיטשעוו (1869-1858) און דערנאָך אין זשיטאָמיר (ביז 1881) און שפּעטער אין אָדעס ביז זײַן טויט צום אָנהייב פֿון דער אָקטאָבער־רעוואָלוציע (נאָך דער רעוואָלוציע פֿון 1905 איז ער אַוועקגעפֿאָרן קיין זשענעווע (שווייץ), וווּ ער האָט געוווינט צוויי יאָר). זײַן לאַנג לעבן האָט דורכגעשפּאַנט עטלעכע עפּאָכעס פֿון דער מאָדערנער יידישער און העברעיִשער ליטעראַטור, און ער איז געווען אַ גרינדער פֿון ביידע. אָנגעהויבן האָט ער ווי אַ משׂכּיל ווען ער האָט אויך געשריבן וועגן נאַטור־וויסנשאַפֿטן פֿאַר אַ ברייטן עולם אויף העברעיִש: *תולדות הטבֿע* (3 בענד, 1873-1862). ער האָט זייער געהאַלטן פֿון דער העברעיִשער שפּראַך ווי אַ מיטל פֿאַר בילדונג פֿונעם יידישן פֿאָלק. ער האָט געשריבן דעם העברעיִשן ראָמאַן *למדו היטב* (1862), און אויף יידיש: *דאָס קליינע מענטשעלע* (1864), *פֿישקע דער קרומער* (1869) און *די קליאַטשע* (1873). ער האָט זיך אָנגענומען פֿאַר די אָרעמע־לײַט און פֿאַרמישפּט דעם פֿליישטײַער (*די טאַקסע*, 1869). במשך פֿון די 1870ער האָט ער געשריבן אַ סך אויף העברעיִש. בעת די 1890ער האָט ער רעדאַקטירט זײַנע יידישע ווערק און זיי איבערגעזעצט אויף העברעיִש. זײַנע געזאַמלטע העברעיִשע ווערק זײַנען דערשינען אין דרײַ בענד (1911-1909), זײַנע יידישע ווערק אין זעכצן בענד (1913-1911). די הויפּטטעמעס זײַנען: פֿאַרמישפּטן דעם טראַדיציאָנעלן יידישן לעבן־שטייגער און די סענטימענטאַלישע נאָסטאַלגיע פֿאַר אַזאַ לעבן – דאָס הייסט, ער דריקט אויס אַ משׂכּילישע אידעאָלאָגיע, אָבער עס איז אויך פֿאַראַן דערבײַ אַ שטאַרקע אַמביוואַלענץ. ער פֿאַרמישפּט אי די רוסישע רעגירונג אי די רײַכע יידן וואָס האָבן אויסגענוצט די אָרעמע־לײַט. זײַנע אויטאָביאָגראַפֿישע ווערק האָבן צו טאָן מיט זײַן לעבן אין ליטע און רײַסן, זײַנע ראָמאַנען, אָבער, דערציילן פֿונעם יידישן לעבן ווײַטער אין דרום. מען באַמערקט דעם אײַנפֿלוס פֿון גאָגאָל אין *דאָס קליינע מענטשעלע* און *פֿישקע דער קרומער*, און סערוואַנטעס אין *מסעות*

בנימין השלישי. דער קוואַזי־אויטאָביאָגראַפֿישער ראָמאַן, *שלמה רב חיימס* (אויף העברעיִש הייסט ער *בימים ההם*), ווײַזט זײַן פֿעיִקייט צו בײַטן און באַאַרבעטן די אייגענע איבערלעבונגען אין אַ דערציילונג. ער איז באַזונדערש באַוווּסט פֿאַרן העלד מענדעלע מוכר־ספֿרים, וואָס איז דער דערציילער אין עטלעכע פֿון זײַנע ווערק. בשעת פֿון זײַן לאַנג לעבן האָט ער ווײַטער געשריבן, איבערגעשריבן און באַאַרבעט די ווערק זײַנע נאָך אַ מאָל און ווידער אַמאָל אויף ייִדיש און העברעיִש, ד"ה אַ סך פֿון זיי זײַנען פֿאַראַן אין עטלעכע נוסחאָות – קורצע דערציילונגען און לאַנגע ראָמאַנען, אויף ייִדיש און אויף העברעיִש.

דורכשפּאַנען דורכגעשפּאַנט	span	הויפּט־טעמע, די ־ס	main theme
גרינדער, דער ־ס	founder	לעבן־שטייגער, דער ־ס	way of life
מיטל, דאָס ־ן	means, instrument	אויסדריקן אויסגעדריקט	express
בילדונג, די	(secular) education	אויסניצן אויסגעניצט	exploit
אָננעמען זיך פֿאַר אָנגענומען	support	פֿעיִקייט, די ־ן	ability
פֿאַרמישפּטן [פֿאַרמישפּעטן] פֿאַרמישפּט	condemn	בײַטן געביטן	change, adapt
שטײַער, דער ־ן	tax	באַאַרבעטן באַאַרבעט	adapt, revise
רעדאַקטירן רעדאַקטירט	edit	איבערלעבונג, די ־ען	experience
זאַמלען געזאַמלט	collect, gather, assemble	נוסח [נוסעך], דער ־אָות [נוסכאָעס]	version

---

שלמה ר' חיים'ס: אַ בילד פֿון אידישען לעבען אין דער ליטאָ [4]

אַ צעהן ווייערסטלעך פונעם שטעדטעל ק... אין דער ליטא ערגיץ, געפינט זיך אַ מין קליין דערפעל עפּיס, אַרומגערינגעלט מיט גרויסע וועלדער, צווישען וועלכע עס פלייצט אַ היבשער, אַ שיינער טייך, וואָס נעבען איהם שטעהט אַ מיהל, און דעריבער הייסט דאָס דערפעל מליביצא. אויף איין זייט טייך קוקען אַרויס פון צווישען גרינוואַרג און בוימער אַ דריי קליינע הייזלעך פאַר דריי פויערשע פאַמיליעס, די איינציגע איינוואוינער דאָרט, און אויף דער אַנדערער זייט טייך שטעהט האַרט נעבען וואַלד איין איינציגע שטוב פון קיילעכדיגע בערוועגעס מיט קליינע פענסטער און אַ הויכען, אַלטען דאַך. דאָרט זיצט חנאָ מליביצער מיט זיין הויזגעזינד, דער אַרענדאַר פון דער מיהל, וואָס די חזקה אויף דער אַרענדע געהט איבער אין זיין משפחה פון טאַטעס צו קינדער. אינגאַנצען זעהט מליביצא אויס ווי אַ נעסט, וואָס ליגט פערבאָרגן אין אַ ווינקעל, אָבגעריסן פון דער וועלט, ווייט פון מענשען און פונ'ם טראַקט, נאָר קליינע שמאָלע וועגלעך שלענגלען זיך דורך דעם וואַלד דורך טאָלען און בערגלעך און פיהרען צו דערפער, וואָס ליגען צוזייט אַרום און אַרום. און ווען מענשען זענען דאָ זעלטען, עס רעש'ט נישט, עס קאָכט נישט ווי אין שטעדט, דערפאַר שוויבעלט און גריבעלט דאָ אין די וועלדער, אין די זומפּן און פעלדער אַלערליי בעשעפעניש, חיות און עופות; דערפאַר לאָזט זיך דאָ הערען אַלערליי קולות: אַ געזאַנג פון

פויגעל, אַ קראַקען, אַ קוואָקען, אַ שמוצערן, אַ גרילצען זומער, אַ וואָיען, אַ הוילען פון הונגעריגע וועלף ווינטער, און אַ מאָל אַ בֿרומען פון אַ פערבלאָנדזשעטן בער אויך – און אין דעם דאָזיגן קאָנצערט פערטראָגט זיך א רוישען פונ'ם וואַסער בײ'ם אַראָבפאַלען אויף די רעדער, אַ קלאַפּען, אַ מאָהלן פון דער מיהל.

ס'איז אחרון של פּסח – אַ שענער, אַ וואַרמער וועסנע־טאָג. די גילדענע זון האָט בײ'ם אויפגעהן צעריסען, צעטריבֿען די גרויע וואָלקענס אין דער לופט און מיט איהר ליכטיג פּנים אַראָבגעקוקט פונ'ם בלויען הימעל מילד פריינדליך אויף דער ערד. גאָטס באַשעפעניש, אַלע פון גרויס ביז קליין, האָבען אויפחאַפּנדיג זיך פונ'ם לאַנגען ווינטער־שלאָף לעבֿענדיג פרעהליך, זיך גענומען איטלעכער צו זיין זאַך. פריש־געלע בלומען שטעקען אַרויס די קעפּלעך פון צווישען יונגע גרינע גראָז, קוקען אַרויס און מאַכען חן. ווערבעס בײ'ם טייך חאַפּען זיך אָנטאָהן זייער ניי־גרינע זופּיצע, שפּיגלענדיג זיך אין דעם וואַסער ריין קלאָר ווי זילבער. פון די ווייטע וואַרמע לענדער, דאָרט אין דער פרעמד, קומען עופות טשאַטעסווייז צוריק אַהער אין זייער רוה אַריין. ווילדע גענז פּליסקען זיך ערגיץ צווישען וויספּעס דאָ אין טייך. ווילדע קאַטשקעס דרעהען זיך אַרום דעם טשערעט, אַרויס, אַריין מיט אַ געהילך, אַ געשווישטש. שוועלבעלעך פלאַטערען, שוועבען אַהין, אַהער אין דער לופט, שטאַרק פערטראָגען אין דעם בויען, פעררי‌כטען נייע און אַלטע נעסטער. ברוך־הבא! דאָס אַלטע בעקאַנטע פּאָר־פּאָלק בושעלס איז אויך למזל דאָ אין אַ גוטער שעה. זי, די בושעליכע, שטעהט אויף איין פוס, דאָס קעפּעל אין דער זייט, שטעהט בעטראַכט איהר אַלטע נעסט אויבען אויף אַ שפּיץ בוים, און ער אויף די לאַנגע שטעלצען שפּאַצירט זיך האָפּערדיג אויף דעם זומפּ דאָרט, צוקוקנדיג זיך צו אַ קאַליזשע, וואו עס שפּרינגען, קוואַקען זשאַבעס, און פּלוצים פּיק־פּיק, אַ חאַפּ אין דעם רויטען ווייטען פּיסק אַריין ... ס'איז אַ לעבען, אַ פרייד, אַ פּליאַעניש, אַ זוזשעניש, אַ געזינגעריי, אַ געשווישטשעריי אומעטום.

ס'איז יום־טובֿ, ס'איז וועסנע־צייט ! ...

דאָס גאַנצע הויזגעזינד דעם אַרענדאַרס איז אַצינד אין דרויסען. חנאָ זיצט צעשפּילעט אויף דער באַנק נעבען דער שטובֿ, קוקט אויף גאָט'ס שען וועלטעל און געהנעצט ... ער האָט, נישט אויסגערעדט זאָל עס זיין, באַלד נאָך מיטאָג געחאַפּט אַ דרעמעל. די עלטערע קינדער אַרום איהם שטעהען און שמועסען תוך־זאַכען: וועגען אַ גרעבליע, וואָס עס האָט ערגיץ נישט ווייט פון דאַנען אָבגעריסען; וועגען דעם פאָהרען אַהין אין שטעדטעל מאָרגען פריה, איינצוקויפען דאָרט פאַר דעם פּריץ און אויך פאַר זיך נויטיגע זאַכען; וועגען דער שקאַפּע, אַ זקנה פון אַ יאָהר דרייסיג, בלינדליך אַביסעל, וואָס ליגט, מחילה, צולייגט אויפ'ן גרינעם גראָז אַקעגען, קויקעלט זיך און גלייכט זיך אויס די אַלטע קראַנקע ביינער, וכדומה נאָך אַזעלכע וויכטיגע זאַכען אין דעם בעל־הבתישקייט. די יונגערע לויפען אַרום פריי און זענען שטאַרק באַשעפטיגט: אַ טייל שטעהען אויפ'ן בריקעל נעבען דער מיהל, קוקען ווי דאָס וואַסער לויפט דורך די אָפענע זאַסטאַווקעס, פאַלט אין איין גוס, ווי איין שטיק גלאָז, אַראָב טיעף אונטען מיט אימפּעט, מיט גערויש, און צעשפּרינגט אין טויזענטער קליינע שפּריצלעך, שפּילנדיג אַקעגען דער זון אין אַלערליי קאָלירען, ווי בריליאַנטען. ווידער אַ טייל שטעלען־אונטער שיסעלעך נעבען בערעזענע ביימער, פון וועלכע עס רינט, דורך אַ געמאַכט שפּעלטעל אין זיי, אַ געשמאַקער, קלאָרער זאַפּט. אַלע זענען פרעהליך, זעהען אויס יום־טובֿדיג. צוציק, דער הונד, אַ דיקבייכיגער מיט קורצע פיס און שוואַרצע פלעקען אויף

דער שמוציגער ווייסער פעל, איהם פרייעט זיך אויס דאָס האַרץ, פיהלט אויך אַז היינט איז יום־טוב. ער האָט היינט ניש'קשע געחאַפּט שיריים אונטער דעם טיש, אָבּגעלעקט אַ ביין. ער פּעררייסט דעם ווײדעל, טאַנצט, שפּרינגט משוגע'נער־ווייז אַהער, אַהין, אונטערפּישטשענדיג עפּיס אויף אַ מין משונה הינטיש קול.

אויף אַ פריי־גרינעם פּלאַץ אין וואַלד הינטער דער שטוב, זיצט אויף אַ שטיק קלאָץ פון אַ גרויסער אומגעפאַלענער סאָסנע חנאָ מליניצערס ווייב, אַ שענע באַטאָגטע יודענע, אינאיינעם מיט איהר טאָכטער, אַ ווייבעל פון עטליכע און צוואַנציג יאָהר. אַקעגען אויפ'ן גראָז זיצען אָנגעלעהנט צוויי קינדער איהרע – אַ מיידל, אַ שענהייט, אַ בלאָנדינקע מיט געקרויזטע לאָקען פון אַ יאָהר פינפצעהן, און אַ יונגעל אויף אַ פּאָהר יאָר יונגער פון איהר. ס'איז עפּיס גאָר ניט דער פּנים, דאָס אויסזעהען ביי די דאָזיגע דאָ ווי ביי יענע דאָרט פאַר דער שטוב. יענע און די זענען עפּיס ווי אַנדערע מענשען. יענע זענען אויפגערוימט, יום־טוב'דיג און די זענען פעראומערט, פאַרזאָרגט, זיצען עפּיס ווי תשעה־באָב צו די קינות. די מאַמע און די טאָכטער ביידע זעהען אויס שטאַרק צעטראָגען. ביידע האָבען אויפ'ן האַרץ זעהר פיעל און שטיקען זיך מיט אַ וואָרט, איינע וואַרט, די אַנדערע זאָל אָנהויבען צו ריידען.

— נו, לאה! — האָט לסוף נאָך אַ היבשער צייט שווייגען די מאַמע גלייך ווי אין דער וועלט אַריין אַ זאָג געטאָהן — זענען מיר שוין, ברוך־השם, דעם יום־טוב אויך איבּערגעקומען. נו וואָס ווייטער, לאה?

— ווייטער איז צרות. די אַלטע צרות. אַזוי, אַזוי, מאָרגען פאָהר איך, מאַמע.

— אַז דו וועסט בלייבען צוגאַסט נאָך אַ פּאָר טעג, לאה, וואָס קען עס דיך אַרען? — זאָגט די מאַמע און די אויגען פערלויפען איהר מיט טרערען.

— איך קען נישט, איך קען נישט, — ענטפערט לאה, אַ מאַך געבענדיג מיט דער האַנט.

— זי קען נישט ! — מאַכט די מאַמע בעוואַשנדיג זיך מיט טרערען — ס'איז איהר ביטער שווער נעבען דער מאַמע ! ...

— זעהסט דאָך, מאַמע, אַז איך בין צו דיר געקומען.

— געקומען, זאָגט זי ... יאָ דו ביסט געקומען, אַ שענעם דאַנק דיר. נאָר ... דאָס מאַמעס האַרץ פיהלט — פיהלט, אַז דער טאָכטער איז שווער. זי זיצט דאָ ווי אויף שפּילקעס. זי שווייגט און די אויגען איהרע רעדען, איטליכער בליק איז אַ שטאָך, איטליכע מינע איז פול מיט פערדראָס, ביטער ווי גאַל. געוואַלד, איך האַלט עס נישט אויס, עס שניידט מיר ביז אין דער זיבעטער ריפּ.

— מאַמע ! ...

— וועה איז דער מאַמע, וואָס האָט די וויסטע מאַמע געקענט טאָהן, בעסער מאַכן? ס'איז מיר אויסגעקומען חאָטש לעגען זיך, שונא־ציון, און שטאַרבען, אויסגעהן פאַר הונגער. און וואָס וואָלט געוואָרען פון די ברעקלעך קינדער?

— און היינט, וואָס וועט היינט פון זיי ווערען? — מאַכט לאה, מיט אַ זיפץ פונ'ם האַרצען.

— היינט? ווי די מעשׂה איז, איידיל איז אַ כלה און דוד'ל...

— איין איבּערביינדעל, אַ בילמע איטליכען אין די אויגען ... און איידיל, מישטעהנס געזאָגט, איז אַ כלה! ס'איז נאָר אַ וועהטיג צוהערען איידילע, וואָס איז דיר?! — טהוט זיך

לאה אַ חאַפּ צו דער שוועסטערל, וואָס האָט פּלוצים זיך אַ קרום געטאָהן און בּלייך געוואָרען ווי די וואַנד — דיר איז נישט גוט, טהוט וועה? ווייטער אין דעם האַרצען? ...

— ניש'קשה, לאה, גאָרנישט, גלאַט אַזוי זיך אַ שטאָך.

— געה, נשמה, — רופט זיך אָן די מאַמע — געה אין שטובּ אַריין און לעג זיך צו. געה, דוד'ל, מיט איהר און דעק זי דאָרט גוט איין מיט מיין שאַל.

בּיידע קינדער הויבּען זיך אויף און געהען אַוועק אומעטיג מיט אַראָבּגעלאָזטע קעפּ.

— שענע תּכליתים! איידיל איז א כלה, יא נעבּעך א כלה, אַ וויסטע כלה ! — זאָגט לאה בּעטריבּט, שאָקלענדיג מיטן קאָפּ — אַ יונגע רויז, ערשט אָנגעהויבּען בּליהען און שוין פערדאַרט ...

— לאה, איך האַלט עס נישט אויס! אַ האַרץ האָבּ איך פול מיט מכּות און דו שיטסט מיר נאָך זאַלץ אויף די וואונדען. געוואַלד וואָס בּין איך שולדיג, וואָס האָבּ איך געקענט טהאָן? געוואַלד רחמנות, האָבּ רחמנות!

— נו, גענוג, גענוג, מאַמעניו! ... קום בּעסער זעהן, וואו איז ערגיץ שלמה. וואָהין ווערט ער עס אַזוי אָפּט עפּיס ווי פערפאַלען?

— זאָל איך אַזוי וויסען בּייז. דעם היינטיגען ווינטער, וואָס ער איז דאָ בּיי מיר, האָט ער פערבּראַכט אין לערנען. פלעגט אויפשטעהען פאַרטאָג לערנען גמרא פאַר זיך, און בּיי טאָג — מיט די קינדער. די מאַמע האָט נאָר אָנגעקוואָלען פון אַזאַ זוהן. דאָס האַרץ האָט מיר זיך געפרעהט קוקנדיג אויף איהם. די לעצטע צייט אָבּער איז ער עפּיס ווי איבּערגעבּיטען געוואָרען. די גמרא אין דער זייט, תּמיד פערטראַכט, שרייבּט, טענטעלט, איך זאָל אַזוי וויסען פון צער, וואָס ער טענטעלט אַזוינס. און זינד ס'איז וואַרם געוואָרען, עס האָט אָנגעהויבּען אומעטום צו וואַקסען, צו שפּראָצען, בּלאָנקעט ער זיך שטענדיג איינער אַליין אין וואַלד אַרום. אַלץ פערטראָגען, פערפלאַמט, תּאָמר ווייסט־דו וואָס? איין מיטעל וואָלט געווען — חתונה מאַכען, נאָר ער איז אָבּער, אַ פּנים, אַ שלימ'מזל ...

— אין וואָס, מאַמע, זעהסט־דו עס אַרויס?

— ס'איז אַ וועהטיג צו זאָגען. דריי כּלות איינע נאָך דער אַנדערער האָט מען מיר גערעדט פאַר איהם. איך בּין געפאָהרען זיי אָנקוקען. און וואָס לאָזט זיך אויס? איינע איז אַ בּלינדע אויף איין אויג, די צווייטע מיט אַ צוגעפלעטשטער נאָז און די דריטע הינקט־צו אויף אַ פיסעל. דאָס מזל זיינס איז שוין, אַ פּנים, אַזוי ... מילא חתונה מאַכען — נישט, וואָס דען־זשע? ווייטער אין די ישיבות אַריין, זיצען און לערנען דאָרט, דערפון וויל ער נישט הערען. לאָז מיך צורוה, זאָגט ער, מיט דיינע ישיבות, מיט דיינע תּכליתים! גענוג געשוואַרצט דאָס פּנים, געגעסן טעג, גענוג געקוועטשט די בּאַנק, געריבּען זיך. רייבּן זיך ווייטער דאָרט בּיז איך וועל מיך אויסרייבּן און ווערען אַ שמאַטע — פע! גענוג אויסגעריבּענע שמאַטעס בּיי אונז אָהן מיר אויך ... דו הערסט אַ לשון אַ בּיסעל פון אַ בּחור, אַ זיבּצעהניעהריגען בּחור! — שאַ, אָט געהט ער, אָט איז ער אַליין תּאָמר וואָלסט־דו, ווי אַ שוועסטער, געפּריווט מיט איהם אַ רעד טאָהן גלאַט אַזוי זיך.

אַ בּחור'ל מיט שוואַרצע געגרייזלטע האָר, אַ הויכען שטערען און בּרענענדיגע אויגען ווייזט זיך פונ'ם וואַלד. ער לייענט געהענדיק עפּיס אַ בּיכעל, שטאַרק פערטיפט אַזוי, אַז ער זעהט נישט, וואָס אַרום איהם.

— האַ, וואָס איז עפּיס אַזוי פערטראַכט שלמה! — מאַכט די שוועסטער מיט אַ שמייכעלע, אָבּשטעלענדיג איהם אויפ'ן וועג.

— אַ־אַ, לאה! טהוט זיך שלמה אַ חאַפּ און באַלד טאַקי קוקט ער אַריין ווייטער אין ביכעל.

— עפּיס ביסט־דו העט־העט דאָרט, נאָר ניט אויף דעם עולם — זאָגט לאה, אַרויפלעגנדיג די האַנט איהם אויפ'ן ביכעל — וואָס איז, איך בעט דיך, ד אָ ר ט אַזוינס?

— דאָרט איז נישט וואָס דאָ — ענטפערט שלמה, אָנקוקענדיג די שוועסטער — דאָ איז צרות ...

— אויס יום־טוב, שלמה! רופט זיך אָן לאה און אין די אויגען שטעלען זיך איהר טרערען — מאָרגען פאָהר איך, דאָס וואָס איז דאָ צו רעדען, לאָמיר רעדען היינט. קום.

די מאַמע געהט אונטער איין אויסרעד אַוועק אין שטוב אַריין, איבערלאָזענדיג די קינדער אַליין, און זיי, דער ברודער מיט דער שוועסטער, שפּאַצירען אַרום, אַהין־אַהער,ביידע אַריינגעטאָהן אין אַ ווייטען, אַ ברייטען שמועס, און, ווי עס זעהט אויס, גאָר נישט אין קיין פרעהליכען שמועס.

דערווייל פאַלט צו די נאַכט. שטילער, שטילער ווערט דאָס געדויש, דאָס געווימעל אַרום און אַרום. איינס נאָך דאָס אַנדערע צינדען זיך אָן שטערענדלעך אין הימעל. וואַלד און פעלד שווייגט, אַלסדינג דאָרט רוהט. עס גלעט זיי, פאַרוויגט זיי דאָס מילדע וואַרמע וועסנע־ווינטעל. דער סאָלאָוויי זינגט זיי אַ שען לידיל, זשאַבעס קוואַקען, דערצעהלען זייערע אַלטע מעשׂיות — און גאַטס בעשעפעניש שלאָפט. עס שלאָפט אונטער דעם שאָטען פון ביימער און טשערעט אויף דער טייך, איבערגעדעקט מיט טומאַן. שאַ, שטיל, נאָר וואָס אַ מאָל טהוט זיך אַ וואַרף פון אונטען אַ פיש און דערלאַנגט איהם אַ פּאַטש.

ביי חנאָ מליניצער אַקעגען איז דאָס גאַנצע הויזגעזינד אַצינד אויף — מען פּטר'ט אַרויס דעם פּסח פון שטוב, און דאָס אַרויס'פּטר'ן איהם, האַק און פּאַק מיט אַלע זיינע כּלים, מאַכט אָן אויף דעם יודענס נשמה עפּיס אַ מרה־שחורה. אַך רבונו־של־עולם, וויפעל חן עס ליגט אין דעם פּסח'דיגן פאַרוועגן טאָפּ, אין דעם גרויסען בייכיגען בייטעל, אין די מאַקרעטעס, פלעשלעך און גלעזלעך! דאָס אייגענע גלעזעל, וואָס אַלע נעכט פון אַ גאַנץ יאָהר איז אַזעלכעס פּראָסט אַ קעלישיקעל, חלילה הזה, די נאַכט פון פּסח, איז עס אַ כּוס ... עס שיינט, עס רעדט עפּיס ווערטער, עס דערמאָהנט אַ מאָל אויך אין אַלטע צייטען, וועלכע עס האָט איבערגעלעבט, און עס הערט זיך אַ גרוס אייניקלעך פון זיידעס, באָבעס ... דער איבערגאַנג פון יום־טוב צו וואָך לאָזט זיך איבערהויפּט שווער פיהלען דעם יודען, נאָך שווערער נאָך איז איהם אויפ'ן געמיט ביי'ם געזעגענען זיך מיט דעם פּסח — אויס פריץ, ווייטער אַ יאָך ! ...

מאָרגען גאַנץ פריה האָט פון מליניצא זיך געלאָזט אַ וואָגען, וועלכן עס האָט געשלעפּט מיט איהר כּבוד אַליין די אַלטע שקאַפּע, וואָס איז געלעגען נעכטען צולעגט, מחילה קויקלענדיג זיך פראַנק און פריי אויפ'ן גרינעם גראָז. אויבען אין וואָגען אויף פעקלעך זאַכען מיט אַ גרויסער קישען זיצט לאה. איינער פון חנאָ'ס זיהן זיצט אויף דער קעלניע, מיט אַ בייטשעל אין דער האַנט, גלאַט אַזוי זיך, פון יוצא וועגען, נישט צו באַליידיגען דערמיט חלילה די זקנה נעבעך, וואָס איז כּמעט צוויי מאָל עלטער פון איהם און האָט נאָך דעם זיידען זיינעם, עליו השלום, געפיהרט. זי געהט זיך איהר וועג געלאַסען, העצקנדיג זיך שען, פיין, ווי איהר שטעהט אָן, און צוציק דער הונט לאָזט, ווי אַ טרייער געזעלען, זי נישט אָב: דאָ דרעהט ער זיך איהר אַקעגען, פלאָנטערט זיך איהר צווישען די פיס; דאָ היינגט ער זיך איהר אויפ'ן האַלז אונטערשפּרינגענדיג און אָנהאַוועקנדיג איהרע

פולע אויערען, דערנאָך טהוט ער זיך הענדום־פּענדום אַ יאָג, פאַרלויפט איהר דעם וועג העט־ווייט און שטעלט זיך וואַרטן אויף איהר דאָרט, אַרויסשטעקענדיג אַ צונג און מאַכענדיג מיט די זייטען. שפּילענדיג און העצקענדיג זיך אַזוי איז דער וואָגען אין אַ פּאָר שעה אַרום אַריינגעפאָהרען אין ק... גלייך אויפ'ן מאַרק.

[שלום יעקבֿ אבראַמאָוויטש, *שלמה ר' חיימ'ס*, אין: *אַלע ווערק פון מענדעלע מוכר־ספרים* (וואַרשע: מענדעלע פערלאַג, 1928־), ב. 18, ז. 3־10]

וויערסט = וויאָרסט, דע ־ן	Russian measure = 1 km
אַרומרינגעלן אַרומגערינגלט	(en)circle, surround
פֿלייצן געפֿלייצט	flow, stream
גרינוואַרג, דאָס	green growth
אײַנוווינער, דער ־ס	inhabitant, resident
קײַלעכדיק = קײַלעכיק	round
בערוועגע, די ־ס	beam, lumber
הויזגעזינד, דאָס ־ער	(members of a) household
אַרענדאַר, דער ־ן	lessee
חזקה [כאַזאָקע], די ־ות	claim, right
פֿאַרבאַרגן פֿאַרבאָרגן	hide, conceal
ווינקל, דער ־ען	corner
אָפּרײַסן אָפּגעריסן	tear/rip off or apart
טראַקט, דער ־ן	highway
שמאָל	narrow, thin
שלענגלען זיך געשלענגלט	meander
טאָל, דער ־ן	valley
צוזייט = צעזייט	scattered
רעשן [ראַשן] גערעשט	make noise
דערפֿאַר	*here*: intead of that
שוויבלען [געשוויבלט] און גריבלען [געגריבלט] זיך	swarm (as with bees or gnats)
זומפּ, דער ־ן	swamp, bog, marsh
באַשעפֿעניש, דאָס ־ן	creature, creation
חיה [כײַע], די ־ות	animal, beast
עוף [אָף], דער ־ות [אויפֿעס]	bird
קולות [קוילעס] ל"ר	racket
געזאַנג, דאָס ־ען	song
קראַקען געקראַקעט	quack
קוואָקען געקוואָקעט	quack
שמוצערן געשמוצערט	smack
גרילצען געגרילצט	chirp
וואָיען = וויען געוויעט	howl
הוילען געהוילט	howl
ברומען געברומט	roar

פֿאַרבלאָנדזשען פֿאַרבלאָנדזשעט	get lost
פֿאַרטראָגן זיך פֿאַרטראָגט	is carried/audible
רוישן, דאָס	noise, rushing
ראָד, דער רעדער	wheel
קלאַפּן, דאָס	beat, knock
מאָלן, דאָס	grinding, milling
אחרון של [אַכרען־שעל]	at the end of
צערײַסן צעריסן	tear, rip
צעטרײַבן צעטריבן	drive away
מילד	mild, tender
אויפֿחאַפּנדיק = אויפֿכאַפּנדיק	taking/picking up
איטלעכער	each, every
חן [כיין], דער ־ען	charm, grace, appeal
ווערבע, די ־ס	willow
זופּיצע = זשופּיצע, די ־ס	man's long coat
טשאַטעסווײַז	in flocks
פּליסקען זיך = פּליושקען געפּליושקעט	splash
וויספּע, די ־ס	islet
קאַטשקע, די ־ס	duck
טשערעט, דער	reeds
געהילך, דאָס	sound, noise
געשווישטש = סווישטש, דער ־ן	whistle
שוואַלב, די ־ן	swallow
פֿלאַטערן געפֿלאַטערט	flutter, flap
שוועבן געשוועבט	soar, hover, glide
פֿאַרטראָגן פֿאַרטראָגן	carry away, bear
פֿאַרריכטן פֿאַרריכט	repair, mend, fix
ברוך־הבא [באָרעכאַבאָ]	welcome
בושל, דער ־ען	stork
למזל [לעמאַזל]	in a propitious hour
בושעליכע, די ־ס	female stork
באַטראַכטן באַטראַכט	look at
שפּיץ, דער/די ־ן	point, peak
שטעלץ = שטאָלץ, דע ־ן	stilt
האָפֿערדיק	proud, self-confident

קאַליזשע = קאַלוזשע, די ־ס	puddle
זשאַבע, די ־עס	frog
פּיסק, דער ־עס	snout, muzzle
זוזשען = זשוזשען געזשוזשעט	hum, drone
אַצינד = איצט	now
צעשפּיליען צעשפּיליעט	unbutton
גע͏ֲבעצן געגענעצט	yawn
אויסרעדן אויסגערעדט	express, say
דרעמל, דער	nap, snooze
תּוך [טאָך], דער	essence, substance
גרעבליע, די ־ס	dam, dike
פּריץ [פּאָריץ], דער ־ים [פּריצים]	lord, landowner
נויטיק = נייטיק	necessary
שקאַפּע, די ־ס	mare
זקנה [סקיינע], די ־ות	elderly female
מחילה [מעכילע]	pardon the expression
צעלייגן צעלייגט	lie stretched out
קויקעלן = קײַקלען זיך געקײַקלט	roll
וכדומה [אוכדוימע]	and so forth, etc.
בעל־הבתּישקייט, די ־ן	economy, household
באַשעפֿטיקן באַשעפֿטיקט	occupy, be busy
זאַסטאַווקע, די ־ס	sluice, mill run
גוס, דער ־ן	*here*: steady stream
אימפּעט, דער ־ן	impact, power
גערויש, דאָס ־ן	noise
בערעזען	birch-
שפּאַלט, דער שפּעלטער	split, crack
געשמאַק	tasty
זאַפֿט, דער ־ן	juice, sap
פֿלעק, דער ־ן	stain, spot
פֿעל, די ־ן	skin, hide, pelt
שיריים ל"ר	leftovers, remainders
אָפּלעקן אָפּגעלעקט	lick up/off
וויידל, דער ־ען	tail
משוגענער־ווייז [מעשוגענער־]	madly
אונטערפּישטשען ־געפּישטשעט	squeak, grate, creak
משונה	strange, queer
קול [קאָל], דאָס קעלער	voice
קלאָץ, דער קלעצער	beam
סאָסנע, די ־ס	pine
באַטאָגט	elderly
אָנלענען זיך אָנגעלענט	lean (on)
געקרויזט	curled
לאָק, די ־ן	curl, lock, tress
אויפֿגערוימט = אויפֿגעראַמט	cheerful, well-ordered
פֿאַראומערט	sad, gloomy
פֿאַרזאָרגט	anxious, worried
קינה [קינע], די ־ות	lament

צעטראָגן	agitated, upset
שטיקן זיך	suffocate
ברוך־השם [באָרעכאַשעם]	thank God
צרה [צאָרע], די ־ות	trouble, distress
אַרן געאַרט	bother, annoy
פֿאַרלויפֿן פֿאַרלאָפֿן	overflow
שפּילקע, די ־ס	needle
בליק, דער ־ן	look, glimpse
שטאָך, דער ־ן	stab
מינע, די ־ס	face, look
פֿאַרדראָס, דער	resentment, chagrin
גאַל, די	gall, malice
גוואַלד	good heavens!
אויסהאַלטן אויסגעהאַלטן	endure, stand, resist
שנײַדן געשניטן	cut
וויסט	deserted, bleak, desolate
שונא־ציון [סוינע־ציִען], דער שונאי־ציון [סוינע־ציִען]	anti-Semite
ברעקל, דאָס ־עך	scrap, bit
זיפֿץ, דער ־ן	sigh
איבערביינדל, דאָס ־עך	bony excrescence, tumor
בילמע, די ־ס	cataract
מישטיינס געזאָגט	alas
בלייך	pale
גלאַט אַזוי זיך	for no good reason
אײַנדעקן אײַנגעדעקט	cover, tuck in
שאַל, די ־ן	shawl
תּכלית [טאַכלעס], דער ־ים [טאַכלייסים]	result
באַטריבט	sad, depressed
פֿאַרדאַרט	withered
מכּה [מאַקע], די ־ות	plague, scourge
שיטן געשאָטן/געשיט	pour out
שולדיק	guilty
רחמנות [ראַכמאָנעס], דאָס	pity mercy
פֿאַרפֿאַלן	lost, hopeless, doomed
אָנקוועלן אָנגעקוואָלן	beam with joy/delight
טינטלען געטינטלט	scribble
שפּראָצן געשפּראָצט	sprout, grow
אַרומבלאָנקען זיך ־געבלאָנקעט	stray, wander around
פֿאַרפֿלאַמט	flushed, red in the face
תּאָמר = טאָמער	maybe, in case
אויסלאָזן זיך אויסגעלאָזט	result in
צוגעפּלעטשט	flattened
הינקען געהונקען	hobble, limp
מילא [מיילע]	never mind, whatever
וואָס דען־זשע	what can one do?!
עסן {געגעסן} טעג	eat charity lunches
קוועטשן געקוועטשט	*here*: sit on

רײַבן זיך גערײַבן	sit near and rub against someone
געפּריוווט = פּרוּוון געפּרוּווט	attempt
אָפּשטעלן אָפּגעשטעלט	stop, block
טאַקי = טאַקע	
העט־העט	far away
אָנרופֿן זיך אָנגערופֿן	say
געווימל, דאָס	hustle, bustle
אָנצינדן זיך אָנגעצונדן	kindle, spark, light, turn on
גלעטן געגלעט	stroke, caress
פֿאַרוויגן פֿאַרוויגט	lull to sleep
סאָלאָוויי, דער ־ען	nightengale
טשערעט ל"ר	reeds
טומאַ́ן, דער ־ען	mist, fog
נאָר וואָס אַ מאָל	occasionally
אַרויספּטרן [־פּאַטערן] אַרויסגעפּטרט	send on its way
מיט האַק און פּאַק	with all one’s belongings
כּלי [כּיילע], די ־ים	instrument, tool, gear
מרה־שחורה [מאָרעשכוירע], די	melancholy
רבונו של עולם [רעבוינע־שעל־אוילעם], דער	Lord of the world/universe
חן [כיין], דער ־ען	charm, grace, appeal
בײַכיק	big-bellied, bulging
מאַ́קרעטע, די ־ס	mixing bowl
קע́לישיק, דער ־עס	(glass) tumbler
געמי́ט, דאָס ־ער	disposition, mood, spirit
פּריץ [פּאָרעץ], דער ־ים [פּריצים]	lord, landowner
יאָך, דער/די ־ן	burden, yoke
כּבוד [קאָוועד], דער	honor
צעלייגן זיך צעלייגט	make oneself comfortable
פֿראַנק און פֿרײַ	carefree, freely
קעלניע, די ־ס	coachbox
בײַטשל, דאָס ־עך	whip
פֿון יוצא וועגן	for the sake of appearances
באַליידיקן באַליידיקט	insult, offend
זקנה [זיקנע], די ־ות	elderly female (*here*: the old mare)
עליו השלום [אָלעוואַשאָלעם]	may he rest in peace
העצקען זיך געהעצקעט	bounce
אָנשטיין * אָנגעשטאַנען	befit
געזעלן = געזעל, דער ־ן	companion
פּלאָנטערן זיך געפּלאָנטערט	bother, be in the way
אונטערשפּרינגען * ־געשפּרונגען	hop
אָנהאַווקענען אָנגעהאַווקעט	bark at
הענדום־פּענדום	quickly, fast

14

מרדכי [מאַרק] אַנטאָקאָלסקי (1902־1843) [1]

מרדכי אַנטאָקאָלסקי איז געבוירן געוואָרן אין ווילנע אין אַן אָרעמער משפּחה. ער איז געגאַנגען אין חדר, געווען אַ לערנייִנגל סײַ בײַ אַ גאַלאַנטעריע־קרעמער, סײַ בײַ אַ האָלצשניצער. דאָרטן האָט מען ערשט דערקענט זײַן קינסטלערישן פּאָטענציאַל. אין 1862 איז ער שוין געווען אין דער קונסט־אַקאַדעמיע אין פּעטערבורג, ווּ ער האָט זיך געלערנט סקולפּטור. לכתּחילה האָט ער זיך קאָנצענטרירט אויף ייִדישע טעמעס, שפּעטער ניט. צוליב אַ קראַנקייט אויף די לונגען האָט ער זיך אַריבערגעקליבן אין 1872 קיין רוים. באַלד האָט דער רוסישער צאַר אַליין געקויפֿט אַ סקולפּטור פֿאַרן ווינטער־פּאַלאַץ (איצטער דער ערמיטאַזש־מוזיי אין פּעטערבורג), שפּעטער האָט ער געקויפֿט נאָך איינע פֿאַרן פּאַלאַץ אין פּעטערהויף. אין די 80ער יאָרן איז די מיזרח־אייראָפּעיִשע פּרעסע אַנטאָקאָלסקין באַפֿאַלן אַ סך מאָל, געהאַט טענות צו אים – אַ ייִדישן קינסטלער וואָס האָט זיך פֿאַרנומען מיט אַ ספּעציפֿיש קריסטלעכער טעמאַטיק. צוליב אַזעלכע אַנטיסעמיטישע אָנפֿאַלן האָט ער זיך אַריבערגעקליבן קיין פּאַריז. הגם ער איז אַליין געווען אַ פֿרומער, האָט ער פּרובירט פֿאַרשפּרייטן קונסט אויך צווישן אַנדערע פֿרומע ייִדן, ווּ די פּלאַסטישע קונסט איז ניט אַלע מאָל אַ באַליבטער פֿאַך.

לערן־ייִנגל, דער/דאָס ־עך apprentice
סײַ ... סײַ both .. and
גאַלאַנטעריע, די haberdashery
קרעמער, דער ־ס shopkeeper
האָלצשניצער, דער ־ס woodcarver
דערקענען דערקענט recognize
קינסטלעריש artistic
פּאָטענציאַל, דער ־ן potential
לכתּחילה [לעכאַטכילע] in the beginning, at first
לונג, די ־ען lung
אַריבערקלײַבן אַריבערגעקליבן move
באַפֿאַלן * באַפֿאַלן attack, invade
טענה [טײַנע], די ־ות claim, complaint, contention
פֿאַרנעמען זיך פֿאַרנומען occupy oneself with, engage in
טעמאַטיק, די ־עס subject matter
אָנפֿאַל, דער ־ן attack
הגם [האַגאַם] although
פּרובירן פּרובירט attempt, try
פֿאַרשפּרייטן פֿאַרשפּרייט spread
פּלאַסטיש three-dimensional
באַליבט popular, beloved
פֿאַך, דער ־ן specialty

15

דער חפֿץ־חיים

הרבֿ אהרן בן־ציון שורין, "דער 'חפֿץ־חיים': צו זײַן 70סטן יאָרצײַט" [4]

זונטיק, כ"ד אלול, איז דער 70סטער יאָרצײַט פֿון דעם לעגנדאַרן גאון און צדיק ר' ישׂראל מאיר הכּהן, וועלכער איז באַרימט איבער דער גאַנצער יידישער וועלט מיטן נאָמען "חפֿץ־חיים".

"חפֿץ־חיים" איז דער נאָמען פֿון זײַן ערשטן געדרוקטן ספֿר, וועגן דער האַרבער עבֿירה פֿון לשון הרע און רכילות, אויף וועלכן ער האָט נישט אונטערגעשריבן זײַן נאָמען. דעם ספֿר האָט ער אָפּגעדרוקט אין יאָר תּרל"ג (1873); און צוליב דעם האָט מען דעם אַנאָנימען מחבר גערופֿן אויפֿן נאָמען פֿון דעם ספֿר "חפֿץ־חיים". און זינט דאַן (אַפֿילו ווען מען האָט זיך שוין דערוווּסט דעם נאָמען פֿון מחבר) איז ער געבליבן באַוווּסט און גערופֿן איבער דער גאַנצער יידישער וועלט מיטן נאָמען "חפֿץ־חיים".

דער "חפֿץ־חיים" איז געבוירן געוואָרן עלף טעג אין חודש שבֿט, אין יאָר תּקצ"ט (1839), אין דעם קליינעם שטעטעלע זשעטיל, סלאָנימער גובערניע. ער האָט זוכה געווען צו אַ טיפֿן עלטער. ער איז נפֿטר געוואָרן 24 טעג אין חודש אלול, אין יאָר תּרצ"ג (1933), אין ראַדין, אַ קליין שטעטל לעבן ווילנע, ווען ער איז אַלט געווען פֿיר און נײַנציק און אַ האַלב יאָר.

דער "חפֿץ־חיים" וואָס איז געוואָרן אַ לעגענדאַרע פֿיגור נאָך בײַ זײַן לעבן, האָט קיינמאָל ניט אָנגעהאַלטן אָדער פֿאַרנומען קיין רבנישע שטעלע, אָדער וועלכן ניט איז קהלשן אַמט. ער איז זײַן גאַנץ לעבן געווען בלויז אַ בעל־הבית אין דעם שטעטל ראַדין.

פֿאַר אַ שטיקל צײַט איז ער געווען אַ קרעמער ... ס'הייסט, זײַן ווײַב האָט געפֿירט דאָס געשעפֿט און ער איז געזעסן אין בית־מדרש און האָט געלערנט. ער איז, אָבער, גאָר גיך געוואָרן אויס קרעמער. ערשטנס, פֿלעגט ער הייסן זײַן ווײַב פֿאַרמאַכן די קראָם אינמיטן טאָג, כּדי נישט צו קאָנקורירן מיט אַנדערע קרעמער. אויך אַנדערע יידן, פֿלעגט ער זאָגן, דאַרפֿן פֿאַרדינען פֿאַר זייער פּרנסה. דערצו האָט ער געהאַט אַנדערע חששות, וועלכע האָבן אים געמאַכט אויס קרעמער.

אויף איין זאַך האָט ער יאָ מסכּים געווען – צו זײַן אַ ראָש־ישיבֿה. און אַזוי אַרום איז באַלד באַרימט געוואָרן די ראַדינער ישיבֿה, צו וועלכער עס האָבן געצויגן תּלמידים פֿון נאָענט און פֿון ווײַט. אָבער אויך פֿון דער ישיבֿה האָט ער ניט גענומען קיין שׂכירות.

דער "חפֿץ־חיים" איז טאַקע נישט געווען קיין רבֿ פֿון אַ שטאָט, ווײַל ער האָט נישט געוואָלט זײַן קיין רבֿ, אָבער ער איז געוואָרן דער רבֿ פֿון דער וועלט, דער גײַסטיקער פֿירער פֿון זײַן דור; און אויך ניט־ווילנדיק.

דער "חפֿץ־חיים" איז געווען באַליבט און געאַכטעט נישט נאָר אין דער לומדישער וועלט, צווישן רבנים און בני תּורה, נאָר אויך צווישן פּשוטע ייִדן, פֿאָלקס־מענטשן. פֿאַר לומדים איז ער געווען דער באַרימטער גאון; פֿאַר רבנים – דער גרויסער פּוסק און פֿאַרן המון־עם איז ער געווען דער גרויסער פֿאָלקס־לערער. זײַנע ספֿרים, וואָס ער האָט געשריבן, זײַנען טאַקע געווען פֿאַר אַלע שיכטן פֿון פֿאָלק – פֿאַרן גאון און פֿאַרן בעל־מלאכה, פֿאַרן רבֿ און פֿאַרן תּהילים־ייִד, פֿאַר דער ייִדישער פֿרוי און פֿאַרן ייִדישן סאָלדאַט.

אַלע ייִדן, אָן אונטערשייד, האָט דער "חפֿץ־חיים" ליב געהאַט און אַלעמען דערהויבן, זײַנע ספֿרים האָבן געהאַט די מעלה, וואָס זיי זײַנען געשריבן געוואָרן אין אַ פֿאָלקסטימלעכער שפּראַך. מאַנכע ספֿרים האָט ער אַליין איבערגעזעצט אין ייִדיש פֿאַר די וואָס פֿאַרשטייען נישט גוט קיין לשון־קודש.

דער "חפֿץ־חיים" האָט פּאָפּולאַריזירט דעם שולחן ערוך (מיט זײַן פּירוש "משנה ברורה" און אים געמאַכט צוגענגלעך פֿאַר אַלע. הויפּטזעכלעך האָט דער "חפֿץ־חיים" געשריבן וועגן זאַכן וואָס זײַנען געווען אָפּגעלאָזן בײַם פֿאָלק און מען האָט עס גאָר ניט געהאַלטן פֿאַר גרויסע עבֿירות ... דער "חפֿץ־חיים" האָט אָבער אויפֿגעוויזן, אַז דווקא מיט דעם וואָס מען "טרעט מיט די פֿיס" אויף, די "קלייניקייטן", באַגייט מען האַרבע עבֿירות. ער האָט הויפּטזעכלעך געפֿאָדערט, אַז דער מענטש זאָל האַלטן ריין זײַן מויל (ספֿר שמירת הלשון); זײַן ערלעך אין געשעפֿט; קויפֿן און פֿאַרקויפֿן מיט אַן ערלעך געוויכט (קונטרס מדות ומשקלות); באַצאָלן דעם אַרבעטער זײַן לוין אין צײַט און העלפֿן דעם אָרעמאַן מיט אַ גמילות־חסד. דעם סאָלדאַט האָט ער געלערנט ווי צו היטן ייִדישקייט אין דער אַרמיי (ספֿר "מחנה ישׂראל") און דעם עמיגראַנט – ווי אויפֿצוהאַלטן ייִדישקייט ווען ער ווערט פֿאַרוואָגלט פֿון זײַן היים ("נצח ישׂראל"). דער "חפֿץ־חיים" האָט געלערנט אַ גאַנצע ייִדישקייט "פֿאַר גאָט און פֿאַר לײַטן". און צו זײַן לערע האָט מען זיך צוגעהערט, ווײַל ער אַליין איז געווען דער לעבעדיקער מוסטער פֿון תּורה און פֿון עטישקייט.

איך געדענק ווען די טרויעריקע נײַעס פֿון דער פּטירה פֿון "חפֿץ־חיים" איז אָנגעקומען קיין טעלז. איך האָב דאַן געלערנט אין דער ישיבֿה און געדענק וואָס דער טעלזער רבֿ און ראָש־ישיבֿה, דער קדוש ר' אבֿרהם יצחק בלאָך, הי"ד, האָט דאַן געזאָגט אין זײַן הספּד:

> דער "חפֿץ־חיים" איז ניט געווען קיין בעל־מופֿת, קיין רבי וואָס באַווײַזט נסים. ער איז בלויז געווען אַ "שולחן־ערוך־ייִד", פּראָסט און פּשוט: דער "חפֿץ־חיים" האָט אָפּגעהיט אַלץ וואָס עס שטייט אין שולחן ערוך. נאָך מער, ער אַליין איז געווען אַ לעבעדיקע

פֿאַרקערפּערונג פֿון שולחן־ערוך. און דאָס האָט אים גאָרניט געשטערט אַרײַנצולעבן אַזש ביזן עלטער פֿון נאָענט צו 95. אַ פּנים, אַז אָפּצוהיטן ייִדישקייט איז ניט אַזוי שווער, ווי עס קלינגט דאָס ווערטל 'שווער צו זײַן אַ ייִד'.

הרבֿ דובֿ כּ"ץ, מחבר פֿון ספֿר "תּנועת־המוסר" (פֿינף בענדער) דערציילט: חסידים האָבן אַמאָל געבעטן ר' לייבן, דעם "חפֿץ־חייםס" זון, אַז ער זאָל דערציילן אַ מופֿת פֿון זײַן טאַטן דעם גרויסן צדיק. ר' לייב האָט זיי געענטפֿערט: "איר, חסידים, דערציילט שטענדיק די נסים פֿון אײַערע רבּיים, אַז גאָט פֿאָלגט וואָס דער רבּי זאָגט, ... צדיק גוזר והקבּ"ה מקיים. און בײַ מײַן טאַטן", האָט ר' לייב געזאָגט, "איז פּונקט פֿאַרקערט: ער פֿאָלגט גאָר וואָס גאָט זאָגט" ("תּנועת המוסר", כּרך רביעי, זײַט 175). קיין אַנדערע נסים האָט דער "חפֿץ־חיים" ניט באַוויזן. ער האָט פּשוט בתּמימות געגלייבט אין גאָט און אין זײַן תּורה און געפֿירט אַן אָרעם פּשוט לעבן.

הרבֿ דובֿ כּ"ץ אין זעלבן באַנד פֿון "תּנועת־המוסר" דערציילט: ווען ייִדן פֿלעגן קומען צום "חפֿץ־חיים" נאָך אַ ברכה, פֿלעגט ער זיך ווונדערן און פֿרעגן אַזוי: "ווען איינער קען בעטן אַ טובֿה דירעקט בײַם קעניג, טאָ צו וואָס זאָל יענער זיך גאָר ווענדן צום קעניגס דינער? און פֿלעגט מסביר זײַן: יעדער ייִד קען דאָך מתפּלל זײַן אַליין צום מלך, צו הקדוש־ברוך־הוא, וועלכער איז נאָענט צו יעדן ייִד – טאָ צו וואָס זיך ווענדן צו אַזאַ קליינעם און פּשוטן ייִד אַזוי ווי איך, וואָס קען גאָר נישט העלפֿן?" ("תּנועת המוסר", כּרך רביעי, זײַט 88).

און מאַנכעס מאָל פֿלעגט ער אַזוי זאָגן: "אַ טאַטע איז זיכער נישט צופֿרידן ווען איין קינד שיקט אַ בקשה צו אים דורך אַ צווייטן קינד" ... און פֿלעגט צוגעבן: "מיר אַלע זײַנען דאָך זיכער פֿון איין טאַטן אין הימל, טאָ פֿאַרוואָס זאָל יעדער אַליין זיך נישט ווענדן דירעקט צו אים?" ... עס האָט פֿון "חפֿץ־חיים" שטענדיק געשטראָמט מיט חכמה, מיט שיינע משלים און מוסרדיקע גלײַכווערטלעך. און דער עיקר מיט מעשׂים טובֿים און מיט פֿאַרשטענדעניש צו יעדן איינעם.

עס דערציילט ר' לייב חסמן (כאַסמאַן), פֿון די באַרימטע בעלי־מוסר פֿון דער "קעלעמער תּלמוד תּורה": ער איז אַמאָל געווען געלאַדן צו האַלטן שבת בײַם "חפֿץ־חיים". פֿרײַטיק צו־נאַכט, ווען זיי זײַנען געקומען פֿון שיל, האָט ר' לייב באַמערקט מיט פֿאַרוווּנדערונג, אַז דער "חפֿץ־חיים" האָט ניט געזאָגט "שלום עליכם", ווי עס פֿירט זיך בײַ ייִדן נאָר ער האָט באַלד געמאַכט "קידוש" און מען איז באַלד געגאַנגען עסן. נאָכן עסן די פֿיש האָט ר' לייב געהערט ווי דער "חפֿץ־חיים" זינגט זיך אונטער דעם "שלום עליכם". ר' לייב האָט דאַן געפֿרעגט דעם "חפֿץ־חיים", פֿאַרוואָס ער האָט משנה געווען פֿון דעם ייִדישן מנהג צו זאָגן "שלום עליכם" באַלד ווי מען קומט פֿון שיל.

דער "חפֿץ־חיים" האָט אים מיט אַ ליבלעכן שמייכל געענטפֿערט: " איר זײַט דאָך אַוודאי געווען הונגעריק, האָב איך געוואָלט איר זאָלט קודם עפּעס עסן; אָבער די מלאכים – זיי זײַנען דאָך ניט הונגעריק, נו, קענען זיי וואַרטן אַ ווײַלע ..."

אין דער צײַט פֿון דער ערשטער וועלט־מלחמה איז דער "חפֿץ־חיים" מיט זײַן פֿאַמיליע פֿאַרוואָגלט געוואָרן אין סמילאָוויטש, ווו ער האָט געהערט, אַז די גבֿירים רופֿן זיך ניט אָפּ מיט אַ ברייטער האַנט צו דעם "מעות חיטים" פֿאָנד און ס'איז פֿאַראַן אַ חשש, אַז די

אָרעמעלײַט זאָלן ניט האָבן געננוג אויף יום־טובֿ. דער "חפֿץ־חיים" איז שוין דאַן געווען טיף אין די עלטערע יאָרן, נאָענט צו אַכציק. דער "חפֿץ־חיים" האָט באַלד פֿאַררופֿן אַן אסיפֿה פֿון אַלע יידן אין בית־המדרש און ער האָט דאַן געזאָגט צו די סמילאָוויטשער יידן:

> איר זעט דאָך, אַז איך בין שוין אַן אַלטער ייד, און נאָך אַביסל וועט מען מיך רופֿן אויפֿן עולם האמת. און מיגלעך, אַז מ'וועט מיך אויך פֿרעגן, צי די סמילאָוויטשער יידן גיבן צדקה, צי זיי האָבן געגעבן "מעות חיטים"? און דערפֿאַר פֿרעג איך אײַך: וואָס וועל איך דאַן ענטפֿערן? — זאָל איך זאָגן דאַן, אַז איר האָט געגעבן, איז דאָך דאָס אַ ליגן, און איך האָב אין מײַן לעבן קיין ליגן ניט געזאָגט; און אויב איך זאָל זאָגן, אַז איר גיט ניט, וועל איך דאָך ריידן לשון הרע, און דאָס וויל איך אויך ניט בשום־אופֿן.

דער "חפֿץ־חיים" האָט קוים באַוויזן צו ענדיקן זײַן דרשה, און פֿון אַלע זײַטן האָבן סמילאָוויטשער יידן געוואָרפֿן הונדערטער רובלען, און גלייך אויפֿן אָרט איז געשאַפֿן געוואָרן אַ גרויסע סומע געלט, מיט וועלכער מ'האָט באַזאָרגט אַלע אָרעמעלײַט אויף גאַנץ פּסח.

וואָס נוגע זיך אַליין, האָט דער "חפֿץ־חיים" געלעבט זייער אַ באַשיידן, אָרעם לעבן; און געווען ציײַטן — אויך אַ געדריקט לעבן. זײַן פּרנסה האָט ער בעיקר געצויגן פֿון פֿאַרקויפֿן זײַנע ספֿרים, און אויך נאָר פֿאַר אַן אויסגערעכנטן צוגענגלעכן פּרײַז. ער האָט קיינמאָל ניט גענומען אַ פּרוטה מער ווי דער פּרײַז.

הרבֿ משה מאיר ישר דערציילט אין זײַן ספֿר "החפֿץ־חיים — חייו ופעלו":

> ר' שמעון זאבֿ ראָטשילד פֿון פֿראַנקפֿורט האָט אַמאָל געהערט וועגן דער גרויסקייט פֿון "חפֿץ־חיים" און פֿון זײַנע ספֿרים. האָט ער געבעטן זײַן פֿרײַנד ר' אליהו ראָזענהיים, ער זאָל באַשטעלן פֿאַר אים אַלע ספֿרים פֿון "חפֿץ־חיים" און ער האָט אים געהייסן שיקן פֿאַר דעם פּופֿציק מאַרק. דער "חפֿץ־חיים" האָט, נאַטירלעך, אים צוגעשיקט די אַלע ספֿרים וואָס ראָטשילד האָט באַשטעלט, נאָר ער האָט דערבײַ אויסגערעכנט, אַז עס קומט אים ניט מער ווי 14 מאַרק. דערפֿאַר האָט ער צוריקגעשיקט 36 מאַרק צו ראָטשילדן מיט אַ שיינעם דאַנק־בריוו, אַז ער נעמט ניט קיין מתּנות. דער "חפֿץ־חיים" האָט אָבער צוגעגעבן: אויב מר. ראָטשילד וויל געבן אַ מתּנה פֿאַר דער ישיבֿה פֿון ראַדין, וועט ער אים זייער דאַנקבאַר זײַן. (ווי דערמאָנט, האָט דער "חפֿץ־חיים" אויך פֿון דער ישיבֿה ניט גענומען קיין שׂכירות). ראָטשילד איז געווען זייער איבערראַשט פֿון דעם "חפֿץ־חייםס" האַנדלונג, און זינט דאַן איז ער געוואָרן אַ יערלעכער שטיצער פֿון דער ראַדינער ישיבֿה. [ספֿר "החפֿץ־חיים — חייו ופעלו", כּרך א, זײַט רל"ד].

דער "חפֿץ־חיים" האָט אויך געשטרעבט זיך צו באַזעצן אין ארץ־ישׂראל. אין "פּתח־תּקוה" האָט מען שוין אַפֿילו געהאַט צוגעגרייט אַ הויז פֿאַר אים, לעבן דער לאָמזשער ישיבֿה. אָבער שטענדיק האָבן זיך געמאַכט שטערונגען; און אויך וואָס די באַרימטע רבנים פֿון ליטע און פּוילן האָבן שטענדיק פּרובירט אים פֿאַרהאַלטן מיטן אויסרייד, אַז מ'דאַרף אים האָבן אין ליטע און פּוילן.

ווען ס'האָט אים דערגרייכט די בשׂורה פֿון דער "באַלפֿור־דעקלאַראַציע", דערציילט הרבֿ דובֿ כּ"ץ, האָט ער זיך אויסגעדריקט, אַז דאָס איז אַ דערנענטערונג צו דער גאולה, אויף װעלכער דער "חפֿץ־חיים" האָט געוואַרט יעדן טאָג. ווי באַקאַנט האָט ער געהייסן די כּהנים לערנען די "דינים פֿון קדשים". ווײַל, אָט באַלד קומט דאָך שוין משיח ...

פֿאַר גאַנצע 35 יאָר, פֿון יאָר תּר"ן (1890) ביז תּרפּ"ה (1925), האָט דער "חפֿץ־חיים" מחבר געווען ספֿרים, אין פֿיר בענדער, אויפֿן גאַנצן "סדר קדשים" מיטן נאָמען "ליקוטי הלכות"; און אין יאָר תּרס"ה (1905) האָט ער אַפֿילו געגרינדעט אַ ספּעציעלן בית מדרש, אַ כּולל פֿון 15 יונגעלײַט צו לערנען דעם "סדר קדשים".

אין יאָר תּרפּ"ה (1925), ווען ער איז שוין אַלט געווען 87 יאָר, האָט דער "חפֿץ־חיים" שוין געהאַט געמאַכט אַלע צוגרייטונגען זיך צו באַזעצן אין ארץ־ישׂראל. אָבער די באַרימטע רבנים פֿון יענער צײַט האָבן אים געזאָגט ר' ישׂראל סאַלאַנטערס משל: אַ טאַטע פֿאַרלאָזט ניט זײַנע קינדער אַפֿילו ווען ער איז אַלט, ווײַל די קינדער דאַרפֿן אים נאָך אַלץ האָבן ...

דערצו האָבן זיך צוגערוקט נאָך אַנדערע שטערונגען, און דער "חפֿץ־חיים" האָט דאָך געזאָגט : "ווי עס זעט אויס לאָזט מען מיך ניט פֿון הימל ...".

[פֿון: *פֿאָרווערטס*, סעפּטעמבער 19, 2003, ז. 8-9]

אלול [עלעל], דער — Jewish month (Aug.-Sept.)
לעגענדאַר — legendary
גאָון [גאָען], דער ־ים [געוינים] — genius
צדיק [צאַדעק], דער ־ים [צאַדיקים] — pious, holy man
דרוקן געדרוקט — print
האַרב — severe, harsh
עבֿירה [אַווייִרע], די ־ות — sin
לשון הרע [לאָשנאָרע], דאָס — vilification
רכילות [רעכילעס], דאָס ־ן — slander
אונטערשרײַבן אונטערגעשריבן — sign
אָפּדרוקן אָפּגעדרוקט — print, publish
אַנאָנים — anonymous(ly)
מחבר [מעכאַבער], דער ־ים [מעכאַבערים] — author
זינט דאַן — since then
דערוויסן זיך דערוווּסט — learn, find out
חודש [כוידעש], דער ־ים [כאַדאָשים] — month
שבֿט [שוואַט], דער — Jewish month (Jan.-Feb.)
זוכה [זויכע] זײַן — be worthy of, live to see
ניפֿטר [ניפֿטער] ווערן — pass away
אָנהאַלטן אָנגעהאַלטן — maintain, hold
פֿאַרנעמען פֿאַרנומען — take up, occupy
רבניש [ראַבאָניש] — rabbinical
שטעלע, די ־ס — position
קהלש [קאָאָלש] — Jewish community, public
אמט, דער ־ן — office
בעל־הבית [באַלעבאָס], דער ־ים [באַלעבאַטים] — proprietor, householder
שטיקל, דאָס ־עך — bit, piece
קרעמער, דער ־ס — shopkeeper
געשעפֿט, דאָס ־ן — business
בית־מדרש [בעסמעדרעש], דער בתּי־מדרשים [באָטעמידראָשים] — synagogue

אויס	through, over, no more
פֿאַרמאַכן פֿאַרמאַכט	close, shut
קראָם, די ־ען	shop, store
אינמיטן	in the middle of
קאָנקורירן קאָנקורירט	compete
פֿאַרדינען פֿאַרדינט	earn
פּרנסה [פּאַרנאָסע], די ־ות	living, livelihood
דערצו	in addition
חשש [כשאַש], דער ־ים/ות [כשאָשים/כשאָשעס]	misgivings
מסכּים [מאַסקים] זײַן	agree
ראָש־ישיבֿה [ראָש־יעשיווע], דער ראָשי־ [ראָשע־]	yeshivah director
אַזוי אַרום	so that
ציִען געצויגן	draw
שׂכירות [סכירעס] ל"ר/דאָס	salary, pay
גײַסטיק	spiritual, mental, intellectual
פֿירער, דער ־ס	leader, guide
דור [דאָר], דער ־ות [דוירעס]	generation
ניט־ווילנדיק	unwillingly
אַכטן געאַכטעט	respect
לומדיש [לאָמדיש]	learned, scholary
בן תּורה [בענטוירע], דער בני־ [בניי־]	scholar
למדן [לאַמדן], דער ־ים/לומדים [לאַמדאָנים/לאָמדים]	scholar
פּוסק [פּויסעק], דער ־ים [פּאָסקים]	rabbinical arbiter
המון־עם [האַמוי͏ן־אַם], דער	common people
שיכט, דער ־ן	stratum, layer
בעל־מלאכה [באַלמלאָכע], דער ־ות	craftsman, artist
תּהילים [טילים] ל"ר	psalms
תּהילים־ייִד	Jew who in Hebrew knows Psalms only
סאָלדאַט, דער ־ן	soldier
אונטערשייד, דער ־ן	difference
דערהייבן דערהויבן	elevate, exalt
מעלה [מײַלע], די ־ות	merit, virtue, benefit
פֿאָלקסטימלעך	popular, of/for the people
מאַנכע = אַ סך [סאַך]	many
איבערזעצן איבערגעזעצט	translate
שולחן ערוך [שולכנאָרעך], דער	Orthodox law code
פּירוש [פּיירעש], דער ־ים [פּערושים]	commentary
צוגענגלעך	accessible
הויפּטזעכלעך	primarily
אָפּגעלאָזן	neglected
אויפֿווײַזן אויפֿגעוויזן	show, prove
דווקא [דאַפֿקע]	only, nothing other than
פֿאָדערן געפֿאָדערט	demand, rquire
ערלעך	honest

געוויכט, דאָס ־ן/־ער	weight
לוין, דער	wage
גמילות־חסד [גמילעס־כעסעד], דאָס/דער ־ים [־כסאָדים]	loan without interest
פֿאַרוואָגלט ווערן	turn up, roam far
צוהערן זיך צוגעהערט	listen
מוסטער, דער ־ן	pattern, design, sample
עטישקייט, די	ethical behavior
געדענקען געדענקט	remember
פּטירה [פּטירע], די	passing, death
קדוש [קאָדעש], דער ־ים [קדוישים]	holy man
הי"ד =השם ינקום דמו [האַשעם־ייִנקאָם־דאָמוי]	may God take vengeance for his blood
הספּד [העספּעד], דער ־ים [העספּיידים]	funeral oration
בעל־מופֿת [באַלמויפֿעס], דער בעלי־מופֿתים [באַלעמאָפֿסים]	miracle worker
רבי [רעבע], דער ־ס/־ים [ראַבעיִם]	Hasidic rabbi
נס [נעס], דער ־ים [ניסים]	miracle
פּראָסט און פּשוט [פּאָשעט]	plain and simple
אָפּהיטן אָפּגעהיט	keep, observe
פֿאַרקערפּערן פֿאַרקערפּערט	embody
אַרײַנלעבן אַרײַנגעלעבט	live/survive into ___
אַזש ביז	all the way to ___
פּונקט פֿאַרקערט	just the opposite
כּרך [קערעך], דער ־ים [קראָכים]	volume [*Hebr.*]
רביעי [רעוויִי]	fourth [*Hebr.*]
באַווײַזן באַוויזן	show, prove, demonstrate
בתּמימות [ביטמימעס]	naively
זעלב	same
ברכה [בראָכע], די ־ות	blessing, benediction
טובֿה [טויווע], די ־ות	favor, kindness
טאָ	then, so
דינער, דער ־ס	servant
מסביר [מאַסבער] זײַן	explain
מתפּלל [מיספּאַלעל] זײַן	pray
הקדוש־ברוך־הוא [האַקאָדעשבאָרכו]	The Holy One, blessed be He
מאַנכעס מאָל	many times, often
בקשה [באַקאָשע], די ־ות	request
צוגעבן צוגעגעבן	add
שטראָמען געשטראָמט	stream, flow
חכמה [כאָכמע], די ־ות	wisdom
משל [מאָשל], דער/דאָס ־ים [מעשאָלים]	example, fable
מוסרדיק [מוסערדיק]	moral
גלײַכוווערטל, דאָס ־עך	aphorism
דער עיקר [דעריקער]	chiefly, especially

בעיקר [בעיִקער] = דער עיקר — chiefly, especially
אויסגערעכנט — *here*: judicious, sensible
צוגענגלעך — *here*: affordable
פּרוטה [פּרוטע], די ־ות — penny
באַשטעלן באַשטעלט — order
הייסן געהייסן — order, direct
אויסרעכענען אויסגערעכנט — calculate
מתּנה [מאַטאָנע], די ־ות — gift
מר. — Mr.
איבערראַשן איבערגעראַשט — surprise
האַנדלונג, די ־ען — behavior
זינט דאַן — thereafter
שטיצער, דער ־ס — supporter
שטרעבן געשטרעבט — strive
באַזעצן זיך באַזעצט — settle
צוגרייטן צוגעגרייט — prepare
שטערונג, די ־ען — obstacle, disturbance
פֿאַרהאַלטן פֿאַרהאַלטן — delay, detain
אויסרייד, דער ־ן — pretext, excuse
בשורה [פּסורע], די ־ות — message, news
דערנענטערונג, די ־ען — approach
גאולה [געולע], די ־ות — redemption, salvation, deliverance
כּהן [קאָען], דער ־ים [קאָיענים/קעהאַנים] — [descendent of] priest
דין, דער ־ים — religious law
מחבר [מעכאַבער] זײַן — write, author
גרינדן געגרינדעט — found, establish
כּולל [קוילעל], דער ־ים — yeshivah for married men
צורוקן זיך צוגערוקט — move up

פֿאַרשטענדעניש, דאָס — understanding, insight
באַרימט — famous
בעל־מוסר [באַלמוסער], דער בעלי־ [באַלע־] — moralizer, sermonizer
לאַדן געלאַדן = פֿאַרבעטן פֿאַרבעטן — summon, invite
פֿאַרוווּנדערונג, די ־ען — astonishment
ווי עס פּירט זיך — as is customary/proper
קידוש [קידעש], דער — benediction over wine
אונטערזינגען זיך אונטערגעזונגען — sing quietly
משנה [מעשאַנע] זײַן — alter
מינהג [מינעג], דער ־ים [מינהאָגים] — custom
באַלד ווי — immediately
אַוודאי [אַוואַדע] — of course, certainly
מלאך [מאַלעך], דער ־ים [מאַלאָכים] — angel
פֿאַרוואָגט ווערן — turn up in/at, roam to
גבֿיר [גוויר], דער ־ים — rich man
מעות חיטין [מאָעס־כיטן], דאָס ־חיטים [־כיטים] — money for wheat, i.e. for matzah for the poor
פֿאַררופֿן פֿאַררופֿן — call, summon
אסיפֿה [אַסיפֿע], די ־ות — assembly, meeting
עולם האמת [אוילעם־האָעמעס], דער — world of ‘truth,’ afterlife
צדקה [צדאָקע], די — charity
בשום־אופֿן [בעשומויפֿן] ניט — by no means
באַווײַזן באַוויזן — *here*: succeed in/manage to
דרשה [דראָשע], די ־ות — sermon
באַזאָרגן באַזאָרגט — provide for
נוגע [נעגייע] — concerning
באַשיידן — modest
געדריקט — oppressed

16

יצחק־לייבוש פּרץ (1852־1915) [1]

י.־ל. פּרץ איז געבוירן געוואָרן אין זאַמאָשטש אין אַ טראַדיציאָנעלער משפּחה. זײַן מאַמע איז געווען פֿרום און זי האָט ניט דערלויבט, אַז איר זון זאָל באַקומען אַ סיסטעמאַטישע וועלטלעכע בילדונג, הגם ער האָט דאָך געלערנט העברעיִשע גראַמאַטיק, דײַטש און רוסיש. שפּעטער האָט פּרץ געוואָלט לערנען אין אַ מלוכישן רבנישן סעמינאַר, אָבער טאַטע־מאַמע האָבן עס ניט דערלויבט. ווען ער איז אַלט געווען אַכצן יאָר, האָט ער חתונה געהאַט מיט דער טאָכטער פֿון אַ *משׂכּיל*; עס איז ניט געווען קיין גליקלעכער זיווג. ווען ער איז אַלט געווען צוואַנציק יאָר, איז ער אַוועק פֿון זאַמאָשטש און אין 1876 האָט ער זיך געגט און איז צוריק קיין זאַמאָשטש, ווו ער האָט אויסגעהאַלטן אַן עקזאַמען און איז געוואָרן אַ הצלחהדיקער אַדוואָקאַט. אין 1878 האָט ער חתונה געהאַט מיט דער טאָכטער פֿון אַ סוחר; דאָס דאָזיקע פּאָרפֿאָלק איז געווען זייער גליקלעך. בשעת די יאָרן 1870־1879 האָט ער געשריבן מערסטנס אויף פּויליש. פֿאַר די פּאָגראָמען פֿון 1881 האָט ער געהאַט אַ נעגאַטיוון אײַנשטעל קעגן ייִדיש. דערנאָכדעם האָט ער אָנגעהויבן שטיצן ייִדיש און די ייִדישע ליטעראַטור פֿאַר די גרויסע מאַסן אָרעמע ייִדן. ער האָט אָבער אויך געמיינט, אַז זיי דאַרפֿן זיך לערנען העברעיִש. אַליין האָט ער ממשיך געווען שרײַבן אויף העברעיִש און איבערזעצן די אייגענע ייִדישע פּובליקאַציעס אין העברעיִש. אין 1888 האָט ער פּובליקירט *מאָניש* אין שלום־עליכמס *פֿאָלקס־ביבליאָטהעק*. עס איז אי סענטימענטאַל אי איראָניש און זייער אַ וויכטיק ווערק אין דער אַנטוויקלונג פֿון דער מאָדערנער ייִדישער ליטעראַטור. צוליב אַ בילבול קעגן אים אין די שפּעטע 80ער יאָרן האָט ער מער ניט געטאָרט זײַן קיין אַדוואָקאַט. האָט ער זיך באַזעצט אין וואַרשע, ווו ער האָט זיך אָנגעשלאָסן אין אַ גרופּע וואָס האָט געמאַכט אַ סטאַטיסטישן אַרומפֿרעג וועגן דער ייִדישער באַפֿעלקערונג אין די שטעטלעך און דערפֿער פֿון טאָמעשאָווער געגנט. דערבײַ האָט ער אויך געזאַמלט אַ סך מאַטעריאַל אויף זײַנע דערציילונגען וועגן דער אָרעמקייט און קליינלעכקייט פֿון ייִדישן לעבן [*בילדער פֿון אַ פּראָווינץ־רײַזע*, 1891]. דערנאָכדעם, אין וואַרשע, איז ער געווען צו ערשט אַרבעטלאָז ביז ער האָט געפֿונען אַרבעט ווי אַ באַאַמטער אינעם אַמט פֿאַר ייִדישע בית־עלמינס, וואָס האָט אים געגעבן אַ סך צײַט צו שרײַבן. אין 1891 האָט ער אָנגעהויבן אַרויסגעבן אַ צײַטשריפֿט, די *ייִדישע ביבליאָטעק*, און שפּעטער אויך *יום־טוב בלעטלעך* [1894־1896], ווו ער האָט געשטיצט אי דעם סאָציאַליזם אי די השׂכּלה. אין 1899 האָט מען אים אַרעסטירט און אַרײַנגעזעצט אין תּפֿיסה אויף עטלעכע

חדשים, ווײַל ער איז בײַגעווען אויף אַן אומלעגאַלער סאָציאַליסטישער פֿאַרזאַמלונג. ער איז ניט געווען קיין ציוניסט און האָט געצווייפֿלט צי עס איז פּראַקטיש אויפֿצולעבן אַ ייִדישע מלוכה אין פּאַלעסטינע. אין 1908 איז ער געווען אויף דער ייִדישער קאָנפֿערענץ אין טשערנאָוויץ, ווו ער האָט, אָבער, גערעדט קעגן דער רעזאָלוציע, אַז ייִדיש איז ד אָ ס נאַציאָנאַלע לשון פֿון ייִדן. פּרץ איז געווען אַ גרויסער שטיצער און מײַסטער אי פֿון דער ייִדישער אי פֿון דער העברעיִשער ליטעראַטור. זײַנע ווערק זײַנען געווען זייער וויכטיק בפֿרט בײַם אײַנפֿירן סימבאָלישע דראַמע אין דער ייִדישער ליטעראַטור און בײַם באַאַרבעטן חסידישע ענינים אין זײַן משׂכּילישן רעפֿאָרם־פּראָגראַם.

זײַן באַוווּסטע דראַמע "בײַ נאַכט אויפֿן אַלטן מאַרק" [1907] איז אַ סימבאָלישע דראַמע אין פֿערזן וואָס פּרובירט פֿאָרצושטעלן די געשיכטע פֿון ייִדן אין פּוילן. אפֿשר זײַן סאַמע באַוווּסטע דערציילונג איז "באָנטשע שווײַג", וועגן אַן אָרעמאַן וואָס האָט געליטן זײַן גאַנץ לעבן און דערנאָכדעם אין הימל, מיט אַלע גדולים און קדושים פֿון דער גאָרער ייִדישער געשיכטע, ווייס ער פֿון קיין בעסערער באַלוינונג ניט ווי אַ הייסע בולקע מיט פּוטער יעדן אינדערפֿרי.

די דערציילונג וואָס מען דרוקט דאָ איבער איז אַ קלאַסישער משל פֿון פּרצנס פֿעיִקייט צו באַאַרבעטן באַוווּסטע טעמעס פֿאַר די אייגענע צוועקן, למשל דעם אָנהאַלטנדיקן קאָנפֿליקט צווישן מתנגדים און חסידים. דאָ ווײַזט ער אַ קאָנפֿליקט צווישן דעם בריסקער רבֿ [פֿון בריסק ד'ליטא, איצטער אין בעלאַרוס: די דאָזיקע שטאָט איז געווען אַ וויכטיק אָרט אין דער ליטווישער רעליגיעזער טראַדיציע שוין זינט דעם 14טן יאָרהונדערט] און זײַנעם אַ פֿריִערדיקן תּלמיד, וואָס איז פֿונעם רבֿ אַוועקגעגאַנגען כּדי צו געפֿינען אַ תּורה וואָס איז לעבעדיקער און 'שייכדיקער'. דער רבֿ און דער תּלמיד [וואָס איז אַליין געוואָרן אַ רבי] באַגעגענען זיך מיט יאָרן שפּעטער שׂמחת־תּורה בשעת אַ קריזיס.

די שפּראַך פֿון דער דערציילונג איז ניט באַזונדערש שווער, נאָר עס זײַנען פֿאַראַן זייער אַ סך לשון־קודשדיקע ווערטער, וואָס קען אפֿשר זײַן אַ פּראָבלעם פֿאַר טייל לייענערס.

דערלויבן דערלויבט — allow, permit
בילדונג, די ־ען — education
הגם [האַגאַם] — although
מלוכיש [מעלוכיש] — state
רבניש [ראַבאָניש] — rabbinical
סעמינאַר, דער ־ן — seminary
משׂכּיל [מאַסקל], דער ־ים [מאַסקילים] — proponent of Haskalah
זיווג [זיוועג], דער ־ים [זיווּגים] — match
גטן [געטן] געגט — divorce
אויסהאַלטן אויסגעהאַלטן — pass [an exam]
הצלחהדיק [כּאַצלאָכעדיק] — successful
אַדוואָקאַט, דער ־ן — attorney
סוחר [סויכער], דער ־ים [סאָכרים] — merchant
פּאָרפֿאָלק, דאָס ־פֿעלקער — couple
בשעת [בעשאַס] — during
מערסטנס — mostly
אײַנשטעל, דער ־ן — attitude
דערנאָכדעם — thereafter
אָנהייבן אָנגעהויבן — begin
שטיצן געשטיצט — support
מאַסע, די ־ס/מאַסן — mass [of people]
ממשיך [מאַמשעך] זײַן — continue
איבערזעצן איבערגעזעצט — translate
אַנטוויקלונג, די ־ען — development
בילבול [בילבל], דער ־ים [בילבולים] — false

	accusation
באַזעצן זיך באַזעצט	settle
אָנשליסן זיך אָנגעשלאָסן	join
אַרומפֿרעג, דער ־ן	survey
באַפֿעלקערונג, די ־ען	population
דאָרף, דאָס דערפֿער	village
זאַמלען געזאַמלט	collect
דערציילונג, די ־ען	story
בילד, דאָס ־ער	picture, image
רייזע, די ־ס	trip, journey
קליינלעכקייט, די ־ן	pettiness
צו ערשט	first
אַרבעטלאָז	unemployed
באַאַמטער, דער באַאַמטע	official, bureaucrat
אַמט, דער ־ן	office
בית־עלמין [בעסאַלמען], דער/דאָס ־ס	cemetery
אַרויסגעבן אַרויסגעגעבן	edit
צייטשריפֿט, די ־ן	journal, periodical
השׂכּלה [האַסקאָלע], די	Jewish Enlightenment
תּפֿיסה [טפֿיסע], די ־ות	prison, jail
אַריינזעצן {אַריינגעזעצט} אין תּפֿיסה	imprison
עטלעכע	several
בייזיין בייגעווען	be present, attend
אומלעגאַל	illegal
פֿאַרזאַמלונג, די ־ען	meeting, assembly
צווייפֿלען געצווייפֿלט	doubt
אויפֿלעבן אויפֿגעלעבט	revive
מלוכה [מעלוכע], די ־ות	state
רעזאָלוציע, די ־ס	resolution

מייסטער, דער ־ס	master, champion
בפֿרט [ביפֿראַט]	especially
איינפֿירן איינגעפֿירט	introduce
באַאַרבעטן באַאַרבעט	adaptation
חסידיש	Hasidic
ענין [איניען], דער/דאָס ־ים [איניאָנים]	matter, affair, case
משׂכּיליש [מאַסקיליש]	pertaining to the Haskalah
סאַמע	most
פֿערז, דער ־ן	verse
פּרובירן פּרובירט	attempt
פֿאָרשטעלן פֿאָרגעשטעלט	represent
לײַדן געליטן	suffer
גדול [גאָדל], דער ־ים [גדוילים]	prominent man
קדוש [קאָדעש], דער ־ים [קדוישים]	holy man
באַלוינונג, די ־ען	reward
בולקע, די ־ס	roll
אינדערפֿרי, דער ־ען	morning
משל [מאָשל], דער ־ים [מעשאָלים]	example
פֿעיִקייט, די ־ען	ability
צוועק, דער ־ן	goal, purpose
אָנהאַלטנדיקן	continuing
מתנגד [מיסנאַגעד], דער ־ים [מיסנאַגדים]	Orthodox opponent of Hasidism
רבֿ [ראָוו], דער רבנים [ראַבאָנים]	Orthodox rabbi
אָרט, דער ערטער	location
שייכדיק [שייעכדיק]	relvant
רבי [רעבע], דער ־ס [רעבעס]/־ים [ראַבעיִם]	Hasidic rebbe

צווישן צוויי בערג [4]

פֿון בריסקער רבֿ און ביאַלער רבין האָט איר אַוודאי געהערט, דאָך נישט אַלע ווייסן, אַז דער ביאַלער צדיק, ר' נחקע, איז פֿריִער געווען דעם בריסקער רבֿס אַ תּלמיד מובֿהק, אַז ער האָט ביי אים געלערנט אַ שיינע פּאָר יאָר, און דערנאָך ערשט איז ער נעלם געוואָרן, אָפּגעהאַלטן אַ פּאָר יאָר "גלות" און איז נתגלה געוואָרן אין ביאַלע.

און אַוועק איז ער מהאַי טעמא: מען האָט געלערנט תּורה, נאָר די תּורה, האָט דער רבי געפֿילט, איז טרוקענע תּורה ... מען לערנט, למשל, אַ דין פֿון שאַלות נשים, פֿון בשׂר־בחלבֿ, צי דיני ממונות ... זייער וויל! קומט ראובֿן ושמעון האָבן אַ דין־תּורה, קומט אַ משרת אַ שאלה פֿרעגן אָדער אַן אישה האָט אַ שאלה – קריגט באותה הרגע דאָס לערנען אַ חיות, לעבט עס אויף און עס האָט אַ ממשלה אויף דער וועלט. אָבער אַזוי, אָן זיי, פֿילט דער

רבי, אַז די תּורה, דאָס הייסט, דער גוף פֿון דער תּורה, דער נגלה, דאָס וואָס עס ליגט פֿון אויבן אויף, איז טרוקן. נישט דאָס, האָט ער געפּילט, איז *תּורה חיים* – תּורה דאַרף לעבן! לערנען אַנדערע קבלה־ספֿרים האָט מען אין בריסק נישט געטאָרט. דער בריסקער רבֿ איז געווען אַ *מתנגד* און בטבֿע אַ *נוקם ונוטר כּנחש*. האָט עמעץ אָנגערירט אַ זהר, אַ פּרדס, פֿלעגט ער שעלטן, אין חרם אַרײַנלייגן! איינעם האָט מען געכאַפּט בײַ אַ קבלה־ספֿר, האָט ער אים געלאָזט אָפּגאָלן די באָרד דורך ערלים! וואָס קלערט איר? דער מענטש איז יצא מדעתו געוואָרן, אין מרה־שחורה אַרײַנגעפֿאַלן. און וואָס מער חידוש איז, עס האָט אים שוין קיין גוטער ייִד נישט געהאָלפֿן – איר שפּילט אײַך מיטן בריסקער רבֿ און פֿון דעסט וועגן, ווי פֿאָרט מען עס אַוועק פֿון בריסקער רבֿס ישיבֿה?!

אַ צײַט לאַנג האָט ער זיך טאַקע געשלאָגן מיט דער דעה.

נאָך איין מאָל האָט מען אים געוויזן אַ חלום. עס האָט זיך אים געחלומט, אַז דער בריסקער רבֿ איז צו אים אַרײַנגעקומען און געזאָגט: קום, נח, וועל איך דיך פֿירן אין גן־עדן התּחתּון אַרײַן. זיי זײַנען געקומען אין אַ גרויסן פּאַלאַץ אַרײַן. אין פּאַלאַץ איז נישט געווען, נישט קיין טיר און נישט קיין פֿענצטער, אויסער דער טיר דורך וועלכער זיי זײַנען אַרײַנגעגאַנגען. ליכטיק איז דאָך אין פּאַלאַץ געווען, ווײַל די ווענט, ווי עס האָט זיך דעם רבין געדאַכט, זײַנען געווען פֿון קרישטאָל און האָבן געשלאָגן פֿון זיך אַליין אַ ליכטיקן גלאַנץ.

און זיי גייען אַזוי, און גייען און מען זעט נישט קיין סוף.

– האַלט דיך אָן מײַן יופּעצע – מאַכט דער בריסקער רבֿ – דאָ איז פֿאַראַנען סאַלעס אין לשער ואין לספּר. און קוים ריִסט דו דיך אָפּ פֿון מיר, ווערסטו פֿאַרבלאָנדזשען אויף אייביק ...

דער רבי טוט אַזוי. און זיי גייען אַלץ ווײַטער און ווײַטער. און אויפֿן גאַנצן וועג זעט ער נישט קיין בענקל, קיין שום כּלי־בית, גאָר נישט !

– דאָ זיצט מען נישט – פֿאַרטײַטשט אים דער בריסקער רבֿ – נאָר מען גייט אַלץ ווײַטער און ווײַטער!

און ער איז אים נאָכגעגאַנגען. און איין זאַל איז גרעסער און ליכטיקער געווען פֿון דעם צווייטן. און די ווענט האָבן געשײַנט דאָ מיט דער, דאָ מיט אַן אַנדער קאָליר; דאָ מיט עטלעכע, דאָרט מיט אַלערליי קאָלירן ... נאָר קיין מענטשן האָבן זיי נישט געטראָפֿן אויפֿן וועג ...

דער רבי איז מיד געוואָרן גייענדיק. עס האָט אים באַגאָסן אַ שווייס, אַ קאַלטער שווייס. קאַלט איז אים אויך געוואָרן אין אַלע אבֿרים. דערצו הייבן אים נאָך אָן די אויגן ווי צו טאָן פֿון באַשטענדיקן גלאַנץ ...

און עס איז אָנגעפֿאַלן אויף אים אַ שטאַרקע בענקשאַפֿט, אַ בענקשאַפֿט צו ייִדן, צו חבֿרים, צו כּל ישׂראל! אַ קלייניקייט – מען זעט קיין ייִד נישט פֿאַר זיך! ...

– בענק נישט צו קיינעם – מאַכט דער בריסקער רבֿ – דאָס איז אַ פּאַלאַץ נאָר פֿאַר מיר און פֿאַר דיר ... דו וועסט אויך אַ מאָל זײַן בריסקער רבֿ!

און דער רבי האָט זיך נאָך מער דערשראָקן און אָנגעכאַפּט זיך בײַ דער וואַנט, נישט אומצופֿאַלן. און די וואַנט האָט אים אָפּגעבריט, נאָר נישט ווי פֿײַער בריט, נאָר וויא אײַז בריט!

– רבי! – האָט ער אַ געשריי געטאָן – די ווענט זײַנען איז, נישט קרישטאָל! פּשוט איַיז!

דער בריסקער רבֿ שווײַגט.

און דער רבי שרײַט ווײַטער:

– רבי, פֿירט מיך אַרויס פֿון דאַנען! איך וויל נישט זײַן אַליין מיט אײַך! איך וויל זײַן צוזאַמען מיט כּל ישׂראל!

און קוים האָט ער עס אַרויסגעזאָגט, איז דער בריסקער רבֿ נעלם געוואָרן און ער איז געבליבן איינער אַליין אין פּאַלאַץ.

קיין וועג, ווי אויס און ווי אײַן, ווייסט ער נישט; פֿון די ווענט שלאָגן אויף אים אַ קאַלטער פּחד; און די בענקשאַפֿט צו אַ ייִד, צו דערזען אַ ייִד, באַדיי אַ שוסטער, אַ שנײַדער, איז אַלץ בײַ אים שטאַרקער און שטאַרקער געוואָרן. האָט ער אָנגעהויבן שטאַרק צו וויינען ...

– רבונו של עולם, – האָט ער זיך געבעטן – נעם מיך אַרויס פֿון דאַנען! בעסער אין גיהנום מיט כּל ישׂראל צוזאַמען, איידער דאָ איינער אַליין!

און באותו הרגע האָט זיך אים באַוויזן אַ פּראָסט ייִדל מיט אַ רויטן בעל־עגלהשן גאַרטל אויף די לענדן און אַ לאַנגער בײַטש אין דער האַנט. דאָס ייִדל האָט אים שווײַגנדיק אָנגענומען בײַם אַרבל, אַרויסגעפֿירט פֿון פּאַלאַץ און איז – פֿאַרשוווּנדן געוואָרן. אַזאַ חלום האָט מען אים געוויזן!

אַז ער האָט זיך אויפֿגעכאַפּט פֿאַר טאָג, קוים וואָס עס האָט אָנגעהויבן גרויען, האָט ער פֿאַרשטאַנען, אַז עס איז נישט קיין פּראָסטער חלום געווען. ער האָט זיך געשווינד אָנגעטאָן און געוואָלט לויפֿן אין בית־המדרש אַרײַן, לאָזן זיך פּותר חלום זײַן פֿון די לומדים, וואָס נעכטיקן אין בית־המדרש. דורכגייענדיק דעם מאַרק, האָט ער אָבער דערזען אַ שטייענדיקע בויד, אַן אײַנגעשפּאַנטע גרויסע פֿאַרציִטישע בויד און בײַ דער בויד איז געשטאַנען אַ בעל־עגלה מיט אַ רויטן גאַרטל אַרום די לענדן, אַ לאַנגע בײַטש אין דער האַנט און פּונקט אַזאַ ייִדל ווי דער, וואָס האָט אים אין חלום אַרויסגעפֿירט פֿון פּאַלאַץ.

שטויסט ער זיך, אַז דבֿרים בגו גייט ער צו און פֿרעגט:

– ווו אַהין פֿאָרט אַ ייִד?

– נישט דײַן וועג! – ענטפֿערט דער בעל־עגלה גאָר גראָב.

– פֿאָרט? – בעט ער זיך – אפֿשר וועל איך מיטפֿאָרן!

דער בעל־עגלה האָט זיך אַ ביסל פֿאַרטראַכט און דערנאָך געענטפֿערט:

– און צו פֿיס – זאָגט ער – קאָן אַזאַ בחור נישט גיין? גיי דיר דײַן וועג!

– און ווו אַהין זאָל איך גיין?

– ווו די אויגן וועלן דיך טראָגן! – ענטפֿערט דער בעל־עגלה און דרייט זיך אָפּ – מײַן דאגה!

דער רבי האָט פֿאַרשטאַנען און האָט זיך געלאָזט אין גלות אַרײַן.

ווי געזאָגט, נתגלה איז ער געוואָרן עטלעכע יאָר שפּעטער אין ביאַלע. (עד מפּי עד ווי אַזוי עס איז געווען, דערצייל איך נישט, כאָטש עס איז מויל און אויערן אויפֿצושטעלן!) און לערך אַ יאָר נאָך זײַן התגלות האָט מיך אַ ביאַלער באַלעבאָס, ר' יחיאל האָט ער געהייסן, אַראָפּגעבראַכט צו זיך פֿאַר אַ מלמד.

לכתּחילה האָב איך אַפֿילו נישט געוואָלט אָננעמען דאָס מלמדות. ר' יחיאל, מוזסט איר וויסן, איז געווען אַן עושר, אַ פֿאַרצײַטישער אָנגעשטאָפּטער עושר. די טעכטער פֿלעגט ער געבן צו טויזנט רענדלעך נדן און טאָן מיט די גרעסטע רבנים און זײַן לעצטע שנור איז געווען טאַקע דעם בריסקער רבֿס טאָכטער.

פֿאַרשטייט איר דאָך אַליין, אַז אויב דער בריסקער רבֿ מיט די רעשט מחותּנים זײַנען חולקים, מוז ר' יחיאל אויך זײַן אַ חולק ... און איך בין דווקא אַ ביאַלער חסיד. נו – ווי לאָזט מען זיך אין אַזאַ הויז אַרײַן?

האָט עס מיך אָבער פֿאָרט געצויגן קיין ביאַלע! אַ קלייניקייט – מיטן רבין אין איין שטאָט! געקלערט אַהין, געקלערט אַהער – איך פֿאָר!

און ר' יחיאל אַליין, האָט זיך אויסגעוויזן, איז אַן אמת פּשוטער, כּשרער ייִד. איך בין אײַך אַפֿילו ערבֿ, אַז זײַן האַרץ האָט געצויגן צו אַ רבין ווי מיט צוואַנגען. וואָרעם באמת, קיין למדן איז ער נישט געווען, אויפֿן בריסקער רבֿ פֿלעגט ער אַוודאי קוקן ווי אַ האָן אויפֿן בני אָדם! שטערט ער מיר נישט צו האַלטן זיך בײַם ביאַלער רבין, נאָר ער אַליין איז זיך מתרחק. אַז איך דערצייל עפּעס פֿון רבין, מאַכט ער זיך געגעצן, כאָטש די אויערן, זע איך, שפּיצט ער אויף. נאָר דער זון זײַנער, דעם בריסקער רבֿס איידעם, דער קנייטשט־אײַן דעם שטערן, קוקט אויף מיר מיט כּעס און ליצנות צוזאַמען, נאָר שפּאַרן שפּאַרט ער זיך נישט. ער פֿלעגט בטבֿע ווייניק ריידן.

ויהי היום – ר' יחיאלס שנור, דעם בריסקער רבֿס טאָכטער, דאַרף גיין צו קינד. דאַכט זיך, מאַלע אַ ווײַבל גייט צו קינד? איז אָבער אַ מעשׂה דערבײַ! געוווּסט האָט מען, אַז דער בריסקער רבֿ, ווײַל ער האָט אַ חסיד אָפּגעגאָלט, דאָס הייסט, געהייסן אָפּגאָלן באָרד און פּיאות, איז ניזוק געוואָרן פֿון די צדיקי־הדור. ביידע צוויי זין זײַנען אים, לא עליכם, במשך אַ פֿינף־זעקס יאָר נפֿטר געוואָרן, און אַלע זײַנע דרײַ טעכטער האָבן קיין בנים זכרים נישט געהאַט. דערבײַ איז נאָך יעדע פֿון זיי געווען, רחמנא ליצלן, אַ מקשה לילד, בשעת מעשׂה געווען יעדעס מאָל מער דאָרטן ווי דאָ. אַז מען האָט אָבער מן השמים געוואָלט, עס זאָל זײַן מחלוקת, האָבן אַלע געזען און געוווּסט, אַז עס איז אַן עונש פֿון די צדיקי־הדור אויפֿן בריסקער רבֿ, נאָר ער אַליין, מיט זײַנע ליכטיקע אויגן, האָט עס נישט געזען! און אפֿשר – נישט געוואָלט זען! ער האָט ווײַטער געפֿירט זײַן התנגדות ביד חזקה – מיט חרמות, און תּקיפֿות פֿון אַנשי־חיל, ווי אין יענע צײַטן ...

מיר איז גיטעלע (אַזוי האָט זי, דעם בריסקער רבֿס טאָכטער, געהייסן), באמת אַ שאָד געווען, זייער אַ שאָד געווען. ערשטנס – אַ ייִדישע נשמה; צווייטנס – אַ ייִדישע כּשרע נשמה; עס איז נאָך אַזאַ צדקת, אַזאַ כּשרע זאַך אויף דער וועלט נישט געווען ...

קיין איינציקע אָרעמע כּלה האָט אָן איר הילף נישט חתונה געהאַט. אַזאַ זײַדענע בריאה! און דאָס דאַרף געשטראָפֿט ווערן פֿאַרן פֿאָטערס כּעס! און דעריבער, אַזוי ווי איך האָב נאָר באַמערקט, אַז די באָבע הייבט זיך אָן דרייען אין שטוב, האָב איך שוין אָנגעהויבן אַרבעטן אויף אַלע כּלים, מען זאָל שיקן צום ביאַלער רבין ... זאָל זײַן אַ קוויטל אָן אַ פּדיון, באַשר – ער דאַרף נייטיק פּדיונות! ...

דער ביאַלער רבי האָט גאָר ווייניק געהאַלטן פֿון פּדיונות.

מיט וועמען אָבער רעדט מען?

איך פּרוּוו מיטן בריסקער רבֿס איידעם. און איך ווייס – אַז ממש נפֿשו קשורה בנפֿשה. וואָרעם ווי ער האָט זיך נישט באַהאַלטן, האָט עס דאָס שלום־בית אַרויסגעשמעקט

פֿון יעדן ווינקעלע, פֿון אַלע זייערע תּנועות און העוויות. איז ער דאָך אָבער דעם בריסקער רבֿס איידעם! שפּײַט ער אויס, גייט ער אַוועק און לאָזט מיך שטיין מיט אַן אָפֿן מויל.

נעם איך מיך צו ר' יחיאלן אַליין. ענטפֿערט ער מיר: עס איז דעם בריסקער רבֿס טאָכטער! איך וועל עס אים, דעם בריסקער רבֿ, נישט טאָן, אַפֿילו בײַ סכּנות־נפֿשות, חס ושלום! פּרוּוו איך מיך מיט זײַן פּלוניתטע – אַ כּשרע יידענע, נאָר אַ פּראָסטע – ענטפֿערט זי מיר כּהאַי לישנא: זאָל מײַן מאַן הייסן, שיק איך באַלד צום רבין מײַן יום־טובֿדיק שטערנטיכל מיט די אוירינגלעך; אַ מטמון מיט געלט האָט עס געקאָסט! נאָר אַן מײַן מאַן, נישט קיין פּחות משווה פּרוטה – נישט אַ פּיפּץ!

– אָבער אַ קוויטל .. וואָס שאַדט איך אַ קוויטל?

– אָן מײַן מאַנס וויסן, גאָר נישט! – ענטפֿערט זי, טאַקע ווי אַ כּשרע יידענע דאַרף ענטפֿערן, און דרייט זיך אָפּ פֿון מיר, און איך זע, אַז זי וויל נאָר באַהאַלטן די טרערן. אַ מאַמע! לבֿ יודע – איר האַרץ – איר האַרץ האָט שוין געפֿילט די סכּנה ...

אַז איך האָב אָבער געהערט דעם ערשטן געשריי, בין איך אַליין געלאָפֿן צום רבין.

– שמעיה, – ענטפֿערט ער מיר – וואָס זאָל איך טאָן? איך וועל מתפּלל זײַן!

– גיט מיר, רבי, – בעט איך – פֿאַר דער יולדת וואָס עס איז – אַ שמירהלע, מטבע, אַ קמיעלע... וואָס עס איז גיט מיר ...

עס וועט, חס ושלום, ערגער מאַכן! – ענטפֿערט ער – אָן אמונה שאַדטן אַזוינע זאַכן, און זי האָט דערינען קיין אמונה נישט ...

וואָס האָב איך געקאָנט טאָן? עס איז די ערשטע טעג סוכּות. זי איז מקשה לילד, העלפֿן קאָן איך נישט, בלײַב איך שוין בעסער בײַם רבין אין שטוב. אַ בן־בית בין איך געוועזן, טראַכט איך מיר, איך וועל קוקן יעדע רגע מיט געבעט צום רבין, אפֿשר וועט ער זיך מרחם זײַן...

הערן הערט זיך, אַז עס איז נישט גוט. דעם דריטן טאָג שטייען שוין די ווייען ... מען האָט שוין אַלץ געטאָן; וואָס מען האָט געקאָנט: די שול אײַנגעריסן, קבֿרים געמאָסטן, הונדערטער פֿונט ליכט אויסגעברענט אין שול, אין בתּי־מדרשים, היינט צדקה – אַ מטמון! ... עס איז דען נאָכצודערציילן? אַלע קליידערשענק זײַנען געשטאַנען אָפֿן. אַ באַרג מיט אַלערליי מטבעות איז געלעגן אויפֿן טיש און אָרעמע לײַט זײַנען אַרײַנגעקומען און גענומען, ווער עס וויל, וואָס ער וויל, וויפֿל ער וויל.

עס האָט מיך שטאַרק אָנגעכאַפּט דאָס האַרץ.

– רבי, – זאָג איך – עס שטייט דאָך: צדקה תּציל ממוות.

און ער ענטפֿערט מיר, שלא ממין הטענה, דאַכט זיך:

אפֿשר וועט קומען דער בריסקער רבֿ!

און באותו הרגע קומט אַרײַן ר' יחיאל. צום רבין רעדט ער נישט, גלײַך ווי ער וואָלט אים נישט געזען, נאָר –

– שמעיה, – זאָגט ער צו מיר און כאַפּט מיך אָן בײַם לאַץ – הינטן שטייט אַ פֿור. גיי, זעץ דיך און פֿאָר צום בריסקער רבֿ, זאָל ער קומען ...

און געפֿילט האָט ער שוין, אַ פּנים, אין וואָס עס גייט, וואָרעם צוגעגעבן האָט ער:

– זאָל ער אַליין זען, וואָס עס טוט זיך! זאָל ער זאָגן, וואָס צו טאָן!

און אַ פּנים האָט ער געהאַט – וואָס זאָל איך אײַך זאָגן? – מתים זײַנען שענער פֿאַר אים!

*

מילא, פֿאַר איך! טראַכטן טראַכט איך מיר, אַז אויב דער רבי ווייסט, אַז ער וועט קומען, וועט שוין עפּעס דערפֿון אַרויס. אפֿשר נאָך אַ שלום, דאָס הייסט, נישט צווישן בריסקער רבֿ מיטן ביאַלער רבין, זיי אַליין האָבן קיין מחלוקת נישט געפֿירט, נאָר צווישן די צדדים בכלל. וואָרעם באמת, אַז ער וועט קומען, וועט ער דאָך זען. אויגן האָט ער דאָך!

נאָר מן השמים, אַ פּנים, לאָזט מען אַזאַ זאַך אַזוי געשווינד נישט צו. מן השמים האָט מען מיט מיר מלחמה געהאַלטן. קוים בין איך אַרויסגעפֿאָרן פֿון ביאַלע, גיט זיך איבערן הימל אַ יאָג אַ כמאַרע, אָבער ווי הייסט אַ כמאַרע! אַ שוואַרצער שווערער וואָלקן, ממש ווי אַ סמאָלע, און אַ בלאָז האָט פּלוצעם געטאָן, גלײַך עס וואָלטן רוחות געפֿלויגן און פֿון אַלע זײַטן מיט אַ מאָל. אַ פּויער, להבֿדיל, פֿאַרשטייט זיך אויף אַזוינע זאַכן, צלמט ער זיך און זאָגט, אַז עס וועט זײַן, חס ושלום, אַ שווערער וועג און ווײַזט מיר מיט דער בײַטש אין הימל אַרײַן ... תּוך כּדי־דיבור מאַכט זיך נאָך אַ שטאַרקערער ווינט, ער צערײַסט די כמאַרע, ממש ווי מען צערײַסט אַ שטיק פּאַפּיר, און הייבט אָן צו יאָגן און צו טרײַבן איין שטיק כמאַרע אויף דער צווייטער, איינע אויף דער צווייטער, גלײַך ער וואָלט קריִעס געטריבן אויף אַ טײַך. איך האָב שוין איבערן קאָפּ צוויי שטאָק און דרײַ שטאָק כמאַרע. לכתּחילה האָב איך אַפֿילו קיין מורא נישט געהאַט: אויסגענעצט ווערן איז בײַ מיר קיין נײַס נישט געווען און פֿאַר דונערן שרעק איך מיך נישט. ערשטנס, דונערט נישט סוכּות־צײַט און צווייטנס – נאָכן רבינס שופֿר בלאָזן! מיר האָבן אַ קײַמא לן, אַז נאָך אַזאַ שופֿר בלאָזן האָט אַ גאַנץ יאָר קיין דונער קיין שליטה נישט. אַז עס האָט אָבער ראַפּטעם געגעבן אַ פּליאַסק מיר אין פּנים אַרײַן, ווי מיט אַ בײַטש ... איין מאָל, דאָס צווייטע מאָל, דאָס דריטע מאָל ... איז מיר טאַקע דער מוטערס מילך אַנטפֿאַלן. איך האָב געזען בחוש, אַז דער הימל פּאַטשט מיך, אַז מען טרײַבט מיך צוריק ...

און דער פּויער, להבֿדיל, בעט זיך אויך: לאָמיר צוריקפֿאַרן.

איך ווייס אָבער, עס איז סכּנות־נפֿשות, איך זיץ אויף דער פֿור און אינעם שטורעם הער איך ווי די יולדת קרעכצט, ווי דעם בריסקער רבֿס איידעמס פֿינגער קנאַקן. ער ברעכט זיך די הענט; אויך זע איך פֿאַר מיר ר' יחיאלס שוואַרץ פּנים מיט די אײַנגעפֿאַלענע, ברענענדיקע אויגן! "פֿאָר, בעט ער מיך, פֿאָר" – און מיר פֿאָרן.

און דאָ גיסט און גיסט, עס גיסט פֿון אויבן, עס שפּריצט פֿון אונטער דער ערד, און פֿון אונטער די פֿערדס פֿיס. און דער וועג ווערט אין גאַנצן פֿאַרגאָסן, ממש באַדעקט מיט וואַסער. איבערן וואַסער גייט אַ פּיאַנע, די פֿור, דאַכט זיך, הייבט שוין אָן שווימען – וואָס זאָל איך אײַך דערציילן? מיר האָבן נאָך דערצו געבלאָנדזשעט ... נאָר אויסגעהאַלטן האָב איך!

מיטן בריסקער רבֿ בין איך געקומען אויף הושענא רבה.

נאָר, דעם אמת צו זאָגן, אַזוי ווי דער בריסקער רבֿ האָט זיך אַרויפֿגעזעצט אויף דער פֿור, איז שטיל געוואָרן. די כמאַרע האָט זיך איבערגעריסן, פֿון שפּאַלט האָט זיך אַרויסגעוויזן די זון און מיר זײַנען בשלום שיין און טרוקן אַײַנגעפֿאָרן קיין ביאַלע. דער פּויער, להבֿדיל, האָט עס אַפֿילו באַמערקט און געזאָגט אויף זײַן לשון: "וועלקי ראַבין צי דוזשי ראַבין!...

נאָר דער עיקר איז געווען אונדזער אַרײַנקומען.

ווי די היישעריקן זײַנען צו אים צוגעפֿאַלן די ווײַבער, וואָס זײַנען אין שטוב געווען ... כּמעט אויפֿן פּנים זײַנען זיי פֿאַר אים געפֿאַלן און געוויינט ... די יולדת פֿון דער צווייטער שטוב הערט מען נישט, אָדער דורכן געוויין פֿון די ווײַבער אָדער, טראַכט איך, זי האָט שוין, חס ושלום, קיין כּוח נישט צו קרעכצן ... ר' יחיאל האָט אונדז אַפֿילו נישט געזען; ער איז געשטאַנען אַרײַנגעדריקט מיטן שטערן אין אַ שויב, דער קאָפּ האָט אים אַ פּנים געברענט ...

דעם בריסקער רבֿס איידעם דרייט זיך אויך נישט איבער דערלאַנגען שלום. ער שטייט מיטן פּנים צו דער וואַנט און איך זע בחוש, ווי דער גוף זײַנער ציטערט און ווי דער קאָפּ קלאַפּט אין דער וואַנט!...

איך האָב געמיינט, איך פֿאַל? אַזוי האָט מיך דער צער און די שרעק דורך־און־דורך דורכגענומען. עס איז מיר קאַלט געוואָרן אין אַלע אבֿרים. איך האָב געפֿילט, אַז די נשמה ווערט אין מיר קאַלט! ...

נאָר, צי האָט איר געקענט דעם בריסקער רבֿ?

דאָס איז געווען אַ מענטש – אַן עמוד ברזל, זאָג איך אײַך! אַ הויכער, הויכער ייִד, טאַקע "משכמו ומעלה" ... אַן אימה האָט ער געוואָרפֿן, ווי אַ מלכות! – אַ ווײַסע, לאַנגע באָרד; איין שפּיץ, געדענק איך נאָך ווי הײַנט, האָט זיך אים אַרײַנגערוקט אונטערן גאַרטל, דער צווייטער שפּיץ באָרד ציטערט איבערן גאַרטל ...

ברעמען – ווײַסע, דיקע, לאַנגע – אַ האַלב פּנים האָבן זיי אים פֿאַרשטעלט. און אַז ער האָט זיי אויפֿגעהויבן – רבונו של עולם! די נשים זײַנען ממש צוריקגעפֿאַלן, ווי פֿון אַ דונער צוריקגעוואָרפֿן אַזוינע אויגן האָט ער געהאַט! – חלפֿים, בלאַנקע חלפֿים האָבן אין זיי געבליצט. און אַ געשריי האָט ער געטאָן ווי אַ לייב:

– אַוועק, נשים!

דערנאָך האָט ער שטילער און איידעלער געפֿרעגט:

– און ווו איז מײַן טאָכטער?

מען האָט אים געוויזן.

ער איז אַרײַנגעגאַנגען און איך בין געבליבן שטיין ממש אַרויס פֿון די כּלים: אַזוינע אויגן, אַזאַ בליק, אַזאַ קול! עס איז גאָר אַן אַנדער דרך, אַן אַנדער וועלט! דעם ביאַלער רבינס אויגן לײַכטן אַזוי גוט, אַזוי שטיל, עס קומט אַרײַן אַ חיות אין האַרץ; ער וואַרפֿט אויף דיר אַ בליק, האָט ער דיך מיט גאָלד באַשיט ... און זײַן קול, דאָס זיסע קול, דאָס סאַמעטן זיסע קול – רבונו של עולם, בײַם האַרץ כאַפּט עס אָן, בײַם האַרץ גלעט עס אַזוי שטיל, אַזוי מחיהדיק ... נישט קיין מורא, חס ושלום, האָט מען פֿאַר'ן, נאָר די נשמה צעגייט אין ליבשאַפֿט, אין מתיקות פֿון ליבשאַפֿט. זי וויל אַרויס פֿון גוף און באַהעפֿטן זיך מיט זײַן נשמה ... זי רײַסט זיך ווי, להבֿדיל, אַ זומער־פֿליגעלע צו אַ העלן פֿלאַם!... און דאָ – רבונו של עולם – אימה ופּחד! אַ גאָון, אַ פֿאַרצײַטישער גאָון! און ער גייט אַרײַן צו אַ יולדת!

– "ער וועט פֿון איר מאַכן – שרעק איך מיך – אַ גל של עצמות!"

לויף איך צום רבין.

און דער רבי באַגעגנט מיך באַלד אין טיר מיט אַ שמייכל:

– האָסט געזען – מאַכט ער – כּבֿוד התּורה? ריינעם כּבֿוד התּורה?

איך האָב מיך באַרויִקט. אַז דער שמייכלט, טראַכט איך, איז גוט!

*

און עס איז טאַקע גוט געווען. שמיני עצרת איז זי איבערגעקומען. שׂמחת־תּורה האָט שוין דער בריסקער רבֿ געזאָגט תּורה בײַם טיש. איך האָב געוואָלט ערגעץ אַנדערש זײַן בײַם טיש, נאָר איך האָב מורא געהאַט. בפֿרט אַז מיט מיר איז געווען אַ מנין ... מען וועט בענטשן נבֿרך אלהינו...

מילא, וואָס זאָל איך דערציילן? דעם בריסקער רבֿס תּורה? אויב די תּורה איז אַ ים, איז ער געווען דער לויתן אין ים – מיט איין תּנועה גיט ער אַ שווים דורך צען מסכתּות; מיט איין תּנועה מישט ער אויס ש"ס ופּוסקים! אַז עס הילכט און שפּריצט, זידט און קאָכט, טאַקע ווי מען דערציילט פֿון אמתן ים... דעם קאָפּ האָט ער מיר צעשרויפֿט... נאָר "לבֿ יודע מרת נפֿשו". דאָס האַרץ מײַנס האָט פֿאָרט נישט געהאַט קיין שׂמחת יום־טובֿ! און דעמאָלט האָב איך מיך דערמאָנט אין רבינס חלום... און איך בין פֿאַרשטאַרט געוואָרן. די זון איז געלעגן אין פֿענצטער; ווײַן האָט בײַם טיש נישט געפֿעלט; דער גאַנצער עולם, זע איך, שוויצט. און מיר? מיר איז געווען קאַלט, קאַלט ווי אײַז! און דאָרטן, האָב איך געוווּסט, זאָגט מען אַנדערע תּורה... דאָרט איז ליכטיק און וואַרעם... יעדעס וואָרט איז דורכגעוועבט און דורכגעווייקט מיט אַהבֿה און דבֿקות... מלאָכים, פּילט מען, פֿליִען אַרום שטוב; ממש מען הערט, ווי עס רוישן די גרויסע, ווײַסע פֿליגל... אײַ, רבונו של עולם! נאָר אַוועקגיין טאָר מען נישט!

פלוצלינג האַקט ער איבער, דער בריסקער רבֿ, און גיט אַ פֿרעג:

– וואָס פֿאַר אַ רבין האָט איר עס דאָ?

"איינעם אַ נח" – ענטפֿערט מען אים.

מילא, שנײַדט עס מיך בײַם האַרץ. "איינעם אַ נח" – אַך, די חניפֿה, די חניפֿה!

אַ בעל־מופֿת? פֿרעגט ער ווײַטער.

– ווייניק, מען הערט נישט... ווײַבער אַפֿילו דערציילן. נאָר ווער הערט זיי?

– ער נעמט אַזוי געלט, אָן מופֿתים...

זאָגט מען אים שוין דעם אמת, אַז געלט נעמט ער ווייניק און גיט אַ סך אַוועק.

דער בריסקער רבֿ פֿאַרקלערט זיך.

– און לערנען קאָן ער?

– מען זאָגט: אַ גדול!

– פון וואַנען איז ער, דער נח?

קיינער ווייסט נישט און איך מוז ענטפֿערן. מאַכט זיך שוין אַ שמועס צווישן מיר מיטן בריסקער רבֿ.

– איז ער נישט, דער נח, אַ מאָל אין בריסק געווען? – פֿרעגט ער.

– צי דער רבי – שטאַמל איך – איז געווען אין בריסק? דאַכט זיך, יאָ!

– אָ! – מאַכט ער – אַ חסיד זײַנער! און עס האָט זיך מיר געדאַכט, אַז ער האָט אויף מיר אַ קוק געטאָן ווי אויף אַ שפּין.

און ער האָט זיך איבערגעדרייט צום עולם:

– בײַ מיר – זאָגט ער – איז אַמאָל געווען אַ תּלמיד "נח" ... אַפֿילו אַ גוט קעפּל, נאָר עס האָט אים געצויגן אין יענער זײַט אַרײַן. איך האָב אים איין מאָל געזאָגט, צוויי מאָל...

איך האָב אים געוואָלט זאָגן צום דריטן מאָל, מזהיר זײַן, איז ער מיר נעלם געוואָרן... צי איז עס נישט דער?

– ווער ווייסט?

און ער הייבט אָן אויסמאָלן: אַ דאַרער, אַ קליינער, אַ שוואַרץ בערדל, שוואַרצע געקרײַזלטע פּיאות, אַ פֿאַרטראַכטער, אַ שטיל קול און דאָס גלײַכן.

– עס קאָן זײַן – זאָגט דער עולם – אַז דאָס איז ער; קרובֿ לאמת!

איך האָב שוין גאָט געדאַנקט, אַז מען האָט אָנגעהויבן בענטשן.

נאָר נאָך דעם בענטשן איז געשען אַזוינס, וואָס עס האָט זיך מיר גאָר נישט געקאָנט חלומען.

דער בריסקער רבֿ הייבט זיך אויף פֿון בענקל, רופֿט מיך אַוועק אין אַ זײַט און זאָגט מיר שטילערהייט: פֿיר מיך צו דײַן רבין און מײַן תּלמיד. נאָר, הערסט, – קיינער זאָל נישט ווייסן!

מן־הסתּם פֿאָלג איך. נאָר אויפֿן וועג פֿרעג איך אים מיט שרעק:

– בריסקער רבֿ – זאָג איך – מיט וואָס פֿאַר אַ כּוונה גייט איר?

און ער ענטפֿערט מיר פּשוט:

– עס איז מיר אײַנגעפֿאַלן בײַם בענטשן, אַז איך בין ביז אַהער געווען אַ דן שלא בפֿניו... זען וויל איך, איך וויל אַליין זען, און אפֿשר – האָט ער שפּעטער צוגעגעבן – וועט מיר גאָט העלפֿן, איך וועל אַרויסראַטעווען מײַנס אַ תּלמיד.

– ווייסט, שגץ, – מאַכט ער ווײַטער מיט הלצה – אַז אויב דײַן רבי איז דער נח, וואָס האָט בײַ מיר געלערנט, קען ער זײַן אַ גדול בישׂראל, אַ בריסקער רבֿ אַ מאָל!

אַצינד האָב איך שוין זיכער געוווּסט, אַז דאָס איז ער, און דאָס האַרץ האָט ערשט אָנגעהויבן צאַפּלען...

*

און די צוויי בערג האָבן זיך צוזאַמענגעטראָפֿן... אַז איך בין אין דער מיט נישט געבליבן אויפֿן אָרט, איז טאַקע אַ נס מן השמים.

דער ביאַלער רבי, זכרונו לבֿרכה, פֿלעגט שׂמחת־תּורה אַרויסשיקן די חסידים שפּאַצירן אַרויס דער שטאָט און ער אַליין איז זיך געזעסן אויפֿן גאַניקל, און געקוקט, און מקבל נחת געווען.

עס איז נישט געווען הײַנטיקע ביאַלע. עס איז געווען דעמאָלט נאָך אַ קליין שטעטל. סאַמע קליינע, נידעריקע, געבויטע הײַזלעך, אויסער דער שול מיטן רבינס בית־המדרש. דעם רבינס גאַניקל איז געווען אויפֿן צווייטן שטאָק און מען האָט פֿון גאַניקל אַלץ געזען ווי אויף דער האַנט – די בערגלעך פֿון מזרח־זײַט, דעם טײַך פֿון מערבֿ... – און דער רבי זיצט אויפֿן גאַניקל און קוקט. דערזעט עטלעכע חסידים, וואָס גייען און שווײַגן, וואַרפֿט ער זיי אַראָפּ פֿון דער הויך אַ התחלה פֿון אַ ניגון. זיי כאַפּן אונטער און גייען שוין ווײַטער זינגענדיק. און כּיתּות, כּיתּות גייען פֿאַרבײַ, און לאָזן זיך אַרויס פֿון שטאָט, מיט געזאַנג, מיט אמתער פֿרייד, מיט אמתער שׂמחת־תּורה... און דער רבי פֿלעגט זיך נישט רירן פֿון גאַניקל.

דעמאָלט אָבער האָט דער רבי, אַ פּנים, דערהערט אַנדערע טריט, האָט ער זיך אויפֿגעהויבן און איז אַקעגנגעגאַנגען דעם בריסקער רבֿ.

– שלום עליכם, רבי! – מאַכט ער מיט ענִיוות און מיט זײַן זיס קול.

– עליכם שלום, נח! – האָט דער בריסקער רבֿ געענטפֿערט.

– זיצט, רבי!

דער בריסקער רבֿ זעצט זיך און דער ביאַלער רבי שטעלט זיך פֿאַר אים.

– זאָג נאָר, נח! – מאַכט דער בריסקער רבֿ מיט אויפֿעהויבענע ברעמען – וואָס ביסט דו עס אַנטלאָפֿן פֿון מײַן ישיבֿה? וואָס האָט דיר דאָרטן געפֿעלט?

– עס האָט מיר, רבי, – ענטפֿערט ער געלאַסן – אָטעם פֿאַרפֿעלט... איך האָב נישט געקאָנט דעם אָטעם כאַפּן...

– ווי הייסט? וואָס רעדסט דו, נח?

– נישט מיר – פֿאַרטײַטשט דער רבי מיט אַ שטילערן קול – נאָר מײַן נשמה האָט אָטעם פֿאַרפֿעלט...

– פֿאַר וואָס, נח?

– אײַער תּורה, רבי, איז סאַמע דין! אָן רחמים איז זי! אָן אַ פֿונק חסד איז אײַער תּורה! און דעריבער איז זי אָן שׂמחה, אָן פֿרײַען אָטעם... סאַמע ברזל ונחשת, אײַזערנע חוקים, קופּערנע דינים... און סאַמע הויכע תּורה, פֿאַר לומדים, פֿאַר יחידי־סגולה!...

דער בריסקער רבֿ שווײַגט און דער רבי זאָגט ווײַטער:

– און זאָגט מיר, רבי, וואָס האָט איר פֿאַרן כּלל־ישׂראל? פֿאַרן האָלצהעקער, פֿאַרן קצבֿ, פֿאַרן בעל־מלאָכה, פֿאַרן פּראָסטן ייִד?... בפֿרט – פֿאַר אַ זינדיקן ייִד? וואָס, רבי, האָט איר פֿאַר נישט לומדים?

דער בריסקער רבֿ שווײַגט, גלייך ער פֿאַרשטייט נישט, וואָס מען רעדט צו אים. און דער ביאַלער רבֿ שטייט אַלץ פֿאַר אים און זאָגט ווײַטער מיט זײַן זיס קול:

– זײַט מיר מוחל, רבי, נאָר דעם אמת מוז איך אײַך זאָגן... האַרט איז געווען אײַער תּורה, האַרט און טרוקן, ווײַל זי איז נאָר דער גוף און נישט די נשמה פֿון דער תּורה!

– די נשמה? – פֿרעגט דער בריסקער רבֿ און רײַבט זיך דעם הויכן שטערן.

– אַוודאי! אײַער תּורה, רבי, האָב איך געזאָגט, איז נאָר פֿאַר יחידי־סגולה, פֿאַר לומדים, נישט פֿאַר כּל־ישׂראל. און די תּורה מוז זײַן פֿאַר כּל־ישׂראל! די שכינה מוז רוען אויף כּל־ישׂראל! וואָרעם די תּורה איז די נשמה פֿון כּל־ישׂראל!

– און דײַן תּורה, נח?

– איר ווילט זי זען, רבי?

– תּורה – זען? – וווּנדערט זיך דער בריסקער רבֿ.

– קומט, רבי, איך וועל זי אײַך ווײַזן!... איך וועל אײַך איר גלאַנץ ווײַזן, די שׂמחה וואָס שטראַלט אַרויס פֿון איר אויף אַלע, אויף כּל־ישׂראל!

דער בריסקער רבֿ רירט זיך נישט.

– איך בעט אײַך, רבי, קומט, נישט ווײַט!

ער האָט אים אַרויסגעפֿירט אויפֿן גאַניקל. שטילערהייט בין איך זיי נאָכגעגאַנגען.

דער רבי האָט דאָך דערפֿילט:

– מעגסט נאָכגיין, – מאַכט ער – שמעיה, הײַנט וועסטו אויך זען... דער בריסקער רבֿ וועט אויך זען... שׂמחת־תּורה וועט איר זען... איר וועט זען אמתע שׂמחת־תּורה!

און איך האָב געזען דאָס אייגענע, וואָס אַלע שׂמחת־תּורה, נאָר איך האָב אַנדערש געזען... ווי אַ פֿאָרהאַנג איז מיר אַוועקגעפֿאַלן פֿון די אויגן.

אַ גרויסער, ברייטער הימל – ממש אין־סוף, און בלוי, אַזוי העלבלוי איז דער הימל געווען, אַז עס האָט מחיה געווען דאָס אויג, איבערן הימל זיבן געשוווּמען ווײַסע, ממש זילבערנע וואָלקנדלעך, און אַז מען האָט זיך אין זיי אײַנגעקוקט, האָט מען געזען ווי זיי ציטערן ממש פֿאַר פֿרייד, ווי זיי טאַנצן־אונטער מיט שׂמחת־תּורה. הינטן, ווײַטער, האָט אַרומגענומען די שטאָט אַ גרינער, ברייטער גאַרטל, אַ טונקל־גרינער, נאָר דאָס גרינע איז געווען אַזוי לעבעדיק גרין, אַזוי לעבעדיק, גלײַך עס וואָלט אַ חיות אַרומגעפֿלויגן צווישן די גראָזן; וואָס אַ מאָל, האָט זיך געדאַכט, פֿלאַמט ערגעץ אַנדערש אויס אַ חיות, אַ געשמאַק, אַ לעבן; – מען האָט געזען בחוש, ווי די פֿלעמלעך שפּרינגען און טאַנצן צווישן די גרעזלעך... גלײַך זיי האַלדזן זיי און קושן זיי...

און אויף די לאָנקעס מיט די פֿלעמלעך האָבן זיך אַרומגעדרייט כּיתּות און כּיתּות פֿון חסידים... די אַטלאַסענע און אַפֿילו די לאַסטינגענע קאַפּאָטעס האָבן געבלאַנקט ווי די שפּיגל, די צעריסענע ווי די גאַנצע... און די פֿלעמלעך, וואָס האָבן זיך אַרויסגעריסן פֿון צווישן די גרעזעלעך, האָבן זיך געכאַפּט און געטשעפּעט אין די שפּיגלדיקע בגדי יום־טובֿ, און עס האָט זיך געדאַכט, אַז זיי טאַנצן אַרום יעדן חסיד, מיט התלהבֿות, מיט ליבשאַפֿט... און אַלע כּיתּות חסידים האָבן געקוקט מיט ווּנדערלעך דאָרשטיקע אויגן אַרויף צום רבינס גאַניקל... און די דאָרשטיקע אויגן, האָב איך געזען ממש בחוש, זויגן פֿון גאַניקל, פֿון רבינס פּנים דאָס ליכט, און וואָס מער ליכט זיי האָבן געזויגן, העכער געזונגען האָבן זיי... אַלץ העכער און העכער... אַלץ לוסטיקער, אַלץ הייליקער...

און יעדע כּיתּה האָט זיך געזונגען איר ניגון, נאָר אין דער לופֿט האָבן זיך די אַלע ניגונים מיט די אַלע קולות אויסגעמישט; און צום רבינס גאַניקל איז צוגעקומען איין זמר, איין ניגון... גלײַך אַלע זינגען איין זמר. און אַלע זינגען – דער הימל זינגט, די גלגלים זינגען, און די ערד פֿון אונטן זינגט, און די נשמה פֿון דער וועלט זינגט – אַלץ זינגט.

רבונו של עולם! איך האָב געמיינט, איך צעגיי אין מתיקות... עס איז אָבער נישט באַשערט געווען.

– מען דאַרף מנחה דאַוונען! – האָט פּלוצלינג דער בריסקער רבֿ אַרויסגעזאָגט שאַרף; און אַלץ איז פֿאַרשווּנדן געוואָרן...

שטיל – דער פֿאָרהאַנג איז מיר צוריקגעפֿאַלן פֿאַר די אויגן: אויבן – אַ פּשוטער הימל, אונטן – פּשוטע פּאַשע, פּשוטע חסידים אין צעריסענע קאַפּאָטעס... אַלטע צעריסענע שטיקלעך ניגונים... אויסגעלאָשן די פֿלעמלעך – איך קוק אויפֿן רבין, זײַן פּנים איז אויך חושך – –

*

זיי האָבן זיך נישט אויסגעגליכט; דער בריסקער רבֿ איז געבליבן אַ מתנגד ווי פֿריִער; מיט דעם איז ער אַוועקגעפֿאָרן!

דאָך אַ פּעולה האָט עס געטאָן! גערודפֿט האָט ער שוין נישט.

1900

[י.ל. פּרץ, *אין 20סטן יאָרהונדערט: לידער ־ דערציילונגען ־ עסייען*, רעד. שמואל ראָזשאַנסקי. בוענאָס־איירעס: ייוואָ, 1962, 16־34]

רבֿ [ראָוו], דער רבנים [ראַבאָנים] Orthodox rabbi
רבי [רעבע], דער ־ס/־ים [ראַבעיִם] Hasidic rebbe
צדיק [צאַדיק], דער ־ים [צאַדיקים] pious man
מובֿהק [מוּווּעק] outstanding, distinguished
נעלם ווערן disappear
נתגלה [ניסגאַלע] ווערן appear, be revealed
מהאי טעמא [מהײַ טײַמע] for this reason
טרוקן dry
שאלה [שײַלע], די ־ות question
אישה [אישע], די נשים [נאָשים] woman
שאלת נשים [שײַלעס־נאָשים], די שאלות־ questions about women's ritual purity
בשר־בחלבֿ [באָסער־בכײַלעוו] meat with tallow
דיני ממונות [דינע־מאָמענעס] ל"ר civil code
משרת [מעשאָרעס], דער/דאָס ־ים [מעשאָרסים] servant
באותה הרגע [בעויסע־האָרעגע] at the same moment
חיות [כײַעס], דאָס life
ממשלה [מעמשאָלע], די ־ות rule, dominion
גוף, דער ־ים body
נגלה [ניגלע], דער that which is revealed
תּורה חיים [טוירע־כײַעם], די a living Torah
מתנגד [מיסנאַגיד], דער ־ים [מיסנאַגדים] orthodox opponent of Hasidism
בטבֿע [בעטעווע] by nature
נוקם ונוטר כּנחש [נויקעם־ווענויטער־קענאָכעש] vengeful as a snake
זהר [זויער], דער *Zohar*, holiest book of Cabbalah
פּרדס [פּאַרדעס], דער ־ים [פּאַרדייסים] fruit orchard/ garden
אַרײַנלייגן [־געלייגט] אין חרם [כײרעם] excom -municate
קבלה [קאַבאָלע], די Cabbalah
אָפּגאָלן אָפּגעגאָלט shave off
ערל [אָרל], דער ־ים [אַריילים] Gentile
יצא מדעתו [יאָצע־מידאַטע] ווערן lose one's mind
מרה־שחורה [מאָרעשכוירע], די melancholy
חידוש [כידעש], דער/דאָס ־ים [כידושים] surprise, novelty
שלאָגן מיט דער דעה {[דײע], די ־ות} hesitate
גן־עדן התּחתּון [גאַניידנאַטאַכטן] lowest level of Paradise
יופּעצע, די ־ס long kaftan

סאַלע, די ־ס salon, parlor
אין לשער ואין לספּר [איינלעשאַער־וועיינלעסאַפּער] immense and indescribable
אָפּרײַסן אָפּגעריסן tear off, sever, pry loose
קיין שום no, none, not a single
כּלי־בית [קלעבאַיִס], דאָס/ל"ר furniture
באַגיסן באַגאָסן drench
שווייס, דער sweat
אבֿר [אייווער], דער ־ים [אייוורים] limb
כּל ישׂראל [קאָל־ייסראָעל] all Jews
אַ קלייניקייט! no big deal! [*iron.*]
פּאַלאַץ, דער ־ן palace
דערשרעקן זיך דערשראָקן be frightened
אָנכאַפּן זיך אָנגעכאַפּט grasp at, clutch
אָפּבריִען אָפּגעבריט scald
פּחד [פּאַכעד], דער ־ים [פּכאָדים] fear, dread
באַדײַ if only
רבונו של עולם [רעבוינע־שעל־אוילעם] Lord of the world/universe
גיהנום [געהענעם], דאָס ־ס hell, inferno
בעל־עגלהש [באַלעגאָלעש] coachman's
גאַרטל, דער ־ען belt
לענד, די ־ן hip, loin
בײַטש, די ־ן whip, lash
פֿאַרשוווּנדן ווערן disappear
גרויען געגרויט become light near dawn
געשווינד quickly
פּותר חלום [פּויסער כאָלעם] זײַן interpret a dream
למדן [לאַמדן], דער ־ים/לומדים [לאַמדאָנים/לאָמדים] scholar
בויד, די ־ן [covered] wagon
אײַנגעשפּאַנט harnessed
פֿאַרצײַטיש antique, ancient, of times past
שטויסן זיך געשטויסן propel, stimulate
דבֿרים בגו [דוואָרים־בעגייוו] there is significance therein
פֿאָרט nevertheless, yet, after all
מײַן דאגה! {[דײַגע], די ־ות} = my problem?! who cares!
גלות [גאָלעס], דאָס/דער ־ן exile, diaspora
עד מפּי עד [אייד־מיפּי־אייד] giving second-hand testimony
לערך [לעערעך] = בערך [בעערעך] approximately

התגלות [היסגאַלעס], דאָס revelation
לכתחילה [לעכאַטכילע] at first, originally
מלמדות [מעלאַמדעס], דאָס a melamed's profession
עושר [אוישער], דער ־ים [אַשירים] wealthy person
אָנגעשטאָפּט packed, stuffed
נדן [נאַדן], דער ־ס dowry
שנור, די ־ן/שניר daughter-in-law
מחותּן [מעכוטן], דער ־ים [מעכוטאָנים] male in-law
חולק [כוילעק], דער ־ים [כולקים] opponent
דווקא [דאַפּקע] only, nothing other than
ערבֿ [אָרעוו], דער ־ים [אָרווים/אַרייווים] guarantor
צוואַנג, די ־ען [pair of] pliers, tongs
באמת [בעמעס] in truth, actually, truly
ווי א האָן אויפֿן בני אָדם [בנײ־אָדעם] without understanding [= as a rooster looks at a human being]
מתרחק [מיסראַכעק] זײַן זיך withdraw
גע̃פֿעצן געגעפֿעצט yawn
איידעם, דער ־ס/־עס son-in-law
קנייטשן געקנייטשט crease, wrinkle
ליצנות [לעצאָנעס], דאָס mockery, buffoonery
שפּאַרן זיך dispute, wrangle
ויהי היום [ווײַהי־האַיום] there was a day = once upon a time
גיין צו קינד go into labor, give birth
מאַלע and what of it that...
ניזוק [ניזעק] ווערן be injured
צדיק־הדור [צאַדעקאַדאָר], דער צדיקי־ [צאַדיקע־] an era's important pious man
לא עליכם [לויאַלייכעם] God preserve you
במשך [בעמעשעך] during
ניפֿטר [ניפֿטער] ווערן pass away
בן זכר [בענזאָכער], דער בנים זכרים [באָנימסכאָרים] son
רחמנא ליצלן [ראַכמאָנעליצלאַן] heaven preserve us
מקשה לילד [מאַקשעליילעד] woman who gives birth with difficulty
בשעת מעשה [בשאַסמײַסע] at the (same) time, while it was happening
מן השמים [מינאַשאָמײַעם] from heaven = God-given
מחלוקת [מאַכלויקעס], דאָס ־ן quarrel, feud
עונש [אוינעש], דער ־ים [אָנאָשים] moral punishment
התנגדות [היסנאַגדעס], דאָס ־ן opposition, resistance
ביד חזקה [בעיאַדכאַזאָקע] with a strong hand = despotically

חרמות [כראָמעס], ל"ר vehement curses
תּקיפֿות [טקיפֿעס], דאָס [political] power
אנשי־חייל [אַנשעכײַעל], ל"ר soldiers
צדקת [צעדייקעס], די ־ן pious woman
זײַדן gentle, kind, silken
בריאה [בריע], די ־ות creature, being
כּלי [קיילע], די ־ים gear, instrument
קוויטל, דאָס ־עך note, slip
פדיון [פּידיען], דער ־ות [פּידיוינעס] payment to Hasidic rabbi for advice
באשר [באַשער/באַנשער] because [*skept.*]
נפֿשו קשורה בנפֿשה [נאַפֿשאָ־קישורע־בנאַפֿשאַ] his life is bound to her life
שלום־בית [שאָלעם־באַיִס] domestic peace
אַרויסשמעקן אַרויסגעשמעקט emit a scent
תּנוע [טנוע], די ־ות motion, gesture
העוויה [האַווײַע], די ־ות face, gesture
סכּנות־נפֿשות [סאַקאָנעס־נעפֿאָשעס], דאָס mortal danger
חס ושלום [כאַסוועשאָלעם] heaven forbid!
פלוניתטע [פּלויניעסטע], די ־ס wife, missus [*iron.*]
כּהאי לישנא [קעהײַלישנע] with the following words
שטערנטיכל, דאָס ־עך trad. woman's head covering
אוירינגל, דאָס ־עך earring
מטמון [מאַטמען], דער ־ים [מאַטמוינים] treasure
פּחות משווה פּרוטה [פּאָכעס־מישאָווע־פּרוטע] worth less than a penny
פּיפּץ, דער ־ן/־עס chirp
לבֿ יודע [לעוו־יעדייע] the heart knows/feels
מתפּלל [מיספּאַלעל] זײַן pray
יולדת [יאָלדעס], די ־ן woman in childbirth
שמירה [שמירע], די ־ות amulet
מטבע [מאַטבייע], די ־ות coin
קמיע [קאַמייע], די ־ות amulet, charm
אמונה [עמונע], די ־ות faith, creed
סוכּות [סוקעס], דער feast of tabernacles, Sukkoth
בן־בית [בענבאַיִס], דער בני־ [בנײ־] member of the household
מרחם [מעראַכעם] זײַן זיך pity, take pity on
ווײַ, דער ־ען pain, *pl.* labor pains
אײַנרײַסן {אײַנגעריסן} די שול supplicate Heaven while grasping the Torah ark
קבֿר [קייווער], דער/דאָס ־ים [קוואָרים] grave, tomb
קבֿר מעסטן {געמאָסטן} supplicate Heaven while grasping a tomb
צדקה תּציל ממוות [צדאָקע־טאַצל־מימאָוועס] 'charity rescues from death' [verse said during

funeral procession]

שלא ממין הטענה [שעלוי־מעמין־האַטײַנע] beside the point

לאַץ, דער/די ־ן lapel

אַ פּנים [אַפּאָנים] apparently, seemingly

מת [מעס], דער/דאָס ־ים [מייסים] corpse, ghost

מילא [מײלע] never mind, whatever

צד [צאַד], דער צדדים [צדאָדים] side

בכלל [ביכלאָל] in general

כמאַרע, די ־ס threatening cloud

סמאָלע, די ־ס tar, pitch, resin

רוח [רועך], דער ־ות ghost, devil

להבֿדיל [לעהאַוודל] to distinguish between sacred and profane

צלמען [צײלעמען] זיך געצלמט make the sign of the cross

תּוך כּדי־דיבור [טאָך־קעדײ־דיבער] instantly, at that moment

קריִע, די ־ס floe

אויסגענעצט drenched

קײַמא לן [קײַמעלאָן], דער ־ען truism, indisputable truth

שליטה [שליטע], די ־ות power, influence

ראַפּטעם abruptly, hastily

פֿליאַסק, דער ־ן slap

איז מיר דער מוטערס מילך אַנטפֿאַלן I was terrified

בחוש [בכוש] clearly, distinctly

ברעכן {געבראָכן} זיך די הענט wring one's hands

באַדעקן באַדעקט cover

פּיאַנע = פּינע, די ־ס lather, foam

הושענא רבה [הוישײַנע־ראַבע] 7th day of Sukkoth

איבעררײַסן זיך איבערגעריסן rip open, open up

שפּאַלט, דער ־ן crack, spit

וועלקי ראַבין צי דוזשי ראַבין [*Pol*] giant/great rabbi

דער עיקר [דעריקער] chiefly, above all, especially

הײשעריק, דער ־ן grasshopper, locust

צופֿאַלן * צוגעפֿאַלן fall upon

געוויין, דאָס ־ען weeping, lament

כּוח [קויעך], דער ־ות [קויכעס] force, strength

אַרײַנדריקן אַרײַנגעדריקט press into

שטערן, דער ־ס forehead, brow

שויב, די ־ן pane, glass

דערלאַנגען דערלאַנגט extend, hand, reach

צער [צאַר], דער grief, sorrow

דורכנעמען דורכגענומען penetrate, pervade

עמוד ברזל [אָמעד־באַרזעל] column of iron

משכמו ומעלה [מישיכמע־וואָמײלע] above average, excellent

אימה [אײמע], די dread, terror

מלכות [מאַלכעס], דאָס ־ן royalty, realm

שפּיץ, דער/די ־ן tip, point

ברעם, די ־ען eyebrow

פֿאַרשטעלן פֿאַרשטעלט shield, screen, hide

חלף [כאַלעף], דער ־ים [כאַלאָפֿים] slaughtering knife

בליצן געבליצט flash

לייב, דער ־ן lion

אַרויס פֿון די כּלים [קעלים] out of my mind

דרך [דערעך], דער ־ים [דראָכים] way, path

חיות [כיִעס], דאָס // [כײַעס], דער life // delight

באַשיטן באַשאָטן/באַשיט strew, lavish upon

סאַמעטן of velvet

מחיהדיק [מעכײַעדיק] delightful, delicious

מורא [מוירע], די ־ס fear

פֿאַר'ן = פֿאַר אים for him

מתיקות [מעסיקעס], דאָס sweetness

גאון [גאָען], דער ־ים [געוינים] genius

גל של עצמות [גאַל־שעל־אַצאָמעס] a mound of bones

כּבֿוד התּורה [קאָוועדאַטוירע] respect for Torah [and its pious teachers]

שמיני עצרת [שמינאַצערעס] 8th day of Sukkoth

שׂמחת־תּורה [סימכעס־טוירע] Simḥath Torah

נבֿרך אלהינו [ניווערעך־עלאָהיינו] beginning the benediction after meals with a minyan

ים [יאַם], דער/די ־ען/־ים sea

לוויתן [לעוויאָסן], דער Leviathan, giant fish of Jewish legend

מסכתּא [מעסעכטע], די ־ות tractate [of the Talmud]

ש"ס [שאַס] = שישה סדרים [שישע־סדאָרים] 'six orders' = Talmud

ופּוסקים [אופּאָסקים] post-Tamudic codification of Jewish law

הילכן געהילכט (re)sound

זידן געזאָדן/געזאָטן seethe, boil

צעשרויפֿן צעשרויפֿט upset

לבֿ יודע מרת נפֿשו [לעוו־יעדייע־מאָרעס־נאַפֿשוי] the heart knows the rancor of the soul

פֿאַרשטאַרט stiff, frozen

דורכוועבן דורכגעוועבט interweave

דורכווייקן דורכגעווייקט soak through

אהבֿה [אַאווע], די divine love

דבֿקות [דווייקעס], דאָס religious ecstasy via communion with God

מלאך [מאַלעך], דער ־ים [מאַלאָכים] angel

רוישן גערוישט make noise, rush

איבעררהאַקן איבערגעהאַקט interrupt

חניפֿה [כניפֿע], די ־ות flattery [*iron.*], cajolery
בעל־מופֿת [באַל־מויפֿעס], דער בעלי־מופֿתים [באַלע־מאָפֿסים] performer of miracles
פֿאַרקלערן זיך פֿאַרקלערט reflect, consider
שטאַמלען געשטאַמלט stammer, stutter
מזהיר [מאַזער] זײַן warn, caution
אויסמאָלן אויסגעמאָלט describe, paint
דאַר slender, thin, dried
געקרײַזלט curled
פֿאַרטראַכט thoughtful, pensive
קרובֿ לאמת [קאָרעוו־לעעמעס] near to reality, credible
מן־הסתּם [מינאַסטאַם] probably [*iron.* = most certainly]
כּוונה [קאַוואָנע], די ־ות intention, fervor
דן שלא בפֿניו [דאַן־שעלוי־ביפֿנאַוו] judge under the eyes
אַרויסראַטעווען אַרויסגעראַטעוועט rescue
שגץ = שייגעץ, דער שקצים [שקאָצים] gentile/naughty boy
הלצה [האַלאָצע], די ־ות joke, wit
צאַפּלען [זיך] געצאַפּלט squirm, wiggle
צוזאַמענטרעפֿן צוזאַמענגעטראָפֿן meet
זכרונו לבֿרכה [זיכרוינע־ליווראָכע] of blessed memory
גאַניק, דער ־עס porch, stoop
מקבל נחת [מעקאַבל־נאַכעס] זײַן be delighted
שטאָק, דער – story, floor [of a building]
התחלה [האַסכאָלע], די ־ות beginning
ניגון [ניגן], דער ־ים [ניגונים] melody, tune
כּיתּה [קיטע], די ־ות group, sect, school class
עניוות [אַניוועס], דאָס modesty
געלאַסן calmly, leisurely
סאַמע דין the law pure and simple
רחמים [ראַכמים], דאָס charity, mercy

פֿונק, דער ־ען spark
חסד [כעסעד], דער ־ים [כסאָדים] favor, mercy
ברזל ונחשת [באַרזעל־ווענאַכאָשעס] iron and brass
חוק [כאָק], דער ־ים [כוקים] law, rule
קופּערן made of copper
יחידי־סגולה [יעכידע־זגולע] ל"ר select individuals
האָלצהעקער, דער ־ס lumberjack, woodcutter
קצבֿ [קאַצעף], דער ־ים [קאַצאָווים] butcher
בעל־מלאָכה [באַל־מעלאָכע], דער ־ות craftsman
שכינה [שכינע], די divine presence/ manifestation
אַרויסשטראַלן אַרויסגעשטראַלט beam, shine forth
פֿאָרהאַנג, דער ־ען curtain
אין־סוף [איין־סאָף] infinity
ציטערן געציטערט tremble, shiver, quiver
אַטלאַסן = אַטלעסען satin
לאַסטינגען made of twill
בלאַנקען געבלאַנקט gleam, glitter
טשעפּען געטשעפּעט touch, handle, bother
בגד [בעגעד], דער/דאָס ־ים [בגאָדים] garment
בגדי {ביגדע} יום־טובֿ holiday garment
התלהבֿות [היסלײַוועס], דאָס rapture, ecstasy
דאָרשטיק thirsty
זויגן געזויגט/געזויגן suck
זמר [זעמער], דער ־ס tune
גלגל [גאַלגל], דער ־ים [גאַלגאַלים] heavenly bodies; wheel of fate
צעגיין [זיך] * צעגאַנגען melt
פּאַשע, די ־ס pasture
חושך [כוישעך], דער/דאָס darkness, gloom
אויסלעשן אויסגעלאָשן extinguish
אויסגלײַכן אויסגעגלײַכט/אויסגעגליכן reconcile, settle
פּעולה [פּולע], די ־ות effect, result
רודפֿן [רוידעפֿען] גערודפֿט persecute

17

דער בונד [1]

ווען מען רעדט וועגן ייִדישע פּאָליטישע באַוועגונגען במשך פֿונעם פֿאַרגאַנגענעם אַנדערטהאַלבן יאָרהונדערט דאַרף מען אַלע מאָל דערמאָנען זיך, אַז מען רעדט נאָר פֿון לינקע באַוועגונגען בכלל: כּמעט בלי־גוזמא קען מען זאָגן, אַז די עקסטרעם רעכטע זײַנען געווען: די סאָציאַליסטן! אַזאַ פּאָליטישע סיטואַציע דאַרף מען פֿאַרשטיין אינעם קאָנטעקסט פֿונעם אַרבעטער־לעבן בעתן שפּעטן 19טן י"ה. אינעם ייִדישן לעבן זײַנען געווען וויכטיק עטלעכע פּאָליטישע גרופּעס און פּאַרטײַען. איינע פֿון די וויכטיקסטע איז געווען דער בונד.

אין דרײַ האַרבסטטעג אין 1897 האָבן זיך געטראָפֿן דרײַצן דעלעגאַטן (צווישן זיי, אַכט אַרבעטער) פֿון וויכטיקע סאָציאַליסטישע אָרגאַניזאַציעס פֿון דער רוסישער אימפּעריע. מיט די זיצונגען האָט אָנגעפֿירט אַרקאַדי קרעמער (1865־1935). די זיצונגען זײַנען געווען דורכגעפֿירט בסוד – ווײַל אומלעגאַל – אין בוידעם־שטיבל פֿון אַ הויז אויף לוקישקער גאַס, נאָענט בײַם וויליע־טײַך אין ווילנע. דאָרטן האָבן זיי עטאַבלירט דעם "אַלגעמיינעם ייִדישן אַרבעטער־בונד אין ליטע, פּוילן און רוסלאַנד", ד"ה דעם בונד. גלײַך איז געקומען אַ שטאַרקער נעגאַטיווער אָפּרוף פֿון רוסישע סאָציאַליסטן – צווישן זיי אויך די פֿירנדיקע ייִדישע פּערזענלעכקייטן, טראָצקי און אַקסלראָד – וואָס זיי האָבן ניט געוואָלט אַקצעפּטירן דעם בונדישן פּרינציפּ, אַז ייִדן זאָלן זײַן ניט נאָר אַ שפּראַך־קיבוץ און אַ טייל פֿון פּראָלעטאַריאַט, נאָר אויך אַ נאַציע מיט אַ בלײַביקער אידענטיטעט ווי אַ פֿאָלק. אויך דעם ציוניזם האָט דער בונד באַקעמפֿט: בײַם בונד איז דער גלות געווען אַ גרונטפּרינציפּ – דאָס פֿאָלק איז דאָ ווו ס'לעבן די אַרבעטער, און צוליב דעם דאַרף מען בײַטן די אַרבעט־באַדינגונגען דאָ אין רוסלאַנד, ליטע און פּוילן (און אויך אַנדערש ווו אויף דער גאָרער וועלט, ווו ייִדישע אַרבעטער געפֿינען זיך).

אין יאָר 1903 זײַנען געווען 25,000 מיטגלידער אין בונד. שוין דעמאָלט זײַנען די לאַנדסמאַנשאַפֿטן אין די פֿאַראייניקטע שטאַטן געווען גרויסע שטיצערס פֿונעם בונד. דעם ערשטן מײַ 1902, בײַ אַ דעמאָנסטראַציע אין ווילנע, האָט דער גובערנאַטאָר, פֿאָן וואַל, באַפֿוילן, אַז די פּאָליציי זאָל אינטערווענירן מיט גוואַלד־מעשׂים קעגן די אַרבעטער – צווישן זיי אַ סך ייִדן. צוליב דעם האָט אַ בונדיסט, הירש לעקערט, געפּרוווט נקמה נעמען און פֿאַרוווּנדיקט דעם גובערנאַטאָר. לעקערטן האָט מען אַרעסטירט און דערהרגעט. שפּעטער האָט דער בונד אָנגעהויבן אָרגאַניזירן ייִדישע גרופּעס צו פֿאַרטיידיקן זיך אַליין.

זייער אָפּגעשוואַכט דעם בונד האָט דער דורכפֿאַל פֿון דער רעוואָלוציע פֿון 1905 אין רוסלאַנד. אין מיזרח־אײראָפּע איז געבליבן נאָר דער צענטראַלער קאַדער. דער רעפּרעסיווער טעראָר פֿון דער מלוכה האָט ווײַטער אָנגעטריבן צו עמיגראַציע. במשך פֿון די קומעדיקע יאָרן האָט זיך געביטן דער פֿאָקוס פֿון דער בונדישער פּאָליטיק אויף קולטור־אַרבעט. איז דער בונד געוואָרן אין תּוך אַ ייִדישיסטישע באַוועגונג.

אין 1917 האָט דער בונד געהאַט 40,000 מיטגלידער, וואָס בלויז 20 פּראָצענט פֿון זיי האָבן געוווינט מחוץ דעם תּחום־המושבֿ. אין די פֿריִע טעג פֿון דער רוסישער רעוואָלוציע איז דער בונד געווען פֿאַרבונדן מיט די מענשעוויקעס; דערנאָכדעם איז אַ טייל געוואָרן אַלץ נעענטער צו די באָלשעוויקעס, אָבער די באַציִונג מיטן קאָמינטערן איז ווײַטער געבליבן אַ פּראָבלעם.

פֿון 1918 אָן פּובליקירט דער בונד די צײַטשריפֿט "לעבנס־פֿראַגן". צו ערשט איז זי געווען אַ טאָגבלאַט, שפּעטער אַ וואָכנבלאַט. אין 1921 האָט דער בונד אָרגאַניזירט די "צענטראַלע ייִדישע שול־אָרגאַניזאַציע", וואָס האָט זיך אונטערגענומען צו קאָאָרדינירן לערן־פּראָגראַמען און לערן־מאַטעריאַלן פֿאַר שולן.

בעת דער צווייטער וועלט־מלחמה האָט דער בונד געשפּילט אַן אַקטיווע ראָלע אינעם ווידערשטאַנד קעגן די היטלעריסטן. אין 1948 האָט די קאָמוניסטישע רעגירונג אין פּוילן (ווי אויך אַנדערש ווו אין מיזרח־אײראָפּע) אונטערגעדריקט דעם בונד. הײַנט איז די אָרגאַניזאַציע נאָך אינטערנאַציאָנאַל אַקטיוו אין דער קולטורעלער ספֿערע: די מיטגלידער הײַנט זײַנען ס'רובֿ ניט קיין אַרבעטער, נאָר "פֿרײַנד פֿון ייִדיש".

בונד, דער	Jewish Labor Bund
במשך [בעמעשעך] פֿון	during
פֿאַרגאַנגען	past
אַנדערטהאַלבן	one-and-a-half
דערמאָנען זיך דערמאָנט	recollect
בכלל [ביכלאָל]	in general
בלי־גוזמא [בלי־גוזמע]	without exaggeration
טרעפֿן זיך געטראָפֿן	meet
זיצונג, די ־ען	meeting
אָנפֿירן אָנגעפֿירט	direct, manage, conduct
דורכפֿירן דורכגעפֿירט	conduct
בסוד [בעסאָד]	secretly
אומלעגאַל	illegal
בוידעם, דער ־ס/ביידעמער	attic, garret
ווילִיע, די	Neris River (*in Vilne*)
אַלגעמיין	general
אָפּרוף דער ־ן	response, reaction
קיבוץ [קיבעץ], דער ־ים [קיבוצים]	community
נאַציע, די ־ס	nation, ethnicity
בלײַביק	permanent

גלות [גאָלעס], דאָס/דער ־ן	exile, diaspora
גרונט־	basic ____
בײַטן געביט ב	change, exchange
באַדינגונג, די ־ען	condition
לאַנדסמאַנשאַפֿט, די ־ן	benefit society
שטיצער, דער ־ס	supporter
באַפֿעלן באַפֿוילן	order, command
גוואַלד, די	violence, force
מעשׂים [מײַסים] ל"ר	actions, deeds
נקמה [נעקאָמע], די ־ות	revenge, vengeance
פֿאַרוווּנדיקן פֿאַרוווּנדיטק	wound
דערהרגענען [דערהאַרגענען] דערהרעט	kill
פֿאַרטיידיקן פֿאַרטיידיקט	defend
דורכפֿאַל, דער ־ן	failure
אָפּשוואַכן אָפּגעשוואַכט	weaken
אין תּוך [טאָך]	in essence, basically
קאַדער, דער ־ס	nucleus, core
מלוכה [מעלוכע], די ־ות	state
אָנטרײַבן אָנגעטריבן	drive, power, run
טעטיקייט, די ־ן	activity

יידישיסטיש — Yiddishist, supportive of Yiddish
מחוץ [מעכויץ] — outside, beyond
תּחום־המושבֿ [טכומאַמוישעוו], דער — czarist Pale of Settlement
באַציִונג, די ־ען — relationship

אונטערנעמען זיך אונטערגענומען — undertake
ווידערשטאַנד, דער — resistance, opposition
אונטערדריקן אונטערגעדריקט — suppress
ס'רובֿ [סראָוו] — mostly

דאָס הויז אויף לוקישקעס, ווּ דער גרינדונגס־צוזאַמענפֿאָר פֿונעם בונד איז פֿירגעקומען

[ייוואָ]

18

פּרץ הירשביין (1948־1880) [1]

פּרץ הירשביין איז געבוירן געוואָרן ניט ווײַט פֿונעם שטעטל קלעשטשעל. ווען ער איז געווען פֿערצן יאָר אַלט איז ער אַוועק פֿון דער היים כּדי צו לערנען אין דער ישיבֿה, צו ערשט אין גראָדנע און דערנאָך אין ווילנע. אין 1901 האָט ער אָנגעהויבן פּובליקירן העברעיִשע לידער און יידישע דערציילונגען; באַלד האָט ער גענומען שרײַבן פּיעסעס. די ערשטע איז געווען "מרים" [1905], וואָס ער האָט געשריבן אויף העברעיִש און שפּעטער איבערגעזעצט אויף יידיש. דערנאָכדעם האָט ער אָפּגעוואָרפֿן דעם נאַטוראַליזם און האָט גענומען שרײַבן סימבאָלישע פּיעסעס. אין 1904 האָט ער זיך אַריבערגעקליבן קיין וואַרשע און אין 1908 קיין אַדעס, ווו ער האָט אָרגאַניזירט אַ יידישע טעאַטער־טרופּע. אין 1910 האָט ער עמיגרירט קיין ניו־יאָרק און געאַרבעט אין טעאַטער מיט מאָריס שוואַרץ. אין יענער צײַט האָט ער דאָרטן אויך אָנגעשריבן זײַן באַוווּסטע פּיעסע "גרינע פֿעלדער", וואָס דערפֿון האָט מען אין 1937 געמאַכט אַ פֿילם . נאָך 1940 האָט ער געוווינט אין קאַליפֿאָרניע. די ערשטע פֿינף בענד פֿון זײַנע געקליבענע ווערק האָט מען פּובליקירט אין 1951. זײַנע פּיעסעס "די פּוסטע קרעטשמע", "אַ פֿאַרוואָרפֿן ווינקל" און "גרינע פֿעלדער" האָבן אַלע צו טאָן מיט יידן וואָס לעבן אין דערפֿער אין דער ליטע.

דערציילונג, די ־ען	story
פּיעסע, די ־ס	play
איבערזעצן איבערגעזעצט	translate
אָפּוואַרפֿן אָפּגעוואָרפֿן	reject
אַריבערקלײַבן זיך אַריבערגעקליבן	move (one's residence)
טרופּע, די ־ס	troupe
שטעלן געשטעלט	produce [theater]
במשך [בעמעשעך] פֿון	in the course of, over
באַנד, דער בענד	volume
קלײַבן געקליבן	collect

מײַנע קינדער־יאָרן [3]

ליפּעס מיל [קאַפּיטל צוויי]

צווישן ביאַליסטאָק און בריסק און צווישן די צוויי קלענערע שטעט: ביעלסק און וויסאָקאָ־ליטאָווסק – אין אַמאָליקן רוסלאַנד און איצטיקן פּוילן – וואַקסט נידעריק בײַ דער ערדלעך, אַ קליין שטעטעלע קלעשטשעל. מיט אַ קײַלעכדיקן מאַרק אין מיטן, מיט יידישע קלייטן אַרום מאַרק. געסלעך קומען אָן פֿון מאַרק מיט יידישע הײַזלעך. שפּעטער ציען אוועק די געסלעך ביז צום פֿעלד אַרויס – צו די נישט־יידישע שטיבלעך מיט שטרויענע דעכער. איין בית־המדרש האָבן יידן אין שטעטעלע.

בײַ דרײַ קילאָמעטער, אָפּגענויגט אין אַ זײַט פֿון שטעטל, איז געשטאַנען ליפּעס מיל. די מיידלעך און בחורים פֿון שטעטל זענען זומערלעב געגאַנגען שפּאַצירן צו ליפּעס מיל. דער וועג האָט געצויגן פֿון שטעטלשן מאַרק אַרויס דורכן רבס גאַס, דורך נישט־יידישע געסלעך; שפּעטער איז דער וועג אַוועק צווישן גערטנער און גאָר שפּעטער – צווישן זומפּן; איבערגעשניטן דעם הויכן, אויפֿגעשטאַנענעם וועג פֿון דער דרום־מערב אײַזנבאַן, און אַזוי־אַרום האָט דער וועג ווײַטער געפֿירט צווישן אָלשענע און ווערבע־ביימער; לינקס – אַ סטאַוו; רעכטס – זומפּן און געדיכטע קאַרטשעס, ביז עס האָט פֿון צווישן די ביימער באַוויזן דעם שינדלנעם דאַך – ליפּעס מיל. ווײַטער פֿון ליפּעס מיל איז קיין וועג נישט געווען. דער בריק איבערן טײַך, בײַם מיל, האָט אַריבערגעפֿירט צו די לאָנקעס אויף מיילן־ווײַט.

מײַן טאַטע, ליפּע, – אַ וואָרצלדיקער, מיטלווקסיקער, מיט אַ קופּער־קאָלירענער, געדיכטער און שווערער באָרד – ער איז געווען אַ שווײַגער. זײַנע בלויע אויגן האָבן דאָך מיט גוטסקייט פֿאַרלייקנט זײַן שווײַגן. כאָטש אין מײַנע קינדער־יאָרן איז ער געווען ווײַט אַריבער פֿופֿציק יאָר, – האָט ער צו מיר אויסגעזען יונג, – צוליבן זיידן, זײַן טאַטן, ווען ער האָט גערופֿן טאַטע.

מײַן זיידע יהושע – כאָטש דעמאָלט שוין קרוב צו הונדערט יאָר – איז ער געווען גלײַך, רירעוודיק און מיט אַ בלאָנד בערדל. ער איז געווען רעדעוודיקער פֿון טאַטן. שטענדיק איז ער אומגעגאַנגען מיט אַ ניגעלע.

מײַן טאַטע, מײַן זיידע, – זיי האָבן מיר ווי געזונטע ביימער אויסגעזען. מײַן מאַמע שיינע, – אָדער שיינדל, ווי דער טאַטע האָט זי גערופֿן, – זיא איז געווען ווי אַ בויגיק ריטעלע; שמאָל־פּנימדיק מיט גוטע, טונקעלע אויגן און טונקעלע האָר. ס'האָט מיר געחידושט, ווי זי – גאָרנישט אַזוי שטאַרק – און ווי זי טוט אַ גאַנצן טאָג, קאָכט און וואַשט און שלעפּט שווערע זאַכן. דעריבער האָט עס מיר אין די גאָר יונגע יאָרן אונטערגעזאָגט אַ געפֿיל, איך זאָל דער מאַמען העלפֿן; איך זאָל העלפֿן איר טראָגן דעם עמער וואַסער אין שטוב אַרײַן; אונטערטראָגן אַ האָלץ, ווען זי האָט געטראָגן האָלץ אין שטוב אַרײַן.

די שטוב איז געווען אינאיינעם מיט דער מיל. אַרײַנגיין אין שטוב איז מען געגאַנגען דורכן מיל. אַ וואַסערמיל. דעריבער איז אונדזער שטוב געשטאַנען אויף סלופּעס איבערן וואַסער. אַז די מיל איז געגאַנגען, דאָס וואַסער פֿון סטאַוו איז אָנגעקומען דורך די אָפֿענע זאַסטעווקעס, געפֿאַלן אויף די לאָפּעטקעס פֿון די רעדער, און די מיל איז אוועקגעגאַנגען – האָט דאָס וואַסער געררוישט אונטערן שטוב. אַלע ווענט האָבן געציטערט, ווען די מיל האָט

פריילעך געקלאַפּט. וואַסער־גערויש, וואַסער־געמורמל איז שטענדיק געווען אונטערן שטוב, וואָס איז באַשטאַנען פֿון צוויי חדרים: אַ שטוב מיט אַ קאַמער, אָפּגעצאַמט איינס פֿון אַנדערן מיט אַ וואַנט־אויוון, וואָס האָט אין ווינטער געוואַרעמט די שטוב; און מיט אַ באַקאויוון, וואָס יעדן פֿרייטיק האָט מען אים געהייצט צוויי מאָל. די פֿענסטער זענען אַרויסגעקומען צום טייך און צו די לאָנקעס.

פֿון די גרויסע קינדער אין שטוב – איז געווען מיין בלאָנדער, פֿאַוואָלעדיקער, זייער פֿרומער ברודער קלמן; די לעבעדיקע, ספּריטנע שוועסטער בעבל, און נאָך איר – מיין ברודער משה – וואָס האָט די מיל ליבער געהאַט מער פֿון חדר, און דערפֿאַר האָט דער טאַטע אויף אים אָפּטמאָל געקוקט מיט ברוגז. מיין עלטסטער ברודער בנימין־חיים, אַ הויכער מיט אַ בלאָנדער באָרד, – ער האָט שוין דעמאָלט געלעבט אין שטעטל מיט זיין ווייב און קליינע קינדער.

פֿון שטעטל האָט מען ביי אונדז אין שטוב נישט גערעדט קיין סך. דאָס שטעטל איז געווען פֿאַר אונדזעריקע אַ פֿרעמדע וועלט. די שטעטלשע מענטשן – גרויסהאַלטער. דאָרפֿישע פּויערים און אַ סך פֿון די אַרומיקע באַלעגופֿים – זיי האָבן צום מיינסטן געבראַכט צו אונדז אין מיל אַריין זייער תּבֿואה צו מאָלן, און פֿון זיי האָט מען געצויגן חיונה. כאָטש פֿון צייט צו צייט האָבן שטעטלשע מעל־קרעמער דעם טאַטן געגעבן אַ ביסל ווייץ צו ביַיטלען.

אונדזער מיל מיט אירע צוויי גרויסע וואַסער־רעדער האָט נאָר געלעבט אין פֿרילינג, ווען דער שניי האָט געלאָזן, און וואַסער איז געווען לרובֿ; ווען פֿון אַרומיקע דערפֿער האָבן פּויערים געבראַכט זייערע ווייצן און קאָרן צום מאָלן אויף ברויט און מאַכן געביַיטלטע מעל אויף יום־טובֿ. אין האַרבסט, ווען ס'האָט אָנגעהויבן צו רעגענען – האָט קיין וואַסער אין אונדזער טייך נישט געפֿעלט. ווי נאָר ס'איז אָנגעקומען דער זומער, האָט אונדזער טייך באַהאַלטן זיין שטראָם צווישן די ברעגעס. דער סטאַוו איז פֿאַרוואַקסן געוואָרן מיט וואַסער־קווייטן. בלויז אַ פּאָר שעה אין טאָג איז די מיל געגאַנגען.

ווינטער, ווען דער אַרום איז געווען פֿאַרקאָוועט אין אייז, פֿאַרווייעט מיט שניי – דעמאָלט האָט די זאָרג אַריינגעדרונגען אין אונדזער היים, און אַלע אין הויז זענען אַנטשוויגן געוואָרן. צוויי גאַנץ באַזונדערע לעבנס קומען אויף פֿאַר מיין זכּרון, ווי־קלען איין מיינע ערשטע קינדדער־יאָרן: דאָס ליכטיקע זומערדיקע לעבן אין שטוב און אַרום שטוב, און דאָס שווייגעוודיקע, ווינטערדיקע לעבן דרויסן און אין שטוב.

אין אָנהייב זומער האָבן פֿערד און קי, הינער און קאַטשקעס אויפֿגעמונטערט דאָס לעבן אויפֿן דערביַיאיקן גראָז און וואַסער; אין די קאַרטשעס און אין די ביימער – אַזוי האָט אויך דער זומער אויפֿגעמונטערט אַיעדן ביי אונדז אין שטוב. דער זיידע, וועמען עס האָט זינט די ווינטער־טעג רק געצויגן צו קלעטערן אויפֿן וואַרעמען באַקאויוון – ווי דער זומער איז אָנגעקומען, איז ער געוואָרן אַ גוטער ברודער מיטן דרויסן. די ענגשאַפֿט פֿון שטוב איז אַרויס צום דרויסן; אויפֿגעלעבט געוואָרן מיטן פֿרייען דרויסן. זומערלעב האָט עס שוין אַיעדן געצויגן צו שלאָפֿען ערגעץ אונטער אַ בוים, צי גאָר אויפֿן בוידעם איבערן שטאַל אין די שמעקעדיקע היי. מען האָט געטרונקען וואַסער מיטן מויל פֿון טייך; געקליבן שטשאַוו פֿון צווישן די גראָזן, געלייגט אין מויל אַריין און געקייט. ס'האָבן אויפֿגעבליט די וויינפּערלעך, מאַלינעס – האָט מען געציילט יעדן בליט און נאָכגעקוקט יעדן וויינפּערל, וואָס האָט צוגעזאָגט אַ ביסל פֿריער צייטיק צו ווערן. די מאַמע איז ווינציקער געשטאַנען ביים קוימען.

די קו האָט געגעבן מילך. די הינער האָבן געלייגט אייער. פֿויגל פֿון ווייטע לענדער זענען אָנגעקומען, און מען האָט דערקענט יעדן פֿויגל באַזונדער נאָך זיין טשוויטשערן.

געקומען דער באָטשאַן און אויפֿגעמאַכט צווישן די אָלשענע ביימער איבערן סטאַוו זיין פֿאַראַיאָריקע נעסט. זיין קלימפּערן מיטן שנאָבל האָט שטענדיק מודיע געווען זיין קומען. יעדערער האָט געוואָלט זען צום ערשטן מאָל דעם באָטשאַן דווקא אַ פֿליענדיקן, אָדער כאָטש אַ גייענדיקן – כּדי דאָס מזל זאָל זיין פֿליענדיק, אָדער גייענדיק. חלילה צו זען דעם באָטשאַן צום ערשטן מאָל אַ שטייענדיקן אויף איין פֿוס: ס'מזל איז שוין דעמאָלט אַ גאַנץ יאָר געווען אַ שטייענדיקס, אַ פֿאַרשלאָפֿנס.

אין די ערשטע פּאָר יאָר פֿון מיין לעבן בינדט מיך דער זכּרון שטאַרקער מיט זומער־טעג. אינאיינעם מיט דעם אָרום, מיט די ביימער און מיט דעם אויפֿגעלעבטן טייך בין איך געוואַקסן. דער וואַרעמער דרויסן האָט געצויגן, און עס זענען געווען אָן אַ שיעור קליינינקייטן צו באַטראַכטן. געווען גרינגער נאָכצוטון די גרויסע. זיי – באָרוועס, איך – אויך באָרוועס. זיי זענען רעדעוודיק, און איך פּלאַפּל אויך מיט.

דער ווינטער, וואָס האָט געשמידט שטילשווייגן אַרום אונדז, אין אונדז, ווינטערדיקן זאָרגן, קינדערשע קראַנקהייטן – דאָס אַלץ האָב איך אָנגעהויבן שפּעטער צו באַגרייפֿן. אַז אַ מילנער באַדאַרף אַמאָל קויפֿן מעל אויף שבת, באשר די מיל שטייט, קיין וואַסער נישטאָ, און ס'איז נישטאָ קיין פּאָר גראָשן צו קויפֿן ליכט אויף שבת – פֿאַר מיין גאָר יונגן לעבן איז דאָס נאָך געווען פֿאַרבאָרגן. איך בין געשלאָפֿן מיט דער מאַמען אין בעט; געדענק איך נאָך, אַז ווינטער איז געווען קאַלט אַפֿילו אונטערן צודעק, און ס'איז געווען ליב צו זוכן וואַרעמקייט ביי דער מאַמעס לייב.

דער ווינטער איז געלעגן פֿונקט אַנטקעגן די פֿענסטער. דער סטאַוו פֿאַרפֿרוירן. אַנטקעגן די פֿענסטער – אַ שניי־באַרג, וואָס יעדן פֿרימאָרגן גראָבט מען אים פֿאַנאַנדער, כּדי גרינגער אַרויסצוקומען צום דרויסן. די מענטשן אין שטוב זענען שטאַרק פֿאַרהאָרעוועט. די וואַסער־רעדער ווערן פֿאַרפֿרוירן און מען האַקט פֿון זיי דעם אייז אַראָפּ. די קיילעכדיקע לאָך אין אייז פֿון סטאַוו פֿאַרן שטוב, פֿון וואַנען מען שעפּט וואַסער פֿאַרן שטוב – זי ווערט איבערנאַכט פֿאַרפֿרוירן, און יעדן אינדערפֿרי באַדאַרף מען ווידער דעם אייז איבערברעכן, כּדי מען זאָל קענען וואַסער שעפּן. אינדערפֿרי גייט מען וואַשן הענט און פּנים אין דעם דורכגעבראָכענעם אָרט אין אייז און מען איילט מיט נאַסע הענט און פּנים אין שטוב אַריין.

איך געדענק, ווי איך האָב געבעטן מיין שוועסטער בעבל, זי זאָל מיך אַראָפּבויגן צו דער לאָך אין אייז, איך זאָל אָנבעמען מיט די הענטלעך וואַסער און טראָגן צום מויל. אַלץ אָפּטער האָט געטראָפֿן, וואָס איך בין מיט באָרוועסע פֿיסלעך אַרויסגעלאָפֿן אויפֿן שניי.

איך געדענק פֿון די נאָך גאָר פֿריע יאָרן, ווי עס האָט אויפֿגעלעבט די שטוב פֿרייטיק־צונאַכטס. אַ גאַנצן טאָג איז די מאַמע בריהש פֿאַרטון מיט דער שטוב. די מאַמע האָט אין די אויוונס געמאַכט גרויסע פֿייערן. די עלטערע קינדער ברענגען פֿון ערגעץ טרוקענע האָלץ, און דער מאַמעס פּנים לויכט, ווען זי וואַרפֿט די העלצער אין באַק־אויוון אַריין. איר פּנים לויכט אַנטקעגן די פֿייערן, ווען זי שאַרט אַרויס די הייסע קוילן פֿון אויוון. ס'איז נאָך געווען צו פֿרי פֿאַר מיר צו פֿאַרשטיין, ווו מען באַקומט די טרוקענע העלצער, וואָס דער מאַמע פֿאַרשאַפֿט עס אַזויפֿיל פֿרייד.

אַט זע איך דעם פרייטיק־צונאַכטס, דאָס גרייטן צום טיש. דער טיש מיט אַ ווייסן טישטוך פאַרשפּרייט. די מענער דאַווענען. די מאַמע בענטשט ליכט. דער טיש איז געגרייט מיט שבתדיקע מאכלים. אינמיטן עסן פאַרציט מען זמירות. דער זיידע יהושע מאַכט מיט דער האַנט, ער זינגט, און אַלע, פון טאַטן ביז צו די עלטערע קינדער, זינגען אים נאָך. דער זיידע מאַכט צו מיר מיטן פינגער, איך זאָל זינגען; און איך זיץ בײַ דער מאַמען אויפן שויס – איך וויל זינגען און קען נישט.

מיט עטלעכע יאָר שפּעטער, אַז איך האָב שוין געקאָנט אונטערכאַפּן אַ ניגון אַליין; ווען איך בין געזעסן בײַם זיידן אויף די קני, געגלעט זײַן גאָל בערדל, בשעת ער האָט מיר געלערנט זײַנע ניגונים; דעמאָלט, ווען איך האָב אין אים גאָר געפונען מײַן חבר – דעמאָלט האָב איך שוין באַגריפן צו פאַרגלײַכן זײַן געשטאַלט צום איין־און־איינציקן אַלטן קאַרשן־בוים, וואָס איז געוואַקסן הינטערן שטאָל. שפּעטער איז צײַטיק געוואָרן דער שכל אָפּצושיידן פון זיידן ביזן טאַטן; פאַרשטיין די וועלט, אין וועלכער איך שפּראָץ.

פון יענער צײַט ליגט אין מײַן זכרון דער טויט פון ברודערל הירש־יודעלע. אַט זיץ איך אויפן באַק־אויוון. שלעכט איז מיר. דער קאָפּ טוט וויי. אין האַלז שטיקט. און אונטן, אויפן דיל, ליגט אַ צוגעדעקטער מײַן ברודערל, און בײַ אים צוקאָפּנס ברענען ליכט. די ליכט אויף דער ערד האָבן געברענט. און דערבײַ די מאַמע און די שוועסטער וויינען אויפן הויכן קול.

פון דעמאָלט אָן בין איך ציטעריקער געוואָרן. אַז דער קאָפּ האָט בײַ מיר אויפגעהערט וויי צו טון, אין האַלז איז גוט געוואָרן – האָט דער טאַטע מיך גענומען אויף דער האַנט און געהאָצקעט; די מאַמע האָט מיט אַזויפיל פרייד אין פּנים און אין די אויגן צו מיר אַרויפגעקוקט. דעמאָלט האָט דער טאַטע צו דער מאַמען מיט אַ סך גוטסקייט געקוקט.

דער באַן, וואָס איז געלאָפן אַנטקעגן אונזערע פענסטער, בײַ אַ פּערטל קילאָמעטער פון שטוב – פאַר אים האָב איך די ערשטע צײַט געהאַט מורא. ס'איז אויסגעקומען, אַז דער לאָקאָמאָטיוו האָט שטענדיק אַ פּייף געטון, אַרויסקומענדיק פון אַ וואַלד, אין אונדזער געגנט אַרײַן. דער פּייף האָט מיך איבערגעשראָקן, דער שטאָלענער געוויש האָט אויף מיר אָנגעוואָרפן אַ פּחד. אין דרויסן זײַענדיק, אַז דער באַן איז אָנגעקומען, האָב איך מיר געלאָזט לויפן אין שטוב אַרײַן.

האָב אויסגעלערנט זייער פרי צו עסן מיט דער אייגענער הילצערנער לעפל, מיט וועלכער די גרויסע האָבן געגעסן. דער טעם פון ראָזעווען ברויט איז מיר געבליבן אין מויל נאָך פון דער צײַט, זינט די מאַמע האָט מיר אַרײַנגעשטעקט אין מויל אַרײַן אַ סיסקע פון אַ שטיקל ברויט מיט צוקער, אין אַ שמאַטקע אײַנגעוויקלט. שפּעטער איז געווען אַ גרויסע הנאה אײַנצובײַסן אַ סקאָרינקע מיט די אייגענע ציינער.

און אָט הער איך צום ערשטן מאָל דאָס וואָרט – חדר. ערגעץ אין שטעטל איז ער, דער חדר. אַהין גייט מײַן עלטערער ברודער, משה, אַוועק יעדן אינדערפרי, און קומט צוריק פאַרנאַכט. אַזוי זומער, אַזוי ווינטער. ער קומט צוריק אָן אומעטיקער. ער וויל נישט עסן, אַז די מאַמע גיט אים. די מאַמע שפּילעט אָפּ זײַנע הויזלעך, באַטראַכט זײַן נאַקעט לײַב; זי רופט צו דעם טאַטן, און באַווײַזט אים שוואַרצע צייכנס בײַם ברודער אויפן לײַב. די מאַמע וויינט דערבײַ. דער טאַטע ווערט ברוגז.

ערשט שפּעטער בין איך געוווּיר געוואָרן, אַז אין חדר איז דאָ אַ רבי, וואָס הייסט מאַטעס, און ער מאַכט עס מיין בּרודער משהס לייב בּרוין־און־בּלוי. די מאַמע ווייזט אָן אויף מיר און זאָגט: פֿרצן וועט זי נישט אָפּגעבן צום גזלן מאַטעס.

מיין בּרודער משה איז מיט פֿיר יאָר עלטער פֿון מיר. מסתּמא בּין איך דעמאָלט דריי יאָר אַלט געוועזן, און איך האָבּ שוין אָנגעהויבּן צו בּאַגרייפֿן, אַז מיך וועט מען אויך אין שטעטל אַריינפֿירן, און דאָרטן וועט מען מיין לייבּ אויך מאַכן בּרוין־און־בּלוי.

מיין בּרודער קלמן גייט שטענדיק אום אַ פֿאַרמעליקטער. ער שלעפּט אויפֿן פּלייצע גרויסע, שווערע זעק מיט תּבֿואה. איך זע אים ווינטער אַן אַרומגעוויקלטן, אָנגעפּעלצטן, און ווי ער האַקט, האַקט די פֿאַרפֿרוירענע מיל־רעדער. אייז שפּריצט און פֿאַלט אויף אים פֿון די רעדער ...

מיט אַ סך גוטסקייט נעמט מיך קלמן אויפֿן האַנט, טראָגט מיך אויפֿן בּוידעם אין מיל; ער בּאַווייזט מיר, ווי די קערנער רינען פֿון קויש אַרויס און פֿאַלן אַראָפּ צווישן די שטיינער. ער נעמט מיין פֿינגער און לייגט צו צום קלאַפּערל, וואָס קלאַפּט און טרייסלט די קאָרעטקע אונטערן קויש און מאַכט, אַז די קערנדלעך זאָלן רינען.

מיין עלטערע שוועסטער בּעבּל – זי נעמט מיך אַרויס אין די קאַרטשעס און לערנט מיך צו דערקענען אַ צייטיקע סמאַראָדינע און צייטיקע ווייַנפּערלעך. זי נעמט מיך מיט אין טייך אַריין, ווען זי גייט אַראָפּ צום וואַסערפֿאַל פֿון אונטער די רעדער; זי פֿאַרקאַשערט די פֿיס און גייט טיף אין וואַסער. זי טונקט איין מיינע פֿיס, און איך האָבּ מורא, קריך צו איר אויפֿן אַקסל אַרויף.

איך ווייס: מיין טאַטן רופֿט מען ליפּע דער מילנער. מיין היים איז ליפּעס מיל, וווּ איך וואַקס, ווי אַ בּוימעלע צווישן בּיימער. איך זע מיין געשטאַלט אין וואַסער – גלייך מיט די ווערבּעס פֿאַרן שטוב.

[פּרץ הירשבּיין, *מיינע קינדער־יאָרן* (וואַרשע: ליטעראַרישע בּלעטער, 1935), ז. 14-21]

אַמאָליק	former
קײַלעכדיק	round, circular
קלייט, די ־ן	shop, store
אַוועקציִען אַוועקגעצויגן	lead away
שטרויען	made of straw
בית־[ה]מדרש [בעסמעדרעש], דער בתּי־מדרשים [באָטעמידראָשים]	synagogue
אָפּנייגן אָפּגענייגט/אָפּגעבויגט	deflect, deviate
זומערלעב	in the summer
רבֿ [ראָוו], דער, רבֿנים [ראַבאָנים]	rabbi
גאָרטן, דער גערטנער	garden
זומפּ, דער ־ן	swamp, bog, marsh
איבערשנײַדן איבערגעשניטן	cross over
אײַזנבאַן, די ־ען	railroad
אַזוי־אַרום	thus, by this means
אָלשען = אָלשינע, די ־ס = אָלכע, די ־ס	alder
ווערבע, די ־ס	willow
סטאַוו, דער ־ן	pond, pool
געדיכט	thick, dense
קאַרטש = קאָרטש, דער ־עס	stump
באַווײַזן באַוויזן	appear
שינדלן	shingled
דאַך, דער דעכער	roof
בריק, די ־ן	bridge
לאָנקע, די ־ס	meadow
אויף מײַלן־ווײַט	for miles
וואָרצלדיק	authentic, genuine
מיטלוווּקסיק	medium-sized

קופּער־קאָלירן	copper-colored
שוויַיגער, דער ־ס	quiet/reticent person
גוטסקייט, די	goodness
פֿאַרלייקענען פֿאַרלייקנט	deny, disclaim, renounce
כאָטש	although, at least
צוליבן = צוליב דעם	because of
קרוב [קאָרעוו] צו	near
ריִרעוודיק	mobile, agile, lively
רעדעוודיק	talkative, loquacious
ניגעלע = ניגון [ניגן], דער ־ים [ניגונים] [*dim.*]	melody, tune
בויגיק	flexible
ריטל, דאָס ־עך	twig
שמאָל	narrow
חידושן געחידושט	surprise
אונטערזאָגן אונטערגעזאָגט	prompt
געפֿיל, דאָס ־ן	feeling, sensation
עמער, דער ־ס	bucket, pail
אונטערטראָגן אונטערגעטראָגן	*here*: carry a while
אינאיינעם	together, combined
דעריבער	moreover, therefore
סלופּ, דער ־עס	post, pole
זאַסטעווקע = זאַסטאַעווקע, די ־ס	sluice, mill run
לאָפּעטקע, די ־ס	paddle, shovel
ראָד, די/דאָס רעדער	wheel
רוישן גערוישט	rush, make noise
ציטערן געציטערט	tremble, shiver, quiver
קלאַפּן געקלאַפּט	knock, beat
געמורמל, דאָס	murmur, mutter
באַשטיין פֿון * באַשטאַנען	consist of
קאַמער, די ־ן	chamber, room
אָפּגעצאַמט	divided
אויוון, דער ־ס/־עס	stove, oven
אַרויסקומען אַרויסגעקומען	look out/give onto
פּאַוואָלעדיק	slow, cautious
ספּריטנע	lively, speedy, nimble
ברוגז [ברויגעס] // דער ־ן	angry // anger
אונדזעריק	ours; *here*: us
גרויסהאַלטער, דער ־ס	boaster
פּויער, דער ־ים	Gentile peasant/farmer
אַרומיק	local
באַלעגופֿים = בעל־גוף [באַלגוף], דער בעלי־גופֿים [באַלעגופֿים]	wealthy peasant
צום מייַנסטן	mostly
תּבֿואה [טוווּע], די ־ות	grain, cereal
חיונה [כאַיונע], די	living, livelihood
מעל, די/דאָס	flour, meal
קרעמער, דער ־ס	shopkeeper
ווייץ, דער	wheat
בײַטלען געבײַטלט	sift
לאָזן געלאָזן	stop, leave off
לרוב [לעראָוו]	in abundance
קאָרן, דער	rye
פֿעלן געפֿעלט	lack
שטראָם, דער ־ען	stream, current, flow
ברעג, דער ־ן/־עס	bank, border
פֿאַרוואַקסן	overgrown
קווייטן, דער ־ן	flower, blossom
פֿאַרקאָוועןפֿאַרקאָוועט	rivet, shackle
פֿאַרווייעט	covered in drifts
אַרײַנדרינגען אַרײַנגעדרונגען	penetrate, infiltrate
אַנטשוויגן ווערן	become silent, shut up
זכּרון [זיקאָרן], דער ־ס	memory
אײַנוויקלען אײַנגעוויקלט	wrap up, swaddle
קו, די קי	cow
הון, די הינער	hen, chicken
קאַטשקע, די ־ס	duck
אויפֿמונטערן אויפֿגעמונטערט	cheer up, encourage, rally
דערבײַיִק	adjacent, neighboring
איעדער	every, everyone
רק [ראַק]	continuously
ציִען געצויגן	attract, draw
קלעטערן געקלעטערן	climb
גוטער־ברודער, דער גוטע־ברידער	comrade, buddy
ענגשאַפֿט, די	narrowness, crowdedness
בוידעם, דער ־ס/ביידעמער	attic, garret
שמעקעדיק	fragrant
שטשאַוו, דער	sorrel
קײַען געקײַט	chew
אויפֿבליִען אויפֿגעבליט	bloom, blossom
ווײַנפּערל, דאָס ־עך	currant
מאַלינע, די ־ס	raspberry
בליט, דער ־ן	flower, blossom
נאָכקוקן נאָכגעקוקט	look after
צײַטיק	ripe
ווינציקער	less often
קוימען, דער ־ס/־עס	chimney, smokestack
דערקענען דערקענט	recognize
טשוויטשערן געטשוויטשערט	chirp
באָטשאַן, דער ־עס	stork
פֿאַראַיאָריק	last year's
קלימפּערן געקלימפּערט	jingle
שנאָבל, דער ־ען	beak, spout
מודיע [מעדיע] זײַן	announce, inform, communicate

דווקא [דאַפּקע]	only, nothing other than
חלילה [כאַלילע]	God forbid
פֿאַרשלאָפֿן	sleepy, drowsy, sluggish
בינדן געבונדן	bind
שיעור [שיער], דער ־ים [שיורים]	measure, limit
אָן אַ שיעור	countless
גרינג	easy
נאָכטאָן נאָכגעטאָן	imitate
באָרוועס	barefoot
פּלאַפּלען געפּלאַפּלט	jabber, chatter, babble
שמידן געשמידט	forge, hammer
באַגרײַפֿן באַגריפֿן	grasp, comprehend
מילנער, דער ־ס	miller
באשר [באַשער/באַנשער]	because [*skept.*]
פֿאַרבאָרגן	hidden, concealed
געדענקען געדענקט	remember
צודעק, דער ־ן	cover, mantle, cloak
אַנטקעגן	opposite, vis-à-vis
פֿאַרפֿרירן פֿאַרפֿרוירן/פֿאַרפֿראָרן	freeze
פֿונאַנדערגראָבן פֿונאַנדערגעגראָבן	dig out/apart
פֿאַרהאָרעוועט	weary with toil
אַראָפּהאַקן אַראָפּגעהאַקט	hack/chop off
לאָך, די/דער לעכער	hole, cavity
שעפּן געשעפּט	scoop up, draw, dip out
אײַלן געאײַלט	hurry, rush
אַראָפּבויגן אַראָפּגעבויגן	bend down/over
בריהש [בעריעש]	skillful, handy, deft, efficient
פֿאַרטאָן	absorbed, engaged
לויכטן געלויכטן	shine, gleam
אַרויסשאַרן אַרויסגעשאַרט	rake out
פֿאַרשאַפֿן /פֿאַרשאַפֿן/פֿאַרשאַפֿט	cause
טישטוך, דער/דאָס	tablecloth
פֿאַרשפּרייטן פֿאַרשפּרייט	spread
דאַוונען געדאַוונט	pray
בענטשן געבענטשט	bless, say benediction over
מאכל [מײכל], דער/דאָס ־ים [מײכאָלים]	[kind of] food, dish
פֿאַרציִען פֿאַרצויגן	*here*: draw forth
זמירות [זמירעס] ל"ר	Sabbath songs
שויס, דער/די	lap
אונטערכאַפּן אונטערגעכאַפּט	grasp, hold
גלעטן געגלעט	caress
פֿאַרגלײַכן פֿאַרגליכן	compare
געשטאַלט, דאָס/די ־ן	shape, figure, cast
איין־און־איינציק	one and only
קאַרש, די ־ן	cherry
שׂכל [סײכל], דער	reason, sense, wit
אָפּשיידן אָפּגעשיידט	separate, detach, dissociate
שפּראָצן [זיך] געשפּראָצט	sprout
שטיקן געשטיקט	choke suffocate
דיל, דער/די ־ן	floor
צודעקן צוגעדעקט	cover up
בײַ אים צוקאָפּנס	at his head
ציטעריק	timorous, timid
האָצקען [זיך] געהאָצקעט	shake, bump
מורא [מוירע], די ־ס	fear
אויסקומען * אויסגעקומען	seem, appear
פֿײַף, דער ־ן	whistle
געגנט, דער/די ־ן	region, neighborhood, countryside
איבערשרעקן איבערגעשראָקן	frighten, scare
אָנוואַרפֿן {אָנגעוואָרפֿן} אַ פּחד [פּאַכעד] אויף	throw a fright into
טעם [טאַם], דער ־ען	taste
ראָזעוון	made of rye
סיסקע = זיסקע, די ־ן	something sweet
שמאַטקע, די ־ס	little rag
אײַנוויקלען אײַנגעוויקלט	wrap up
הנאה [האַנאָע], די הנאות [האַנאָעס]	pleasure, fun
סקאָרינקע, די ־ס	crust
פֿאַרנאַכט, דער ־ן	dusk, evening
אומעטיק	sad, cheerless
אָפּשפּיליען אָפּגעשפּיליעט	unbutton
הויזן ל"ר	trousers, pants
געוווּיר ווערן	learn, find out, discover
גזלן [גאַזלען], דער ־ים [גאַזלאָנים]	bandit
מסתּמא [מיסטאָמע]	probably
פֿאַרמעליקט	covered with flour
פּלייצע, די ־ס	shoulder, back
אַרומגעוויקלט	wrapped up
אָנגעפּעלצט	wearing fur
שפּריצן געשפּריצט	sprinkle, splatter
קערן, דער ־ער	kernel of grain
רינען * גערונען	leak, drain, run, trickle
קויש, דע ־ן	basket
קלאַפּער, דער ־ס	beater
טרייסלען [זיך] געטרייסלט	shake
קאָרעטקע, די ־ס	little trough
סמאָראָד[ז]ינע, די ־ס	black currant
פֿאַרקאַשערן פֿאַרקאַשערט	expose by rolling up garment
טונקען געטונקט/געטונקען	dip, submerge
קריכן * געקראָכן	creep, crawl
אַקסל, דער ־ען	shoulder

ראַמײַלעס ישיבֿה
[ייִוואָ]

אין אַ זאַווערוכע [קאַפּיטל צוויי און דרײַסיק] [4]

– צי בלאָנדזשע איך? צי פֿירט מיך מײַן וועג אין אַ וועלט פֿון חשכות? מחשבות לאָזן נישט רוען. איך בין פֿול מיט ספֿיקות.

עס ווערט געזאָגט אין "חובת הלבבות", אין שער הכּנעה: – אונטערטעניק זאָל דער מענטש מאַכן אַלע זײַנע אבֿרים צו גאָט; ווײַל דורך דעם וועט דער מענטש נישט אויפֿהייבן זײַן שטים צו הויך: זײַן מויל וועט נישט רעדן קיין אומווערדיקייטן; די אויגן וועלן באַשיידן קוקן צו דער וועלט אַרום. אונטערטעניק מאַכן דעם אייגענעם גייסט; אונטערטעניקייט – דאָס איז דער שכלדיקער וועג פֿאַרן מענטשן אויף דער ערד ... איך לערן מיט התמדה. דער מהות איז געבויגן איבער דער גמרא. מײַנע טעג ווערן פֿאַרצערט אין דעם פֿײַער, וואָס איך בלאָז אַליין פֿאַנאַנדער אין מײַן בלוט. איך הויב אָן צו באַגרײַפֿן די טיפֿענישן, וואָס נעמען מיך דורך צו אַנדערע צײַטן, אין אַ ווינקל פֿון דער אייבּיקייט פֿאַרשטעקטע. מײַן שטים בײַ דער גמרא – אַ גײַסטיקער פֿאָדעם, וואָס קומט אין איין קשר מיט די אַלטע דורות, וואָס זענען געגאַנגען אויף קדוש־השם. –

און אָט איז גאָר יהודה לײבּ גאָרדאָן, וואָס איז אַזאַ פּיקח, און זײַן וואָרט איז אַזוי שטאַרק און אַזוי געשליפֿן; זײַנע חרזים – פֿון זילבער־געשמידטע. ער לאַכט אָפּ פֿון דעם, וואָס איך און טויזנטער און צענדליקער טויזנטער יונגעלײַט אין מײַן גלײַכן טוען. ער זאָגט בפֿירוש, אַז מיר אַלע גייען אין חשכות. ער זאָגט בפֿירוש, אַז מיר זענען מפֿקיר אונדזער לעבן; פֿאַרשווענדן אונדזערע טעג און יאָרן; שטויסן ווינט אין אַ סטופּע, און פֿאַרשטעלט

איז פֿאַר אונדז די ליכטיקע וועלט, וואָס איז ברייט און אָפֿן אויף דער אַנדערער זייט פֿון בית־המדרש.

דאָס אייגענע טוט פּרץ סמאָלענסקין; ממש ער באַקלאָגט דעם גורל פֿון אַלע אין מיין געשטאַלט, וואָס פֿאַרדאַרבן זייערע יונגע יאָרן אין אַ וועלט אַ פֿינסטערער, אַ וועלט אָן אויסגעדאַכטער; אויף וועגן פֿאַרפּירעריש; אויף שטעגן דאָרנדיקע.

איך בין צוליב דעם עטלעכע דאָנערשטיקן געזעסן אַ משמר. געוואָלט זיין וואַך. איך האָב אין יענע נעכט געוואָלט געפֿינען אַ בריק צווישן מיין איצטיקער וועלט און די וועלט, וואָס איז אַזוי אומגעריכט אויפֿגעקומען פֿון די פֿרעמדע ספֿרים. איך באַגרייף, אַז צו יענער אומבאַקאַנטער וועלט קאָן מען דערגרייכן נאָר דורך השׂכּלה: לערנען פֿרעמדע לשונות; לערנען אַנדערע, פֿאַר מיר אומבאַקאַנטע חכמות; אָנטון קליידער מיט בלישטשענדיקע קנעפּלעך, און אַוועק לערנען אין די "שקאָלעס", אין די גימנאַזיעס.

אַהין איז קיין גלייכע בריק נישטאָ. נישט פֿאַר אַזוינעם, ווי איך, איז דער וועג אַהין אַ גלייכער און אַ גרינגער.

לויט די אמתן, וואָס איך האָב אויסגעשעפּט פֿון די מוסר־ספֿרים, וואָלט איך גאָר באַדאַרפֿט בלייבן אינדערהיים, זיין מילנער, העלפֿן דעם טאַטן, און אין די פֿרייע שעהן לערנען גמרא. לערנען און אויספֿאָלגן די מוסר־ספֿרים. הכנעה איז אַ מידה, וואָס איז מיר נאָך דערווייל נאָענט. יחידות, צו זיין איינער־אַליין מיטן באַשעפֿער – אוי, ווי גרינג דאָס איז!

אין אַזוינע נעכט, אין מיין אַליין־זיין אין בית־המדרש, רינגלען מיך פּחדים אַרום; די מחשבות מאַכן דעם קאָפּ זיין אין קאַראַהאַד. דורך די מזרח־פֿענסטער פֿון מיין בית־המדרש קוקט אַפֿער די אַלטע שול. די אַלטע, באַרימטע אָרלער שול, מיט דער געוועלבטער סטעליע, מיט דעם הויך־געשניצטן ארון־קודש, און גלייך הינטער דער אַלטער שול איז דער אַלטער בית־עולם – עטלעכע הונדערט יאָר אַלט. צו שווייגעוודיק איז דער דאָנערשטיק ביינאַכט, בעת מיך באַפֿאַלט אַ מידקייט; בעת מיין קול ביי דער גמרא ווערט אַנטשוויגן. דוכט מיר, פֿון דער אַלטער שול קומען אַרויס פֿאַרבאָרגענע קולות; דוכט מיר פֿון אונטער די האַלב־איינגעפֿאַלענע מצבֿות קומען אַרויס די שוכני־עפֿר, פֿאַרטייעטערהייט קומען זיי, בלייבן שטיין הינטער די פֿענסטער פֿון מיין בית־המדרש – זיי דערקענען דאָס בלאַסע יינגל, וואָס זיצט הינטערן באַלעמער מיטן פּנים צום ארון־קודש. זיי ווייסן זיינע מחשבֿות, גאַפֿן צו געפֿינען אַזאַ בלאַס בחורל אַליין אין אַ בית־המדרש, אין אַ געפֿלעכט פֿון אומרויִקע מחשבות.

עס ווערט מיר גאָר אומהיימלעך אַליין צו בלייבן. מיט צוויי יאָר יינגער, אין מעליטשישטש, בין איך אַליין געשלאָפֿן אין בית־המדרש און איצטער, מיט צערודערטע מחשבות, מיט בליקן, וואָס האָבן שוין אַריבערגעקוקט איבערן פֿאַרבאַטענעם צוים; מיט אויגן, וואָס האָבן שוין אַריינגעקוקט אין פֿאַרבאָטענע תּורות, אין טריף־פּסולען – איצטער גאָר דערשפּיר איך, ווי איך בין אַליין אין אַ וועלט, אַ פֿרעמדער, ווו פּחדים לויערן אויף מיר.

נאָך אַזאַ ווינטערדיקער משמר־נאַכט; נאָך אַזאַ פֿאַרוואָגלטער נאַכט, ווען דער טאָג האָט אַריינגעקוקט דורך די פֿאַרפֿרוירענע פֿענסטער – האָב איך באַשטימט, איך זאָל אַוועק צופֿוס אַהיים אויף שבת. האָב אויסגערעכנט אַרויסצוגיין טאַקע תּיכּף נאָכן ערשטן דאַווענען. פֿערצן ווערסט פֿון אָרלע קיין קלעשטשעל – קאָן מען זיי אין אַ פֿינף־זעקס שעה איינגיין.

דער וועג איז כמעט אַ גלייכער, אַ פּאָר דערפֿער אין וועג – איך וועל גיין. כאָטש דער פעטער האָט נישט געוואָלט לײדן, ווייל אַזאַ פראָסט דרויסן, אַ טיפער שניי אויפן וועג, און דער טאָג איז שוין גאָר אַ קורצער ... מען האָט מיך פון בית־הרב אויך נישט געוואָלט אַרויסלאָזן. סיי די רביצין און סיי יצחק – זיי האָבן נישט געקאָנט פאַרשטיין, וויאַזוי איך וועל עס צופֿוס אָנשפּאַרן אויף שבת אינדערהיים. איך בין אוועק.

– וואָס פאַר אַ גוט יאָר האָט מיך אויפגעהויבן און גענומען טראָגן קיין קלעשטשעל אין אַ שווערן ווינטער־טאָג?

איך זע מיך איצטער, ווי איך לייג אַריין אין בוזעם די תּפילין און אַ העפט מיט איבערגעשריבענע שירים פון יהודה לייב גאָרדאָן און פון מיכה יוסף לעווינזאָן. צוויי טאָרבקעלעך פון גראָבן זאַק האָב איך אָנגעטון אויף מיינע שטיוול און פונהינטן פאַרבונדן מיט שטריקלעך, זיי זאָלן נישט אַראָפּפאַלן פון פוס – דאָס האָב איך געטון, כּדי די פיס זאָלן נישט פרירן אין וועג. דער פעטער און די מומע האָבן געקוועטשט מיט די פלייצעס, בשעת איך האָב גענומען קוקן צום וועג. די זון האָט דווקא פון פרימאָרגן אַ בלישטש געטון, געהאָלפן, אַז דער פעטער און די מומע זאָלן מיך אַרויסלאָזן פון שטוב. די אויערן האָב איך פאַרבונדן מיט אַ פאַטשיילקע; וואָלענע הענטשקעס אויף די הענט – און אוועק אין וועג.

די ערשטע עטלעכע וויערסט האָט מיך דער אימפּעט געטראָגן. די ברייטע, פאַרשנייטע געגנט אונטערן ווייס־גרויען הימל, וואָס איז געהאָנגען נידעריק איבער דער געגנט – האָט מיך געצויגן פון שטאָט אַרויס. וו דער וועג איז געווען איינגעפרוירן און האַרט – בין איך געלאָפן און גוט דערוואָרעמט אַלע גלידער. ווען די זון האָט אַ בלישטש געטון, האָב איך געזונגען אויפן הויכן קול. דער וועג, טיף אין שניי איינגעשניטן – איז געלבלעך פון פערדישע מיסט און טריט. האָב אויסגעמיטן אַ פּאָר פויערשע שליטנס מיט דראַבנע פערדלעך, וואָס האָבן געצויגן אַהין, פונוואַנען איך גיי. אַ פּאָר שליטנס האָבן מיך איבערגעיאָגט און אוועק אַהין, וווהין מיינע טריט האָבן געצויגן. אַ דאָרף אויסגעמיטן, עטלעכע הינט, וואָס האָבן מיך באַגלייט, האָבן פאַרשטאַנען, אַז נאָענט צו מיר באַדאַרף מען נישט קומען. אַן ערך העלפט וועג אָפּגעשניטן. לויט דאָס ליכט אין די וואָלקן, פאַרשטיי איך, ס'איז אַרום האַלבן טאָג.

– אבער וואָס איז דאָס פאַר אַ שטאָל־בלאָע כמאַרע, וואָס קומט מיר אַנטקעגן?

דער פראָסט ווערט נישט שטאַרקער; צו מיינע גלידער האָט דער פראָסט נישט קיין שליטה. איך פאַרגעס נישט אַ טאַפּ צו טון מיין נאָז, אַ טאַפּ טון די טיילן פון פּנים, וואָס זענען אָפּגעדעקט, און פיל, צי איז אָפּטמאָל נישט צוגעפרוירן. אַלץ גייט כּשורה.

נאָר מיטאַמאָל הויבן אָן שנייעלעך צו טרושען. פריער, ווי אויף קאַטאָוועס – אַ שנייעלע אַהער, אַ שנייעלע אַהין – פאַרטרושען אַביסל דעם וועג, פאַלן שיטער אויף מיינע קליידער, רירן לייכט אָן דעם פּנים מיינעם. אַדרבה, ס'איז געשמאַק צו פילן, ווי די שנייעלעך ווערן צעשמאָלצן אויפן פּנים.

נאָר פלוצלינג קום איך אַריין אין אַ ווינט. דער ווינט בלאָזט פון צפון צו דרום און טראָגט אַ שטעכעדיקן שניי מיט אימפּעט; טראָגט אים אין אַ גלייכער, קאַלטער שפרייט פון צפון צו דרום. דער שניי פאַרדעקט די טריט פון מענטש און סליאַד פון שליטן און פערד.

ס'ווערט נישט קעלטער צו גיין. עס ווערט נאָר אַ ביסל שווערער צו גיין. דאָ און דאָרטן האָט דער ווינט פאַרפירט אַ שפּיל מיט דעם שניי אויף דר'ערד און טראָגט־אויף שניי־בערגלעך; וויכערט אָן דעם שניי, דווקא איבערצושניידן דעם וועג מיט אַ פאַרשאַרפטן

בערגל, לענגאויס, וואָס אַריבערשפּרייזן איבער אים איז שוין שווער. פּאַלט שוין די רעכטע פוס אַריין ביז צו דער קני, און שעפּט אָן שניי אין כאַלעווע אַריין.

אַ געדאַנק זאָגט מיר אונטער:

– שפּרייז, כּל־זמן דער וועג איז נאָך אָפּגעצייכנט; שפּרייז מיט דעם דאָזיקן וועג פאָרויס, כּל־זמן דו האָסט געַנוג כּוח. אפשר האָסטו כּוח צו לויפן – פּרוּוו לויף! מער ווי אַ ווייערסט זעקס איז מסתּמא נישט געבליבן ... אָטאָ דאָרטן איז דער דאָרף דאשי. פון דאָרף דאשי קיין קלעשטשעל – פינף ווייערסט ... לויף, כּל־זמן דו האָסט כּוח ... און איצטער, אַז דו האָסט שוין אַזוי ווייט איינגעלאָפן, ביסט דאָך שוין גאָר נאָענט – וואָלט גאָר געווען אַ יושר כאַפּן אַ ביסעלע רו. טאַקע דאָ, ביי דער זייט וועג, אָטאָ־דאָ, אויפן ווייכן שניי־בערגעלע. דאָס לייב איז דאָך הייס, שאַדט נישט , אַ ביסעלע כאַפּן רו.

איך האָב מיך אַראָפּגעלאָזן אויף אַ פריש־אָנגעווייעט שניי־בערגל ביי דער זייט וועג. האָב געהערט, ווי דער ווינט קלאַפּט אָן מיט שניי אויף מיין רעכטער זייט. דער שניי ווערט צוגעקלעפּט צו מיין רעכטער זייט. אַ זיסער טרויער און אַזאַ פאַרנעבלטע מידקייט נעמט מיך אַרום. טאַקע פון מיר אַליין קומט דער טרויער אַרויס, און אַזוי אויך די מידקייט, און העלפט אויסצולייגן אויף מיר דעם שניי מיט אַזאַ סדר. אַ דרימל טון וואָלט געוויס נישט שאַטן. בפרט, מיר איז אַזוי וואַרעם. וואַרעם אין די אויערן; וואַרעם אין די פיס – איין דרימל כאַפּן. די לעצטע נאַכט געהאַלטן משמר. אפשר אַ שעה געשלאָפן, נישט מער; טאַקע אַ טעות געווען, אויב גערעכנט גיין צופוס קיין קלעשטשעל אויף שבת, באַדאַרפט געווען שלאָפן די נאַכט צוריק ...

– טאָ פאַרוואָס־זשע טריפן די טרערן, קוועלן און טריפן פון די אויגן? אויף וועמענס קאָפּ פאַלן דאָס די טרערן?

דער צפון־ווינט טראָגט אויף מיר דעם שניי. די ערד – אַזאַ ווייכער געלעגער. רוען וואָלט איך באַדאַרפט – נעמען גאָר טרערן און הויבן אָן צו רינען אויף מיינע פאַרשנייטע באַקן.

– הכנעה איז דער עיקר. אונטערטעניק ווערן – באַפעלט דער "חובת הלבבות". ווען אַ מענטש איז אַ נכנע – ממילא שוין איז זיין שטים שטיל. אַלע זיינע אברים ווערן אונטערטעניק צו דער געטלעכקייט, וואָס האָט אַלץ באַשאַפן.

– צו וועמען זאָל איך איצטער זיין נכנע, ווען דער שניי דעקט מיך, ווי מיט אַן איבערבעט צו, און דער ווינט וויגט מיך איין?

ס'איז דער טלאָפּאַ־טלאָפּאַ פון מיל, וואָס איך הער איצטער דורכן ווינט. אַ ביסל וואַסער איז צוגעקומען אין סטאַוו; מאָרגן איז שבת, וועט מען די מיל נישט קאָנען לאָזן – האָט דער ברודער משה, וואָס איז געקומען אויף ווינטער אַהיים – ער האָט פון די וואַסער־רעדער דאָס אייז אַראָפּגעהאַקט, אַריינגעשאָטן אַ פערטל קאָרן אין קויש אַריין און אוועקגעלאָזן די מיל. זאָל עס אָפּציען דאָס וואַסער פון אונטער דעם אויפגעבלאָזנעם אייז, זאָל מען קאָנען שבת האָבן רו, ווי דער שטייגער ווינטער, ווען די מיל גייט בלויז דריי מאָל אַ וואָך... פאַמעלעך אַזוי דרייען די רעדער. טלאָפּאַ־טלאָפּאַ – – – נישט אַזוי כּסדרדיק. די רעדער זענען ווידער געפרוירן. וואָלט דאָך גוט געווען, ווען איך קום נאָך אָן אַהיים באַצייטנס, איידער מען פאַרשטעלט די מיל. שוין מער ווי דריי חדשים נישט הנאה געהאַט פון דער מיל.

– האַ, אפשר שמידט מען גאָר היינט די שטיינער, און איך בין דערבײַ נישטאָ? ווער ווייסט, אפשר זאָגט דער מאַמען ס'האַרץ, אַז איך בין אַרויס צופוס אַהיים אויף שבת, און איצטער זיץ איך שוין באַלד אינגאַנצן אַ צוגעדעקטער מיט שניי; וויל שלאָפן און האָב מורא אײַנצושלאָפן? אפשר וועט זי גאָר הייסן שפּאַנען דאָס ווײַסע פערדל, הייסן פאָרן מיך באַגעגענען, וואָרום אַ זאַווערוכע שפּילט דרויסן...

– האַ, דו זיצסט אויף אַן אָרט? דו ווילסט עס אויף אַזאַ אופן אָנשפּאַרן צו טאַטע־מאַמע אויף שבת אַהיים? וויוואאו – – – אאו – – וויאאו – – האָט דער ווינט אין אַ קרײַז אַרום אַ וואָיע געטון – – וויוואאו, צופוסן גייט מען גאָר אין אַזאַ ווינטערדיקן טאָג – – – וויוואאאו – – – –

בין אויפגעשפּרונגען פון מײַן אָרט. דערשפּירט אַ שטעכעניש אין די פינגער פון די פיס. דערשפּירט אַ שטעכעניש אין פּנים. האָב איך מיט שניי אויסגעריבן דאָס פּנים. האָב אָנגעהויבן אונטערצושפּרינגען, כּדי אַרויסצושפּרינגען פון שניי אַרויס, וואָס איז אויף מיר שווער געלעגן, און – גאָרנישט מיט מײַנע כּוחות גענומען לויפן און אַנטלויפן פון אָרט, ווו די טרויעריקע רו האָט מיך אײַנגעוויגט.

עס קומען מיר אויפן זינען די מעשׂיות, וואָס דער זיידע האָט אין די לאַנגע ווינטערנעכט גאַנץ אָפט דערציילט, פון מענטשן, וואָס זענען אין זאַווערוכעס אומגעקומען. אַ פּחד כאַפּט מיך אַרום, און ווי אויף פליגלען האָט עס מיך געטראָגן אַלץ נעענטער צו דער היים. אָט בין איך דורך דעם דאָרף דאַשי. הינט קומען מיר אַנטקעגן און מונטערן מיך נאָך מער אויף. דער שווייס רינט איבערן פּנים; עס שלאָגט פון מיר אַ פּאַרע – אַזוי צעוואַרעמט בין איך. אָבער די כּוחות לאָזן נישט אָפּ.

און אָט זע איך שוין פון ווײַטן אַרויס דאָס אײַנגעהאָרבעטע שטעטל; זע אַרויס סימנים פון גויִישן בית־עולם. אָט זענען די שפּיצן פון קלויסטער אינמיטן מאַרק.

איך באַשטים אויסצומײַדן דאָס שטעטל. נאָר דורך גויִישע הינטערגאַסן קאָן איך דעם וועג אָפּשנײַדן. דער עיקר, וויל איך נישט זען דעם שטאָטישן מאַרק. איך וויל נישט, מען זאָל מיך פון די קראָמען באַמערקן. און אַזוי קום איך מיטן אימפּעט אָן צווישן אונדזערע פלויטן, אונדזערע פאַרפרוירענע ביימער. פון ווײַטן הער איך דעם טלאָפּאַ־טלאָפּאַ פון מיל. די מיל גייט טאַקע. אָט איז שוין די שטוב. פרייטיק הייצט מען אַ סך – איז דער אײַז אויף די שויבן צעשמאָלצן.

– זעט נאָר, זעט נאָר, ווער ס'איז אָנגעקומען!

די פרייד אין שטוב איז גרויס, ממש מען גלויבט נישט די אויגן, איך זאָל צופוס אָנקומען. און איך אַליין – ווי אַ פאַרבלאָנדזשעטער הונט, וואָס האָט צוריק צו זײַן היים געטראָפן – אַזוי באַהערשט מײַן לײַב אַזאַ פרייד, אַזאַ פרייד.

די היימישע, פרייטיקדיקע וואַרעמקייט האָט מיך אַרומגענומען. אַן אמתע פרייד. אַ פאַרדינטע פרייד.

[פּרץ הירשביין, *מײַנע קינדער־יאָרן* (וואַרשע: ליטעראַרישע בלעטער, 1935), ז. 243-249]

זאווערוכע, די ־ס blizzard
בלאָנדזשען געבלאָנדזשעט wander around lost
חשכות [כאָשכעס], דאָס complete darkness
מחשבֿה [מאַכשאָווע], די ־ות thought
ספֿק [סאָפֿעק], דער ־ות [ספֿייקעס] doubt
חובֿת הלבֿבֿות [כויוועס־האַלוואָוועס] *Duties of the Heart* [musar book] [*Hebr.*]
שער [שאַער], דער ־ים [שעאָרים] chapter [*Hebr.*]
הכנעה [האַכנאָע], די submission, humility
אונטערטעניק submissive, subject to
אבֿר [אייווער], דער ־ים [אייוורים] limb
אומווערדיקייט, די ־ן indignity, unworthiness
באַשיידן modest
שׂכלדיק [סייכלדיק] prudent, reasonable
התמדה [האַסמאָדע], די zeal, industry
מהות [מעהוס], דער ־ן essence, nature
גמרא [ג(ע)מאָרע], די ־ות Talmud, esp. the Gemara
פֿאַרצערן פֿאַרצערט devour
פֿאַנאַנדער = פֿונאַנדער apart
טיפֿעניש, דאָס ־ן depth
ווינקל, דער ־ען angle, corner
אייביקייט, די ־ן eternity
פֿאַרשטעקן פֿאַרשטעקט stop up, plug up, relegate
פֿאָדעם, דער פֿעדעם thread
קשר [קעשר], דער connection
דור [דאָר], דער ־ות [דוירעס] generation
קידוש־השם = קידוש־השם [קידעשאַשעם], דער martyrdom for being a Jew
פיקח [פיקייעך/פיקעך], דער –/־ים [פיקכים] clever man
שלײַפֿן געשלײַפֿן polish, sharpen, whet
חרוז [כאָרוז], דער ־ים [כאַרוזים] line of poetry/verse
בפֿירוש [בעפֿיירעש] clear, explicit, decided
מפֿקיר [מאַפֿקער] זײַן discard, abandon, forsake
פֿאַרשווענדן פֿאַרשווענדט waste, squander
שטויסן געשטויסן grind, push
סטופּע, די ־ס mortar
פֿאַרשטעלט פֿאַרשטעלט disguise, obstruct, block
בית־מדרש [בעסמעדרעש], דער בתּי־מדרשים [באָטעמידראָשים] synagogue
ממש [מאַמעש] literally, truly
באַקלאָגן באַקלאָגט complain, lament
גורל [גוירעל], דער/דאָס ־ות [גויראָלעס] fate, destiny

פֿאַרדאַרבן פֿאַרדאָרבן corrupt
פֿינצטער dark
אויסגעדאַכט invented, fictive
פֿאַרפֿירעריש seductive
שטעג, דער ־ן path, lane, trail
דאָרנדיק thorny
משמר = מישמר [מישמער], דער ־ים [מישמאָרים] one who studies all night
בריק, די ־ן bridge
אומגעריכט unexpected
אומבאַקאַנט unknown
דערגרייכן דערגרייכט reach, accomplish, attain
השׂכּלה [האַסקאָלע], די Jewish Enlightenment
לשון [לאָשן], דאָס ־ות [לעשוינעס] language, tongue
חכמה [כאָכמע], די ־ות wisdom
בלישטשענדיק sparkling, shining
קנעפּל, דאָס ־עך button
שקאָלע, די ־ס secular school
גימנאַזיע, די ־ס secular secondary school
גלײַך straight, level, even
אַזוינער such a one
לויט according to
אמת [עמעס], דער ־ן truth
אויסשעפּן אויסגעשעפּט draw out; exhaust, deplete
מוסר [מוסער], דער edification, moralizing
באַדאַרפֿן באַדאַרפֿט require, need/have to
אויספֿאָלגן אויסגעפֿאָלגט fulfill, implement
מידה [מידע], די ־ות habit, manner
דערווײַל meanwhile, at present
יחידות [יעכידעס], דאָס privacy, being alone with
באַשעפֿער, דער creator
אַרומרינגלען אַרומגערינגלט encircle, beset
פּחד [פּאַכעד], דער ־ים [פּכאָדים] fear, dread
קאַראַהאָד, דער ־ן round (dance), circle
אַפֿערקוקן אַפֿערגעקוקט look out from under
געוועלבט vaulted, arched
סטעליע, די ־ס ceiling
שניצן געשניצט carve
ארון־קודש [אָרנקוידעש], דער ־ן synagogue Torah case
בית־עולם [בעסוילעם], דער/דאָס ־ס cemetery
שווײַגעוודיק reticent, taciturn
באַפֿאַלן * באַפֿאַלן attack, invade, assault
אַנטשוויגן ווערן fall silent, shut up

קול [קאָל], דאָס ־ער [קעלער]	voice
פֿאַרבאָרגן	hidden, concealed
קולות [קוילעס] ל"ר	clamor, cries
מצבֿה [מאַצייווע], די ־ות	tombstone
שוכן־עפֿר [שויכנאָפֿער], דער שוכני־ [שויכניי־]	dead person
פֿאַרטײַעטערהייט	hidden, concealed
בלאַס	pale, pallid
באַלעמער, דער ־ס	synagogue Torah reading platform
גאַפֿן געגאַפֿט	gape
געפֿלעכט, דאָס ־ן	web, matrix
אומהיימלעך	uncanny, weird
צערודערן צערודערט	upset, rattle
בליק, דער ־ן	look, glance, glimpse
פֿאַרבאָטן	forbidden
צוים = צאַם, דער/די ־ען	fence
טריף־פסול [טרייפֿפּאָסל], דער ־ען	secular/heretical book
דערשפּירן דערשפּירט	feel, detect, sense
לויערן געלויערט	lurk, lie in wait
פֿאַרוואָגלט	homeless, far from home
באַשטימען באַשטימט	decide, determine
אויסרעכענען אויסגערעכנט	calculate
תּיכּף [טייקעף]	at once, immediately
ווערסט	approx. one kilometer [*Rus.*]
בית־הרבֿ [בעסאַראָוו], דער	rabbi's house
אָנשפּאַרן אָנגעשפּאַרט	reach, come as far as
בוזעם, דער ־ס	bosom
איבערשרײַבן איבערגעשריבן	transcribe
שיר, דער ־ים	poem
טאָרבקעלע, דאָס ־ך	bag
שטריקל, דאָס ־עך	string
קוועטשן {געקוועטשט} מיט די פּלייצעס	shrug one's shoulders
בשעת [בעשאַס]	while, when, during
בלישטש, דער	shine, sparkle
פֿאַטשײַלקע, די ־ס	small scarf, kerchief
אימפּעט, דער ־ן	momentum, impetus
דערוואַרעמען דערוואַרעמט	warm up
גליד, דאָס ־ער	limb, member
אײַנשנײַדן אײַנגעשניטן	cut into
מיסט, דאָס	*here*: manure
אויסמײַדן אויסגעמיטן	avoid
שליטן, דער ־ס/שליטענעס	sled, sleigh
דראָבנע	petite, minute, fine
איבעריאָגן איבערגעיאָגט	overtake, pass
באַגלייטן באַגלייט	accompany

אַן ערך [ערעך]	approximately
כמאַרע, די ־ס	(threatening) cloud
אַנטקעגן	toward
שליטה [שליטע], די ־ות	power, influence, mastery
אָפֿטמאָל	often
צופֿרירן צוגעפֿרוירן	frozen; *here*: frostbitten
כּשורה	properly, according to plan
מיטאַמאָל	suddenly
שנייעלע, דאָס ־ך	(snow)flake
טרושען געטרושעט	become thick/dense
אויף קאַטאָוועס	just for fun, in jest
פֿאַרטרושען פֿאַרטרושעט	obscure, cover
שיטער	thinly, sparsely
אדרבה [אַד(ע)ראַבע]	in fact, by all means
געשמאַק	heartily, with gusto
צעשמאָלצן ווערן	melt
שטעכעדיק	stinging
שפּרייט, דער ־ן	spread
פֿאַרדעקן פֿאַרדעקט	cover
סליאַד, דער ־ן/־עס	track
וויכערן געוויכערט	whirl, rush
פֿאַרשאַרפֿן פֿאַרשאַרפֿט	sharpen
לענג־אויס	lengthwise, along
אַריבערשפּרײַזן אַריבערגעשפּרײַזט	stride over/across
כאָליעווע, די ־ס	bootleg
כּל־זמן [קאָלזמאַן]	while, as long as
אָפּצייכענען אָפּגעצייכנט	mark, outline
כּוח [קויעך], דער ־ות [קויכעס]	strength
אָטאָ דאָרטן	right there
יושר [יוישער], דער	justice, fairness
אָנגעווייעט	drifted
צוקלעפּן צוגעקלעפּט	stick to, glue
טרויער, דער	grief, sorrow, mourning
פֿאַרנעפּלט	foggy, hazy
אויסלייגן אויסגעלייגט	spread, arrange, lay out
דרעמל, דער	nap
בפֿרט [ביפֿראַט]	particularly, especially
טעות [טאָעס], דער/דאָס ־ן/־ים [טאָעסן/טעוּסים]	error, mistake
טריפֿן געטריפֿט	drip
טרער, די ־ן	tear
קוועלן געקוואָלן	flow, spring, gush
געלעגער, דאָס ־ס	couch, bed
באַפֿעלן באַפֿוילן	command, order
נכנע = ניכנע, דער ־ים [ניכנאָיִם]	humble/submissive person
ממילא [מימיילע]	as a matter of course, automatically

געטלעכקייט, די ־ן	deity
איבערבעט, דאָס ־ן	duvet, featherbed
אײַנוויגן אײַנגעוויגט	rock to sleep, lull
אַרײַנשיטן אַרײַנגעשאָטן	pour [*a dry substance*]
אויפֿבלאָזן אויפֿגעבלאָזן	raised up, blow up, inflate
פּאַמעלעך	slowly
כּסדרדיק [קעסיידערדיק]	constant, steady
באַצײַטנס	in/on time
הנאה [האַנאָע], די הנאָות [האַנאָעס]	pleasure, fun
שפּאַנען געשפּאַנט	harness
וואָיע = וווּיע, דער ־ן	howl [*of wind*]
אויפֿשפּרינגען אויפֿגעשפּרונגען	jump up
דערשפּירן דערשפּירט	feel, perceive
שטעכעניש, דאָס	stinging, prickling
אויסרײַבן אויסגעריבן	clean by rubbing
אונטערשפּרינגען * אונטערגעשפּרונגען	hop
מעשׂה [מײַסע], די ־יות	story, tale
אומקומען * אומגעקומען	die
פֿליגל, דער –/־עך	wing
אויפֿמונטערן אויפֿגעמונטערט	encourage, cheer up, animate
שווייס, דער	sweat
פּאַרע, די ־ס	steam
שלאָגן {געשלאָגן} אַ פּאַרע	steam rises
אײַנגעהאָרבעט	bent, bowed down
סימן [סימען], דער ־ים [סימאָנים]	sign, mark
קלויסטער, דער ־ס	church
קראָם, די ־ען	shop, store
באַמערקן באַמערקט	notice, discern
פּלויט, דער ־ן	fence
פֿאַרבלאָנדזשעט	lost
באַהערשן באַהערשט	rule, control, dominate
פֿאַרדינען פֿאַרדינט	earn, deserve, merit

קיין ווילנע ! [קאַפּיטל איין און פֿערציק] [4]

באַלד וועט מיר ווערן אַכצן יאָר. באַהאַוונט אין גרעסטן און וויכטיקסטן טייל תּלמוד, פּוסקים; בין צוגעגרייט צו נעמען סמיכה אויף רבנות. כאָטש איך פֿאַרשטיי גוט העברעיִש, לייען שוין אויך רוסישע ביכער – בין איך נאָך אַלץ אַ פֿאַרבלאָנדזשעטער אין דעם תּלמודישן ווילדוואַלד; מיט דעם רעיון קיין אַ ווייטן עבר.

און פֿונדעסטוועגן, אין איין טאָג האָב איך דערשפּירט, ווי מײַנע טריט זענען אַרויס פֿון אַלטן בית־מדרש; מײַנע טריט שטייען בײַם ראַנד פֿון אַן אָפֿענער און, דוכט מיר, ליכטיקער וועלט.

– נישט אַביסל שוין צו אָפֿן און צו ליכטיק?

– יאָ, אָפֿן, ברייט, ווי דער ברייטער, אָפֿענער ים, וואָס רופֿט אַמאָל דעם פֿאַרגאַפֿטן בײַ זײַנע ברעגעס, ער זאָל שפּרייזן אין זײַן טיפֿענישן אַרײַן.

דעם נײַעם שנור, וואָס מײַנע פֿיבערדיקע הענט האָבן אָנגעכאַפּט און האַלטן שטאַרק – ער קומט פֿון מײַן מהות אַרויס און ווערט פֿאַרפֿאַלן אין אַ ווײַטער און פֿרײַער ווײַט. העברעיִשע שירים שרײַב איך. זייער תּמצית – וועלט און ייִדיש פֿאָלק. שירים שרײַב איך, און אין זיי – מײַן בונד מיטן פֿרילינג; ליבשאַפֿט צו דער ערד, ווען זי שטייט־אויף צום לעבן. איך לייען ספֿרי־חול און קריטיקיר נישט שטאַרק דעם תּוכן. דער געדרוקטער ספֿר רופֿט בײַ מיר אַרויס דרך־ארץ. סיי יהודה לייב גאָרדאָנס לעסטערונגען און סיי מיכה יוסף

לעבֿענזאָנס ליריק – ביידע זענען ביי מיר הייליק, ווי די הייליקע ספרים, וואָס פֿון זיי הויב איך אָן אָפּצוקערן מיין פּנים. אַ שפּאָר ביסל וועלטלעכע ידיעות האָב איך אָנגעזאַמלט, אַליין גאָר נישט פֿילנדיק, ווי אַזוי דאָס איז צו מיר געקומען. אָט לייען איך טאָלסטאָיען, טורגעניעוון; לייען נעקראַסאָוון, פּושקין און לערמאָנטאָוון. אי נאָענט, אי ווייט זענען מיר די וועלטן, וואָס איך דערבליק דורך דער רוסישער ליטעראַטור. אמת, דערווייל זענען מיר יענע וועלטן נעענטער ווי די, וואָס קוקן צו מיר אַרויס פֿון פּרץ סמאָלענסקינס ספרים אַרויס. דאָרטן, ביי די נישט יידן, זע איך צומאָל מיין אייגענע ערד. מיין מיל, לאָנקעס און ביימער אַרום מיל, וואָס וועקן ביי מיר גאָר אָפּט אַזאַ בענקעניש און פֿיינלעכע נאָגעניש.

יאָ, די מיל קומט גאַנץ אָפּט ווידער אַרויס פֿאַרן דמיון; פֿון גאָר דער ווייט קומט זי צו מיר אַרויס. איך זע מיין טאַטן, שוין אַביסל אַן איינגעבויגענער, אין שווערע שטיוול טרעט ער שווער דעם וועג פֿון מיל אין שטעטל אַריין: – ער פֿאַרזייט זיין זאָרג אויף דעם וועג פֿון מיל אין שטעטל אַריין.

איך זע אויך די צאַרטע, שמאָלפּנימדיקע, שמאָלפּלייציקע מאַמע, אויך שוין געעלטערט און איינגעשרומפּן פֿאַר דער צייט; מיט איר האַסטיקן טראָט איילט זי אויך נאָך עפּעס אין שטעטל אַריין. זי איז מיט יאוש פֿול צוליב אירע, נאָך גאָר יונגע קינדער, וואָס האָבן זי אַליין געלאָזן צווישן די באַיאָרנטע ביימער אַרום מיל.

און פֿונדעסטוועגן, פּונקט ווי צוריק צום ים־התּלמוד און צו די פּוסקים קאָן איך שוין נישט ווידערקערן מיטן גאַנצן האַרצן, אַזוי קאָן איך מיין היים, ליפּעס מיל, נישט פֿאַרוואָרצלען מער ביים ראַנד פֿון לויכטנדיקן סטאַוו. כאָטש אַ נאָגנדיקע בענקשאַפֿט וועקן ביי מיר אויף אַלע ווינקעלעך פֿון וואַבען מיינע קינדעריאָרן און שפּעטער, די יינגלשע יאָרן, האָבן געהאַט זייער יניקה. ווייטער, ווייטער, סיי פֿון בית־מדרש און סיי פֿון מיין היים רופֿט אַ שטים. אַ יונגע שטים רופֿט, און דאָס האַרץ גייט נאָך דער ווייטער, באַקאַנטער און פֿאָרט אומבאַקאַנטער שטים.

– באַקאַנט – ווייל די שטים קומט ווידער פֿון מיין חבר יצחק דעם רבס, וואָס האָט, חתונה־האָבנדיק, מיך אַליין איבערגעלאָזן אין שטעטל קוזניצע; און איצטער רופֿט ער מיך, איך זאָל מיט אים אַוועק קיין ווילנע, וווּ עס וואַרט געוויס אויף אונדז דער געטרייער וועגווייזער, וואָס וועט אונדז אַרויספֿירן צום געגרייטן דרך־הישר.

מיין חבר יצחק דעם רבס, וואָס האָט זיין זיווג געפֿונען אין סוכאָוואָליע, אין גראָדנער גובערניע; זיין זיווג אין געשטאַלט פֿון אַן אשת־חיל – זי האָט אים נאָך דער חתונה אונטערגעגעבן חשק, ער זאָל פֿאָרן קיין ווילנע לערנען וועלטלעכע לימודים און קומען צו אַ תּכלית. רופֿט מיך איצטער דער חבר, איך זאָל צו אים אַרויסקומען אויפֿן וועג. אינאיינעם – קיין ווילנע. אינאיינעם וועט דער כּוח זיין וואָגיקער. אינאיינעם, מיט צווייענדיקע פֿעיקייטן, וועט אַלץ אָנקומען גרינגער. מען וועט גאָר אין אַ קורצער צייט דערגרייכן צו אַ זעקסטן, צו אַן אַכטן קלאַס גימנאַזיע. דערנאָכדעם – אוניווערסיטעט. און דערנאָכדעם – – –

בין איך אים אין שפּעטן האַרבסט אַנטקעגנגעקומען. אינאיינעם זענען מיר אין שפּעטן האַרבסט אָנגעקומען קיין ווילנע. נאָך אין דעם אייגענעם טאָג געפֿונען אַ חדרל אין אַן אומריין געסל און נאָך אומריינער הויז. אַ חדרל, פֿיר שפּאַן אויף פֿיר שפּאַן, מיט צוויי אומריינע, האַרטע געלעגערס. דאָס אַלץ – פֿאַר דריי רובל אַ חודש. מיין חבר האָט באַצאָלט פֿאַרן חודש דירה־געלט, און איך – – איך האָב באַטראַכט מיין חבר; געקוקט אין זיינע בלויע אויגן אַריין, באַטראַכט זיין קינדישן וווּקס און קיילעכדיקן קאָפּ, און מיך האָט

אָנגעכאַפּט אַ צער פֿאַר אים. ער האָט געבענקט צוריק. ער האָט אין שטעטל סוכאָוואָליע געלאָזן זיין יונג ווייב, וואָס איז צו אים געווען אי געליבטע, אי מאַמע; אי חבר, אי אונטערשטיצער. איצטער, אין די ד' אַמות פֿון אומריינעם צימערל, אין אַ שמוציק, ווילנער געסל, האָט עס אים אויסגעוויזן, גלייך ווי ער וואָלט פֿאַרלאָזן אַ וועלט פֿון אַלדאָס גוטס, געקומען קיין ווילנע און אַליין נאָך צוגעצאָלט, מען זאָל אים אין תּפֿיסה אַריינגעמען.

מען האָט איינגעקויפֿט אַלערליי לערנביכלעך אויף רוסיש: גראַמאַטיקעס, אַריטמעטיקעס, היסטאָריעס און געאָגראַפֿיעס. אָבער די נייע תּורה איז דערוויל נישט געקראָכן אין קאָפּ אַריין. איך האָב אָפּט באַמערקט מיין חברס אויגן פֿאַרלאָפֿענע מיט טרערן. צווישן אים און מיר האָט מען איצטער געקאָנט אַרויסזען דעם שטאַרקן מהלך. נישט אַזוי אין יאָרן, נאָר אין דעם, וואָס ער איז שוין געווען נישט אַליין, און איך בין געקומען פֿון מיין ניי־געפֿונענער היים, ווי אַ פֿויגל, וואָס איז פֿון איין שטייג אַרויס און קיין צווייטע שטייג נאָך נישט געפֿונען. די ערשטע טעג האָט די שטאָט ווילנע, ירושלים דליטא, פֿאַרכאַפּט דעם מהות. אַ גרויסע שטאָט, לויט אונדזער דעמאָלטיקן באַגריף; אַ שטאָט, ווו תּורה און השׂכּלה גייען בײַדע, ווי צוויי טייכן, זייט־ביי־זייט. אַ שטאָט, ווו צניעות און הפֿקרות, פֿרומקייט און אַפּיקרסות – אַלץ אינאיינעם האָט אַ וווינאָרט אין די שמאָלע "זאַולקעס" אַרום שולהויף.

עס נעמט אָן אַ חשק אַריינצוקוקן אין די ווילנער קלויזן; אַ קוק טון אויף די ווילנער קלויזניקעס; דערקענען אין זיי מיין אייגן געשטאַלט. און גאָר אויסטערליש איז דער שולהויף פֿאַרפֿרודזשעט מיט אָרעמקייט, וואָס ליגט אויסגעלייגט אויפֿן גליטשיקן ברוק. מאַרקזיצערקעס, שרייערקעס, וואָס פֿאַרקויפֿן באָב און בייגל, פֿאַרפֿוילטע עפּל, פֿיש, קיכלעך און פּלעצן. בעטלער, וואָס רייסן די פּאָלעס פֿון דורכגייער; קרעמלעך, ווי אייטערדיקע וווּנדן אויף אומריינע לייבער, און איבער דעם אַלעמען – דאָס שאַלן פֿון די לומדי־תּורה, זייער געזאַנג, וואָס קומט פֿון די קלויזן אַרום דער גרויסער שול. לומדי־תּורה אין די קלויזן פֿון די שמאָלע געסלעך און טיפֿע הויפֿן – אין די פֿאַרעיפּושטע הויפֿן...

– איז דאָס ווילנע? ירושלים דליטא?

מען פֿאַרציט אַ שמועס מיט אַ קלויזניק, און גאָר גרינג איז אויפֿצודעקן די ספֿיקות, וואָס לאָקערן און לויערן אין די מוחות פֿון די דאָזיקע מתמידים, אַרויסזינגער, אַרויסשרייער און פֿאַרשרייער דעם חוצפּהדיקן "פֿאַרוואָס"? ... צוליב וואָס"?

צוליב וואָס דערלאָזן, יונגע יאָרן זאָלן אַוועק אויף וויסט און אויף ווייִ?...

קומענדיק פּנים־אל־פּנים מיט די ווילנער קלויזן און קלויזניקעס, פֿאַרדריסט נישט – הלמאי מען האָט אַליין גענומען און געמאַכט אַזאַ דרייסטן שריט; אַליין גענומען און אָפּגעטרעטן פֿון קוואַל, וואָס האָט ביז איצטער אָנגעזעטיקט ס'האַרץ מיט אַ זיסן ווייטיק; אָנגעפֿילט דעם מוח מיט אָנגעצונדענע חלומות. כאָטש ווילנע האָט גלייך, ביים אַריבערטרעטן איר שוועל, אויפֿגעדעקט פֿאַר איר קבצניש געשטאַלט, אויפֿגעדעקט פֿאַר מיר אַ שרייענדיקע אָרעמקייט, אַ מענטשן־געווימל, וואָס איז פֿאַריאָגט אין הוילער וואָכעדיקייט – האָב איך פֿונדעסטוועגן געשפּירט, אַז מיט דער צייט וועלן פֿאַר מיר אויך ווערן אַנטפּלעקט ווינקעלעך אַזעלכע, פֿונוואַנען ס'וועט צו מיר אַרויסבליקן דאָס אויסגעחלומטע געשטאַלט; וואָס וועט פֿאַר מיר עפֿענען אַ טיר צום נייעם לעבן, ווּהין דער חוש פֿירט מיך.

אין סטראַשונס ביבליאָטעק, אַז איך בין אַריין; די ביבליאָטעק, וואָס פֿאַרנעמט אַ צווייטן שטאָק אויפֿן אַלטן שולהויף, זייט־ביי־זייט מיט דער אַלטער ווילנער שול – דאָרטן האָב איך געזען שוויגנדיקע בחורים זיצן איבער וועלטלעכע ספרים; פֿאַרטיפֿטע אין די דאָזיקע ספרים, און אין אַיעדן פֿון די דאָזיקע שווייגער, האָב איך דערקענט מיין אייגן געשטאַלט. די וועלטלעכע ספרים אין די פֿאַליצעס האָבן ערנסט צו מיר געקוקט. ערנסט – אָבער נישט פֿרעמד.

און מיין טייערער חבר?

די בענקשאַפֿט אַהיים האָט אים געניאָגט. מיין חבר איז אויסגעלאָשן געוואָרן מיטן אָנקומען קיין ווילנע. דאָ ערשט האָט ער באַגריפֿן, ווי ווייט דער נייער, אָנגעצייכנטער ציל איז ווייט פֿון אים – באַשר ער איז נישט אַליין. באַשר ער באַדאַרף ווערן אינגיכן אַ פֿאָטער. די צוקונפֿטיקע מוטער, זיין יונג ווייב, כאָטש זי אַליין האָט אים דערמוטיקט צו פֿאָרן קיין ווילנע – זי בענקט אויך נאָך אים. ממש דאָס חיות איז אין אים אויסגעגאַנגען, און זיין שוואַכער, צאַרטער גוף האָט אָנגעהויבן נאָכצוגעבן. ברויט מיט טיי, אונדזער טעגלעכע שפּייז, איז נישט גענוג געווען אויפֿצוהאַלטן שטאַרק דעם גוף, ער זאָל קאָנעןביישטיין די כוואַליעס פֿון לעבן, וואָס האָבן געשלאָגן אין זיין צאַרטן גוף. ער איז קראַנק געוואָרן, נישט קאָנענדיק ביישטיין דעם נייעם, שווערן אָנהויב, צו וועלכן ער האָט מיך, דעם ייִנגערן, אַרויסגעפֿירט.

מיר איז קלאָר געוואָרן, אַז מיין חבר וועט מוזן פֿאַרלאָזן ווילנע. און איך, אָן קיין שום מיטלען; אָן אַ גראָשן אויף דער הוצאה, אויב איך וועל נישט באַצייטנס אָנהויבן זוכן אַ שטיקל מקום־מנוחה – וועל איך, מיטן אָנקומען פֿון ווינטער, באַדאַרפֿן שלאָפֿן דרויסן. פֿונדערהיים האָב איך נישט געקאָנט פֿאָדערן קיין הילף. די היים האָט איר ווייט־פֿאַרוואָרפֿענעם זון נישט געקאָנט העלפֿן פֿונדערווייטנס. מיין היים האָט נאָר געהאַט געטרייע אָרעמס, ווען אַ קינד איז געקומען צו איר אין די אָרעמס. די היים האָט געקאָנט דערנערן דעם הונגעריקן, צוטוליען דעם עלנטן; מקרב זיין און אין ענגשאַפֿט געפֿינען אַ געלעגער. אָבער די היים איז שוין מער קיין היים נישט געווען פֿאַר דעם, וואָס איז מיטן שטורעם אַוועק.

אַזוי האָב איך צומאָל געשפּירט אין ווילנע: – גלייך אַ שטורעם האָט מיך אַהין פֿאַרטראָגן; אין ווילנער ענגע גאַסן האָט דער שטורעם מיך אָפּגעלאָזן; אין ווילנער אָרעמקייט, אין ווילנער בעטלער־וועלט אַריינגעשליידערט. צו ווערן אַ בעטלער – זעט מיר גאָר שווידערלעך אויס.

דעריבער, כאָטש פֿאַר דער דירה איז געווען באַצאָלט פֿאַר אַ גאַנצן חודש, בין איך פֿונדעסטוועגן באַצייטנס אַוועק זוכן אַ בית־המדרש, ווו מען זאָל מיך בלויז לאָזן נעכטיקן. מען זאָל פֿאַר מיין נעכטיקן אין בית־המדרש פֿון מיר קיין תּורה און פֿרומקייט נישט פֿאַרלאַנגען. און מכּוח עסן – דאָס וועט שוין זיין די לעצטע און שפּעטערדיקע זאָרג.

איך האָב געפֿונען אַזאַ בית־מדרש אויף נאָווי־שוויאַט. אַ קאַלטער בית־מדרש אין אַ האַלבן קעלער, ווו שווערע אַרבעטער און באַלעגאָלעס האָבן געדאַוונט. דער יונגער שמש, אַ בלאָנדער, אויסגעדינטער סאָלדאַט – ער האָט מיך גוט פֿאַרשטאַנען. אויסער דעם, וואָס ער האָט מיר דערלויבט צו שלאָפֿן אין בית־מדרש, האָט ער נאָך צוגעזאָגט צו קריגן פֿאַר מיר פֿון ערגעצן צוואַנציק קאָפּיקעס אַ וואָך.

– האָב איך דען מער געקאָנט פֿאַרלאַנגען פֿון מיין מזל אין יענער צייט.

אָבער מײַן חבר איז אַוועקגעפֿאַלן צו בעט. אויפֿגעמונטערט האָט אים בלויז די האָפֿענונג, אַז ער וועט בקרוב פֿאָרן צו זײַן טרײַער ווײַב, אין זײַן בײַער, וואַרעמער היים.

דער ווינטער איז אָנגעקומען, און איך האָב שוין מײַן געלעגער אַריבערגעטראָגן אין קאַלטן בית־המדרש אַרײַן, וואָס אויף נאָווי־שוויאַט.

אין אַזאַ קאַלטן פֿאַרטאָג האָט מײַן חבר יצחק דעם רבס געזאָלט אָפּפֿאָרן פֿון ווילנע צוריק קײן סוכאָוואָליע, זײַן היים. איך בין געקומען אים אַרויסבאַגלייטן. אַ גאַנצע נאַכט געוואַכט מיט אים. געהאָלפֿן אים אײַנפּאַקן זײַן קופֿערטל. און נאָך אַ שטיק פֿאַרטאָג, צופֿוס, איך מיטן קופֿערטל אויפֿן אַקסל, זענען מיר שווײַגנדיק געגאַנגען דורך ווילנער גאַסן, וואָס פֿירן צום ווילנער וואָקזאַל.

ער איז אַוועק קײן סוכאָוואָליע אָנצוהייבן זײַן לעבן, ווי אַ העברעיִשער לערער אין שטעטל, און איך – אַ באַטריבטער בין איך אַוועק אין קאַלטן בית־מדרש, וואָס אין אַ קעלער אויף נאָווי־שוויאַט.

[פּרץ הירשבײן, *מײַנע קינדער־יאָרן* (וואַרשע: ליטעראַרישע בלעטער, 1935), ז. 302־307]

באַהאַוונט	versed, proficient
פּוסקים [פּאָסקים] ל"ר	post-Talmudic commentators
צוגרייטן צוגעגרייט	prepare
סמיכה [סמיכע], די	rabbinical ordination
רבנות [ראַבאָנעס], דאָס	rabbinate
ווילדוואַלד, דער ־וועלדער	thicket, dense forest
רעיון [רײַען], דער ־ות [רײַוינעס]	thought, idea
עבֿר [אָווער], דער ־ס	past
ראַנד, דער ־ן	edge, border, margin
ים [יאַם], דער ־ען/־ים	sea
פֿאַרגאַפֿט	amazed
ברעג, דער ־ן/־עס	bank, shore, coast
שפּרײַזן געשפּרײַזט	stride
שנור, דער/די ־ן	rope, line
פֿיבערדיק	feverish, fervent
מהות [מעהוס], דער ־ן	essence, nature
תּמצית [טאַמצעס], דער/דאָס ־ים [טאַמציײסים]	gist, essence
בונד, דער ־ן	tie, bond, alliance
ספֿרי־חול [סיפֿרע־כויל]	popular musar book
תּוכן [טויכן], דער ־ים	contents
דרוקן געדרוקט	publish, print
דרך־ארץ [דערעכערעץ], דער	respect, regard, decorum
לעסטערונג, די ־ען	blasphemy
הייליק	holy, sacred
אָפּקערן אָפּגעקערט	turn aside, deflect
אַ שפּאָר ביסל	quite a few
ידיעה [יעדיִע], די ־ות	information, news
אָנזאַמלען אָנגעזאַמלט	collect
דערבליקן דערבליקט	see, perceive, discover
צומאָל	even, occasionally
וועקן געוועקט	wake, arouse
בענקעניש, דאָס ־ן	longing, homesickness
פּײַנלעך	painfully unpleasant
נאָגעניש, דאָס/די ־ן	gnawing
דמיון [דימיען], דער	imagination
אײַנבייגן אײַנגעבויגן	bend, incline
פֿאַרזייען פֿאַרזייט	sow
עלטערן געעלטערט	age
אײַנשרומפּן אײַנגעשרומפּט	shrink
יאוש = ייאוש [ייעש/יײעש], דער	despair, resignation
באַיאָרנט	aged
ים־התּלמוד [יאַמאַטאַלמעד], דער ־ען/־ים	the sea of the Talmud
ווידערקערן ווידערגעקערט	return
פֿאַרוואָרצלען פֿאַרוואָרצלט	root, anchor
לויכטנדיק	shine
יניקה [יעניקע], די	livelihood, spiritual nourishment

געטרײַ	devoted, faithful, loyal
וועגווײַזער, דער ־ס	guide, guidebook
דרך־הישר [דערעכאיאָשער], דער	morally right/good path
זיווג [זיווועג], דער ־ים	mate, match, marriage
אשת־חיל [אײשעסכאַיל], די ־ן/־ס	clever and active woman
אונטערגעבן אונטערגעגעבן	add
חשק [כיישעק], דער	eagerness, desire
לימוד [לימעד], דער ־ים [לימודים]	subject of study; *pl*: studies, classes
תּכלית [טאַכלעס], דער ־ים [טאַכלייסים]	result, purpose, issue at hand
וואָגיק	significant, momentous
פֿעיִקייט, די ־ן	ability
דערגרייכן דערגרייכט	reach, accomplish, attain
אומריין	unclean, foul
שפּאַן, דער ־ען	step, pace
דירה־געלט, דאָס –	rent
וווּקס, דער ־ן	size, stature
קײַלעכדיק	round
צער [צאַר], דער	grief, sorrow
אונטערשטיצער, דער ־ס	supporter
ד' אַמות = דלת אַמות [דאַלעטאַמעס]	four ells = one's own dwelling
אויסווײַזן [זיך] אויסגעוויזן	seem
צוצאָלן צוגעצאָלט	pay extra
תּפֿיסה [טפֿיסע], די ־ות	prison, jail
פֿאַרלאָפֿן	full, filled
מהלך [מעהאַלעך], דער ־ן	distance, gap
שטײַג, די ־ן	cage
באַגריף, דער ־ן	concept, notion, idea
טײַך, דער ־ן	river, stream
צניעות [צניִעס], דאָס	virtue, modesty
הפֿקרות [העפֿקײרעס], דאָס	wantonness, neglect
אפּיקורסות [אַפּיקאָרסעס], דאָס	heresy
וווינאָרט, דער	residence, domicile
קלויז, די ־ן	small (guild) synagogue
אויסטערליש	bizarre, quaint
פֿאַרפּרודזשעט	purified
גליטשיק	slippery
ברוק, דער	cobblestone pavement
מאַרקזיצערקע, די ־ס	market merchant [*fem*]
שרײַערקע, די ־ס	hawker [*fem*]
באָב, דער ־עס	bean(s)
פֿאַרפֿוילט	rotten
פּלעצל, דאָס ־עך	biscuit, small cake, cookie
פּאָלע, די ־ס	lapel; skirt/tail of a garment

דורכגייער, דער ־ס	passer-by
אײַטערדיק	infected
לײַב, דאָס ־ער	body
שאַלן געשאַלט	sound
לומדי־תּורה [לאָמדע־טוירע] ל"ר	Torah scholars
געזאַנג, דאָס ־ען	singing, chant
פֿאַרעיפּושט [פֿאַריפּעשט]	stinking
פֿאַרציִען פֿאַרצויגן	take up, extend, protract
אויפֿדעקן אויפֿגעדעקט	uncover, expose, discover
ספֿק [סאָפֿעק], דער ־ות [ספֿייקעס]	doubt
לאָקערן געלאָקערט	lurk, lie in wait
מוח [מויעך], דער ־ות [מויכעס]	mind, brains, head
מתמיד [מאַסמיד], דער ־ים [מאַסמידים]	zealot
דערלאָזן דערלאָזט	allow, permit, stand for
וויסט	deserted, bleak, desolate
פֿאַרדריסן פֿאַרדראָסן	irk, hurt, annoy
הלמאי [האַלעמײַ]	why? what for? how come?
דרייסט	bold
קוואַל, דער ־ן	spring, source
אָנזעטיקן אָנגעזעטיקט	satisfy, satiate
אָנצינדן אָנגעצונדן	ignite, light afire
חלום [כאָלעם], דער ־ות [כאַלוימעס]	dream
שוועל, די/דער ־ן	doorstep, threshold
קבצניש [קאַפּצאָניש]	beggarly
געווימל, דאָס	disorder, bustle
הויל	hollow, cavernous, pure
וואָכעדיקייט, די ־ען	everyday, workaday, commonplace
אַנטפּלעקן אַנטפּלעקט	bare, reveal, disclose
אויסגעחלום ט	(long) dreamed of
חוש, דער ־ים	sense, feeling
שטאָק, דער –	floor, story
נאָגן גענאָגט	gnaw, haunt
אויסלעשן אויסגעלאָשן	extinguish
אָנצייכענען אָנגעצייכנט	draft, mark, draw, trace
ציל, דער ־ן	purpose, aim, goal
באשר [באַנשער]	just because [*skept.*]
דערמוטיקן דערמוטיקט	encourage
חיות [כײַעס, כיִעס], דאָס/דער	life, delight
גוף, דער ־ים	body, flesh
שפּײַז, די ־ן	food
בײַשטיין * בײַגעשטאַנען	resist, withstand
כוואַליע, די ־ס	wave
מיטל, דאָס ־ען	means, resource
הוצאה [העצאָע], די ־ות	expense, costs
מקום־מנוחה [מאָקעם־מענוכע], דער	place of rest/refuge
פֿאָדערן געפֿאָדערט	demand, request

פֿאַרוואַרפֿן פֿאַרוואָרפֿן	send/cast afar, displace
פֿונדערווײַטנס	from afar
דערנערן דערנערט	nourish, maintain, feed
צוטוליען צוגעטוליעט	clasp, cling, cuddle
עלנט	lonely, forlorn
מקרבֿ [מעקאַרעוו] זײַן	befriend
אַרײַנשלײַדערן אַרײַנגעשלײַדערט	sling/throw/hurl in
שוידערלעך	horrible, dreadful
דעריבער	moreover
נעכטיקן גענעכטיקט	spend the night
מכּוח [מיקויעך]	about, concerning
נאָווי־שוויאַט	street, now Tyzenhauzų/Pumpurų
קעלער, דער ־ס/־ן	cellar, basement
באַלעגאָלע = בעל־עגלה, דער ־ות	coachman, wagon driver
שמש [שאַמעס], דער ־ים [שאַמאָסים]	synagogue beadle
אויסגעדינט	retired, veteran
צוזאָגן צוגעזאָגט	promise, pledge
פֿאַרלאַנגען פֿאַרלאַנגט	desire, require, ask for
בקרובֿ [בעקאָרעוו]	soon, shortly
פֿאַרטאָג, דער ־ן	dawn, daybreak
אײַנפּאַקן אײַנגעפּאַקט	pack
קופֿערטל, דאָס ־עך	small chest/trunk
וואָקזאַל, דער ־ן	train station, terminal, depot
באַטריבט	sad

19

דער טונקעלער [יוסף טונקל, 1881־1949] [1]

יוסף טונקל איז געבוירן געוואָרן אין באָברויסק. שפּעטער האָט ער געוווינט אין ווילנע. אין 1906 האָט ער עמיגרירט קיין ניו־יאָרק און דאָרטן אַרויסגעגעבן צוויי צײַטשריפֿטן, "דער קיבעצער" און "דער גרויסער קונדס". אין 1910 איז ער נאָך אַ מאָל צוריקגעפֿאָרן קיין וואַרשע, ווו ער איז געוואָרן דער רעדאַקטאָר פֿונעם הומאָר־אָפּטייל אין דער טאָגצײַטונג "דער מאָמענט". בײַם אָנהייב פֿון דער צווייטער וועלט־מלחמה איז ער אַנטלאָפֿן קיין פֿראַנקרײַך, און אין 1941 איז ער נאָך אַ מאָל געקומען קיין ניו־יאָרק, ווו ער האָט געאַרבעט בײַם "פֿאָרווערטס". ער איז געווען איינער פֿון די באַליבטסטע יידישע הומאָריסטן פֿונעם 20סטן יאָרהונדערט.

אַרויסגעבן אַרויסגעגעבן	edit	אָפּטייל, דער ־ן	section
צײַטשריפֿט, די ־ן	periodical	אַנטלויפֿן * אַנטלאָפֿן	escape
קונדס [קונדעס], דער ־ים [קונדייסים]	prankster	באַליבט	popular, beloved
רעדאַקטאָר, דער רעדאַקטאָרן	editor		

דאָס קאַפּיטל ווילנע אין מײַן לעבן [2]

שוין אין מײַנע ייִנגלשע יאָרן האָב איך געמאָלט מענטשעלעך, הײַזעלעך, פֿערדעלעך, וכדומה. מײַן חבֿרים־ייִנגלעך זײַנען נתפּעל, אָבער בײַ די גרויסע בין איך נאָך ניט געווען פּאָפּולער.

ערשט איין מאָל האָב איך אויסגעמאָלט אַ גרויסע "קאַרטינע", נעמלעך: אַ טערק פֿאָרט רײַטנדיק אויף אַ פֿערד און האַלט אַ "שאַבלע". דאָס בילד האָט געמאַכט אַ גרויסן

רושם, און צוגלײַך אַרויסגערופֿן גרויסע חילוקי־דעות. זלמן־איטשע, דער לערער פֿון "טשיסטאָפּיסאַניע" פֿון אונדזער תּלמוד־תּורה, וועלכער האָט באַטראַכט דאָס בילד דורכן פֿויסט, האָט אויסגעפֿונען, אַז דאָס בילד, כאָטש עס קוקט אויס ווי לעבעדיק, איז דאָך ניט "פּראַווילנע", מחמת דער טערק האָט איין אויג, איין אויער און איין פֿוס. דאָס נעמלעכע דאָס פֿערד.

אונזער שטאָטישער פֿאָטאָגראַפֿטשיק, גאָספּאָדין רענד, האָט אַפֿילו געטענהט, אַז עס דאַרף אַזוי זײַן, מחמת עס איז געמאָלט אין פּראָפֿיל. אָבער דער לערער פֿון "טשיסטאָפּיסאַניע" האָט געטענהט: פּראָפֿיל־שמאָפֿיל, די נאַטור פֿון דער פּריראָדע האָט אַזאַ טבֿע, אַז אַ מענטש, מעג ער אַפֿילו זײַן אַ טערק, מוז האָבן צוויי אויגן, צוויי פֿיס און צוויי אויערן.

האָב איך צוגעמאָלט דעם טערק, און להבֿדיל צום פֿערד, נאָך אַן אויג, נאָך אַ פֿוס און נאָך אַן אויער. און אַלע האָבן דאַן באַשטימט פּה־אחד, אַז איך האָב אַ גרויסע "תּשוקה" צו "כודאָזשעסטווע", און ווען איך זאָל די דאָזיקע תּשוקה "ראַזוויוואַיען" קען איך אַרויסוואַקסן אַ גרויסער כודאָזשניק....

[אַ פֿאַרקירצטן און באַארבעטן אָפּדרוק אינעם *פֿאָרווערטס*]

מאָלן געמאָלט	paint	פּראָווילנע	correct [*Rus.*]
וכדומה [אוכדוימע]	and so forth, etc.	מחמת [מאַכמעס]	because
נתפּעל [ניספּאָעל] זײַן	be impressed	שטאָטיש	city, municipal
קאַרטינע	painting [*Rus.*]	גאָספּאָדין	Mr. [*Rus.*]
נעמלעך	same, namely	טענהן [טײַנען] געטענהט	maintain, argue, claim
טערק, דער ־ן	Turk	נאַטור, די ־ן	nature [< *Ger.*]
רײַטן * געריטן	ride	פּריראָדע	nature [*Rus.*]
שאַבלע	saber [*pseudo-Rus.*]	אַזאַ	such a
רושם [רוישעם], דער ־ס	impression	טבֿע [טעווע], די ־ס	nature [< *Hebr.*]
צוגלײַך	likewise, immediately	צומאָלן צוגעמאָלט	paint on(to)
אַרויסרופֿן אַרויסגערופֿן	call forth, summon	להבֿדיל [לעהאַוודל]	to distinguish between sacred and profane
חילוקי־דעות [כילוקעדייעס], דאָס/דער ־ן	controversy, difference of opinion	באַשטימען באַשטימט	determine
טשיסטאָפּיסאַניע	penmanship [*Rus.*]	פּה־אחד [פּעעכעד]	unanimously
תּלמוד־תּורה [טאַלמעדטוירע], די ־ות	charity school	תּשוקה [טשוקע], די ־ות	passion
באַטראַכטן באַטראַכט	look at, consider	כודאָזשעסטווע	art [*Rus.*]
פֿויסט, די ־ן	fist	די דאָזיקע	this
אויסגעפֿינען אויסגעפֿונען	determine, find out	ראַזוויוואַיען	develop [*pseudo-Rus.*]
לעבעדיק	lifelike	אַרויסוואַקסן אַרויסגעוואָקסן	grow/evolve into

נודניקעס [2]

קעגן אַלע קרענק און אומגליקן אויף דער וועלט ווערן געזוכט מיטלען און עצות; עס ווערן געשריבן בראָשורן, מעטאָדן, האַנטביכער, ווי אַזוי זיך אויסצוהיטן פֿון שׂרפֿות, פֿון קאַטאַרן, פֿון מאָסקיטן, פון וואַנצן, פֿון עפּידעמיעס, זונשלאָגן, בייזע הינט, מײַז, פֿאַרפֿלייצונגען, ים־קראַנקהייט, ציינווייטיק, געסט, הינער־אויגן און אַנדערע אָנשיקענישן. אָבער קיינער, קיינער האָט נישט געפּרווּוט עפּעס אַ טראַכט טאָן וועגן אַ מיטל קעגן איינס פֿון די גרעסטע אָנשיקענישן — די נודניקעס.

ערשטנס, ווי דערקענט מען אַ נודניק? ס'איז ווי אונטערשיידן צווישן אַ משוגענעם הונט פֿון אַ קלאָרן, אַ דאָקטער פֿון אַ פֿעלדשער, אַ מיידל פון אַ ווײַבל, אַ דאָקטער־מעדיצין פֿון אַן אַדוואָקאַט־פֿילאָסאָף.

אָט גייט זיך אַ מענטש אויף צוויי פֿיס, מיט אַ נאָז, מיט צוויי אויגן; אַ מענטש ווי אַלע מענטשן — נאָר דער אָ איז אַ נודניק. אַ נודניק איז אַלעמאָל אַ נודניק, אָן אונטערשייד פֿון ראַסע, עלטער, געשלעכט און קלאַס, פּראָפֿעסיע, רעליגיעזע אָנשויונג, ווּוקס, קאָליר.

מען דערציילט, אַז איינער האָט זיך געפּרווּוט אויסבאַהאַלטן פֿון אַ נודניק. האָט ער זיך אַזוי לאַנג אויסבאַהאַלטן, ביז ער האָט זיך אַרײַנגעלייגט אין בעט און געשיקט דעם דינער זאָגן דעם נודניק, אַז דער בעל־הבית קען אים איצט נישט אויפֿנעמען מחמת ער ליגט צו בעט. האָט דער נודניק געשיקט צוריק זאָגן, אַז ער האָט צײַט אויסצוּוואַרטן ביז דער בעל־הבית וועט אויפֿשטיין. האָט דער חכם געשיקט ווידער זאָגן דעם נודניק, אַז ער איז קראַנק. איז דער דינער געקומען צוריק און געזאָגט, אַז דער נודניק וויל אים מבקר־חולה זײַן. האָט דער חכם ווידער געשיקט זאָגן, אַז ער איז אַ חולה־מסוכּן, אַ גוסס. האָט דער נודניק געשיקט זאָגן, אַז ער וויל קומען בעטן מחילה. האָט דער חכם געשיקט זאָגן, אַז ער איז געשטאָרבן. האָט דער נודניק געבעטן קומען פֿירן אים צו קבֿר־ישׂראל.

* * *

איך קען אַ יידן וואָס אַז ער פֿלעגט גיין אין שוויץ־באָד, און דערנאָך געגעבן אַ נאָס און אַ נודניק פֿלעגט אים זאָגן "צו געזונט!" פֿלעגט דער ייד ענטפֿערן:

"גיי צו אַלדי שוואַרצע רוחות!!!"

דער ייד האָט מורא געהאַט פֿאַר נודניקעס. אויב ער וועט אים ענטפֿערן "אַ שיינעם דאַנק" וועט יענער גלײַך פֿרעגן: "איז די באָד געווען גוט? אַ סך מענטשן? איז דאָרט דאָ גענוג פּאַרע? גענוג וואַסער? צי שטעלט מען געהאַקטע באַנקעס? צי איז דאָ גענוג אָרט צו פּריאַזשען די זאַכן?"

דעריבער איז טאָלסטאָי גערעכט געווען ווען ער זאָגט: "שטעל זיך נישט אַנטקעגן דעם נודניק, זאָל ער רעדן אַפֿילו ווען דו לײַדסט, ווײַל דאָס איז דער גורל פֿון מענטשן". עס איז נישטאָ קיין שום מיטל אַקעגן אַ נודניק.

[אַ פֿאַרקירצטן און באַאַרבעטן אָפּדרוק אינעם *פֿאָרווערטס*]

נודניק, דער ־עס	bore, pest
קרענק, די ־ען	disease
אומגליק, דער ־ן	calamity
מיטל, דאָס ־ן	remedy; means
עצה [אייצע], די ־ות	advice
אויסהיטן זיך אויסגעהיט	protect oneself
שׂרפֿה [סרייפֿע], די ־ות	fire, blaze
קאַטאַר, דער ־ן	catarrh
וואַנץ, די ־ן	bedbug
זונשלאָג = זונענשלאַק, דער ־שלעק	sunstroke
מויז, די מײַז	mouse
פֿאַרפֿלייצונג, די ־ען	flood
ים־קראַנקהייט, די ־ען	seasickness
ציינווייטיק, דער ־ן	toothache
גאַסט, דער געסט	guest, visitor
הינער־אויג, דאָס ־ן	callous, bunion
אָנשיקעניש, דאָס ־ן	nuisance
פּרוּוון געפּרוּווט	try, attempt, dare
אַ טראַכט טאָן	consider
דערקענען דערקענט	recognize
אונטערשיידן אונטערגעשיידט	distinguish
פֿעלדשער, דער –	barber-surgeon
דער אָ	that one
געשלעכט, דאָס ־ער	sex, gender
אָנשויונג, די ־ען	views, attitude
וווּקס, דער ־ן	size, form, growth
אויסבאַהאַלטן אויסבאַהאַלטן	hide, conceal
דינער, דער –	servant
בעל־הבית [באַלעבאָס], דער ־ים [באַלעבאַטים]	proprietor, householder
אויפֿנעמען אויפֿגענומען	receive
אויסוואַרטן אויסגעוואַרט	wait out
אויפֿשטיין אויפֿגעשטאַנען	get out of bed
מבֿקר־חולה [מעוואַקער־כוילע] זײַן	visit a sick person
חולה־מסוכּן [כוילעמעסוקן], דער חולים־מסוכּנים [כוילים־מעסוקאָנים]	dangerously sick person
גוסס [גויסעס], דער ־ים	dying person
מחילה [מעכילע], די	pardon, forgiveness
קבֿר־ישׂראל [קייווער־ייסראָעל], דער	burial in a Jewish cemetery
נאָס,דער ־ן	sneeze
רוח [רועך], דער ־ות [רוכעס]	devil, ghost
גיי צו אַלדי שוואַרצע רוחות!	go to Hell!
מורא [מוירע] האָבן	fear
פּאַרע, די ־ס	steam
באַנקע, די ־ס	pseudo-medical remedy cup
שטעלן {געשטעלט} געהאַקטע באַנקעס ל"ר	scarification and cupping
פּריאַזשען פּריאַזשעט	arrange
דעריבער	consequently
אַנטקעגנשטעלן זיך אַנטקעגנגעשטעלט	oppose
לײַדן געליטן	suffer
גורל [גוירעל], דער/דאָס ־ות [גויראָלעס]	fate, destiny

דאָס צעשטערטע גליק [2]

ער איז געווען אַ יונגערמאַן פֿון אַ ליטוויש שטעטל און געהייסן ירחמיאל. נאָך אין זײַן שטעטל האָט ער געשמט פֿאַר אַ גרויסן באַזיגער פֿון פֿרויען הערצער. דערצו האָט ער געהאַט די פֿאָלגנדיקע מיטלען: אַ שוואַרץ בערדל, ראָזע ליפּן, בלאַסע פֿאַרחלומטע באַקן, אַ זיס, ווייך ווי פּוטער טענאָר־שטימע און געקענט אַ סך רוסישע ראָמאַנסן און פֿאָלקס־לידער.

זי איז געווען אַ תּמעוואַט מיידל פֿון וואָלינער געגנט. אַ שנײַדערין. זי האָט געהאַט גרויס דרך־ארץ פֿאַר אַן אינטעליגענט. ליב געהאַט הויכע אומפֿאַרשטענדלעכע געשפּרעכן, הויפּטזעכלעך וועגן ליבע, לײַדנשאַפֿט, לעבנסוועג און כאַראַקטער. ביידע האָבן זיי זיך באַקענט אויף אַ פֿאָרלעזונג וועגן דער "קראַפֿט פֿון ליבע".

באַקענט און זיך באַפֿרײַנדעט. און ... ער האָט צו איר געגלוסט מיט אַ גרויס גלוסטעניש. ער האָט געהאַט אַ באַזונדערן צימער אויף דער אײַזן גאַס מיט אַ באַזונדערן אַרײַנגאַנג. ער האָט מיט איר פֿאַרבראַכט און גערעדט וועגן אַלץ וואָס זי האָט ליב, דער עיקר ליבע, לײַדנשאַפֿט, לעבנסוועג און כאַראַקטער.

צווישן איין געשפּרעך און אַן אַנדערן האָט ער איר געזונגען פֿאָלקס־לידער. ער האָט איר דערציילט וועגן זײַן פֿאַרגאַנגענהייט, וועגן זײַנע גרויסע איבערלעבענישן און וועגן זײַנע רײַכע רײַזע־אַוואַנטורעס איבער דער ווילנער גובערניע, בשעת ער איז געווען אַן אַגענט פֿון זינגערס ניי־מאַשינען.

"קיינעם, קיינעם האָב איך נישט אויפגעדעקט מײַן האַרץ, ווי אײַך, חוה, ווײַל איך האָב צו אײַך צוטרוי, פּונקט ווי איך וואָלט אײַך געקענט שוין יאָרן לאַנג". זי איז געווען גערירט.

"גיט מיר אײַער האַנט, חוה".

"נאָט אײַך!"

"פֿאַרוואָס די לינקע?"

"די לינקע האַנט איז נאָענט צום האַרצן".

ער איז שוין געווען אויף אַ וועג. אָך, ווען זי וואָלט נאָר אײַנגעשטימט צו קומען צו אים אין אָוונט, אין זײַן באַזונדערן צימער, אויף דער אײַזן גאַס ... נאָר דאָס האָט זי נישט געוואָלט בשום אופֿן, דערקלערנדיק עס אים:

"ווי קען איך אײַך געטרויען אַז איר מענער זײַט אַזוי פֿאַרדאָרבן? ... איר זײַט טאַקע אַן אינטעליגענטער מענטש, ירחמיאל, אָבער אַז מיר וועלן זײַן אַליין, וועט איר פֿאַרלירן אײַער אינטעליגענץ. עס וועט זיך אין אײַך אויפֿוועקן די חיה און איר וועט נישט קענען באַהערשן אײַער לײַדנשאַפֿט".

ירחמיאל האָט זי געמוסרט, הלמאי זי טרויט אים נישט, הלמאי זי איז אַזוי אָפּגעשטאַנען און פֿאַרשקלאַפֿט פֿון די מענטשלעכע פֿאָראורטיילן, הלמאי זי גלייבט אים נישט, און אַז ער ליבט איר נשמה און אַז צווישן זײַן נשמה און איר נשמה ציִען זיך איידעלע סטרונעס וואָס קלינגען אין איין קלאַנג מיט זײַערע הערצער ... ביז דאָס מיידל האָט אײַנגעשטימט.

מאָרגן אין אָוונט, האָט זי צוגעזאָגט, וועט זי אַרויפֿקומען צו אים אין זײַן איינזאַם געצעלט, אויף דער אײַזן גאַס, אָפּרוען די נשמה און שטילן זײַן נשמה־שמערץ. ירחמיאל איז צעגאַנגען פֿון נחת.

האַלב זיבן האָט ער, אַ גליקלעכער און שײַנענדיקער, זי אָפּגעוואַרט בײַ דער אַרבעט. אין רעסטאָראַן איז ער געווען פֿול מיט צערטלעכקייט. נאָך דער וועטשערע איז מען געגאַנגען אין טעאַטער. אויפֿן וועג האָט ער איר געקויפֿט אַ באָנבאָניערקע אין אַ צוקערניע. אין טעאַטער איז געגאַנגען אַ מעלאָדראַמע "די פֿאַרפֿירטע". אין ערשטן אַקט האָבן זיי דערזען אַ גאָרטן. לעבן אַ בוים שטייט אַ מיידל פֿון אַ יאָר צוואַנציק. לעבן איר זײַער אַ סימפּאַטישער בחור. ער רעדט אָן דאָס מיידל אַז זי זאָל גיין צו אים אַהיים אין זײַן איינזאַם צימער.

"אוי, נעלי!" האָט דער בחור געקניט מיט אַ האַנט אויפֿן האַרצן, "איך האָב געוואַרט אויף דיר! ... פֿאַרוואָס פּײַניקסטו מיך? קום צו מיר, וועסטו פֿאַרזיסן מײַן עלנטן פּײַן און מײַנע שטומע לײַדן!" און ער פֿאַרזיכערט איר אַז זי איז בײַ אים אַ ריין ספֿר־תּורהלע".

דאָס מיידל ענטפֿערט אים: "אוי וואָס זאָל איך טאָן?" גאָט מײַנער, גיב מיר כּוחות!" און זי לאָזט זיך גיין מיט אים אַהיים.

דער צווייטער אַקט שטעלט פֿאָר אַ צימער אין נעליס הויז. נעלי ליגט אויף דער סאָפֿקע און וויינט מיט גרויס פֿאַרצווייפֿלונג ... עס קומט אַרײַן איר מוטער. זי וויל וויסן וואָס דאָ קומט פֿאָר. פּלוצעם ברעכט אויס נעלי אין אַ ביטער געוויין:

"מאַמע! איך בין פֿאַראומגליקט!" די מוטער ברעכט אויס אין אַ יאָמער: – "טאָכטער! טאָכטער! וואָס האָסטו געטאָן? ווער איז דײַן באַטריגער?" אויף דעם געשריי קומט צו לויפֿן דער פֿאָטער און טרײַבט אַרויס די טאָכטער. ענדע פֿון צווייטן אַקט.

דריטער אַקט. אין שפּיטאָל. דאָס מיידל האָט טובערקולאָז. זי רייכערט, הוסט, רעדט, וויינט און לאַכט. עס קומט אָן דער דאָקטער אין ווײַסן כאַלאַט, מיט אַ שוואַרץ בערדל ווי בײַ ירחמיאלן, מיט אַזעלכע ראָזע ליפּן און כמעט אַזאַ צאַרטע שטים. זיי קוקן זיך אָן און זי דערקענט אין אים איר פֿאַרפֿירער, און ער אין איר – זײַן קרבן. אַ האַרצרײַסנדיקע סצענע. זי שרײַט:

"דו, פֿאַרדאָרבענער מאַנספערשוין! דו באַטריגער אין מענטשן געשטאַלט!" ער שרײַט:

"נעלי! בעלי! איך לײַד פֿון געוויסנסביסע!" ... זי לאַכט; "כאַ! כאַ! כאַ!" און שטאַרבט אין זײַנע אָרעמס. פֿאָרהאַנג.

חוהס אויגן זײַנען געווען פֿול מיט טרערן. ירחמיאל האָט געפֿילט אַז דאָס דערוואַרטע גליק גליטשט זיך אַרויס ... זיי זײַנען אַרויס פֿון טעאַטער ווי פֿון אַ מתים־שטיבל. ער האָט זי געהאַלטן אונטערן אָרעם און געשפּירט ווי אירע טריט ווענדן זיך נישט צו זײַן היים. שטיל און טרויעריק האָט ער זי אָפּגעפֿירט אַהיים, אָנגעקלונגען אין איר טויער־גלעקל, טרויעריק זיך געזעגנט און טרויעריק האָבן זײַנע ליפּן געמורמלט: "דאָס גליק איז געווען אַזוי נאָענט ..."

מאָראַל: אויב איר האָט אַ מיידל און גייט מיט איר אין טעאַטער, זאָלט איר פֿריִער געוויר ווערן וואָס פֿאַר אַ שטיק מען שפּילט.

[אַ פֿאַרקירצטן און באַארבעטן אָפּדרוק אין *פֿאָרווערטס*, יוני 30, 2000, ז. 14]

צעשטערן צעשטערט	destroy
גליק, דאָס ־ן	fortune, happiness
שמען [שעמען] געשמט	be famous for
באַזיגער, דער –	conqueror
פֿאַרחלומט	dreamy
ראָמאַנס, דער ־ן	romantic (song/tale/film)
תּמעוואַט [טאַמעוואַט]	foolish, half-witted
דרך־ארץ [דערעכערעץ], דער	respect
אומפֿאַרשטעבדלעך	incomprehensible
געשפּרעך = שמועס, דער ־ן	conversation
הויפּטזעכלעך = דער עיקר [דעריקער]	primarily
לײַדנשאַפֿט, די ־ן	passion
לעבנסוועג = לעבנשטייגער, דער –	way of life
פֿאָרלעזונג = לעקציע, די ־ס	lecture
קראַפֿט, די ־ן	strength
באַפֿרײַנדן באַפֿרײַנדעט	become friends
גלוסטן געגלוסט	desire
פֿאַרברענגען פֿאַרברענגט/פֿאַרבראַכט	spend time
אויפֿדעקן אויפֿגעדעקט	bare, reveal
צוטרוי, דער	trust, confidence

רירן גערירט	touch
נאַט	take (*imp.*)
איינשטימען איינגעשטימט	agree
בשום אופֿן [בעשומויפֿן]	by no means
פֿאַרדאָרבן	corrupt, depraved
חיה [כײַע], די ־ות	animal
באַהערשן באַהערשט	control, master
מוסרן [מוסערן] געמוסרט	scold, lecture
הלמאי [האַלעמײַ]	why
אָפּגעשטאַנען	backward
פֿאַרשקלאַפֿט	enslaved
פֿאָראורטייל = פֿאָראורטל, דער ־ן	prejudice, bias
נשמה [נעשאָמע], די ־ות	soul
איידל	genteel, noble, polite
סטרונע, די ־ס	strings
איינזאַם	solitary
געצעלט, דאָס ־ן	tent
צעגיין * צעגאַנגען	melt
נחת [נאַכעס], דאָס/דער	pleasure, satisfaction
צערטלעכקייט, די ־ן	tenderness
פֿאַרפֿירן פֿאַרפֿירט	seduce
קני̇ען געקניט	kneel
פּײַניקן געפּײַניקט	torment
פֿאַרזיסן פֿאַרזיסט	sweeten
עלנט	lonely
שטום	silent, mute
פֿאַרזיכערן פֿאַרזיכערט	assure
כּוח [קויעך], דער ־ות [קויכעס]	strength
פֿאַרצווייפֿלונג, די ־ען	despair
פֿאָרקומען * פֿאָרגעקומען	happen, take place
פּלוצעם	suddenly
פֿאַראומגליקט	ruined
יאָמער, דער ־ן	lament
באַטריגער, דער –	betrayer
געשריי, דאָס ־ען	cry, scream, yell
אַרויסטרײַבן אַרויסגעטריבן	drive out
שפּיטאָל, דער/דאָס ־ן/שפּיטעלער	hospital
כאַלאַט, דער ־ן	lab coat, housecoat
קרבן [קאָרבם], דער/דאָס ־ות [קאָרבאָנעס]	victim
האַרצרײַסנדיק	heart-rending
געשטאַלט, דאָס/די ־ן	shape, figure, image
געוויסנסביס, דער ־ע/־ן	guilt pang
פֿאָרהאַנג = פֿירהאַנג, דער ־ן	curtain, drape
דערוואַרטן דערוואַרט	anticipate
אַרויסגליטשן זיך אַרויסגעגליטשט	slip away
מתים־שטיבל [מייסים־], דאָס ־עך	morgue
ווענדן זיך געוואָנדן	turn
געוווירווערן	find out
שטיק = פּיעסע, די ־ס	play

ייִדישיסטן – אַ מאָנאָלאָג פֿון אַ קיִעווער ייִד [3]

– ווי גייט עס מיט מײַן סעמייסטוואָ? נישט צו פֿאַרזינדיקן עס דרודלט זיך ... הײַנט גייט בײַ אונדז אַ נײַע סדרה – ייִדישיזם. וואָס איז דאָס פֿאַר אַ נײַ נאמנה אַזאַ? ווייס איך נישט. זאָגן זאָגט מען, אַז דאָס איז כּמעט דאָס זעלבע, וואָס ייִדישקייט, נאָך מער פֿון ייִדישקייט, ייִדישקייט מיט אַ סמיציק. און מען פֿאַרטײַטשט עס מיר מיט כּלערליי משונה־מאָדנע ווערטער, הלוואַי זאָל עס זײַן צום גוטן.

עס איז געקומען אַזוי ווײַט מיט דער דאָזיקער ייִדישקייט אַז א י ך בין שוין געוואָרן דער גוי. אַמאָל פֿלעג איך טענהן צו מײַנע קינדער: "זײַט ייִדן!" הײַנט טענהן זיי צו מיר: טאַטע זײַ אַ ייִד!... אַמאָל איז מײַן עלטערער זון געווען זינאָוויע וולאַדימיראָוויטש, מײַן ייִנגערער זון – געראַסים וולאַדימיראָוויטש און מײַן טאָכטער, די קורסיסטקע – קלאַוודיאַ וולאַדימיראָוונאַ. איך בין, הייסט עס, געווען דער וולאַדימיר. געפֿעלט אײַך עפּעס אַ וולאַדימיר? וואָרעם, איך, אַז איך נעם אַראָפּ דאָס היטל און בלײַב אין יאַרמלקע, זע איך דאָך אויס ווי אַן עכטער קריסט ... הײַנט פּרוווט אָנרופֿן מײַן זון "זינאָוויע" וועט ער אײַך די

אויגן אויסדראַפּען. זלמן זאָל מען אים רופֿן. און נישט נאָר זלמן, נאָר זלמן־טודרוס. ער האָט זיך דערמאָנט אַז די באָבע ע"ה האָט אַ מאָל געזאָגט אַז ער האָט אַ נאָמען, נאָך אַן עלטער־זיידן, טודרוס... און מײַן גערעכטס הייסט זיך רופֿן גרונים. עס געפֿעלט אים דער נאָמען גרונים.... סע קלינגט מיט עפּעס אַזוינס, ווי רופֿן זיי עס, פֿאָלקסטימלעכקייט... דער גוטער יאָר ווייסט זיי...

אַמאָל, אַ שטייגער, פֿלעגן קומען צו מײַנע קינדער געסט, חבֿרים. פֿלעג איך שוין און מײַן אַלטע מוזן ברעכן די ציין און רעדן רוסיש. נישט איין מאָל פֿלעגט מײַן אַלטע זיך וועלן אויסדרייען און שיקן מיך: גיי, וועלוול, די געסט זענען געקומען און מען דאַרף מיט זיי רעדן רוסיש, און איך האָב אַזוי קיין צײַט נישט און קיין כּוח נישט... פֿלעג איך שוין גיין. פֿאָרט אַ מאַנסביל, מער קוראַזש. "זדראַסטי, זדראַסטי"! הײַנט פּרוּווט זיך אויסרעדן "זדראַסטי" וועט מען אײַך דורס זײַן. און בײַ מיר – אַ רגילות, אַ לעבן, אַז מען מושטירט מיך. כאַפּט זיך אַ מאָל אַרויס מיט יונגוואַרג אַ "זדראַסטי"! איז הימל עפֿן זיך, פּונקט ווי איך וואָלט באַגיין ווער ווייס וואָס פֿאַר אַ קרימינאַל. "ייִדיש, ייִדיש, זאָל מען רעדן"! גוטע יאָרן, אַז מען הייסט טאַטע־מאַמע רעדן ייִדיש. מילא, ייִדיש, איז ייִדיש. נאָר וואָס איז דאָס אָבער פּלוצלינג געוואָרן אַזאַ בהלה מיטן ייִדיש! פֿאַרשטיי איך נישט. מיט דער שטוב־שיקסע רעדט מען שוין ייִדיש; מיט דער קאַץ, מיט דעם הונט, מיט דער בהמה... כ'מיין אפֿשר זענען זיי גערעכט... פֿון וואַנען איז טאַקע געדרונגען, אַז מיט אַ בהמה און מיט אַ קאַץ דאַרף מען רעדט רוסיש?...

נאָר מײַן אַלטע נעבעך, מוטשטעט זיך נאָך הײַנט מיט דעם ייִדיש, ווי אַמאָל, נישט הײַנט געדאַכט, מיט דעם רוסיש. אַ ייִדענע פֿאַרבײַט זי די יוצרות. וואָרעם, באמת, גיי זײַ אַ בריה און טרעף, ווען מען דאַרף זאָגן "אויסוווּרף", ווען "פֿאָרוווּרף", און ווען "אויפֿרוף"?

אין וואָס נאָך באַשטייט זייער ייִדישקייט? מען שטודירט די "צאינה־וראינה" און נאָך אַזעלכע תּחינות...

מײַן זיװאָויע, מײַן זלמן־טודרוס, מיין איך, זעצט זיך אַוועק איבערן צאינה־וראינה ווי אַ פּראָפֿעסאָר אין פֿאַנסנע, אָן אַ היטל און לערנט מיט גרויס התמדה. קנייטשט דעם שטערן, דרייט מיטן גראָבן פֿינגער און פֿאַרגייט זיך פֿון גרויס טיפֿקייט אין מתיקות... מײַן גערעכטס, גרונים מיין איך, שרײַבט פֿון דאָרטן אויס גאַנצע שטיקער צו זיך אין ביכעלע אַרײַן, מיט הערות, מיט הגהות און פּרושים. און מײַן טאָכטער קלאַוודיאַ, קיילע מיין איך, דרוקט עס אָפּ אויף אַ שרײַבמאַשין.

איר פֿאַרשטייט, 38 יאָר איז מײַן זלמן־טודרוס אַלט. אויסגעשטודירט און אויסגעלערנט אַלע נאַוקעס שבעולם; אויסגעוועז ווו די וועלט האָט אַן עק: אין לײַפּציק, אין פּאַריזש און אין פֿראַנציע. אויסגעלייענט אַלע ביכער מיט אַלע פֿילאָסאָפֿיעס, מיט אַלע ביבליאָטעקעס, מיט אַלע פּראָקלאַמאַציעס, מיט טאָלסטאָיען און דאַרווינען און גאָרקין און איידיסאָן, נישטאָ קיין זאַך וואָס ער זאָל נישט וויסן. ווילט איר, וועט ער אײַך דערקלערן דעם שׂכל פֿון גראַמאָפֿאָן; ווילט איר, וועט ער דערקלערן, פֿאַר וואָס איז אין קיטײַ אַ רעוואָלוציע. און טאָמער איז אין קיטײַ נישטאָ קיין רעוואָלוציע, וועט ער אײַך דערקלערן, פֿאַר וואָס איז דאָרטן נישטאָ קיין רעוואָלוציע. ... און איצט איז עס געקומען צום שׂכל אַז די גרעסטע נאַוקע איז רעדן ייִדיש און אַז מען דאַרף רעדן ייִדיש דווקא מיט דקדוק, און די גרעסטע חכמה שטעקט אין צאינה־וראינה. ... קלײַבן זיך אַרום נעבן יעדער צאַצקע פֿון טײַטש־חומש באַיאָרנטע מענטשן, סטודענטן, מאָלער פֿון דער אַקאַדעמיע און מען לעקט די

פֿינגער. וווּנדער איבער וווּנדער! ... זיי אָבער געפֿינען דאָרט מאָדנע חידושים "סטיל" און "קונץ" און "שטריך" און "כאַראַקטער" און "היסטאָריע" און ווי רופֿן זיי עס, "פֿאָלקסטימלעכקייט". זאָגט מיר, איך בעט אײַך, ווייסט איר נישט, וואָס דאָס איז אַזוינס? ... הייסט עס פֿאָלקלאָר. האָט איר געהערט אַ מאָל פֿון אַזאַ סחורה? דערווײַל איז בײַ מיר אין שטוב אַ פֿאָלנע קאַנטאָר, אַ קאַנטאָר פֿון פֿאָלקלאָר. ... מיט טשעמאָדאַנעס, מיט פּאָרטפֿעלן. ... און עס ווערט אײַנגעהאַנדלט סחורה ... לידלעך, אַ מעשׂה מיט אַ רבֿ און אַ רביצין, ווערטלעך, משלים ... אַ קנעפּל פֿון אַן אלטער יאַרמלקע, אָדער אַ לידל פֿון אַ ניקאָלאַיעווסקער סאָלדאַט. ...

פֿרעג איך אַ מאָל מײַן זלמן־טודרוסן, זאָג מיר, זאָג איך, צו וואָס קלײַבסטו דאָס דעם גאַנצן האַרמידער מיט קלאַפּער־געצײַג און שבֿרי־כּלים?" זאָגט ער, דאָס איז אים טײַער, מחמת דאָס איז ייִדישקייט. זאָג איך אים: אַ מאָדנע ייִדישקייט איז בײַ דיר, דײַן שופֿר בלאָזט נישט, דײַן הדס־פּושקע שמעקט נישט, דײַן גרעגער גראַגערט נישט. אַ צעקאַליעטשעטע ייִדישקייט בײַ דיר. זאָגט ער אַז זײַן ייִדישקייט איז די אמתע ייִדישקייט און פֿאַרקערט: מײַן ייִדישקייט איז א צעקאַליעטשעטע. זאָג איך אים: אַ שיינע ייִדישקייט איז עס, אַז איבערשרײַבן פֿון צאינה־וראינה איז רעכט אָן אַ היטל, און לויפֿן הערן דעם רבינס ניגון אין שטיבל פֿאָרט מען אויפֿן טראַמוויי און דווקא אום שבת. זאָגט ער, אַז דאָס איז אַלץ גאָרנישט. דער עיקר איז דער תּמצית פֿון ייִדישקייט. און דאָס האָט ער, און בײַ מיר איז עס בלויז דער טפֿל, איר פֿאַרשטייט? ער מיט די שבֿרי־כּלים איז דער גאַנצער ייִד און איך בין דער טפֿל־ייִד. ווער איך שוין ברוגז און זאָג: אַז בײַ מיר איז טאַקע דער טפֿל פֿון דעסט וועגן וועלן מיר זען, ווער וועט אַ קיום האָבן. ייִדן זענען איבערגעקומען גרעסערע משולחתן, וועלן זיי איבערלעבן דאָס ייִדישקייט אויך!

[אַ פֿאַרקירצטן און באַאַרבעטן אָפּדרוק אין *פֿאָרווערטס*]

סעמייסטוואָ	family [*Rus.*]
פֿאַרזינדיקן פֿאַרזינדיקט	complain
דרודלען זיך = דריידלען זיך געדרײדלט	twirl, spin
סדרה [סעדרע], סי ־ות	theme of discussion, weekly Pentateuch reading
נאמנה [נעמאָנע], די, ־ות	faith, religion
ייִדישקייט, די	traditional (religious) Jewish life
סמיציק, דער ־עס	a bit, extra
פֿאַרטײַטשן פֿאַרטײַטשט	translate, explain
כּלערליי [קאָלערלײַ]	all kinds of
משונה [מעשונע]	strange
מאָדנע	odd
הלוואַי [(ה)אַלעוויי]	if only...; I wish that ...
טענהן [טײַנען] געטענהט	argue, maintain, claim
קורסיסטקע, די ־ס	student (*fem.*) [*Rus.*]
קריסט, דער ־ן	Christian
אויסדראַפּען אויסגעדראַפּעט	scratch out
ע"ה = עליה השלום [אָלעאַשאָלעם]	may she rest in peace
פֿאָלקסטימלעכקייט, די ־ן	folk character, folkloristic
דער גוטער יאָר	the Devil
ברעכן {געבראָכן} די ציין	become tongue-tied (*lit.* break one's teeth)
אויסדרייען זיך אויסגעדרייט	extricate, free oneself
פֿאָרט	still, after all
מאַנסביל = מאַנצביל, דער ־ן	man, male
זדראַסטי	hello [*Rus.*]
דורס [דוירעס] זיין	trample
רגילות [רעגילעס], דאָס ־ן	habit
מושטירן מושטירט	drill
יונגוואַרג, דאָס	young people

באגיין * באגאנגען commit
קרימינאַל = פֿאַרברעכן, דאָס ־ס crime
בהלה [בעהאָלע], די ־ות confusion, turmoil
בהמה [בעהיימע], די ־ות stock animal, cow
דרינגען געדרונגען argue, claim
מוטשען זיך געמוטשעט suffer, toil, slave
פֿאַרבײַטן {פֿאַרביטן} די יוצרות [יויצרעס]
confuse two things
בריה [בעריע], דער/די ־ות skillful person
טרעפֿן געטראָפֿן guess
אויסוווּרף = אויסוואָרף, דער ־ן outcast, scoundrel
פֿאָרווּרף = אויפֿוואָרף, דער ־ן charge, reproach
אויפֿרוף, דער ־ן call, appeal
באַשטיין * באַשטאַנען consist
צאינה־וראינה [צענע־רענע], די Yiddish paraphrase
of Pentateuch with commentary
תּחינה [טכינע], די ־ות prayers of supplication
אין פּאַנסנע in pince-nez spectacles
התמדה [האַסמאָדע], די zeal, industry
קנייטשן געקנייטשט wrinkle, crease
פֿאַרגיין זיך * פֿאַרגאַנגען be convulsed in, have a
fit of
מתיקות [מעסיקעס], דאָס sweetness, bliss
הערה [העאָרע], די ־ות footnote
הגהה [האַגאָע], די ־ות emendation
פּירוש [פּיירוש], דער ־ים [פּערושים] commentary
אויסשטודירן אויסגעשטודירט finish the study of
נאַוקע, די ־ס subject, discipline [*Rus.*]
שבעולם [שעבעוילעם] in the world
[אויסזײַן] * אויסגעווען have been in [*past only*]
פּאַריזש = פּאַריז
פֿראַנציע = פֿראַנקרײַך, דאָס France
שׂכל [סייכל], דער reason, sense, wit
קיטײַ, דאָס China
דווקא [דאַפֿקע] only, nothing else but
דקדוק = דיקדוק [דיקדעק], דער grammar
חכמה [כאָכמע], די ־ות wisdom

ארומקלײַבן ארומגעקליבן collect, gather
צאַצקע, די ־ס bauble, ornament
טײַטש־חומש [כומעש], דער Yiddish Pentateuch
באַיאָרנט elderly
מאָלער, דער ־ס painter [artist]
חידוש [כידעש], דער/דאָס ־ים [כידושים]
remarkable thing
קונץ, די ־ן trick, stunt; *here*: art [~ *Ger. Kunst*]
שטריך, דער ־ן trait, feature
סחורה [סכוירע], די ־ות ware, commodity, goods
פּאָלנע קאַנטאָר full office/shop [*Rus./iron.*]
טשעמאָדאַן, דער ־עס suitcase
פּאָרטפֿעל, דער ־ן brief case, portfolio
אײַנהאַנדלען אײַנגעהאַנדלט purchase
קנעפּל, דאָס ־עך small button
האַרמידער, דער ־ס din, hurly-burly
שיבֿרי־כּלי [שיווררע־קיילע], די ־ס wreck, shambles
מחמת [מאַכמעס] because
קלאַפּערגעצײַג, דאָס paraphernalia
שופֿר [שויפֿער], דער ־ות [שויפֿרעס] shofar
הדס [האָדעס], דער ־ן myrtle branch
הדס־פּושקע, די ־ס spice-box
צעקאַליעטשען צעקאַליעטשעט mutilate
פֿאַרקערט on the contrary
ניגון [ניגן], דער ־ים [ניגונים] melody, tune
טראַמווײַ, דער ־ען trolly, street car
דווקא [דאַפֿקע] only, nothing other than
דער עיקר [דעריקער] chiefly, above, especially
תּמצית [טאַמצעס], דער/דאָס ־ים [טאַמציייסים]
essence, gist
טפֿל [טאָפֿל], דער ־ים [טפֿיילים]/־ען [טאָפֿלען]
trivial thing
ברוגז [ברויגעס] angry
קיום [קיִעם], דער existence, survival
איבערקומען * איבערגעקומען survive
משולחת = משלחת [מישלאַכעס], דאָס ־ן
nuisance, calamity

20

בער באָראָכאָוו (1917-1881) [1]

בער באָראָכאָוו איז געבוירן געוואָרן אין זאָלאָטאָנאָש, אוקראַיִנע און אויסגעוואָקסן אין פּאָלטאַווע, ווו ער איז געגאַנגען אין אַ רוסישער גימנאַזיע. ווײַל מען האָט אים – ווי די מערסטע ייִדן פֿון דער צײַט – ניט צוגעלאָזט אין אוניווערסיטעט, האָט ער זיך אַליין אויסגעשולט: ער האָט זיך, למשל, אויסגעלערנט עטלעכע לשונות. ער איז געווען אַ טעאָרעטיקער פֿון סאָציאַליסטישן ציוניזם און אַ גרינדער פֿון די פּועלי־ציון. ער האָט געפּרוּווט פֿאַראייניקן די פּרינציפּן פֿון סאָציאַליזם מיט די באַדערפֿענישן פֿון ייִדישן פֿאָלק. ער האָט אומפֿאַרמאַטערלעך געאַרבעט, געשריבן און געהאַלטן רעדעס אומעטום אין מיזרח־אייראָפּע און אין ארץ־ישׂראל. אין 1917 האָט ער זיך אָנגענומען מיט אַ לונגען־אָנצינדונג און איז געשטאָרבן. הגם ער איז מערסטנס באַוווּסט צוליב זײַן פּאָליטישער אַרבעט, איז ער אויך געווען אַ גרינדער פֿון דער מאָדערנער ייִדישער פֿילאָלאָגיע. זײַנע אַרבעטן "די אויפֿגאַבן פֿון דער ייִדישער פֿילאָלאָגיע" און "די ביבליאָטעק פֿונעם ייִדישן פֿילאָלאָג" געהערן נאָך הײַנט צו די תּוכיקע וויסנשאַפֿטלעכע ווערק וועגן דער ייִדישער פֿילאָלאָגיע. אַזוי ווי מען זעט אין דעם אָ אַרטיקל, האָט ער זיך אויך באַטייליקט אין דעם קאַמף צווישן העברעיִסטן און ייִדישיסטן.

אויסוואַקסן אויסגעוואָקסן grow up

גימנאַזיע, די ־ס secular secondary school

צולאָזן צוגעלאָזט admit, allow, permit

אויסשולן אויסגעשולט educate (secular)

אויסלערנען זיך אויסגעלערנט learn (completely)

לשון [לאָשן], דאָס ־ות [לעשוינעס] language, tongue

גרינדער, דער ־ס founder

פּועלי־ציון [פּוילעציִען] ל"ר Labor Zionists

פֿאַראייניקן פֿאַראייניקט united, unify

באַדערפֿעניש, דאָס ־ן need, want, requirement

אומפֿאַרמאַטערלעך tirelessly, indefatigably

אָנבעמען {אָנגענומען} זיך מיט catch (a disease)

אָנצינדונג, די ־ען inflammation, infection

הגם [האַגאַם] although

פֿילאָלאָגיע, די philology

אויפֿגאַבע, די ־ס/[־ן] task, job, assignment

תּוכיק [טאָכיק] essential, fundamental

וויסנשאַפֿטלעך scholarly, scientific

באַטייליקן זיך באַטייליקט participate

העברעיסמוס מיליטאַנס [4]

העברעיסטן האַלטן מלחמה. אַנטקעגן וועמען, פאַרשטייט זיך ממילא.

העכער הונדערט צוואַנציק יאָר, ווי זיי האַלטן אין איין מלחמה פירן מיטן יידישן פאָלק. פונקט הונדערט מיט פינף און צוואַנציק יאָר ווערט אַצינד, זינט מענדעלסאָנס תלמיד, דוד פרידלענדער, איז אַרויס אַנטקעגן דער יידישער שפּראַך מיט אַ פלאַמענדיקן קול קורא (1788 יאָר), מיט וואָסערע כלי־זיין האָט מען זיך ניט באַדינט קעגן דעם פאַרהאַסטן מאַמע־לשון! אייכעל, דער רעדאַקטאָר פון "המאסף", אַלזאָ, איינער פון די ערשטע העברעיסטן, האָט געשמיסן די מוטער־שפּראַך מיט גראָבע ריטער פון אַ שונד־סאַטירע; טוביה פעדער, גראָד מיט הונדערט יאָר צוריק, האָט געפּרווט ווירקן מיט פּאַסקוויל און בלאָטע ("קול מחצצים"), און זיינע גוטע פריינד און תלמידים אין דייטשלאַנד, בעהמען, פּוילן, רוסלאַנד האָבן זיך באַנוצט מיטן אַלטן יידישן מיטל פון מסירהביים פּריץ.

אַלע אַרגומענטן, ראיות און טענות. אַלע כלי־זיין זיינען שוין אַזוי אַלט, אַזוי באַקאַנט. זינט הונדערט פינף און צוואַנציק יאָר האָבן די קעמפנדיקע "העברעיסטן" ניט אויסגעטראַכט קיין איין נייעם אַרגומענט. יידיש איז אין איינעם מיט זיין פאָלק פאַר דער לאַנגער צייט העכער און העכער געוואַקסן, האָט לגמרי אומגעאַנדערשט זיין פּרצוף און זיינע בגדים, האָט פון זיך אַראָפּגעוואָרפן די קאַפּאָטע און אָנגעטאָן אַן אַרבעטער־העמדל, דערנאָך זיך נאָך מער אויסגעפּוצט, איז אַרויס אויפן גאַס אין קראַגן און הענטשקעס, אויף דער בינע אין פראַק און דעקאָלטע. די יידישע שפּראַך האָט אין משך פון די העכער הונדערט יאָר אויך ראַדיקאַל געביטן אירע קאַמף־פּאָזיציעס און טאַקטיק. פריער אַ שעמעוודיקע, אַ דערשראָקענע, האָט זי זיך נאָר געבעטן, מען זאָל זי לאָזן כאָטש נאָך אַ ביסל זשיפּען אויף דער ערד, מען זאָל זי לאָזן רויק לעבן, זי וועט קיינעם ניט טשעפּען, זאָל מען זי אויך ניט טשעפּען, זי וויל קיינעם קיין רעות ניט טאָן. און צו לעצט איז די "שפחה" אויפגעשטאַנען אַנטקעגן די "גבירה", האָט זיך פּראָקלאַמירט פאַר אַ נאַציאָנאַל־שפּראַך און פאַרלאַנגט צו הערשן איבער דעם פאָלקס־גייסט.

און די "העברעיסטן" האַלטן נאָך אַלץ ביים אַלטן. אחד העם קעמפט מיט (אמת, אַ ביסל פאַרפּוצטע) פּאַסקווילן – אָבער טוביה פעדער איז דערין געוויס געווען מער בריה. ה' פרוג שימפּט מיט אַ "סאַטירע", רחמנא ליצלן, און אַנדערע באַגראָבן דעם "זשאַרגאָן" מיט טיפזיניקע דרשות. אויך קיין מסירה פעלט ניט: אין יפו פאַרשטייען שוין די לערער פון גמנסיה עברית דעם עסק ניט ערגער, ווי זייערע זיידעס אין פּראַג אָדער ברעסלוי.

געערטע הערן "העברעיסטן"! איילט זיך צו אומצובייטן אייער טאַקטיק, ווייל איר זעט דאָך, מיט די אַלטע מיטלען האָט מען גאָרניט געפּועלט, אדרבא, דער "מיאוסער זשאַרגאָן" איז נאָך "שעדלעכער", נאָך "חוצפּהדיקער", נאָך "מיאוסער" געוואָרן. אפשר וואָלט שוין צייט געווען, איר זאָלט אויסטראַכטן אַ גאָר־נייעם, נאָך ניט־געהערטן מיטל? ווייל בשעת איר וועט זיך נאָך אַלץ העלפן מיט אייערע פון פאַר הונדערטיאָריקע שיר המעלות, וועט דאָך דער "זשאַרגאָן", חלילה, זיך אַריבערפּעקלען אויף נאָך נייערע, נאָך

מער "געפערלעכע" פּאָזיציעס! יידיש וועט זיך, חלילה, גאָר אַריינכאַפּן אין דער מאָדערנער פּאָלקס־שול.

איילט זיך צו! הערט זיך איין, וואָס ה' זשאַבאָטינסקי איז אייך מתרה: "אויב זשאַרגאָן וועט ווערן די שפּראַך פון די למודים אין דער יידישער פּאָלקס־שול, איז דאָס אַ טויט־קלאַפּ פאַר העברעיש". טרייסט זיך ניט, וואָס זינט יידיש לעבט אויף דער וועלט, די זיבן – אָדער אַכט הונדערט יאָר, איז עס תמיד געווען די שפּראַך פון די למודים אין חדר, פונעם פּלפּול אין דער ישיבה, און פון דעסטוועגן האָט עס ניט געשאַדט דער העברעישער שפּראַך. איר טאָרט זיך ניט פאַרלאָזן אויף דעם אינעווייניקסטן היסטאָרישן ווערט פון העברעיש, וואָס האָט איר פאַרהיט פון טויט אין משך פון די צוויי טויזנט יאָר, זינט יידן האָבן אויפגעהערט צו לערנען זייערע קינדער אין דער שפּראַך פון די נביאים. מען טאָר זיך ניט פאַרלאָזן אויף דער געשיכטע און אויף דער לעבנסקראַפט פון העברעיש. אויף ה' זשאַבאָטינסקיס פּלענער דאַרפט איר בויען, און נאָר אויף זיי.

און אַז איר וועט פאָלגן און אָננעמען רעזאָלוציעס, וועט איר ראַטעווען העברעיש. טראַכט אויס נייע קאַמף־מיטלען; הונדערט פינף און צוואַנציק יאָר וואַרטן די שאָטנס פון וועסעלי, אייכעל און פרידלענדער אויף אייער נייעם וואָרט, אויפן שאַרפסטן פון אַלע כלי־זיין: אויף דער אַלמעכטיקער רעזאָלוציע.

*

"העברעיסטן" פירן מלחמה. אַנטקעגן וועמען?

מיט התלהבות, מיט מסירת נפש קעמפן זיי אַנטקעגן ... העברעיש. ניט דעם "זשאַרגאָן", נאָר לשון הקודש און ביי־העברעיש טרעפן זייערע פיילן. מאַכנדיק זיך אַליין לעכערלעך און מיאוס אין די אויגן פון פאָלק. קערן זיי אָפּ זיין האַרץ פון יענער שפּראַך, פאַר וועלכער זיי בוקן זיך. די ברייטע מאַסע פאַרשטייט ניט קיין איידעלע חלוקים און אפילו די באַוווסטזיניקע זיינען דאָך נאָר מענטשן, זיי זיינען אויך ניט פרעמד כעס־ און צער־געפילן. אַז די "העברעיסטן" שרייען אין נאָמען פון העברעיש, איז גאַנץ נאַטירלעך, אויב דעם עולם דוכט זיך אויס, אַז לשון־קודש האָט זיי געגעבן דעם כוח הרשאה אַרויסצוטרעטן אין זיין נאָמען.

דערפאַר מוזן מיר פּראָטעסטירן קעגן די "העברעיסטן", וואָס מיט זייערע מעשים און זלזולים גראָבן זיי מיט די אייגענע הענט אַ קבר פאַר העברעיש. און נאָר איין טרייסט בלייבט אונדז: די העברעישע שפּראַך איז שוין אַזוי פיל צרות אויסגעשטאַנען, בעת אירע קנאים האָבן מיט איינגעעקשנטן האַס געטאָן אַלצדינג, כדי צו פאַרשוואַרצן זייער ריינעם פּנים, איז זי דאָך געבליבן איידל און געהויבן, זי האָט זיך נאָך טיפער איינגעוואָרצלט אין די נייע יידישע לעבנספאָרמען, וועט זי איבערקומען אויך די אָנשיקעניש, וואָס רופט זיך אָן "העברעיזם".

*

דאָס פּאָזיטיווע וואָרט, וואָס די "העברעיסטן" האָבן אונדז געבראַכט, איז געווען תחית השפה. און העברעיש האָט טאַקע אין דער אמתן אָנגעהויבן צו לעבן אין מויל פון אַ דערוואַקסנדיקן דור. דאָס איז געווען אַ נייער באַווייז פון דער לעבנספעיקייט פון דער שפּראַך, און אפשר איז דאָס טאַקע אַ פאַרדינסט פון "העברעיסטן". אָבער פון וועלכע העברעיסטן? ווו האָבן זיי דעם דערפאָלג דערגרייכט?

אין פּאַלעסטינע איז העברעיש אויפֿגעלעבט געוואָרן, און דאָס אויך דערווייל נאָר אויף אַ העלפֿט, אָדער גאָר אויף אַ פֿינפֿט, אויף אַ צענט־חלק. און ניט יענע "העברעיסטן" האָבן דאָס אויפֿגעטאָן, וועלכע באַקעמפֿן דאָ דעם מאַמע־לשון און פֿאַרגיסן מיט בושה דעם לשון־קודש, – נאָר יענע, וואָס האָבן געטאָן, וואָס זיי האָבן גערעדט, און אויסגעפֿירט, וואָס זיי האָבן געפּריידיקט. זינט ס'האָט זיך אָנגעהויבן דער נייער ישוב אין ארץ־ישראל זענען דאָרט געווען גינציקע תּנאָים פֿאַר דער אויפֿלעבונג פֿון העברעיש. ווייל אַלצדינג, וואָס ס'ווערט געטאָן אין פּאַלעסטינע, טראָגט נאָך דערווייל מער אָדער ווייניקער דעם כאַראַקטער פֿון עקספּערימענטן, ווערט קינצלעך געבויט און קינצלעך דערהאַלטן, איז מעגלעך דאָרט אויך די עקספּערימענטן מיט העברעיש. איך געהער צו יענע, וואָס גלויבן אינעם קיום פֿון די דאָזיקע עקספּערימענטן, אָבער דאָ אין "גלות" עקספּערימענטן? פֿאַר די ציוניסטן, און בפֿרט פֿאַר די שטאָל־פֿעסטע אַנטי־גלותיסטן פּאַסט דאָך דאָס געוויס ניט. זיי האַלטן דאָך אין איין טענהן, אַז דאָ אין גלות האָט קיין שום נאַציאָנאַלער אויפֿטו קיין קיום ניט. אויב אַזוי, וואָס פֿאַר אַ ממשות האָבן ה' זשאַבאָטינסקיס נייסטע פּלענער מכוח נייע העברעישע פֿאַרלאַגן, נייע קינדער־ליטעראַטור און פֿאָלקס־שולן אין העברעיש דווקא דאָ אין גלות?

קומט דאָך אויס על פּי שׂכל הישר, אַז איידער אַרויסצוואַרפֿן דאָ העברעיסטישע אַרבעט און געלט, איז דאָך שוין בעסער, – אויב מען קאָן שוין יאָ קריגן די פֿאָר רובל פֿאַר אַ נייעם פֿאַרלאַג און די אָנדערהאַלבן לערער פֿאַר אַ חדר מתוקן, שיקן זיי אַהין, ווו זיי קאָנען יאָ ברענגען נוצן? אָדער אפֿשר האָט זיך ה' זשאַבאָטינסקין אויסגעדוכט אין פּאַלעסטינע, אַז אַלע יידן רעדן שוין דאָרט העברעיש, אַז קיין שום יידישע קינדער גייען דאָרט ניט אין מיסיאָנערן־שולן, און ס'בלייבט שוין דאָרט מער גאָרניט וואָס צו טאָן?

נאָר די גלות־העברעיסטן ווילן דווקא דאָ עקספּערימענטן, זייער אייגענעם אַנטי־גלותיסטישן שׂכל אויף צעפּיקעניש. ה' זשאַבאָטינסקי איז ביי זיי איינער פֿון די קליגסטע זשורנאַליסטן און ווען אַ קלוגער מענטש שפּאַנט זיך איין דעם שׂכל אויף צו להכעיס, ווער ווייסט אים איבערשפּאַרן?

1913

[בער באָראָכאָוו, *שפּראַך־פֿאָרשונג און ליטעראַטור־געשיכטע*, געזאַמלט פֿון נחמן מייזיל (תל־אביב: פּרץ, 1966), ז. 364־367]

מלחמה [מילכאָמע], די ־ות	war
ממילא [מימיילע]	as a matter of course, automatically
העכער	more than; higher
אצינד	now
פֿלאַמענדיק	flaming, incendiary
קול קורא [קאָלקוירע], דער ־ס	proclamation, call to arms
כּלי־זיין [קלעזאַ:ן], דאָס –	weapon
באַדינען זיך מיט באַדינט	make use of
פֿאַרהאַסט	hated
רעדאַקטאָר, דער רעדאַקטאָרן	editor
אַלזאָ	therefore, consequently
שמייסן געשמיסן	lash, whip, beat
רוט, די ריטער	rod
שונד, דער	pulp/trash literature
גראָד	just now, precisely
ווירקן געווירקט	affect, prevail upon

פּאַסקוויל = פּאַשק(ע)וויל, דער ־ן	lampoon
בלאָטע, די ־ס	mud, filth, smut
בעהמען = ביימען, דאָס	Bohemia
באַנוצן {באַנוצט} זיך מיט	use
מסירה [מעסירע], די ־ות	report, denunciation
פּריץ [פּאָריץ], דער ־ים [פּריצים]	lord, landowner
ראיה [ראיִע], די ־ות	evidence
טענה [טײַנע], די ־ות	claim, complaint,contention
אויסטראַכטן אויסגעטראַכט	think up, devise, invent
לגמרי [לעגאַמרע]	altogether, absolutely
אומאַנדערשן אומגעאַנדערשט	change
פּרצוף [פּאַרצעף], דער ־ים [פּאַרצופֿים]	face, mug
בגד [בעגעד], דער/דאָס ־ים [בגאָדים]	garment
אַראָפּוואַרפֿן אַראָפּגעוואָרפֿן	throw/cast off
קאַפּאָטע, די ־ס	caftan
אויספּוצן זיך אויסגעפּוצט	dress up
קראַגן, דער ־ס	collar
הענטשקע, די ־ס	glove
פֿראַק, דער ־ן	frock coat
דעקאָלטע, דער ־ען	décolletage
אין משך [מעשעך] פֿון	during
בײַטן געביטן	change, vary
שעמעוודיק	shy, bashful
דערשראָקן	frightened, afraid
זשיפּען געזשיפּעט	breath with difficulty
טשעפּען געטשעפּעט	bother, badger, annoy
רעה [ראָע], די ־ות	wrong, harm, disservice
צו לעצט	finally, lastly
שפחה = שיפֿחה [שיפֿכע], די ־ות	servant/slave [*fem*]
אויפֿשטיין * אויפֿגעשטאַנען	rise up, revolt
גבֿירה [גווירע], די ־ות	powerful/wealthy person [*fem*]
פֿאַרלאַנגען פֿאַרלאַנגט	desire, require
הערשן געהערשט	rule, reign, predominate
פֿאַרפּוצן פֿאַרפּוצט	adorn
בריה [בעריע], דער/די ־ות	efficient, skillful person
ה' = הער	Mr.
שימפֿן געשימפֿט	abuse, revile
רחמנא ליצלן [ראַכמאָנע־ליצלאָן]	heaven preserve us
באַגראָבן באַגראָבן	bury
טיפֿזיניק	profound
דרשה [דראָשע], די ־ות	sermon, oration [*iron*]
יפו	Jaffa
גמנסיה עברית [גימנאַזיע־איווריט]	Hebrew secondary school
עסק [אייסעק], דער/דאָס ־ים [אַסאָקים]	matter, concern
געערטע הערן	honored gentlemen [*Ger.*]
צואײַלן זיך צוגעאײַלט	hasten, speed up, expedite
פּועלן [פּויעלן] געפּועלט	prevail, succeed, persuade
אדרבא [אַד(ע)ראַבע]	not at all, on the contrary
מיאוס [מיעס]	ugly, loathsome
שעדלעך	harmful, destructive
חוצפּהדיק [כוצפּעדיק]	impertinent, impudent
בשעת [בעשאַס]	while
שיר המעלות [שיראַמײַלעס], דער ־ן	childbirth amulet; worthless document
חלילה [כאָלילע]	God forbid!
אַריבערפּעקלען זיך אַריבערגעפּעקלט	bring/get across
געפֿערלעך	dangerous
אַרײַנכאַפּן זיך אַרײַנגעכאַפּט	slip, sneak into
מתרה [מאַסרע] זײַן	warn, caution, admonish
טרייסטן זיך געטרייסט	console, comfort
תּמיד [טאָמעד]	always
פּילפּול [פּילפּל], דער	subtle argumentation, casuistry
פֿונדעסטוועגן	nonetheless, however
שאַדן = שאַטן געשאַט	harm, hurt
אינעווייניקסט	inner, inside, interior
פֿאַרהיטן פֿאַרהיט	prevent, forestall
נבֿיא [נאָווי], דער ־ים [נעוויִים]	prophet
פֿאַרלאָזן זיך פֿאַרלאָזט/פֿאַרלאָזן	rely, depend
לעבנסקראַפֿט, די ־ען	life force
פּלאַן, דער פּלענער	plan, idea, design
ראַטעווען געראַטעוועט	save, rescue
אַלמעכטיק	omnipotent
התלהבֿות [היסלײַוועס], דאָס	rapture, ecstasy
מסירת נפש [מעסירעס־נעפֿעש], דאָס	devotion, self-sacrifice
פֿײַל, די ־ן	arrow
לעכערלעך	ridiculous
בוקן זיך געבוקט	bow
איידל	genteel, noble, polite
חילוק [כילעק], דער ־ים [כילוקים]	distinction, difference
באַוווּסטזיניק	conscious, informed
כּעס [קאַאַס], דער	anger
צער [צאַר], דער	grief, sorrow
אויסדוכטן זיך = אויסדאַכטן זיך אויסגעדאַכט	seem
כּוח הרשאה [קויעך־האַרשאָע], עדר ־ות [קויכעס־]	full power/authority
אַרויסטרעטן אַרויסגעטראָטן	come out publicly
מעשים [מייסים] ל"ר	actions, acts, deeds
זילזול [זילזל], דער ־ים [זילזולים]	defamation, vilification
קבֿר [קייווער], דער/דאָס ־ים [קוואָרים]	grave

צרה [צאָרע], די ־ות	trouble, distress, calamity
אויסשטיין * אויסגעשטאַנען	bear, suffer, put up with
קנאַי [קאַנוי], דער ־ם	fanatic, bigot, zealot
איינגעעקשנט [איינגעאַקשנט]	stubborn
האַס, דער	hate
פֿאַרשוואַרצן פֿאַרשוואַרצט	blacken
געהויבן	grand, sublime, dignified
איינוואָרצלען זיך איינגעוואָרצלט	root, dig in
אָנשיקעניש, דאָס ־ן	nuisance, annoyance
תּחית השׂפֿה [טכיִעסאַספֿע], דער	resurrection of a language
דור [דאָר], דער ־ות [דוירעס]	generation
באַווײַז, דער ־ן	evidence, demonstration
לעבנספֿעיִקייט, די ־ן	viability
פֿאַרדינסט, דאָס ־ן	merit, credit
דערפֿאָלג, דער ־ן	success
דערגרייכן דערגרייכט	reach, attain
אויפֿלעבן אויפֿגעלעבט	revive
דערוויַיל = דערווײַלע	for the time being
חלק [כיילעק], דער ־ים [כאַלאָקים]	part
פֿאַרגיסן פֿאַרגאָסן	pour, cover by pouring
בושה [בושע], די	shame
פּריידיקן געפּריידיקט	preach
ייִשובֿ [יישעוו], דער ־ים [יישווים]	Jewish colony
גינציק	favorable, auspicious
תּנאַי [טנײַ], דער תּנאָים [טנאָיִם]	condition
קינצלעך = קינסטלעך	artificially
דערהאַלטן דערהאַלטן	maintain
געהערן געהערט	belong
קיום [קיִעם], דער	existence, survival
גלות [גאָלעס], דאָס/דער ־ן	exile, diaspora
בפֿרט [ביפֿראַט]	particularly, especially
שטאָל־פֿעסט	resolute
פּאַסן געפּאַסט	fit, suit, be proper/appropriate
טענהן [טײַנען] געטענהט	argue
אויפֿטו, דער ־ען	exploit, feat, accomplishment
ממשות [מאַמאָשעס], דאָס	essence, substance
פֿאַרלאַג, דער ־ן	publishing house, press
דווקא [דאַפֿקע] דאָ	right here
על פּי שׂכל הישר [אַלפּי־סייכל־האַיאָשער]	according to simple logic
אַנדערהאַלבן = אָנדערטהאַלבן	one and a half
חדר מתוקן [כיידער־מעסוקן], דער חדרים־מתוקנים [כאַדאָרים־מעסוקאָנים]	modern reform religious school
אויף צעפּיקעניש	in spite
אײַנשפּאַנען אײַנגעשפּאַנט	harness, hitch
אויף צו להכעיס [אָפֿצעלאָכעס]	in spite
איבערשפּאַרן איבערגעשפּאַרט	contradict

21

ה. לייוויק [לייוויק האַלפּערן] (1962-1888) [1]

ה. לייוויק איז געווען דער עלטסטער זון אין אַ גרויסער משפּחה אין הומען (איגומען, רײַסן). זײַן טאַטע איז געווען אַ לערער פֿאַר מיידלעך און זײַן מאַמע אַ בעקערין און מאַרקזיצערקע. זײַן ליטעראַרישע אַרבעט איז געווען בכלל מאָטיווירט דורך זײַן טיפֿן חשק צו פֿאַרבעסערן די שרעקלעכע לעבנס־באַדינגען פֿון ייִדן אין מזרח־אייראָפּע.

לייוויק איז געוואָרן אַ מיטגליד פֿון בונד און ניט איין מאָל האָט מען אים אַרעסטירטער איז געבליבן אין אַ מינסקער תּפֿיסה צוויי יאָר ביז ס'האָט זיך אָנגעהויבן זײַן פּראָצעס. פֿאַר דער צײַט וואָס ער איז געזעסן אין תּפֿיסה האָט ער אָנגעשריבן די פּיעסע "די קייטן פֿון משיח". צו ערשט האָט ער געשריבן אויף לשון־קודש, אָבער באַלד האָט ער אָנגעהויבן שרײַבן אויף ייִדיש און, אַנדערש ווי אַבראַמאָוויטש [מענדעלע] און ראַבינאָוויטש [שלום־עליכם], האָט ער ווײַטער געשריבן ניט אויף ביידע לשונות, נאָר בלויז אויף ייִדיש. מען האָט אים פֿאַרמישפּט צו פֿיר יאָר קאַטאָרגע און אים פֿאַרשיקט קיין סיביר אויפֿן גאַנץ לעבן. אין 1913 איז ער אָבער אַנטלאָפֿן פֿון תּפֿיסה און איז צום סוף אָנגעקומען קיין ניו־יאָרק, ווו ער האָט געאַרבעט אין אַ סוועטשאָפּ. דאָרטן האָט ער ווײַטער געשריבן לידער און האָט זיך באַפֿרײַנדט מיט דער ליטעראַרישער גרופּע "די יונגע", הגם ער איז ניט געוואָרן קיין אמתדיקער מיטגליד פֿון דער גרופּע – זײַן אינטערעס מיט סאָציאַלע פּראַגעס איז נאָך שטאַרקער געוואָרן, וואָס האָט אים דעווײַטערט פֿון "די יונגע". אָנהייב 30ער יאָרן האָט ער געמוזט ליגן פֿיר יאָר אין אַ סאַנאַטאָריע מיט טובערקולאָז. במשך אָט די יאָרן האָט ער אָנגעשריבן זײַנע וויכטיקסטע לידער. ער האָט אַרויסגעגעבן עטלעכע בענד לידער: "הינטערן שלאָס" (1918) "פֿון ערגעץ ווײַט" (1940)און "אויף די וועגן סיבירער" (1940)זײַנע פּיעסעס און לידער האָבן זיך תּמיד קאָנצענטרירט אויף עטישע ענינים און אויף סאָציאַלע סיטואַציעס. זײַנע העלדן לײַדן, ווײַל זיי מוזן אָנבעמען שווערע באַשלוסן, ווי, למשל, אין "הירש לעקערט" (1931) און "דער נס אין געטאָ" (1940)זײַן סאַמע באַוווּסטע פּיעסע איז "דער גולם", וואָס ער האָט געשריבן אין 1921און הבימה האָט געשטעלט די פּיעסע אין מאָסקוועשפּעטער האָט מען געשטעלט די פּיעסע אַ סך מאָל, אויך אין ישׂראל און די פֿאַראייניקטע שטאַטן, אויף ייִדיש, העברעיִש, פּויליש און ענגליש. צוויי מאָל האָט מען געמאַכט אַ פֿילם פֿון דער פּיעסע: דײַטשלאַנד (1920)און פֿראַנקרײַך (1935).

רײַסן, דאָס	[Litvak] Belarus, Belorussia
מאַרק־זיצערקע, די ־ס	market merchant [*fem*]
חשק [כײשעק], דער	eagerness, desire
פֿאַרבעסערן פֿאַרבעסערט	improve
שרעקלעך	terrible, awful
באַדינג, דער ־ען	condition
מיטגליד, דער ־ער	member
ניט אײנמאָל	not just once
תּפֿיסה [טפֿיסע], די ־ות	prison, jail
פּראָצעס, דער ־ן	trial, lawsuit
בשעת [בעשאַס]	during
פּיעסע, די ־ס	play, drama
קײט, די ־ן	chain, shackle
משיח [מעשיִעך], דער ־ים [מעשיכים]	messiah
לשון [לאָשן], דאָס ־ות [לעשוינעס]	language, tongue
איבערגעבן זיך איבערגעגעבן	devote onself to
פֿאַרמישפּטן [פֿאַרמישפּעטן] פֿאַרמישפּט	condemn, convict
קאַטאָרגע, די	(penal) hard labor/prison camp
פֿאַרשיקן פֿאַרשיקט	transport, sent away

סיביר, דאָס	Siberia
אַנטלויפֿן אַנטלאָפֿן	escape
צום סוף [סאָף]	in the end
באַפֿרײַנדן זיך באַפֿרײַנדט	befriend
הגם [האַגאַם]	although
אמתדיק [עמעסדיק]	true, actual
דערווײַטערן דערווײַטערט	estrange
שלאָס, דער שלעסער	lock, castle
ערגעץ	somewhere, anywhere
תּמיד [טאָמעד]	always, constantly
ענין [איניען], דער/דאָס ־ים [איניאָנים]	matter, affair, case
לײַדן געליטן	suffer
באַשלוס, דע ־ן	decision
נס [נעס], דער ־ים [ניסים]	miracle
סאַמע	very, most
גולם [גוילעם], דער ־ים [גוילאָמים]	dummy,artificial human
הבימה [האַבימע]	a famous theater troupe

ערגעץ ווײַט [2]

ערגעץ ווײַט, ערגעץ ווײַט,
ליגט דאָס לאַנד דאָס פֿאַרבאָטענע,
זילב'ריק בלאָען די בערג
נאָך פֿון קײנעם באַטראָטענע;

ערגעץ טיף, ערגעץ טיף,
אין דער ערד אײַנגעקנאָטענע,
וואַרטן אוצרות אויף אונדז,
וואַרטן אוצרות פֿאַרשאָטענע.

ערגעץ ווײַט, ערגעץ ווײַט,
ליגט אַלײן אַ געפֿאַנגענער,
אויף זײַן קאָפּ שטאַרבט דער שײַן
פֿון דער זון דער פֿאַרגאַנגענער;

ערגעץ וואָגלט ווער אום
טיף אין שניי אַ פֿאַרשאָטענער,
און געפֿינט ניט קײן וועג
צו דעם לאַנד דעם פֿאַרבאָטענעם...

[ה. לײוויק, *אויסגעקליבענע שריפטן*, רעד. שמואל ראָזשאַנסקי, בוענאָס־אײַרעס: ייוואָ, 1963, ז. 32]

ערגעץ somewhere, anywhere
ליגן געלעגן lies
פֿארבאָטן פֿארבאָטן forbid
זילבעריק silvery
בארג, דער בערג mountain
באטרעטן באטראָטן set foot on
טיף deep
אײַנקנאָטן אײַנגעקנאָטן knot
אוצר [אויצער], דער ־ות [אויצרעס] treasure

פֿארשיטן פֿארשאָטן/פֿארשיט bury
געפֿאנגענער, דער געפֿאנגענע prisoner
שטארבן געשטאָרבן die
שײַן, דער shine
פֿארגײן * פֿארגאנגען set
וואָגלען געוואָגלט wander
שניי, דער ־ען snow
געפֿינען געפֿונען find

מאַרק שאַגאַל [סעגאַל] (1985־1887)[1]

מאַרק שאַגאַל איז געבוירן געוואָרן אין ליאָזנע (לעבן וויטעבסק, ריַסן). זיַן משפּחה האָט געהייסן סעגאַל; שפּעטער האָט ער אַליין געביטן דעם נאָמען אויף שאַגאַל. זיַן טאַטע איז געווען אַן אַרבעטער אין אַ הערינגסקלאַד. שאַגאַל האָט געלערנט ערשטנס אין חדר, דערנאָכדעם אין אַן מלוכישער שול. ער האָט פֿרי אָנגעהויבן לערנען זיך אין אַ קונסטשול, וואָס איז געווען אַ קלאַפּ דעם שטרענג פֿרומען טאַטן. אין 1907־1906 איז שאַגאַל אַוועק קיין פּעטערבורג אין דער קונסט־אַקאַדעמיע, וווּ ער האָט געוווּנען אַ סטיפּענדיע. דערנאָכדעם האָט ער געקראָגן אַ פּריוואַטע סטיפּענדיע פֿון מאַקס ווינאַווער (אַן אַדוואָקאַט), כּדי ער זאָל פֿאָרן קיין פּאַריז און אַרבעטן דאָרטן ווי אַ מאָלער (1914־1910). אין 1914 האָט ער געהאַט אַן אויסשטעלונג אין בערלין. נאָך דעם איז ער צוריקגעפֿאָרן קיין וויטעבסק, וויַל ער האָט ניט געקענט צוריקקומען קיין פּאַריז צוליב דער מלחמה. דאָרטן האָט מען אים גענומען אינעם צאַרישן מיליטער. אין 1915 האָט ער חתונה געהאַט מיט בעלאַ ראָזענפֿעלד. אין 1917 האָט מען אים באַשטימט ווי דער קאָמיסאַר פֿאַר קונסט אין וויטעבסק און דירעקטאָר פֿון דער קונסט־אַקאַדעמיע. שפּעטער איז ער געוואָרן דער קונסט־דירעקטאָר פֿאַרן יידישן מלוכישן טעאַטער אין מאָסקווע. אין 1922 האָט ער פֿאַרלאָזט רוסלאַנד און זיך באַזעצט אין פֿראַנקריַיך. פֿון 1941 ביז 1948 האָט ער געוווינט אין די פֿאַראייניקטע שטאַטן ביז ער האָט זיך אומגעקערט קיין פֿראַנקריַיך.

זיַין אַרבעט באַשטייט פֿון אַקוואַרעלן, גוואַשן, אייל־בילדער, אָבער אויך וואַנטגעמעלן און פֿענצטער־געמעלן. ער האָט גענומען ווי מאָטיוון פֿאַר זיַינע ווערק יידישע און לשון־קודשדיקע ווערטער, טעמעס פֿון יידישע לעגענדעס, שפּריכווערטער אאַז"וו. שאַגאַל האָט אויך געשריבן לידער; איינס, וועגן ווילנע, דרוקן מיר אָפּ דאָ.

ריַסן, דאָס	[Litvak] Belarus, Belorussia	קונסט, די ־ן	art
ביַיטן געביטן	change	קלאַפּ, דער קלעפּ	blow
סקלאַד, דער ־ן	warehouse	שטרענג	strict(ly)
מלוכיש [מעלוכיש]	state	פּעטערבורג	St. Petersburg

סטיפּענדיע , די ־ס	scholarship, fellowship	באַזעצן באַזעצט	settle
מאָלער, דער ־ס	painter	אַקוואַרעל, דער ־ן	water color (painting)
אויסשטעלונג, די ־ען	exhibition	גואַש, דער ־ן	gouache
מלחמה [מילכאָמע], די ־ות	war	אייל־בילד, דאָס ־ער	oil painting
באַשטימען באַשטימט	appoint, name, designate	וואַנטגעמעל, דאָס ־ן	mural
מלוכיש [מעלוכיש]	state	פֿענצטער־געמעל, דאָס ־ן	stained-glass
פֿאַרלאָזן פֿאַרלאָזט/פֿאַרלאָזן	leave behind, abandon	שפּריכוואָרט, דאָס ־ווערטער	proverb

---

די ווילנער שול [2]

די אַלטע שול, די אַלטע גאַס,
איך האָב געמאָלט זיי פֿאַראַיאָרן.
איצט גייט פֿון איר אַ רויך און אַש
און איר פּרוכת איז פֿאַרלאָרן.

ווו זענען דײַנע ספֿר־תּורהס?
די לאָמפּן, מנורות און די לײַכטער?
די לופֿט וואָס האָבן אָנגעאָטעמט דורות?
זי וועבט זיך אויס אין הימל ווײַטער.

מיט ציטער האָב איך די פֿאַרב געלייגט,
די גרינע פֿאַרב פֿון אָרון־קודש.
אין טרערן האָב איך זיך געבייגט
אַליין אין שול – אַ לעצטער עדות.

רויך, דער ־ן/־עס	smoke, fume	אָנאָטעמען אָנגעאָטעמט	breath (from)
אַש, דאָס	ash(es)	דור [דאָר], דער דורות [דוירעס]	generation
פּרוכת [פּאָרויכעס], דער ־ן	curtain over the Torah ark	אויסוועבן אויסגעוועבט	weave
פֿאַרלירן פֿאַרלוירן/פֿאַרלאָרן	lose	ציטער, דער ־ס	shiver, chill, start
ספֿר־תּורה [סייפֿערטוירע], די ־ות	Torah scroll	לייגן געלייגט	put, place, lay (down paint)
לאָמפּ, דער ־ן/לעמפּ	lamp	אָרון־קודש [אָרנקוידעש], דער ־ן	Torah ark
מנורה [מענוירע], די ־ות	menorah	בייגן געבייגט/געבויגן	bow, curve, bend
לײַכטער, דער ־ס	candlestick	עדות [איידעס], די ־־	witness

23

בעלאַ שאַגאַל (1944-1895) [1]

בעלאַ ראָזענפֿעלד איז געבוירן געוואָרן אין 1895 אין וויטעבסק, די ייִנגסטע פֿון אַכט קינדער אין אַ פֿאַרמעגלעכער משפּחה פֿון יוּוועלירער. כאָטש די משפּחה איז געווען אַ טראַדיציאָנעלע, האָט מען זי געשיקט אין רוסישע שולן און זי האָט אויך שטודירט אין מאָסקווער אוניווערסיטעט, וווּ זי האָט זיך פֿאַראינטערעסירט מיט טעאַטער און קונסט. אין 1909 אין פּעטערבורג האָט זי זיך באַקענט מיט מאַרק שאַגאַל. לויט זײַן מיינונג האָבן זיי זיך פֿאַרליבט אויפֿן ערשטן בליק. ווײַל זיי זײַנען געווען פֿון גאָר פֿאַרשיידענע עקאָנאָמישע קלאַסן איז ער איר משפּחה זייער ניט געפֿעלן. זיי האָבן חתונה געהאַט ערשט אין 1915 און זײַער איינציק קינד, אידאַ, איז געבוירן געוואָרן מיט אַ יאָר שפּעטער. אין 1922 האָבן זיי זיך איבערגעקליבן קיין פּאַריז. דאָרטן האָט זי די אויטאָביאָגראַפֿיע פֿון איר מאַן רעדאַקטירט און איבערגעזעצט פֿון רוסיש אויף פֿראַנצייזיש (*Ma vie* 1931). איר אייגן הויפּטווערק האָט זי אָנגעשריבן אין 1939, *ברענענדיקע ליכט*, וואָס איז אַרויס ערשט נאָך איר טויט אויף ענגליש (1946). אָט דאָס אויטאָביאָגראַפֿישע ביכל האָט זי אויסגעסדרט נאָכן ייִדישן לוח און מינהגים. אַ צווייטער אויטאָביאָגראַפֿישער באַנד, די *ערשטע באַגעגעניש*, איז אַרויס אויף ייִדיש אין 1947 (איבערגעזעצט אין ענגליש 1983). אין 1941 איז זי מיט שאַגאַלן אַנטלאָפֿן פֿון אייראָפּע קיין ניו־יאָרק. דאָרטן איז זי אין 1944 געשטאָרבן פֿון אַ ווירוס.

פֿאַרמעגלעך — well-to-do
יוּוועלירער, דער ־ס — jeweler
בכלל [ביכלאַל] — in general
פֿאַראינטערעסירן זיך פֿאַראינטערעסירט — take an interest in
קונסט, די ־ן — art
פּעטערבורג — St. Petersburg
לויט — according to
פֿאַרליבן זיך פֿאַרליבט — fall in love
בליק, דער ־ן — sight, glimpse

געפֿעלן * געפֿעלן — please
איבערקלײַבן זיך איבערגעקליבן — move (one's residence)
ברענענדיק — burning
אויססדרן [אויססאַדערן] אויסגעסדרט — arrange, order
לוח [לועך], דער ־ות [לוכעס] — traditional Jewish calendar
מינהג [מינעג], דער ־ים [מינהאָגים] — custom
באַנד, דער בענד — volume
אַנטלויפֿן * אַנטלאָפֿן — escape, flee

די ערשטע באַגעגעניש [3]

פרילינג

אויס ווינטער. אויס שניי און קעלט. אַ הימל – ריין פֿון כמאַרעס. אַ גרינג, קיל ווינטל לויפֿט פֿאַרביי, זאָגט אָן, ווי אַ בלאָז פֿון אַ שופֿר:

– שששש... עס גייט דער פרילינג!

אַלץ כאַפּט זיך אויף פֿון שלאָף, טוט זיך אַ צי אין דער הויך, אין דער ברייט. עס הערט זיך וואו אַ קנאַל, וואו אַ ריס, ווער ס'שטעלט זיך גלייך אויף די פֿיס, ווער ס'צעלויפֿט זיך, ווער ס'פֿליט אַוועק.

אַ יום־טוב! ס'ווערט פֿריילעך, ליכטיק, וואַרעם. די לופֿט – אַ נייע. די זון – אַ הויכע, אַ יונגע. אונטער אירע וואַרעמע שטראַלן גייט אַלץ אויף.

דאָס אַלטע איז אָפּגעשטאָרבן, האָט זיך צעפֿוילט אונטער דעם לאַנגן שניי. אַלץ ווערט נאָך אַמאָל געבוירן.

יעדן טאָג וואַקסט וואָס נייעס אויס. דער טאָג אַליין ווערט לאַנג און גרויס. די לופֿט בלאָזט ביזן הימל אַריין. זי טראָגט אַריבער פֿון איין אָרט אויפֿן אַנדערן – דאָ אַ ריח, דאָ אַ זשום, דאָ אַ פֿליסטער, יעדן שאָרך פֿון אַ בוים.

ניטאָ קיין גראָז נאָך. די הוילע ערד ציטערט אויף ביז איר לעצטן קייקל זאַמד. עס שיילט זיך שוין איר האַרטע הויט. גיט אַ שיין די זון – גיט זיך די ערד צו איר אַ צי, לייגט זיך אויף איר אויס אַ בלויער טוי.

בייטאָג צעגייט זיך די ערד אונטער דער זון. ס'הייבט זיך פֿון איר אַרויס אַ וואַרעמער אָטעם, וואָס זי האָט טיף איינגעהאַלטן דעם גאַנצן ווינטער.

ס'דוכט זיך, די ערד הויבט זיך, קערט זיך איבער, זוכט זיך צו נערן, קלעפּט זיך צו די פֿיס.

אַ פֿרייד! אַנשטאָט שניי אונטער די פֿיס – ווידער די אייגענע, אַלטע ערד.

ס'דוכט זיך, די גאַנצע וועלט האָט אויף איר רחמנות. דער הימל עפֿנט זיך פֿאַנאַנדער און נעמט זי ברייט אַרום פֿון אַלע זייטן. די זון בענטשט זי, ווי מיט מיליאָנען ברענענדיקע ליכט.

דאָס ליכט באַקט זיך אין דער ערד אַריין, קריכט איר אין יעדן גריבל אַריין, טריקנט זי און וואַרעמט זי.

און אָט שפּראָצט שוין אַרויס אַ גרין גרעזל, אַ קעפּל פֿון אַ בלום. דאָ פֿאַרהיילט די זון די אויסגעטריקנטע צווייגן, באַדעקט דיביימער מיט אַ נייער, פֿרישער הויט, מיט גרינע צאַפּלדיקע בלעטלעך.

פֿויגלען פֿליען אָן, פֿאַטשן מיט די פֿליגל, צוויטשען. עס זשומען בינען, פֿליגן.

אַלץ קומט צוריק. און זי, די ערד, די גליקלעכע, די ליכטיקע, די וואַרעמע, צעפּלאַנצט זיך, זופּט זיך אָן מיט זון און כוח, ווי עס פֿילט זיך אָן מיט פֿרייד אַן אַלטע שטוב, ווען אַלע אירע קינדער, אויסגעוואַקסענע און בליענדיקע, קומען צוריק צו איר אַהיים.

דער טייך צעשווימט זיך פֿון נחת. בערג מיט אייז צעשמעלצן זיך אין אים. עס קאָכט דאָרטן ווי אין אַ מיל. ס'לויפֿן אין אים אָן אַזויפֿיל וואַסערן, אַז ביידע ברעגן קאָנען זיי קוים איינהאַלטן אין זייערע אָרעמס, ווי דער ווינטער וואָלט פֿאַר זיין אַוועקגיין אויסגיסן זיין גאַנצן כעס אויף דעם טייך.

שטראָמען וואַסער יאָגן זיך נאָך דעם אייז, שטופּן אים און טרייבן. דער טייך וואָיעט, רוישט, ווי ווינטן וואָלטן זיך אין אים דערטרונקען און איבערגעקערט זיין גרונט. דער הימל אַליין, ווי טיף ער זאָל זיך נישט אויסשווענקען אינעם טייך, קאָן ער נישט אָנטאַפּן דעם גרונט.

אין מיטן העלן טאָג בלאָזט זיך אָן דער הימל און צעקוועטשט אַ שוואַרצן וואָלקן, וואָס איז אָנגעלאָפֿן אויף אים. אַ טראַסק מיט אַ דונער, אַ שטאָך מיט אַ בליץ – און דער צעלעכערטער וואָלקן, אַ פֿאַרוואונדעטער, גיסט זיך אויס אין אַ מבול וואַסער.

דער רעגן פֿאַלט אַרונטער מיט אַזאַ געדויש, אַז ס'דוכט זיך, נישט איין וואָלקן – דער גאַנצער הימל ליידיקט זיך אויס פֿון וואַסער. די גאַס צעשווימט זיך. וואַסער לויפֿט פֿון די בערגלעך אַראָפּ, שטופּט זיך אַריין אין די גריבער, אין די קאַנאַוועס, יאָגט אונטער די שטיינער, וואָס עס שלעפּט און רייסט מיט אויפֿן וועג. און די שטיינדלעך לויפֿן נאָכן וואַסער, קייקלען זיך מיט אַ ליאַרעם ווייטער.

דער רעגן שפּרינגט איבער די דעכער, גליטשט זיך פֿון זיי אַראָפּ, רינט פֿון די רינעס.

די גאַס ווערט פּוסט. די פֿורמאַנעס קריכן פֿון זייערע וועגענער אַראָפּ, דעקן גיך איבער די פֿערד מיט זעק, און אַליין אַנטלויפֿן זיי, באַהאַלטן זיך הינטער די טויערן...

נאָר די פֿערד בלייבן שטיין אונטערן רעגן מיט נאַסע אַראָפּגעלאָזטע קעפּ, ווי זיי וואָלטן זיך שעמען, וואָס זיי זיינען איבערגעבליבן אַליין.

דער רעגן שמייסט זיי, נעצט זיי דורך, זיי רוקן זיך צו נעענטער איינס צו דעם אַנדערן.

אַ הונט לויפֿט פּלוצים אַרויס אויף דער גאַס אויסשמעקן דעם רעגן. די פֿערד דערפֿרייען זיך. זיי זיינען נישט מער אַליין. דער עולם פֿון הינטער די טויערן לאַכט און רופֿט דעם הונט; מען פֿייפֿט צו אים פֿון אַלע זייטן.

– הונט דו איינער, משוגענער, גיי גיך צוריק אין שטוב אַריין! וואָס לויפֿסטו אַרום אין אַ רעגן איבער די גאַסן?

דער הונט טרייסלט זיך פֿון קעלט, זיין פֿעל גלאַנצט; די פֿיס גליטשן זיך אים; זיין עק, ווי אַן אויסגעווייקטער פֿאָדעם באַוול, ציט זיך הינטער אים – אָבער ער בלייבט, אַלעמען אויף צו־להכעיס, אויפֿן גאַס.

מיר, קינדער, זיינען אים מקנא. ס'איז אַזוי פֿריילעך אונטערצושפּרינגען מיט דעם רעגן אינאיינעם.

אַלע שטייען און וואַרטן, ווען וועט דער רעגן אויפֿהערן.

– וואָס זאָגט איר אויף דעם רעגן? ס'האָט זיך עפּעס צעגאָסן, יאָ?

נאָך אַ פּאָר אַזעלכע רעגנס, וועט זיין פֿאַרשפּאָרט אַ טרחה גיין אָנקוקן דעם טייך. מיר וועלן האָבן אַ טייך אין מיטן גאַס!

– וואָס טוט זיך עפּעס מיט דער דווינע? איר האָט נישט געהערט, וואו האַלט היינט דאָס וואַסער?

– איר רעדט וועגן דער דווינע? – אַ פּאָר פינגער גיבן אַ קנאַק אין דער הויך. – אַ ים געוואָרן!

– טאַקע? ס'גייען שוין אויף אים אַרום פּליטן?

– וואָס פרעגט איר פּאָר אַ קשיה? איר שלאָפט אַוודאי אין מיטן טאָג? איר האָט נישט געזען, ווי מען פירט דאָרטן אַריבער גאַנצענע וועלדער מיט בערוועַנעס?

– זלאַטקע, – גיב איך אַ שטופּ מיין חברטע, – דו הערסט? עס שווימען שוין אויפן טייך גאַנצענע וועלדער. קום אַ קוק טאָן! אַבראַשקע איז שוין אַהין אַנטלאָפן. זעסט, אַלע גייען?

דער רעגן האָט אויפגעהערט. די לופט האָט זיך אָפּגעפרישט. ס'האָבן זיך אויסגעוואַשן אַפילו די קויטיקע קאַנאַוועס, דער הימל האָט זיך אויסגעפּוצט מיט אַ קראַנץ פון אַ רעגנבויגן אויפן קאָפּ.

דער עולם האָט זיך ווייטער צעשאָטן איבער די גאַסן.

מיט אַלעמען אינאײנעם, לויפן מיר אַ קוק טאָן אויפן טייך. אויף דעם גרויסן בריק שטעלן מיר זיך אָפּ.

אַ גערויש פון אויבן. פון אונטן, פונעם עולם, פונעם וואַסער. דער טייך ליגט פאַנאַנדערגעוואָרפן, ווי אַ גיבור, וואָס מען וויל איינשפּאַנען אין קייטן.

ער קרעכצט, ברומט, וואַרפט זיך דאָ אויף איין זייט, דאָ אויף דער אַנדערער, ווי ער וואָלט וועלן זיך צעגיסן איבער דער גאַנצער שטאָט. כוואַליעס געלע, גרויע, שוואַרצע, לויפן אָן אויף די שטיינערנע נעז פונעם בריק, לויפן אָפּ, ווי זיי וואָלטן זיך פאַרמעסטן מיט זיי. מיט אַמאָל, גיבן זיי זיך אַלע אַ לאָז אויף דעם נידעריקן ברעג, פאַרגיסן פון כעס די קליינע הייזלעך. אַ באַרג מיט זאַמד שטופּט זיך אָפּ מיט די וואַסערן אינאײנעם, פאַרשווינדט צוריק אין טייך אַריין.

פון אויבן קוקן מיר מיט אַ פאַרכאַפּטן אָטעם. וואוהין זיך נישט אַ קער טאָן – וואַסער, וואַסער ...

אונטערן בריק קאָכט און זידט. איבערן קאָפּ – אַ הימל, ווי וואַסער. דער קאָפּ אַליין שווימט אַוועק.

דער עולם אויפן בריק שטופּט זיך. מיך מיט מיין חברטע האָט מען אָפּגערוקט צום סאַמע פאַרענטש. זיין אויסגעפּלאָכטענער אייזן איז נאַס. דורך זיינע לעכער שפּריצן טראָפּנס אונדז אויף די פּנימער אַרויף.

אָט האָט דער קלויסטער פונעם הויכן ברעג זיך איבערגעקוליעט אינעם וואַסער. זיין צלם ליגט שוין אויף אַ זייט און שווימט אַוועק אויפן רוקן פון אַ גרויסער כוואַליע.

נאָכן צלם יאָגן זיך די ביימער פון דעם שטאָט-גאָרטן. אַלע אינאײנעם, האָבן זיך אַריבערגעקליבן אינעם וואַסער און וואַקסן דאָרטן מיטן קאָפּ אַראָפּ, שאָקלען מיט די בלעטעלעך, ווי מיט גלעקעלעך.

איך דערקען אין וואַסער די בענקלעך פונעם גאָרטן. כ'פלעג דאָך אויף זיי זיצן.

אָט האָבן זיך אויך די ווייכע וואָלקנדלעך אַראָפּגעלייטשט אין וואַסער אַריין און זיך אָפּגעשטעלט פאַרפראָרענע, ווי גרויסע ווייסע בערן.

די גאַנצע שטאָט, דוכט זיך, האָט זיך אָפּגעריסן פון דער ערד און ווי אויף רעדער אַוועקגעפאָרן איבערן טייך מיט אירע הייזער, דעכער, פענצטער ...

מיט אַמאָל גיט מען מיך אַ שטופּ.

אוי, מאַמע, מע וויל אונדז אַריינוואַרפן אין וואַסער!

– וואו איז אַבראַשקע? וואו ביסטו, זלאַטקע? – איך פּיל, מען האָט זיך אָנגעלייגט אויף מיין רוקן.

דער עולם האָט זיך אָנגעשפּאַרט אויף אונדז, ווי אויף אַ פּאַרענטש.

– פּליטן, פּליטן! אָט גייען די פּליטן! – רייסט זיך אַרויס אַ געשריי. עס טרייסלט זיך פון קולות דער לאַנגער הילצערנער בריק.

פון דערווייטנס, ווי פון הימל, שווימען אַרויס אַ פּאָר לאַנגע פּליטן. קוים גליטשן זיי זיך. שטייען כמעט אויף איין אָרט. ס'ווערט שטיל. אַלע קוקן זיך צו. מע לאָזט די פּליטן פון די אויגן נישט אַרויס.

צוויי הויכע פּויערים האַלטן זיך פון ביידע זייטן פונעם פּליט, אָנגעשפּאַרט אויף אַ לאַנגע פלאָקן. זיי שטייען רואיק, רירן זיך נישט פון אָרט, ווי זיי וואָלטן שלאָפן, שווימענדיק אויף די פּיס.

פּאַמעלעך קומען זיי אָן. מע הערט שוין, עס פּליוכען זייערע רודערס. מע לאָזט זיי שטיל קומען צום בריק.

און ווי נאָר מע דערזעט זייערע צורות, פאַרוואַרפט מען די פּויערים מיט קולות, ווי מע וואָלט זיי נישט וועלן אַריינלאָזן אין שטאָט.

– הע, האַלט צו! וואוהין קריכסטו, צו אַלדי שוואַרצע יאָר? דו וועסט זיך דאָך צעברעכן דעם מוח, ליימענער קאָפּ! נעם אָצינד לינקס, לינקס ...

– וואָס פאַרשטייסטו נישט, וואָס מע זאָגט דיר? לינקס ...

– וואָס לינקס? רעכטס, רעכטס! – שרייט אַלעמען איבער אָן אַנדער קול.

יעדער מיינט, ער קאָן בעסער פּראַווען פונעם פּויער. דער עולם שטופּט זיך מיט די עלנבויגנס, ווי מע וואָלט מיט זיי אונטערשטופּן דעם פּליט.

די פּויערים הויבן אויף די אויגן, ווייסן נישט וואוהין צו קוקן. זיי גיבן אַ שפּיי אין וואַסער, ווערן אין כעס.

– וואָס וויל דער עולם? – טראַכטן זיי. – געשוואומען רואיק טאָג און נאַכט. געקומען צו אַ שטאָט, פאַרדרייט מען זיי דעם מוח. גענוג, וואָס אין יעדער שטאָט שטעלט זיך אויס אַ מוראדיקע בריק מיט שטיינערנע נעז. גיי, שווים זיי דורך! ...

ס'וואַסער קאָכט אַרום די נעז. אַפילו אַ כוואַליע וואַסער צעשניידט זיך דאָרטן אין צווייען. שטייט נאָך דער עולם אויפן בריק און וואַרט נאָר, ווען וועלן זיך צעברעכן די פּליטן. ווערן די פּויערים צעמישטע. זיי זוכן זיך ראַטעווען.

– ווי וועלן מיר אַרויס פון דאַנען לעבעדיקע? – שאָקלען זיי מיט די קעפּ. – ווען אַפילו דורכגעשוואומען די בריק, וועט דאָך דער עולם סיי־ווי־סיי אָנפאַלן אויף אונדז.

דאָס וואַסער קאָכט מיט שוים. די שטיינערנע נעז סאָפּען און דראָען, ווי צעבייזערטע חיות.

אָט זיינען די פּליטן גאָר נאָענט.

גאָט מיינער, וואָס וועט זיין? איך האַלט זיך שטאַרק אָן פאַר דעם אייזערנעם פּאַרענטש. כ'בין צוגעקוועטשט צו אים. מיינע הענט קריכן שוין פון אים אַרויס. כ'מאַך צו די אויגן. האָב מורא שוין צו קוקן אויפן טייך.

– זלאַטקע, זאָג, דו ווייסט נישט, וואו איז אַבראַשקע?

ער האָט פֿאַר גאָרנישט מורא. זלאַטקע טרייסלט זיך נאָך מער פֿאַר מיר. פֿון שרעק קנייפּט זי מיר די הענט.

– טשעפּע זיך אָפּ! – שטופּ איך זי אַוועק.

און מיט אַמאָל – אַ טראַסק!

– אַך! – די אויגן עפֿענען זיך אויף.

וואו זיינען די פֿליטן?

אַלץ זיך אויסגעמישט. דער טייך נאָך מער צערודערט. וואו עס שווימט אַ לאַנגע, וואו אַ קורצע בערוועניע.

דער פֿליט – צעשפּאָלטן, צעוואָרפֿן, ווי אַ פּעקל שוועבעלעך. אַלע בערווענעס טונקען און דרייען זיך אַרום די שוימענדיקע כוואַליעס. יעדע בערוועניע באַזונדער.

אויף איין קלאָץ האַלט זיך איין פֿויער, אויף דעם אַנדערן – דער צווייטער. זיי שפּרינגען אונטער אויפֿן וואַסער.

פֿון דעם גאַנצן פֿליט – נאָר איין קלאָץ. דער רודער איז געבליבן אין זייערע הענט.

– האַ! האַ! האַ! – פּלאַצט פֿון געלעכטער דער עולם אויפֿן בריק. ער האָט הנאה. די פֿליטן האָבן זיך צעבראָכן.

אויף די פֿויערים האָט קיינער נישט רחמנות. פֿון בזיון און פֿון כעס שלאָגן זיי זיך מיט די רודערס, פֿאַרוואָרפֿן זיי, ווי אַ לאַנגן פֿיש־פֿאַנגער און סטאַרען זיך אָנטשעפּען אַ בערוועניע. די כוואַליעס לויפֿן אויף זיי אָן, די בערווענעס שווימען אָפּ.

פֿון די ברעגן האָבן זיך אַ לאָז געטאָן שיפֿלעך העלפֿן זיי צונויפֿקלייבן דאָס געהילץ.

אַ יאַריד אויפֿן טייך. די שיפֿלעך פֿליעסקען. די פֿויערים זידלען זיך.

אַ כאָלעריע אויף דיין קאָפּ! הינטישע מאָרדע דיינע, וואוהין קריכסטו?

– און דו, שלים־מזל, לאָז אָפּ דיין רודער, אַניט צעקלאַפּ איך דיר דעם מוח!

– אדרבה, הויקער דו איינער! וואָס דרייסטו זיך אַרום ווי אַ וואָרעם?

– און ווער דאַרף דיך דאָ האָבן? קאָנסטו גיין צו אַלדי שוואַרצע יאָר!

– און דיך זאָל דער טייוול כאַפּן! ...

די שיפֿלעך שטויסן זיך. זייערע רודערס צעקרייצן זיך, שלאָגן איינס דעם אַנדערן. דער עולם אויפֿן בריק לויפֿט אַריבער פֿון איין זייט צום אַנדערן, ווי ער וואָלט וועלן פֿונעם בריק זיי העלפֿן צונויפֿקלייבן די פֿליטן.

די פֿויערים קראַצן זיך די קעפּ. שפּייען אינעם וואַסער. ביז מע קלייבט די בערווענעס צונויף.

מיט אַ צעבראָכן האַרץ שלעפּ איך זיך אַהיים. עס ברעכן מיר די ביינער, ווי איך אַליין וואָלט זיך מיטן פֿליט צעשפּאָלטן. פֿאַר די אויגן – אַלץ פֿליטן. זיי לאָזן מיך נישט צורו.

ווען זשע פֿאָרן זיי רויִק דורך דעם בריק?

אַוודאי ביינאַכט ... ווען אַלע מענטשן שלאָפֿן שוין, דאָס וואַסער דרעמלט און ווען אויפֿן בריק איז קיינער נישטאָ, גנבעט זיך שטיל דורך איין פֿליט נאָך אַן אַנדערן און שווימט דורך אונטער די פֿאַרשלאָפֿענע בעז פֿון בריק.

[בעלאַ שאַגאַל, *די ערשטע באַגעגעניש* (ניו־יאָרק: ביכער־ליגע, 1947), 43־51]

באַגעגעניש, דאָס ־ן	encounter, meeting
אויס	no more, through, over
כמאַרע, די ־ס	(threatening) cloud
גרינג	light, easy
שופֿר [שויפֿער], דער ־ות [שויפֿרעס]	shofar
אויפֿכאַפּן זיך אויפֿגעכאַפּט	wake up
צי, דער ־ען	pull, stretch, jerk
קנאַל, דער ־ן	crack, bang, pop
ריס, דער ־ן	rip, rupture, break, tear
צעלויפֿן זיך * צעלאָפֿן	scatter (by running)
שטראַל, דער ־ן	ray, beam
אָפּשטאַרבן * אָפּגעשטאָרבן	die off/out
צעפֿוילן זיך צעפֿוילט	rot, decay
ריח [רייעך], דער ־ות [רייכעס]	smell, odor, scent
זשום, דער ־ען	hum, buzz
פֿליסטער, דער ־ן	whisper, murmur
שאָרך, דער ־ן	rustle
הויל	hollow, bare, pure
אויפֿציטערן אויפֿגעציטערט	shudder, tremble
קײַקל, דאָס/דער ־עך	grain, circle
זאַמד, דאָס/דער ־ן/זעמד	sand
שיילן זיך געשיילט	peel
טוי, דער	dew
צעגיין זיך * צעגאַנגען	melt, thaw
אָטעם, דער ־ס	breath
דוכטן זיך = דאַכטן זיך גערדאַכט	seem
איבערקערן זיך איבערגעקערט	invert, overturn
נערן גענערט	nourish, feed
צוקלעפּן זיך צוגעקלעפּט	stick, get stuck
רחמנות [ראַכמאָנעס], דאָס	pity, mercy
אַרומנעמען אַרומגענומען	embrace
בענטשן געבענטשט	bless
אַרײַנבאַקן זיך אַרײַנגעבאַקן	bake into
אַרײַנקריכן * אַרײַנגעקראָכן	creep/crawl into
גריבל, דאָס ־עך	small hole/pit
אַרויסשפּראָצן אַרויסגעשפּראָצט	sprout forth
פֿאַרהיילן פֿאַרהיילט	heal
צווײַג, די/דער ־ן	twig, branch, bough
צאַפּלדיק	fresh, squirming, jerky
צוויטשע(ר)ן געצוויטשע(ר)ט	twitter, warble
צעפֿלאַנצן זיך צעפֿלאַנצט	propagate
אָנזופּן אָנגעזופּט	sip, inhale, sniff
כּוח [קויעך], דער ־ות [קויכעס]	force, strength
בליִענדיק	blossoming, thriving

צעשווימען זיך * צעשוווּמען	flood, overflow
נחת [נאַכעס], דאָס/דער	pleasure, satisfaction
צעשמעלצן צעשמאָלצן	melt
ברעג, דער ־ן/־עס	bank, shore
אויסגיסן אויסגעגאָסן	pour out
כּעס [קאַאַס], דער	anger, ire
שטראָם, דער ־ען	stream
יאָגן זיך געיאָגט	chase
שטופּן געשטופּט	push, poke, shove
טרײַבן געטריבן	drive, propel
וואָיען = וווּיען געוווּיעט	howl
רוישן גערוישט	make noise, rush
דערטרינקען דערטרונקען	drown
אויסשווענקען אויסגעשווענקט	rinse
אָנטאַפּן אָנגעטאַפּט	touch, feel (by touch)
צעקוועטשן צעקוועטשט	crush, squeeze, squash
טראַסק, דער ־ן/טרעסק	crash, crack. blow
דונער, דער ־ן	thunder
שטאָך, דער ־ן	prick, sting, pang, stab
בליץ, דער ־ן	flash, burst, lightning
צעלעכערט	punctured, ruptured, full of holes
פֿאַרווונדעט	wounded
מבול [מאַבל], דער ־ען	deluge, downpour, torrent
גערויש, דאָס ־ן	sound, noise
אויסליידיקן זיך אויסגעליידיקט	empty
קאַנאַווע, די ־ס	ditch, gutter
קײַקלען [זיך] געקײַקלט	roll
ליאַרעם, דער ־ס	din, noise, uproar
גליטשן זיך געגליטשט	slide, glide, skid
רינע, די ־ס = רינווע, די ־ס	eave, groove, culvert
פּוסט	empty
פֿורמאַן, דער ־עס/פֿורלײַט	wagoner, coachman
אַנטלויפֿן * אַנטלאָפֿן	run away, escape, flee
באַהאַלטן זיך באַהאַלט	hide
טויער, דער ־ן	gate
אַראָפּגעלאָזט	hanging, drooping
שעמען זיך געשעמט	be bashful/shy/ashamed
איבערבלײַבן איבערגעבליבן	remain, be left
שמײַסן געשמיסן	whip, lash
דורכנעצן דורכגענעצט	thoroughly wet
צורוקן זיך צוגערוקט	move toward/up
אויסשמעקן אויסגעשמעקט	sniff
עולם [אוילעם], דער ־ס	public, audience, crowd
פֿײַפֿן געפֿײַפֿט	whistle

דערקענען דערקענט	recognize
בענקל, דאָס ־עך	small bench/chair
אָפּשטעלן אָפּגעשטעלט	stop, pause
פֿאַרפֿרירן פֿאַרפֿרוירן/פֿאַרפֿראָרן	freeze
אָפּרײַסן אָפּגעריסן	tear off/away, sever
ראָד, די/דאָס רעדער	wheel
דאַך, דער דעכער	roof
אָנלייגן אָנגעלייגט	pile/stack up
אָנשפּאַרן זיך אָנגעשפּאַרט	lean against/on
ארויסרײַסן זיך ארויסגעריסן	break free
הילצערן	wooden
פֿון דער ווײַטנס	from afar, from a distance
פּויער, דער ־ים	peasant, farmer
פֿלאָקן, דער ־ס/פֿלעקער	pole
פּליוכען געפּליוכעט	pour, gush
רודער, דער ־ס	oar, paddle
ווי נאָר	*here*: as soon as
צורה [צורע], די ־ות	face [*cont.*]
פֿאַרוואַרפֿן פֿאַרוואָרפֿן	cast/throw onto
קולות [קוילעס] ל"ר	racket, noise, shouting
צו אַלדי שווארצע יאָר	(go) to Hell/the Devil!
מוח [מויעך], דער ־ות [מויכעס]	mind, brains
צעברעכן {צעבראָכן} זיך דעם מוח	rack one's brains
ליימען	clay, earthen, clumsy
פּראווען געפּראוועט	perform, do; *here*: steer
אונטערשטופּן אונטערגעשטופּט	push along
שפּײַ, דער ־ען	spit
פֿאַרדרייען פֿאַרדרייט	twist, turn, garble
מוראדיק [מוירעדיק]	frightening
צעמישן צעמישט	confuse, bewilder, confound
ראַטעווען געראַטעוועט	rescue, save
אָנפֿאַלן אָנגעפֿאַלן	attach, assault
שוים, דער ־ען	foam, froth
סאָפּען געסאָפּעט	pant, gasp, puff
דראָען געדראָט	menace, threaten
צעבייזערן צעבייזערט	anger, provoke, exasperate
חיה [כײַע], די ־ות	animal, beast
קנײַפּן געקניפּט/געקניפּן	pinch
טשעפּע זיך אָפּ	leave me alone!
אויסמישן זיך אויסגעמישט	be mixed up
צערודערן צערודערט	agitate, upset, rattle
צעשפּאַלטן צעשפּאָלטן	split, crack
צעוואַרפֿן צעוואָרפֿן	scatter, put in disorder
פּעקל, דאָס ־עך	pack
שוועבעלע, דאָס ־ך	matches
טונקען געטונקט/געטונקען	dip, be submerged
קלאָץ, דער קלעצער	beam, log
פּלאַצן געפּלאַצט	burst, split, crack
טרייסלען זיך געטרייסלט	shake
פֿעל, די ־ן	hide, skin, pelt
גלאַנצן געגלאַנצט	shine, gleam
עק, דע ־ן	tail
אויסגעווייקט	soak through
פֿאָדעם, דער פֿעדעם	thread
באַוול, דער	cotton
אויף צו להכעיס [אַפֿצעלאָכעס]	in/for spite (of)
מקנא [מעקאַנע] זײַן	envy, be jealous
אונטערשפּרינגען * אונטערגעשפּרונגען	hop, bounce
פֿאַרשפּאָרן צו	not need to
טרחה [טירכע], די ־ות	trouble, pains, imposition
דווינע, די	river in Vitebsk
קנאַק, דער ־ן	snap, click, crack
פּליט, דער ־ן	raft
קשיא [קאַשע], די ־ות	question
בערווענע, די ־ס	beam, timber
אַנטלויפֿן אַנטלאָפֿן	run off, escape
אָפּפֿרישן אָפּגעפֿרישט	freshen, refresh, invigorate
קויטיק	dirty
אויספּוצן אויסגעפּוצט	dress up
קראַנץ, דער ־ן/קרענץ	wreath, garland
רעגנבויגן, דער ־ס	rainbow
צעשיטן צעשאָטן/צעשיט	pour out
פֿונאַנדערגעוואָרפֿן	stretched out
גיבור [גיבער], דער ־ים [גיבוירים]	strong man, hero
אײַנשפּאַנען אײַנגעשפּאַנט	harness; *here*: shackle
קייט, די ־ן	chain
קרעכצן געקרעכצט	groan, moan
ברומען געברומט	roar
כוואַליע, די ־ס	wave
נאָז, די נעזער/נעז	bridge pier/piling/abutment
פֿאַרמעסטן זיך פֿאַרמאָסטן	compete, vie
געבן {געגעבן} זיך אַ לאָז אויף	make a dash for
פֿאַרשווינדן פֿאַרשוווּנדן	disappear
פֿאַרכאַפּן פֿאַרכאַפּט	hold, seize, stop
זידן געזאָדן/געזאָטן	seethe, boil
אָפּרוקן אָפּגערוקט	move over
פּאַרענטש, דער ־ן	railing
אויספֿלעכטן אויסגעפֿלאָכטן	entwine, braid
שפּריצן געשפּריצט	splash, squirt, splatter
קלויסטער, דער ־ס	church
איבערקוליען זיך איבערגעקוליעט	turn a somersault
צלם [צײלעם], דער ־ים [צלאָמים]	cross
אריבערקלײַבן זיך אריבערגעקליבן	move (to a new dwelling)
שאָקלען געשאָקלט	shake
גלעקעלע, דאָס ־ך	little bell

הנאה [האנאָע], די הנאות [האנאָעס] pleasure, fun
בזיון [ביזויען], דער ־ות [ביזויינעס] shame, disgrace, embarrassment
סטאַרען זיך געסטאַרעט endeavor, try hard
אָנטשעפּען אָנגעטשעפּעט hook on, attach
געהילץ, דאָס timber, lumber
יאַריד/יריד [יאַריד], דער ־ן fair, uproar
פליעסקען = פליושקען (זיך) געפליושקעט splash
זידלען געזידלט curse, call names, berate
כאָלעריע, די ־ס cholera, plague
מאָרדע, די ־ס chin
שלים־מזל [שלימאַזל], דער ־ען unlucky person
צעקלאַפּן צעקלאַפּט smash to pieces
אדרבה [אד(ע)ראַבע] by no means, not at all
הויקער, דער ־ס hunchback
וואָרעם, דער ווערעם worm
טײַוול, דער טײַוואָלים devil, fiend
צעקרייצן זיך צעקרייצט get crossed/tangled
עס ברעכן מיר די ביינער I [feel like I] have had a beating
דרעמלען געדרעמלט nap, doze
גנבֿענען [גאַנווענען] זיך געגנבֿעט sneak, slip

24

חיים סוטין (1893־1943) [1]

חיים סוטין איז געבוירן געוואָרן אין סמילאָוויטש (רײַסן) אין אַ גרויסער משפּחה פֿון אַן אָרעמען שנײַדער. שוין קינדווײַז האָט ער זיך פֿאַראינטערעסירט נאָר מיט צייכענען. ווען ער איז אַלט געווען צען יאָר איז ער אַנטלאָפֿן פֿון דער היים, קודם קיין מינסק, דערנאָך קיין ווילנע, ווו ער האָט שטודירט אין דער קונסט־אַקאַדעמיע פֿונעם ווילנער אוניווערסיטעט (1910־1912). בײַ נאַכט האָט ער געאַרבעט כּדי צו האָבן פּרנסה. אין 1913 האָט אַ דאָקטער אים געגעבן געלט, כּדי ער זאָל קענען פֿאָרן קיין פּאַריז און מאָלן דאָרטן ווײַטער. ער האָט זיך דאָרטן באַקענט מיט אַלע קינסטלערס פֿון דער מאָדערנער קונסט, צווישן זיי: אַמאַדעאָ מאָדיליאַני (אַ ספֿרדישער ייִד), וואָס ער האָט מיט אים געטיילט אַ צימערל. ווײַל זיי האָבן נאָר געהאַט איין בעט, האָבן זיי געדאַרפֿט שלאָפֿן אין שיכטן. סוטין האָט געאַרבעט ווי אַ טרעגער און אַ שאַנצגרעבער. איין מאָל איז ער געוואָרן אַזוי מרה־שחורהדיק, אַז ער האָט געפּרוּווט צו נעמען זיך דאָס לעבן. ווען מאָדיליאַני האָט אָנגעהויבן פֿאַרקויפֿן אַ מאָל אַ בילד, האָט ער סוטינען אויך צוגעבראַכט צו זײַן הענדלער, און דערנאָכדעם האָט אויך סוטין געקענט לעבן בעסער.

אין אָנהייב פֿון דער צווייטער וועלט־מלחמה האָט סוטין זיך אָפּגעזאָגט צו אימיגרירן קיין אַמעריקע. אַנשטאָט דעם האָט ער זיך באַהאַלטן אין אַ דאָרף אין פֿראַנקרײַך. פֿון די גרויסע צרות פֿון אַזאַ לעבן האָט ער באַקומען מאָגן־געשווירן. צום סוף האָבן זײַנע פֿרײַנד אים צוריקגעבראַכט קיין פּאַריז אין שפּיטאָל (אונטער אַ פֿאַלשן נאָמען, פֿאַרשטייט זיך), ווו ער איז געשטאָרבן בעת דער אָפּעראַציע.

זײַנע בילדער זײַנען שטאַרק עקספּרעסיאָניסטיש. ער באַניצט זיך מיט רײַסיקע קאָלירן כּדי אָפּצומאָלן דאָס שטורעמדיקע לעבן פֿון מענטשן אויף דער וועלט. אָפֿט מאָל געפֿינט מען אין זײַן מאָלערײַ בלוט, צעריסן פֿלייש, צעבראָכענע און פֿאַרקרימטע קערפּערס און קאַטאַקליזמישע סצענעס. מער פֿון 600 פֿון זײַנע אײלבילדער זײַנען פֿאַראַן.

קינדווײַז	as a child
פֿאראינטערעסירן זיך פֿאראינטערעסירט	be interested in
צייכענען געצייכנט	draw
אנטלויפֿן * אנטלאָפֿן	run away, escape
קונסט, די ־ן	art
פרנסה [פּארנאָסע], די ־ות	living, subsistence
שיכט, דער ־ן	(working) shift
שאנצגרעבער, דער ־ס	ditch-digger
מרה־שחורהדיק [מאָרע־שכוירעדיק]	depressed, melancholy
נעמען {גענומען} זיך דאָס לעבן	commit suicide
צוברענגען צוגעבראכט	bring to
הענדלער, דער ־ס	dealer, agent

מלחמה [מילכאָמע], די ־ות	war
אָפּזאָגן זיך אָפּגעזאָגט	refuse, decline
באהאלטן זיך באהאלטן	hide, conceal
צרה [צאָרע], די ־ות	trouble, distress
מאָגן־געשוויר, דאָס ־ן	stomach ulcer
באניצן {באניצט} זיך מיט	use
רײַסיק	striking, gaudy
אָפּמאָלן אָפּגעמאָלט	represent
שטורעמדיק	stormy, violent
מאָלערײַ, דאָס ־ען	painting
צערײַסן צעריסן	tear, rip
פֿארקרימען פֿארקרימט	deform, distort
איילבילד, דאָס ־ער	oil painting

25

מאַקס װײַנרײַך (1894־1969) [1]

מאַקס װײַנרײַך איז געבוירן געוואָרן אין 1894 אין גאָלדינג (קולדיגאַ, לעטלאַנד). שוין צו דרײַצן יאָר האָט ער דעביוטירט ווי אַ ייִדישער שרײַבער. שפּעטער האָט ער זיך פֿאַרנומען מיט זשורנאַליסטישער אַרבעט און האָט געשריבן אויף ייִדיש, רוסיש און דײַטש. שטודירט האָט ער אין פּעטערבורגער אוניווערסיטעט (בעת דער אָקטאָבער־רעוואָלוציע, וואָס ער האָט וועגן דעם אָפּגעגעבן באַריכטן אין צײַטונגען און זשורנאַלן), און אויך אין מאַרבורג אין דײַטשלאַנד, ווו ער האָט אָנגעשריבן אַ דיסערטאַציע וועגן דער געשיכטע פֿון דער ייִדישער פֿילאָלאָגיע. ער איז געווען אַ לערער אין ייִדישן לערער־סעמינאַר אין ווילנע, אַן אָנפֿירער פֿון דער יוגנט־גרופּע "די בין", און אַ מיטגרינדער פֿונעם ייִוואָ אין ווילנע, וואָס האָט געהאַט זײַן ערשטע הויפּטקוואַרטיר בײַ װײַנרײַכן אין זײַן דירה אויף גרויס־פּאָהוליאַנקע גאַס (הײַנט Basanavičaus gatvė). בײַם אָנהייב פֿון דער צווייטער וועלט־מלחמה איז ער געווען אין מערבֿ־אייראָפּע אויף אַ קאָנפֿערענץ; איז ער ניט צוריקגעפֿאָרן קיין ווילנע, נאָר קיין ניו־יאָרק, ווו ער איז געוואָרן דער ערשטער פּראָפֿעסאָר פֿון ייִדיש אין אַן אוניווערסיטעט אין די פֿאַראייניקטע שטאַטן (City College of New York). דאָרט איז ער אויך געוואָרן דער וויסנשאַפֿטלעכער דירעקטאָר פֿון ייִוואָ. ער האָט פּובליקירט זייער אַ סך חשובֿע ביכער און וויסנשאַפֿטלעכע אַרבעטן, צווישן זיי: *שטאַפּלען: פֿיר עטיודן צו דער ייִדישער שפּראַך־וויסנשאַפֿט און ליטעראַטור־געשיכטע* (1923), *בילדער פֿון דער ייִדישער ליטעראַטור־געשיכטע* (1928), *היטלערס פּראָפֿעסאָרן* (1947), *געשיכטע פֿון דער ייִדישער שפּראַך* (4 בענד, ניו־יאָרק, ייִוואָ, 1973), *Geschichte der jiddischen Sprachforschung* (געשריבן 1923/פּובליקירט 1993). ער איז געווען איינער פֿון די סאַמע וויכטיקסטע וויסנשאַפֿטלערס אויפֿן געביט פֿון ייִדיש.

לעטלאַנד, דאָס	Latvia
פֿאַרנעמען זיך פֿאַרנומען	be occupied with
פּעטערבורג	St. Petersburg
באַריכט, דער ־ן	report
פֿילאָלאָגיע, די	philology
לערער־סעמינאַר, דער ־ן	Jewish teachers' college
אָנפֿירער, דער ־ס	leader
בין, די ־ען	bee; *here*: scouting organization
מיטגרינדער, דער ־ס	co-founder
הויפּטקוואַרטיר, די ־ן	headquarters

מלחמה [מילכאָמע], די ־ות war
חשובֿ [כאָשעוו] important
שטאַפּל, דער/די ־ען step, rung, level
עטיוד, דער ־ן study
וויסנשאַפֿט, די ־ן science, scholarship
באַנד, דער בענד volume
= *Geschichte der jiddischen Sprachforschung*
History of Yiddish Linguistic Research [*Ger.*]

געשיכטע פֿון דער ייִדישער שפּראַך [3]

1. ייִדיש און אַשכּנז: דער פֿאָרשאָביעקט און דער צוגאַנג

1. מער ווי איין מאָל האָט געטראָפֿן אין דער ייִדישער געשיכטע, אַז גורלדיקע אַנטוויקלונגען האָבן זיך אָנגעהויבן אויף אַ פּיצעלע שטח: אין ארץ־ישׂראל, ווען דאָס פֿאָלק איז געוואָרן, אין פּאָדאָליע, ווען חסידות איז אויפֿגעקומען. אַזאַ מעשׂה־בראשית האָט זיך אויך פֿאַרלאָפֿן מיט גוטע טויזנט יאָר צוריק בײַ די טײַכן רײַן און מאָזל, אויף דעם שטח וואָס ייִדן האָבן גערופֿן *לותּיר* /loter/ (§§ 88־96) די וויכטיקסטע פּונקטן אין און אַרום לותּיר זײַנען געווען קעלן, מענץ, ווערמײַזע, שפּײַער, מעץ. אין די קהילות (און מסתּמא דאַרף מען נאָך מצרף זײַן רעגנסבורג; § 82.2) איז מיט העכער טויזנט יאָר צוריק בײַ אַ קליינעם קיבוץ ייִדן געבוירן געוואָרן די ייִדישע שפּראַך. ס'האָט זיך אָנגעהויבן אַ פּרינציפּיעל נײַער פּרק אין דער ייִדישער געשיכטע – די תּקופֿה פֿון ייִדיש.

וועלכע אַ ביסל פֿריִער און וועלכע אַ ביסל שפּעטער – נאָר אַ סך הײַנטיקע אייראָפּעיִשע שפּראַכן נעמען זיך אַרויסשיילן אַרום דעם יאָר 1,000. עפּעס אַן אַלגעמיינער שטויס אין דער געשיכטע פֿון אייראָפּע האָט געמוזט ברענגען צו דער גורלדיקער דיפֿערענצירונג וואָס האַלט אָן ביז הײַנט, און אוניווערסאַלע היסטאָריקערס וואָלטן געדאַרפֿט זײַן ביכולת אויסצומאָלן פֿאַר אונדז דעם דאָזיקן פּראָצעס. פֿאָרט איז אָבער איטלעכע שפּראַך אַ וויכטיקער פֿאָרשאָביעקט פֿאַר זיך, און וואָס ספּעציפֿישער זי איז אין איר סטרוקטור, אַלץ מער קען מען פֿון איר אָפּלערנען וועגן שפּראַך בכלל. ווידער זײַנען פֿאָרשערס פֿאַראינטערעסירט אין די באַדינגונגען, בײַ וועלכע אַ קיבוץ באַשאַפֿט און האַלט אָן אַ שפּראַך. אין דער צווייטער העלפֿט פֿון זעקסטן יאָרהונדערט האָבן זיך די גערמאַנישע לאַנגאָבאַרדן אַרײַנגעריסן אין צפֿון־איטאַליע און געשאַפֿן דאָרטן אַ שטאַרקע מלוכה, אָבער אין עטלעכע הונדערט יאָר אַרום האָבן זיי זיך אויסגעמישט מיט דער ראָמאַנישער מערהייט. די קעלטן אין גאַליע האָבן זיך אַפֿילו אין ערגעץ ניט געריירט, און פֿאָרט האָבן זיי איבערגענומען די שפּראַך פֿון זייערע אײַננעמערס, די רוימער: די מאָגערע קי פֿונעם מיעוט האָבן אײַנגעשלונגען די פֿעטע קי פֿון דער מערהייט, און דאָס האָט געבראַכט צום אויפֿקום פֿון נײַע ראָמאַנישע שפּראַכן, פֿראַנצייזיש און פּראָוואַנצאַליש. בײַ ייִדן איז געשען עפּעס ספּעציפֿישס. קומענדיק אויף שטחים, ווו מען האָט גערעדט וואַריאַנטן פֿון דײַטש, האָבן ייִדן

געשאַפֿן אַ נײַע שפּראַך. אין איר האָבן זיך אָפּגעראַטעוועט שטיקער לשון־קודש, אָפֿט מאָל היפּש אַדאַפּטירטע, און אויך עלעמענטן פֿון מיטגעבראַכטע ריידשפּראַכן. ס'האָבן זיך אין איר אײַנגעגלידערט טײלן פֿון דער שפּראַך פֿון דער קאָטעריטאָריאַלער באַפֿעלקערונג, אָבער דאָס רױוואַרג איז איבערגעפֿורעמט געוואָרן אַזוי, אַז ס'איז געוואָרן אייגנס. און ווען דער גרעסטער טייל ייִדיש־קיבוץ איז אַוועק ווײַטער אויף פֿיל הונדערטער מײַל האָט ער מיטגענומען די שפּראַך, אַנטוויקלט זי און זי שפּעטער אַפֿילו אַריבערגעטראָגן מעבֿר־לים. דווקא דאָס הײַפֿעלע צעזייטע און צעשפּרייטע איז ניט בטל געוואָרן בשישים, און אין משך פֿון העכער טויזנט יאָר בויט זיך אַ שפּראַך, וואָס זי מוז פֿאַררעכנט ווערן – טאַקע די שפּראַך גופֿא; ניט וועגן די ליטעראַרישע שאַפֿונגען אין איר רעדט זיך דאָ – צווישן די העכסטע שאַפֿונגען פֿון ייִדישער נאַציאָנאַלער גאונות.

ס'איז נאָך פֿריִער, אַזש אין די רוימישע צײַטן, געווען אַ ווײַזגעבונג פֿון ייִדן אויף דער טעריטאָריע וואָס זיי האָבן שפּעטער גערופֿן לותּיר. פֿון קעלן זײַנען פֿאַראַן דאָקומענטאַלע ראַיות אויף אַ ייִדישער קהילה אין דער ערשטער העלפֿט פֿערטער יאָרהונדערט, און ס'לייגן זיך אויפֿן שׂכל די השערות, אַז נאָך אין עטלעכע פּונקטן פֿון ריין־געגנט זײַנען אין די רוימישע צײַטן געזעסן ייִדן (§ 88.1). אָבער אויף וויפֿל עס לאָזט זיך מישפּטן האָט די שפּראַך פֿון אָט די ייִדן ניט געהאַט קיין שום חלק אין אויספֿורעמען ייִדיש, און דעריבער מוזן מיר, פֿון קוקווינקל פֿון ייִדיש, אָט דעם פֿריִיִקן אויפֿבליץ ייִדיש לעבן אין ריין־געגנט באַצייכענען ווי אַ פּרע־היסטאָרישן פֿענאָמען.

ערשט אין 801 רײַסט זיך איבער די לאַנגע נאַכט פֿון שווײַגן און עס שווימט אַרויס אין אַכן, קאַרל דעם גרויסנס קרוינשטאָט, דער נאָמען פֿון אַ ייִד יצחק, בבֿחינת אַ יצחק אָבֿינו פֿון אַשכּנז: ער איז געווען איינער פֿון קאַרלס שליחים צום כאַליף האַרון אַל־ראַשיד. פֿון יעמאָלט קען מען רעכענען אַ נײַע ייִדישע באַזעצונג אין געגנט פֿון מיטלסטן ריין, און די מסורה רײַסט זיך שוין ניט איבער. אין נײַנטן יאָרהונדערט, מעג מען זאָגן, נעמט וואַקסן אין לותּיר דער נײַער ייִדישער קיבוץ, אַשכּנז, הגם דער נ אָ מ ע ן אַשכּנז פֿאַר אָט דעם קיבוץ באַגעגנט מען אין די מקורים משמעות ניט פֿריִער איידער בײַ רשין.... [באַנד 1, ז. 3־4]

3. די שפּראַך פֿון דרך־השס

42. אָן דער באַזונדערקייט פֿון אַ קיבוץ איז ניטאָ קיין באַזונדער שפּראַך, און ממילא איז דאָס אויפֿקומען פֿון אַשכּנז געווען דער פֿאָרויסבאַדינג פֿאַרן אויפֿקום פֿון ייִדיש. קליינע גרופּעס אײַנוואַנדערערס ווערן דאָך בטל־בשישים נאָך אַ דור־צוויי אין דער מאַסע אַרומיקע באַפֿעלקערונג (§ 1), און דערמיט פֿאַרלירן זיי זייער אייגענע שפּראַך אויך. די אַשכּנזים זײַנען דאָך געווען סך־הכּל קליינע שפּרענקעלעך צעשאָטן איבער גרויסע שטחים פֿון דער ניט־ייִדישער וועלט. טאָ מיט וואָס, מוזן מיר פֿרעגן, איז אַשכּנז געוואָרן מער איידער "ייִדן אין דײַטשלאַנד"?

ביזן אַכצעטן יאָרהונדערט איז דאָס קיין פֿראַגע ניט געווען, ניט בײַ ייִדן גופֿא, און ניט בײַ די אַרומיקע: ייִדן זײַנען אַ קיבוץ פֿאַר זיך פֿון קדמונים אָן, זײַנען זיי אין די דײַטשע לענדער אויך שטענדיק אַ קיבוץ פֿאַר זיך, ניט נאָר אַ סומע יחידים. צום ערשטן האָבן זיך וועגן די היסטאָרישע סיבות פֿון ייִדישער פֿאַרזיכדיקייט פֿאַרטראַכט ייִדישע פּובליציסטן אין סוף אַכצעטן יאָרהונדערט. נאָך זיי זײַנען אין דער ערשטער העלפֿט נײַנצעטן יאָרהונדערט געקומען, מיט אָן אַ שיעור מער וואָג, היסטאָריקערס אין דער בחינה פֿון פּובליציסטן. צונץ,

דער גרעסטער צווישן די חכמי־ישׂראל, האָט נאָך געטרונקען פֿון די וואַסערן פֿון פֿראַנצייזישן ראַציאָנאַליזם, און שטאַרקע סימנים פֿון דער השפּעה זעען זיך נאָך בײַ דער שפּעטערדיקער דײַטש־געצענטערטער חכמת־ישׂראל אויך (§ 24.1). ווען די פּאָליטישע אויסשטראַלונגען פֿון דער פֿראַנצייזישער רעוואָלוציע האָבן מיגלעך געמאַכט פֿאַר ייִדן אין צענטראַל־אייראָפּע צו מאָנען עמאַנציפּאַציע, האָט דער צוואַנג צו ווײַנען אין ספּעציעל אויסגעטיילטע גאַסן זיך געמוזט וואַרפֿן אין די אויגן ווי דער שאַרפֿסטער סימן פֿון רעכטלאָזיקייט. האָבן די מאָנערס פֿון רעכט גענומען ניצן דאָס וואָרט ג ע ט אָ מיט יענער עמאָציאָנעלער באַפֿאַרבונג, וואָס מיר האָבן זי געהאַט ביז דער היטלער־תּקופֿה. זיי האָבן עס פֿאַרמולירט די טעאָריע וואָס מען הערט נאָך הײַנט: אַז אין מיטל־עלטער האָט מען ייִדן פֿאַרשלאָסן אין געטאָ און דורך דעם זיי אויסגעשלאָסן פֿון דער אַלגעמיינער געזעלשאַפֿט און איר אינטעלעקטועלער אַנטוויקלונג; אין אָט דער געצווונגענער איזאָלאַציע איז פֿאַרקרימט געוואָרן אי זייער שטייגער לעבן בכלל אי זייער שפּראַך בפֿרט.

גרעצעס קוק איז געווען (§ 39), אַז די אויסשליסונג האָט זיך אָנגעהויבן מיטן ערשטן קרייצפֿאָר, און היות ביזן סוף עלפֿטן יאָרהונדערט איז בײַ דײַטשן קיין גוואַלדאָוונע אינטעלעקטועלע אַנטוויקלונג ניט געווען, קומט אויס, אַז בעצם האָבן אַשכּנזישע ייִדן קיין מאָל ניט געהאַט קיין חלק אין דער דײַטשער קולטור פֿון מיטלעלטער. אַנדערע צווישן די חכמי־ישׂראל האָבן געהאַלטן, אַז גאָר אַ מאָל (ביזן דרײַצעטן יאָרהונדערט, און אפֿשר נאָך שפּעטער) זײַנען ייִדן אין די דײַטשע לענדער יאָ געווען מיטגלידער פֿון דער אַלגעמיינער געזעלשאַפֿט, האָבן זיי זיך געקליידט דײַטש, גערעדט דײַטש און אַפֿילו אַרויסגעגעבן אָנהייב דרײַצעטן יאָרהונדערט אַ מינעזינגער אויף דײַטש, זיסקינד פֿון טרימבערג; נאָר שפּעטער האָט מען זיי אַרײַנגעטריבן אין געטאָ און זיי איזאָלירט פּאָליטיש, עקאָנאָמיש און שפּראַכיק.

אין דער פּראָבלעם געטאָ האָט מען אויך פֿון אַ כּמו היסטאָרישן פֿאַרגלײַך געלערנט פּשט אויף דער נייטיקייט צו געבן ייִדן גלײַכע רעכט. זאָל נאָר אַ שײַן טאָן איבער אַ נײַס די זון פֿון טאָלעראַנץ, וועלן ייִדן ווידער אַ מאָל ווערן דײַטשן אין זייער קולטור און וועלן זיך אונטערשיידן פֿון זייערע מיטבירגערס מערניט אין רעליגיע.

מען קען אפֿשר קיין טענות ניט האָבן, אויב צוליב אַ לעגיטימען פּאָליטישן ציל ניצט עמעצער היסטאָרישע פֿיקציעס. אָבער ס'וואָלט געווען צו נאַיִוו, מיר זאָלן די פֿיקציעס פֿון אַ פֿאַרגאַנגענער צײַט אָננעמען פֿאַר גוט געלט פֿון היסטאָרישער רעאַליטעט.

אין דער מיטל־עלטערישער ליטעראַטור פֿון ייִדן הערט מען וועגן שחיטות, וועגן גירושים, גזירות און בילבולים, וועגן באַרײַסענישן אד"גל – גאָר אַדרבא, זאָל מען געפֿינען כאָטש איין ייִדישן מחבר פֿריִער פֿאַרן אַכצעטן יאָרהונדערט, וואָס זאָל זיך קלאָגן, אַז ייִדן זײַנען "אַרויסגעשטופּט געוואָרן פֿון דער געזעלשאַפֿט". ניטאָ אַזוינס און ס'קען ניט זײַן, וואָרעם ביז דעם פּעריאָד פֿון עמאַנציפּאַציע האָבן ייִדן ג ע ו ו אָ ל ט זײַן פֿאַר זיך. געצוווּנגענע ווינדיסטריקטן פֿאַר ייִדן האָבן זיך אָנגעהויבן אין דרײַצעטן יאָרהונדערט, נאָכן קלויסטערשן אַ"ג "לאַטעראַנער קאָנציל" פֿון 1215; אָבער נאָך פֿון עלפֿטן יאָרהונדערט זײַנען דערמאָנט באַזונדערע ייִדישע גאַסן אין ווערמײַזע, מענץ, קעלן, רעגנסבורג, שפּײַער אאַז"וו, און מען מעג זאָגן אויף זיכער, אַז ייִדן האָבן געוווינט באַזונדער פֿון זינט זייער באַזעצן זיך אין די שטעט פֿון לותיר.

דאָס ווײַנען באַזונדער (ווי משונהדיק דאָס זאָל ניט אויסקומען אין שײַן פֿון הײַנטיקע ייִדישע און אַלגעמיינע רעכט־השׂגות) איז געווען אַ טייל פֿון די פּריווילעגיעס וואָס מען האָט

ייִדן געגעבן אויף זייער אייגענעם פֿאַרלאַנג. ייִדן האָבן געוואָלט זײַן צווישן זיך צוליב קענען דאַוונען בציבור, צוליב לערנען בציבור, צוליב לאָדן זיך פֿאַרן אייגענעם בית־דין – שוין אָפגערעדט פֿון דער נייטיקייט צו האָבן אַ שחיטה־שטיבל און אַ מיקווה און צו קומען איבער הונדערט און צוואַנציק יאָר צו קבֿר־ישׂראל. דער דײַטש־ייִדישער אַרכיטעקט־היסטאָריקער פינטוס האָט אויסגעפֿאָרשט די טאָפּאָגראַפֿיע פֿון הונדערט מיטל־עלטערישע שטעט אין דײַטשלאַנד און אין די לענדער וואָס גרענעצן זיך מיט איר צו מיזרח און האָט אויפֿגעוויזן, אַז דאָרטן ווו ייִדן האָבן זיך באַוויזן פֿרי, בשעת די שטעט האָבן זיך נאָך געהאַלטן אין צעבויען, געפֿינען זיך די עלטסטע ייִדישע גאַסן אין צענטער שטאָט, לעבן הויפטקלויסטער און מאַרק, ד"ה גוט לאָקירט פֿון עקאָנאָמישן קוקווינקל. ייִדן זײַנען געווען שטאָטמענטשן, ייִדישער ערדבאַזיץ האָט געשפילט אַ קנאַפע ראָלע אַפֿילו ווען מען האָט אים נאָך דערלאָזן, און פֿאַר באַשעפֿטיקונגען אין שטאָט – ווײַטהאַנדל, גרויסער און קליינער סחורה־האַנדל אויפֿן אָרט, געלטהאַנדל – איז געווען וויכטיק צו זײַן וואָס נעענטער צום צענטער. דאָרטן ווו ייִדן זײַנען געקומען אין פֿאַרטיקע שטאָטישע ישובֿים אַרײַן האָט מען זיי שוין באַזעצט בײַ די מויערן אָדער אַפֿילו הינטער די מויערן. אַז מען זאָל זיך באַזעצן גרופעסווײַז – רעליגיעזע, עטנישע, סאָציאַלע גרופעס יעדערע פֿאַר זיך – איז געווען אַן אָנגענומענער גאַנג אין די שטעט פֿון מיטל־עלטער און נאָך אַ סך שפעטער, איז דעריבער דאָס צוזאַמענזײַן פֿון ייִדן געווען ניט מער ווי נאַטירלעך. פֿאַראַן אויך אויפֿגעוויזענע פֿאַלן, ווען ייִדן האָבן ג ע ב ע ט ן אַ מיגלעכקייט צו זיצן באַזונדער, ווײַל אויף דעם אופֿן האָבן זיי זיך גרינגער געקענט שיצן פֿון אָנפֿאַלן....

[מאַקס ווײַנרײַך, *די געשיכטע פֿון דער ייִדישער שפראַך* (ניו־יאָרק, ייִוואָ, 1973), באַנד 1, ז. 184־186]

אשכּנז [אַשקענאַז], דאָס — Ashkenazic Jewry
פֿאָרשאָביעקט, דער ־ן — research subject
צוגאַנג, דער ־ען — approach, attitude
טרעפֿן געטראָפֿן — happen, meet, encounter
גורלדיק [גוירעלדיק] — fateful
אַנטוויקלונג, די ־ען — development
פּיצעלע, דאָס ־עך — a tiny bit
שטח [שעטעך], דער ־ים [שטאָכים] — area, domain
חסידות [כסידעס], דאָס — Hasidism
מעשׂה־בראשית [מײַסע־ברײשעס], די מעשׂי־בראשית — *here*: beginning
פֿאַרלויפֿן זיך פֿאַרלאָפֿן — happen
פּונקט, דער ־ן — point
קעלן — Cologne
מענץ — Mainz
וווערמײַזע — Worms
שפּײַער — Speyer
מעץ — Metz

קהילה [קעהילע], די ־ות — Jewish community
מסתּמא [מיסטאָמע] — probably
מצרף [מעצאָרעף] זײַן — include
רעגנסבורג — Regensburg
קיבוץ [קיבעץ], דער ־ים [קיבוצים] — community
פּרק [פּײרעק], דער ־ים [פּראָקים] — chapter
תּקופֿה [טקופֿע], די ־ות — age, epoch, era
הײַנטיק — contemporary
אַרויסשיילן זיך אַרויסגעשיילט — emerge
אַלגעמיין — general
שטויס, דער ־ן — push, spur, stimulus
ביכולת [ביכוילעס] זײַן — be able, have in one’s power
אויסמאָלן אויסגעמאָלט — describe, portray, picture
פֿאָרט — nevertheless, yet, after all
פֿאַראינטערעסירן זיך פֿאַראינטערעסירט — be interested in
באַדינגונג, די ־ען — condition
באַשאַפֿן באַשאַפֿן — create

אָנהאַלטן אָנגעהאַלטן	maintain
לאַנגאָבאַרד, דער ־ן	Lombard
אַרײַנרײַסן זיך אַרײַנגעריסן	invade
מלוכה [מעלוכע], די ־ות	state
אויסמישן זיך אויסגעמישט	mix, blend, mingle
ראָמאַניש	Romance, Latinate
מערהייט, די ־ן	majority
קעלט, דער ־ן	Celt
גאַליע, די	Gaul
רירן זיך גערירט	(be on the) move, budge
איבערנעמען איבערגענומען	take over, assume
אײַננעמער, דער ־ס	conqueror
רוימער, דער –	Roman
מאָגער	skinny
מיעוט [מיִעט], דער ־ים [מיִוטים]	minority
אײַנשלינגען אײַנגעשלונגען	devour, swallow
קו, די קי	cow
אויפֿקום, דער	rise, origin
פּראָוואַנצאַליש	Provençal
אָפּראַטעווען זיך אָפּגעראַטעוועט	save, salvage
שטיק, דאָס/די ־ער	piece
היפּש	considerably, substantially
מיטברענגען מיטגעברענגט/מיטגעבראַכט	bring along
ריידשפּראַך, די ־ן	spoken language
אײַנגלידערן זיך אײַנגעגלידערט	incorporate
קאָטעריטאָריאַל	co-territorial
באַפֿעלקערונג, די ־ען	population, populace
רויוואַרג, דאָס	raw material
איבערפֿורעמען איבערגעפֿורעמט	recast, form anew
אייגנס , דאָס	one's own property/possession
מיטנעמען מיטגענומען	take along
אַריבערטראָגן אַריבערגעטראָגן	take/carry across
מעבֿר־לים [מײַווער־לעיאַם]	overseas, beyond the sea
דווקא [דאַפֿקע]	only, none other than
הײַפֿעלע, דאָס ־ך	bunch, cluster, clump
צעזייען צעזייט	scatter
צעשפּרייטן צעשפּרייט	spread, disperse
בטל [באָטל] ווערן	come to nothing
בטל־בשישים [באָטל־בעשישים]	'annulled among sixty' = disappeared in a crowd
אין משך [מעשעך] פֿון	during
פֿאַררעכענען פֿאַררעכנט	consider, rate, reckon
גופֿא [גופֿע]	proper, ___self
שאַפֿונג, די ־ען	creation
גאונות [גאוינעס], דאָס	brilliance, genius
ווײַזגעבונג, די ־ען	appearance
ראיה [רײַע], די ־ות	evidence
ס'לייגט זיך אויפֿן שׂכל	it is plausible
שׂכל [סייכל], דער	reason, sense, wit
השערה [האַשאָרע], די ־ות	assumption, conjecture
מישפּטן [מישפּעטן] געמישפּט	judge
חלק [כיילעק], דער ־ים [כאַלאָקים]	part, share, section
קוקווינקל, דער ־ען	point of view, perspective
אויפֿבליץ, דער ־ן	flash
איבעררײַסן זיך איבערגעריסן	interrupt
אַכן	Aachen/Aix-la-Chapelle
קאַרל דער גרויסער	Charlemagne
קרוינשטאָט, די שטעט	capital city
בבֿחינת [ביפֿכינעס]	in the sense/role of
שליח [שעליַעך], דער ־ים [שליכים]/שלוחים [שלוכים]	messenger, envoy
כאַליף, דער ־ן	caliph
יעמאָלט	then
באַזעצונג, די ־ען	settlement
מסורה [מעסוירע], די ־ות	tradition
מקור [מאָקער/מעקאָר], דער ־ים [מעקוירים]	source, origin
משמעות [מאַשמאָעס]	probably, presumably
רש״י [ראַשי]	Rashi = Rabbi Solomon b. Isaac
דרך־השס [דער(ע)כאַשאַס]	'way of the six orders [= Talmud]' = traditional religious lifestyle
באַזונדערקייט, די ־ען	particularity
ממילא [מימײלע]	as a matter of course
פֿאָרויסבאַדינג, דער ־ען	pre-condition
אײַנוואַנדערער, דע ־ס	immigrant
דור [דאָר], דער ־ות [דוירעס]	generation
אַרומיק	surrounding, neighboring
אשכּנזי [אַשקענאַזי], דער ־ם	Ashkenazic Jew
סך־הכּל [ס(אַ)כאַקל]	in sum, all told
שפּרענקעלע, דאָס ־ך	speck, bit
צעשיטן צעשאָטן/צעשיט	scatter
קדמונים [קאַדמוינים] ל״ר	primeval times, ancients
פֿון קדמונים [קאַדמוינים] אָן	from time immemorial
סומע, די ־ס	number, sum, amount
יחיד [יאָכעד], דער ־ים [יעכידים]	individual
צום ערשטן	first(ly)
סיבה [סיבע], די ־ות	cause, reason
פֿאַרזיכדיקייט, די ־ען	independence
פֿאַרטראַכטן פֿאַרטראַכט	conceive
פּובליציסט, דער ־ן	pamphleteer, journalist
אָן א שיעור [שיִער]	countless, limitless
וואָג, די ־ן	weight, gravity, scales
בחינה [פּכינע], די ־ות	category
חכמי־ישׂראל [כאַכמע־ייסראָעל] ל״ר	modern scholars

	of Judaism
סימן [סימען], דער ־ים [סימאָנים]	sign, mark, indication
השפעה [האשפּאָע], די ־ות	influence
דײַטש־געצענטערט	Germano-centric
חכמת־ישׂראל [כאָכמעס־ייסראָעל]	‘Wissenschaft des Judentums’
אויסשטראַלונג, די ־ען	radiation
מאָנען געמאָנט	demand one’s due
צוואַנג, דער	compulsion, constraint, coercion
אויסטיילן אויסגעטיילט	specify, distinguish, mark
רעכטלאָזיקייט, די ־ן	injustice, absence of rights
באַפֿאַרבונג, די ־ען	nuance, coloring, hue
פֿאַרשליסן פֿאַרשלאָסן	lock up/in
אויסשליסן אויסגעשלאָסן	exclude, bar
אַלגעמיין	general
געזעלשאַפֿט, די ־ן	society
אַנטוויקלונג, די ־ען	development
צווינגען געצוווּנגען	compel, coerce, force
פֿאַרקרימען פֿאַרקרימט	distort, deform
בפֿרט [ביפֿראַט]	in particular
קרייצפֿאָר, דער ־ן	crusade
היות [העיויס]	whereas, inasmuch as
גוואַלדאָוונע	significant, great
בעצם [בעעצעם]	basically, fundamentally
קליידן זיך געקליידט	clothe oneself
מינעזינגער, דער ־ס	courtly love poet
אַרײַנטרײַבן אַרײַנגעטריבן	drive/force into
כּמו [קמוי]	would-be, pseudo-, quasi-
פֿאַרגלײַך, דער ־ן	comparison
נייטיקייט, די ־ן	necessity
אונטערשיידן זיך אונטערגעשיידט	distinguish, differentiate
מיטבירגער, דער ־ס	fellow citizens
מערני[ש]ט	only
טענה [טײַנע], די ־ות	claim, complaint
ציל, דער ־ן	purpose, aim, goal
אָננעמען {אָנגענומען} פֿאַר גוט געלט	accept at face value
שחיטה [שכיטע], די ־ות	slaughter, massacre
גירוש [גייִרעש], דער ־ים [גערושים]	expulsion, banishment
גזירה [גזיירע], די ־ות	evil decree/edict
בילבול [בילבל], ־ים [בילבולים]	calumny, false accusation
באַרײַסעניש, דאָס ־ן	overcharging, fleecing
אד"גל = און דאָס/דעם גלײַכן	and the like
כאָטש	at least
מחבר [מעכאַבער], דער ־ים [מעכאַברים]	author, riter
קלאָגן זיך געקלאָגט	complain
אַרויסשטופּן אַרויסגעשטופּט	oust, displace, push out
וווינדיסטריקט, דער ־ן	residential district/area
קלויסטעריש	ecclesiastical, church
א"ג = אַזוי גערופֿן	so-called
דערמאָנען דערמאָנט	cite, mention
אאַז"וו = און אַזוי ווײַטער	and so forth, etc.
פֿון זינט	since
משונהדיק [מעשונעדיק]	strange, weird
אויסקומען * אויסגעקומען	seem, appear
השגה [האַסאָגע], די ־ות	idea, conception
פֿאַרלאַנג, דער ־ען	request, desire, wish
בציבור [בעציבער]	collective(ly)
בית־דין [בעז(ד)ן], דאָס ־ס	rabbinical court
אָפּגערעדט פֿון	not to mention
קבֿר־ישׂראל [קייווער־ייסראָעל], דער	burial in a Jewish cemetery
אויספֿאָרשן אויסגעפֿאָרשט	research
גרענעצן זיך געגרענעצט	border
אויפֿווײַזן אויפֿגעוויזן	demonstrate, prove
באַווײַזן זיך באַוויזן	appear
בשעת [בעשאַס]	while
צעבויען צעבויט	be built, expand
ד"ה = דאָס הייסט	that is
ערדבאַזיץ, דער	land ownership
קנאַפּ	slight, small, insignificant
דערלאָזן דערלאָזן/דערלאָזט	allow, permit
באַשעפֿטיקונג, די ־ען	employment, occupation
ווײַטהאַנדל, דער	long-distance trade
סחורה־האַנדל [סכוירע־], דער	commodity trade
געלטהאַנדל, דער	currency/money trade
פֿאַרטיק	*here*: existing
ייִשובֿ [יישעוו], דער ־ים [יישוּווים]	Jewish settlement, colony
מויער, דער ־ן	exterior/city wall
גרופּעסווײַז	defined by group affiliation
אָנגענומען	customary, conventional
גאַנג, דער גענג	course, method, manner
אופֿן [אויפֿן], דער ־ים [אויפֿאַנים]	way, manner
אָנפֿאַל, דער ־ן	attack

26

הערמאַן קרוק (1944־1896) [1]

הערמאַן קרוק איז געבוירן געוואָרן אין פּלאָצק, פּוילן. שוין ייִנגלווײַז איז ער געוואָרן אַ מיטגליד פֿון אַ סאָציאַליסטישער גרופּע און שפּעטער פֿון דער קאָמוניסטישער פּאַרטיי, הגם ער איז באַלד געוואָרן זייער ניט צופֿרידן מיט איר פּאָליטיק וועגן ייִדן. אין די 20ער יאָרן האָט ער געאַרבעט אין דער בונדישער יוגנט־באַוועגונג, "צוקונפֿט". אין וואַרשע איז ער געוואָרן אַ פֿירער פֿונעם בונד אין פּוילן. אין סעפּטעמבער 1939, ווען די דײַטשן זײַנען אַרײַן אין פּוילן, איז ער אַנטלאָפֿן קיין ווילנע, וואָס איז דעמאָלט ווידער געוואָרן אַ טייל פֿון ליטע. באַלד האָט דער ראַטן־פֿאַרבאַנד אַנעקסירט ליטע. דורכן בונד האָט קרוק באַקומען אַ וויזע צו פֿאָרן קיין אַמעריקע, אָבער די סאָוועטן האָבן אים ניט געלאָזן פֿאָרן. ווען די דײַטשע זײַנען באַפֿאַלן דעם ראַטן־פֿאַרבאַנד, איז קרוק געבליבן אין ווילנע. ער האָט באַשלאָסן צו דאָקומענטירן אין אַ טאָגבוך דאָס לעבן און טויט אין ווילנער געטאָ. טייל פֿונעם טאָגבוך איז פֿאַרלוירן געגאַנגען. די ערשטע דערהאַלטענע פֿאַרשרײַבונג אין בוך איז פֿונעם 23סטן יוני 1941 און די לעצטע ווילנער פֿאַרשרײַבונג איז פֿונעם 14טן יולי 1943, עטלעכע וואָכן פֿאַר דער ליקווידירונג פֿון געטאָ. אין געטאָ האָט ער אויסגעקלאַפּט דאָס טאָגבוך אויף אַ שרײַבמאַשין, מיט דרײַ קאָפּיעס, וואָס מען האָט באַהאַלטן אין דרײַ פֿאַרשיידענע ערטער. נאָך דער מלחמה האָט דער פּאָעט אַבֿרהם סוצקעווער געפֿונען איין עקזעמפּלאַר און אים אָפּגעשיקט דעם ייִוואָ אין ניו־יאָרק. דאָס בוך האָט מען אַרויסגעגעבן אין 1961 אויף ייִדיש און אין 2002 אין אַן ענגלישער איבערזעצונג. קרוק באַשרײַבט זייער פּינקטלעך די געשעענישן פֿון דער צײַט, ווי די ייִדן אין געטאָ האָבן געלעבט און ווי זיי זײַנען געשטאָרבן. ער אַליין האָט אָרגאַניזירט די ביבליאָטעק פֿון געטאָ. צוזאַמען מיט אַנדערע ייִדן האָט ער אויך געשמוגלט וויכטיקע ביכער און דאָקומענטן פֿון דער ייִוואָ־ביבליאָטעק אין געטאָ אַרײַן, כּדי מען זאָל זיי ניט אַוועקפֿירן קיין דײַטשלאַנד. בײַ דער ליקווידירונג פֿון געטאָ האָט מען קרוקן מיט אַנדערע נאָך לעבן־געבליבענע ייִדן דעפּאָרטירט קיין עסטלאַנד, אין לאַגער קלאָגע. דאָרטן האָט קרוק ווײַטער געפֿירט זײַן טאָגבוך. אַ טייל פֿון די בלעטער האָט מען שפּעטער געבראַכט קיין ישׂראל. די לעצטע פֿאַרשרײַבונג איז פֿונעם 17טן סעפּטעמבער 1944; דעם טאָג דערנאָכדעם האָבן די נאַציס קרוקן דערהרגעט.

ייִנגלווײַז — as a boy

ענין [איניען], דער/דאָס ־ים [איניאָנים] — matter, affair,

	case
בונדיש	associated with the Bund
באַוועגונג, די ־ען	movement
אַנטלויפֿן * אַנטלאָפֿן	flee, escape
ראַטן־פֿאַרבאַנד, דער ־ן	Soviet Union
אַנעקסירן אַנעקסירט	annex
באַפֿאַלן * באַפֿאַלן	attack
באַשליסן זיך באַשלאָסן	decide
טאָגבוך, דאָס טאָגביכער	diary
דערהאַלטן דערהאַלטן	preserve
פֿאַרשרײַבונג, די ־ען	entry
אויסקלאַפּן אויסגעקלאַפּט	type
באַהאַלטן באַהאַלטן	hide, conceal
אָרט, דאָס ערטער	space, place
עקזעמפּלאַר, דער ־ן	copy
פּינטלעך	specifically, in detail
געשעעניש, דאָס ־ן	event
לעבן־געבליבענער, דער ־געבליבענע	survivor
עסטלאַנד, דאָס	Estonia
דערהרגענען [דערהאַרגענען] דערהרגעט	kill

טאָגבוך פֿון ווילנער געטאָ [3]

... ניט געווען קיין כּוח ווידער אַ מאָל צו נעמען דעם וואַנדער־שטעקן אין האַנט און לאָזן זיך אין וועג אַרײַן צו פֿוס. איך בלײַב מיט מײַן שוואָגער. אויסגעטאָן די שווערע שיך, אויסגעפּאַקט דעם רוקזאַק – איך בלײַב! ...

איך נעם זיך שרײַבן

אַזוי וואַקלענדיק, וואַרפֿנדיק זיך ווי א פֿיש אין וואַסער, לויפֿנדיק פֿון זיך צו פּאַטין [*פּאַטי קרעמער, פֿרוי פֿון אַרקאַדי קרעמער, ביידע מיטגלידער פֿון בונד*] און פֿון איר צוריק צו אנדערע, באַשליס איך ענדגילטיק: איך פֿאַרלאָז זיך אויף גאָטס באַראָט. איך פֿאַרבלײַב. און טאַקע באַלד באַשליס איך ענדגילטיק: אויב שוין יאָ פֿאַרבלײַבן און אויב שוין יאָ זײַן אַ קרבן פֿון פֿאַשיזם: איך נעם זיך פֿאַר דער פֿעדער און וועל שרײַבן אַ פּינקס פֿון אַ שטאָט. קלאָר, ווילנע קאָן אויך פֿאַרכאַפּט ווערן. די דײַטשן וועלן נעמען פֿאַשיזירן די שטאָט. ייִדן וועלן אַרײַן אין געטאָ – דאָס אַלץ וועל איך פֿאַרשרײַבן. מײַן פּינקס דאַרף זען, דאַרף הערן און דאַרף ווערן דער שפּיגל און דאָס געוויסן פֿון דער גרויסער קאַטאַסטראָפֿע און פֿון דער שווערער צײַט.

איך באַשליס צו שרײַבן אַ פּינקס פֿון די ווילנער געשעענישן.

די נאַכט פֿון 23סטן אויפֿן 24סטן יוני [1941]

דו גאַנצע נאַכט האָבן איבער אונדזערע קעפּ געקנאַקט באָמבעס און געדרויסט עראָפּלאַנען. די שויבן זענען געפֿלויגן און איך מיט מײַנע מיטשלעפֿער, אָפּגעמאַטערט און דענערווירט פֿון דעם פֿאַרגאַנגענעם טאָג, ליגן אין די בעטן, ווי נישט אונדז וואָלט מען מיינען. ערשט 6 פֿאַר טאָג האָבן מיר אויף זיך געכאַפּט די מלבושים און אַראָפּ אין קאָרידאָר. דאָ האָבן זיך בלייכע און איבערגעשראָקענע געזאַמלט די שכנים. אַן עלטערער ייִד טוליעט זיך צו זײַן פֿרוי און וויינט פֿאַר שרעק. אַ קריסטלעכע דאָקטאָרשע טוליעט צו זיך 2 טעכטערלעך. די שויבן פֿליִען און דער רויש פֿאַררוישט אונדז אַלעמען.

24סטער יוני [1941]

דער דראַמאַטישער טאָג

די נאַכט איז נאָך מער ווי די פֿריִערדיקע געווען פֿול מיט עראָפּלאַנען. דאָס מאָל האָבן מיר זיך שוין נישט אויסגעטאָן און אַלע פֿאַר מינוט זיך געלאָזן אין קאָרידאָר וואָס האָט אונדז געדאַרפֿט דינען ווי אַ "סכראָן" [*פּויליש: שוצקעלער קעגן לופֿטאָנגריפֿן*]. יעדער פֿײַף פֿון די באָמבעס וואָס רײַסן איבער אונדזערע קעפּ צעטומלט און צעשטויבט די געדאַנקען. ערשט אַרום 6 אין דער פֿרי איז אַלץ פֿאַרשוויגן.

דער טאָג איז פֿול מיט דראַמאַטישע געשעענישן. איך אַליין קאָן בײַ זיך נישט פּועלן, אַז איך פֿאַרבלײַב דאָ און דאַרף וואַרטן אויף די דײַטשן: איך פֿיל אַז דאָס לויפֿן איז אַן אומזיסטע אָנשטרענגונג, אַן אָנשטרענגונג אויף נישט צו קענען דערפֿירן ביזן סוף.

די דײַטשע שטופּן זיך מיט אַ גרויזאַמען כּוח און טרײַבן מיט אַן אומגעהײַערער שנעלקייט. די באָלשעוויקעס לויפֿן נישט־באַהערשט. איינצלנע לויפֿן נאָך. די שטאָט איז שוין אָן יעדער מאַכט. עס מאַרשירן נאָך קאָלאָנעס מיט גרוזאָוויקעס [*גרופּעס פֿון דער רויטער אַרמיי, פֿוסגייערס און אויף לאַסטאויטאָס*], עס אײַלט נאָך איינצלנע מיליטער־גרופּן. די שטאָט אָבער איז שוין אָפּגעריייניקט פֿון יעדער מאַכט.

איך קלײַב ידיעות

חבֿר ד"ר [שלמה] הערשנהאָרן, דער לובלינער בונדישער ראַטמאַן, דער דעמאָביליזירטער פּוילישער קאַפּיטאַן און פּליט, וואָס האָט צוזאַמען מיט מיר געוואָלט לויפֿן קיין אַמעריקע – ער איז אַנטלאָפֿן.

יאַנעק דאָמבראָווסקי, דער פּוילישער שרײַבער, דער אויטאָר פֿון אַ ריי בעלעטריסטישע ווערק, מיטאַרבעטער פֿון אַמאָליקן ראָבאָטניק, *טידזשען ראָבאָטניקאַ*, *וואָלנאַ מישל*, א"אַנד – אויך ער איז אַנטלאָפֿן. זײַן געוועזענע פֿרוי, ערנאַ [*אסתּר לישטשינסקי*], וויינט, ער האָט זיך בײַ איר געבעטן, געוואָלט מיטנעמען, אָבער זי האָט זיך נישט געוואָלט ווײַטער לאָזן מיט אים אין וועג אַרײַן. ער איז אַלזאָ אַוועק.

50 רובל

דער פּעפּעסאָוועץ ד"ר אַנטאָני פּאַנסקי, מײַן גורל־חבֿר, ווען מען האָט פּונקט ווי מיך און צוליב די זעלבע טעמים נישט געוואָלט אַרויסלאָזן אויף צו פֿאָרן קיין אַמעריקע, האָט זיך צו מיר דערשלאָגן און שטעקט מיר אין האַנט אַרײַן 50 רובל. ער האָט באַקומען אַ ביסל געלט. און פּונקט ווי איך פֿלעג זיך טיילן מיט אים, וויל ער איצט זיך טיילן מיט מיר און שטופּט זיי מיר אין האַנט אַרײַן.

שפּעט אין אָוונט

ווערטער פֿון האַרץ

מײַן פּײַן האָט קיין ווערטער נישט. דער הײַנטיקער טאָג האָט פֿון מיר געמאַכט אַ זקן. ניין, נישט קיין זקן, איך וויל זײַן יונג, שטאַרק און דויערהאַפֿט.

איבערהאַלטן, איך וויל און וועל עס איבערהאַלטן!

אַלץ איז טאָקע פֿאַרשפּילט. אָט אַזוי טראַכט איך ווען איך נעם זיך פֿאַר מײַן אויסגעקויפֿטן בילעט פֿון "אינטוריסט" אויף דער שטרעקע קאָוונע־װלאַדיװאָסטאָק. אויס רײַזע קיין אַמעריקע. װעגן דעם האָבן זיך שוין פֿאַר מיר באַמיט די באָלשעװיקעס. זיי האָבן געהאַט פֿאַר מיר נאָר איין עצה: אָדער פֿאָרן אין פּױלישן לעגיאָן אין קאַנאַדע און פֿון דאָרט זיי אינפֿאָרמירן ... אָדער שלעפּן זיך איבער 6 חדשים ביז ... ביז איך בין צווישן די וואָס האָבן נישט אויסגעמיטן געשטעלט צו ווערן פֿאַרן פּרוּוו פֿון די דײַטשע הונען.

אויב עס וועט נישט געשען קיין נס איז טאָקע אַלץ פֿאַרשפּילט. דאָס וואָס עס געשעט אַרום אונדז זאָגט דערפֿאַר, דאָס קודם־כּל זענען מיר געפֿאַנגענע אין דער האַנט פֿון דײַטשלאַנד. עס קומט אויף מיר אַ נײַע, אפֿשר די שווערסטע ערע אין מײַן לעבן.

איך גיב זיך איבער דעם גורל אין די הענט און נעם אויף זיך די געלע לאַטע, ווי קריסטוס די דערנער. אָט אַזוי, אָט־אָ וועל איך זיך לאָזן מיט די ... [*עס פֿעלן דאָ דרײַ זײַטן פֿון טאָגבוך*]

...

4טער יולי [1941]

ווי אַזוי עס איז געשאַפֿן געוואָרן אַ יידן־פֿאָרשטייערשאַפֿט אין ווילנע

דעם 4טן יולי 1941 איז אויף דער יידישער גאַס, פֿאַרן שולהויף, פֿאַרפֿאָרן אַן אויטאָ פֿון וועלכן עס זענען אַרויס 2 דײַטשן מיט ביקסן אויף די פּלייצעס. זיי זענען אַרײַן אויפֿן הויף און זיך נאָכגעפֿרעגט אויפֿן ווילנער ראַבינער. מען האָט צו זיי אַראָפּגעבראַכט דעם שטאָט־שמש, חיים־מאיר גאָרדאָן, אַ גרויסער, הויכער ייד מיט אַ גרויסער ווײַסער באָרד.

אויף דער פֿראַגע צי ער איז דאָס דער ווילנער רבֿ, האָט גאָרדאָן געענטפֿערט ניין. ער האָט דערבײַ אויפֿגעקלערט, אַז דער ערשטער רבֿ, [יצחק] רובינשטיין, איז אין אַמעריקע און דער צווייטער רבֿ, חיים עוזר גראָדזענסקי, איז געשטאָרבן.

די דײַטשן האָבן נישט געקאָנט פֿאַרשטיין ווי אַזוי ווילנע איז אָן אַ רבֿ און אים באַפֿוילן: אויב אַזוי ביסטו דער רבֿ – און ווײַטער געמאָלדן:

– מיר באַפֿעלן דיר, אַז הײַנט דאַרפֿסטו צונויפֿשטעלן אַ יידן־פֿאָרשטייערשאַפֿט, מיט וועלכער דו דאַרפֿסט זיך אונדז מאָרגן פֿאָרשטעלן.

דער שמש גאָרדאָן איז אַוועק צום אַמאָליקן סעקרעטאַר פֿון דער קהילה הער ישׂראל ווערבלינסקי. דער לעצטער רופֿט אַ באַראַטונג פֿון אייניקע פּערזאָן, ווו עס ווערט באַשלאָסן אין אָוונט צו רופֿן אַ גרעסערע באַראַטונג. אין צווישנצײַט זענען 3 פּערזאָן, הרבֿ [שמואל] פֿריד, ד"ר [גרשון] גערשוני און גאָרדאָן אַוועק צום קרײַזשעף הער קאַלענדראַ, ער זאָל זיי פֿאַרבינדן מיט די פֿאָרשטייער פֿון דער דײַטשער מאַכט וועגן די ענינים פֿון שאַפֿן אַ יידנראַט. דער לעצטער ענטפֿערט, אַז די דײַטשע מאַכטאָרגאַנען ווילן נישט האָבן קיין שום באַציִונגען מיט יידן. אַלץ מוז דערלײדיקט ווערן דורך אים. דערבײַ מעלדט ער אַז דער יידנראַט פֿון 10 פּערזאָן מוז געשאַפֿן ווערן אין פֿאַרלויף פֿון 24 שעה.

דעם זעלבן טאָג אין אָוונט איז צו שטאַנד געקומען די באַראַטונג אין וועלכער עס האָבן אָנטייל גענומען 57 פּערזאָן, דערין פֿאָרשטייער פֿון ציוניסטן, לינק געשטימטע אינטעליגענץ, האַנטווערקער, אַמאָליקע סוחרים, ליטעראַטן, לערער א"אַ.

[ד"ר יעקבֿ] וויגאָדסקי איז דאָן בכּיוון נישט איינגעלאַדן געוואָרן דערפֿאַר, ווײַל ער איז געווען דער פֿאָרזיצער פֿון ווילנער אַנטי־היטלער־קאָמיטעט און עס איז געווען אַ מורא צו פֿאָרסירן זײַן פּערזאָן.

דעם פֿאָרזיץ פֿון דער באַראַטונג פֿירט ד"ר גערשוני. אין זײַן דערעפֿענונג־רעדע זאָגט ער: מיר האָבן געמיינט אַז ירושלים דליטא וועט אויסמײַדן גזרות ווײַל דאָ אין ווילנע איז דאָס אָרט פֿון גר־צדק און ווילנער גאָון. דאָס איז אָבער נישט געשען. מיר מוזן שאַפֿן אַ יודנראַט. הגם מיר ווייסן, אַז דאָס דאָזיקע איז אויסגעשטעלט אויף סכּנה, מוזן מיר דאָס פֿון דעסט וועגן טאָן.

וואָלט איך געווען יינגער וואָלט איך דאָרט אַליין געגאַנגען. איך בין דריבער גוזר, אַז די וואָס וועלן דאָ אויסגעוויילט ווערן מוזן גיין דערויף. דער שטעלט זיך אַליין אויך צו דינסט.

בײַ די אָט־אָ ווערטער האָט זיך דער רעדנער פֿונאַנדערגעוויינט און מיט אים דער גרעסטער טייל אָנטייל־נעמער. בעת די וואַלן איז פֿון דעסט וועגן נישט געווען קיין סך בעלנים. נאָך אַ הפֿסקה איז באַשלאָסן געוואָרן – ווער עס וועט אויסגעקליבן ווערן מוז זיך אָפּערן און גיין אויף קידוש השם.

עס זענען אַזוי אַרום אויסגעוויילט געוואָרן:
1. הרבֿ יוסף שוב (פֿון די רעליגיעזע יידן).
2. אליעזר קרוק (האַנטווערקער).
3. אַבֿרהם זײַדשנור (סוחרים).
4. אַדוו' פּנחס קאָן (ליטעראַטן און אַרבעטנדיקע אינטעליגענץ).
5. סאַול טראָצקי (אינדוסטריעלער).
6. אינזש' אַנאַטאָל פֿריד (אַרבעטנדיקע אינטעליגענץ).
7. פֿרוי ד"ר [ראָזע] שאַבאַד־גאַווראָנסקאַ (דאָקטוירים).
8. ד"ר [אליהו] סעדליס.
9. ישׂראל ווערבלינסקי.
10. יוסף שאַבאַד.

נישט געקוקט אויף אַלעם האָבן זיך פֿון דעסט וועגן אָפּגעזאָגט פֿון זייער אַמט זייער אַ סך, צווישן זיי ד"ר סעדליס און יוסף שאַליט. דער לעצטער מאָטיווירט זײַן אָפּזאָג דערמיט וואָס ער דאַרף אַזאַ אַמט נישט אָננעמען, ווײַל ער האָט געשריבן אַנטי־היטלעריסטישע אַרטיקלען. עס רעדט דער אינזש' אַנאַטאָל פֿריד און צום סוף ציִען זיך אַ סך צוריק. עס געלינגט אַזוי אַרום צונויפֿצושטעלן אַ קאָמיטעט וואָס קאָנסטיטויִרט זיך אויף פֿאָלגנדן אופֿן:

פֿאָרזיצער – אינזש' סאַול טראָצקי.
וויצעפֿאָרזיצער – אינזש' אַנאַטאָל פֿריד.
סעקרעטאַר – אַבֿרהם זײַדשנור.

אויף צו מאָרגנס, שבת דעם 5טן יולי, 12 פֿרי, האָט דער ליטווישער באַפֿולמעכטיקטער פֿאַר יידישע ענינים קאַלענדראַ (מאַגדאַלענאַ 2) דורך דעם סעקרעטאַר טשובערקיס אויפֿגענומען דעם יידנראַט.

[הערמאַן קרוק, *טאָגבוך פֿון ווילנער געטאָ* (ניו־יאָרק: ייוואָ, 1961), ז. 3־12]

וואַנדער־שטעקן, דער ־ס	hiker's walking stick
שוואָגער, דער ־ס	brother-in-law
אויסטאָן אויסגעטאָן	take off
אויספּאַקן אויסגעפּאַקט	unpack
רוקזאַק, דער רוקזעק	knapsack
נעמען זיך גענומען	get down to, proceed to
וואַקלען זיך געוואַקלט	wobble
וואַרפֿן זיך געוואָרפֿן	wriggle
באַשליסן באַשלאָסן	decide
ענדגילטיק	finally
באַראָט, דער	care
קרבן [קאָרבם], דער ־ות [קאָרבאָנעס]	victim
פּינקס [פּינקעס], דער ־ים [פּינקייסים]	book of records
פֿאַרכאַפּן פֿאַרכאַפּט	capture
שפּיגל, דער ־ען	mirror
געוויסן, דאָס ־ס	conscience
געשעעניש, דאָס ־ן	event
קנאַקן געקנאַקט	snap, explode
רוישן גערוישט	roar, rush
עראָפּלאַן, דער ־ען	airplane
מיטשלעפֿער, דער –	'roommate'
אָפּמאַטערן אָפּגעמאַטערט	exhaust
דענערווירן דענערווירט	be a nervous wreck
פֿאַרגאַנגען	previous
מלבוש [מאַלבעש], דער ־ים [מאַלבושים]	garment
בלייך	pale
איבערשרעקן איבערגעשראָקן	terrify
זאַמלען זיך געזאַמלט	gather, collect
שכן [שאָכן], דער ־ים [שכיינים]	neighbor
טוליען זיך געטוליעט	cling, clasp, huddle
שויב, די ־ן	pane, glass
אויסטאָן זיך אויסגעטאָן	undress
שוצקעלער, דער ־ס/־ן	bomb shelter
לופֿטאָנגריף = לופֿטאָנגריף, דער ־ן	air raid
רייסן געריסן	explode
צעטומלען צעטומלט	confuse

צעשטויבן צעשטויבט	pulverize, disperse
געדאַנק, דער ־ען	thought, idea
פֿאַרשוויגן	quiet
פּועלן {[פּויעלן] געפּועלט} ביי זיך	persuade myself
אומזיסט	in vain
אָנשטרענגונג, די ־ען	effort, strain, exertion
דערפֿירן דערפֿירט	hold out to/last to
שטופּן זיך געשטופּט	crowd, jostle, scramble
גרויזאַם	brutal, gruesome
אומגעהייער	enormous
שנעלקייט, די ־ען	speed
ניט־באַהערשט	out of control
מאַכט, די ־ן	power
מאַרשירן מאַרשירט	march
קאָלאָנע, די ־ס	column
אָפּרייניקן אָפּגערייניקט	sweep, empty
ידיעה [יעדיִע], די ־ות	news, information
ראַטמאַן, דער ראַטמענער	councilman
דעמאָביליזירן דעמאָביליזירט	discharge, demobilize
פּליט [פּאָלעט], דער פּליטים [פּלייטים]	refugee
אַנטלויפֿן * אַנטלאָפֿן	flee, escape
ריי, די ־ען	series, succession
מיטאַרבעטער, דער ־ס	contributor,associate,fellow worker
אַמאָליק	previous
א"אַנד = און אַנדערע	and others
אַלזאָ	therefore, consequently
פּעפּעסאָוועץ, דער ־י/־ן	Polish Socialist Party member [PPS]
גורל־חבֿר [גוירל־כאַווער], דער ־ים [גוירל־כאַוויירים]	comrade in destiny
טעם [טאַם], דער ־ים [טיימים]	reason, motive
דערשלאָגן דערשלאָגן	fight one's way through
אַריינשטעקן אַריינגעשטעקט	put into
אַריינשטופּן אַריינגעשטופּט	poke into
פּיין, די ־ען	anguish
זקן [זאָקן], דער ־ים [סקיינים]	old man

דויערהאַפֿט	tough, durable
איבערהאַלטן איבערגעהאַלטן	survive, weather
פֿאַרשפּילן פֿאַרשפּילט	lose, forfeit
אינטוריסט	'Intourist' – Soviet state travel agency
שטרעקע, די ־ס	route, stretch
באַמיִען זיך באַמיט	trouble oneself, make an effort
עצה [אייצע], די ־ות [אייצעס]	(piece of) advice
אויסמײַדן אויסגעמיטן	avoid
פּרוּוו, דער ־ן	test, trial
הון, דער ־ען	Hun
נס [נעס], דער ־ים [ניסים]	miracle
קודם־כּל [קוידעמקאָל]	first of all
לאַטע, די ־ס	patch
געלע לאַטע	the Nazi-imposed yellow [star] patch identifying Jews
דאָרן, דער דערנער	thorn
פֿאָרשטייערשאַפֿט, די ־ען	executive committee
פֿאַרפֿאָרן * פֿאַרפֿאָרן	drive in, turn in
ביקס, די ־ן	gun, rifle
פּלייצע, די ־ס	shoulder
נאָכפֿרעגן זיך נאָכגעפֿרעגט	inquire
ראַבינער, דער ־ס	rabbi [*Ger.*]
שמש [שאַמעס], דער ־ים	beadle, assistant to the rabbi
אויפֿקלערן אויפֿגעקלערט	clarify
באַפֿעלן באַפֿוילן	order, command
מעלדן געמאָלדן	announce
פֿאָרשטעלן זיך פֿאָרגעשטעלט	present oneself
קהילה [קעהילע], די ־ות	Jewish community
באַראַטונג, די ־ען	meeting
צווישנצײַט, די	meantime
קרײַזשעף, דער ־ן	district head
פֿאַרבינדן פֿאַרבונדן	link, connect, bind, tie
פֿאָרשטייער, דער –	leader
ענין [איניען], דער ־ים [איניאָנים]	matter
יידנראַט, דער ־ן	Jewish council [*Judenrat*]
באַציִונג, די ־ען	relation, association
דערלײדיקן דערלײדיקט	take care of
שאַפֿן געשאַפֿן	create
פֿאַרלויף, דער	course
צו שטאַנד קומען {* געקומען}	materialize, come about
אָנטיילנעמען אָנטיילגענומען	participate
געשטימט	disposed, identified
סוחר [סויכער], דער ־ים [סאָכרים]	merchant
בכּיוון [בעקיוון]	deliberately
אײַנלאַדן אײַנגעלאַדן	invite
מורא [מוירע], די ־ס	fear
פֿאָרסירן פֿאָרסירט	force [an issue]
פֿאָרזיץ, דער	chair [of a committee/club]
דערעפֿענונג, די ־ען	opening
גזירה [גזיירע], די ־ות	discriminatory decree/edict
הגם [האַגאַם]	although
אויסגעשטעלט אויף	subject to
סכּנה [סאַקאָנע], די ־ות	danger
דעריבער	moreover; thus
גוזר [גויזער] זײַן	command, order, decree
אויסוויילן אויסגעוויילט	elect, choose
צו דינסט	at their service
פֿונאַנדערוויינען פֿונאַדערגעוויינט	break into tears
בעלן [באַלן], דער ־ים [באַלאָנים]	volunteer
הפֿסקה [האַפֿסאָקע], די ־ות	pause, recess
אויסקלײַבן אויסגעקליבן	choose
אָפּֿערן = אָפּפֿערן געאָפּפֿערט	sacrifice
קידוש השם [קידעשאַשעם], דער	martyrdom for being a Jew
אַדוו' = אַדוואָקאַט, דער ־ן	attorney
אינזש' = אינזשעני[ע]ר, דער ־ן	engineer
אָפּזאָגן אָפּגעזאָגט	refuse, decline
אַמט, דער ־ן	office
צוריקציִען זיך צוריקגעצויגן	withdraw
געלינגען * געלונגען	succeed
צונויפֿשטוקעווען צונויפֿגעשטוקעוועט	piece together
באַפֿולמעכטיקטער, דער –	plenipotentiary
אויפֿנעמען אויפֿגענומען	receive, accept

יאַשאַ חפֿץ [הײַפֿעץ] (1987-1901) [1]

יאַשאַ חפֿץ איז געבוירן געוואָרן אין ווילנע (Maironio g. 27), ווו ער האָט אָנגעהויבן לערנען שפּילן פֿידל צו דרײַ יאָר בײַם טאַטן, און צו פֿיר יאָר אין דער ווילנער מוזיק־אַקאַדעמיע. מיט צוויי יאָר שפּעטער האָט ער געגעבן קאָנצערטן אין ווילנע און קאָוונע און דערנאָכדעם האָט ער געשפּילט פֿאַר אַן עולם מענדלסאָנס קאָנצערט פֿאַר פֿידל. אין 1911 האָט ער שוין שטודירט אין דער פּעטערבורגער אַקאַדעמיע בײַ ל. אַוער און באַלד אָנגעהויבן שפּילן אויך אין מערבֿ־אייראָפּע, צווישן אַנדערע מיטן בערלינער פֿילהאַרמאָנישן אָרקעסטער. ווען ער האָט געהערט, ווי דער יונגער חפֿץ שפּילט, האָט דער באַוווסטער פֿידלער פֿ. קרײַסלער געזאָגט, אַז ער וואָלט געוואָלט צעברעכן דעם אייגענעם פֿידל. צום אָנהייב פֿון דער רוסישער רעוואָלוציע איז חפֿץ מיט דער משפּחה אַנטלאָפֿן איבער סיביר און יאַפּאַן אין די פֿאַראייניקטע שטאַטן. שפּעטער האָט ער זיך באַזעצט אין בעווערלי־הילס, קאַליפֿאָרניע. זײַן קונסט אויפֿן פֿידל קען מען אַזוי כאַראַקטעריזירן, אַז ער שפּילט מיט דעם אייבערשטן אײַנהאַלט אָן איבערמאָסיקן אויסדריק פֿון טעכנישער בריליאַנץ, חוץ דעם וואָס אָט דאָס טעכנישע שלמות לאָזט זיך אַלע מאָל שפּירן – קוים אונטער דער אייבערפֿלאַך. נאָך זײַן אימיגראַציע אין די פֿאַראייניקטע שטאַטן האָט ער גאַסטראָלירט אומעטום אויף דער וועלט. זייער אַ סך באַוווסטע קאָמפּאָזיטאָרן האָבן פֿאַר אים אויסקאָמפּאָנירט באַזונדערע שאַפֿונגען.

פּעטערבורג	St. Petersburg	איבערמאָסיק	excessive
עולם [אוילעם], דער	audience	אויסדריק, דער ־ן	expression
צעברעכן צעבראָכן	break	חוץ	except, apart from
אַנטלויפֿן * אַנטלאָפֿן	flee, escape	שלמות [שליימעס], דאָס	perfection
סיביר, דאָס	Siberia	אייבערפֿלאַך, די ־ן	surface
אייבער	upper, supreme	גאַסטראָלירן גאַסטראָלירט	play as guest artist
אײַנהאַלט, דער ־ן	restraint, control	שאַפֿונג, די ־ען	creation, work (of art)

28

יודל מאַרק (1975-1897) [1]

יודל מאַרק איז געבוירן געוואָרן אין 1897 אין פּאַלאַנגע, ליטע. ביז 1911 האָט ער זיך דאָרטן געלערנט אין דער רוסישער מלוכה־שול און ביַי פּריוואַטע יידישע מלמדים. דערנאָך האָט ער זיך וויַיטער געלערנט אין כּהנס גימנאַזיע אין ווילנע און שפּעטער אויפֿן היסטאָריש־פֿילאָלאָגישן פֿאַקולטעט פֿון פּעטערבורגער אוניווערסיטעט. אויף אים האָט שטאַרק משפּיע געווען נחום שטיף. שפּעטער איז ער געוואָרן אַ לערער פֿון דער יידישער און רוסישער ליטעראַטור אין פֿאַרשיידענע שטעט און שטעטלעך אין ליטע און לעטלאַנד. אין 1929 איז ער געוואָרן אַ מיטגליד פֿון ייִוואָ. אין 1936 האָט ער זיך באַזעצט אין ניו־יאָרק, וווּ ער האָט וויַיטערגעפֿירט זיַין וויסנשאַפֿטלעכע און געזעלשאַפֿטלעכע אַרבעט. אין 1970 האָט ער עולה געווען און זיך באַזעצט אין ירושלים. במשך פֿון זיַין קאַריערע האָט ער אָנגעשריבן עטלעכע ביכער, איבערגעזעצט ליטעראַרישע ווערק פֿון דיַיטש און געאַרבעט ווי אַ רעדאַקטאָר פֿון פֿאַרשיידענע ציַיטונגען און ציַיטשריפֿטן (צווישן אַנדערע: *ייִדישע שפּראַך*). צוזאַמען מיט יודאַ יאָפֿע איז ער אויך געווען דער מיטרעדאַקטאָר פֿונעם *גרויסן ווערטערבוך פֿון דער ייִדישער שפּראַך*. ער איז געשטאָרבן אין 1975.

מלוכה [מעלוכע], די ־ות — state
מלמד [מעלאַמעד], דער ־ים [מעלאַמדים] — elementary teacher
היסטאָריש־פֿילאָלאָגישע פֿאַקולטעט [*approx.* division of humanities
פּעטערבורג — St. Petersburg
משפּיע [מאַשפּיע] זיַין אויף — influence
פֿאַרשיידן — various, different
לעטלאַנד, דאָס — Latvia
מיטגליד, דער ־ער — member

באַזעצן זיך באַזעצט — settle
וויַיטערפֿירן וויַיטערגעפֿירט — continue
געזעלשאַפֿטלעך — social, communal
עולה [אוילע] זיַין — immigrate to Israel
במשך [בעמעשעך] פֿון — in the course of, during
איבערזעצן איבערגעזעצט — translate
רעדאַקטאָר, דער ־ן — editor
ציַיטשריפֿט, די ־ן — periodical, journal
ווערטערבוך, דאָס/דער ־ביכער — dictionary, lexicon

מיט וואָס גראַמאַטיק פֿאַרנעמט זיך [3]

1. גראַמאַטיק איז אַ וויכטיקער טייל פֿון שטודירן אַ שפּראַך. גראַמאַטיק פֿאַרנעמט זיך מיט דעם ווי אַזוי שפּראַך בויט זיך אויף פֿון ווערטער. שטודירט גראַמאַטיק די סטרוקטור פֿון אַ שפּראַך. גראַמאַטיק לערנט וועגן די פֿאָרמען אין דער שפּראַך, די פֿאַרשיידענע פֿאָרמען פֿון ווערטער גופֿא און פֿון זייערע בינדונגען צווישנאַנאַנד. גראַמאַטיק ווײַזט אָן אויף די שײַכותן, אויף די פֿאַרהעלטענישן צווישן ווערטער. זי לערנט ווי עס ווערט אַ זאַץ פֿון די באַזונדערע לעקסישע איינסן און ווי עס ווערן רייד פֿון באַזונדערע זאַצן. אין אָט דעם גוואַלדיק קאָמפּליצירטן פּראָצעס שטודירט גראַמאַטיק נאָר איין זײַט: די פֿ אָ ר מ ע ן פֿון די ווערטר און די פֿאָרמען פֿון זייערע בינדונגען.

2. דער טייל גראַמאַטיק וואָס פֿאַרנעמט זיך מיט די פֿאָרמען פֿון ווערטער ווערט געוויינטלעך אָנגערופֿן מאָרפֿאָלאָגיע און דער טייל גראַמאַטיק וואָס פֿאַרנעמט זיך מיט די בינדונגען צווישן ווערטער און אויך צווישן זאַצן און זאַצן ווערט אָנגערופֿן סינטאַקס. אַזאַ אײַנטיילונג איז אין אונדזער קורס ניטאָ, ווײַל די פֿאָרמען פֿון די ווערטער גופֿא זײַנען אָפּהענגיק פֿון די בינדונגען צווישן זיי – און דאָס איז אַן אַלגעמיינער שטריך. דעריבער איז די אײַנטיילונג פֿון גראַמאַטיק אויף מאָרפֿאָלאָגיע און סינטאַקס אין אַ היפּשער מאָס אַ געקינצלטע. עס קומען נאָך צו באַזונדערע אייגנשאַפֿטן פֿון דעם ייִדישן לשון וואָס מאַכן אַז אַזאַ אײַנטיילונג פֿון גראַמאַטיק זאָל זײַן ביז גאָר אומפּראַקטיש, ממש אוממעגלעך.

3. קאָנקרעט פֿאַרנעמט זיך גראַמאַטיק מיט די אַלע אינעווייניקסטע שינויים אין אַ וואָרט, מיט די פֿאַרשיידענע ענדונגען וואָס קענען צוקומען צו אַ וואָרט, מיט די פֿאָרטראַפֿן וואָס קענען אָנוואַקסן אָנהייב וואָרט. גראַמאַטיק איז פֿאַראינטערעסירט אין סאָרטירן, אין גרופּירן ווערטער לויט פֿאַרשיידענע פֿאָרמעלע אייגנשאַפֿטן און לויט זייער ראָלע אין אויפֿשטעלן אַ זאַץ. גראַמאַטיק דרינגט אַרײַן אין אויפֿבוי פֿון וואָרט, אין זײַן שורש, אין זײַן שטאַם לויט די וואָרטקלאַסן, אין די סופֿיקסן וואָס מאַכן אַרויסשפּראָצן איין וואָרט פֿון אַן אַנדער וואָרט, אין די פֿלעקסיעס וואָס העלפֿן ווײַזן די ראָלע, די פּאָזיציע פֿון וואָרט אין זאַץ. גראַמאַטיק פֿאַרנעמט זיך מיט די כלערליי פֿאַרבינדווערטער, מיט די הילפֿסווערטער בײַם אויפשטעלן די באַזונדערע פֿאָרמען און מיט זײַערע באַזונדערקייטן.

גראַמאַטיק האָט צוויי פּנימער, אַ טעאָרעטישע זײַט און אַ פּראַקטישע זײַט. דאָס טעאָרעטישע איז דאָס פֿאַרטיפֿן זיך אינעם מהות פֿון די פֿאַרשיידענע קאַטעגאָריעס און אין זייערע אייגנאַרטיקייטן אינעם געגעבענעם לשון; דאָס פּראַקטישע באַשטייט אין אײַנשטעלן רעגולירונגען ווי אַזוי זיך פֿאַקטיש נוהג צו זײַן, אין 'דיקטירן' כללים, אין נאָרמירן די רייד, אין באַזיניקן דעם אויסלייג און אין אײַנשטעלן תּקנות פֿאַר אים (אָדער די יסודות פֿאַר די תּקנות). דאָ שטויסט מען זיך אָן אויף גרענעץ־געביטן (אָרטאָעפּיע, אָרטאָגראַפֿיע) און פֿאַרשיידענע גראַמאַטיקערס קענען דאָ גיין אויף זײַערע אייגענע דרכים. עס איז ניט מסיני וואָס מע מוז און וואָס מע טאָר ניט אַרײַננעמען אין אַ קורס גראַמאַטיק.

4. עס קענען זײַן כלערליי מדרגות בײַם שטודירן גראַמאַטיק און כלערליי אופֿנים פֿונעם שטודירן. דער הויפּט־חילוק איז צי מע פֿאַרנעמט זיך מיט דער גראַמאַטיק פֿון

אייגענעם נאַטירלעכן לשון וואָס — ווי מע זאָגט — מע האָט איינגעזאַפּט מיט דער מוטערס מילך, צי מע האָט זיך צוגעאייגנט ביסלעכווײַז פֿון אַ סבֿיבֿה אָן שום לערנען דאָס לשון אין אַ שול, אָדער מע לערנט די גראַמאַטיק פֿון אַ לשון צוזאַמען מיטן עצם לערנען ניצן דאָס לשון. די פֿאַרשיידענע מדרגות זײַנען אָפּהענגיק פֿון דעם אַרומנעם פֿונעם קורס וואָס מע מערקט זיך אָן, אָפּהענגיק פֿון דעם פֿאַר וועמען די גראַמאַטישע שפּײַזן זײַנען אָנגעגרייט. אַז מע רעדט וועגן מדרגות האָט מען אין זינען עפּעס וואָס דערמאָנט אין אַ לייטער און עס קומט אויף די פֿראַגע וויפֿל שטאַפּלען אויף אָט דעם לייטער זאָל מען העלפֿן אַרויפֿשפּרײַזן. אַז מע קוקט זיך צו צו פֿאַרשיידענע קורסן גראַמאַטיק פֿון איינער פֿון די וויכטיקסטע קולטורשפּראַכן, זעט מען ווי פֿאַרשיידנדיק זיי זײַנען אין זייער פֿאַרנעם, אין זײַער פֿאַרמעסט, אין זייערע פּראַקטישע כּוונות, אין זייערע טעאָרעטישע הנחות.

דער צונויפֿשטעלער פֿון דעם קורס גראַמאַטיק האָט זיך ניט געקענט האַלטן בײַ קיין שום גרייטן רעצעפּט וואָס יאָ אַרײַנצונעמען און וואָס ניט און בײַז וואָסער מדרגה זיך צו פֿאַרטיפֿן אין אַן ענין. ער האָט געהאַט פֿאַר זיך אַ סיטואַציע, ווען דאָס גראַמאַטישע וויסן און דאָס גראַמאַטישע פֿאָרשן איז דערונטערדיק, ווען דאָס ניט־דערזאָגטע איז ניט מעגלעך אָפּצושיקן צו אַ ברייטער פֿאַרמאָסטענעם קורס פֿון איין זײַט, און פֿון דער אַנדערער זײַט איז דאָך אַבסאָלוט אוממעגלעך (סײַדן אין אַ פֿילבענדיק ווערק) אויסצושעפּן אַלץ וואָס אַ פֿולער קורס גראַמאַטיק וואָלט פֿאַרלאַנגט. איז אויסגעקומען אין פּראַצעס פֿון גרייטן דעם קורס כּסדר צו טראַכטן און איבערצוטראַכטן וועגן זײַנע גרענעצן און אָננעמען באַשלוסן אַמאָל אויפֿן סמך פֿון דערפֿאַרונגען, אַמאָל מער אינטואיטיוו.

[יודל מארק, *גראַמאַטיק פֿון דער יידישער כּלל־שפּראַך* (ניו־יאָרק, תּשל"ח), ז. 1־2]

פֿאַרנעמען זיך פֿאַרנומען — be occupied with/engaged in
גופֿא [גופֿע] — proper, ___self
בינדונג, די ־ען — connection, affiliation
צווישנאַנאַנד — between/to each other
אָנווײַזט אָנגעוויזן — indicate, instruct, point out
שײַכות [שײַכוס], דאָס ־ן — relation, connection, affinity
פֿאַרהעלטעניש, דאָס ־ן — relation
זאַץ, דער/דאָס ־ן — sentence
לעקסיש — lexical
איינס, דער ־ן — unit, item, entry
רייד ל"ר — language, discourse, speech
גוואַלדיק — immense(ly)
געוויינטלעך — usually, conventionally
מאָרפֿאָלאָגיע, די ־ס — morphology
סינטאַקס, דער — syntax
איינטיילונג, די ־ען — division, partition

אָפּהענגיק — dependent
אַלגעמיין — general
שטריך, דער ־ן — trait feature
דעריבער — moreover
היפּש — considerable, substantial
מאָס, די ־ן — measure, extent
געקינצלט — artificial
אייגנשאַפֿט, די ־ן = אייגנקייט, די ־ן — property, quality, characteristic
לשון [לאָשן], דאָס ־ות [לעשוינעס] — language, tongue
בײַז גאָר — very , quite
ממש [מאַמעש] — indeed, truly
אוממעגלעך = אוממיגלעך — impossible
אינעווייניק — inner, essential
שינוי [שינע], די ־ים [שינויִם] — change, alteration
צוקומען * צוגעקומען — be added
פֿאָרטראַף, דער ־ן — prefix
פֿאַראינטערעסירן פֿאַראינטערעסירט — be interested in

לויט	according to
פֿאָרמעל	formal
אויפֿשטעלן אויפֿגעשטעלט	construct
אַרײַנדרינגען * אַרײַנגעדרונגען	penetrate
אויפֿבוי, דער	construction
שורש [שוירעש], דער שורשים [שעראָשים]	root
שטאַם, דער ־ען	stem
אַרויסשפּראָצן אַרויסגעשפּראָצט	sprout forth, develop
פֿלעקסיע, דע ־ס	grammatical inflection
כּלערליי [קאָלערליי]	various, all kinds of
פּנים [פּאָנים], דאָס ־ער [פּענימער]	face
פֿאַרטיפֿן זיך פֿאַרטיפֿט	delve into, be engrossed in
מהות [מעהוס], דער ־ן	essence, nature
אײגנאַרטיקייט, די ־ן	peculiarity
געגעבן	given, at issue
באַשטיין * באַשטאַנען פֿון	consist of
פֿאַקטיש	in effect, in fact, really
נוהג [נויעג] זײַן זיך	act, conduct oneself
דיקטירן דיקטירט	dictate
כּלל [קלאַל], דער ־ים [קלאָלים]	rule, precept
נאָרמירן נאָרמירט	standardize
באַזיניקן באַזיניקט	rationalize, standardize
אויסלייג, דער ־ן	spelling, orthography
אײַנשטעלן אײַנגעשטעלט	fix, establish, institute
תּקנה [טאַקאָנע], די ־ות	rule, regulation
יסוד [יעסאָד], דער ־ות [יעסוידעס]	basis, foundation
אָנשטויסן זיך אָנגעשטויסן	come upon, bump into
גרענעץ, דער/די ־ן	border, boundary
געביט, דאָס ־ן	area, realm
אָרטאָעפּיע, די ־ס	orthoepy (correct pronunciation)
אָרטאָגראַפֿיע, די ־ס	orthography, spelling system
דרך [דער(ע)ך], דער ־ים [דראָכים]	way, path
מסיני [מיסינײַ]	from Sinai = sacred precepts
מדרגה [מאַדרייגע], די ־ות	level, degree, grade
אופֿן [אויפֿן], דער ־ים	way, manner
הויפּט	chief, main, major, head
חילוק [כילעק], דער ־ים [כילוקים]	distinction, difference
אײַנזאַפּן אײַנגעזאַפּט	soak in, absorb
צוצוגעוווינען זיך צוגעוווינט	appropriate, accustom oneself to
ביסלעכווײַז	gradually
סבֿיבֿה [סווייווע], די ־ות	environment, surroundings
אָן שום	without any, devoid
עצם [עצעם], דער	essence, substance
אַרומנעם, דער ־ען	extent, capacity, circumference
אָנמערקן זיך אָנגעמערקט	observe, note
שפּײַז, די ־ן	nourishment, food
אָנגרייטן אָנגעגרייט	prepare
אין זינען {דער} האָבן	have/keep in mind
דערמאָנען דערמאָנט	remind
לייטער, דער ־ס	ladder
שטאַפּל, דער/די ־ען	rung, step, degree, level
אַרויפֿשפּרײַזן אַרויפֿגעשפּרײַזט	step/climb up
פֿאַרנעם, דער ־ן	scope, volume
פֿאַרמעסט, דער ־ן	measure
כּוונה [קאַוואָנע], די ־ות	intention, object, intent
הנחה [האַנאָכע], די ־ות	premise
צונויפֿשטעלער, דע ־ס	compiler, author, assembler
ענין [איניען], דער/דאָס ־ים [איניאָנים]	matter, affair, case
פֿאָרשן געפֿאָרשט	research
דערונטערדיק	inferior; (to be) subsumed
ניט־דערזאָגט	unexpressed, understated, implied
אָפּשיקן אָפּגעשיקט	*here*: defer, relegate to
פֿאַרמאָסטן	conceived, laid out
פֿילבענדיק	multi-volume
אויסשעפּן אויסגעשעפּט	exhaust
פֿאַרלאַנגען פֿאַרלאַנגט	desire, request
כּסדר [קעסיידער]	constantly, continually
איבערטראַכטן איבערגעטראַכט	consider, reflect on
באַשלוס, דער ־ן	decision
סמך [סעמעך/סמאַך], דער ־ן	basis, ground
דערפֿאַרונג, די ־ען	experience
כּלל־שפּראַך [קלאַל־], די ־ן	standard language

משה קולבאַק (1937-1896) [1]

משה קולבאַק איז געבוירן געוואָרן אין סמאַרגאָן, וואָס איז דעמאָלט געווען אין ווילנער גובערניע, איצטער אין ווײַסרוסלאַנד (בעלאַרוס) אין אַ משפּחה ערדאַרבעטערס (זײַן מאַמע האָט געשטאַמט פֿון א ייִשובֿ ניט ווײַט פֿון ווילנע.) בעת דער ערשטער וועלט־מלחמה האָט קולבאַק געשריבן העברעיִשע לידער; באַלד דערנאָך האָט ער אָנגעהויבן צו שרײַבן אויף ייִדיש. דאָס ערשטע ביכל זײַנס, "שירים", איז דערשינען אין 1920, דאָס זעלביקע יאָר ווען ער האָט זיך אַריבערגעקליבן קיין ווילנע. ער האָט געאַרבעט ווי אַ לערער אין די ווילנער ייִדישע שולן, בפֿרט אין דער רעאַל־גימנאַזיע און אויך געאַרבעט ווי אַ רעזשיסאָר אין טעאַטער. זײַנע ווערק האָט מען אַרויסגעגעבן אין עטלעכע ווילנער פֿאַרלאַגן. במשך פֿון די יאָרן 1920-1923 האָט ער געוווינט אין בערלין, וווּ די עקספּרעסיאָניסטישע באַוועגונג האָט אויף אים שטאַרק משפּיע געווען. אין 1923 איז ער צוריקגעקומען קיין ווילנע, וווּ ער איז געוואָרן אַ לערער אינעם ייִדישן לערער־סעמינאַר. ביז 1928 האָט ער געהאַלטן דעם ראַטן־פֿאַרבאַנד פֿאַר דער מלוכה פֿון קולטורעלער באַנײַונג און סאָציאַלער גערעכטיקייט. האָט ער זיך פֿאַרבונדן מיט אַ מינסקער גרופּע שרײַבערס אונטער דער פֿירערשאַפֿט פֿון איזי כאַריק.

הגם צום אָנהייב איז אין ראַטן־פֿאַרבאַנד געווען אַ סך טאָלעראַנץ פֿאַר פֿאַרשיידענע שאַפֿערישע, קינסטלערישע שיטות, האָט די סאָוועטישע אידעאָלאָגיע זיך אַנטקעגנגעשטעלט דעם עקספּרעסיאָניזם ווי הערעטיש, און נאָר דעם שטרענגן "סאָציאַליסטלישן רעאַליזם" האָט מען טאָלערירט. קולבאַק האָט געפּרוּווט זיך צוצופּאַסן צו דער סאָוועטישער אָרטאָדאָקסיע, באַזונדערש אין זײַנע סאַטירישע דערציילונגען וועגן דער דײַטשישער בורזשואַזיע. פֿונדעסטוועגן איז ער אין 1937 אַרעסטירט און דערהרגעט געוואָרן. זײַנע ווערק האָט מען שוין ניט געטאָרט פּובליקירן, פֿאַרקויפֿן אָדער לייענען. מיט 16 יאָר שפּעטער האָט מען אים "רעהאַביליטירט" און אים פֿאַררעכנט פֿאַר אַ קרבן פֿון סטאַלינס "פּערזענלעכקייט־קולט". קולבאַק האָט געשריבן דערציילונגען, ראָמאַנען, לידער און פּיעסעס. אין זײַנע ווערק גיט ער איבער אַ געפֿיל פֿונעם לעבן אויפֿן לאַנד – פֿון וואַנען ער איז אַליין געקומען – און אויך פֿונעם אויפֿריר פֿונעם שטאָטלעבן, וווּ מלחמה, אינדוסטריאַליזאַציע און רעוואָלוציע האָבן אין גאַנצן איבערגעאַנדערשט דאָס טראַדיציאָנעלע ייִדישע לעבן. ער האָט באַזונדערש שטאַרק משפּיע געווען אויף חיים גראַדען, לייזער וואָלפֿן און אַבֿרהם סוצקעווערן.

דעמאָלט	then
ווײַסרוסלאַנד, דאָס	Belorussia/Belarus
ערדאַרבעטער, דער ־ס	farmer
שטאַמען געשטאַמט	come/descend from
ישובֿ [יישעוו], דער ־ים [יישוווים]	Jewish settlement, colony
שיר, דער ־ים	poem
דערשײַנען דערשינען	appear, be published
אַריבערקלײַבן זיך אַריבערגעקליבן	move (one's residence)
בפֿרט [ביפֿראַט]	in particular
רעאַל־גימנאַזיע, דער ־ן	Yiddish-language secondary school in Vilne
רעזשיסאָר, דער ־ן	theater/film director
אַרויסגעבן אַרויסגעגעבן	publish
פֿאַרלאַג, דער ־ן	publishing house
במשך [בעמעשעך] פֿון	in the course of
באַוועגונג, די ־ען	movement
משפּיע [מאַשפּיִע] זײַן	influence
לערער־סעמינאַר, דער ־ן	Jewish teachers' college
מלוכה [מעלוכע], די ־ות	state
באַנײַונג, די ־ען	renewal, renovation
גערעכטיקייט, די ־ען	justice
פֿאַרבינדן פֿאַרבונדן	associate, link
פֿירערשאַפֿט, די	leadership
הגם [האַגאַם]	although
ראַטן־פֿאַרבאַנד, דער ־ן	Soviet Union
שאַפֿעריש	creative
שיטה [שיטע], די ־ות	method, conception
הערעטיש	heretical
שטרענג	strict
פּרוּוון געפּרוּווט	attempt, try
צופּאַסן זיך צוגעפּאַסט	accomodate oneself to
דערציילונג, די ־ען	story
בורזשואַזיע, די	bourgeoisie
תּפֿיסה [טפֿיסע], די ־ות	prison
אײַנזעצן {אײַנגעזעצט} אין תּפֿיסה	jail, imprison
שקלאַפֿן־אַרבעט, די ־ן	slave labor
דערהרגענען [דערהאַרגענען] דערהרגעט	kill
פֿאַררעכענען פֿאַררעכנט	count, reckon
קרבן [קאָרבם], דער ־ות [קאָרבאָנעס]	victim
ראָמאַן, דער ־ען	novel
פּיעסע, די ־ס	play, drama
איבערגעבן איבערגעגעבן	communicate, transmit
געפֿיל, דאָס ־ן	feeling, emotion
אויפֿריר, דער ־ן	stir, excitement
איבעראַנדערשן איבערגעאַנדערשט	transform

ווילנע [4]

1

אויף דײַנע מויערן גייט ווער אַרומעט אין אַ טלית.

בײַ נאַכט איבערן שטאָט איז ער אַליין אַ טרויעריקער אויף.

ער האָרכט: די אַלטע אָדערן פֿון שאַרע דורכהויפֿן און קלויזן

וואַכן, קלינגען, ווי אַ הייזעריקע האַרץ אַ שטויביקע.

דו ביסט אַ תּהילים אויסגעלייגט פֿון ליים און אײַזן;

אַ תּפֿילה איז אַיעדער שטיין, אַ ניגון יעדע – וואַנט,

ווען די לבֿנה רינט אַראָפּ אין דײַנע געסלעך פֿון קבלה,

און ס'בלייכט אַרויס די נאַקעטע און מיאוס־קאַלטע פּראַכט.

דײַן פֿרייד איז טרויער – די פֿרייד פֿון טיפֿע בעסער
אין קאַפּעליע, יום־טובֿים זײַנען די לוויות,
און טרייסט – די קלאָרע, לײַכטנדיקע אָרעמקייט,
ווי שטילע זומער־נעפּלען אויף די ראָגן פֿון דער שטאָט.
דו ביסט אַ טונקעלע קמיע אײַנגעפֿאַסט אין ליטע,
פֿאַרשריבן גרוי און אַלט אַרום מיט מאָך און מיט לישײַעס;
אַ ספֿר איז איעדער שטיין, אַ פּאַרמעט – יעדע וואַנט,
צעבלעטערט סודותדיק און אויפֿגעעפֿנט אין דער נאַכט,
ווען אויף דער אַלטער שול, אַ וואַסער־טרעגער אַ געפֿראָרענער, –
דאָס בערדעלע פֿאַרקאַשערט,– שטייט און ציילט די שטערן.

2

בײַ נאַכט איבערן שטאָט בין איך אַליין אַ טרויעריקער אויף;
ניטאָ קיין קלאַנג. עס גליווערן די הײַזער – קופּעס שמאַטעס,
נאָר ערגעץ הויך אַ חלבֿדיקע ליכטל טריפֿט און פֿלאַטערט, –
עס זיצט אַ בעל־מקובל אײַנגעוועבט אין בוידעם,
ווי אַ שפּין, און ציט דעם גרויען פֿאָדעם פֿון זײַן לעבן:
– איז ווער פֿאַראַן אַרום אין ווײַטער, קאַלטער פּוסטעניש,
וואָס מיר, פֿאַרטויבטע, הערן די פֿאַרלאָרענע געשרייען?
און ס'שטייט פֿאַר אים רזיאל בלײַיִק אין דער טונקלקייט
מיט אַלטע, פּאַרמעטענע פֿליגלען אָפּגעקראָכענע,
און אויגן – גריבער אָנגעפֿילט מיט זאַמד און שפּינוועבס:
– ניטאָ. חוץ טרויער איז שוין גאָרניט מער פֿאַראַן! ...
דאָס ליכטל טריפֿט. עס האָרכט דער גרינער ייִד פֿאַרשטיינערט
און זייגט דאָס פֿינסטערניש פֿון מלאכס אויגנלעכער,
און בוידעם איבער בוידעם עטעמט אָפּ – די לונגען
פֿון דער האָרביקער באַשעפֿעניש, וואָס דרעמלט אין די בערג.
אָ, אפֿשר ביסטו, שטאָט, אַ חלום פֿון אַ בעל־מקובל,
וואָס שוועבט אַ גרויע אין דער וועלט, ווי שפּינוועבס אָנהייב יעסיען.

3

דו ביסט אַ תּהילים אויסגעלייגט פֿון ליים און אײַזן,
און דײַנע אותיות וואָגלען, בלאָנדזשען אָפּגעקראָכענע:
ייִדן שטײַפֿע, ווי די העלצער, ווײַבער, ווי די לעבלעך ברויט;
קאַלטע, סודותדיקע בערד, די פּלייצעס אויסגעהאַמערטע,
און אויגן וואַקלענדיקע, לאַנגע, ווי די שיפֿלעך אין אַ טײַך –
ייִדן דײַנע בײַ אַ זילבערדיקן הערינג שפּעט בײַ נאַכט
שלאָגן זיך על־חטא: אָ, גאָט, מיר זינדיקן, מיר זינדיקן ...
און די לבֿנה, ווי אַ ווײַס אויג, אַדורך די שײַבלעך גלאָצט –
דאָרט זילבערן זיך שמאַטעס אָנגעהאַנגען איבער שטריק,

די קינדער אין די בעטן – געלע, גליטשעוודיקע ווערעם,
און מוידן האַלב שוין אויסגעטאָן מיט לײַבער, ווי די ברעטער – – –
שמאָלע, ווי די גאַסן זײַנען דײַנע כמורנע ייִדן;
שטומע שטערנס, ווי די ברייטע, גליווערדיקע ווענט פֿון שול־הויף,
און ברעמען מאָכיקע, ווי דעכער איבער דײַנע חורבֿות.
דו ביסט אַ תּהילים אָנגעשריבן אויף די פֿעלדער,
און ווי אַ ראָב זינג איך פֿון דיר בײַם שײַן פֿון דער לבֿנה,
ווײַל קיין מאָל איז די זון ניט אויפֿגעגאַנגען אין דער ליטע.

4

דײַן פֿרייד איז טרויער – די פֿרייד פֿון טיפֿע בעסער
אין קאַפּעליע, אַ שוואַרצער איז דײַן שטילער פֿרילינג.
ביימלעך וואַקסן פֿונ'ם מויער, גרעזער פֿון די ווענט;
דאָס גרויע בלײַעכץ קריכט פֿאַרשלאָפֿן פֿונ'ם אַלטן בוים
און בלאָטיק שטייט די קאַלטע קראָפּעווע שוין בײַ דער ערד,
נאָר קויט און אייביק גליווערדיקע ווענט אין נעץ.
און ס'טרעפֿט בײַ נאַכט, אַ ווינטל טוט אַ טרוקן שטיין און דאַך,
און אַ געשטאַלט פֿון טראָפּן־וואַסער און לבֿנה־שײַן
שלײַכט דורך די גאַסן זילבערלעך און ציטערדיק פֿאַרחלומט –
ס'האָט די ווילִיע קיל און נעפּלדיק זיך אויפֿגעהויבן,
און פֿריש, און נאַקעט־הויל, מיט לאַנגע, וואַסערדיקע הענט,
אַרײַן אין שטאָט. די בלינדע שײַבלעך קוקן אויסגעקרימט,
די בריקלעך רונד איבערגעוואָרפֿן אויף די מויערן.
אָ, קיינער וועט ניט עפֿענען אַ טיר, אַרויסשטעקן דעם קאָפּ
צו דער ווילִיע אין איר דינער, בלויער נאַקעטקייט.
עס שטוינען, ווי די בערג אַרום, די מויערן מיט בערד,
און שטיל, און שטיל – – –

5

דו ביסט אַ טונקעלע קמיע אײַנגעפֿאַסט אין ליטע,
און ס'טליִען קוים געשטאַלטן אין דײַן אומרויִקן גרונט:
די ווײַסע, בלאַנקע גאונים פֿון ווײַטער ליכט,
מיט ביינער שמאָלע, האַרטע, אויסגעשליפֿענע פֿון מי;
דאָס הייסע, רויטע העמדל פֿונ'ם שטאָלענעם בונדיסט;
דער בלויער תּלמיד זיצנדיק בײַם גרויען בערגלסאָן,
און ייִדיש איז דער פּראָסטער קראַנץ פֿון דעמבנבלעטער
אויף די אַרײַנגאַנגען די הייליק־וואָכיקע פֿון שטאָט.
דאָס גרויע ייִדיש איז דאָס ליכט, וואָס פֿינקלט אין די פֿענצטער –
אָ, ווי אַ גייער בײַ אַן אַלטן ברונעם אונטערוועגס,
זיץ איך דאָ און האָרך די רויע שטים פֿון ייִדיש.

און אפֿשר רוישט עס אַזוי שטאַרק דאָס בלוט אין מײַנע גלידער?
איך בין די שטאָט! די טויזנט שמאָלע טירן צו דער וועלט,
די דעכער איבער דעכער צו דעם בלאָטיק־קאַלטן בלוי.
איך בין דער שוואַרצער פֿלאַם, וואָס לעקט דאָ הונגעריק די ווענט
און גליט אין שנײַדיק־שאַרפֿן אויג פֿון ליטוואַק אין דער פֿרעמד.
איך בין דאָס גרוי! איך בין דער שוואַרצער פֿלאַם! איך בין די שטאָט!

6

און אויף דער אַלטער שול אַ וואַסער־טרעגער אַ געפֿראָרענער, –
דאָס בערדעלע פֿאַרקאַשערט – שטייט און ציילט די שטערן.

[משה קולבאַק, "ווילנע", אין *אויסקעקליבענע שריפטן* (בועבאָס איירעס: ייווא, 1976), 50-53]

מויער, דער/די ־ן	exterior wall
ווער = עמעצער	someone
טלית [טאַלעס], דער ־ים [טאַלייסים]	prayer shawl
האָרכן געהאָרכט	hear, obey
אָדער, די/דער ־ן	vein, vessel
שאַר	grey
דורכהויף, דער ־ן/הייף	passageway-courtyard
קלויז, די ־ן	small (guild) synagogue
וואַכן, די ־ן	guard, watch
קלינגען געקלונגען	sound, ring
הייזעריק	hoarse
שטויביק	dusty
תּהילים [טילים], דער	Psalm
אויסלייגן אויסגעלייגט	arrange, spread, interpret
ליים, די/דאָס	clay
אײַזן, דאָס	iron
איעדער = יעדער	each
תּפֿילה [טפֿילע], די ־ות	prayer
ניגון [ניגן], דער ־ים [ניגונים]	melody, tune
לבֿנה [לעוואָנע], די	moon
אַראָפּרינען * אַראָפּגערונען	run down
קבלה [קאַבאָלע], די	Cabbalah
ארויסבלייכן ארויסגעבלייכט	bleach out
נאַקעט	naked
מיאוס [מיעס]	ugly
פּראַכט, די	splendor
באַס, דער בעסער	bass
קאַפּעליע, די ־ס	band
לוויה [לעווייַע], די ־ות	funeral
טרייסט, די ־ן	consolation
לײַכטן געלײַכט	glow, radiate
נעפּל, דער ־ען	fog, mist
ראָג, דער ־ן	corner
קמיע [קאַמייע], די ־ות	amulet, charm
אײַנפֿאַסן אײַנגעפֿאַסט	set (*e.g. a jewel*)
פֿאַרשרײַבן פֿאַרשריבן	write down, record, inscribe
מאָך, דער ־ן	moss
לישײַ, דער ־ען/־עס	lichen
פּאַרמעט, דער ־ן	parchment
צעבלעטערן צעבלעטערט	page through
סודותדיק	secretly, mysteriously
אויפֿעפֿענען אויפֿגעעפֿנט	open up
פֿרירן געפֿרוירן/געפֿראָרען	freeze
פֿאַרקאַשערן פֿאַרקאַשערט	tuck/roll up
קלאַנג, דער ־ען	sound
גליווערן געגליווערט	become numb/rigid
קופּע, די ־ס	pile, heap
שמאַטע, די ־ס	rag
חלבֿדיק [כיילעוודיק]	greasy
טריפֿן געטריפֿט	drip
פֿלאַטערן געפֿלאַטערט	wave, flutter
בעל־מקובל [באַל־מעקובל], דער בעלי־מקובלים [באַלע־מעקובאָלים]	cabbalist
אײַנוועבן אײַנגעוועבט	wrap up, truss up
בוידעם, דער ־ס/ביידעמער	attic
פֿאָדעם, דער פֿעדעם	thread
פּוסטעניש, די ־ן	wasteland
פֿאַרטויבן פֿאַרטויבט	deafen, daze
געשריי, דאָס ־ען	scream, yell
בלײַיִק	leaden
אָפּקריכן * אָפּגעקראָכן	peel/wear off, fade
גרוב, דער/די גריבער	pit, grave
זאַמד, דאָס/דער ־ן/זעמד	sand
חוץ	except, beyond
פֿאַרשטיינערן פֿאַרשטיינערט	turn to stone
זייגן געזייגט	suck
פֿינסטערניש = פֿינצטערניש, דאָס	darkness
מלאך [מאַלעך], דער ־ים [מאַלאָכים]	angel
אויגנלאָך, די/דער אויגנלעכער	eye socket
אָפּעטעמען = אָפּאָטעמען אָפּגעאָטעמט	sigh with relief
לונג, די ־ען	lung
האָרביק	hump-backed
באַשעפֿעניש, דאָס ־ן	creature
דרעמלען געדרעמלט	nap, doze
חלום [כאָלעם], דער ־ות [כאַלוימעס]	dream
שוועבן געשוועבט	hover, float
יעסיען = אָסיען, דער ־ס	autumn
אות [אָס], דער/דאָס אותיות [אויסיעס]	letter
וואָגלען געוואָגלט	wander
בלאָנדזשען געבלאָנדזשעט	stray, ramble, be lost
שטײַף	stiff
האָלץ, דאָס העלצער	block of wood
לעבל, דאָס ־עך	loaf
פּלייצע, די ־ס	shoulder

וואקלען געוואקלט	shake, wobble
שלאָגן {געשלאָגן} זיך על־חטא [אַלכעט]	repent
זינדיקן געזינדיקט	sin
גלאָצן געגלאָצט	stare
שייבל, דאָס ־עך	small window panes
שטריק, דער/די –	rope, line
גליטשעווידיק	slippery
וואָרעם, דער ווערעם	worm
מויד, די ־ן	maiden
לײַב, דאָס ־ער	body
ברעט, די/דאָס ־ער	board
שמאָל	narrow, slender, thin
כמורנע = כמאַרנע	gloomy, dreary
ברעם, די ־ען	(eye)brow
חורבֿה [כורווע], די ־ות	ruin
בליִעכץ, דאָס	bloom, blossom
פֿאַרשלאָפֿן	sleepily
בלאָטיק	muddy, filthy
קראָפּעווע, די	nettle
קויט, דאָס/דער	dirty, mud, filth
נעץ, די	wetness, moisture
טרעפֿן געטראָפֿן	happen, meet
געשטאַלט, דאָס/די ־ן	shape, figure, image
שלײַכן (זיך) געשלייכט	slink, sneak
ציטערדיק	trembling
פֿאַרחלומט [פֿאַרכאָלעמט]	dream(il)y
וויליע, די	Neris River (*in Vilne*)
אויפֿהייבן זיך אויפֿגעהויבן	rise up
הויל	pure
אויסקרימען אויסגעקרימט	twist, warp
איבערוואַרפֿן איבערגעוואָרפֿן	throw over
אַרויסשטעקן אַרויסגעשטעקט	poke out, stretch out
דין	thin
שטוינען געשטוינט	be amazed
טליִען געטליִעט	smolder, glow
אומרויִק	uneasy, troubled, restless
בלאַנק	glossy, shiny
גאון [גאָען], דער גאונים [גאוינים]	genius
אויסשלײַפֿן אויסגעשליפֿן	polish, rub
מי, די ־ען	trouble, toil
שטאָלן	of steel
פּראָסט	common, ordinary
קראַנץ, דער ־ן/קרענץ	wreath
דעמב, דער ־ן	oak
וואַכיק	watchful, alert
פֿינקלען געפֿינקלט	sparkles, glitters
אונטערוועגס	underway, on the road
רוי	raw
רוישען גערוישט	rush, make noise
גליד, דאָס ־ער	limb, member
פֿלאַם, דער ־ען	flame
לעקן געלעקט	lick
שנײַדיק	incisive, sharp
גליִען געגליט	glow

די פֿאַרוואַלטונג פֿון ווילנער פּע"ן־קלוב (פֿון רעכטס): משה קולבאַק, יוסף אָפּאַטאָשו, מאַקס עריק, זלמן רייזען

[ייִוואָ]

30

ווילנער דרוקערײַען [1]

ווילנע איז ניט געווען בלויז דער מיטלפּונקט פֿון טראַדיציאָנעלן לומדות – וואָס פֿון דעם איז דער ווילנער גאָון דער בעסטער משל – נאָר אויך דער גײַסטיקער צענטער פֿון דער וועלטלעכער ייִדישער וויסנשאַפֿט און קולטור. אָבער ווילנע האָט זיך געשמט פֿאַר אַ שטאָט, ווו מען האָט ניט נאָר געלערנט און געשריבן ביכער און ספֿרים, נאָר אויך געדרוקט ביכער, צײַטשריפֿטן און צײַטונגען. במשך פֿון די יאָרן 1841-1918 זײַנען אַרויסגעגאַנגען אין ליטע 66 פּעריאָדישע אויסגאַבעס אויף ייִדיש און 20 אויף העברעיִש. אין 1904 האָט מען אָנגעהויבן אַרויסגעבן די ערשטע ייִדישע טעגלעכע צײַטונג: "הזמן", אין 1905 די צײַטונג "דער וועקער", אין 1908 דער זשורנאַל "ליטעראַרישע מאָנאַטשריפֿטן". אין 1909 הייבט זיך אָן דאָס וואָכנבלאַט "העולם". אין 1938 זײַנען אַרויסגעגאַנגען אין ווילנע זעקס טאָגצײַטונגען אויף ייִדיש און העברעיִש.

במשך פֿון די יאָרן 1799-1915 זײַנען געווען אין דער ליטע 258 דרוקערײַען; 198 פֿון זיי האָבן געהערט צו ייִדן. שוין בײַם סוף 18טן י"ה האָט ברוך בן יוסף ראָם אויפֿגעשטעלט אַ דרוקערײַ אין גראָדנע. ביז 1803 האָט ער אויפֿגעשטעלט אַ דרוקערײַ אין ווילנע; אין 1845 ווען די רוסישע מלוכה האָט ווײַטער געטריבן אירע פּאָליטיק פֿון רוסיפֿיצירונג, האָט מען געשלאָסן כּמעט אַלע ייִדישע דרוקערײַען אין דער רוסישער אימפּעריע; די אייניקלעך פֿון ברוך בן יוסף ראָם האָבן צוליב דעם געקראָגן כּמעט אַ מאָנאָפּאָל פֿון דער רוסישער רעגירונג צו דרוקן ביכער מיט העברעיִשע אותיות אין רוסלאַנד און פּוילן. אין 1854 האָט ראָמס דרוקערײַ אַפּגעענדיקט די אויסגאַבע פֿונעם תּלמוד – אַ מײַסטערווערק פֿון דרוקערישער קונסט, וואָס ווערט נאָך הײַנט נאָכגעדרוקט דורך פֿאָטאָרעפּראָדוקציע. ווײַטער האָבן די ראָמס געדרוקט באַוווּסטע אויסגאַבעס פֿון מישנה, מישנה תּורה פֿון רמב"ם, תּלמוד־ירושלמי, מאַרטין בובערס אויסגאַבע פֿון מדרש אַאַז"ו. דער בנין פֿון ראָמס דרוקערײַ שטייט נאָך הײַנט און אַ דרוקערײַ אַרבעט נאָך דאָרטן, הגם זי איז הײַנט, פֿאַרשטייט זיך, ניט קיין ייִדישע.

אין 1910 האָט מען געגרינדעט אין ווילנע דעם באַוווּסטן פֿאַרלאַג פֿון באָריס קלעצקין, וואָס האָט געדרוקט זייער אַ סך ווילנער ייִדישע צײַטונגען און זשורנאַלן, אָבער אויך ביכער פֿון דער וועלטלעכער ליטעראַטור און וויסנשאַפֿט.

דרוקערײַ, די ־ען	printing shop, publisher
לומדות [לאָמדעס], דאָס	(Jewish) erudition
משל [מאָשל], דער/דאָס ־ים [מעשאָלים]	example
גײַסטיק	intellectual, spiritual
װיסנשאַפֿט, די ־ן	science, scholarship
בפֿרט [ביפֿראַט]	particularly, especially
שמען [שעמען] גשמט	be famous for/as
אַרויסגיין * אַרויסגעגאַנגען	appear, be published
אויסגאַבע, די ־ס	edition
הזמן [האַזמאַן]	'the time' [*Hebr.*]
װעקער, דער ־ס	waker, alarm clock
מאָנאַטשריפֿט, די ־ן	monthly (periodical)
װאָכן־בלאַט, דער/דאָס ־בלעטער	weekly (periodical)
העולם [האָוילעם]	'the world' [*Hebr.*]
אויפֿשטעלן אויפֿגעשטעלט	set up, establish, found
טרײַבן געטריבן	pursue, drive
אייניקל, דער/דאָס ־עך	grandchild
רעגירונג, די ־ען	government
אות [אָס], דער/דאָס אותיות [אויסיעס]	letter
אָפּענדיקן אָפּגעענדיקט	complete, finish
קונסט, די ־ן	art
נאָכדרוקן נאָכגעדרוקט	reprint
רמב"ם = רבי משה בן מימון	Rambam= Maimonides
תּלמוד־ירושלימי [טאַלמוד־יערושאַלמי]	Jersusalem Talmud
אאַז"וו = און אַזוי װײַטער	and so on, etc.
בנין [ביניען], דער ־ים [ביניאָנים]	building
הגם [האַגאַם]	although
גרינדן געגרינדעט	found
פֿאַרלאַג, דער ־ן	publishing house, press

אין לייען־זאַל פֿון דער סטראַשון־ביבליאָטעק
[ייוואָ]

31

די סטראַשון־ביבליאָטעק [1]

ווו מען שרײַבט און דרוקט ביכער קלײַבט מען געוויינטלעך אויך ביכער, כּדי מען זאָל קענען ווײַטער לערנען און שרײַבן. די סאַמע באַוווּסטע ביבליאָטעק אין דער אַשכּנזישער וועלט האָט צונויפֿגעשטעלט מתּתיהו סטראַשון (1817־1885), וואָס איז געבוירן געוואָרן אין ווילנע אין אַ פֿאַרמעגלעכער משפּחה און איז אַליין שוין קינדווײַז געוואָרן אַ גרויסער תּלמיד־חכם. ער האָט זיך אויך אויסגעלערנט גריכיש, לאַטײַן, רוסיש, פּויליש, דײַטש און ווײַטער פֿילאָסאָפֿיע, געשיכטע און אַסטראָנאָמיע. מען האָט אים פֿאַרבעטן צו ווערן דער רבֿ פֿון דער בערלינער קהילה; האָט ער אָפּגעזאָגט און איז געבליבן אין ווילנע צו זײַן אַ פֿירער אינעם ייִדישן לעבן, אַ מיטגליד אי פֿון ווילנער שטאָטראָט אי פֿון דער דירעקציע פֿון דער רוסישער באַנק.

ער איז געווען אַ ביבליאָפֿיל און זאַמלער. ווען ער איז ניפֿטר געוואָרן האָט די ווילנער קהילה געירשנט זײַן ביבליאָטעק פֿון כּמעט 6,000 בענד. אין 1892 האָט מען געעפֿנט די ביבליאָטעק פֿאַרן ברייטן עולם. אין 1901 איז די ביבליאָטעק אַריבער אין אַ נײַעם בנין לעבן דער שטאָטשול אויפֿן גרויסן שולהויף, וואָס מען האָט געבויט ספּעציעל פֿאַר דער ביבליאָטעק.

דער ערשטער דירעקטאָר פֿון דער ביבליאָטעק איז געווען שמואל סטראַשון, וואָס האָט צונויפֿגעשטעלט אַ קאַטאַלאָג פֿון דער זאַמלונג (שוין אין 1889). שפּעטער איז זײַן זון יצחק געוואָרן דער דירעקטאָר. פֿון אומעטום האָבן מחברים און רבנים געשאָנקען ביכער און ספֿרים, און די זאַמלונג איז שטאַרק צוגעוואָקסן. פֿון 1928 אָן האָט דער ווילנער אוניווערסיטעט געשיקט אַן עקזעמפּלאַר פֿון יעדן ייִדישן און העברעיִשן בוך, וואָס איז דערשינען אין פּוילן. ביז 1935 זײַנען געווען מער פֿון 35,000 בענד, צווישן זיי 5 אינקונאַבלען און 300 ביכער, וואָס מען האָט געדרוקט אין 16טן־17טן י"ה. די מערסטע ביכער און ספֿרים זײַנען, פֿאַרשטייט זיך, געווען אויף ייִדישע טעמעס. סטודענטן, תּלמידים, לערערס, תּלמידי־חכמים, זשורנאַליסטן, מחברים און אַנדערע – פֿרומע און פֿרײַע, מתנגדים און חסידים – האָבן געלייענט און געאַרבעט דאָרטן, איינער לעבן דעם צווייטן. וויסנשאַפֿטלעכע גרופּעס און קרײַזן האָבן זיך געטראָפֿן דאָרטן.

נאָך דער צווייטער וועלט־מלחמה איז געבליבן פֿונעם בנין בלויז אַ חורבֿה. שוין אין 1941 האָבן די נאַציס געשיקט טייל פֿון די ביכער אויף מאַקולאַטור אין די פּאַפּיר־פֿאַבריקן, אַנדערע ביכער און אַרכיוו־מאַטעריאַלן האָבן זיי געשיקט קיין פֿראַנקפֿורט־מײַן אין

דײַטשלאַנד. נאָך דער מלחמה האָט מען דאָרטן געפֿונען אַ סך ביכער פֿון דער סטראַשון־ביבליאָטעק, ווי אויך פֿונעם ייִוואָ. דער ייִוואָ אין ניו־יאָרק האָט ניט געשפּאָרט קיין מי צו לאָזן אַריבערפֿירן די 50,000 געבליבענע ביכער און 30,000 געבליבענע אַרכיוואײַנסן – ניט צוריק קיין ווילנע, נאָר טייל קיין ניו־יאָרק און טייל קיין ירושלים, אין דער נאַציאָנאַלער און אוניווערסיטעטישער ביבליאָטעק.

ביבליאָטעק, די ־ן	library
קלײַבן געקליבן	collect
סאַמע	the very ___
אשכּנזיש [אשקענאַזיש]	Ashkenazic
צונויפֿשטעלן צונויפֿגעשטעלט	assemble, collect
פֿאַרמעגלעך	well-to-do
קינדווײַז	as a child
תּלמיד־חכם [טאַלמעד־כאָכעם], דער תּלמידי־חכמים [טאַלמידע־כאַכאָמים]	Jewish scholar
גריכיש, דאָס	Greek
לאַטײַן, דאָס	Latin
פֿאַרבעטן פֿאַרבעטן	invite
קהילה [קעהילע], די ־ות	Jewish community
אָפּזאָגן אָפּגעזאָגט	decline, refuse
פֿירער, דער ־ס	leader
מיטגליד, דער ־ער	member
שטאָטראָט, דער ־ן	city council
זאַמלער, דער ־ס	collector
ניפֿטר [ניפֿטער] ווערן	pass away, die
ירשענען [יאַרשענען] געירשנט	inherit
באַנד, דער בענד	volume
עולם [אוילעם], דער ־ס	public

מחבר [מעכאַבער], דער ־ים [מעכאַברים]	author
רבֿ [ראָוו], דער רבנים [ראַבאָנים]	orthodox rabbi
שענקען געשאָנקען/געשענקט	donate, present as a gift
צוּוואַקסן * צוגעוואָקסן	grow
שיקן געשיקט	send
עקזעמפּלאַר, דער ־ן	copy [*of something printed*]
אינקונאַבל, דער ־ען	book printed before 1500
טעמע, די ־ס	theme, topic
פֿרום	pious, orthodox
פֿרײַ	*here*: secular
מתנגד [מיסנאַגעד], דער ־ים [מיסנאַגדים]	Orthodox opponent of Hasidism
חסיד [כאָסעד], דער ־ים [כסידים]	Hasid
לייענזאַל, דער ־ן	reading room
קרײַז, דער ־ן	circle, group, set
חורבֿה [כורווע], די ־ות	ruin
מאַקולאַטור, די	scrap paper
פֿאַבריק, די ־ן	factory
פֿראַנקפֿורט־בײַם־מײַן	Frankfurt-am-Main
שפּאָרן געשפּאָרט	spare, save, conserve
מי, די ־ען	trouble, effort

32

דער ייִדישער וויסנשאַפֿטלעכער אינסטיטוט – ייִוואָ [1]

במשך פֿון די יאָרן נאָך דער ערשטער וועלט־מלחמה איז געווען סיי אַ פּעריאָד פֿון הונגער און לײַדן, סיי אַ פּעריאָד ווען דאָס קולטורעלע לעבן פֿון ייִדן אין ווילנע און אַנדערשוווּ אין מיזרח־אייראָפּע האָט ביסלעכווײַז אָנגעהויבן אויפֿצובליִען: מיט צײַטונגען, העברעיִשע און ייִדישע שולן, אַ לערער־סעמינאַר אין ווילנע, פֿאַכשולן, וויסנשאַפֿטלעכע און קולטורעלע זשורנאַלן. ש. אַן־סקי האָט געגרינדעט די "געזעלשאַפֿט פֿאַר ייִדישער געשיכטע און עטנאָגראַפֿיע", וואָס האָט צונויפֿגעזאַמלט אַ גרויסן אַרכיוו פֿון אויטענטישע דאָקומענטן וועגן דער ייִדישער פֿאָלקסקולטור. דורך דער געזעלשאַפֿט איז אין 1919 געגרינדעט געוואָרן אַ מוזיי און אין 1922 האָט מען אויפֿן סמך פֿונעם אַרכיוו אַרויסגעגעבן אַ בוך אין גרויסן פֿאָרמאַט פֿון 500 זײַטן – דער "פּנקס" – וואָס פֿאָרשערס באַניצן זיך עד היום מיט דעם.

אין 1920 זײַנען שוין געווען אי אין בערלין אי אין ווילנע איניציאַטיוו־גרופּעס, וואָס האָבן געוואָלט אָרגאַניזירן אַ וויסנשאַפֿטלעכן אינסטיטוט פֿאַר ברייט קאָנציפּירטע פֿאָרשפּראָיעקטן וועגן דער ייִדישער קולטור. אין מאַרץ־אַפּריל 1925 האָט די ווילנער גרופּע צונויפֿגעשטעלט אַ פּלאַן פֿון אַזאַ אינסטיטוט. דעם 7טן־12סטן אויגוסט פֿון דעם זעלביקן יאָר איז פֿאָרגעקומען אַ צונויפֿטרעף אין בערלין, וואָס אין דעם האָבן אָנטיילגענומען אַ סך וויסנשאַפֿטלערס און קולטור־טוערס פֿון עטלעכע לענדער, צווישן זיי: זלמן רייזען, מאַקס ווײַנרײַך, ז. קאַלמאַנאָוויטש און מאַקס עריק. די באַראַטונג אין בערלין האָט אָרגאַניזירט דעם ייִדישן וויסנשאַפֿטלעכן אינסטיטוט (ייִוואָ). די צילן פֿונעם אינסטיטוט האָט מען דעפֿינירט: ייִדן זאָלן פֿירן וויסנשאַפֿטלעכע פֿאָרשונג וועגן דער ייִדישער קולטור אינעם ברייטסטן זינען און פּובליקירן אָט די פֿאָרשונג אויף ייִדיש, כּדי ייִדיש זאָל זיך ווײַטער אַנטוויקלען ווי אַ וויסנשאַפֿלעכע שפּראַך, כּדי אויך ייִדן, וואָס קענען קיין אַנדערע שפּראַכן ניט, זאָלן פֿונדעסטוועגן האָבן אַ צוטריט צו דער פֿאָרשונג וועגן דער אייגענער קולטור. עס זײַנען געווען פֿיר אָפּטיילן אינעם אינסטיטוט: געשיכטע, פֿילאָלאָגיע און ליטעראַטור, עקאָנאָמיק און סטאַטיסטיק, און פּסיכאָלאָגיע און דערציִונג. אין 1935 האָט זיך אָנגעהויבן אַן אַספּיראַנטור־פּראָגראַם כּדי אויסצושולן יונגע וויסנשאַפֿטלערס; במשך פֿון די יאָרן 1935־1940 האָבן שטודירט אין דער אַספּיראַנטור־פּראָגראַם 82 מענטשן.

די אָרגאַניזאַטאָרן האָבן אויסגעקליבן ווילנע ווי די היים פֿונעם אינסטיטוט, מיט פֿיליאַלן אין וואַרשע, בערלין און ניו־יאָרק (שפּעטער אויך אין בוענאָס־אײַרעס). צווישן די אַקטיווע מיטאַרבעטערס פֿון אָנהייב זײַנען געווען מאַקס ווײַנרײַך, זלמן רייזען, צמח שאַבאַד

און נח פּרילוצקי. אין דער ערשטער צײַט נאָך דעם וואָס מען האָט אָרגאַניזירט דעם ייִוואָ האָט זיך דאָס ביוראָ געפֿונען בײַ ווײַנרײַכן אין דער דירה אויף גרויס־פּאָהוליאַנקע גאַס נומער 18 [איצט: Basanavičiaus gatvė 16]. במשך פֿון די יאָרן 1929־1933 האָט מען אויפֿגעבויט אַ נײַעם בנין פֿאַרן ייִוואָ אויף וויוולסקי גאַס, נאָר אַ פּאָר גאַסן ווײַטער פֿון ווײַנרײַכס דירה.

אין 1935 איז פֿאָרגעקומען א יום־טובֿ מיט אַ קאָנפֿערענץ לכּבֿוד צען יאָר ייִוואָ. אויף דער קאָנפֿערענץ זײַנען געקומען קיין ווילנע וויסנשאַפֿטלערס פֿון דער גאַנצער וועלט. די סיבה פֿאַר וואָס מען האָט אויסגעקליבן ווילנע און ניט וואַרשע אָדער בערלין – וואָס זײַנען אַ סך גרעסער און צענטראַלער – איז געווען אי פּראַקטיש אי סימבאָליש: ווילנע איז געווען היסטאָריש דער גײַסטיקער צענטער פֿון דער מאָדערנער אַשכּנזישער קולטור, און אינעם יאָר 1925 איז עס נאָך געווען אַ שטאָט, ווו מען האָט געפֿונען אַ פֿולע סיסטעם פֿון ייִדישן חינוך: אַ נעץ טראַדיציאָנעלע און וועלטלעכע שולן, ווו מען לערנט קינדער אויף ייִדיש און העברעיִש, ווו עס זײַנען פֿאַראַן וויכטיקע ביבליאָטעקן, פּרעסע, ייִדישע טעאַטערס, כאָרן און אַ קאָנסערוואַטאָריע; ס'האָט זיך אויך געפֿונען אין ווילנע די געזעלשאַפֿט פֿאַר עטנאָגראַפֿיע וכדומה.

ווען דער ראַטן־פֿאַרבאַנד האָט בײַם אָנהייב פֿון דער צווייטער וועלט־מלחמה אײַנגענומען ווילנע, האָט מען שוין פֿאַרמאַכט אַלע "נאַציאָנאַליסטישע" אינסטיטוטן – אַרײַנגענומען דעם ייִוואָ, וואָס האָט געזאָלט אַרײַנגענומען ווערן אין אַ וויסנשאַפֿטלעכן אינסטיטוט פֿאַר גאַנץ ליטע. אָבער ווען די נאַציס האָבן אָקופּירט ווילנע אין 1941 האָט מען אין גאַנצן פֿאַרמאַכט דעם ייִוואָ, און דער פֿיליאַל אין ניו־יאָרק האָט איבערגענומען די פֿירונג פֿונעם אינסטיטוט. ס'רובֿ וויסנשאַפֿטלערס און מיטאַרבעטערס פֿון ייִוואָ אין בערלין, וואַרשע און ווילנע זײַנען אומגעקומען מיט דעם שרעקלעכן טויט פֿון די זעקס מיליאָן, און ווען מען טראַכט ווײַטער, הינטער דער מענטשלעכער קאַטאַסטראָפֿע, דאַרף מען אויך אײַנזען אַז די ייִדיש־ייִדישע פֿאָרשונג (ד.ה. די פֿאָרשונג וועגן ייִדן וואָס מען האָט פּובליקירט אויף ייִדיש) האָט איבערגעלעבט דעם חורבן נאָר שוואַכלעך און ערטערווײַז. די ביבליאָטעק פֿון ייִוואָ אין ווילנע האָט געהאַט מער ווי 100,000 בענד און 200,000 כּתבֿ־ידן און אַרכיוואייינסן, וואָס פֿון זיי איז נאָר אַ טייל פֿאַרשוווּנדן געוואָרן בעת דער מלחמה. די נאַציס האָבן געצוווּנגען ייִדישע וויסנשאַפֿטלערס אין ווילנע צו סאָרטירן די ביכער און דאָקומענטן. די וויכטיקסטע האָט מען געשיקט קיין דײַטשלאַנד, די 'ניט־וויכטיקע' האָט מען געשיקט אויף מאַקולאַטור אין פּאַפּיר־פֿאַבריק. נאָר די וויסנשאַפֿטלערס האָבן אַ סך וויכטיקע ייִדישע ביכער פֿון ביבליאָטעק אַרויסגעשמוגלט און באַהאַלטן אין באַזונדערע בונקערס אין געטאָ. דעם גרעסטן טייל פֿון דער ייִוואָ־ביבליאָטעק אָבער האָבן די נאַציס גענומען קיין דײַטשלאַנד. נאָך דער מלחמה האָט מען צוריקגעקראָגן דעם מאַטעריאַל און אים אָפּגעשיקט דעם ייִוואָ אין ניו־יאָרק. דאָרטן געפֿינט זיך ביז הײַנט נאָך דער ייִוואָ, און די ביבליאָטעק אין ניו־יאָרק פֿאַרמאָגט שוין מער פֿון 350,000 בענד און 22 מיליאָן אַרכיוואַלע אייינסן: דאָקומענטן, קלאַנג־אויפֿנאַמען, פֿילמען און פֿאָטאָגראַפֿיעס. דער ייִוואָ גיט נאָך אַרויס די וויכטיקע וויסנשאַפֿטלעכע זשורנאַן: *ייִוואָ־בלעטער* (1931־), *ייִדישע שפּראַך* (1941־), *ידיעות פֿון ייִוואָ* (1929־), און די צײַטשריפֿט *YIVO Annual of Jewish Social Science* איז אַרויסגעגאַנגען 1946־1996. אין בוענאָס־אײַרעס איז אויך דאָ אַן אָפּטייל פֿונעם ייִוואָ.

וויסנשאַפֿט, די ־ן	scholarship, science
במשך [בעמעשעך] פֿון	in the course of
מלחמה [מילכאָמע], די ־ות	war
סײַ ... סײַ	both ... and
לײַדן געליטן	suffer, fall victim to
ביסלעכווײַז	gradually
אויפֿבליִען אויפֿגעבליט	blossom forth, begin to prosper
לערע־סעמינאַר, דער ־ן	Jewish teachers' college
פֿאַכשול, די ־ן	trade/vocational school
גרינדן געגרינדעט	found
געזעלשאַפֿט, די ־ן	society
עטנאָגראַפֿיע, די	ethnography
צונויפֿזאַמלען צונויפֿגעזאַמלט	assemble, collect
אַרויסגיין * אַרויסגעגאַנגען	go forth, be published
סמך [ס(ע)מאַך], דער ־ן	basis, ground
פּינקס [פּינקעס], דער ־ים [פּינקייסים]	record book, register
באַניצן זיך באַניצט	use
עד היום [אַדײַעם]	to this day
קאָנציפּירט	conceived
פֿאָרש־	research-
צונויפֿשטעלן צונויפֿגעשטעלט	assemble, design
פֿאָרקומען * פֿאָרגעקומען	happen, take place
צונויפֿטרעף, דער ־ן	meeting, get together
אָנטיילנעמען אָנטיילגענומען	participate
באַראַטונג, די ־ען	meeting
ציל, דער ־ן	purpose, aim, goal
זינען, דער	sense
אַנטוויקלען זיך אַנטוויקלט	develop
צוטריט, דער	access
אָפּטייל, דער ־ן	section, department
דערציִונג, די ־ען	education
אַספּיראַנטור, די ־ן	advanced course of study
אויסשולן אויסגעשולט	train
אויסקלײַבן אויסגעקליבן	choose, select
פֿיליאַל, דער ־ן	branch (office)
מיטאַרבעטער, דע ־ס	associate, fellow worker
בנין [ביניען], דער/דאָס ־ים [ביניאָנים]	building
ביוראָ, דאָס/דער ־ען	office
פֿײַערונג, די ־ען	celebration
לכּבֿוד [לעקאָוועד]	in honor/on the occasion of
סיבה [סיבע], די ־ות	reason, cause
חינוך [כינעך], דער	Jewish education
כאָר, דער ־ן	choir, chorus
וכדומה [אוכדוימע]	and so forth, etc.
ראַטנמאַכט, די	Soviet regime
פֿאַרמאַכן פֿאַרמאַכט	close, shut down
אַרײַננעמען אַרײַנגענומען	take in, include
איבערנעמען איבערגענומען	take over, assume
ס'רובֿ [סראָוו]	most (of)
שרעקלעך	horrible, horrific
איבערלעבן איבערגעלעבט	survive
חורבן [כורבם], דער ־ות [כורבאָנעס]	Holocaust
שוואַכלעך	weakly, barely
ערטערווײַז	here and there
כּתבֿ־יד [קסאוו־יאַד], דער/דאָס ־ן	manuscript
איינס, דער/די ־ן	item, unit, entry
צווינגען געצוווּנגען	force, compel
מאַקולאַטור, די	scrap paper
חשובֿ [כאָשעוו]	important, significant
אַרויסשמוגלען אַרויסגעשמוגלט	smuggle out
באַהאַלטן באַהאַלטן	hide, conceal
צוריקקריגן צוריקגעקראָגן	get back
פֿאַרמאָגן פֿאַרמאָגט	possess, own
קלאַנג־אויפֿנאַם, דער ־ען	sound recording

33

הירש גליק (1922-1944) [1]

הירש גליק איז געבוירן געוואָרן אין ווילנע. שוין צו דרײַצן יאָר האָט ער אָנגעהויבן שרײַבן העברעיִשע לידער. באַלד איז ער געוואָרן אַ מיטגליד פֿון דער ליטעראַרישער גרופּע "יונג ווילנע" און אין 1939 האָט ער רעדאַקטירט פֿיר נומערן פֿון דער צײַטשריפֿט *יונגוואַלד*. בשעת דער צווייטער וועלט־מלחמה איז ער געווען אין געטאָ און אין אַרבעט־לאַגערן, ווו ער האָט ווײַטער געשריבן לידער, באַזונדערש דאָס באַוווּסטע ליד, "זאָג ניט קיין מאָל", וואָס איז געוואָרן דער הימען פֿון די ווילנער פּאַרטיזאַנערס. אין 1943 האָט מען אים געשיקט אין אַ לאַגער אין עסטלאַנד, פֿון וואַנען ער איז אַנטלאָפֿן. ער איז מיט אַ יאָר שפּעטער דערהרגעט געוואָרן בײַם קעמפֿן קעגן די נאַציס.

מיטגליד, דער ־ער	member	לאַגער, דער ־ן	camp
רעדאַקטירן רעדאַקטירט	edit	הימען, דער ־ס	anthem, hymn
נומער, די ־ן	issue	פּאַרטיזאַנער, דער ־ס	partisan, guerilla
צײַטשריפֿט, די ־ן	journal	עסטלאַנד, דאָס	Estonia
בשעת [בעשאַס] פֿון	during	אַנטלויפֿן * אַנטלאָפֿן	escape, flee
וואַלד, דער וועלדער	forest	הרגענען [האַרגענען] געהרגעט	kill

פּאַרטיזאַנער־ליד [2]

שטיל, די נאַכט איז אויסגעשטערנט
און דער פֿראָסט האָט שטאַרק געברענט,
צי געדענקסטו ווי איך האָב דיך געלערנט

האַלטן אַ שפּײַער אין די הענט?

אַ מויד, אַ פּעלצל און אַ בערעט
און האַלט אין האַנט פֿעסט אַ נאַגאַן,
אַ מויד מיט אַ סאַמעטענעם פּנים
היט אָפּ דעם שׂונאס קאַראַוואַן.

געצילט, געשאָסן און געטראָפֿן
האָט איר קלײנינקער פּיסטויל,
אַן אויטאָ אַ פֿולינקן מיט וואָפֿן
פֿאַרהאַלטן האָט זי מיט איין קויל.

פֿאַר טאָג פֿון וואַלד אַרויסגעקראָכן,
מיט שניי־גירלאַנדן אויף די האָר,
געמוטיקט פֿון קלײנינקן נצחון,
פֿאַר אונדזער נײַעם, פֿרײַען דור.

פּאַרטיזאַנער, דער ־ס partisan, guerilla
אויסשטערענען אויסגעשטערנט become studded with stars
געדענקען געדענקט remember
שפּײַער, דע ־ס detonator, gun(barrel)
מויד, די ־ן/מיידן maiden
פּעלצל, דאָס ־עך small fur/pelt
בערעט, דער ־ן beret
נאַגאַן, דער ־עס type of pistol
סאַמעטן (of) velvet
אָפּהיטן אָפּגעהיט fend off, guard against, observe
שׂונא [סוינע], דער ־ים [סאָנים] enemy
צילן געצילט aim
שיסן געשאָסן shoot
טרעפֿן געטראָפֿן hit (*a target*)
פֿולינק full (*dim*)
וואָפֿן, דער ־ס/– weapon, *pl* armaments
פֿאַרהאַלטן פֿאַרהאַלטן halt, stop
קויל, די ־ן bullet
אַרויסקריכן אַרויסגעקראָכן crawl/creep out
גירלאַנד, די ־ן / גירלאַנדע, די ־ס garlandtinsel,
מוטיקן געמוטיקט encourage
נצחון [ניצאָכן], דער ־ות [ניצכוינעס] victory, triumph
דור [דאָר], דער ־ות [דוירעס] generation

זאָג ניט קיין מאָל (פּאַרטיזאַנער־הימען) [2]

זאָג ניט קיין מאָל, אַז דו גייסט דעם לעצטן וועג,
הימלען בלײַענע פֿאַרשטעלן בלויע טעג.
קומען וועט נאָך אונדזער אויסגעבענקטע שעה,
ס'וועט אַ פּויק טאָן אונדזער טראָט: מיר זײַנען דאָ!

פֿון גרינעם פּאַלמענלאַנד ביז ווײַטן לאַנד פֿון שניי
מיר קומען־אָן מיט אונדזער פּײַן, מיט אונדזער וויי,
און ווו געפֿאַלן איז אַ שפּריץ פֿון אונדזער בלוט,
שפּראָצן וועט דאָרט אונזער גבֿורה, אונדזער מוט.

ס'וועט די מאָרגנזון באַגילדן אונדז דעם הײַנט,
און דער נעכטן וועט פֿאַרשווינדן מיטן פֿײַנד.
נאָר אויב פֿאַרזאַמען וועט די זון און דער קאַיאָר,
ווי אַ פּאַראָל זאָל גיין דאָס ליד פֿון דור צו דור.

דאָס ליד געשריבן איז מיט בלוט און ניט מיט בלײַ,
ס'איז ניט קיין לידל פֿון אַ פֿויגל אויף דער פֿרײַ,
דאָס האָט אַ פֿאָלק צווישן פֿאַלנדיקע ווענט
דאָס ליד געזונגען מיט נאַגאַנעס אין די הענט.

טאָ זאָג ניט קיין מאָל אַז דו גייסט דעם לעצטן וועג,
הימלען בלײַענע פֿאַרשטעלן בלויע טעג –
קומען וועט נאָך אונדזער אויסגעבענקטע שעה,
ס'וועט אַ פּויק טאָן אונדזער טראָט: מיר זײַנען דאָ!

ווילנע, 4 יאַנואַר 1943

[*אַנטאָלאָגיע ווידערשטאַנד און אויפֿשטאַנד*, רעד. משה קנאַפּהייס, (בוענאָס־אײַרעס: ייִוואָ, 1970), ז. 332]

בלײַען	leaden	שניי, דער ־ען	snow
פֿאַרשטעלן פֿאַרשטעלט	obstruct	פּײַן, די ־ען	anguish
אויסבענקען אויסגעבענקט	successfully long for	וויי, דער ־ען	pain
שעה [שאָ], די ־ען	hour	שפּריץ, דער ־ן	spurt
פּויק, די ־ן	drum(beat)	בלוט, דאָס	blood
טראָט, דער טריט	step	שפּראָצן געשפּראָצט	sprout
פּאַלמע, די ־ס	palm	גבֿורה, די ־ות	might, valor

lead, graphite	בלײַ, דאָס	might, valor	מוט, דער
free, in freedom	אויף דער פֿרײַ	gild	באַגילדן באַגילדט
sing	זינגען געזונגען	disappear	פֿאַרשווינדן פֿאַרשוווּנדן
type of pistol	נאַגאַן, דער ־עס	enemy	פֿײַנד, דער –
so	טאָ	miss, be late	פֿאַרזאַמען פֿאַרזאַמט
opposition, resistance	ווידערשטאַנד, דער	dawn	קאיאָר, דער ־ן
uprising, revolution	אויפֿשטאַנד, דער	watchword, password	פּאַראָל, דער ־ן

34

אַפֿרים־לייב װאָלפֿסאָן (1946־1867) [1]

אַפֿרים־לייב װאָלפֿסאָן איז געבוירן געװאָרן אין ריגע אין לעטלאַנד אין אַן אָרעמער משפּחה. ער האָט געלערנט אין חדר און האָט אָנגעהויבן פֿרי צו שרײַבן לידער. אין 1889 האָט ער אימיגריט קיין פֿילאַדעלפֿיע, װוּ ער האָט באַלד אָנגעהויבן אַרבעטן אונטער עטלעכע פּסעװדאָנימען װי אַ זשורנאַליסט און הומאָריסט בײַ פֿאַרשיידענע צײַטונגען. װאָלפֿסאָנס ליד "װילנע" האָט מען געדרוקט שוין אין 1936 מיט דעם אָריגינאַל־טעקסט, אָבער דער נוסח װאָס מען האָט געזונגען צום אָנהייב פֿון כּמעט אַלע פֿאָרשטעלונגען אין װילנער געטאָ און װאָס מען זינגט נאָך הײַנט שטאַמט פֿון שפּעטער (געדרוקט אין 1947 פֿון שמערקע קאַטשערגינסקין). דאָ װערט אָפּגעדרוקט אויף דער רעכטער קאָלומנע דער אָריגינאַל־טעקסט, מיטן שפּעטערדיקן נוסח אויף לינקס.

לעטלאַנד, דאָס	Latvia
נוסח [נוסעך], דער ־ות [נוסכאָעס]	version
פֿאָרשטעלונג, די ־ען	show, performance

װילנע [2]

װילנע, שטאָט פֿון גײַסט און תּמימות,
װילנע, ייִדישלעך פֿאַרטראַכט,
װוּ עס מורמלען פֿול מיט סודות
שטילע תּפֿילות דורך דער נאַכט.

װילנע, קװאַל פֿון פּילפּול־ספֿרים,
טיף פֿאַרטראַכטע חלום־שטאָט,

װילנע, שטאָט פֿון גײַסט און תּמימות,
װילנע, ייִדישלעך פֿאַרטראַכט,
װוּ עס מורמלען שטילע תּפֿילות
שטילע סודות פֿון דער נאַכט.

וווּ עס האָבן דורות פֿרומע
זיך באַהעפֿט מיט גײַסט און גאָט.

ווילנע, ווילנע, אונדזער מעקאַ,
אונדזער בענקשאַפֿט און באַגער –
אַך, ווי אָפֿט עס רופֿט דײַן נאָמען
פֿון מײַן אויג אַרויס אַ טרער.

ווילנער געסלעך, ווילנער טײַכן,
ווילנער וועלדער, באַרג און טאָל,
עפּעס נאָיעט, עפּעס בענקט זיך
נאָך די צײַטן פֿון אַמאָל.

אָפֿט מאָל זע איך דיך אין חלום,
הייס געליבטע ווילנע מײַן,
זע דעם אַלטן בית־המדרש
מיט זײַן מאַטן חלבֿ־שײַן.

זע דאָס וועלדעלע זאַקרעטער
אין זײַן שאָטן אײַנגעהילט,
וווּ עס האָבן לערער בראַווע
אונדזער ווײסנדאָרשט געשטילט

ווילנע, ווילנע, אונדזער הײמשטאָט,
אונדזער בענקשאַפֿט און באַגער,
אַך, ווי אָפֿט עס רופֿט דײַן נאָמען
פֿון מײַן אויג אַרויס אַ טרער.

ווילנער געסלעך, ווילנער טײַכן,
ווילנער וועלדער, באַרג און טאָל,
עפּעס נאָיעט, עפּעס בענקט זיך
נאָך די צײַטן פֿון אַמאָל.

אָפֿט מאָל זע איך דיך אין חלום,
הייס געליבטע ווילנע מײַן,
און די אַלטע ווילנער געטאָ
אין אַ נעפּלדיקן שײַן.

כ'זע דעם וועלדעלע זאַקרעטער
אין זײַן שאָטן אײַנגעהילט,
וווּ געהיים עס האָבן לערער
אונדזער ווײסנדורשט געשטילט.

ווילנע האָט דעם ערשטן פֿאָדעם
פֿון דער פֿרײַהייטס־פֿאָן געוועבט
און די ליבע קינדער אירע –
מיט אַ צאַרטן גײַסט באַלעבט.

[*ווילנע אין דער יידישער ליטעראַטור*, רעד. שמואל ראָזשאַנסקי, בוענאָס־אײַרעס: ייִוואָ, 1980, ז. 217-218;
שמערקע קאַטשערגינסקי, *געזאַנג פֿון ווילנער געטאָ*, פּאַריז: פֿאַרבאַנד פֿון די ווילנער אין פֿראַנקרײַך, 1947]

שטאָט, די שטעט	city	תּפֿילה [טפֿילע], די ־ות	prayer
גײַסט, דער ־ער	intellect, spirit	קוואַל, דער ־ן	spring, source
תּמימות [טמימעס], די	naïveté	פּילפּול [פּילפּל], דער	subtle argumentation, casuistry
יידישלעך	traditionally Jewish	ספֿר [סייפֿער], דער ־ים [ספֿאָרים]	(religious) book
פֿאַרטראַכט	pensive	חלום [כאָלעם], דער, חלומות [כאַלוימעס]	dream
מורמלען געמורמלט	murmur	דור [דאָר], דער ־ות [דוירעס]	generation
סוד [סאָד], דער ־ות [סוידעס]	secret		

באַהעפֿטן באַהעפֿט	join, unite
מעקאַ	Mecca
היימשטאָט, די היימשטעט	hometown
בענקשאַפֿט, די ־ען	longing, yearning
באַגער, דער ־ן	desire
אַרויסרופֿן אַרויסגערופֿן	call forth
טרער, די ־ן	tear
געסל, דאָס ־עך	alley, small street
טײַך, דער ־ן	river
טאָל, דער ־ן	valley
נאָיען = נויען גענויעט	gnaw, ache, haunt
בענקען זיך געבענקט	long/yearn for
אַמאָל	past times
אָפֿט מאָל	often
הייס־געליבט	fervently beloved
בית־מדרש [בעסמעדרעש], דער בתּי־מדרשים [באָטע־מידראָשים]	synagogue
געטאָ, די ־ס	ghetto
חלבֿ [כיילעוו], דאָס	tallow
נעפּלדיק	misty
וועלדעלע, דאָס ־ך	small woods, copse
זאַקרעטער	Zakret [*adj*]
שאָטן, דער ־ס	shadow
אײַנגעהילט	wrapped, enveloped
בראַוו	brave, gallant
געהיים	secret
וויסנדורשט, דער	thirst for knowledge
שטילן געשטילט	satiate
פֿאָדעם, דער פֿעדעם	thread
פֿרײַהייט, די ־ען	freedom
פֿאָן, דער ־ען	flag
וועבן געוועבט	weave
צאַרט	tender
באַלעבן באַלעבט	animate

35

ש. אַנ־סקי [שלמה־זײַנוול ראַפּאָפּאָרט] (1920-1863) [1]

שלמה־זײַנוול ראַפּאָפּאָרט [פּסעוודאָנים ש. אַנ־סקי] איז געבוירן געוואָרן אין 1863 אין טשאַשניק אין רײַסן. שפּעטער האָט ער געוווינט מיט דער משפּחה אין וויטעבסק. שוין ייִנגלווײַז האָט ער געלערנט רוסיש און איז געוואָרן אַ משׂכּיל און אַ מיטגליד פֿון דער פֿאָלקיסטישער גרופּע "נאַראָדניקעס". ער האָט געוווינט צווישן די רוסישע פּויערים און געאַרבעט ווי אַ לערער , אַ פֿאַבריק־אַרבעטער, אַ שנײַדער און אַ שמיד. אין 1894 איז ער אַרויסגעפֿאָרן פֿון דער רוסישער אימפּעריע און זיך באַזעצט אין פּאַריז. דאָרטן האָט ער געאַרבעט ווי אַ סעקרעטאַר פֿונעם סאָציאַל־רעוואָלוציאָנער פּיאָטר לאַווראָוו. ביז 1904 האָט ער געשריבן נאָר אויף רוסיש, ערשט דערנאָך אויף ייִדיש. ער האָט אָנגעשריבן דעם הימען פֿונעם בונד: "די שבֿועה", און האָט זיך געלערנט ווײַטער און איז געוואָרן אַ קענער פֿונעם ייִדישן פֿאָלקלאָר. נאָך 1905 איז ער צוריק קיין רוסלאַנד און האָט אָנגעשריבן אַ סך לעגענדעס, לידער און חסידישע מעשׂיות וועגן דעם אָרעמען ייִדישן פֿאָלק. פֿון 1911 ביז 1914 איז ער געפֿאָרן אויף עטנאָגראַפֿישע עקספּעדיציעס אין וואָלין און פּאָדאָליע און געזאַמלט פֿאָלקסלידער, מעשׂיות, פֿאָטאָגראַפֿיעס און אַנדערע דאָקומענטן. פֿון דער דאָזיקער אַרבעט איז אַרויסגעקומען די באַוווּסטע פּיעסע "דער דיבוק" (1920), וואָס די ווילנער טרופּע האָט די ערשטע געשטעלט. דעם 8טן נאָוועמבער 1920 איז ש. אַנ־סקי געשטאָרבן אין וואַרשע.

פּסעוודאָנים, דער ־ען	pseudonym	שנײַדער, דער ־ס	tailor
רײַסן, דאָס	[Litvak] Belorussia/Belarus	שמיד, דער ־ן	blacksmith
ייִנגלווײַז	as a boy	אימפּעריע, די ־ס	empire
משׂכּיל [מאַסקיל], דער ־ים	adherent of the Englightenment	באַזעצן זיך באַזעצט	settle
מיטגליד, דער ־ער	member	הימען, דער ־ס	anthem, hymn
פּאָפּוליסטיש	populist	בונד, דער	Jewish socialist labor party
נאַראָדניקעס	'nationalists/folkists' [< *Rus.*]	שבֿועה [שוווּע], די ־ות	oath
פּויער, דער ־ים	peasant, farmer	חסידיש	Hassidic
פֿאַבריק, די ־ן	factory	מעשׂה [מײַסע], די ־יות	story, tale
		עטנאָגראַפֿיש	ethnographical

וואָלין, דאָס Volhynia
פּאָדאָליע, די Podolia
באַוווּסט famous
פּיעסע, די ־ס play
אַרויסקומען * אַרויסגעקומען result

דיבוק [דיבעק], דער ־ים [דיבוקים] dibbuk, evil spirit
טרופּע, די ־ס troupe, cast
שטעלן געשטעלט produce, stage

36

שמואל ניגער [שמואל טשאַרני] (1955־1883) [1]

שמואל ניגער איז געווען דער פּסעוודאָנים פֿון שמואל טשאַרני, וואָס איז געבוירן געוואָרן אין דוקאָר, מינסקער געגנט, אין 1883. זײַן ברודער איז געווען דער פּאָעט דניאל טשאַרני. ער האָט געלערנט אין אַ ישיבֿה אין מינסק, אָבער באַלד זיך פֿאַראינטערעסירט מיטן ציוניזם און מיטן סאָציאַליזם. צוליב דעם האָט אים די פּאָליציי אָפֿט אַרײַנגעזעצט אין טורמע און אים געפּײַניקט. ער איז געוואָרן אַ באַוווּסטער ליטעראַטור־קריטיקער און האָט צו ערשט געשריבן אויף רוסיש און העברעיִש, אָבער נאָך דער רעוואָלוציע פֿון 1905 האָט ער געשריבן מערסטנס אויף ייִדיש. נאָך דעם ווי ער האָט אַ ווײַלע געוווינט אין בערלין און בערן [שווייץ], איז ער געוואָרן דער רעדאַקטאָר פֿון די *ייִדישע וועלט* אין ווילנע (1912). ער האָט רעדאַקטירט דעם *פּנקס* (1913), אַ זאַמלונג אַרבעטן וועגן ייִדישער שפּראַך, ליטעראַטור, קריטיק און ביבליאָגראַפֿיע. אין 1919 האָט מען אים נאָך אַ מאָל אַרײַנגעזעצט אין טורמע, און דערנאָכדעם איז ער געפֿאָרן קיין ניו־יאָרק, ווו ער איז געוואָרן אַ מיטאַרבעטער אין דער צײַטונג *דער טאָג*; שפּעטער איז ער אויך געוואָרן אויך דער רעדאַקטאָר פֿונעם ליטעראַרישן זשורנאַל *די צוקונפֿט* (1947־1941). פֿון אָנהייב אָן איז ער געווען אַ מיטאַרבעטער אינעם ייִוואָ, אין ווילנע און שפּעטער אין ניו־יאָרק. מיט זײַן ליטעראַטור־קריטיק האָט ער געוואָלט געפֿינען די אינעווייניקסטע שיינקייט פֿון אַ ליטעראַריש ווערק, וואָס דריקט אויס דעם מהות פֿונעם שרײַבער און אויך פֿון דער קולטור אַליין. ער איז געשטאָרבן אין ניו־יאָרק אין 1955.

פסעוודאָנים, דער ־ען	pseudonym	זאמלונג, די ־ען	collection
פֿאַראינטערעסירן זיך פֿאַראינטערעסירט	take an interest in	צוקונפֿט, די	future
טורמע, די ־ס	prison	מיטאַרבעטער, דער ־ס	associate, contributor
אַרײַנזעצן {אַרײַנגעזעצט} אין טורמע	imprison, jail	אינעווייניק	inner
פּײַניקן געפּײַניקט	torture	שיינקייט, די ־ען	beauty
רעדאַקטאָר, דער ־ס	editor	אויסדריקן אויסגעדריקט	express
		מהות [מעהוס], דער ־ן	essence

וועגן ייִדישקייט [3]

איך געדענק מײַנע אייגענע קינדער־יאָרן. אין יענער צײַט האָב איך נישט נאָר געגלייבט אין ייִדישקייט, כ'האָב געלעבט ייִדישקייט. איך בין געווען ייִדישקייט. מײַן ייִדישע אמונה איז ממש געווען די לופֿט וואָס איך האָב אַרײַן און אַרויסגעאָטעמט. מײַן גלויבן איז געווען "קריאת־שמע" – גייענדיק שלאָפֿן, און "מודה אני" און נעגלוואַסער – אויפֿשטייענדיק. מײַן גלויבן האָט אין זיך אַרײַנגענומען נישט נאָר דאָס ברויט וואָס איך האָב געגעסן נאָכן וואַשן זיך, מאַכנדיק די ברכה, נאָר אויך די ערד פֿון וועלכער גאָט ציט דאָס ברויט אַרויס און די הימלען מיט די דונערן און בליצן וואָס איך האָב געהאַט פֿאַר זיי גאָר באַזונדערע ברכות.

איך געדענק אָט די דונערן און בליצן נאָך פֿון יענער צײַט, ווען מײַן נשמה איז אין איינעם מיט אַנדערע ייִדישע נשמות, געשטאַנען בײַם באַרג סיני ... יענע ייִדישקייט מײַנע איז געווען מער ווי אַ שטיק וועלט. זי איז געווען די גאַנצע וועלט און ממילא איז זי געווען נישט אַ שטיק רעאַליטעט, נאָר די גאַנצע, די פֿולע, די פֿולסטע רעאַליטעט.

ווען איך בין שוין געווען כּמעט אויפֿן וואָגן, האָט מיך די מאַמע אַוועקגערופֿן אָן אַ זײַט און געבעטן איבערגעבן די קינדער, דאָס הייסט, די עלטערע ברידער מײַנע, אַז זיי זאָלן זיך נישט באַגיין מיט איר כּנגד הטבֿע ...

– וואָס הייסט, מאַמע, כּנגד הטבֿע? – בין איך געוואָרן נײַגעריק אויסצוהערן דער מאַמעס אַ שטיקל תּורה, וועלכע זי פֿלעגט בטבֿע בײַ יעדן געזעגענען זיך מיט מיר אָנקנעלן.

– פֿאַרשטייסטו מיך, זון מײַנער – האָט די מאַמע געלאַסן אָנגעהויבן – פֿאַרשטייסטו מיך, אַלע טײַכן פֿון דער וועלט ציִען זיך דאָך צום ים און וואָס נעענטער די טײַכן קומען צום ים, אַלץ נעענטער ווערן זיי דאָך איינע צו די אַנדערע. און אָט האָב איך פֿון זיך אַרויסגעלאָזט פֿינף זין, ווי פֿינף גאָלדענע טײַכן. אָבער פֿון יאָר צו יאָר ווערן זיי אַלץ ווײַטער פֿון זייער ים און במילא אויך – איינער פֿון די אַנדערע ... שרײַבט כאָטש אָפּטער בריוו און זעט צו האַלטן זיך איינער נעבן אַנדערן, ווײַל די וועלט איז זייער גרויס און סומנע ...

– גוט, מאַמע! מיר וועלן דיר שרײַבן אָפֿטע בריוו און זען האַלטן זיך אין איינעם.

האָב איך קוים באַוויזן אַרויסצורעדן מעשׂה מענטש.

[באַאַרבעט אין *פֿאָרווערטס*]

ייִדישקייט, די	traditional Yiddish life	לופֿט, די	air
געדענקען געדענקט	remember	אָטעמען געאָטעמט	breathe
אייגענע	own	גלויבן, דער ־ס	faith
אמונה [עמונע], די ־ות	religious belief	קריאת־שמע [קרישמע]	prayer at bedtime
ממש [מאַמעש]	literally, truly	מודה־אני [מוידע־אַני]	prayer at waking

נעגלוואַסער, דאָס ־ן ritual morning hand washing
אויפֿשטיין * אויפֿגעשטאַנען get out of bed
אַרײַננעמען אַרײַנגענומען take in
ברכה [בראָכע], די ־ות blessing
ערד, די earth
וועלכער = וואָס which
דונער, דער ־ן thunder
בליץ, דער ־ן lightning flash
באַזונדער special
נשמה [נעשאָמע], די ־ות soul
אין איינעם together
באַרג, דער בערג mountain, hill
סיני [סינײַ], דער Sinai
שטיק, דאָס ־ער piece, bit
ממילא [מעמיילע] perforce, as a matter of course

וואָגן, דער ־ס/וועגן/וועגענער cart, buggy
כּנגד הטבֿע [קנעגעדאַטייווע] against nature
נײַגעריק curious
בטבֿע [בעטעווע] customarily, habitually
אָנקנעלן אָנגעקנעלט teach, hold forth to
געלאַסן calmly
ציִען זיך צו געצויגן gravitate/be drawn toward
ים [יאַם], דער ־ים/־ען sea
אַרויסלאָזן אַרויסגעלאָזט send forth
במילא [בעמיילע] of necessity, therefore
סומנע mournful, gloomy
האַלטן זיך געהאַלטן stick, adhere, hold
קוים scarcely, hardly
באַוויזן באַוויזן succeed in, managed to
מעשה [מײַסע] ___ like a ___

37

די ליטעראַטור־באַוועגונג "יונג ווילנע" [1]

דער רעדאַקטאָר פֿון דער צײַטונג *ווילנער טאָג*, זלמן רייזען, האָט פֿאָרגעשטעלט די דיכטער־גרופּע "יונג ווילנע" אין 1929. במשך פֿון דעם קומעדיקן יאָרצענדלינג האָט די גרופּע צוגעצויגן צו זיך אַ סך אינטערעס דורך אירע זשורנאַלן, אַנטאָלאָגיעס, לידערביכלעך און פּראָזע. פֿון די דרײַ צענדלינג מחבֿרים, וואָס האָבן אָנטייל גענומען אין דער גרופּע, זײַנען די וויכטיקסטע מיטגלידער געווען: חיים גראַדע, אַבֿרהם סוצקעווער, שמערקע קאַטשערגינסקי, לייזער וואָלף און הירש גליק. די סאָוועטישע אָקופּאַציע און די נאַציס האָבן די גרופּע צעשטערט, הגם די לעבן־געבליבענע מיטגלידער האָבן ממשך געווען צו שרײַבן.

רעדאַקטאָר, דער ־ס — editor
פֿאָרשטעלן פֿאָרגעשטעלט — introduce
דיכטער, דער ־ס — poet
במשך [בעמעשעך] פֿון — during, in the course of
יאָרצענדלינג, דער ־ער — decade
צוציִען צוגעצויגן — attract, draw
מחבר [מעכאַבער], דער ־ים [מעכאַברים] — author
אָנטיילנעמען אָנטיילגענומען — participate
מיטגליד, דער ־ער — member
צעשטערן צעשטערט — destroy
הגם [האַגאַם] — although
לעבנגעבליבן — surviving
ממשך [מאַמשעך] זײַן — continue

38

חיים גראַדע (1910־1982) [1]

חיים גראַדע איז געבוירן געוואָרן אין ווילנע. זײַן טאַטע איז געשטאָרבן ווען גראַדע איז געווען נאָך אַ ייִנגל. זײַן מאַמע האָט פֿאַרקויפֿט אויפּס אויף אַ מאַרקשטעל. גראַדע איז געגאַנגען אין חדר און שפּעטער אין דער ישיבֿה. אין 1932 זײַנען זײַנע ערשטע לידער דערשינען אין דעם *ווילנער טאָג*. זײַן ערשט ביכל האָט ער פּובליקירט אין 1936 (*יאָ*). בעת דער צווייטער וועלט־מלחמה איז ער געווען אין רוסלאַנד. דערנאָכדעם האָט ער געוווינט אין פּאַריז. אין 1948 האָט ער אימיגרירט קיין ניו־יאָרק. גראַדע איז אויך דער בעסטער ליטעראַרישער אויסטײַטשער פֿונעם טראַדיציאָנעלן ישיבֿה־לעבן אין דער ליטע (*דער שולהויף*, 1958). זײַן ראָמאַן *די עגונה* (1961) שטעלט קאָנקרעט פֿאַר די אויגן אַלע וויכטיקע אַספּעקטן פֿונעם ייִדישן לעבן אין דער פֿאַר־מלחמהדיקער ווילנע. דאָ ווערט געגעבן אַן אויסצוג פֿונעם ראָמאַן *די עגונה*: דער מאַן פֿון דער הויפּטהעלדין, מערל די בייטאָרין, איז געווען אַ סאָלדאַט אין דער ערשטער וועלט־מלחמה. איין שלאַכט האָט ניט איבערגעלעבט קיין איין סאָלדאַט פֿון זײַן אָפּטייל. אָבער ווײַל עס איז ניטאָ קיין קאָנקרעטער באַווײַז אַז ער איז טאַקע טויט, טאָר מערל מער ניט חתונה האָבן. זי בלײַבט זעכצן יאָר אַן עגונה ביז זי געפֿינט אַ רבֿ, וואָס גיט איר אַ היתּר, דאָס הייסט אַ דערלויבעניש פֿון אַ רבֿ, אַז זי מעג חתונה האָבן. ערשט דערנאָכדעם הייבן זיך אָן די אמתע פּראָבלעמען אינעם ראָמאַן.

אויפּס, דאָס	fruit	אָפּטייל, דער ־ן	squad, detachment
מאַרק־שטעל, די ־ן	market stall/stand	באַווײַז, דער ־ן	evidence
דערשײַנען דערשינען	appear, be published	רבֿ [ראָוו], דער רבנים [ראַבאָנים]	orthodox rabbi
באַוועגונג, די ־ען	movement	היתּר [העטער], דער ־ים [העטיירים]	rabbinical
אויסטײַטשער, דער ־ס/ –	interpreter		permission
עגונה [אַגונע], די ־ות	deserted wife	דערלויבעניש, דאָס ־ן	permission
הויפּט־	main-, chief-	אייגנטלעך	actual, virtual
שלאַכט, די ־ן	battle		

די עגונה [4]

שמחת־תורה

אויך מערל האָט פֿאַרלאַנגט פֿון מאַן ער זאָל קײנעם ניט דערצײלן פֿאַר װעמען און װי אַזױ ער האָט חתונה געהאַט. טאָמער װעט מען זיך פֿאָרט דערװיסן אַז ער האָט חתונה געהאַט מיט אַן עגונה און מען װעט אים נעמען אױספֿרעגן, זאָל ער זאָגן אַז דעם היתּר האָט געגעבן דער װעד־הרבנים, װי אירע שװעסטער גוטע און גאָלדע דערצײלן עס זײערע מענער. מערל האָט קלמנען געבעטן אַז אין זאַרעטשער קלױז זאָל ער בכלל ניט אַרײַנקומען. די דאָרטיקע בעלי־בתּים קענען זיך פֿאַראינטערעסירן װער ער איז און זיך דערװיסן פֿון זײַנע באַגעגענישן מיט זײער רבֿ, דעם פֿאָלאָצקער דײַן. זאַרעטשע איז דאָך אַ קלײן שטעטל.

כאָטש דער פּלאַן מען זאָל פּראַװען אַ שטילע חופּה איז געװען קלמנס, האָט ער זיך פֿונדעסטװעגן ניט פֿאָרגעשטעלט אַז ער װעט דאַרפֿן פֿירן אַ לעבן פֿון אַ געיאָגטן גנבֿ. אים האָט אױך שטאַרק פֿאַרדראָסן הלמאי זײַן װײַב טראַכט װעגן פֿאָלאָצקער דײַן מער װי װעגן אים, איר מאַן. די ערשטע צײַט פֿלעגט זי דאָך זאָגן, אַז װען איר װעט זיך פֿאַרגלוסטן חתונה האָבן, װעט זי געפֿינען אַ מאַן װאָס דאַרף ניט קײן היתּר פֿון רבנים. זעט עס טאַקע אױס װי זי װאָלט מיט אים אַ חופּה געשטעלט אױפֿן פֿאַרלאַנג פֿון פֿאָלאָצקער דײַן, ניט װײַל זי אַלײן האָט געװאָלט. און איצט איז זי אין אײן ציטערניש אַז דעם דײַן זאָל ניט געשען קײן שלעכטס, װי זי װאָלט געװען פֿאַרליבט אין אים. יעדן פֿרימאָרגן קוקט זי דורכן פֿענצטער װי דער דײַן פֿירט זײַן ײנגל אין חדר, און דערנאָך װאָרנט זי אים נאָכאַמאָל און װידעראַמאָל: "היט זיך, ניט צו טרעפֿן מיטן רבין, װאָרום װען ער װעט דיך דערזען, קען ער זיך נאָך דערשרעקן פֿאַר דעם װאָס ער האָט אָפּגעטאָן. ס'איז בעסער ער זאָל אין אונדז פֿאַרגעסן" — זאָגט זי אים יעדן פֿרימאָרגן און ערשט נאָכדעם זעצט זי זיך בײַ דער נײ־מאַשין. אױסער װעגן דעם, רעדט זי זײער װײניק.

ימים־נוראָים און אַ גאַנץ סוכּות האָט קלמן געדאַװנט אין ר' ישׂראלקעס קלױז, װאָס איז פֿון פֿאָלאָצקער גאַס אַ ביסל װײַטער װי די זאַרעטשער קלױז און ער קען דאָרט קײנעם ניט. אָבער װען ס'איז געקומען שׂמחת־תּורה איז אים געװאָרן זײער אומעטיק. אין ר' ישׂראלקעס קלױז שטײט ער הינטער דער בימה און ציטערט אַז אַ בעל־הבית זאָל אים ניט נעמען אױספֿרעגן װער ער איז. אױסער דעם איז ר' ישׂראלקעס קלױז נאָך אַלץ צו נאָענט צו פֿאָלאָצקער גאַס און ער האָט מורא פֿאַר אַ גוט אױג. קלמנען האָט װײ געטאָן דאָס האַרץ אַז אױך שׂמחת־תּורה, װען יעדער בעל־הבית קריגט אַ הקפֿה און אַן עליה צו דער תּורה, זאָל ער זיך דאַרפֿן אַרומדרײען אין אַ פֿרעמד, ענג קלײזל הינטער דער בימה, מעשׂה בעטלער. אַן אױסװעג װאָלט געװען אַװעקצוגײן אין בית־מדרש אין צװײטן עק שטאָט אױף ליפּאָװקע, װאו ער האָט פֿריער געװױנט און װאו ער איז געװען אַ בעל־הבית גלײַך מיט אַלע בעלי־בתּים. איז ערשטנס דאַרף מען האָבן אַ פּאָר קהלשע פּיס צו גײן אַזױ װײַט, און

צוווייטנס וועלן אים די ליפּאָווקער יידן פרעגן אויף טשיקאַוועס: איר האָט זיך שוין געג'גט מיט אייער שוואַרץ־חנעוודיק ווייבל?

ביי קלמנען איז געבליבן אַז לכבוד שמחת־תורה וועט ער גיין אויפן שול־הויף. אי ס'איז ניט צו־ווייט און אי מען דאַרף ניט זיין קיין שטענדיקער מתפלל אין דער גרויסער שטאָט־שול זיך דאָרט צו פּילן היימיש. אויב ער זאָל קומען באַצייטנס, קען ער זיך אַריינקריגן אין שטאָט־שול אויף אַ גוט אָרט און נאָך הערן דעם חזן.

כאָטש ס'איז געווען אַ וואַרעמער טאָג, האָט קלמן אָנגעטאָן דעם מאַנטל מיטן פוטערנעם קראַגן, דעם שענסטן בגד וואָס ער פאַרמאָגט, און איז אַוועק אויפן שול־הויף. געקומען איז ער גאַנץ פרי, ווען מען האָט זיך געשטעלט דאַוונען שחרית, און זיך לייכט אַריינבאַקומען אין דער גרויסער שול; און צו הקפות, ווען קיינער האָט שוין ניט געקענט אַריינגיין אין איבערגעפּאַקטן בית־הכנסת, איז זיך קלמן געשטאַנען אויבנאָן ביי אַ פאָדערשטן זייל פון דער בימה אַנטקעגן ארון־קודש.

אויפן שול־הויף איז שוין ניט געווען, ווי מען זאָגט, וואו אַריינצואוואַרפן אַ שפּילקע־קעפּל. יידן ווייסן אַז נאָך אַ שעה, נאָך אַ שעה – און עס ענדיקט זיך דער לאַנגער יום־טוב סוכות. ביז עס וועלן זיך באַווייזן די חנוכה־לעמפּלעך אין די אייז־פאַרקאָוועטע פענצטער, וועט מען זינקען אין שניי, אין וואָך און מרה־שחורה. גייט מען אויפן שול־הויף איינזאַפּן אין זיך די אויפגערוימטקייט פון אַ גרויסער יום־טובדיקער עדה און דערווייל הערט מען אויך דעם חזן. זיינע נייע איינגעשטעלטע "שטיקלעך" וועט מען איבערזינגען אין די וואַרשטאַטן ביי דער אַרבעט, און דער קרעמער וועט זיי אונטערבאַמקען אויפן שוועל פון זיין ליידיק געוועלבל, אויסקוקנדיק די אויגן אויף אַ קונה.

אין יעדן ווינקל פון שול־הויף געפינט זיך אַ קלייזל און פון אומעטום שטראָמט מען אין בית־הכנסת הגדול. די ערשטע לאָזן זיך אַרונטער די מאַליאַרעס. אויף די ווענט פון זייער שולכל איז אויסגעמאַלט דער גאַנצער חומש: ווי נחס תיבה שווימט איבער די וואַסערן. ווי אברהם אבינו איז מקריב יצחקן און ווי לוטס ווייב ווערט אַ שטיק זאַלץ. בעמען זיך די מאַליאַרעס שטאַרק איבער מיט זייער שולכל און פאַרבלאָנדזשען זעלטן ערגעץ אַנדערשוואו. אָבער לכבוד שמחת־תורה גייט מען אַרונטער אויפן שול־הויף, כדי זיך פרייען אינאיינעם מיט אַנדערע יידן.

דערזעט חברה־פּועלים אַז די מאַליאַרסקע איז אַרונטער, גייט זי אויך אַראָפּ. די בעלי־מלאכות פון חברה־פּועלים זיינען יידן מיט שיטערע בערד, געהויקערטע פּלייצעס און אויסגעלאָשענע אויגן. ס'איז זיי ווינד־און־וויי אפילו אום שמחת־תורה. וויפל דער שמש זאָלביים גיין צו הקפות ניט שרייען: עד כאן הקפה אלף! אלף הקפה כאן עד! – האָבן זיי ניט ווער עס זאָל טראָגן די רייניקייטן. ספרי־תורות זיינען דאָ, נאָר קיין חברה־לייט זיינען ניטאָ, זיי שטאַרבן אויס פון יאָר צו יאָר. די היינטיקע אַרבעטער גייען ניט אין חברה־פּועלים, זיי גייען אין די פאַראיינען און ווערן דאָרט בונדאָווצעס.

קריכן די אַלטע בעלי־מלאכות מיט די שיטערע בערד און געהויקערטע פּלייצעס איינינקע אַליין, ביז זיי טרעפן זיך מיט חברה־קדישא פון דער קברנישער שול. חברה־קדישא גייט ניט איינע אַליין; יעדן קברן באַגלייט אַ טוץ שנעפּסלעך לכל הפחות. דער אַרומיקער עולם טרעט אָפּ מיט שרעק: – מען זאָל צו זיי ניט דאַרפן אָנקומען.

פון שבעה־קרואים גיבן זיך אַ שאָט־אַרויס יונגעלייטלעך. שבעה־קרואים האָט ניט קיין שטענדיק אייגענע מתפּללים, נאָר יאָרצייט־יידן און אבלים וואָס פאַלן אַריין אָפּזאָגן אַ קדיש, און פּונקט ווי אין מיטן וואָך, דאַוונען דאָרט אויך יום־טוב אינדערפרי עטלעכע מנינים. קיין לעקעך און בראָנפן לכבוד שמחת־תורה, ווי אין אַנדערע קלויזן, טיילט מען דאָרט ניט, און מיטן זעלבן אימפּעט ווי די אבלים בראָקן די קדישים, וואַרפן זיי זיך הערן דעם שטאָט־חזן.

דערנאָך באַווייזן זיך די בעלי־בתים פון קלויז ישן, זקנים מיט לאַנגע מילך־ווייסע בערד און מילדע זיידישע שמייכלען אין די קנייטשן פון די פּנימער. עס ליגט אויף זיי די שאָטנדיק רואיקייט פון אַלטע שווערע ספרים אין לעדערנע איינבונדן. ווען זיי בלעטערן אין זייער בית־מדרש די גרויסע ספרים, רוישט עס און שאָרכעט מיט אַ פאַר'סודעטקייט פון פאַרגאַנגענע יאָרהונדערטער. קלויז ישן איז נאָך עלטער פון דער אַלטער ווילנער שטאָט־שול.

די בעלי־בתים פון דער אַלט־נייער קלויז קומען אַרונטער שפּעטלעך, ווי עס פּאַסט פאַר נגידים און גבאים פון בית־מדרש וואָס עס האָט געבויט דער יסו"ד. זיי טראָגן צילינדערס און גייען די הענט פאַרלייגט אַהינטער אפילו אין דער געדיכטעניש פון געפּאַקטן שול־הויף. עס באַגלייטן זיי זין און איידעמס, שמאַלע און הויכע יונגעלייט מיט פאַרנודעטע פּנימער. אַנשטאָט גיין מיט זייערע יונגע ווייבלעך אין טעאַטער, מוזן זיי גיין הערן דעם חזן אויס דרך־ארץ פאַרן טאַטן און מורא פאַרן שווער.

סוף כל סוף פאַרענדיקן דאָס דאַוונען אויך די פּרושים פון גאָונס קלויז. אינמיטן וואָך זיצן זיי אין טלית און תפילין ביז האַלבן טאָג לויטן מינהג פון ווילנער גאָון. היינט צו הקפות האָט מען אין טונקעלן קאַלטן בית־מדרש זיך אַרומגעדרייט מיט די ספרי־תורות אַרום דער בימה און מען האָט גלייך דערנאָך זיך געמוזט צוזעצן אָפּרוען. מתנגדים קענען לערנען, ניט זינגען און טאַנצן, און בפרט ווען מען איז אויף דער עלטער און די פיס דינען ניט. נאָך מוסף האָבן די פּרושים איינגענעצט די וואָנצעס אין וויין, אָפּגעטרייסלט פון די בערד די ברעקלעך לעקעך, און מיט גרויס אָפּגעהיטקייט אַרונטערגעקראָכן פון די טרעפּ.

די פּרושים פון גאָונס קלויז האָבן יסורים פון דער ווילנער תאווה צו חזנות. אַנשטאָט דאַוונען מיט כוונה, זיינען די היינטיקע יונגעלייט יוצא מיט הערן נגינה. און היינטיקע חזנים זיינען דען אַזעלכע יראי־שמים ווי די אַמאָליקע, זיי זאָלן מעגן דאַוונען ביים עמוד? דערצו נאָך האָבן די גבאים פון שטאָט־שול איינגעפירט, אַז אַלע משוררים זאָלן טראָגן יאַרמלקעס מיט פרענדזלעך און קליין ווייס־בלויע טליתימלעך אויף די העלדזער. פרומע יידן זיינען פון דעם שטאַרק אומצופרידן, ווייל דאָס שמעקט מיט נאָכטאָן די מינהגים פון כאָר־שול וואו עס דאַוונען די אַפּטייקערס און משכילים. אָבער לכבוד שמחת־תורה נעמט זיך אַ פּרוש פון גאָונס קלויז אַ היתר און לייגט צו אַ האָריקן אויער איבערן אַקסל פון אַ יונגנמאַן, הערט זיך איין: וואָס אַזוינס הערט עס די וועלט אין חזנס ציקלען זיך? דער יונגערמאַן דערפילט אויף דער באַק אַ גלעט פון ווייכן סאַמעט און זייד, קוקט ער זיך אום און דערזעט פאַר זיך אַ גרייז־גרויען יידן. זאָגט ער מיט גרויס דרך־ארץ: גוט יום־טוב זיידע, און דער פּרוש ענטפערט אים: גוט יום־טוב גוט יאָר. ער זעט אַז פאַר אים שטייט אַ יונגערמאַן מיט אַ טלית־זעקל אונטערן אָרעם און אַן אויסראַזירטע צורקע, איינער פון יענע וואָס אַנשטאָט אַריינגיין אין א בית־מדרש דאַוונען, דרייען זיי זיך אַרום אויפן שול־הויף הערן דעם חזן.

אַלע קלויזן האָבן שוין אָפּגעדאַוונט און געפֿינען זיך אויפֿן שול־הויף, אויסער די חסידים פֿון קוידענאָווער שטיבל. "בים־באָם, בים־באם!" קנאַקט עס פֿון דאָרטן. זיי לאַכן זיך אויס פֿון חזן מיט אַלע זיינע משוררים אינאיינעם, זיי זינגען און טאַנצן מיט גרויס התלהבות אַז עס דאַכט זיך אויס: אָט וועט זיך דאָס חסידים־שטיבל אָפּרייסן פֿון מתנגדישן שול־הויף און אַוועקפֿליען אין הימל מיט צעפֿלאָשעטע בערד, צעפֿלויגענע קאַפּאָטעס און צעפֿאָכעטע גאַרטלען.

דער טאָג איז אַ זוניקער, אַ וואַרעמער, און אויך די שטראַלן אין דער לופֿטן, אין די קלויז־פֿענצטער און אויף די דעכער, טאַנצן שמחת־תורהדיק שיכורלעך. אַרום דער שול איז אַ שטופּעניש, אַ געדראַנג פֿון בעל־הבתישע ווייכע קאַפּעליושן, וואָס קריכן איבער האַרטע בעל־מלאכהש היטלען, און איבער זיי שטעקן אַרויס הויכע קוימענס, שוואַרץ־גלאַנציקע גבירישע צילינדערס. ביי דער פֿאַראַדנער טיר פֿון בית־הכנסת און אויך ביי אַלע הינטערשטע אַריינגאַנגען שטייען יידן מיט אויסגעצויגענע העלדזער און אָנגעבויגענע קעפּ, ווי דאָרשטיקע לעמער ביי דער קאָרעטע. מען פּרואווט כאַפּן אַ שטיקל נגינה מיטן רעכטן אויער — עס גייט ניט; לייגט מען צו דעם לינקן אויער — אַרויסגעוואָרפֿן! מען זאָל קענען דערהערן דעם חזן שטייענדיק אינדרויסן אויפֿן שול־הויף, דאַרף ער האָבן אַ קול פֿון אדם־הראשון, וואָס זיין קול איז געגאַנגען פֿון איין עק וועלט ביז דעם צווייטן עק וועלט, וועדליג די גמרא דערציילט. בלית־ברירה דרייט מען אַוועק די קעפּ פֿון שטאָט־שול און מען כאַפּט אַ שמועס. מען ווייס אַז אינעווייניק אין בית־הכנסת טיילט מען איצט הקפֿות און דער חזן זינגט הושיעה־נא.

צווישן ארון־קודש און דער בימה, וואו מען גייט די הקפֿות, ווערט מיטאַמאָל טויט־שטיל. די שטילקייט צעשפּרייט זיך אין ברייטע קרייזן אויף דרום און צפֿון און פֿאַלט־צו צו די פֿאַרקראַטעוועטע פֿענצטערלעך פֿון דער ווייבער־שול, וואָס זיינען אָנגעפֿילט מיט אויפֿגעלויכטענע פּרויען־אויגן, ווי נעצן מיט גאָלדענע פֿיש. פֿון דער שטילקייט ווערט אַ שטומעניש, וואָס פֿרירט־אויס דאָס פּלאַפּלעריי אויף די צענדלינגער רייען בענק, ביז דאָס שטומעניש דערקריכט צו די שווערע אייזערנע טירן פֿון דער שול און שפּרייט זיך אויס אויך אויפֿן שול־הויף, ווי אַ טייך וואָס ווערט איינגעפֿראָרן און צוגעדעקט מיט אייז.

עפּעס־וואָס איז געשען אין דער אַלטער ווילנער שטאָט־שול.

[חיים גראַדע, די *עגונה* (לאָס־אַנדזשעלעס: יידיש־נאַציאָנאַלער אַרבעטער־פֿאַרבאַנד, 1961), ז. 73־77]

עגונה [אַגונע], די ־ות	deserted wife
שמחת־תּורה [סימכעסטוירע], דער	Simhas־Torah
פֿאַרלאַנגען פֿאַרלאַנגט	desire, require
דערציילן דערציילט	tell, narrate
טאָמער	in case that
פֿאָרט	nevertheless, still, yet
דערוויסן זיך דערוווּסט	learn, find out
אויספֿרעגן אויסגעפֿרעגט	question, quiz, interrogate
וועד־הרבנים [וואַד־האַראַבאָנים], דער	rabbinical council
קלויז, די ־ן	small (guild) synagogue
פֿאַראינטערעסירן זיך פֿאַראינטערעסירט	be interested
באַגעגעניש, דאָס ־ן	encounter, meeting

דיין [דײַען], דער ־ים [דאַיאָנים] rabbinical judge
פּראַווען געפּראַוועט celebrate
יאָגן געיאָגט hunt, chase, pursue
פֿאַרדריסן פֿאַרדראָסן irk, hurt, resent
הלמאי [האַלעמײַ] why
פֿאַרגלוסטן זיך פֿאַרגלוסט get a desire for
ציטערניש, דאָס ־ן fear
פֿאַרליבט in love with
דערשרעקן זיך דערשראָקן be startled/frightened
אָפּטאָן אָפּגעטאָן finish doing
ימים־נוראָים [יאָמים־נעראָיִם] ל"ר Days of Awe
סוכּות [סוקעס], דער Sukkoth (feast of tabernacles)
אומעטיק sad, troubled
בימה [בימע], די ־ות synagogue Torah platform
גוט אויג, דאָס evil eye [*lit.*' a good eye']
הקפֿה [האַקאָפֿע], די ־ות Torah procession on Simhas-Torah
עליה [אַליע], די ־ות synagogue call to the Torah
אַרומדרייען זיך אַרומגעדרייט loiter, hang around
מעשה [מײַסע] ____ like a ____
איז so, then, well
קהלש [קאָאָלש] active, public
אויף טשיקאַווּעס as a matter of curiosity
גטן [געטן] געגט [געגעט] divorce
חנעוודיק [כיינעוודיק] lovely, charming
לכּבֿוד [לעקאָוועד] in honor of
מתפּלל [מיספּאַלעל], דער ־ים worshipper
באַצײַטנס on time
אַרײַנקריגן זיך אַרײַנגעקראָגן get in
פֿוטערן of fur
קראַגן, דער ־ס collar
בגד [בעגעד], דער/דאָס ־ים [בעגאָדים] garment
פֿאַרמאָגן פֿאַרמאָגט possess, own
שחרית [שאַכרעס], דער ־ים [שאַכרייסים] morning prayers
אַרײַנבאַקומען זיך אַרײַנבאַקומען get in
איבערפּאַקן איבערגעפּאַקט pack full, overfill
בית־הכּנסת [בעסאַקנעסעס] synagogue
אויבנאָן up front, at a place of honor
פֿאָדערשט front
זײַל, דער ־ן column, pillar
אַנטקעגן opposite, vis-à-vis
ארון־קודש [אָרנקוידעש], דער ־ן Torah ark in synagogue
שפּילקע־קעפּל, דאָס ־עך head of a pin
פֿאַרקאָוועט covered
מרה־שחורה [מאָרע־שכוירע], די melancholy, gloomy

אײַנזאַפּן אײַנגעזאַפּט soak in
אויפֿגערוימטקייט, די ־ן neat, orderly
עדה [איידע], די ־ות congregation
דערווײַל meanwhile
שטיקל, דאָס ־עך piece
וואַרשטאַט, דער ־ן workshop
אונטערבאַמקען אונטערגעבאַמקעט sing a tune with the syllable 'bam'
ליידיק empty
שוועל, די/דער ־ן threshold
געוועלבל, דאָס ־עך shop, store
אויסקוקן אויסגעקוקט await, expect
אויסקוקן (זיך) די אויגן not cease to wait for
קונה [קוינע], דער ־ים customer
שטראָמען געשטראָמט stream, flow
בית־הכּנסת הגדול [בעסאַקנעסעסאַגאָדל] the large synagogue
מאַליאַר = מאָליער, דער ־ס painter
תּבֿה [טייווע], די ־ות Noah's ark
מקריבֿ [מאַקרעוו] זײַן sacrifice
פֿאַרבלאָנדזשען פֿאַרבלאָנדזשעט stray, get lost
זעלטן seldom(ly)
אַנדערשוווּ elsewhere
דערזען דערזען notice, spot, glimpse
חבֿרה־פּועלים [כעווּרע־פּויאַלים], די workers' society
בעל־מלאכה [באַלמעלאָכע], דער ־ות craftsman, artisan
שיטער thin, sparse
געהויקערט rounded, humped
אויסלעשן אויסגעלאָשן extinguish
ווינד־און־ווײ alas and alack
שמש [שאַמעס], דער ־ים [שאַמאָסים] synagogue beadle
עד כּאן הקפֿה אלף [אַדקאָן־האַקאָפֿע־אַלעף] the first bearing of the Torah (extends) up to there [*Hebr.*]
רײַניקייט, די ־ן Torah scroll
פֿאַראיין, דער ־ען (trade) union
בונדאָווצעס ל"ר = בונדיסט, דער ־ן Bundists
געהויקערט hunch-backed
איינינקער אַליין all alone
חבֿרה־קדישא [כעווּרע־קעדישע], די burial society
קבֿרניש [קאַבראָניש] grave-diggers'
קבֿרן [קאַברען], דער ־ים [קאַבראָנים] grave-digger
שנעפּסל, דאָס ־עך drink of liquor
לכל הפּחות [לעכאָלאַפּאָכעס] at least
אָפּטרעטן * אָפּגעטראָטן defer, yield, cede
שבֿעה־קרואים [שיווע־קערוּיִם], די a society

יסורים [יעסורים] ל"ר	suffering, agony, anguish
תּאווה [טײַווע], די תּאוות [טײַוועס]	passion, lust
חזנות [כאַזאָנעס], דאָס	cantorial art, cantorship
כוונה [קאַוואָנע], די ־ות	fervor, concentration
יוצא [יויצע] זײַן	satisfy an obligation
נגינה [נעגינע], די	(vocal) music
ירא־שמים [יאָרע־שאָמאַיִם], דער יראי־ [ייִרע־]	God-fearing person
עמוד [אָמעד], דער ־ים [אַמודים]	pulpit, cantor's lectern
משורר [מעשוירער], דער ־ים	synagogue choirboy
פֿרענדזל, דאָס ־עך	fringes
האַלדז, דער העלדזער	neck, throat
אומצופֿרידן	discontent, dissatisfied
נאָכטאָן נאָכגעטאָן	emulate, imitate
כאָר־שול, די	large synagogue on Pylimo gatvė
אַפּטייקער, דער ־ס	druggist, pharmacist
משׂכּיל [מאַסקיל], דער ־ים	proponent of the Haskalah
ציקלען זיך געציקלט	sing coloratura
גלעט, דער ־ן	caress
סאַמעט, דער	velvet
זײַד, די/דאָס	silk
אויסראַזירן אויסראַזירט	clean-shaven
צורקע, די ־ס [< צורה {צורע}]	little face [*dim.*]
שטיבל, דאָס ־עך	small Hasidic synagogue
חתלהבות [היסלײַוועס], דאָס	rapture, ecstasy
אָפּרײַסן אָפּגעריסן	tear off, sever
צעפּלאָשעט	wind-blown, disordered
צעפֿלויגן	in disarray
צעפֿאָכעט	blown, wind-swept
שיכּורלעך [שיקערלעך]	drunkenly
שטופּעניש, דאָס ־ן	shoving
געדראַנג, דאָס ־ען	rush, throng, congestion
קאַפּעליוש, דע ־ן	hat
קוימען, דער ־ס/־עס	chimney, smokestack
פּאַראַדנע	state, gala; *here*: main
אויסציִען אויסגעצויגן	crane, stretch out
קאָרעטע, די ־ס	trough
ארויסגעוואָרפֿן	futile, useless
אדם־הראשון [אָדעמאָרישן]	Adam the first (human)
וועדליק	according to, as
בלית־ברירה [ב(ע)לעס־ברײרע]	perforce
הושיעה־נא = הושענא [האָשײַנאַ], די ־ות	Hosanna prayer on seventh day of Succoth
צעשפּרייטן זיך צעשפּרייט	spread
דרום [דאָרעם]	south
צפֿון [צאָפֿן]	north
שאָט־אַרויס, דער	outpouring, scattering
יאָרצייט, דער/די ־ן	anniversary of a death
אָבֿל [אָוול], דער ־ים [אַווײלים]	mourner
אָפּזאָגן אָפּגעזאָגט	*here*: finish saying
לעקעך, דער ־ער/־ן	cake
אימפּעט, דער ־ן	impetus, momentum
בראָקן געבראָקט	speak, pronounce
באַווײַזן זיך באַוויזן	appear
ישן [יאָשן]	old, elderly
זקן [זאָקן], דער ־ים [סקײנים]	old/elderly man
זיידיש	grandfatherly
קנייטש, דער ־ן	crease, fold, wrinkle
שאָטנדיק	shadowy
רויִקייט, די ־ן	calm
לעדערן	made of leather
אײַנבונד, דער ־ן	book binding
בלעטערן געבלעטערט	peruse, browse, turn pages
רוישן גערוישט	rustle, rush
שאָרכ(ע)ן געשאָרכ(ע)ט	rustle
פֿאַר'סודעטקייט, די ־ן [פֿאַרסוידעטקייט]	secrecy, whispering
נגיד [נאָגעד], דער ־ים [נעגידים]	wealthy man
גבאי [גאַבע], דער גבאָים [גאַבאָים]	institute administrator
יסו"ד = יהודה סופֿר ודיין	Judah ben Eliezer (18th century)
צילינדער, דער ־ס	top hat
פֿאַרלייגן פֿאַרלייגט	fold
געדיכטעניש, די ־ן	thicket
פֿאַרנודיען פֿאַרנודיעט	bore to tears
דרך־ארץ [דערכערעץ], דער	respect, regard
סוף כּל סוף [סאָפּקלסאָף]	at last, eventually
פּרוש [פּאָרעש], דער ־ים [פּרושים]	reclusive scholar
טלית [טאַלעס], דער, ־ים [טאַלײסים]	prayer shawl
תּפֿילין [טפֿילין] ל"ר	phylacteries
מינהג [מינעג], דער ־ים [מינהאָגים]	custom, rite
צוזעצן זיך צוגעזעצט	sit down (for a moment)
מתנגד [מיסנאַגעד], דער ־ים [מיסנאַגדים]	orthodox opponent of Hasidism
בפֿרט [ביפֿראַט]	inparticular, especially
דינען געדינט	serve
מוסף [מוסעף], דער ־ים [מוסאָפֿים]	morning prayer extension
אײַננעצן אײַנגענעצט	moisten
וואָנצעס ל"ר	mustache
אָפּטרייסלען אָפּגעטרייסלט	shake offt
אָפּגעהיט(נ)קייט, די ־ן	care, caution
ארונטערקריכן * ארונטערגעקראָכן	climb down

פֿאַרקראַטעוועט	latticed, grated
אויפֿגעלויכטן	illuminated, shining
נעץ, די ־ן	net, screen, grid
שטומעניש, דאָס	total silence
פּלאַפּלעריי, דאָס	chatter
דערקריכן * דערקראָכן	reach by creeping
צודעקן צוגעדעקט	cover

די ווילנער שטאָטשול
[ייִוואָ]

דער פּאַטש אין שטאָט־שול [4]

דער אייבער־שמש ר' יאָשע איז געשטאַנען אויף די טרעפּלעך פון ארון־קודש און דערלאַנגט אַ ספר־תורה איטלעכן פון די אויפגערופענע בעלי־בתים. דער אונטער־שמש האָט זיך אים געפּלאָנטערט צווישן די פיס און אים געגעבן עצות, נאָר ר' יאָשע האָט זיך אויף זלמנקען אפילו ניט אומגעקוקט. ער האָט נאָך ניט פאַרגעסן ווי אָט דער זלמנקע האָט געגעבן חופה־וקידושין אָן עגונה אויף אַ צעטל פון פּאָלאָצקער רב'ל. זינט דעמאָלט האָט דער אונטער־שמש אויפגעהויבן זיין פאַרשייטן קאָפּ. דעם פאַרגאַנגענעם ערב יום־כיפור האָט ער ניט געוואַרט הכנעהדיק ביי דער טיר, די בעלי־בתים זאָלן אים עפּעס שענקען, נייערט ער האָט זיך געשטופּט פאָראויס צו די מתפללים, זיי זאָלן אים נתנ'ען נאָך פריער ווי זיי באַצאָלן פאַר די "שטעט", נאָך פריער ווי זיי וואַרפן אַריין אין קערה, און נאָך פריער ווי זיי גיבן אים, דעם אייבער־שמש. און ווען ער, ר' יאָשע, האָט אים געפרעגט הלמאי ער שטופּט זיך אַזוי, און פאַרוואָס ער לאָזט ניט די בעלי־בתים באַצאָלן זייערע חובות, און דאַוונען מנחה, און גיין אַהיים זיך אָפּפּאַסטן – האָט אים זלמנקע געענטפערט מיט חוצפה: "וואָסי, עס קומט מיר ניט? ווער דערלאַנגט די בעלי־בתים סידורים צום דאַוונען, איך אָדער איר? ביי וועמען ליגן זייערע שבתדיקע טליתים, ביי מיר אָדער ביי אייך?" און ער האָט עס געמוזט אויסהערן און פאַרשווייגן, ווייל ר' לוי הורוויץ האָט אים אָנגעזאָגט, ער זאָל די געשיכטע וועגן דער עגונה אויף די ליפּן ניט ברענגען. איז איצט פאַרן אייבער־שמש געקומען די צייט זיך אַ ביסל צו קילן דאָס האַרץ, און ווען דער אונטער־שמש עצהט אים: "זייט מכבד דעם, גיט יענעמ", רייצט זיך מיט אים ר' יאָשע אינדערשטיל: ווער פרעגט אייך? – און זינגט הויך אויפן קול:

– ר' יעקב־צבי־הירש בר' טודרוס־יהושע־העשל איז מכובד מיט אַ הקפה.

זלמנקעס פאַרדרוס זאָל זיין נאָך גרעסער, זעט ער ווי נאָך יעדער הקפה גיבן די גבירים אָפּ די ספרי־תורות צוריק דעם אייבער־שמש און דאַנקען אים: "יישר־כוח, ר' יאָשע". בעת צו אים, דעם אונטער־שמש, רעדט מען אַ וואָרט ניט אויס. זלמנקע לויפט אַראָפּ פון די ארון־קודש־טרעפּלעך אַ פאַר'סמ'טער און פון כעס ווייס ער ניט וואָס צו טאָן. אים באַמערקט קיינער ניט, קיינער ניט! ערשט ממש אונטער דער נאָז שטייט זיינער אַ נאָענטער באַקאַנטער, אַ פריינט, אַ ידיד־נאמן – דער זעלבער וועמען ער האָט געגעבן חופה־וקידושין.

קלמן שטייט דעם גאַנצן פרימאָרגן צווישן גבאים און גבירים, נאָענט צום חזן מיט די משוררים, און אים איז קאַלעמוטנע אויפן האַרצן. ער זאָל קריגן אַ הקפה אין שטאָט־שול דאַרף ער זיין דער באַנקיר בונימאָוויטש. ער האָט אפילו ניט מיט וועמען אַ וואָרט אויסצורייידן. דערפרייט ער זיך מיטן אונטער־שמש ניט ווייניקער ווי יענער מיט אים, און עס פאַרפּלעכט זיך צווישן זיי אַ שמועס: – שלום־עליכם, ר' קלמן. – עליכם־שלום, ר' זלמן. – פאַרוואָס שטייט איר, ר' קלמן, כעני בפּתח, און גייט ניט קיין הקפה? – ווי קום איך, ר' זלמן צו אַ הקפה אין ווילנער שטאָט־שול. מען דאַרף זיין צו דעם דער באַנקיר בונימאָוויטש. – מיינער אַ בעל־הבית, ר' קלמן, איז ביי מיר אַזאַ חשוב ווי דער באַנקיר בונימאָוויטש! – רופט אויס דער אונטער־שמש און וואַרפט אייגעלעך צום ארון־קודש. ער זעט אַז גאָט אַליין העלפט אים.

ר' יאָשע האָט זיך אַריבערגעבויגן איבערן געלענדער און שמועסט געמיטלעך מיט אַ בעל־הבית. גיט זלמנקע שטיל און פֿלינק אַ גיי־אַרויף אויף די טרעפּלעך פֿון ארון־קודש, נעמט אַרויס אַ ספר־תורה פֿון היכל און לאָזט זיך אײַליק אַרונטערגיין. אָבער ר' יאָשע האָט זיך שוין אויסגעדרייט און דערזען אַז זלמנקע טראָגט אַ ספר־תורה פֿאַר אַ ייִד, וואָט האָט זיך אַרויסגערוקט פֿון צווישן די בענק מיט אויסגעשפּרייטע אָרעמס און נעמט די רייניקייט. דער אייבער־שמש האָט אַ שאַרף אויג פֿון אַ תלמיד־חכם און ער איז גרייט צו שווערן, אַז אָט דער ייִד מיט דער אויסגעכאַפּטער ספר־תורה איז דער זעלבער וואָס האָט געוואָלט אַ חופּה אויף אַ צעטל פֿון פּאָלאָצקער דיין; און ווען ער, ר' יאָשע, האָט זיך אָפּגעזאָגט, האָט עס געטאָן דער אונטער־שמש און נאָך שפּעטער זיך באַרימט אַז די ייִדענע איז אַן עגונה.

– ממזרוק, – שרייט ר' יאָשע צום אונטער־שמש, וואָס שטייט שוין ווידער אויף די ארון־קודש־טרעפּ, – שמחת־תורה אין ווילנער שטאָט־שול גיסטו אַ ספר־תורה אַן עוכר־ישראל וואָס לעבט מיט אַן עגונה, מיט אַן אשת־איש?

– וואָסי, איר וועט מיך אפשר שלאָגן? – קוקט אים זלמנקע אָן מיט אַ פּאָר להכעיס־אייגעלעך, ביי מיר איז ר' קלמן אַזאַ שיינער בעל־הבית ווי דער באַנקיר בונימאָוויטש. אייך פּלאַצט די גאַל וואָס איך האָב זיך מיינע אייגענע בעלי־בתים. איר מיינט אַז איך ווער נתפּעל פֿאַר אייער צוגעקלעפּטער באָרד? דער פּאָליציאַנט אויף ראָג טראָקער גאַס לעבן טישקעוויטשעס בולוואַנעס האָט אויך אַ באָרד.

דער אייבער־שמש האָט שוין ניט געזען ניט די שטאָט־שול, ניט דעם עולם און ניט דעם חזן, וואָס האָט געוואַרט מיטן מחזור אין דער האַנט מען זאָל אויסטיילן די לעצטע הקפה; ער האָט געזען פֿאַר זיך בלויז זלמנקעס חוצפּהדיק־פֿאַרזשמורעטע אייגעלעך. אַ שוים האָט אַרויסגעשלאָגן אויף ר' יאָשעס מויל און זיין פּנים האָט געפֿלאַקערט, ווי מען וואָלט אים אונטערגעצונדן די באָרד. ער האָט אַ הייב געטאָן דעם לאַנגן אָרעם און מיט דער גאַנצער ברייט פֿון דער דלאָניע אַרונטערגעלאָזט זלמנקען אַזאַ פּראַסק, אַז יענער האָט זיך געבומען אַרונטערקייקלען פֿון די ארון־קודש־טרעפּלעך.

דאָס געפּלאַפּל אויפֿן מזרח און אויף די שפּיגל־בענק איז מיטאַמאָל אָפּגעשטאָרבן. די בעלי־בתים האָבן געקוקט צעטומלטע אויפֿן אייבער־שמש ביים ארון־קודש און אויפֿן אונטער־שמש וואָס האָט זיך געוואַלגערט אונטן. צוגעצויגן פֿון דער פּלוצלונגדיקער שטילקייט, האָבן אויך די אַנדערע ייִדן אויסגעדרייט די קעפּ צום ארון־קודש. די שטילקייט איז אין קאַלטע כוואַליעס אַריבער פֿון באַנק צו באַנק איבער די צענדלינגער רייען פֿון מזרח צו מערב, ביז צו די הינטערשטע שול־געוועלבן. אַ מינוט־לאַנג האָט ר' יאָשע גאָרניט געזען און גאָרניט געהערט אַרום זיך, נאָר מיט פֿאַרקרימטע ליפּן און אַ פּאָר ברענענדיקע אויגן אַראָפּגעקוקט אויפֿן אַרונטערגעשליידערטן אונטער־שמש, ווי ער וואָלט אַראָפּגעקוקט אויף שעיר־לעזאָזל, וואָס מען פֿלעגט אין די אַלטע צייטן אַראָפּשליידערן פֿון אַ באַרג אין מדבר, אַ כפּרה פֿאַר אַלע ייִדן. ענדלעך האָט ר' יאָשע דערפֿילט די געשפּאַנטע שטילקייט און דערזען ווי די גאַנצע שטאָט־שול מיט ייִדן קוקט אויף אים.

זלמנקע, ניט אַזוי צעקלאַפּט ווי איבערגעשראָקן, איז געלעגן אויף דער ערד און ניט אַראָפּגענומען זיין בליק פֿון יאָשעס גזלנישע אויגן, וואָס האָבן זיך ווי געריכערט אין זיין האָריק פּנים. זלמנקעס גאַנצע גאווה און להכעיס איז אַוועק מיטן פּאַטש און ער האָט אפֿילו מורא געהאַט זיך אויפֿצושטעלן ביז דער אייבער־שמש וועט עס אים ניט הייסן. אָבער ווען ער האָט דערזען ווי ר' יאָשע קוקט זיך אַרום אומרואיק, האָט ער זיך פּאַמעלעך

אויפגעשטעלט און זיך אויך אַרומגעקוקט. ער האָט דערזען די הונדערטער אויפגעריסענע אויגן, מיילער, און גלייך דערפילט אַז דער עולם איז מיט אים. האָט ער זיך אויסגעטשוכעט פון זיין שרעק און אים איז באַפאַלן אַ ווילדער מוט אינאיינעם מיט אַ נאָך ווילדערן כעס. ער האָט אַ שפּרונג געטאָן אויף די טרעפּלעך פון ארון־קודש און מיט אויפגעהויבענע הענט אַ געשריי געטאָן צום עולם מיט אַלע כוחות:

– געוואַלד, יידן, וואָס שווייגט איר! ער האָט מיך מבייש געווען, געפּאַטשט, ביים ארון־קודש ... מיך, אַ טאַטן פון קינדער. געוואַלד!

און זלמנקע האָט זיך צעוויינט.

אויפן נגידישן מזרח און אויף די שפּיגל־בענק האָט זיך דורכגעטראָגן אַ געמורמל. אויף די ווייטערדיקע בענק, וואו עס זיצן יידן קרעמער, איז דער געמורמל אַריבער אין אַ געשריי, און ביי די הינטערשטע געוועלבן, וואו עס שטייט דער המון, איז דאָס געשריי איבערגעגאַנגען אין אַ גרויס געליאַרעם. אויף די ארון־קודש־טרעפּלעך זיינען שוין געשטאַנען די אַרויפגעלאָפענע גבאים, פאַרשטעלט ר' יאָשען מיט די פּלייצעס און געפּאַכעט מיט די הענט איינצושטילן דעם אויפגעבראויזטן עולם.

ר' יאָשע האָט געפילט, עס ברעכן זיך אים אונטער די קני. האָט ער, הינטער די גבאישע פּלייצעס, זיך גענומען רוקן הינטערווייליכטס אַלץ נעענטער צום ארון־קודש, ביז ער האָט דעם נאַקן און אייבערשטן האַלבן גוף כמעט ווי אַריינגעשטופּט אין אָפענעם היכל, וואו עס זיינען געשטאַנען די ספרי־תורות און געוואַרט מען זאָל זיי אַרויסנעמען צו דער לעצטער הקפה. אויפגעריסענע פּיסקעס און צעררייצטע חיהשע צורות זיינען צו אים געקומען אַלץ נעענטער און אַ וואַלד פון הענט האָבן זיך צו אים געצויגן, אים געוואָלט דערוואַרגן, צעריסן אויף שטיקער. ר' יאָשע האָט טיף אָפּגעשווידערט און פאַרמאַכט די אויגן. אָבער מיט פאַרמאַכטע אויגן האָט ער נאָך מער גענומען שווידערן. אים האָט זיך אויסגעדוכט אַז איבערן גאַנצן עולם שווימט צו אים אַ קאָפּ: דער קאָפּ, די באָרד און די פויסטן פון ר' לוי הורוויץ. אין זעלבן אויגנבליק האָט זיך ר' יאָשע דערמאָנט ווי דער רב פון שלמה קיסינס הויף האָט אים געשטופּט צו דער טיר און געקריצט מיט די ציין! "שווייגן!" אויב איר וועט דערציילן וועגן דער חתונה פון דער עגונה, וועט עס זיין דער גרעסטער חילול השם און איך וועל אייך רודפן עד חרמה".

ר' לוי'ס קאָפּ, מיט אַ רויט־געוואָרענער באָרד ווי אַ שטיק בלוט, איז שוין דערשוואומען צום האַלב־פאַר'חלשטן אייבער־שמש און נאָך ווילדער געקריצט מיט די ציין: "שווייגן!" אין דער אייגענער צייט האָט זיך צו ר' יאָשעס אויערן דערקייקלט אַ דונער, די גאַנצע שול האָט געשריען:

– זאָל ער זאָגן פאַרוואָס ער האָט געפּאַטשט דעם אונטער־שמש. אויב ער וועט ניט זאָגן, וועט ער פון דאַנען ניט אַרויסגיין קיין לעבעדיקער.

אויפן שול־הויף ווייס מען שוין וואָס עס איז פאָרגעקומען אין שטאָט־שול און יידן גלייבן ניט זייערע אויערן: אין ווילנער שטאָט־שול, שמחת־תורה צו הקפות, פאַר די אויגן פון גאַנצן קהל פאַטשן אַ יידן? ווער עס פאַרשעמט זיין חבר פאַר מענטשן, האָט ניט קיין חלק אין עולם־הבא, קרעכצן די פרומע בעלי־מלאכות פון חברה־פּועלים. אָבער די דאַוונער פון מאַליאַרסקע־קלויז שרייען אַז זיי וועלן ניט וואַרטן ביז מען וועט ביים אייבער־שמש צונעמען יענע־וועלט, זיי וועלן אים ממית זיין אויף דער־וועלט.

– עס קען ניט זיין אַז ר' יאָשע זאָל אָפּטאָן אַזאַ זאַך אָן אַ סיבה, – רוקט איבער אויפן קאָפּ דעם צילינדער אַ נגיד פון אַלט־נייער קלויז, – ר' יאָשע איז אַ ייד אַ למדן און אַ חכם. ער לערנט משניות מיטן עולם ביי אונדז אין קלויז.

– דאָס וואָס אייער יאָשע קען משניות אויסנווייניק האָט ביי מיר די ווערדע פון אַ שפּיי, – טוט אַ קריי דער יונגערמאַנטשיק מיטן אויסגעראַזירטן בייניקן פּנימל.

– איך האָב ניט געזאָגט אַז ער קען משניות אויסנווייניק, – בלאָזט זיך אָן דער נגיד אין צילינדער, – איך האָב עלטערע קינדער פון אייך. עזות־פּנים! ווער איז אייער טאַטע?

– אַ שניידער, ניט קיין בלוטזויגער. איך בין אויך אַ פּראַצאָוויטער ייִנגל.

– מען דאַרף יאָשקען באַגראָבן לעבעדיקערהייט, – שאָקלען זיך די פאַרשנאָשקעטע קברנים.

– יידישע קינדער, וואָס רעדט איר? – ציטערט אַזש דער זקן מיט דער מילך־ווייסער באָרד פון קלויז ישן, – ר' יאָשע איז דאָך ניט קיין מסור, חס ושלום.

דער עולם צעקאָכט זיך אַלץ מער, איינער שטעקט אָן מיט כעס דעם אַנדערן. די ענגשאַפט ווערט גרעסער, פון שול קען קיינער ניט אַרויס, און דער המון אויפן הויף וויל זיך אַריינקריגן אינעווייניק. מען גיט זיך איבער פון מויל צום מויל אַז דער עולם אין שול לאָזט ניט ענדיקן די הקפות און לייענען אין דער תורה, ביז דער אייבער־שמש וועט ניט דערציילן פאַרוואָס ער האָט געפּאַטשט דעם אונטער־שמש. ענטפערט ער אויף דעם אַז אויב ער וועט דערציילן וואָס דער אונטער־שמש האָט אָפּגעטאָן, וועט עס זיין דער גרעסטער חילול השם אין דער וועלט. וויל מען דערגיין ביים אונטער־שמש אָבער ער קוקט מיט טויט־שרעק אויפן אייבער־שמש און שווייגט.

מען גיט זיך ווידער איבער אַז די גבאים טענהן איין מיטן שמש ער זאָל אויסזאָגן. זאָל ער ניט מורא האָבן פאַר אַ חילול השם, ווייל דער גרעסטער חילול השם וועט זיין, אויב מען וועט אין ווילנער שטאָט־שול ניט ענדיקן דאַוונען. אַזוינס האָט נאָך ניט פּאַסירט זינט ווילנע איז ווילנע.

– און ווען די באָמבע איז געפאַלן, האָט מען אויך געענדיקט דאַוונען?

– וואָס פאַר אַ באָמבע?

– איר ווייסט ניט, אַז בעת דער מלחמה מיטן דייטש איז אויף דער שטאָט־שול געפאַלן אַ באָמבע? זי איז על־פּי־נס געבליבן הענגען אויפן דאַך און הענגט נאָך דאָרט ביז איצטער.

– וואו הענגט זי? – פאַררייסט אַ ייד דעם קאָפּ און זיין קאַפּעליוש פאַלט אַרונטער אַ צווייטן יידן גלייך אויף דער נאָז, – פאַרדרייט אייך אייער אייגענעם קאָפּ! נו, די גבאים האָבן ביים בעל־גאווה געפּועלט ער זאָל אויסזאָגן?

– מען זאָגט אַז יאָ. דער ר' יאָשע איז טאַקע אַן עקשן און האַלט פון זיך אַן עולם־ומלואה, נאָר ער איז ווייכער געוואָרן. ווער וויל עס מען זאָל אים צעטרעטן לעבעדיקערהייט?

דער עולם שטעלט־אָן די אויערן און מען גיט זיך איבער אַז ס'איז אַ מעשה מיט אַן עגונה, וואָס ר' יאָשע האָט ניט געוואָלט חתונה מאַכן און דער אונטער־שמש האָט זי יאָ חתונה געמאַכט אויף אַ היתר פון פאַלאַצקער דיין, כאָטש אַלע ווילנער רבנים זיינען געווען קעגן. און אָט דעם אשת־אישניק, דער עגונהס מאַן, האָט עס דער אונטער־שמש מכבד געווען מיט טראָגן אַ ספר־תורה. האָט אים ר' יאָשע אָפּגעשטעקט אַ פּאַטש.

– נו, וואָס האָב איך אייך געזאָגט? איך האָב אייך געזאָגט, אַז ר' יאָשע וועט ניט אָפּטאָן אַזאַ זאַך אָן אַ סיבה, – טריאומפירט דער נגיד פון אַלט־נייער קלויז, און אויך די דאַוונער פון מאַליאַרסקע־קלויז זעען איין, אַז זיי האָבן בחינם חושד געווען אַ יידן אין פאַרשעמען אומזיסט און אומנישט אַ מענטשן. דאָס געזעמל גייט אַריבער אויפן צד פון אייבער־שמש און איינער ביים צווייטן נעמט אויספרעגן, ווער איז ער, אָט דער ווינקל־רב, אָט דער פּאָלאָצקער דיין וואָס גייט קעגן אַלע ווילנער רבנים. די בעלי־מלאכות פון חברה־פּועלים קוועטשן מיט די געהויקערטע פּלייצעס אַז זיי קענען אים ניט, און די קבֿרנים זאָגן אַז זיי האָבן אים קיינמאָל ניט געהערט מאַכן אַ הספּד. אָבער דער אויסגעראַזירטער יונגערמאַנטשיק וויל דווקא יאָ וויסן און שטייט־צו צום פּרוש פון גאָונס קלויז, וואָס שווייגט די גאַנצע צייט, ער זאָל זאָגן וואָס פאַר אַ סאָרט מענטש עס איז דער פּאָלאָצקער דיין.

– אַ דיין. די מעשה אַז ער איז געגאַנגען קעגן וועד־הרבנים לייגט זיך אויפן שכל, ס'איז אין זיין נוסח, – שמייכלט דער פּרוש און וויל מער ניט ריידן.

פאַרן יונגנמאַנטשיק איז קלאָר, אַז דער פּאָלאָצקער דיין און דער אונטער־שמש שטייען פאַרן פאָלק, בעת דער אייבער־שמש אינאיינעם מיט די אַנדערע רבנים האַלטן פון ניט נאָכגעבן דעם פאָלק. דער יונגערמאַן זעט אַז ער איז דאָ אַריינגעפאַלן צווישן גבֿירים, באַנק־קוועטשער און בעלי־מלאכות פרומאַקעס. שטעלט ער זיך אויף די שפּיץ־פינגער און קוקט אַריבער צום אַריינגאַנג אין שטאָט־שול, וואו עס שטייט דער צד פון אונטער־שמש. ער נעמט רודערן מיטביידע עלנבויגנס, שרייט: שטופּט זיך ניט, פּעטער! און ווערט שיר ניט צעקוועטשט אין געדראַנג, איידער ער שפּאַרט זיך דורך דורך דער געדיכטעניש.

[חיים גראַדע, *די עגונה* (לאָס־אַנדזשעלעס: יידיש־נאַציאָנאַלער אַרבעטער־פֿאַרבאַנד, 1961), ז. 78־84]

פּאַטש, דער פּעטש	slap, smack
דערלאַנגען דערלאַנגט	hand, reach, pass to
אויפֿרופֿן אויפֿגערופֿן	call to read the Torah
פּלאָנטערן זיך {געפּלאָנטערט} צווישן די פיס	get in the way
עצה [אייצע], די ־ות	advice, tip
חופּה־וקידושין [כופּע־וועקדושן]	marriage ceremony
פֿאַרשייט	impertinent, frivolous
ערבֿ [ערעוו]	eve of
הכנעהדיק [האַכנאָעדיק]	servilely, humbly, meekly
נייערט	but rather
שטופּן געשטופּט	push, shove
פֿאָראויס	ahead, forward
נתנען [נאַסענען]	give [*iron.*]
קערה [קאַרע/קיירע], די ־ות	charity box/bowl/dish in synagogue on Yom Kippur eve
חובֿ [כויוו], דער ־ות	debt, duty, due
פֿאַרשווייגן פֿאַרשוויגן	swallow (an offense)
אָנזאָגן אָנגעזאָגט	notify, warn
מכבד [מעכאַבעד] זיין	honor/treat with
רייצן {גערייצט} זיך מיט	taunt
אינדערשטיל	silently
פּאַרדרוס = פֿאַרדראָס, דער	resentment
יישר־כּוח [(יאַ)ש(ער)־קויעך]	bravo, congratulations; *here*: thank you
פֿאַרסמען [פֿאַרסאַמען] פֿאַרסמט	poison
ממש [מאַמעש]	really, truly, in fact
ידיד־נאמן [יעדיד־נעמען], ידידים־נאמנים יעדידים־[נעמאָנים], דער	true friend
קאַלעמוטנע	gloomy, dejected
באַנקיר, דער ־ן	banker
פֿאַרפּלעכטן זיך פֿאַרפּלעכט	plait, interlace

כעני בפתח [קאָני־באַפּעסאַך] like a pauper at the door

אריבערבויגן אריבערגעבויגן bend over

געלענדער, דאָס ־ס railing

געמיטלעך comfortably, genially, cozily

פֿלינק agilely, nimbly, deftly

היכל [הייכל], דער ־ען Torah ark, temple

אײַליק hastily

אויסדרייען אויסגעדרייט turn, twist

ארויסרוקן זיך ארויסגערוקט step forward, move out

אויסשפּרייטן אויסגעשפּרייט outspread

גרייט prepared

שווערן געשווירן/געשוואָרן swear

אויסכאַפּן אויסגעכאַפּט usurp, snatch away

רייניקייט, די ־ן Torah scroll

באַרימען זיך באַרימט boast, brag (about)

ממזרוק [מאַמזערוק], דער ־עס swindler

עוכר־ישׂראל [אויכער־ייסראָעל], דער Jewish shamer of Jews

אשת־איש [איישעס־איש], די married woman

להכעיס [לעהאַכעס] spite(ful)

פּלאַצן {געפּלאַצט} די גאַל burst with malice

נתפּעל [ניספּאָעל] ווערן be impressed (by)

צוקלעפּן צוגעקלעפּט paste/glue (on)

פּאָליציאַנט, דער ־ן policeman

טראָקער גאַס, די Trakų gatvė

טישקעוויטשעס בולוואַנעס Tyszkewicz's Atlantes (sculpted stone pillars)

מחזור [מאַכזער], דער/דאָס ־ים [מאַכזוירים] holiday prayer book

אויסטיילן אויסגעטיילט confer, hand out

פאַרזשמורען פֿאַרזשמורעט squint

שוים, דער ־ען foam, froth

ארויסשלאָגן ארויסגעשלאָגן gush out

פֿלאַקערן געפֿלאַקערט blaze

אונטערצינדן אונטערגעצונדן set ablaze, ignite

דלאָניע, די ־ס palm (of the hand)

פֿראַסק, דער ־ן powerful smack

ארונטערקייקלען ארונטערגעקײַקלט roll/tumble down

געפּלאַפּל, דאָס chatter

מיזרח [מיזרעך] east(side)

שפּיגל־באַנק, די ־בענק seat of honor on synagogue's east wall

צעטומלען צעטומלט confuse, bewilder

וואַלגערן זיך געוואַלגערט lie around

צוציִען צוגעצויגן attract, lure

כוואַליע, די ־ס wave

מערבֿ [מײַרעוו] west(side)

געוועלב, דאָס ־ן vault, shop, store

פֿאַרקרימען פֿאַרקרימט distort, deform, twist

ארונטערשלײַדערן ארונטערגעשלײַדערט fling/hurl down

שעיר־לעזאָזל [סאָער־לאַזאָזל], דער ־ען scapegoat

מידבר [מידבער], די/דער ־יות [מידבאָריעס] desert

כּפּרה [קאַפּאָרע], די ־ות ritual scapegoat

געשפּאַנט tense, strained, taut

צעקלאַפּן צעקלאַפּט defeat, beat

איבערשרעקן איבערגעשראָקן shock, frighten, alarm

גזלניש [גאַזלאָניש] murderous, predatory

רייכערן גערייכערט smoke, fume

גאווה [גײַווע], די conceit, arrogance

אויפֿרײַסן אויפֿגעריסן tear/pry open, open widely

אויסטשוכען זיך אויסגעטשוכעט come to one's senses

באַפֿאַלן * באַפֿאַלן assault, attack

מבֿייש [מעוויײַעש] זײַן shame, disgrace, humiliate

דורכטראָגן זיך דורכגעטראָגן sweep/carry through

געמורמל, דאָס murmur

המון [האַמוין], דער ־ען multitude, mob, rabble

געליאַרעם, דאָס ־ס tumult

פֿאָכ(ע)ן געפֿאָכעט wave, fan

אויפֿברויזן אויפֿגעברויזט boil, seethe

הינטערווײַלעכץ backward, in reverse

פּיסק, דער ־עס mug [*human*], snout [*animal*]

צערייצן צערייצט infuriate, provoke

חיהש = חייִש [כײַעש] wild, coarse, brutal

דערוואַרגן דערוואָרגן choke

אָפּשוידערן אָפּגעשוידערט shudder

אויסדוכטן זיך אויסגעדוכט seem

אויגנבליק, דער ־ן instant

קריצן געקריצט gnash, grind

חילול השם [כילעלאַשעֹם], דער blasphemy

רודפֿן [רוידעפֿן] גערודפֿט persecute

עד חרמה [אַדכאָרמע] to the point of annihilation

פֿאַרחלשט unconscious, fainted

חלק [כיילעק], דער ־ים [כאַלאָקים] share, portion

עולם־הבא [אוילעמאַבע], דער the world to come

צונעמען צוגענומען deprive of, take away

יענע־וועלט, די the world to come

ממיתן [מיימעסן] געממיתט beat black and blue

סיבה [סיבע], די ־ות cause, reason

למדן [לאַמדן], דער ־ים [לאַמדאָנים]/לומדים [לאָמדים] scholar/Talmudist

משניות [מישנייעס], דער/דאָס	Mishnah
אויסנווייניק	by heart, memorized
ווערדע, די ־ס	worth, value
קריי, דער	crow
אָנבלאָזן זיך אָנגעבלאָזן	take offense
עזות־פּנים [אַזעס־פּאָנים], דער/דאָס ־פּנימער־	impertinent /insolent person
בלוטזויגער, דער ־ס	blood-sucker
פּראַצאָוויטער	laborer
פֿאַרשנאָשקעט	tipsy
מסור [מאָסער], דער ־ים [מאָסרים]	informer
חס ושלום [כאַסוועשאָלעם]	God forbid
צעקאָכן זיך צעקאָכט	seethe, get exited/furious
ענגשאַפט, די	crowdedness
אַריינקריגן זיך אַריינגעקראָגן	get in
דערגיין * דערגאַנגען	arrive (with difficulty)
על־פּי־נס [אַלפּינעס]	by means of a miracle
פֿאַררייסן פֿאַרריסן	lift up with a jerk
פּועלן [פּויעלן] געפּועלט	prevail, succeed, persuade
עקשן [אַקשן], דער ־ים [אַקשאָנים]	obstinate person
עולם־ומלואה [אוילעם־אומלויע], דער	huge amount
האַלטן אַן עולם־ומלואה פֿון	think very highly of
צעטרעטן צעטראָטן	trample, crush
אָפּשטעקן אָפּגעשטעקט	deal/deliver (a blow/slap)
בחינם [בעכינעם]	in vain, to no avail
חושד [כוישעד] זיין	suspect
אומזיסט	in vain, for nothing
געזעמל, דאָס ־ך	cluster
צד [צאַד], דער ־ים [צדאָדים]	side (in a dispute)
קוועטשן געקוועטשט	squeeze
קוועטשן מיט די פּלייצעס	shrug one's shoulders
הספד [העספּעד], דער ־ים [העספּיידים]	eulogy
עס לייגט זיך אויפֿן שׂכל [סייכל]	it is plausible
פֿרומאַק, דער ־עס	hypocritically pious man
רודערן גערודערט	row, paddle
דורכשפּאַרן זיך דורכגעשפּאַרט	push one's way through

39

ירושלים ד'ליטא [1]1

היינט אין ווילנע, די שטאָט וואָס איז געווען אַ מאָל דער פֿאָקוס פֿון דער יידישער ליטעראַטור און פּרעסע, איז פֿאַראַן בלויז איין יידישע צייטונג – *ירושלים ד'ליטא*, וואָס האָט אָנגעהויבן אַרויסצוגיין אין 1989. איצטער דערשיינט די צייטונג פֿיר מאָל אין יאָר. היינט זיצט דער רעדאַקטאָר אין דעם בנין פֿון דער יידישער קהילה, פּילימאָ 4, אין ווילנע. עס שטייט אין יעדער נומער אָט די אינפֿאָרמאַציע וועגן דער צייטונג: "ירושלים ד'ליטא: צייטונג פֿון דער יידישער קהילה אין ליטע. גייט אַרויס אין יידיש, רוסיש, ענגליש און ליטוויש. ווערט פֿאַרשפּרייט אין פֿש"א, קאַנאַדע, ענגלאַנד, דייטשלאַנד, ישׂראל, שווייץ, פּוילן, דרום אַפֿריקע, אויסטראַליע און אַנדערע לענדער. רעדאַקטאָר: מילאַן כערסאָנסקי".

אַרויסגעבן אַרויסגעגעבן publish
דערשיינען דערשינען appear
קהילה [קעהילע], די ־ות Jewish community

אַרויסגיין אַרויסגעגאַנגען is published
פֿאַרשפּרייטן פֿאַרשפּרייט distribute
פֿשא = פֿאַראייניקטע שטאַטן פֿון אַמעריקע USA

40

אברהם סוצקעווערן – 90 יאָר [2]

דעם 15טן יולי ווערט 90 יאָר זינט ס'איז געבוירן געוואָרן דער גרעסטער יידישער פּאָעט פון אונדזער צייט, אברהם סוצקעווער. ער איז געבוירן געוואָרן אין יאָר 1913 אין סמאַרגאָן (ווייסרולאַנד). אין אָנהייב פון דער ערשטער וועלט־מלחמה האָט זיך זיין משפּחה אַריבערגעקליבן קיין סיביר. צו זיבן יאָר האָט ער פאַרלוירן דעם פֿאָטער. די משפּחה איז אַריבערגעפאָרן קיין ווילנע.

דאָ האָט ער זיך געלערנט און אָנגעהויבן שרייבן, אַריינגעטראָטן אין דער ליטעראַרישער גרופּע ''יונג ווילנע''. זיינע לידער – לירישע לויט דער שטימונג, נאָוואַטאָרישע לויט דער פאָרם – זיינען געווען טיף אינטימע. זיין ערשט בוך האָט ער אַרויסגעגעבן אין יאָר 1937.

אין צייט פון דער היטלערישער אָקופּאַציע איז א. סוצקעווער אַריינגעפאַלן אין ווילנער געטאָ, געוואָרן א מיטגליד פון דער געהיימער קאַמפּס־אָרגאַניזאַציע. ווען די נאַציס האָבן אים געצוווּנגען זיך פאַרנעמען מיט דער "סעלעקציע" פון די דאָקומענטן און ביכער פון ייוואָ און סטראַשון־ביבליאָטעק, כדי די ווערטפולע אָפּצושיקן קיין דייטשלאַנד, איז א. סוצקעווער און אייניקע מיטאַרבעטער פון ייוואָ געלונגען צו באַהאַלטן ניט ווייניק קולטור־אוצרות, וועלכע מען האָט נאָך דער מלחמה געפונען און אויסגעהיט.

ערב דער ליקווידאַציע פון געטאָ איז דעם פּאָעט געלונגען אַריבערצוגיין אין וואַלד און צושטיין צו א פּאַרטיזאַנער־אָטריאַד. א ספּעציעלער סאָוועטישער עראָפּלאַן האָט אים אַריבערגעפירט קיין מאָסקווע. אין יאָר 1946 איז ער אַרויסגעטראָטן ווי אַן עדות אויפן נירנבערגער פּראָצעס.

סיי אין געטאָ, סיי אין פּאַרטיזאַנער־אָטריאַד האָט דער פּאָעט ניט אויפגעהערט צו שרייבן. זיין פּאָעמע ''דאָס קבר־קינד'' האָט באַקומען א פּרעמיע פון דער שרייבער־אָרגאַניזאַציע אין געטאָ, און די פּאָעמע "כל־נדרי" האָט מען אַריבערגעשיקט פון געטאָ קיין מאָסקווע און דורכגעלייענט אויף א ספּעציעלער זיצונג פון שרייבער־פאַריין.

אין יאָר 1946 האָט א. סוצקעווער פאַרלאָזן פסס"ר און א געוויסע צייט געלעבט אין פּוילן, אונגאַרן און פראַנקרייך, ווו ער האָט פאַרענדיקט די פּאָעמע "געהיימשטאָט" וועגן גורל פון די יידן, וועלכע האָבן זיך באַהאַלטן אין די קאַנאַליזאַציע־רערן פון ווילנע נאָכן פאַרניכטן די געטאָ.

אין יאָר 1947 איז ער אומלעגאַל אָנגעקומען קיין אַרץ־ישׂראל. דער וועג אַהין און די ערשטע איינדרוקן זײַנען געוואָרן די טעמע פֿאַר דער פּאָעמע "גײַסטיקע עדר", וואָס איז דערשינען אין יאָר 1961. אין יאָר 1949 איז א. סוצקעווער געוואָרן דער רעדאַקטאָר פֿון גרעסטן ליטעראַרישן זשורנאַל אויף ייִדיש, "די גאָלדענע קייט".

א. סוצקעווערס ערשט בוך פּראָזע "פֿון ווילנער געטאָ", (1946), מאָסקווע) איז אַ מין רעפּאָרטאַזש וועגן קאַמף און אומקום פֿון די ווילנער ייִדן. אין די יאָרן 1954-1953 האָט דער פּאָעט אָנגעשריבן דעם ערשטן טייל פֿון זײַן בוך (פּראָזע) "גרינער אַקוואַריום". דעם צווייטן טייל "משיחס טאָגבוך" האָט ער פֿאַרענדיקט אין יאָר 1974.

א. סוצקעווערס ליטעראַרישע טעטיקייט איז געווען אָפּגעמערקט מיט דער איציק מאַנגער־פּרעמיע (1969), פּרעמיע פֿון פּרעמיער־מיניסטער (1976) און אַ סך אַנדערע. כּמעט אַלע זײַנע ווערק זײַנען איבערגעזעצט אויף העברעיִש, אַ סך פֿון זיינע ביכער זײַנען איבערגעזעצט אויף ענגליש, פֿראַנצייזיש און דײַטש.

די ייִדישע קהילה אין ליטע באַגריסט דעם יובילאַר מיטן געבורטסטאָג, ווינטשט אים געזונט און שעפֿערישן דערפֿאָלג אויף לאַנגע יאָרן.

[ירושלים ד'ליטא, נומער 3-4 (אפריל-יוני 2003), ז. 3]

אריבערקליבן זיך	move (one's residence)	אריבערגייען * אריבערגעגאַנגען	go over, pass into
סיביר, דאָס	Siberia	צושטיין * צוגעשטאַנען	join
אריבערפֿאָרן * אריבערגעפֿאָרן	move (one's residence)	אטריאד, דער ־ן	squad, detachment
אריינטרעטן * אריינגעטרעטן	join	עראָפּלאַן, דער ־ען	airplane
לויט	according to	אריבערפֿירן אריבערגעפֿירט	transport, transfer
שטימונג, די ־ען	mood, spirit	ארויסטרעטן * ארויסגעטראָטן	appear
נאָוואַטאָריש	innovative, bold	עדות [אייִדעס], דער –	witness
ארויסגעבן ארויסגעגעבן	publish, edit	פּראָצעס, דער ־ן	trial
אַרײַנפֿאַלן * אַרײַנגעפֿאַלן	be caught in	קבֿר [קייווער], דער/דאָס ־ים [קוואָרים]	grave, tomb
מיטגליד, דער ־ער	member	כּל־נדרי [קאָלנידרי], דער	Yom Kippur eve prayer
געהיים	secret	אַריבערשיקן אריבערגעשיקט	send (across)
קאַמף, דער ־ן	struggle, fight, combat	דורכלייענען דורכגעלייענט	read (through)
צווינגען געצוווּנגען	force, compel	זיצונג, די ־ען	meeting, session
פֿאַרנעמען {פֿאַרנומען} זיך מיט	engage in, take care of	פֿאַראיין, דער ־ען	association, union
ווערטפֿול	valuable	פֿאַרלאָזן פֿאַרלאָזט/פֿאַרלאָזן	leave, abandon
אָפּשיקן אָפּגעשיקט	send away/off	פּסס"ר = פֿאַרבאַנד סאָוועטישע סאָציאַליסטישע רעפּובליקן	USSR
מיטאַרבעטער, דער ־ס	associate, fellow worker	פֿאַרענדיקן פֿאַרענדיקט	finish, complete, end
געלינגען געלונגען	be successful	גורל [גוירל], דער/דאָס ־ות [גוירלעס]	fate, lot, destiny
באַהאַלטן באַהאַלטן	hide, conceal	קאַנאַליזאַציע, די ־ס	sewer
אוצר [אויצער], דער ־ות [אויצרעס]	treasure	רער, די/דער ־ן	pipe
אויסהיטן אויסגעהיט	guard, protect	פֿאַרניכטן פֿאַרניכט	annihilate, destroy
ערבֿ [ערעוו]	before, on the eve of	אָנקומען * אָנגעקומען	arrive, reach
		איינדרוק, דער ־ן	impression

גייסטיק	spiritual, intellectual, mental
דערשײַנען דערשינען	appear
רעדאַקטאָר, דער ־ן	editor
קייט, די ־ן	chain
מין, דער/דאָס ־ים	mind, sort
אומקום, דער	death
טאָגבוך, דאָס טאָגביכער	diary, journal
טעטיקייט, די ־ען	activity
אָפּמערקן אָפּגעמערקט	recognize, distinguish
איבערזעצן איבערגעזעצט	translate
קהילה [קעהילע], די ־ות	Jewish community
באַגריסן באַגריסט	greet welcome, salute
יובילאַר, דער ־ן	person whose anniversary is celebrated
געבורטסטאָג, דער ־טעג	birthday
שעפֿעריש	creative
דערפֿאָלג, דער ־ן	success

41

אַבֿרהם סוצקעווער (1913־2010) [3]

די בלײַענע פּלאַטן פֿון ראָמס דרוקערײַ

מיר האָבן ווי פֿינגער געשטרעקטע דורך גראַטן
צו פֿאַנגען די ליכטיקע לופֿט פֿון דער פֿרײַ —
דורך נאַכט זיך געצויגן, צו נעמען די פּלאַטן,
די בלײַענע פּלאַטן פֿון ראָמס דרוקערײַ.
מיר, טרוימער, באַדאַרפֿן איצט ווערן סאָלדאַטן
און שמעלצן אויף קוילן דעם גײַסט פֿונעם בלײַ.

און מיר האָבן ווידער געעפֿנט דעם שטעמפּל
צו עפּעס אַ היימישער אייביקער הייל.
מיט שאָטנס באַפּאַנצערט, בײַ שײַן פֿון אַ לעמפּל —
געגאָסן די אותיות — אַ צייל נאָך אַ צייל,
אַזוי ווי די זיידעס אַ מאָל אינעם טעמפּל
אין גילדענע יום־טובֿ־מנורות — דעם אייל.

דאָס בלײַ האָט געלויכטן בײַם אויסגיסן קוילן,
מחשבֿות — צעגאַנגען אַן אות נאָך אַן אות.
אַ שורה פֿון בבֿל, אַ שורה פֿון פּוילן,
געזאָטן, געפֿלייצט אין דער זעלביקער מאָס.
די ייִדישע גבֿורה, אין ווערטער פֿאַרהוילן,
מוז אויפֿרײַסן איצטער די וועלט מיט אַ שאָס!

און ווער ס'האָט אין געטאָ געזען דאָס כּלי־זיין
פֿאַרקלאַמערט אין העלדישע ייִדישע הענט —
געזען האָט ער ראַנגלען זיך ירושלים,
דאָס פֿאַלן פֿון יענע גראַניטענע ווענט;
פֿאַרנומען די ווערטער, פֿאַרשמאָלצן אין בלײַען,

און זייערע שטימען אין האַרצן דערקענט.

[ווילנער געטאָ, 12טן סעפּטעמבער 1943]

[*אַבֿרהם סוצקעווער פּאָעטישע ווערק* (תּל־אָבֿיבֿ: יובֿל־קאָמיטעט, 1963), ב. 1, ז. 335]

בלײַען	lead
פּלאַטע, די ־ס/פּלאַטן	[printing] plate
דרוקערײַ, די ־ען	printing shop
ראָמס דרוקערײַ	Romm's printing shop
גראַט, די ־ן	bar (over a window)
ציִען זיך געצויגן	*here*: move
טרוימער, דער –/־ס	dreamer
באַדאַרפֿן באַדאַרפֿט	need/have to
סאָלדאַט, דער ־ן	soldier
שמעלצן געשמאָלצן	melt
קויל, די ־ן	bullet
עפֿענען געעפֿנט	open
שטעמפּל, דער ־ען	stamp (tool or imprint)
הייל, דער	cure
שאָטן, דער ־ס	shadow
באַפּאַנצערט	armored
גיסן געגאָסן	pour, cast
אות [אָס], דער/דאָס ־יות [אויסיעס]	letter
צײַל [צייל], די ־ן	line
מנורה [מענוירע], די ־ות	menorah
אייל, דער ־ן	oil
לײַכטן געלײַכט/געלויכטן	shine, glow
מחשבֿה [מאַכשאָווע], די ־ות	thought
צעגיין * צעגאַנגען	melt
שורה [שורע], די ־ות	line
בבֿל [באָוול], דאָס	Babylon
זידן געזאָדן/געזאָטן	seethe, boil
פֿלייצן געפֿלייצט	gush, flow, surge
מאָס, די ־ן	measure, extent
גבֿורה [גוווּרע], די ־ות	might, strength
פֿאַרהוילן	concealed
אויפֿרײַסן אויפֿגעריסן	explode
שאָס, דער ־ן	shot, discharge, burst
כּלי־זיין [קלעזייען], דאָס	weapon(s)
פֿאַרקלאַמערט	clutched
ראַנגלען זיך געראַנגלט	struggle, wrestle
שטים, די ־ען	voice
דערקענען דערקענט	recognize

שפּילצײַג [3]

דײַנע שפּילצײַג, מײַן קינד, האַלט זיי טײַער,
דײַנע שפּילצײַג נאָך קלענער ווי דו.
און בײַ נאַכט, ווען ס'גייט שלאָפֿן דאָס פֿײַער,
מיט די שטערן פֿון בוים דעק זיי צו.

לאָז דעם גאָלדענעם פֿערדעלע נאַשן
די פֿאַרוואָלקנטע זיסקייט פֿון גראָז.
און דעם ייִנגל טו אָן די קאַמאַשן

ווען דער אָדלער פֿון ים גיט אַ בלאָז.

און דײַן ליאַלקע טו אָן אַ פּאַנאַמע,
און אַ גלעקעלע גיב איר אין האַנט.
ווײַל ס'האָט קיינער פֿון זיי ניט קיין מאַמע,
און זיי וויינען צו גאָט בײַ דער וואַנט.

האָב זיי ליב, דײַנע קליינע בת־מלכּהס,
איך געדענק אַזאַ טאָג – וויי און ווינד –:
זיבן געסלעך און אַלע מיט ליאַלקעס
און די שטאָט איז געווען אָן אַ קינד.

[*אַבֿרהם סוצקעווער פּאָעטישע ווערק* תּל־אָבֿיבֿ: יובֿל־קאָמיטעט, 1963, ב. 2. ז. 298]

שפּילצײַג ל"ר	toys	ים [יאַם], דער ־ען/־ים	sea, ocean
טײַער	dear, valuable	פּאַנאַמע, די ־ס	Panama hat
צודעקן צוגעדעקט	cover up	ליאַלקע, די ־ס	doll, puppet
נאַשן גענאַשט	nibble	גלעקעלע, דאָס ־ך	little bell
פֿאַרוואָלקנט	overcast	בת־מלכּה [באַסמאַלקע], די ־ות	princess
קאַמאַש, דער ־ן	low-laced boot	וויי און ווינד	alas and alack
אָדלער, דער ־ס	eagle		

יידישע גאַס [3]

ביסט ניט פֿאַרגאַנגען. דײַן פּוסטקייט איז פֿול.
פֿול מיטן פֿאָלק ווי מײַן אויג מיט דער מאַמען.
ערגעץ נאָך פֿלאַטערט אַ שיימע, אַ שול,
ס'האָבן אויף זיי ניט קיין שליטה די פֿלאַמען.
איך וואָלט געשווירן: אומערדיש דײַן גבֿול,
טיף איז געווען און ווערט־זײַן – דײַנע שטאַמען.
אָט איז די באָרד אויפֿן בלוילעכן ש"ס,
אָט איז דאָס הייליקע קרעמל מיט קוואַס.
יידישע גאַס.

דו ביסט דער ניגון, וואָס דורות צוריק

האָבן אַרויסגעשפּילט מײַנסטער כּלי־זמרים.
ס'האָט זיך פֿאַרשטעלט אין אַ גאַס די מוזיק,
בלויז פֿאַרן אָרעמען דאַכט זיך: ביסט אָרעם.
ווען ס'איז אָבער געשאָנקען דאָס גליק
זאַמלט דײַן פּראַכט מיט אַן אָפֿענעם אָרעם.
אָט איז די פֿאָנע פֿון בלוטרעגן נאַס,
אָט איז די לערערין מירע אין קלאַס.
ייִדישע גאַס.

אויב נאָר דײַן שטערן־פּרוכת איז וואָר –
איז אויך דײַן וואָר ניט קיין חלום קיין בלינדער.
אָט איז דער נבֿיא מיט שטיינערנע האָר,
מאָלט די נבֿואה פֿאַר נאַקעטע קינדער.
קען דען די וואָג פֿון אַ פֿינף הונדערט יאָר
ווינציקער וועגן פֿון פּיצל אַצינדער?
ווער זאָגט פֿאַרשוווּנדן? אַ ליגן, אַ שפּאַס,
ערגעץ נאָך בומקעט דער באַסער אין באַס.
ייִדישע גאַס.

לעבט ניט דער ניגון, ווען טיף אויף זײַן גרונט
שטראַלט דאָס געביין פֿון געפֿאַלענעם שפּילער?
שטיינערנע צערטלעניש וויקלט מיך רונד, –
מיך, דײַן פֿאַרוואָגלטן, מיך, דײַן דערפֿילער.
ייִדישע גאַס, לאָמיר שליסן אַ בונד !
לאָז מיך דערהערן דײַן אייביקייט, שטילער:
אָט ביסטו ווידער אַזוינס און אַזאַס,
העכער פֿון האַס און פֿון צײַט דער מרשעת –
ייִדישע גאַס!

[פּאַריז, דעצעמבער 1946]

[*אַבֿרהם סוצקעווער פּאָעטישע ווערק* (תּל־אָבֿיבֿ: יובֿל־קאָמיטעט, 1963), ב. 1, ז. 585־586]

פֿאַרגיין * פֿאַרגאַנגען	pass away		book
פּוסטקייט, די ־ן	emptiness, void	שליטה [שליטע], די ־ות	power, influence, mastery
ערגעץ	somewhere, anywhere	שווערן געשוווירן	swear
פֿלאַטערן געפֿלאַטערט	flutter, shake	אומערדיש	unearthly
שיימע, די שמות [שיימעס]	stray leaf from a sacred	גבֿול [גוווּל], דער ־ן	limit, bounds

שטאָם, דער ־ען	trunk, stem
ש"ס [שאַס] = שישה סדרום [שישעסדאָרים]	(six orders of the) Talmud
קרעמל, דאָס ־עך	small shop
קוואַס, דער	kvass (fermented beverage)
ניגון [ניגן], דער ־ים [ניגונים]	melody, tune
דור [דאָר], דער ־ות [דוירעס]	generation
אַרויסשפּילן אַרויסגעשפּילט	play (*music*)
מײַנסטער, דער ־ס	master
כּלי־זמר [קלעזמער], דער ־ים [קלעזמאָרים]	musician
פֿאַרשטעלן זיך פֿאַרשטעלט	disguise onself/pose as
שענקען געשאָנקען/געשענקט	give, donate, present
זאַמלען געזאַמלט	collect, gather, assemble
פּראַכט, די	splendor, magnificance
פֿאָנע, די ־ס	banner
פּרוכת [פּאָרויכעס], דער ־ן	curtain over the Torah ark
וואָר	true
וואָר, די	reality
חלום [כאָלעם], דער ־ות [כאַלוימעס]	dream
נביא [נאָווי], דער ־ים [נעוויִים]	prophet
נבֿואה [נעווועע], די ־ות	prophecy
וואָג, די ־ן	weight
וועגן געווויגן	weigh
פּיצל, דאָס ־עך	tiny bit
אַצינדער	now, at present
פֿאַרשווינדן פֿאַרשוווּנדן	disappear
ליגן, דער ־ס	lie
שפּאַס, דער ־ן	joke, gag
בומקען געבומקעט	sing/talk in a deep voice
באַסער, דער ־ס	someone with a bass voice
גרונט, דער ־ן	ground, bottom, foundation
שטראַלן געשטראַלט	beam, radiate, shine
געביין, דאָס	skeleton, remains
געפֿאַלענער, דער געפֿאַלענע	war casualty
צערטלעניש, דאָס ־ן	tenderness
וויקלען געוויקלט	wrap
פֿאַרוואָגלט	far from home, homeless
דערפֿילער, דער ־ס	one who senses/detects
שליסן געשלאָסן	conclude, close
בונד, דער ־ן	bond, pact, confederacy
דערהערן דערהערט	hear, get wind of
אייביקייט, די ־ען	eternity
אַזוינס און אַזאַס	such
האַס, דער	hate, hatred
מרשעת [מאַרשאַס], די ־ן	wicked woman

ווילנע [3]

ניין, איך דאַרף זיך ניט דערמאָנען, דו אַליין ביסט מײַן זכּרון,
בין אַ זונזייגער אין מידבר און מײַן שאָטן איז דער ווײַזער.
ס'גאַנצע לעבן וועט ער קרײַזן אַרום זונזייגער דעם דאָרן,
און באַוויינען דײַנע יאָרן און באַווינען דײַנע הײַזער.

אומגעזען, ווי ס'האַרץ, נאָר וואַכיק, תּמיד קלינגט אַ גלאָק – דײַן נאָמען:
וויל – נע ! וויל – נע ! און די קלאַנגען, אין באַגלייטנדיקער גאַמע,
זעבען גאַסן און חבֿרים, זעבען פּנימער און תּהומען.
צווישן תּהומען און פֿאַנטאָמען קלינגט אַ פֿײַכטער נאָמען: מאַמע.

אוי, ווען איך וואָלט קאָנען ברענגען אויף די אַקסלען איר געביין דאָ !
אײַנגעפֿאַסט איך וואָלט עס דעמאָלט ווי אַ דימענט אין הר־ציון,
און פֿאַרשריבן אָט די שורות אויף איר טרייסטנדיקן שטיין דאָ ...

פֿאַרן מאַמע־טעמפּל, באָרוועס, מיט מײַן קינד געקומען קניִען.

[*אַבֿרהם סוצקעווער פּאָעטישע ווערק* (תּל־אָבֿיבֿ: יובֿל־קאָמיטעט, 1963), ב. 2, ז. 302]

דערמאָנען זיך דערמאָנט	remember, recollect
זכּרון [זיקאָרן], דער ־ס	memory
זונזייגער, דער ־ס	sundial
מידבר [מידבער], די/דער ־יות [מידבאָריעס]	desert
שאָטן, דער ־ס	shadow
ווײַזער, דער ־ס	hand/needle (*clock/instrument*)
קרײַזן געקרײַזט	encircle with
באַווײַזן באַוויזן	show, demonstrate, manage
באַוווינען באַוווינט	occupy, inhabit
אומגעזען	unseen, unseeing
וואכיק	vigilant
תּמיד [טאָמיד]	always
קלינגען געקלונגען	ring, sound
גלאָק, דער גלעקער	bell
באַגלייטנדיק	accompanying
גאַמע, די ־ס	scale, gamut, range
פּנים [פּאָנים], דאָס פּענימער	face
תּהום [טהאָם], דער ־ען	abyss, precipice
פֿײַכט	moist, damp, humid
אַקסל, דער ־ען	shoulder
געביין, דאָס	skeleton, remains
אײַנפֿאַסן אײַנגעפֿאַסט	set, mount (jewels)
הר־ציון [האַר־ציִען], דער	Mt. Zion
פֿאַרשרײַבן פֿאַרשריבן	inscribe, write down
שורה [שורע], די ־ות	line
טרייסטן געטרייסט	console
באָרוועס	barefoot
קניִען געקניט	kneel

42

שמערקע קאַטשערגינסקי (1954-1908) [1]

שמערקע קאַטשערגינסקי איז געבוירן געוואָרן אין ווילנע. אין 1929 איז ער געוואָרן אַ מיטגליד פֿון דער ליטעראַרישער גרופּע "יונג־ווילנע". ער האָט געאַרבעט ווי אַ דרוקער און איז עטלעכע מאָל אַרעסטירט געוואָרן צוליב זײַנע קאָמוניסטישע אַקטיוויטעטן. בשעת דער דײַטשער אָקופּאַציע האָט ער מיט אַבֿרהם סוצקעווער און אַנדערע אין דער אַזוי גערופֿענער "פּאַפּיר־בריגאַדע" געשמוגלט וויכטיקע ביכער פֿון דער ייִוואָ־ביבליאָטעק אין געטאָ אַרײַן, כּדי זיי צו ראַטעווען פֿון די דײַטשן. נאָך דער מלחמה איז ער אוועק קיין פּוילן, דערנאָך קיין פּאַריז, און ווײַטער קיין אַרגענטינע. ער איז אומגעקומען אין אַן עראָפּלאַן־קראַך. צווישן זײַנע וויכטיקע פּובליקאַציעס זײַנען: *חורבן ווילנע* (1947) און *איך בין געווען אַ פּאַרטיזאַן* (1952).

מיטגליד, דער ־ער	member	קראַך, דער ־ן	crash
דרוקער, דער ־ס	printer	חורבן [כורבם], דער ־ות [כורבאָנעס]	destruction, Holocaust
שמוגלען געשמוגלט	smuggle		
ראַטעווען געראַטעוועט	save, rescue		

ייִד, דו, פּאַרטיזאַנער [2]

פֿון די געטאָס, תּפֿיסה־ווענט –
אין די וועלדער פֿרײַע,
אָנשטאָט קייטן אויף די הענט
כ'האַלט אַ ביקס אַ נײַע.

אויף די אויפֿגאַבעס מײַן פֿרײַנד,
קושט מיר האַלדז און אַקסל,
מיטן ביקס כ'בין ניט פֿון הײַנט
פֿעסט צונויפֿגעוואַקסן.

ווייניק זײַנען מיר אין צאָל,
דרייסטע ווי מיליאָנען,
רײַסן מיר אויף באַרג און טאָל,
בריקן, עשאַלאָנען.
דער פֿאַשיסט, פֿאַרציטערט ווערט,
ווייסט ניט ווו, פֿון וואַנען
שטורעמען, ווי פֿון אונטער דר'ערד,
ייִדן־פּאַרטיזאַנער.

ס'וואָרט נקמה האָט אַ זין,
ווען מיט בלוט פֿאַרשרײַבסט אים.
פֿאַר דעם הייליקן באַגין
פֿירן מיר די שטרײַטן.
ניין, מיר וועלן קיינמאָל זײַן
לעצטע מאָהיקאַנער:
ס'ברענגט דער נאַכט די זונענשײַן
דער ייִד – דער פּאַרטיזאַנער.

[ווילנער געטאָ]

[*אַנטאָלאָגיע ווידערשטאַנד און אויפֿשטאַנד*, רעד. שמואל ראָזשאַנסקי (בוענאָס איירעס: ייִוואָ, 1970), ז. 76]

תּפֿיסה [טפֿיסע], די ־ות   prison, jail
קייט, די ־ן   chain, shackle
ביקס, די ־ן   rifle, weapon
אויפֿגאַבע, די ־ס   duty, task
קושן געקושט   kiss
אַקסל, דער ־ען   shoulder
פֿעסט   firm, fast, fixed, steady
צונויפֿוואַקסן צונויפֿגעוואָקסן   grow together
דרייסט   bold, daring
אויפֿרײַסן אויפֿגעריסן   tear open, explode, blow up
בריק, די ־ן   bridge

עשאַלאָן = עשעלאָן, דער ־ן   echelon, troop train/transport
פֿאַרציטערט ווערן   be struck with fear
שטורעמען געשטורעמט   storm
נקמה [נעקאָמע], די ־ות   revenge, vengeance
פֿאַרשרײַבן פֿאַרשריבן   write down, inscribe
באַגין, דער   dawn
שטרײַט, דער ־ן   fight, dispute, quarrel
ווידערשטאַנד, דער   opposition, resistance
אויפֿשטאַנד, דער   revolt, uprising

43

פּרץ מיראַנסקי (1993־1908) [1]

פּרץ מיראַנסקי האָט געוווינט מיט זייַן משפּחה אין שניפּעשעק און איז געגאַנגען אין חדר און אין אַ יידיש־וועלטלעכער שול. ווען ער איז אַלט געווען 24 יאָר האָט ער אָנגעהויבן שרייַבן לידער און משלים. אין 1934 זייַנען דערשינען זייַנע לידער אין דעם *ווילנער טאָג*. ער איז געוואָרן אַ מיטגליד פֿון דער ליטעראַרישער גרופּע "יונג־ווילנע" – איינער פֿון די לעצטע וואָס האָט זיך אָנגעשלאָסן. ער האָט געהאַלטן משה קולבאַקן און אליעזר שטיינבאַרגן פֿאַר זייַנע ליטעראַרישע לערערס, דער ערשטער ווי אַ דיכטער, דער צווייטער ווי אַ שרייַבער פֿון משלים. צום סוף פֿון דער צווייטער וועלט־מלחמה איז ער געווען אַ פּליט אין רוסלאַנד. ווען ער איז צוריקגעקומען קיין ווילנע, האָט ער געפֿונען בלויז איין ניצול־געוואָרנע שוועסטער. ער איז ניט לאַנג געבליבן אין ווילנע, נאָר ווייַטער געפֿאָרן דורך דייַטשלאַנד און קיין קאַנאַדע. אין 1951 האָט ער פּובליקירט אין מאָנטרעאָל זייַן לידער־זאַמלונג *אַ ליכט פֿאַר אַ גראָשן*. אין 1955 האָט ער זיך איבערגעקליבן קיין טאָראָנטאָ, ווו ער האָט געאַרבעט בייַם *טאָג־מאָרגן־זשורנאַל*. ער האָט פּובליקירט נאָך פֿיר בענד לידער און האָט צוויי מאָל געוווּנען די סגל־פּרעמיע, ווי אויך, אין 1980, די נאַציאָנאַלע ביכער־פּרעמיע אין די פֿאַראייניקטע שטאַטן. אין 1988 האָט ער געוווּנען די מאַנגער־פּרעמיע אין ישׂראל, ווו ער האָט ווייַטער אָנגעהאַלטן קאָנטאַקט מיט אַבֿרהם סוצקעווערן. ער איז געשטאָרבן דעם 10טן יאַנואַר 1993 און מען האָט אים מקבר געווען אויפֿן בית־עולם פֿונעם אַרבעטער־רינג אין טאָראָנטאָ.

חדר [כיידער], דער ־ים [כאַדאָרים] traditional elementary school
משל [מאָשל], דער/דאָס ־ים [מעשאָלים] fable
דערשייַנען דערשינען appear, be published
מיטגליד, דער ־ער member
אָנשליסן זיך אָנגעשלאָסן join
פּליט [פּאָלעט], דער ־ים [פּלייטים] refugee

ניצול־געוואָרן [ניצל] surviving
גראָשן, דער ־ס small coin, penny
איבערקלייַבן זיך איבערגעקליבן move (one's residence)
מקבר [מעקאַבער] זייַן bury
בית־עולם [בעסוילעם], דער ־ס cemetery

מײַן זיידע [2]

אַז מײַן זיידע יעקבֿ־שלמה
איז געוואָרן אַ בן שמונים,
האָט ער ניט געוואָלט גיין צו די
זין און טעכטער וווינען.
ניט געהאָלפֿן האָבן טרערן,
ניט געהאָלפֿן האָט פֿאַראיבל,
ניט געוואָלט האָט ער זיך שיידן
מיט זײַן אַלט ירושה־שטיבל.
ס'האָט די גאַס מײַן זיידנס כאַטקע
אָנגעקלעפּט מיט חוזק־נעמען:
"הקדשל" און "באָגאַדיעלניע",
און משפּחה פֿלעגן זיך שעמען!
פֿלעגט זיך שעמען צו דערמאָנען
און פֿאַר אונדז, די קינדער, ריידן,
ווײַל אַ ווו נאָר אַ שלימזל –
פֿלעגט ער וווינען בײַ דעם זיידן.
ווײַל דער זיידע יאַנקל־שלמה
פֿלעגט זיך פעדערן ביכּורים
און פֿלעגט קלײַבן פֿון די גאַסן
וויסטע קאַליקעס, שיכּורים.

ער פֿלעגט זיי זײַן אַלטע פּלייצע
אונטערשטעלן מיט אַ פּשטל,
פֿלעגט זיי ברענגען אין זײַן שטיבל,
זיי אַוועקגעבן זײַן בעטל.
פֿלעגט זיי קאָכן, פֿלעגט זיי וואַשן
און די קאָלטענעס צעקעמען ...
ס'פֿלעגט דאָס געסל חוזק מאַכן
און משפּחה פֿלעגט זיך שעמען.
ביז עס האָבן אַלע איידעמס
זיך אַ נעם געגעבן צו אים;
ביז ווי לאַנג וועט ער נאָך אָנגיין
מיט די מעשׂים תּעתּועים?
נאָר דער זיידע מיט אַ שמייכל
האָט געענטפֿערט אַלע קרובֿים:
וואָס זשע טויג דאָס גאַנצע לעבן,
אויב נישט טאָן קיין מעשׂים־טובֿים?!
כ'ווייס ניט ווער ס'האָט אין וויכּוח
מנצח געווען ווען,
כ'ווייס נאָר, אַז די גאַס פֿלעגט לאַכן
און משפּחה פֿלעגט זיך שעמען.

[ווילנע *אין דער יידישער ליטעראַטור*, רעד. שמואל ראָזשאַנסקי (בוענאָס איירעס: ייוואָ, 1980), ז. 86־88]

בן שמונים [בענשמאָנים]	seventy-year-old
טרער, די ־ן	tear
פֿאַראיבל, דער ־ען	rancor, malice, grudge
שיידן זיך געשיידט	part from
ירושה־שטיבל [יערושע], דאָס ־עך	inherited family dwelling
כאַטקע, די ־ס	hut, shed, cottage
אָנקלעפּן אָנגעקלעפּט	stick/paste/glue on
חוזק [כויזעק], דער	mockery, ridicule
הקדשל [העגדעשל], דאָס ־עך	poorhouse
באָגאַדיעלניע, די ־ס	poorhouse (*Rus.*)
שעמען זיך געשעמט	be ashamed/embarrassed
דערמאָנען דערמאָנט	mention
פֿעדערן זיך געפֿעדערט	make the first move to get
ביכּורים ל"ר	firstlings, first fruits
קלײַבן געקליבן	collect, gather, assemble
וויסט	bleak, desolate
קאַליקע, דער/די ־ס	handicapped person, cripple

שיכּור [שיקער], דער ־ים drunkard
אונטערשטעלן אונטערגעשטעלט put underneath
פּשטל [פּשעטל], דאָס ־עך quibble, hair-splitting argument
שטיבל, דאָס ־עך little dwelling
קאָלטן, דער ־ס/קאָלטענעס elflock
צעקעמען צעקעמט comb out, disentangle
נעמען {גענומען} זיך צו take up/to, undertake
אָנגיין * אָנגעגאַנגען be allowed, go on

מעשׂה תּעתּועים [מײַסע־טאַטוּיִם], די מעשׂי(ם)־ [מײַסע/מײַסים] immoral behavior, scandal
קרובֿ [קאָרעוו], דער ־ים [קרויווים] relative, kin
טויגן געטויגט be fit/good for
מעשׂים־טובֿים [מײַסים־טויווים] ל"ר good deeds
וויכּוח [וויקועך], דער ־ים [וויקוכים] debate
מנצח [מענאַצייעך] זײַן conquer, triumph

44

לייזער וואָלף [אליעזר מעקלער] (1910־1943) [1]

לייזער וואָלף איז געבוירן געוואָרן אין ווילנע אין אַן אָרעמער משפּחה. ער איז געווען איינער פֿון די סאַמע שעפֿערישסטע שרײַבערס פֿון דער גרופּע "יונג־ווילנע". זײַנע ווערק זײַנען אָפֿט פֿאַראָדיסטיש און איראָניש. נאָכן אָנפֿאַל פֿון די נאַציס אויף פּוילן איז ער אַנטלאָפֿן אין ראַטן־פֿאַרבאַנד; דאָרטן איז ער, ניט ווײַט פֿון סאַמאַרקאַנד, געשטאָרבן פֿון הונגער. נאָר אַ קליינער טייל פֿון זײַנע ווערק איז געבליבן.

דאָס ליד וואָס מיר ברענגען דאָ איז וועגן משה מאָנטעפֿיאָרע, וואָס איז געווען אַ גרויסער גבֿיר און בעל־צדקה, באַזונדערש צווישן ייִדן, אַזוי אַז ער איז געוואָרן אַ העלד, בפֿרט אין מיזרח־אייראָפּע. ער האָט זייער אַ סך אַרומגערײַזט און איז געקומען צו הילף די דאָרטיקע ייִדישע קהילות. דאָ באַטראַכט וואָלף דעם גרויסן ייִדישן העלד און אויך דאָס ייִדישע פֿאָלק מיט אַ ביסל איראָניע. מאָנטעפֿיאָרע רעדט דאָ אינעם ליד זייער אַ ייִדישלעך דײַטש אָדער זײַער אַ דײַטשמעריש ייִדיש.

סאַמע	the very/most ___
שעפֿעריש	creative
אָנפֿאַל, דער ־ן	attack
אַנטלויפֿן * אַנטלאָפֿן	flee, escape
ראַטן־פֿאַרבאַנד, דער	Soviet Union
גבֿיר [גוויר], דער ־ים	wealthy man
בעל־צדקה [באַל־צדאָקע], דער בעלי־ [באַלע־]	philanthropist
העלד, דער ־ן	hero
בפֿרט [ביפֿראַט]	particularly, especially
אַרומרײַזן אַרומגערײַזט	travel around
זײַן צו הילף	give aid to
קהילה [קעהילע], די ־ות	Jewish community
באַטראַכטן באַטראַכט	view, consider
דײַטשמעריש	Germanized Yiddish

מאָנטעפֿיאָרע אין ווילנע [2]

ייִדן, קיין עין־הרע –
אַ מבול, א פֿאַרשאָט:
מע זאָגט, אַז מאָנטעפֿיאָרע
וועט דורכפֿאָרן די שטאָט.

מע זאָגט: ער האָט אַ פּאַלאַץ
פֿון עכטן, הוילן גאָלד;
מע זאָגט: ער קויפֿט אָפּ רוסלאַנד,
ווען ער וואָלט נאָר געוואָלט.

מע זאָגט: ער זיצט בײַם קיניג
און שפּילט מיט אים אין שאַך;
מע זאָגט: ער מאַכט אַ סוכּה,
געדעקט מיט זילבער־סכך.

מע זאָגט: ער איז אַ בייזער.
מע זאָגט: ער איז אַ גוטס.
מע זאָגט: ער קויפֿט בײַם קייזער,
די ייִדן אויפֿן טוץ.

מע זאָגט: בײַ אים אין פּאַלאַץ
איז דאָ אַזאַ מין קנאָפּ:
מע גיט אַ דריק, באַווײַזט זיך
דער טשאָלנט אין אַ טאָפּ.

מע זאָגט: ער איז אַ פֿרומער,
חעברעיִש רעדט ער פֿרײַ.
זײַן טלית איז אַ וואָלקן,
געפֿאַנגען אין טערקײַ.

די תּפֿילין – שוואַרצע פּערל
און די רצועות – גאָלד.
מע זאָגט: ער קויפֿט אָפּ ענגלאַנד,
ווען ער וואָלט נאָר געוואָלט.

אָט פֿאָרט ער – אין אַ קעטשל
אין רונדע פֿערד געשפּאַנט;
איך זאָג דיר: פּונקט אַ חסיד,
ער זעט מיר אויס באַקאַנט.

אָט פֿאָרט ער אויפֿן שולהויף
אַרויף. – חוראַ! הוראַ!
שווײַגט ייִדן, ער וועט ריידן.
אָט רעדט ער דאָך, אַהאַ!

– אָ, מײַנע ליבע ברידער,
ווי זאַמד אין ווינט צעזייט.
איך קאָמע צו אײַך ווידער
אין קומער און אין לייד.

איך ווייס אַז אײַך איז ערגער.
עס גיסט זיך אײַער בלוט,
נאָר וואָס באַווײַזט עס ברידער? –
אַז מיר איז אויך ניט גוט.

עס פֿעלט מיר ניט חלילה,
קיין פֿלייש, קיין פֿיש, קיין ווײַן;
אין הויז פֿון אַ בעל־תּפֿילה
זאָל ווייניקער ניט זײַן.

אָ, ברידער מײַנע אָרעם,
וואָס יעדער טויט און טרעט
אויף צפֿון און אויף דרום,
איך בעט פֿאַר אײַך, איך בעט.

איך פֿאָר צו הויכע שׂררות,
איך האָב בײַ זיי דערפֿאָלג.
איך זאָג: וואָס טוט איר צרות
מײַן גוטן ייִדן־פֿאָלק?

וואָס האָט איר פֿון פּאָגראָמען? –
דרײַ זאַכן: בלוט און בלוט
און אַ שלעכטן נאָמען,
טאָ ווערט שוין בעסער גוט.

וואָס מיינט איר איז דער ענטפֿער?
"דאָס איז אונדז זייער שווער.
מיר וועלן זיך באַמִיִען
צו ווערן בעסער, סער".

אָט בין איך אין טעאַטער
געזעסן מיטן גאָר
הויכן גובערנאַטאָר
און שׂררות נאָך אַ פּאָר.

איך רוף זיך אָפּ געלאַסן,
כ'מאַך האָניק־זיס מײַן שטים:
"וואַרום איזט זאָ פֿיל שטרענגער
פֿאַר יודן דער רעזשים?"

די בינע גיט קאָמעדיע.
דער שׂררה לאַכט אַ צײַט.
ער לאַכט: "די יודן לאָמיר
איצט לאָזן אָן אַ זײַט".

נו, שווײַג איך שוין, איך וועל דאָך
ניט פֿרעגן איצטער מער.
די בינע גיט קאָמעדיע;
איך וויש געהיים אַ טרער.

אָ, ברידער מײַנע אָרעם,
איך וויין, כאָטש איך בין רײַך,
ווײַל יעדן קליינעם וואָרעם
איז פֿריילעכער פֿון אײַך.

נאָר זאָרגט ניט, ליבע ייִדן,
עס איז דאָך אַלט־באַקאַנט,
אַז קומען וועט משיח
אין אונדזער אַלטן לאַנד.

מיר וועלן דאָרטן ווערן
דערהויבן און באַגליקט,
אַזוי ווי שטילע טרערן
פֿון הימל צוגעשיקט.

און אין ירושלים
וועט ווידער אייביק שטיין
אַ ווײַסער בית־המקדש
אין זיסער זון, אָמן.

[*אַלמאַנאַך פֿון ייִדישן ליטעראַטן און זשורנאַליסטן פֿאַריין אין ווילנע*, רעד. מושה שליט (ווילן: אייגענער פֿאַרלאַג, 1938), 89־92.

עין־הרע [איינ(ה)אָרע/איינעהאָרע], דער ־ס — evil eye
מבול [מאַבל], דער ־ען — downpour, torrent
פֿאַרשאָט, דער ־ן — deluge
דורכפֿאָרן * דורכגעפֿאָרן — drive/pass through
פּאַלאַץ, דער ־ן — palace
עכט — pure, authentic, genuine
הויל — *here*: pure
אָפּקויפֿן אָפּגעקויפֿט — buy (up)
קיניג, דער ־ן — king
שאַך, דער ־ן — chess
סוכּה [סוקע], די ־ות — Sukkoth booth
סכך [סכאַך], דער — branches for Sukkoth booth
בייז — bad, evil, wicked, malicious
קייזער = קייסער, דער קייסאָרים/קיסרים — emperor
טוץ, דער/דאָס ־ן — dozen
קנאָפּ, דער קנעפּ — button, knob

דריק, דער press
באַווײַזן זיך באַוויזן appear
טשאָלנט, דער/דאָס ־ן/ער cholent
פֿרײַ *here*: fluently
טלית [טאַליס], דער ־ים [טאַלייסים] prayer shawl
וואָלקן, דער cloud
טערקײַ, די Turkey
תּפֿילין [טפֿילין] ל"ר phylacteries
רצועה [רעצוע], די ־ות phylactery strap
קעטשל, דאָס ־עך coach
שפּאַנען געשפּאַנט harness
חסיד [כאָסעד], דער ־ים [כסידים] Hasid
מײַנע = מײַן my (*Ger.*)
זאַמד, דער/דאָס ־ן/זעמד sand
צעזייען צעזייט scatter
איך קאָמע = איך קום I come (*Ger.*)
קומער, דער grief, sorrow
לייד, די ־ן suffering, sorrow, misery
ערגער worse
גיסן זיך געגאָסן flow
באַווײַזן באַוויזן prove
חלילה [כאָלילע] God forbid
בעל־תּפֿילה [באַל־טפֿילע], דער בעלי־ [באַלע־] prayer leader
שררה [סראָרע], דער ־ות [סראָרעס]/־ים [סראָרים] lord
דערפֿאָלג, דער ־ן success
צרה [צאָרע], די ־ות trouble, distress, affliction
באַמיִען זיך באַמיט strive, endeavor, take pains
סער sir
גובערנאַטאָר, דער ־ן governor
אָפּרופֿן זיך אָפּגערופֿן speak up
געלאַסן calmly
שטים, די ־ען voice
וואַרום איזט why is (*Ger.*)
שטרענג strict, harsh, severe
יודן = ייִדן Jews (*Ger.*)
בינע, די ־ס stage
די בינע גיט on the stage there is a
געהיים secret
טרער, די ־ן tear
כאָטש although
וואָרעם, דער ווערעם worm
דערהויבן exalted, elevated
באַגליקט successful
צושיקן צוגעשיקט send
אייביק eternal
בית־המיקדש [בייסאַמיגדעש], דאָס/דער ־ן Jerusalem temple

45

אַבא קאָוונער (1918־1987) [1]

אַבא קאָוונער איז געבוירן געוואָרן אין סעוואַסטאָפּאָל אין רוסלאַנד. אויסגעוואָקסן איז ער אין ווילנע, ווו ער איז געווען אַקטיוו אין דער אָרגאַניזאַציע "השומר הצעיר". ער האָט געוואָלט עולה זײַן, אָבער דער אָנהייב פֿון דער צווייטער וועלט־מלחמה האָט אים אָפּגעהאַלטן דערפֿון. ער איז געבליבן אין ווילנע בעת דער פֿאַשיסטישער אָקופּאַציע, קודם אונטער דער באַשיצונג פֿון מאָנאַשקעס און שפּעטער אין געטאָ, ווו ער האָט אָרגאַניזירט אַ באַוואָפֿנטן אויפֿשטאַנד און אָנגעשריבן אַ מאַניפֿעסט צו די ייִדן אין געטאָ, ווו ער רעדט זיי צו, זיי זאָלן ניט גיין ווי שעפּסן צו דער שחיטה. בשעת דער מלחמה האָט ער געשריבן און פּובליקירט אי ייִדישע אי העברעיִשע לידער אין ווילנע. נאָך דער ליקווידירונג פֿון געטאָ האָט ער ווײַטער געקעמפֿט קעגן די דײַטשן אין די וועלדער. נאָך דער מלחמה האָט ער אָרגאַניזירט דאָס אַריבערפֿירן עטלעכע הונדערט טויזנט ייִדן קיין ארץ־ישׂראל. די ענגלענדער האָבן אים געפֿאַנגען און אײַנגעזעצט אין תּפֿיסה אין מצרים. שפּעטער האָט ער געוווינט אויף אַ קיבוץ אין ארץ־ישׂראל. בעת דער מלחמה פֿון 1948 האָט ער געשריבן אַ טעגלעכן בולעטין פֿונעם פֿראָנט. דערנאָכדעם האָט ער געשריבן אויף עבֿרית וועגן דעם חורבן און דעם נײַעם לעבן אין מדינת־ישׂראל.

אויסוואַקסן אויסגעוואָקסן	grow up
השומר הצעיר [האַשאָמער־האַצאַיִר]	zionist socialist youth movement
עולה [אוילע] זײַן	immigrate to Israel
אָפּהאַלטן אָפּגעהאַלטן	prevent
קודם [קוידעם]	at first
באַשיצונג, די ־ען	protection
מאָנאַשקע, די ־ס	nun
באַוואָפֿנט	armed
אויפֿשטאַנד, דער ־ן	revolt, rebellion, uprising
צורעדן צוגערעדט	advise, urge, coax
שעפּס, דער ־ן	sheep
שחיטה [שכיטע], די ־ות	slaughter, massacre
אַריבערפֿיר, דער ־ן	transport, transfer
פֿאַנגען געפֿאַנגען	capture
תּפֿיסה [טפֿיסע], די ־ות	prison
אײַנזעצן {אײַנגעזעצט} אין תּפֿיסה	imprison, jail
מצרים [מיצראַיִם], דאָס	Egypt
טעגלעך	daily
חורבן [כורבם], דער ־ות [כורבאָנעס]	Holocaust
מדינה [מעדינע], די ־ות	country, state

46

אַבֿרהם קאַרפּינאָוויטש (2004-1918) [1]

אַבֿרהם קאַרפּינאָוויטש איז איינער פֿון די וויכטיקע פּראָזאַיִקערס אין דער ייִדישער ליטעראַטור במשך פֿון דעם שפּעטן 20סטן יאָרהונדערט. געבוירן געוואָרן אין ווילנע, איז ער געווען אַ תּלמיד אין דער ווילנער רעאַל־גימנאַזיע (רודניצקי גאַס) אונטער די באַוווּסטע לערער משה קולבאַק (פּאָעט) און מאַקס עריק (ליטעראַטור־ היסטאָריקער). בעת דער צווייטער וועלט־מלחמה איז ער אַנטלאָפֿן קיין רוסלאַנד. אין 1944 האָט ער זיך אומגעקערט קיין ווילנע און דערנאָך אַוועק קיין דײַטשלאַנד. אין 1947 האָבן די ענגלענדער אים אַרעסטירט ווען ער האָט געפּרוּווט עולה זײַן. מען האָט אים אינטערנירט אויף קיפּראָס. דאָרטן האָט ער געשריבן דערציילונגען וועגן די תּושבֿים. סוף־כּל־סוף האָט ער עולה געווען 1949. אין ישׂראל האָט ער קודם געשריבן וועגן די נײַע עולים אין דער נײַער ייִדישער מדינה.

קאַרפּינאָוויטש האָט 'דערעיקערשט אַ שאַרף אויג פֿאַר מאָדנע און אַפֿילו גראָטעסקע כאַראַקטער־טיפּן, בפֿרט אין דער פֿאַר־מלחמהדיקער ווילנע. ער שטעלט פֿאָר דעם לייענער אַ גאַנצן אַנסאַמבל פֿאַרשוינען, וואָס זײַנען אויסוואָרפֿן פֿון דער סאָלידער, אָרנטלעכער געזעלשאַפֿט: זונות, גנבֿים, אַזאַרט־שפּילערס, שווינדלערס. די שפּראַך פֿון זײַנע דערציילונגען איז די אויטענטישע שפּראַך פֿון די ווילנער הויפֿן און הינטערהויפֿן. ער איז – מיט חיים גראַדע – דער שרײַבער, וואָס מאָלט אָף צום בעסטן דאָס ייִדישע לעבן אין ווילנע. ער איז געשטאָרבן דעם 22סטן מאַרץ 2004 אין תּל־אָבֿיבֿ.

פּראָזאַיִקער, דער ־ס — prose writer
במשך [בעמעשעך] פֿון — in the course of
אַנטלויפֿן * אַנטלאָפֿן — flee, escape
אומקערן זיך אומגעקערט — return
עולה [אוילע] זײַן — immigrate to Israel
קיפּראָס, דער — Cyprus
דערציילונג, די ־ען — story
תּושבֿ [טוישעוו], דער ־ים [טוישאָווים] — resident, inmate

סוף־כּל־סוף [סאָפֿקלסאָף] — finally
קודם [קוידעם] — at first
עולה [אוילע], דער ־ים [אוילים] — immigrants
מדינה [מעדינע], די ־ות — country, state
דערעיקערשט [דעריקערשט] — especially
מאָדנע — strange
בפֿרט [ביפֿראַט] — particularly, especially
אויסוואָרף, דער ־ן — outcast
אָרנטלעך — respectable

געזעלשאַפֿט, די ־ן society
זונה [זוינע], די ־ות prostitute
גנבֿ [גאַנעוו], דער ־ים [גאַנאָווים] thief
אַזאַרט־שפּילער, דער ־ס gambler
אָפּמאָלן אָפּגעמאָלט depict, represent

צאַלקע דער פֿריַיער [2]

דער טאָג האָט ביַי צאַלקען זיך אָנגעהויבן מיט ביליאַרד. ביַי נאַכט האָט ער געשפּילט אין קאָרטן. די איבעריקע ציַיט איז ער אַוועק טרינקען דאָ און דאָרטן אַ גלעזל מיט גוטע־ברידער. ער איז געווען פֿריַי פֿון דאגות־פּרנסה, אַ מומע פֿון אַמעריקע האָט אים געשיקט כּמעט איטלעכן חודש צען־פֿופֿצן דאָלער מיט אַן אָנזאָג, ער זאָל נישט זיַין קיין אויסברענגער.... ווילנע האָט געוווּסט וועגן צאַלקען און זיַין שיַיכות צו דער אַמעריקאַנער מומע און די פּאָר דאָלער.... צאַלקע איז געשטאַנען ביַים טויער, אויסגעפּוצט נאָך דער לעצטער מאָדע. ער האָט פֿאַרזשמורעט די אויגן צו דער זון און געמאַכט פּלענער אין וועלכער קניַיפּע אָפּצושטאַטן דעם ערשטן מאָרגן־וויזיט. ער האָט אַריַינגעאָטעמט אין זיך די ליבע וואַרעמקייט און הנאה געהאַט פֿון זיך און פֿון דער שיינער וועלט מיט די קאַשטאַן־ביימער און די בלומען אַרום די ווענט פֿון פּראַוואָסלאַוונעם סאָבאָר. ס'האָט אים געפֿעלט בלויז אַן אייגענע קאָמפּאַניע און אַ גלעזל בראָנפֿן. אַלץ האָט אים אויסגעזען גלאַט, אָן אַ קנייטש. נעכטן איז ער געווען אַ פֿערטער צו אַ פּאָקער מיט מלך דער חכם, יאַנקל אַנגלעניק און הירשל ראַספּוטין. ער האָט שוין געוואָלט אַראָפּציִען דעם ראַנד פֿון קאַפּעליוש איבער די אויגן, ווען ס'איז צוגעקומען דער בריוונטרעגער און אים איבערגעגעבן אַ בריוו. איז ער אַרויף צוריק אין זיַין קאַמער און גענומען לייענען.

"צו מיַין טיַיערן פּלימעניק צאַלע. מע האָט מיר דערציילט דיַינע געגנג. וואָלט שוין בעסער געווען דו זאָלסט דאַרפֿן אַ קוליע. די גאַנצע שטאָט איז פֿול מיט דיר. אָדער דו שפּילסט אָדער דו טרינקסט. דיַין שוועסטער, נעבעך, דרייט זיך אין קבֿר. האָבן מיר באַשלאָסן דיך חתונה צו מאַכן און ברענגען קיין אַמעריקע. אין ווילנע איז פֿאַראַן אַ מיידל, הינדע הייסט זי. זי דינט ביַי לאַזבען פֿון די פּוטער אויף יאַטקעווער גאַס. אירע קרובֿים זיַינען שותּפֿים צו אונדזערע 'ביזנעס'. זיי האָבן זי שוין לאַנג געוואָלט אַראָפּנעמען, האָט זי זיך אַרויסגעדרייט. פֿאַרוואָס, ווייס איך נישט. זיַין אַ דינסט ביַי יענעם איז בעסער? האָבן מיר אָפּגעמאַכט, אַז איר ביידע זאָלט קומען צוזאַמען ווי מאַן און וויַיב און אַריַינגיין אין די 'ביזנעס'. 'די לאָנדרי' איז טאַקע אַ גוטע 'ביזנעס', אָבער מיר האָבן שוין נישט מער קיין כּוח שלעפּן די קערב מיט וועש. מיר האָבן געשיקט צום שמש גאָרדאָן פֿינף הונדערט דאָלער. נאָכן שטעלן די חופּה וועט ער דאָס איַיך איבערגעבן. דאָס וועט זיַין אויף הוצאות. דאָס חודש־געהאַלט וועסטו שוין מער נישט באַקומען, זאָלט איר מאַכן פּעסער און פֿאָרן. בעט איך דיך, מיַין זיסער פּלימעניק, זאָלסט טאָן וואָס מע דאַרף און מע זאָל זיך זען אין אַ גוטער שעה, ווי עס ווינטשט איַיך ביידן דיַין פֿעטער מיט דער מומען".

צאַלקע איז געווען אויסער זיך. וועגן אַלץ האָט ער געטראַכט, נאָר נישט וועגן חתונה האָבן.... דאָ, אין ווילנע, איז ער אַ בחור מיט שטיבלעטן, און דאָרטן וועט ער דאַרפֿן

טאָפּטשען אין זייפֿנבלאָזן.... פֿריִטיק צו נאַכטס האָט זיך צאַלקע געטראָפֿן מיט דער כּלה. דער ראַנדעווו האָט זיך אָנגעהויבן מיט אַ קינאָ. דער שמועס אויף דער גאַס האָט זיך עפּעס נישט געקלעפּט. הינדע האָט געוווּסט וועגן וואָס עס גייט. זי האָט אויך באַקומען אַ בריוו פֿון אירע קרובֿים. אָבער צאַלקע האָט אין איר נישט געפֿילט קיין פֿרייד צום גאַנצן עסק. ס'האָט אים פֿאַרדראָסן אַזאַ קבלת פּנים.

"פֿאַרשטייט זיך, ס'איז אַ גערעדטער שידוך – האָט ער זיך אָנגערופֿן – די ברירה איז בײַ יעדערן אין האַנט".

"אַוודאי! – האָט זי אונטערגעכאַפּט – עפּעס אַלץ אַזוי מאָדנע, נישט־מיר, נישט־דיר און מיר זײַנען חתן־כּלה, און בכלל, דער גאַנצער פֿאָרן ..."

צאַלקע האָט איר דערציילט ווי די מומע האָט אים געלאָזט אויפֿן וואַסער צוליב אַ מסירה:

"ווילנע האָט לאַנגע צונגען, עמעץ האָט אונטערגעטראָגן אין ניו־יאָרק, אַז איך .. אַז מײַן פֿאַך איז אַ ספּאָרטאָווער, נישט קיין פֿוטבאָל, אָבער מע שפּילט".

"איך ווייס! איך ווייס!"

"איר ווייסט? פֿאַרשטיי איך שוין פֿאַרוואָס איר טאַנצט נישט פֿאַר גליק".

"ניין, בצלאל, נישט דאָס. דער אמת איז, אַז איך וויל אַרויס פֿון ווילנע, דערפֿאַר גיי איך אויפֿן שידוך". צאַלקע האָט זיך געוווּנדערט.

"מילא איך ... די מומע האָט מיך געלאָזט גאָלע, מוז איך פֿאָלגן, אָבער איר?"

"זאָג מיר – דו ... ס'וועט קומען די צײַט, וועל איך אַלץ דערציילן".

"וואָס האָסטו צו דערציילן?"

"איך מוז אַוועק פֿון ווילנע, מיך אַרט נישט ווּהין".

"וועט מען פֿאָלגן די קרובֿים – האָט צאַלקע פֿאַרענדיקט דעם שמועס – דערנאָך וועט מען זען, און אפֿשר זײַנען מיר טאַקע אַ פּאָר, ווער ווייסט?"

די ערשטע וואָך איז ער געגאַנגען זיך טרעפֿן מיט איר ווײַל מע דאַרף. דערנאָך האָט ער זיך שוין געאײַלט צו איר ווײַל ס'האָט אים געצויגן. זי איז אים געפֿעלן געוואָרן ביז גאָר. אין די לעצטע אָוונטן פֿאַר דער חופּה האָט ער עפּעס אָנגעהויבן צו שטאַמלען מיט אָנצוהערענישן, אָבער הינדע האָט געשוויגן ... זי האָט זיך אויפֿגעהויבן אויף די שפּיץ פֿינגער און אים אַרויפֿגעלייגט אַ לײַכטן פֿײַכטלעכן קוש אויף דער רעכטער באַק. דער ערשטער קוש אין זייער באַקאַנטשאַפֿט. צאַלקע האָט זי געוואָלט צודריקן צו זיך, אָבער זי האָט זיך קונציק אויסגעדרייט.

"צאַלקע! נישט בײַם טויער".

די חופּה האָט מען געשטעלט בײַ איצקע דעם געלן. אַלע האָבן געבראַכט כּיבוד. ס'איז געווען פֿון כּל־טובֿ, פֿיסנאָגע, קניידלעך אין זיסן און זויערן, אַ געפּרעגלטע מילץ און אַ מעטער צען געפֿילטע קישקע. נאָכן אַפּזאָגן דעם הריאַת און צעטרעשטשן אַ טיי־גלאָז מיטן רעכטן פֿוס, האָט ר' חיים גאָרדאָן פֿײַערלעך אונטערגעטראָגן הינדען די כּתובֿה מיט זײַן שטענדיקן זאָג:

"אָט איז אײַער קאָנטראַקט אויף הונדערט און צוואַנציק יאָר!" צאַלקען האָט ער איבערגעגעבן אַ פֿאַרמאַכטן, בײַכלדיקן קאָנווערט. די פֿינף הונדערט דאָלער אויף הוצאות.

צאַלקע און הינדע זײַנען געזעסן ווײַט איינער פֿון צווייטן אויפֿן ראַנד פֿון ניקלבעט בײַ אים אין קאַמער, נישט געוווּסט וואָס ווײַטער. צאַלקע האָט דווקא יאָ געוווּסט, אָבער הינדע

איז געזעסן אַזאַ הילצערנע, אַז ער האָט זיך נישט דערוועגט צוצורוקן נענטער. צאַלקע האָט זיך געשלאָגן מיט דער דעה, אַראָפּציִען די קאַמאַשן צי נאָך וואַרטן. און אפֿשר אַרויסגיין פֿון קאַמער און זי לאָזן זיך אויסטאָן. ווי נאָר ער האָט זיך אויפֿגעשטעלט און געמאַכט אַ שפּאַן, איז זיך הינדע פֿאַרגאַנגען אין אַ געוויין.

"וואָס איז דאָס פֿאַר אַ קלאָג?" האָט ער זיך צעשריגן מעשׂה מאַן.

"חלילה, צאַלקע!" האָט זי געשטאַמלט צווישן די טרערן. ביסט אַ טײַערער יונג, אָבער ... איך האָב ליב אַ בחור, ער איז אַוועקגעפֿאָרן קיין ארץ־ישׂראל. איך קען אָן אים נישט לעבן ..."

צאַלקע איז אויפֿגעשפּרונגען, אויף דעם האָט ער זיך נישט גערעכט.

"כ'האָב זיך געוואָלט אַרויסכאַפּן, אפֿשר דורך אַמעריקע, צו אים. האָב איך מסכּים געווען אויף אַלץ. דערוויַילע האָט זיך געיאַוועט אַ מאַכער פֿון וואַרשע. פֿאַר געלט פֿירט ער מענטשן קיין ארץ־ישׂראל דורך רומעניע".

"און טאָמער האַנדלט ער גאָר מיט מיידלעך פֿאַר אַרגענטינע? דו קענסט אים?"

"מע ווייסט ווער ער איז, דרײַ מיידלעך האָט ער שוין מיט זיך. טאָמער קום איך נישט מאָרגן צו דער באַן, פֿאָרט ער אַוועק ... איך מוז שוין פֿאָרן, איך האָב אים ליב ... איך וועל שלאָפֿן אויף דער פּאָדלאָגע".

"דו וועסט שלאָפֿן אין ניקלבעט", האָט זיך צאַלקע אָנגערופֿן, "אַליין".

"ביסט אַן איידעלער בחור, אַן אַנדערער וואָלט מיך אַרויסגעטריבן אין גאַס".

"איך טרײַב נישט קיין מענטשן".

הינדע האָט אָפּגעאָטעמט און געשוויגן. פּלוצעם האָט זי אַרויסגעפּלאַצט: "איך וויל פֿון דיר אַ טובֿה".

צאַלקע האָט אַ מאַך געטאָן מיט דער האַנט: "גוט! גוט! כ'וועל שלאָפֿן אין די זאַכן".

"נישט וועגן דעם רעד איך, צאַלינקע, זאָלסט מיר נישט אָפּזאָגן. די טובֿה וועט דיר זיכער ערגעץ פֿאַרשריבן ווערן ..."

"וועגן וואָס רעדסטו?"

"איך וויל דיך ביטן דו זאָלסט מיר אויסלײַען דאָס געלט וואָס דו האָסט באַקומען איך זאָל קענען באַצאָלן דעם מאַכער. איכ'ל קומען אויף אַן אָרט, וועל איך דיר אָפּשיקן ביסלעכווײַז".

ער וועט בלײַבן אָן אַ גראָשן. אַלע וועלן מאַכן פֿון אים חוזק.

"דו האָסט האָלט אַן אַנדערן, ווילסט פֿאָרן צו אים, נאַ! פֿאָר!" און ער האָט איר אויסגעצויגן דעם קאָנווערט מיטן געלט. זי האָט פֿאַרפּלאָכטן איר פֿינגער אין זײַן האַנט. פֿון אַזאַ צערטלעכקייט איז ער צוגעפֿאַלן צו איר אַקסל און זײַן קול האָט זיך געבראָכן:

"און איך, דער אייביקער פֿרײַער, האָב געמיינט ... כ'האָב זיך גוט פֿאַרפֿאַרעט אין דיר, הינדעלע ..."

... מיט חדשים שפּעטער האָט ער איר אָפּגעשיקט דעם גט, ווײַל וואָס וועט ער ציִען לענגער? ...

[אברהם קארפינאוויטש, *אויף ווילנער וועגן* (תל־אביב: פרץ, 1987), דאָ פֿון א באארבעטן אָפּדרוק אין *פֿאָרווערטס*, יאנואר 26, 2001, ז. 13]

פֿרײַער, דער ־ס suitor; ‘sucker’
איבעריק remaining
גוטער־ברודער, דער גוטע־ברידער buddy
דאגות־פּרנסה [דײַגעס־פּאַרנאָסע] ל"ר money worries
איטלעך every
אָנזאָג, דער ־ן message
אויסברענגער, דער ־ס spendthrift
שײַכות [שײַכעס], דאָס ־ן relation, connection
אויסגעפּוצט dressed up
פֿאַרזשמורען {פֿאַרזשמורעט} די אויגן squint
קנײַפּע, די ־ן tavern, bar
אָפּשטאַטן {אָפּגעשטאַט} אַ וויזיט pay a visit
אַרײַנאָטעמען אַרײַנגעאָטעמט inhale
הנאה [האַנאָע] האָבן take delight in
קאַשטאַן־בוים, דער ־ביימער buckeye, horse chestnut
פּראַוואָסלאַוונע Eastern [Russian] Orthodox
סאָבאָר, דער ־ן cathedral
קנייטש, דער ־ן wrinkle, crease
אַראָפּציִען אַראָפּגעצויגן pull down
ראַנד, דער ־ן brim
קאַפּעליוש, דע ־ן hat
קאַמער, די ־ן room, chamber, cell
דערציילן דערציילט tell, narrate
גאַנג, דער גענג habit, gait, trend
קוליע, די ־ס crutch
קבֿר [קייווער], דער/דאָס ־ים [קוואָרים] grave
באַשליסן באַשלאָסן decide
שותּף [שוטעף], דער ־ים [שוטפֿים] partner
אַראָפּנעמען אַראָפּגענומען take away
אַרויסדרייען זיך אַרויסגעדרייט dodge, escape
אָפּמאַכן אָפּגעמאַכט agree, arrange
כּוח [קויעך], דער ־ות [קויכעס] force, strength, power
קאָרב, דער קערב baskets
וועש, דאָס wash, laundry
שמש [שאַמעס], דער ־ים [שאַמאָסים] synagogue beadle
שטעלן {געשטעלט} די חופּה get married
הוצאה [העצאָע], די ־ות expense, expenditure
געהאַלט, דאָס ־ן salary, pay
פּאַס, דער פּעסער passport
אויסער זיך זײַן be beside onself
שטיבלעט, די ־ן boot

בחור [באָכער], דער ־ים boy, youth
בחור [באָכער] מיט שטיבלעטן ‘big shot’
טאָפּטשען געטאָפּטשט wade
זײַפֿנבלאָז, די ־ן soap bubble
קלעפּן זיך געקלעפּט click, be coherent
עסק [אייסיק], דער/דאָס ־ים [אַסאָקים] concern, matter
פֿאַרדריסן פֿאַרדראָסן irk, hurt, peeve
קבלת־פּנים [קאַבאָלעס־פּאָנים], דאָס/דער reception, welcome
גערעדט proposed match
שידוך [שידעך], דער ־ים [שידוכים] marriage match
ברירה [ברײרע], די ־ות choice
אונטערכאַפּן אונטערגעכאַפּט take up (a topic)
נישט־מיר, נישט־דיר for no reason at all
בכלל [ביכלאַל] in general
מסירה [מעסירע], די ־ור denunciation
אונטערטראָגן אונטערגעטראָגן tattle, agitate
פֿאַך, דער ־ן trade, specialty
ספּאָרטאָווער, דער ־ס ‘sportsman’
בצלאל [בעצאַלעל] = צאַלקע
וווּנדערן זיך געוווּנדערט marvel, be surprised
מילא [מײלע] well, anyhow, whatever
גאָלע completely, sheer
פֿאַרענדיקן פֿאַרענדיקט end, terminate, conclude
אײַלן געאײַלט hurry
ביז גאָר very much
שטאַמלען געשטאַמלט stammer
אָנצוהערעניש, דאָס ־ן hint, insinuation
פֿייכטלעך moist
באַק, די ־ן cheek
באַקאַנטשאַפֿט, די ־ן acquaintance
צודריקן צוגעדריקט press
קונציק ingeniously
אויסדרייען אויסגעדרייט twist, turn away
כּיבוד [קיבעד], דער refreshments
כּל־טובֿ [קאָלטוּוו], דאָס plenty of good things
פֿיסנאָגע, די calve’s foot aspic
פּרעגלען געפּרעגלט fry
מילץ, די ־ן spleen, milt
קישקע, די ־ס intestine, derma
הרי־את [האַריי־אַט], דער opening of wedding ring formula
צעטרעשטשען צעטרעשטשעט break, crush

פֿײַערלעך	solemnly
אונטערטראָגן אונטערגעטראָגן	hand over, present to
כּתובה [קסובע], די ־ות	marriage contract
פֿאַרמאַכן פֿאַרמאַכט	close, shut
בײַכלדיק	bulging
קאָנווערט, דער ־ן	envelope
דווקא [דאַפֿקע]	indeed, on the contrary
הילצערן	wooden
דערוועגן זיך דערוועגט	dare, venture
צורוקן צוגערוקט	move up
דעה [דייע], די ־ות	notion, idea
קאַמאַש, דער ־ן	spat, low-laced boot
שפּאַן, דער ־ען	step, stride, pace
פֿאַרגיין * פֿאַרגאַנגען	burst into
צעשרײַען זיך צעשריגן	cry out
מעשׂה ___	like a ___
חלילה [כאָלילע]	God forbid!
ריכטן {גערירכט} זיך אויף	expect, anticipate
אַרויסכאַפּן זיך אַרויסגעכאַפּט	slip out
דערווײַלע	in the meantime
יאַווען זיך געיאַוועט	turn/crop up
טאָמער	if, in the event that
פּאָדלאָגע, די ־ס	floor
איידל	noble, polite, courteous
אַרויסטרײַבן אַרויסגעטריבן	drive/throw out
אָפּאָטעמען אָפּגעאָטעמט	sigh with relief
פּלוצעם	suddenly
אַרויספּלאַצן אַרויסגעפּלאַצט	blurt out
טובֿה [טויווע], די ־ות	favor, service
ערגעץ	somewhere
פֿאַרשרײַבן פֿאַרשריבן	register, record
אויסלײַען אויסגעליגן	lend
ביסלעכווײַז	gradually, piecemeal
גראָשן, דער ־ס	penny, small coin
חוזק [כויזעק], דער	mockery, ridicule
האָלט האָבן	love
נאַ	take
פֿאַרפֿלעכטן פֿאַרפֿלאָכטן	intertwine
צערטלעכקייט, די ־ן	tenderness
קול [קאָל], דאָס ־ער [קעלער]	voice
אייביק	eternal
פֿאַרפֿאַרען זיך פֿאַרפֿאַרעט	get steamed up over (in love)
גט [געט], דער ־ן	divorce

47

איזי כאַריק (1937-1898) [1]

יצחק כאַריק איז געבוירן געוואָרן אין 1898 אין זעמבין, ווײַסרוסלאַנד. ביז ער איז אַלט געוואָרן צוועלף יאָר איז ער געגאַנגען אין חדר און גלײַכצײַטיק אויך אין אַ רוסישער פֿאָלקשול. שפּעטער האָט ער געאַרבעט אין אַ ביבליאָטעק, אַ בעקערײַ און אַן אַפּטייק. אין 1919 איז ער געוואָרן אַ מיטגליד פֿון דער קאָמוניסטישער פּאַרטיי. בעת דער בירגער־מלחמה האָט ער געקעמפֿט קעגן די ווײַסגוואַרדיסטן. זײַנע ערשטע לידער האָט ער פּובליקירט אין יאָר 1920, זײַן ערשטע זאַמלונג לידער אין 1922. ער האָט שטודירט אין מאָסקווער אינסטיטוט פֿאַר ליטעראַטור. נאָך 1928 האָט ער געוווינט אין מינסק און געאַרבעט אין דער רעדאַקציע פֿונעם ליטעראַרישן זשורנאַל *שטערן*. ער האָט פּובליקירט עטלעכע בענד לידער, וואָס אין זיי האָט ער מיט אַ פּשוטן סטיל גלאָריפֿיצירט די רעוואָלוציע און – ווי ער האָט דעמאָלט געמיינט – דאָס נײַע יידישע לעבן אין רוסלאַנד. בעת די סטאַליניסטישע "רייניקונגען" פֿון 1937 האָט מען אים אַרעסטירט און דערהרגעט.

גלײַכצײַטיק	at the same time	ווײַסגוואַרדיסט, דער ־ן	White Guard
פֿאָלקשול, די ־ן	public school	רעדאַקציע, די ־ס	editorial office/board
אַפּטייק, די ־ן	pharmacy	באַנד, דער בענד	volume
מיטגליד, דער ־ער	member	רייניקונג, די ־ען	purge
בירגער־מלחמה [מילכאָמע], די ־ות	civil war	דערהרגענען [דערהאַרגענען] דערהרגעט	kill

לידער וועגן לידער [3]

2

טראָגט יעדערער פֿון אונדז אַ שטיק משוגעגעם אין האַרצן,

אוּן ס'איז אוּנדז שווער, ס'איז אוּנדז הייס ...
מיר צעעפֿענען די אויגן אין פֿײַערן אין שוואַרצע, —
ווערן זיי אי אומרויִק, אי גרויס.

ווייס איך ניט, פֿאַרשטיי איך ניט, פֿון וואַנען קומט דער אומרו,
פֿאַר וואָס עפּעס שלאָגט שווער אַזוי אין שלייף,
און וווּהין מע זאָל ניט גיין, און וווּהין מע זאָל ניט קומען,
דרייען זיך די ליפּן שטרענג צונויף.

אַוודאי וואָלט זײַן גוט, אַוודאי וואָלט אונדז גרינג זײַן,
ווען מע קען אַזוי צונויפֿדריקן דאָס האַרץ
און מער ניט בעטן זיך, און מער ניט זינגען
און זיך אַליין אַ זאָג טאָן: אײַ, דו נאַר,

נאַר, דו יונגער נאַר, אין יוגנט און אין קרויזן,
קראַנק ביסטו צו זײַן געזונט און שטײַף?
און ווערט דיר שווער, — דריק צו דעם דיל און — פּויזע,
און איז דיר גרינג, צעשרײַ זיך און צעפֿײַף!

צעעפֿענען צעעפֿנט	open wide
אומרויִק	uneasy, anxious
אומרו, די/דער ־ען	anxiety, disturbance
שלייף, דער ־ן	temple (forehead)
וווּהין מען זאָל ניט ...	wherever
צונויפֿדרייען זיך צונויפֿגעדרייט	twist together
שטרענג	severe, harsh, strict
גרינג	easy
צונויפֿדריקן צונויפֿגעדריקט	compress
נאַר, דער נאַראָנים	fool
יוגנט, די	youth
קרויז, דער ־ן	tress/curl (of hair)
שטײַף	rigid, stiff
דיל, דער/די ־ן	floor
פּויזען געפּויזעט	creep, crawl
צעשרײַען זיך צעשריגן	cry out
צעפֿײַפֿן צעפֿײַפֿט/צעפֿיפֿן	whistle out

4

מיך אַרט ניט, אויב די אייביקייט וועט מיך ניט קענען,
אויב קיינער וועט ניט כאַוּוען מײַנע טריט ...
אָט איצט, — אַצינד, ווען הערצער ברענען,

קום איך אָן מיט פֿויסטן אין מײַן ליד.

אַוודאי וואָלט איך וועלן זיך פֿאַרזינגען,
דאָס גאַנצע האַרץ צעווייען מיטן ווינט, —
נאָר איך קען דאָך ניט, אַז מיר זאָל גרינג זײַן,
ווען ס'איז נאָך אַלעמען ניט גרינג!

איך האָב נאָך אַלץ ביז איצט ניט פֿײַנט די שטערן,
מיט ווינטן איז מיר אַלע מאָל נאָך גרינג,
נאָר איך וויל אַצינד ניט הערן,
ווי ס'רוישט אויף מיר אַ שטיפֿערל אַ ווינט.

אַרט מיך ניט, אויב אייביקייט וועט מיך ניט קענען,
אויב קיינער וועט ניט כאָוועען מײַנע טריט, —
אָט איצט, — אַצינד, ווען הערצער ברענען,
דאַרף איך קומען מיט מײַן ליד!

1924

[פֿון: *אַ שפּיגל אויף אַ שטיין*, רעד. חנא שמערוק (ירושלים: מאגנעס, 1964), ז. 638-639]

ארן געארט	bother, aggravate	צעווייען צעווייעט	blow away
אייביקייט, די ־ן	eternity	פֿײַנט האָבן	hate, despise
כאָוועען געכאָוועט	cultivate, foster	רוישן גערוישט	rush, make noise
טראָט, דער טריט	footstep	שטיפֿערל, דאָס ־עך	brat, prankster
פֿויסט, די ־ן	fist		

אַווגוסט

אַווגוסט. איך בין אין שטעטעלע געקומען.
איז אַווגוסט קיל, און דורכזיכטיק, און בלוי,
צו אָוונט רייכערט זיך אַ שמייכלענדיקער אומעט
און פֿאַר טאָג גייט אויף דאָס שטעטעלע אין טוי.

ס'איז לופֿטיק־גרינג אין זומערדיקן נעפּל,
פֿון הייכן ווייט מיט וואַרעמקייט און ליכט,
סע שמעקט די לופֿט מיט ווײַניק־קלאָרע עפּל
און אין האַרצן ווערט אויך ווײַניק און געדיכט ...

איך האָב ניט לאַנג געשאָלטן און געפֿלוכט דיך,
ליגסטו איצטער, שטעטעלע, פֿאַרשטילט ...
גיי איך אַרום אין רויך פֿון צוויט און פֿרוכטן,
און אַווגוסט ליגט דאָ דורכזיכטיק און קיל.

אויגוסט 1925

[*אַ שפּיגל אויף אַ שטיין*, רעד. חנא שמערוק (ירושלים: מאגנעס, 1964), ז. 641]

דורכזיכטיק	transparent	ווײַניק	winy, juicy
רייכערן גערייכערט	smoke	געדיכט	dense, heavy
שמייכלענדיק	smiling	שילטן געשאָלטן	curse
אומעט, דער ־ן	sadness, gloom	פֿלוכן געפֿלוכט	curse
טוי, דער	dew	פֿאַרשטילט	silent, muted
לופֿטיק	airy cool	רויך, דער ־ן/־עס	smoke, fume
נעפּל, דער ־ען	fog, mist, haze	צוויט, דער	bloom, blossom
הייך, די ־ן	height, elevation, altitude		

הירש רעלעס (1913־2004)[1]

הירש רעלעס איז געבוירן געוואָרן אין 1913 אין טשאַשניק אין וויטעבסקער גובערניע (איצטער בעלאַרוס), וואָס איז אויך געווען די היימשטאָט פֿון ש. אַנ־סקי. נאָך דער צווייטער וועלט־מלחמה האָט ער געוווינט אין מינסק. ער איז געווען דער לעצטער פֿון די פֿאַר־מלחמהדיקע מחברים פֿון דער מינסקער גרופּע און בכלל דער לעצטער פֿאַר־מלחמהדיקער פּאָעט פֿון דער גאַנצער ליטע. צום גליק האָט ער אויסגעמיטן די סטאַליניסטישע "רייניקונג" פֿון 1937, ווי אויך זײַנע ענדגילטיקע "רייניקונג" פֿון ייִדישע שרײַבערס אין 1952. דערנאָכדעם האָט ער זיך פֿאַרנומען לאַנגע יאָרן מיט דער רוסישער און בעלאַרוסישער פּאָעזיע. אָבער נאָך דעם וואָס דער ראַטן־פֿאַרבאַנד איז זיך צעפֿאַלן, איז רעלעס צוריקגעקומען צו ייִדיש. ווײַל ער האָט געקענט די אַלע מיטגלידער פֿון דער מינסקער גרופּע (משה קולבאַק, איזי כאַריק און אַנדערע) און איז אַליין אַ דיכטער, האָט ער געהאַט אַ באַזונדערן אײַנבליק אין דער געשיכטע פֿון דער דאָזיקער עפּאָכע אין דער ייִדישער ליטעראַטור.

גובערניע, די ־ס	province
פֿאַר־מלחמהדיק	pre-war
מחבר [מעכאַבער], דער ־ים [מעכאַבאָרים]	author, writer
בכלל [ביכלאַל]	in general
דורכפֿירן דורכגעפֿירט	conduct
רייניקונג, די ־ען	purge
ענדגילטיק	final
פֿאַרנעמען זיך פֿאַרנומען	engage in/be occupied

	with
זינט	since
ראַטן־פֿאַרבאַנד, דער	Soviet Union
צעפֿאַלן זיך * צעפֿאַלן	collapse, disintegrate
מיטגליד, דער ־ער	member
אאַז"וו = און אַזוי ווײַטער	and so forth, etc.
דיכטער, דער ־ס	poet
אײַנבליק, דער ־ן	insight

גּעביטן די יוצרות [2]

מיר זײַנען שוין איצטער ניט די,
מען האָט אונדז די יוצרות געביטן:
פריִער האָבן מיר געהייסן זשידי,
איצט הייסן מיר קאָסמאָפּאָליטן.

אלץ דאָס איז פון לאַנג מיר באַקאַנט,
נאָר זעט, ווי עס בײַטן זיך צײַטן:
פריִער האָט מען מיך ליב געהאַט פון דער נאָענט,
איצט האָט מען מיך ליב פונדערווײַטן.

1949

(פֿאַר)בײַטן די יוצרות [יויצרעס]	confuse two things	פֿון דער נאָענט	from close up
באַקאַנט	familiar	פֿונדערווײַטן	from afar

אין לאַבירינט [2]

אין רודערײַ פון ווערטער און זאַצן
דו ווייסט ניט, וואו אײַן און וואו אויס,
וואו ווײַסקײַט פארשווארצט איז,
און שווארצקײַט פארווײַסט איז,
און פארפּלאָנטערט דער וועג איז צום הויז,
וואו אין פענצטער אַמאָל קאָן מען אָנקלאַפּן,
ווען ס'קערט זיך אום א פארבלאָנדזשעט קינד ...
נאָר צי וועל איך זיך ווען ארויסקאראפּקען
פון פארשאָלטענעם לאבירינט?

[פֿונעם נאָכדרוק: *פון פארלעגענע העפטן* (ווילנע: פריוואט, 1998), אָן נומעראַציע]

רודעריַ, די ־ען confused back-and-forth
זאַץ, דער ־ן sentence
ווײַסקייט, די ־ן whiteness
פֿאַרשוואַרצן פֿאַרשוואַרצט blacken
שוואַרצקייט, די ־ן blackness
פֿאַרווײַסן פֿאַרווײַסט whiten
פֿאַרפּלאָנטערן פֿאַרפּלאָנטערט muddle, entangle
אָנקלאַפּן אָנגעקלאַפּט knock
אומקערן זיך אומגעקערט turn around
פֿאַרבלאָנדזשען פֿאַרבלאָנדזשעט get lost, stray
אַרויסקאַראַפּקען זיך אַרויסקאַראַפּקעט scramble out
פֿאַרשילטן פֿאַרשאָלטן cursed
פֿאַרלעגן outdated, misplaced

איך און דו [2]

האַלטסט, אַז איך וועל דורכגיין, ווי אַ שאָטן,
און מײַנע לידער זײַנען פֿאַר זיך רייד,
און דערבײַ דו נעמסט נאָך אָפּטמאָל שפּאָטן,
וואָס אין נאַכלעסיקײַט מײַן צײַט פֿאַרגייט.

גרויסקײַט פֿינקלט זיך אין דײַנע בליקן,
וואָס זשע איז דער אָנשטעל דײַנער ווערט?
לאָמיר ריידן אָפֿן: ס'איז ניטאָ קיין גליקן –
דאָס זעלבע איז דיר אויך כמעט באַשערט.

ביידן וועט דער גורל אונדז ניט מײַדן:
דער זעלבער וועג, נאָר מיט אַן אַנדער גאַנג.
אין שרײַענדיקן פֿלאַטערניש פֿון זײַדן
וועסטו דורכגיין, ווי אַ פּוסטער קלאַנג.

כ'האָב דיך ניט באַדאַרפֿט אפֿשר אַנטוישן:
טראָג זיך אום אין שווינדל, ווי אין רויך,
נאָר פֿאַר מיר זאָלסטו זיך שטאַרק ניט גרויסן
און מיט שפּאָט ניט קוקן פֿונדערהויך.

כ'ווייס דאָך גוט, אַז אין די פֿענצטער הויכע
מיט פֿאַרבאַהאַלטן ציטער עפֿנסטו די טיר,
און מען קוקט אויף דיר מיט אַ פֿאַרבאָרגן שמייכל,

ענלעך, ווי דו קוקסט אצינד אויף מיר.

דאָרטן ביסטו גאָרניט אזא דרייסטער,
ס'הענגט א שולדיק שמייכל אויף דיין בליק ...
אָבער קאָנסט זיך האלטן, אויספילן, וואָס מען הייסט דיר
און זיך דרייען, ווי א לץ אין צירק.

קאָנסט אמאָל א פּאסיק ווערטל זאָגן
און פארשוויַיגן דאָרטן, וואו דיר פּאסט,
און דערפאר האָסט גרינגער דורכגעטראָגן
ווילדע שטורעמס, וואָס האָבן געראשט.

כ'האָב אין שטורעמס מער פון דיר געליטן,
דורכגעטראָגן שוידערלעכע קעלט,
ווי א בערעזע פריי פאר אלע ווינטן,
עלנט ערגעץ אויפן אָפן פעלד.

נאָרביידע האָט גענאָגט דער ווילדער ציטער,
און אונדזער יוגנט איז שוין לאנג אוועק,
וואָס קאָנען מיר שוין זאָגן איצטער
וועגן אונדזער דורכגעמאכטן וועג,

וואָס מיר האָבן ביידע דורכגעטראָגן,
יעדער מיט זיַין אייגנארטן גאנג?
....
איך וועל, מעגלעך, דורכגיין, ווי א שאָטן,
דו וועסט דורכגיין, ווי א פּוסטער קלאנג.

1958

[פֿונעם נאָכדרוק: *פון פארלעגענע העפטן* (ווילנע: פּריוואט, 1998), אָן נומעראציע]

האלטן געהאלטן	think, believe, maintain
דורכגיין * דורכגעגאנגען	dissipate, go through
שאָטן, דער ־ס	shadow
שפּאָטן = שפּעטן געשפּעט	mock, make fun of
נאכלעסיקייט, די	neglect, carelessness
פֿארגיין * פֿארגאנגען	pass away
גרויסקייט, די ־ן	greatness
פֿינקלען געפֿינקלט	sparkle, glitter
בליק, דער ־ן	look, glance, gaze, glimpse
אָנשטעל, דער ־ן	pretense, make-believe
באשערט	inevitable, predestined
גורל [גוירעל], דער/דאָס ־ות [גויראָלעס]	fate, destiny
מיידן געמיטן	avoid
פֿלאטערניש, דאָס	fluttering, waving

זײַד, די/דאָס	silk
פּוסט	empty, hollow
קלאַנג, דער ־ען	sound, noise
אַנטױשן אַנטױשט	disappoint
שװינדל, דער ־ען	fraud, hoax
רױך, דער ־ן/־עס	smoke, fume
גרױסן זיך געגרױסט	boast, brag
פֿאַרבאַהאַלטן	hidden
ציטער, דער ־ס	shiver
פֿאַרבאָרגן	hidden
שמייכל, דער/דאָס ־ען	smile
ענלעך	like, as, similar to
דרייסט	bold
אױספֿילן אױסגעפֿילט	complete, fill out
לץ [לעץ], דער ־ים [לייצים]/לצנים [לעצאָנים]	buffoon, clown, prankster
פּאַסיק	appropriate, suitable
פֿאַרשװײַגן פֿאַרשװיגן	keep quiet
פּאַסן געפּאַסט	fit, suit, match
דורכטראָגן דורכגעטראָגן	pull/get through
ראַשן = רעשן [ראַשן] גערעשט	make noise
לײַדן געליטן	suffer
שוידערלעך	horrible
בערעזע, די ־ס	birch
עלנט	lonely
ערגעץ	somewhere
נאָגן גענאָגט	gnaw
יוגנט, די	youth
דורכמאַכן דורכגעמאַכט	experience, undergo
אײגנאַרט = אײגנאַרטיק	peculiar
פֿאַרלעגן	outdated, misplaced

49

ה. בנימין [בנימין הרשבֿ (הרושאָווסקי)] (‎1928־) [1]

ה. בנימין (בנימין הרשבֿ) איז געבוירן געוואָרן אין ווילנע. נאָך דער צווייטער וועלט־מלחמה האָט ער עולה געווען און האָט ווײַטער שטודירט אינעם העברעיִשן אוניווערסיטעט אין ירושלים. ער איז געוואָרן אַ באַוווסטער ליטעראַטור־טעאָרעטיקער, קריטיקער און פּאָעט און איז פּראָפֿעסאָר פֿון פֿאַרגלײַכיקער ליטעראַטור־וויסנשאַפֿט אינעם העברעיִשן אוניווערסיטעט און אויך אין יעיל־אוניווערסיטעט. ער האָט מיסד געווען דעם אינסטיטוט פֿאַר פּאָעטיק און סעמיאָטיק אינעם תּל־אָבֿיבֿער אוניווערסיטעט. ער האָט פּובליקירט מער ווי דרײַסיק מאָנאָגראַפֿיעס און ביכער וועגן ליטעראַטור־טעאָריע, פּאָעטיק, סעמיאָטיק, פּראָסאָדיע, פֿאַרגלײַכיקער ליטעראַטור און העברעיִשער ליטעראַטור און איבערגעזעצט און רעדאַקטירט נאָך ווײַטערע בענד און צײַטשריפֿטן. ער וווינט הײַנט אין תּל־אבֿיבֿ און ניו־הייוון.

עולה [אוילע] זײַן	immigrate to Israel	מאָנאָגראַפֿיע, די ־ס	monograph
פֿאַרגלײַכיק	comparative	פּראָסאָדיע, די	prosody
וויסנשאַפֿט, די ־ן	scholarship, science	איבערזעצן איבערגעזעצט	translate
מיסד [מעיאַסעד] זײַן	found	רעדאַקטירן רעדאַקטירט	edit
פּאָעטיק, די	poetics	באַנד, דער בענד	volume
סעמיאָטיק, די	semiotics	צײַטשריפֿט, די ־ן	journal

שפּורן פֿון גלעטשערס [4]

די זומפּן און אָזערעס און וואַלגערשטיינער אין די וועלדער אַרום ווילנע זײַנען אויסגעקריצט געוואָרן פון גלעטשערס פאַר זייער אָפּטרעטן אויף צפון

די טרונקען די זויערלעך-שטשאַווע,
געזונקען אין צווייַגן טרעשטשאַווע,
וואו האַרבסט אין צעפּלאָסענעם זשאַווער
אין וואַסער מבשׂרן זשאַבעס,

וואו שבת פאַרשוואַרצט ווי דזיערזשאַוועס
צעפוילטע אין בלעטער שערשאַווע,
צעקראָכן ווי מוראַשקעס זשוואַווע
— אויף רוקנס אין ציטער פון סטאַוון

וואו געגאַנגען מיט לידער ווי גלעטשערס,
צעבויטעט די פעלדער, צעטרעשטשעט,
און שטיינער צעוואָרפן, צעפּיעשטשעט,
אין בלאָטעס — פאַרראָשטשעטע רעשטשעס,

וואו זכרונות זיך גליטשן און גלעטשערן
אין האַרבסטן אין פּייַכטע און מעשענע,
און אָזערעס וואַרטן אויף וועטשערע
— אין שנייען פון פעלדער פון גרעטשענע

מיט הויטן פון הייסע קאַרטאָפל,
וואָס שיטן זיך אָפּ פון אַ גאָפּל,
צעשיילטע ווי טריפיקע ראָפּעס,
— צעשיידטע ווי קינדער פון נאָפּל
אַ שאַר, און אַ שטויס מיט אַ שאָפל,
אַ סאָווע ווי אַ מעפיסטאָפל,
אַ בין ווי אַ פריאַיקער אָבל,
— — אַ בשורה אין לופט ווי אַ טאָוול

געווען אַזאַ בלאָטיקע געגנט,
פאַרשנייט אין זכרון, פאַררעגנט,
פאַרזשאַלעוועט שטעגן און וועגן,
— — פאַרזשאַווערט ביז איבער די ברעגן

און טאָמער וועט אימיצער פרעגן
— מיט אויגן וואָס זויגן ווי זעגן
דערלאַנג אים די ווערטער־פאַרמעגנס,
— — — צעבויגן ווי בויגנס פון רעגן

[ה. בנימין, *פֿרומעביימער וואַקסן שטיף (1991-1979)*; נאָכדרוק אין: *טאָקע אויף טשיקאָווען*, ראָוון ד'ווילז: פֿאַרלאַג דריי שוועסטער, 1994, ז. 52-53]

שפּור, די/דער ־ן	trace, track, remnant
גלעטשער, דער ־ס	glacier
זומפּ, דער ־ן	swamp, bog, marsh
אָזערע, די ־ס	lake
וואַלגערשטיין, דער ־ער	wanderer; *here*: glacier-deposited stone
אויסקריצן אויסגעקריצט	engrave
אָפּטרעטן אָפּגעטראָטן	yield, cede, give way
טרונק, דער ־ען	drink, draft, swig
זויערלעך	sour, acidic
שטשאַוו(ע)/שטשאַוויי, דער	sorrel
זינקען געזונקען	sink
צווײַג, די/דער ־ן	branch, bough
טרעשטשאַווע	creaking
צעפֿליסן צעפֿלאָסן	melt, flow away
זשאַווער, דער	mildew, rust, blight
מבשׂר [מעוואַסער] זײַן	herald
זשאַבע, די ־ס	frog
דזיערזשאַווע, די ־ס	latifundia lease [*Pol.*]; Jewish sublease on un-developed territory [e.g. on marshes near Vilne]
פֿאַרשוואַרצט ווערן	toil, suffer
צעפֿוילט	rotten
שערשאַווע	rough to the touch
צעקריכן צעקראָכן	rot to pieces
מוראַשקע, די ־ס	ant
זשוואַווע	brisk, lively
ציטער, דער ־ס	shiver, chill
סטאַוו, דער ־ן	pond, pool
צעבויטן צעבויטעט	shake/stir up
צעטרעשטשען צעטרעשטשעט	creak
צעוואַרפֿן צעוואָרפֿן	scatter by throwing
צעפּיעשטשען צעפּיעשטשעט	spoil, pamper, rot, corrupt
בלאָטע, די ־ס	marsh, mud
פֿאַרראָשטשינען פֿאַרראָשטשינעט	leaven, set to ferment

רעשטש = רעשט, דער/די/דאָס	remnant
זכרונות [זיכרוינעס] ל"ר	memories
גליטשן זיך גיגליטשט	slide, glide, skid
גלעטשערן	glaciate
פײַכט	moist, damp, humid
מעשן	brass
גרעטשענע, די	buckwheat
הויט, די	skin, flesh
אָפּשיטן זיך אָפּגעשיט	crumble/peel/pour off
צעשיילט	peeled
טריפּיק	dripping
ראָפּע, די ־ס	pickle
צעשיידן צעשיידט	separate
נאָפּל, דער ־ען	nipple
שאַר, די ־עס/־ן	scrape
שטויס, דער ־ן	push, spur, stimulus
שאָפֿל, דער ־ען	shovel
סאָווע, די ־ס	owl
פֿרײַיק	early
אָבֿל [אָוול], דער ־ים [אווײלים]	mourner
בשׂורה [פּסורע], די ־ות	message
טאָוול, דער ־ען	(black)board, tablet
פֿאַרשנייען פֿאַרשנייט	snow under
זכּרון [זיקאָרן], דער ־ס	memory
פֿאַררעגנט ווערן	be drenched by rain
פֿאַרזשאַלעווען פֿאַרזשאַלעוועט	spare, pity, complain, begrudge, be miserly
שטעג, דער ־ן	path, lane, trail
פֿאַרזשאַווערט	rusted
ברעג, דער ־ן/־עס	edge, border
טאָמער	if, in case
אימיצער = עמעצ(ער)	someone
זויגן געזויגט	suck
זעג, די ־ן	saw
דערלאַנגען דערלאַנגט	hand over, pass, serve
פֿאַרמעגן, דאָס ־ס	wealth, fortune, property
צעבייגן צעבויגן	bend
בויגן, דער ־ס	bow, arc

50

דוד־אליהו פֿישמאַן (־1957) [1]

דוד־אליהו פֿישמאַן איז געבוירן געוואָרן אין ניו־יאָרק, ווו ער האָט שטודירט אין ישיבֿה־אוניווערסיטעט; פֿון האַרוואַרדער אוניוועסיטעט האָט ער באַקומען זײַן דאָקטאָראַט. ער איז געווען דער רעדאַקטאָר פֿון דער נײַער סעריע פֿון דער וויסנשאַפֿטלעכער צײַטשריפֿט *ייִוואָ־בלעטער*. ער האָט געלערנט אין בראַנדײַס־אוניווערסיטעט, אינעם רוסישן הומאַניסטישם מלוכה־אוניווערסיטעט (מאָסקווע), און איז פּראָפֿעסאָר פֿון ייִדישער געשיכטע אינעם ייִדישן טעאָלאָגישן סעמינאַר אין ניו־יאָרק, ווי אויך דירעקטאָר פֿון דעם "פּראָיעקט יודאַיקאַ" אין מאָסקווע. ער פֿאָרשט און פּובליקירט וועגן דער ייִדישער געשיכטע אין מיזרח־אייראָפּע. דער דאָזיקער אויסצוג ווערט גענומען פֿון *שײַטלעך אַרויסגעריסן פֿון פֿײַער* (1996), אַ מאָנאָגראַפֿיע וועגן דעם גורל פֿון די קולטור־אוצרות פֿון דער ליטע בעת און נאָך דער צווייטער וועלט־מלחמה.

רעדאַקטאָר, דער ־ן	editor
וויסנשאַפֿטלעך	scholarly, scientific
צײַטשריפֿט, די ־ן	journal
מלוכה [מעלוכע], די ־ות	state
סעמינאַר, דער ־ן	seminary, seminar
פֿאָרשן געפֿאָרשט	conduct research
אויסצוג, דער ־ן	excerpt
שײַטל, דאָס ־עך	small wood scraps/twigs
אַרויסרײַסן אַרויסגעריסן	rip/tear out
מאָנאָגראַפֿיע, די ־ס	monograph
גורל [גוירעל], דער/דאָס ־ות [גויראָלעס]	fate, destiny
אוצר [אויצער], דער ־ות [אויצרעס]	treasure

נאָך דער מלחמה – דער ייִדישער מוזיי [3]

סוצקעווער און קאַטשערגינסקי האָבן זיך אומגעקערט קיין ווילנע אין יולי 1944, אין איינעם מיט דער רויטער אַרמיי, און האָבן געהאָלפֿן באַפֿרײַען די שטאָט ווי מיטגלידער פֿון

דער ייִדישער פּאַרטיזאַנער־בריגאַדע "נקמה־נעמער". ס'רובֿ ווילנער ייִדן וואָס האָבן על־פּי־נס איבערגעלעבט די מלחמה, און וואָס זײַנען אַרויסגעקראָכן פֿון זייערע באַהעלטענישן אָדער האָבן זיך אומגעקערט פֿון עוואַקואַציע, האָבן בעיקר געקלערט וועגן אויסזוכן לעבן־געבליבענע קרובֿים און פֿרײַנד, און אָפּנעמען די ייִדישע קינדער וואָס מען האָט געהאַט איבערגעלאָזט בײַ קריסטן. אָבער סוצקעווער און קאַטשערגינסקי האָבן אויך געהאַט אַנדערע פּלענער: אויסצוגראָבן די ייִדישע ביכער, דאָקומענטן, און אוצרות וואָס זיי האָבן געהאַט באַהאַלטן.

זייער ערשטע עקסקורסיע איבער די באַהעלטענישן איז געווען אַ פֿײַנלעכע: דער ייִוואָ־בנין אויף וויוואָלסקע 18 איז געווען אַ חורבֿה, דער קרבן פֿון אַן אַרטילעריע־אַטאַקע. זײַן בוידעם איז געווען אַ קופּע אַש. קרוקס ביכער־מאַלינע אינעם בנין פֿון דער געטאָ־ביבליאָטעק אויף סטראַשון־גאַס 6 איז אויפֿגעדעקט געוואָרן דורך די דײַטשן עטלעכע טעג פֿאַר דער באַפֿרײַונג, און זיי האָבן אַלע געפֿונענע מאַטעריאַלן פֿאַרברענט אויף אַ שײַטער אין הויף. אָבער גרשון אַבראַמאָוויטשעס אונטערערדישער בונקער איז געבליבן גאַנץ, און אויך אַנדערע באַהעלטענישן זײַנען ניצול־געוואָרן. די אַרבעט פֿון אָפּראַטעווען די פֿאַרבליבענע מאַטעריאַלן האָט געפֿאָדערט אַן אָרגאַניזירטע אַרבעטס־אַקציע.

דעם 26סטן יולי 1944 – דרײַצן טעג נאָך דער באַפֿרײַונג פֿון ווילנע – האָבן סוצקעווער און קאַטשערגינסקי געשאַפֿן דעם "מוזיי פֿון ייִדישער קונסט און קולטור", וואָס איז געווען פֿאַרבונדן מיטן קולטור־מיניסטעריום פֿון דער ליטווישער סאָוועטישער סאָציאַליסטישער רעפּובליק. דער ייִדישער מוזיי, וואָס האָט זיך לכתּחילה געפֿונען אין זייער דירה אויף גדימין־גאַס 15, איז געווען די ערשטע ייִדישע אינסטיטוציע אין דער נאָכמלחמהדיקער ווילנע. ער איז תּיכּף געוואָרן דער הויפּטאַדרעס פֿאַר ייִדישע ענינים אין שטאָט. דאָרט האָבן זיך פֿאַרזאַמלט ייִדישע רויט־אַרמייער, פּאַרטיזאַנער און ניצול־געוואָרענע; דאָרט האָט מען געגרינדעט די ייִדישע שול, וואָס האָט אויסגעהאַלטן אין גאַנצן פֿיר יאָר; אַהין האָט מען איבערגעשיקט אַלע בריוו וואָס זענען געווען אַדרעסירט צו לעבן־געבליבענע ייִדן אין ווילנע.

אין מיטן חודש אויגוסט, האָט דער מוזיי זיך אַריבערגעקליבן אינעם איינציקן ייִדישן קהלשן בנין וואָס איז נאָך נישט געווען קאָנפֿיסקירט דורך דער סאָוועטישער מאַכט – סטראַשון־גאַס 6 – דאָס אָרט פֿון דער געטאָ־ביבליאָטעק, פֿון פֿאַרשיידענע אַדמיניסטראַטיווע ביוראָען, ווי אויך פֿון דער געטאָ־תּפֿיסה. דער איינציקער טייל פֿונעם בנין וואָס איז געווען אין אַ באַניצעוודיקן צושטאַנד איז געווען די תּפֿיסה. דער פּערסאָנאַל פֿון מוזיי האָט געאַרבעט אין די תּפֿיסה־קאַמערן, וווּ אַרעסטירטע ייִדן זענען פֿאַרפּײַניקט געוואָרן דורך דער געשטאַפּאָ.

סוצקעווער איז געווען דער ערשטער דירעקטאָר פֿון מוזיי, און האָט אָנגעפֿירט מיט אַ פּערסאָנאַל פֿון 6 נישט־באַצאָלטע מיטאַרבעטערס (צווישן זיי – דער קאָמאַנדיר פֿון די ייִדישע פּאַרטיזאַנער, אַבא קאָוונער). מען האָט אינטענסיוו געאַרבעט בײַם אַרויסשלעפּן אוצרות פֿון די באַהעלטענישן. טויזנטער צעשאָטענע פּאַפּירן האָבן זיך געפֿונען אויף דער ערד אין גרשון אַבראַמאָוויטשעס בונקער: די בלעטער פֿון הערמאַן קרוקס געטאָ־טאָגבוך, בריוו פֿון שלום־עליכם, מאַנוסקריפּטן פֿון ביאַליק, גאָרקי און מענדעלע. באַגראָבן אונטער דער ערד פֿונעם בונקער האָט מען געפֿונען די בילדער און סקולפּטורן – איליאַ גינזבורגס ביוסט פֿון טאָלסטאָי, אַנטאָקאָלסקיס סטאַטוע פֿון דוד המלך, און אַנדערע. בײַם אויסגראָבן

די סקולפּטורן, האָט זיך סוצקעווער אָנגעשטויסן אין אַן אויסגעשטערעקטן אָרעם; ווען ער האָט עס געצויגן, איז ער געווען דערשטוינט אַז דער אָרעם איז נישט געווען קיין גיפּסענער, נאָר אַ מענטשלעכער. גרשון אַבראַמאָוויטש האָט אים דערקלערט: איינער פֿון די ייִדן וואָס האָבן זיך באַהאַלטן אין בונקער איז דאָרט געשטאָרבן קורץ פֿאַר דער באַפֿרײַונג; די אַנדערע אײַנוווינערס פֿון בונקער האָבן אים באַערדיקט לעבן אַנטאָקאָלסקיס "דוד".

אין דער צווישנצײַט האָבן זיך באַוויזן אומגעריכטע מטמונים מיט מאַטעריאַלן. אין אַ מאַקולאַטור־פֿאַבריק האָט מען געפֿונען צוואַנציק טאָן ייִוואָ־מאַטעריאַלן, נאָך־נישט קיין צעשטערטע. נאָך דרײַסיק טאָן האָט מען געפֿונען אין הויף פֿון דער מיסט־פֿאַרוואַלטונג ("סאָיוזוטיל"). ייִדן און קריסטן האָבן אָנגעהויבן ברענגען בולבעזעק אָנגעפּילט מיט ביכער און פּאַפּירן.

אָבער די אינסטאַנצן פֿון דער ליטווישער סאָוועטישער רעפּובליק האָבן כּמעט אין גאַנצן נישט געשטיצט און נישט געהאָלפֿן דעם מוזיי. עס איז נישט געווען קיין מעבל און ביוראָוואַרג. (קאַטשערגינסקי האָט זיך דערפֿרייט ווען עמעצער האָט אים געבראַכט קאָנווערטן און מעקערס.) מען האָט נישט געהאַט קיין אויטאָס אַריבערצופֿירן דעם ריזיקן כּמות אָפּגעפֿונענע מאַטעריאַלן. און הגם דער מוזיי איז אָפֿיציעל געווען אַ מלוכישער, האָט מען די מיטאַרבעטערס נישט געצאָלט קיין שׂכירות. סוצקעווער און קאַטשערגינסקי האָבן זיך געווענדט צו פּאַרטיי־באַאַמטע אין ליטע, און צו סאָוועטישע טשינאָווניקעס אין מאָסקווע, אָבער אַלע בקשות זײַנען איגנאָרירט געוואָרן. טייל ליטווישע באַאַמטע האָבן זיך אָפּגערופֿן פֿײַנטלעך: פֿאַר וואָס באַשטייען ייִדן אויף אַ באַזונדערן ייִדישן מוזיי, און אויף אַ באַזונדערער ייִדישער שול? הענריק זימאַן, אַ ייִדישער מיטגליד פֿון דער קאָמוניסטישער פּאַרטיי־פֿירערשאַפֿט אין ליטע האָט בײַ זיי געבעטן געדולד: מען וועט באַפֿרידיקן ייִדישע קולטור־באַדערפֿענישן ווי באַלד די סאָוועטישע מאַכט וועט זיך פֿאַרפֿעסטיקן. נאָר אַזוינע הבֿטחות האָבן סוצקעווערן נישט איבערצײַגט. ער האָט זיך אומגעקערט קיין מאָסקווע אין סעפּטעמבער 1944 מיט קרוקס טאָגבוך און אַנדערע מאַטעריאַלן אין זײַנע טשעמאָדאַנעס. נאָך אַ האַלב יאָר אינעם סאָוועטן־פֿאַרבאַנד און צוויי חדשים אין דער סאָוועטישער ווילניוס, האָט ער געפֿילט בחוש אַז די שטאָט איז נישט קיין זיכער אָרט פֿאַר ייִדישע קולטור־אוצרות. דורך דער פֿאַרמיטלונג פֿון אַן אויסלענדישן קאָרעספּאָנדענט, האָט ער איבערגעשיקט זײַן ערשטן פּעקל מאַטעריאַלן צום ייִוואָ אין ניו־יאָרק.

קאַטשערגינסקי, וואָס האָט נאָך סוצקעווערס אָפּפֿאָרן קיין מאָסקווע פֿאַרנומען זײַן אָרט ווי דירעקטאָר פֿון מוזיי, איז געקומען צו דער זעלביקער מסקנא בנוגע דער סאָוועטישער ווילניוס אין משך פֿון קומעדיקן יאָר. אַליין אַ קאָמוניסטישער טוער נאָך פֿון פֿאַר דער מלחמה, האָט קאַטשערגינסקי עולה־רגל געווען קיין מאָסקווע אין מאַרץ 1945, כּדי זיך צו טרעפֿן מיט סאָוועטישע באַאַמטע, און זיך צו באַקלאָגן וועגן דער ביטולדיקער און פֿײַנטלעכער באַציִונג צום מוזיי מצד די ליטווישע מאַכטאָרגאַנען. בײַם אומקערן זיך פֿון דער נסיעה, איז ער אַראָפּ פֿון דער באַן און מען האָט אים תּיכּף איבערגעגעבן די בשׂורה, אַז די מיסט־פֿאַרוואַלטונג האָט נאָר־וואָס אַריבערגעפֿירט די דרײַסיק טאָן ייִוואָ־מאַטעריאַלן פֿון זײַן הויף אויפֿן וואָקזאַל, כּדי מען זאָל זיי טראַנספֿערירן צו אַ מאַקולאַטור־פֿאַבריק. קאַטשערגינסקי איז צוגעלאָפֿן צו דער טראַנספּאָרט־פּלאַטפֿאָרמע, און האָט גענומען אַרויסציִען מאַטעריאַלן פֿונעם באַרג פּאַפּיר – אַ טעקסט פֿון אַ ייִדישער פּיעסע, אַ ספֿר פֿון חײַקל לונסקיס ביבליאָטעק, אַן אויטאָביאָגראַפֿיע פֿונעם ייִוואָס אויטאָביאָגראַפֿיע־קאָנקורס.

דערנאָך האָט ער אָנגעהויבן לויפֿן איבער די קאַנצעלאַריעס, בכדי צו אַנולירן דעם טראַנספּאָרט – צו דער באַנען־פֿאַרוואַלטונג, צו דער מיסט־פֿאַרוואַלטונג, צו זימאַנען. אָבער אַלץ אומזיסט. צו מאָרגנס איז שוין דער באַרג נישט געווען אויף דער פּלאַטפֿאָרמע.

עס זענען אָנגעקומען ווײַטערדיקע שלעכטע בשׂורות. אין מיטן 1945, האָט די מאַכט אָפֿיציעל רעגיסטרירט דעם "ייִדישן מוזיי אין ווילנע", און האָט פֿאַר אים באַשטימט סך־הכּל דרײַ באַצאָלטע אַרבעטס־פּאָסטנס. מיט אַ פּערסאָנאַל פֿון דרײַ מענטשן, איז דער גורל פֿון דער סאָרטיר־ און קאַטאַלאָגיר־אַרבעט געווען אַ געחתמעטער, אַ פֿאַרפֿאַלענער. נאָך דעם האָבן קג"ב־אַגענטן אָנגעהויבן אָפּשטאַטן וויזיטן בײַ קאַטשערגינסקין אין מוזיי. צווישן אַנדערן, האָבן זיי אים מודיע געווען אַז עס איז פֿאַרווערט איבערצוגעבן ביכער צו לייענערס, אָן פֿריִערדיקער אַפּראָבירונג מצד דער סאָוועטישער צענזור ("גלאַווליט"). אָבער די בענד וואָס דער מוזיי האָט איבערגעשיקט דעם "גלאַווליט" האָט מען קיין מאָל נישט אומגעקערט.

קאַטשערגינסקי האָט אין זײַנע זכרונות רעקאָנסטרויִרט זײַנע דעמאָלטדיקע מחשבֿות:

> ווי מאָדנע דאָס זאָל נײַט קלינגען. מיר, אַ גרופּע טוער, קומען צום געדאַנק אַז מען מוז אויך פֿון דאַנען די אוצרות ראַטעווען! אַז ניט וועט עס פֿאַרשווינדן, אומקומען. אין בעסטן פֿאַל, וועט עס די ליכטיקע שײַן פֿון דער ייִדישער וועלט ניט דערזען.

די מוזיי־טוערס האָבן גענומען עמיגרירן, איינער נאָכן אַנדערן, און אַרויסשמוגלען מיט זיך מאַטעריאַלן, אין אַ רעטונג־אַקציע וואָס איז געווען פּונקט אַזוי סכּנותדיק ווי דאָס אַרײַנשמוגלען מאַטעריאַלן אין געטאָ אונטער די נאַציס. אַבא קאָוונער, ד"ר אַמאַראַנט, רוזשקע קאָרטשאַק, – אַיעדער האָט מיטגענומען וויפֿל אוצרות ער האָט נאָר געקענט.

דערווײַל האָט קאַטשערגינסקי געמאַכט דעם אָנשטעל פֿון זײַן אַ געטרײַער סאָוועטישער באַאַמטער, און האָט אָפּגעדרוקט אַ שטאָלצן באַריכט וועגן דער אַקטיוויטעט פֿון מוזיי אין מאָסקווער *אײנִיקײט*. ער האָט געגעבן אַן איבערבליק פֿון דער זאַמלונג: 25,000 בענד אויף העברעיִש און ייִדיש. 10,000 בענד יודאַיִקאַ אויף אייראָפּעיִשע לשונות; 600 זעק מיט דאָקומענטאַלע מאַטעריאַלן פֿונעם ייִוואָ־אַרכיוו; די אוניקאַלע אַרכיוון פֿון ווילנער און קאָוונער געטאָ. די פּלענער פֿון מוזיי אויף להבא זײַנען געווען אימפּאָנירנדיקע: מען וועט רעמאָנטירן דעם בנין, צוגרייטן אַ גרויסע פּערמאַנענטע אויסשטעלונג, און אויפֿשטעלן אַ מאָנומענט אין הויף פֿון סטראַשון גאַס 6, צום אָנדענק פֿון יענע ייִדן וואָס זענען געפֿאַלן אין קאַמף קעגן די נאַציס.

קיין איינער פֿון די־אָ פּלענער איז נישט רעאַליזירט געוואָרן, און קאַטשערגינסקי האָט שוין דעמאָלט געוווּסט אַז זיי וועלן נישט צו שטאַנד קומען. אין דער זעלבער צײַט וואָס ער האָט געשריבן זײַן אַרטיקל, האָט ער זיך געגרייט אַרויסצופֿאָרן פֿון לאַנד, און האָט אָרגאַניזירט דאָס שמוגלען מאַטעריאַלן קיין אויסלאַנד. אין נאָוועמבער 1945 האָט ער זיך אָנגעגעבן אין דעמיסיע; אין יולי 1946 האָבן ער און סוצקעווער זיך שוין געפֿונען אין פּוילן. ביידע האָבן געטראָגן מיט זיך מוזיי־מאַטעריאַלן. פֿון דאָרט, זענען זיי אָפּגעפֿאָרן קיין פּאַריז. פֿון ביידע מקומות, פּוילן און פּאַריז, האָבן זיי אַרויסגעשיקט פּעקלעך צו ד"ר מאַקס ווײַנרײַך אין ניו־יאָרק.

ווי סוצקעווער און קאַטשערגינסקי האָבן פֿאָרויסגעפֿילט, איז דער גורל פֿון די מאַטעריאַלן וואָס זענען פֿאַרבליבן אין ווילנע געווען אַ טרויעריקער. אין 1948, זײַנען ידיעות אָנגעקומען אין מערבֿ אַז דער ייִדישער מוזיי איז ליקווידירט געוואָרן דורך דער קג"ב. זעקס יאָר נאָך דעם ווי דער ראָזענבערג־שטאַב האָט באַראַבעוועט די סטראַשון־ביבליאָטעק און דעם ייִוואָ, האָט זיך די געשיכטע איבערגעחזרט. לייזער ראַן, אַליין אַ בײַער עמיגראַנט פֿון ווילנע און אַ געוועזענער פֿרײַוויליקער מיטאַרבעטער אין מוזיי, האָט דעמאָלט בײַ זיך פֿאַרשריבן אין טאָגבוך:

> די אַלטע "געסט" זײַנען ווידער געקומען אין געטאָ. דאָס מאָל, מיט בײַע סאָוועטישע לאַסט־אויטאָמאָבילן. אַרײַנגעוואָרפֿן אַלע מוזיי־מאַטעריאַלן: חפֿצים, ביכער און אַרכיוון, און אַוועקגעפֿירט אויף שניאַדעצקי־גאַס, אין קלויסטער פֿון הייליקן יורי. דאָרט געפֿינט זיך הײַנט די "ביכער־פּאַלאַטע". אַלע מאַטעריאַלן געפֿינען זיך דאָרט אין דער מוסטערהאַפֿטסטער אָרדענונג. בלויז די ייִדישע מאַטעריאַלן זײַנען אַראָפּגעוואָרפֿן געוואָרן אין קעלער.

די ייִדישע דאָקומענטן איז געווען באַשערט אָפּצוליגן אין קעלער פֿון דער ליטווישער נאַציאָנאַלער ביכערקאַמער, אין אַ ביכערסקלאַד וואָס איז פֿריִער געווען אַ קלויסטער, אין משך פֿון די קומעדיקע פֿערציק יאָר. בעת די יאָרן פֿון סטאַליניסטישן טעראָר, צווישן 1949 און 1953, האָט דער דירעקטאָר פֿון דער ביכער־פּאַלאַטע, ד"ר אַנטאָנאַס אולפּיס, זיי דאָרט באַהאַלטן, נישט פֿאָלגנדיק די פֿאַראָרדענונג פֿון זײַנע סאָוועטישע נאַטשאַלניקעס ער זאָל צעשטערן די מאַטעריאַלן. אין דער תּקופֿה פֿון דע־סטאַליניזאַציע האָט אולפּיס אָרגאַניזירט אַ קאָלעקטיוו מיטאַרבעטערס וואָס האָט קאַטאַלאָגירט טויזנטער פֿון די ייִדישע ביכער וואָס זענען געלעגן אין זײַן רשות. אָבער וועגן די פּעקלעך ייִדישע דאָקומענטן אין קעלער האָט אולפּיס קיינעם נישט אויסדערציילט – ביז האַרט פֿאַר זײַן פּענסיאָנירן. זייער עקזיסטענץ איז באַקאַנט געוואָרן אין דער עפֿנטלעכקייט ערשט אין יאָר 1988. אַ צווייט בינטל דאָקומענטן איז אומגעריכט אַנטדעקט געוואָרן אין 1993, בעת מען האָט אויסגערייניקט דעם ביכערסקלאַד. די מאַטעריאַלן האָט מען אומגעקערט דעם ייִוואָ אין 1995 און 1996.

[*שײַטלעך אַרויסגעריסן פֿון פֿײַער: דאָס אָפּראַטעווען ייִדישע קולטור־אוצרות אין ווילנע* (ניו־יאָרק: ייִוואָ, 1996), ז. 11-15]

מוזיי, דער ־ען — museum
אומקערן זיך אומגעקערט — return
באַפֿרײַען באַפֿרײַט — free
מיטגליד, דער ־ער — member
פּאַרטיזאַנער, דער ־ס — partisan, guerilla
נקמה [נעקאָמע], די ־ות — revenge, vengeance
ס'רובֿ [סראָוו] — most
נס [נעס], דער ־ים [ניסים] — miracle
על־פּי־נס [אַלפּינעס] — as if by miracle
איבערלעבן איבערגעלעבט — survive

ארויסקריכן אַרויסגעקראָכן	creep/crawl out
באַהעלטעניש, דאָס ־ן	hideout, hiding place
בעיִקר [בעיִקער]	chiefly, principally
קלערן געקלערט	think, contemplate
אויסזוכן אויסגעזוכט	seek out, look for
לעבן־געבליבענער, דער ־געבליבענע	survivor
קרובֿ [קאָרעוו], דער ־ים [קרויווים]	relative, kin
איבערלאָזן איבערגעלאָזט	leave
פּלאַן, דער פּלענער	plan
אויסגראָבן אויסגעגראָבן	dig up, excavate
אוצר [אויצער], דער ־ות [אויצרעס]	treasure
באַהאַלטן באַהאַלטן	hide, conceal
פּײַנלעך	painful
בנין [ביניען], דער ־ים [ביניאָנים]	building
חורבֿה [כורווע], די ־ות	ruin
קרבן [קאָרבם], דער/דאָס ־ות [קאָרבאָנעס]	victim, casualty
בוידעם, דער ־ס/ביידעמער	attic
קופּע, די ־ס	pile
מאַלינע, די ־ס	hiding place
אויפֿדעקן אויפֿגעדעקט	discover, uncover
פֿאַרברענען פֿאַרברענט	burn
שײַטער, דער ־ס	bonfire
ניצול [ניצל] ווערן	survive
אָפּראַטעווען אָפּגעראַטעוועט	save, salvage
פֿאָדערן געפֿאָדערט	demand, require
שאַפֿן געשאַפֿן	create, make
פֿאַרבינדן פֿאַרבונדן	link, join, connect
לכתּחילה [לעכאַטכילע]	at first, initially
תּיכּף [טייקעף]	immediately
ענין [איניען], דער/דאָס ־ים [איניאָנים]	matter, affair
פֿאַרזאַמלען זיך פֿאַרזאַמלט	convene, assemble, gather
גרינדן געגרינדעט	found
אויסהאַלטן אויסגעהאַלטן	endure, last
איבערשיקן איבערגעשיקט	send, transfer
אַריבערקלײַבן זיך אַריבערגעקליבן	move (one's residence)
קהלש [קאָאָלש]	communal, community
פֿאַרשיידן	various
תּפֿיסה [טפֿיסע], די ־ות	prison, jail
באַניצעוודיק	usable
צושטאַנד, דער ־ן	condition, state
קאַמער, די ־ן	chamber, room, cell
פֿאַרפּײַניקן פֿאַרפּײַניקט	torture, torment
אָנפֿירן אָנגעפֿירט	direct, manage, administer, conduct
מיטאַרבעטער, דער ־ס	associate, fellow worker
אַרויסשלעפּן אַרויסגעשלעפּט	bring/carry out
צעשיטן צעשאָטן	scatter, disperse
באַגראָבן באַגראָבן	bury
אָנשטויסן זיך אָנגעשטויסן	come across, stumble on
אויסשטרעקן אויסגעשטרעקט	extend, stretch out
אײַנוווינער, דער ־ס	inhabitant, resident
באַערדיקן באַערדיקט	bury
אומגעריכט	unexpected
מטמון [מאַטמען], דער ־ים [מאַטמוינים]	treasure, hoard
מאַקולאַטור, די	scrap paper
צעשטערן צעשטערט	destroy
מיסט, דאָס	garbage
פֿאַרוואַלטונג, די ־ען	management, administation
זאַק, דער זעק	bag, sack
אָנפֿילן אָנגעפֿילט	fill up
אינסטאַנץ, די ־ן	agency, authorities
שטיצן געשטיצט	support
מעבל ל"ר/דאָס –	furniture
מעקער, דער ־ס	eraser
כּמות [קאַמעס], דאָס	quantity
הגם [האַגאַם]	although
צאָלן געצאָלט	pay
שׂכירות [סכירעס] ל"ר	salary
ווענדן זיך געווענדט	turn to, call upon
באַאַמטער, דער באַאַמטע	clerk, bureaucrat, official
טשינאָווניק, דער ־עס	functionary
בקשה [באַקאָשע], די ־ות	request, plea
אָפּרופֿן זיך אָפּגערופֿן	respond, speak up
באַשטיין באַשטאַנען	insist
פֿירערשאַפֿט, די ־ן	leadership
געדולד, די/דאָס	patience
באַפֿרידיקן באַפֿרידיקט	satisfy
באַדערפֿעניש, דאָס ־ן	need, requirement
מאַכט, די ־ן	might, power, regime
פֿאַרפֿעסטיקן זיך פֿאַרפֿעסטיקט	firmly establish, strengthen
הבֿטחה [האַפֿטאָכע], די ־ות	assurance, pledge
איבערצײַגן איבער(גע)צײַגט	persuade, convince
טשעמאָדאַן, דער ־עס	suitcase valise, luggage bag
בחוש [בעכוש]	clearly, distinctly
פֿאַרמיטלונג, די ־ען	mediation
אויסלענדיש	foreign
פֿאַרנעמען פֿאַרנומען	take over, assume
מסקנא [מאַסקאָנע], די ־ות	inference, conclusion
בנוגע [בענעגייע]	concerning, in regard to
אין משך [מעשעך] פֿון	in the course of
עולה־רגל [אוילע־רעגל] זײַן	make a pilgrimage

באַקלאָגן זיך באַקלאָגט complain, lament
ביטולדיק [ביטלדיק] contemptuous, scornful
באַציִונג, די ־ען relationship
מצד [מיצאַד] on the part of
מאַכטאָרגאַנען ל"ר authorities
נסיעה [נעסיִע], די ־ות trip, journey
באַן, די ־ען train
בשורה [פּסורע], די ־ות message, information
וואָקזאַל, דער ־ן train station, terminal depot
צולויפֿן * צוגעלאָפֿן run (up close to)
אַרויסציִען אַרויסגעצויגן pull out
קאָנקורס, דער ־ן contest
קאַנצעלאַריע, די ־ס administrative office
בכדי [בիכדיי] with the goal/purpose
אומזיסט in vain
באַשטימען באַשטימט appoint, determine, fix, assign
סך־הכּל [ס(אַ)כאַקל] (in) sum/total
גורל [גוירעל], דער ־ות [גויראָלעס] fate, destiny
חתמע(נע)ן [כאַסמע(נע)ן] געחתמעט seal, sign
פֿאַרפֿאַלן lost, hopeless, doomed
אָפּשטאַטן {אָפּגעשטאַט} אַ וויזיט pay a visit
מודיע [מעדיִע] זײַן announce, inform, communicate
פֿאַרווערט prohibited, off-limits
אַפּראָבירונג, די ־ען approval
באַנד, דער בענד volume
זכרונות [זיכרוינעס] ל"ר memoires, memories
דעמאָלטדיק contemporary, at that time
מחשבֿה [מאַכשאָווע], די ־ות thought
מאָדנע strange, queer
געדאַנק, דער ־ען thought, idea
אַז ניט if not
פֿאַרשווינדן פֿאַרשוווּנדן disappear
אומקומען * אומגעקומען perish, die
דערזען דערזען glimpse, spot, sight, notice
אַרויסשמוגלען אַרויסגעשמוגלט smuggle out
רעטונג, די ־ען rescue
סכּנותדיק [סאַקאָנעסדיק] dangerous
דערווײַל meanwhile
אָנשטעל, דער ־ן pretense
אָפּדרוקן אָפּגעדרוקט print
שטאָלץ proud
באַריכט, דער ־ן account, report
אייניקייט, די ־ן unity

איבערבליק, דער ־ן survey
לשון [לאָשן], דאָס ־ות [לעשוינעס] language, tongue
אוניקאַל unique
אויף להבא [לעהאַבע] for the future
רעמאָנטירן רעמאָנטירט renovate
צוגרייטן צוגעגרייט prepare
אויסשטעלונג, די ־ען exhibition
צו שטאַנד קומען come about, be accomplished
דעמיסיע, די ־ס resignation
מקום [מאָקעם], דער/דאָס ־ות [מעקוימעס] place, locale
פֿאָרויספֿילן פֿאָרויסגעפֿילט anticipate
פֿאַרבלײַבן * פֿאַרבליבן remain
טרויעריק sad
ידיעה [יעדיִע], די ־ות information, news
מערבֿ [מײַרעוו] west
שטאַב, דער ־ן staff
באַראַבעווען באַראַבעוועט plunder, loot
איבערחזרן [איבערכאַזערן] זיך איבערגעחזרט repeat itself
פֿרײַוויליק voluntary, volunteer-
לאַסט־אויטאָמאָביל, דער ־ן truck
אַרײַנוואַרפֿן אַרײַנגעוואָרפֿן throw/hurl in
חפֿץ [כייפֿעץ], דער ־ים [כייפֿאָצים/כפֿייצים] thing, article, object
הייליקער, דער הייליקע *here*: Saint
פּאַלאַטע, די ־ס hall, gallery, chamber, ward
מוסטערהאַפֿט exemplary, model-
קעלער, דער ־ס/־ן cellar, basement
באַשערט pre-destined, fated
אָפּליגן * אָפּגעלעגן lie/remain for a long time
סקלאַד, דער ־ן warehouse, storehouse
פֿאַראָרדענונג, די ־ען decree
נאַטשאַלניק, דער ־עס boss, head, chief
תּקופֿה [טקופֿע], די ־ות period, era
רשות [רעשוס], דער ־ן authority, domain, jurisdiction
אויסדערציילן אויסדערציילט divulge, fully disclose
פּענסיאָנירן פּענסיאָנירט retire; *here as noun*: retirement
עפֿנטלעכקייט, די public
בינטל, דאָס ־עך bundle, batch
אַנטדעקן אַנטדעקט discover
אויסרייניקן אויסגערייניקט clean out, purge
אַרויסרײַסן אַרויסגעריסן wrest, wrench

51

הירשע־דוד מעינקעס [הירשע־דוד קאַץ] (1956־) [1]

הירשע־דוד מעינקעס איז דער פּסעוודאָנים פֿון הירשע־דוד קאַץ, וואָס איז געבוירן געוואָרן אין 1956 אין ברוקלין, ניו־יאָרק. זײַן טאַטע איז געווען דער פּאָעט מעינקע קאַץ, וואָס ער איז אַליין אַ ליטוואַק פֿון מיכאַלישעק (הײַנט אין בעלאַרוס). הירשע־דוד קאַץ האָט זיך געלערנט אין קאָלומביאַ־אוניווערסיטעט און האָט געקראָגן זײַן דאָקטאָראַט פֿונעם לאָנדאָנער אוניווערסיטעט. אינעם אָקספֿאָרדער אוניווערסיטעט האָט ער מיסד געווען די פּראָגראַם פֿאַר ייִדישער שפּראַך און קולטור. אין 1998 האָט ער מיסד געווען נאָך אַ מאָל אַזאַ פּראָגראַם אינעם ווילנער אוניווערסיטעט. באַוווּסט איז ער בפֿרט פֿאַר זײַנע לינגוויסטישע פּובליקאַציעס, ווי אויך זײַנע דרײַ בענד דערציילונגען, וואָס פֿאַר זיי האָט ער געוווּנען בײַן פּרעמיעס (אײַנשליסנדיק אַ גוגנהײַמער סטיפּענדיע און די מאַנגער־פּרעמיע). ער וווינט איצטער אין ווײלס און אין ווילנע. אין דער ווײַטערדיקער דערציילונג שרײַבט קאַץ מיט אַן אַרכאַיִשן סטיל און מיט אַ מערקלעכן ליטווישן דיאַלעקט, למשל: "אייווערן" = "אויערן" און דער סופֿיקס "־עט" בײַם וואָרט "אָנעט".

פּסעוודאָנים, דער ־ען	pseudonym	דערציילונג, די ־ען	story
אויסוואַקסן אויסגעוואָקסן	grow up	אײַנשליסנדיק	including
מיסד [מעיאַסעד] זײַן	found	סטיפּענדיע, די ־ס	fellowship, stipend
בפֿרט [ביפֿראַט]	particularly, especially	למשל [לעמאָשל]	for example
באַנד, דער בענד	volume	אאַז"וו = און אַזוי ווײַטער	and so forth, etc.

די לבנהדיקע שטאָט [4]

אַז מ'קלאַפּט פון דאַנען און פון דאַנען, בלייבט מערניט איין זאַך. פּליטה מאַכן ווי אַ דיבוק פאַרן שופר.

אין קאַמאַי איז ביטער געוואָרן.

פון רייסן זיינען אַריינגעפאָרן חב"דניקעס. מאַכן זיי זיך אַ חסידאַרניע. דערזען אין גאַס, גייט זיך אַ ייד, נעמט מען און מ'באַראַבאַנעוועט אים אין די אייוועון אַריין, אַז מ'דאַרף גאָר אַנדערש דאַוונען. אַז ביי זיי איז קיין קדיש ניט סיידן מ'גיט דאָרטן ניט צו: "ויצמח פורקניה". וואָדען? אַז משיח וועט נאָר דערהערן, וועט ער ווייטער קיין שהיות ניט מאַכן, נאָך פאַר־שבת כאַפּט ער זיך אַראָפּ אין קאַמאַי. און גיי דאַוון אָפּ מנחה, אַז ביז וואַנען מ'קומט צו אשרי ניט אָן, האָבן זיי דאַווייס וויפיל צוגעלייגט צודערצו. אַז מ'דערלעבט שוין צו שמונה־עשרה, ט'זיך אויסגעוועבט די גאַנצע כוונה. איבעריקנס איז ביי זיי סך־הכל איין פּזמון: "דער רבי".

וואָס האָט גאָט געוואָלט, אין זעלבן יאָר איז אַריינגעפאָרן אַ קאַמאַנדע פון די מוסרניקעס אַזש פון זאַמעט, נאָר געלערנט האָבן זיי אין נאַוואַרעדאָק.

די מוסרניקעס קען מען דאַך. אַלע זיינען רשעים, נאָר זיי אַליין טראָגן זיך אַרומעט מיט גאָט אין קעשענע. ביי דעם איז שלעכטע זיטן און ביי יענעם האַלט שמאָל. אַפּנים אַז פון אַריינזאָגן אַ יידן פון אַ גאַנץ יאָר וועט משיח נאָך פאַרנאַכט אַריינפאָרן.

די חב"דער ט'מען אין קאַמאַי פאַר ווייסע חברהניקעס פאַררעכנט. די מוסרניקעס – גלאַט היימישע משוגעים. אַז ביי זיי איז סך־הכל אויך מערניט איין פּזמון פאַראַן: "שבירת המידות" און ווייטער קיינער. גייען זיי אין אַפּטייק אַריין און בעטן זיך טשוועקעס דערלאַנגען. פאַרוואָס, זיך אויספּיינען אַז זיי ווערן ניט נתפּעל אַז מ'לאַכט זיי אויסעט. מאַלע וואָס קען איינפאַלן.

ביי די ריכטיקע קאַמאַיער איז אַ דולעניש געוואָרן. איין זאַך ט'מען גאָרנישניט פאַרשטאַנען. צו וואָס האָבן די "צווייערליי נודניקעס" – אַזוי'ט מען זיי גערופן, די אָנגעפאָרענע – דעם גאַנצן כבוד אָנגעטאָן גראַדע קאַמאַי. סווירדון און דיזשאַריץ האָבן זיך גערעכנט ניט דאָס. אָנגעטשעפּעט איז פאַרפאַלן!

די פאַרסמטע לופט פון מחלוקת האָט אומעטום פאַרכמאַרעט. ווער ס'האָט זיך אַריינגעלייגט אין שלום, נאָר ס'איז ניט געגאַנגען.

דעם קאַמאַיער רב, ר' מאַרקיל קאַמינפּאָל ט'מען אים גערופן, אים איז פון דעם אַלעמען ניט־גוט געוואָרן. אַוועק אַ יאָר האָט ער זיין עדה אויפגערודערט אינמיטן דער שבתדיקער דרשה.

– רבותי קאַמאַיער! די זאַך פון דעם איז אַזוי. ניט איין מאָל נאָר גאַנצע צוויי מאָל האָט דאָך ירמיהו הנביא געזאָגט: שלום שלום ואין שלום. דאָ רעדט מען שלום און דאָרטן רעדט מען שלום און קיין שלום איז ניטאָ. אי' פאַרוואָס צוויי מאָל? איין מאָל אויף ירושלים און איין מאָל אויף קאַמאַי! דאָ'עט קיין שלום ניט זיין. אַז דאָ איז אַ כת און דאָ איז אַ כת. אַדרבא! האָסטע אַן אַנדער מנהג בקבלה ,איז געזונטערהייט! קומסטע פון אַ שטאָט וואו די יוצרות זאָגט מען אָפּעט מיטוואָך צו שחרית של חול, איז זאָג! אימיצער 'עט זאָגן אַ' ניט? אָט אי' די מעשׂה! קלעקט זיי ניט, זעצט מען זיך אָנעט אויף א ו נ ד ז . פון מחלוקת טרייבן

ווערט דאָך שנאת חינם. ד י וועלט ווערט מען אָנעט און י ע נ ע וועלט ווערט מען אויכעט אָן. אַז דער בית־המקדש איז דערפון חרוב געוואָרן איז דאָך אַ פשיטא אַז קאַמאַי וועט דערפון חרוב ווערן. יידן! בעסער די שטיבער פאַרקויפן! לא אלמן ישראל, אַלצדינג וועלן זיי צעכאַפּן, די אָנגעפאָרענע! אַוואָס איז דאָ וואָס צו ריידן, אַ? אַז ביי היינטיקן טאָג איז מען צו אברהם אבינו'ן געגליכן. ס'איז "לך לך מארצך וממולדתך"! אַ נייעם ישוב 'עט מען זיך אויסטראָיענען! ויקם – ער האָט זיך אויפגעשטעלט. וילך – געגאַנגען!

"געגאַנגען!"

אַזוי האָבן די מתפללים אינאיינעם אַ שריי געטאָן, מיטן ניגון פון אַ "ש'כח".

פאַר ר' מאַרקיל קאַמינפאָלס אַ וואָרט גייט מען אין פייער אַריין. אַז פון וויטאָלדס יאָרן נאָך זיינען אין קאַמאַי די רבנים מבית קאַמינפאָל געווען.

קיין קיילעכדיקן חודש ט'ניט געדויערט. אויף די שטיבער האָבן קיין בעלנים ניט אויסגעפעלט. וואו אַ חב"דער, וואו אַ מוסרניק.

אַז ס'האָט געהאַלטן ביים פאַרלאָזן קאַמאַי, האָט מען אַ שושקע געטאָן איז אל רעהו: "זאָלן זיי זיך, די אָנגעפאָרענע, איינער דעם אַנדערן צעדראַפּען". קיין אַנדער וואָרט אויף אָפּזידלען איז אין קאַמאַי דאַמאָלסט ניט געווען – "אָנגעפאָרענע".

די קאַמאַיער זיינען ר' מאַרקילן נאָכגעגאַנגען ווי די בני ישראל משה־רבינו'ן אין מדבר. קיין זקן איז ער ניט געווען, נאָר ער האַט געהאַט צו טאָן מיט אַ פוס, ער איז אַרומגעגאַנגען מיט אַ שטעקן. די פאַרבליבענע אין קאַמאַי, די חב"דניקעס מיט די מוסרניקעס, אַ פולע פויערים האָבן זיך אויך אַ רעדל געמאַכט, מ'איז אַלע אין גאַס געשטאַנען אויף חידושים, אָנקוקן ווי דער רב טוט זיין עדה מיט יידן אַוועקפירן דער רוח ווייס וואואַהין. ער'ט זיך איינגעשפּאַרט, ר' מאַרקיל, אַז זיין עדה טוט ער פירן נאָר צופוס. אַ צפונדיקער ווינט האָט די לאַנגע שוואַרצע באָרד זיינע אַרויפצוצו איבערן פנים פאַנאַנדערגעבלאָזן. דורך שפּאַרונעס פון בערדישע קנאָספּן האָט ער אַלע ווײלע אַרויסגעקוקט אינדערווייטנס, ער'ט אַרויפגעלייגט די האַנט איבער די אויגן, עלעהיי ער מאַכט זיך אַ קאַזיריק.

אַלצדינג ט'מען אין וועג אַריין אָפּגעטראָגן, די ספר־תורהס מיט די קריינען מיטן טייטל מיט די ספרים, מיט אַלע זאַכן פון די שטיבער. אַלצדינג ט'מען אַרויפגעשטעלט אויף די וועגענער. יידענעס האָבן אָנגעטריבן די הינער אויפן משקל פון פלע־פלע־פלע. קינדער האָבן מיט שטריקלעך די בהמות געפירט. אַרום און אַרום האָבן זאַמדיקע קנוילן ווי אומרואיקע וואָלקנס זיך צעבלאָזן אינדערלופטן.

קאַמאַי האָט פון דור־דורות "די ליכטיקע שטעטל" געהייסן. די שטאָטלייט ט'מען "קאַמאַיער בענטש־ליכט" גערופן, אויף קאַטאָוועס – "קאַמאַיער שילט־ליכט". די קאַמאַיער האָבן ליכט געמאַכט. ווער חלבנע און ווער וואַקסענע. ווער שבתדיקע און ווער צו הבדלה. ווער יום־טובדיקע און ווער פאַר די פויערים. איבער קאַמאַיער ליכט ט'מען זיך אין ווילנע אַזש געדונגען.

אַז ס'האָט ביים זאַמדיקן ים־סוף געהאַלטן, זיינען געווען אָנגעלייגט אויף די וועגענער ליכט אַוואָס די וועלט שטייט. גרויסע און קליינע, דיקע און דינע, פשוטע און באַפּאַרבטע. די בעסטע האָבן זיך גערעכנט די וואַקסענע. בינען ט'מען אין קאַמאַי געהאָדוועט גענוג אויף אַן עלפטע מכה אָנשיקן אויף פרעהן. אונטערוועגנס ט'מען מיטגעשלעפּט די גאַנצע האָדעוואַניע פון די בינען – קעסטלעך, שטייגן, בינשטאָקן, בינען־שטיבעלעך. די לעמעלעך

האָבן געמעקעט. פערד האָבן געהירזשעט. די בינען האָבן געזשומזשעט. אַ הייסער טאָג אין אייר איז דאָס געווען, ס'שטייט דאָך אַלצדינג פאַרשריבן אין "פּנקס יציאת קאַמאַי".

ווי מיט גאָטס אַ בייטאָגעדיקן שטערנווייזער האָט דער רב שוין געוואוסט וואוהין גיין. ער'ט זיי אָפּגעפירט, די יידן, אין זייט פון פּאָסטעוו. מ'איז אָנגעקומען אין אַ דערפל בוצאַוויטש. דאָרטן האָט דער רב אָנגעזאָגט די פּויערים אַז מ'דאַרף אויפקלאַפּן שטיבעלעך אויף אַ נייעם ישוב אַ ביסל ווייטער־צו. דערווײַלע דאַרף מען נאַכטלעגער. דערזען די וועגענער מיט קאַמאַיער ליכט האָבן זיי געמאָנט מ'זאָל זיי אַפּריער אויסצאָלן מיט די ליכט. גענוג ליכט אויף אַלעקסאַנדראָווסקע בולוואַר אין ווילנע ט'מען זיי אַוועקגעגעבן אויפן אָרט. אַ ווערדע ביי קאַמאַיער, ליכט!

ר' מאַרקיל איז נאָך אין זעלביקן טאָג מיטן שטעקן אַוועק, ער איז דערקראָכן ביזקל אין אַ ווינקל וואַלד. אין זייט פון דוואַרטשאַן איז דאָס געווען. ער איז דאָרטן געשטאַנען אין זיין ארץ זבת חלב ודבש שיער ניט ביז דער שקיעה. אַ פייערדיק־רויטע לבנה האָט זיך פאַרמאָסטן אויף אַ זון אַ שוכן עפר. קיין שענערע לבנה האָט ער אין זיינע יאָרן ניט געזען. ער איז צוריק צו זיין מחנה אין בוצאַוויטש און זיין עדה מכריז געווען די בשורה טובה:

– דעם ישוב אונדזערן 'עט מען לאָזן אויסטראָיענען דאָ ניט ווייט, אין זייט פון דוואַרטשאַן, אַ' דאָרטן איז פאַראַן די שענסטע לבנה דאָ אויף דער־וועלט. ווי זאָל מען אָנרופן דעם ישוב אונדזערן, זאָל ער הייסן, ניט דאָנילעוויטש ניט אַוואָרעוויטש, ניט אַנדערש: לבנה־וויטש!

ביזן היינטיקן טאָג שטייט לעוואָנעוויטש אויפן פּאָסטעווער וועג, צווישן קאַמאַי און דוואַרטשאַן.

בוצאַוויטשער פּויערים, געזונטע ווי די פּלישתים, האָבן אויף מאָרגן גענומען אַראָפּלאָזן די ריזן־ביימער אויפן אָרט וואָס ר' מאַרקיל קאַמינפּאַל האָט זיך אויסגעקליבן. אַ בוים נאָך אַ בוים האָבן זיי אַראָפּגעלאָזן. אַראָפּגעשיילט די קאָרע, אָפּגעטעסעט אויף פלאַך די ברעגן און אַרויפגעשטעלט אויף צוויי גרויסע האַלטערס מ'זאָל אַרומאַרבעטן פון אַלע זייטן. מ'האָט אָנגעצויגן שטריקלעך, זיי אַ צי געטאָן און אָנגעשמירט מיט אַ האָלעוועשקע אויף צו מאַכן שוואַרצע סימנימלעך אַוואו איינשניידן. צוויי האָבן די זעג געהאַלטן, פון אויבן און פון אונטן. די פּויערים אין יענע מקומות וואָלטן פאַר אַ חודש אַ כרך קענען אויפשטעלן. אַז ס'איז מיט עשו'ס כוחות.

די קאַמאַיער האָבן זייער בוצאַוויטשער סטאַנציע פאַרלאָזן, זיך אַוועקגעלאָזן אינעם אָנגעגרייטן ארץ כנען.

דאָרטן וואו ס'האָבן געוועלטיקט וועלף און געלאָפן פיקס, געהוילט ביינאַכט סאָוועס, איז לעוואָנעוויטש דליטא געוואָרן.

דער לעוואָנעוויטשער רב ר' מאַרקיל האָט טעג מיט נעכט געלערנט תורה. שפּעט ביינאַכט איז אים שטאַרק געפעלן געווען לערנען ביי צוויי גרויס וואַקסענע ליכט און צוקוקן זיך ווי די שאָטנס זייערע טאַנצן פאַר דער העלער לבנה־שיין.

די לבנה, אַזוי'ט מען געזאָגט, איז מער פּראַכטפול געווען ווי סאַלאָקער לבנה וואָס האָט אַ שם געהאַט איבערן גאַנצן לאַנד. ר' מאַרקיל איז געווען אַ פלאַם־פייערדיקער מתנגד, אים האָט געטויגט אויף קלאָגן דער "אַזוי'ט מען געזאָגט". נעמט ער און פאָרט אַריינעט אין סאַלאָק, וואָס צווישן דוקשט און נאָוואָ־אַלעקסאַנדראָווסק. אַ גאַנצע נאַכט ט'ער באַטראַכט דאָרטן די לבנה. ער האָט איינגעזען אַז די שיינקייט פון סאַלאָקער לבנה נעמט זיך גאָרניט

פון דער לבנה גופא, נאָר וואָדען, פון איר אָפּשפּיגלונג אין די סאַלאָקער אָזערעס. צו דער לעוואָנעוויטשער לבנה, וואָס איר פּראַכט שטעקט אין איר גופא, כמות שהיא, קומט זי ניט.

ר' מאַרקיל קאַמינפּאָל האָט גענומען לערנען וואָסאַמאָל מער אויך קבלה ספרים. ער האָט זיך גענומען צו אַן אייגענעם ספר וואָס ער'ט אָנגערופן "נהורא זעירא".

און אַז ס'איז דאָ אַ לבנה אַ וועלט־פּראַכט אין אַ שטעטל מיט ליכטציער קען דאָך נאָר איין זאַך דערפון אַרויס.

די ערשטע צייטן, דאַמאָלסט אַז מ'האָט לעוואָנעוויטש אויפגעשטעלט, האָט מען קוים באַמערקט אַז מ'וואַכט אַלץ שפּעטער אין דער נאַכט אַריין, און שלאָפן בלייבט מען ליגן ביז ווייטער אין טאָג אַריין.

אַז די טעג האָבן גענומען זיך קירצן צו ווינטער־צו, האָט מען זיך געכאַפּט וואָס דאָ טוט זיך. אַרבעטן האָבן זיי האָלט געהאַט, די לבנהדיקע, אַזוי'ט מען זיי גערופן, די לעוואָנעוויטשער, ביי דער רויטער שיין פון אייגן געצויגענע ליכט וואָס פלעכט זיך צונויף מיט די ווייסע נאַכטיקע שטראַלן פון הימל.

דער רב האָט געפּסקנט אַז ס'איז אַלצדינג כשורה, מה־דאָך אַז שחרית דאַוונט מען אָפּ בזמנה, נאָכן זונאויפגאַנג, מערניט וואָס, האַרט פאַרן לייגן זיך שלאָפן פאַלט דאָס צו. מ'האָט זיך אַלע אויפגעכאַפּט דאַמאָלסט ווען מ'מעג נאָך מנחה דאַוונען. שבת און יום־טוב האָט מען שיער ניט קיין מעת־לעת אויסגעוואַכט און אויף מאָרגן האָט מען זיך אַזוי ריכטיק אויסגעשלאָפן.

אַוועקגעלאָפן די יאָרן, אין קאַמאַי האָבן זיך וואָסאַמאָל מער אויסגעמישט די רייסישע חסידים מיט די זאַמעטער מוסרניקעס. ביי זיי האָבן יד־אחת געמאַכט דער ליאַדער מיטן סאַלאַנטער, ניט קוקנדיק וואָס אויפן ליטווישן הימל האָבן זיי זיך איינגעשפּאַרט, איטלעכער פאַר זיין שיטה.

רונד אַרום האָט מען זיך איבער די לעוואָנעוויטשער ניט געחידושט. ליכטציער לעבן זיך אויס ביי דער שיין פון זייערע ליכט, איז מהיכא תיתי. איבעריקנס זאָלן זיי זיך מאַכן ווי זיי איז גוט, אַז ס'איז דאָך זייער עסק און ווייטער קיינעמס.

נאָר ביי די נייע קאַמאַיער איז געווען יענער חידוש, אַז די אַמאָליקע שטאָטלייט האָבן זיך געמאַכט אַזאַ מאָדנעם גאַנג דאָרטן ביי זיך אויפן נייעם ישוב. "זייבען דאָך דאַמאָלסט אויכעט געווען ניט אינגאַנצן", אַזוי'ט מען אין קאַמאַי געגעבן צו פאַרשטיין.

דער קאַמאַיער דיין, ער איז געווען א רייסישער חסיד, ער האָט זיך אָנגענומען אַ מוט, ער'ט אַוועקגעשיקט קיין לעוואָנעוויטש אַ שאלה, ווי אַזוי קען מען זיך מאַכן אַזאַ מין היפּוכו של עולם, אַז טאָג זאָל נאַכט זיין און נאַכט ווידער טאָג. אַז שוין אין דרדקי־חדר לערנט מען דאָך: וירא אלהים את האור כי־טוב ויבדל אלהים בין האור ובין החשך.

דער קאַמאַיער האָט זיך געגרייסט מיט זיין שאלה. די מתנגדים האָבן זיך געהאַלטן פאַר גאַנצע תנא־קמאס, זייבען אַנטלאָפן געוואָרן ווי די הירשן, געמאַכט אַ ישוב פאַר זיך אין וואַלד און גענומען דעם סדר עולם און געמאַכט דערפון קאַפּויער. נאָר אַז מ'האָט דעם קאַמאַיערס שאלה ר' מאַרקילן געבראַכט צו טראָגן אין לעוואָנעוויטש האָט ער זיך דווקא מחיה געווען. ער איז שוין דאַמאָלסט געווען אַ ייד אין די יאָרן. פון זינט ער האָט זיין עדה אַוועקגעפירט פון מחלוקת, מ'זאָל זיך אויסלעבן בשלום די יאָרן, האָט ער זיך ווייטער

געלעבט מיט זיינע יידן אַ גליקלעכער. "מחוצפים", אַזוי האָט ער ביי זיך אַ קלער געטאָן, ר' מאַרקיל. קומען יידן, צעשטערן אַ שטאָט, פאַרטרייבן די תושבים, גייט אַוועק אַ שאָק מיט יאָרן, שטעלן זיי נאָך קשיות. נאָר גיי און פאַרשטיי וואָס טוט זיך אָפּ ביי אַ מענטשן אין האַרצן.

ר' מאַרקיל קאַמינפּאָל האָט אָפּגעשיקט אין קאַמאַי זיין תשובה. דער תמצית דערפון איז געווען אַ קורצער.

שטייען שטייט טאַקע: "ויאמר אלהים יהי אור ויהי אור. נאָר ווייטער שטייט דאָך בפירוש, אַז גאָט האָט דעם מענטשן באַשאַפן, מאַנסביל און ווייבספאַרשוין האָט ער זיי באַשאַפן, אין זעקסטן טאָג פון מעשה בראשית איז דאָס געווען, האָט ער דערויף געזאָגט, דער אייבערשטער: ויברא אלהים את האדם בצלמו בצלם אלהים ברא אותו. וואָס איז דען טייטש בצלם אלהים? זאָגט רבינו בחיי אינעם שער היחוד: מידות אלהיות, מידות אַזעלכענע ווי ביי גאָט. איז וואָס איז געדרונגען פונעם בחיי? אַז דער מענטש דאָ אויף דער וועלט איז דאָך בשר ודם, איז וואָס קען ער שוין אויפטאָן, ער קען מערניט אַ ביסעלע נאָכמאַכן דעם קדוש ברוך הוא. מאַכט ער אַ ביסעלע נאָך דעם אייבערשטן האָט ער וועלטן איינגעלייגט, ווערליק זיינע כוחות. עד כאן דער בחיי. האָט גאָט געשריבן די תורה קען אַ בר נש אָנוואַרפן אַ ספרל. די גלייכעניש, דאָס איז אַ מדרגה. גאָר אַ העכערע מדרגה איז די דערהייבונג פון גאָטס אַ קלענערע באַשאַפונג צום שטאַנד פון אַ גרעסערער באַשאַפונג. האָט דער בורא עולם באַשאַפן דעם מאור הגדול, די זון, מיטן מאור הקטן, די לבנה. האָבן זיך די בני לעוואָנעוויטש אָנגעטאָן אַ כח און מיט זייערע ליכט געמאַכט אַ נאָך קלענערע באַליכטיקונג נאָר זי האָט געקלעקט, אינאיינעם מיט דער לבנה, מ'זאָל דערביי תורה לערנען, מ'זאָל האָבן פּרנסה און לעבן זיך בשלום, מיט גאָט און מיט לייט. און פון וואַנען וויס מען אַז גאָט איז דערפון צופרידן, אַ ראיה האָט מען פון חולין, ס' עמוד ב', אַז דעם באָק האָט מען אין בית־המקדש אום ראש־חודש מקריב געווען, דאָס איז געווען אַ קרבן חטאת, ניט מער און ניט ווייניקער פון גאָט אַליין, מחמת דער אייבערשטער האָט חרטה געהאַט אַלמאַי ער האָט די לבנה קליין געמאַכט. האָט מען מעשה בראשית אין לעוואָנעוויטש פאַרשענערט. בשעת מעשה מקיים געווען ישעיה הנביאס אַ נביאות, והיה אור הלבנה כאור החמה. די ליכט פון דער לבנה וועט זיין ווי די ליכט פון דער זון. איז מה רעש?"

די תשובה האָט אויסגענומען. סיי אין קאַמאַי סיי אין לעוואָנעוויטש האָט מען גענומען ריידן אַז אַלצדינג האָט פּאַסירט כדי די תשובה זאָל געשריבן ווערן. וואָס הייסט, די בני חסידים פון מזרח מיט די בני מוסר פון מערב, זיי אַלעמען זאָל בבת־אחת איינפאַלן דווקא אין קאַמאַי אַריינפאָרן? אַז יציאת קאַמאַי זאָל גורם זיין הקמת לעוואָנעוויטש. אין די הויכע יאָרן פון ר' מאַרקיל קאַמינפּאָל, זאָל ער אַרויסלאָזן די שאלה־תשובה. דאָס איז געווען דעם אייבערשטנס אַ זאַך, בכדי מיט אַלע דריי שבטים צו לערנען, אַז ס'איז אַלצדינג באַשערט.

[*מתנגדישע מעשיות פֿון ווילנער גובערניע* (ירושלים: ירושלימער אלמאנאך, 1996), ז. 163־171]

לבנהדיק [לעוואָנעדיק] lunar, ‘moon-ish’

פליטה [פלייטע] מאכן [געמאַכט] flee, escape

דיבוק [דיבעק], דער ־ים [דיבוקים] evil possessing spirit

שופֿר [שויפֿער], דער ־ות [שויפֿרעס] shofar, ritual ram’s horn

רײַסן, דאָס (Litvak) Belorussia, Belarus

חב"דניק, דער ־עס Chabad Hasidim

חסידאַרניע, די ־ס Hasidic prayer house

דערזען דערזען glimpse, sight, notice

אַרײַנבאַראַבאַנעווען אַרײַנבאַראַבאַנעוועט drum into

אייוועך = אויער, דער ־ן ear

קדיש [קאַדעש], דער/דאָס ־ים [קאַדיישים] kaddish, mourner’s prayer

ויצמח פורקניה [וואַיאַצמעך־פורקאָנע], דער Sephardic/ Hasidic addition to kaddish

דערהערן דערהערט hear, detect, catch wind of

שהיות [שיִעס] ל"ר delays, stall

אַראָפּכאַפּן זיך אַראָפּגעכאַפּט take refuge

אשרי [אַשריי] prayer recited thrice daily

דאַווייס וויפיל who knows how many

צולייגן צוגעלייגט add, apply

צודערצו in addition, to it

דערלעבן דערלעבט live to see

שמונה־עשרה [שימענעסרע], די 18 blessings recited thrice daily

ט'זיך =האָט זיך

אויסוועבן אויסגעוועבט weave, finish weaving

כוונה [קאַוואָנע], די ־ות intention, object, intent, fervor

איבעריקנס moreover

סך־הכּל [ס(אַ)כאַקל] (in) sum/total

פיזמון [פיזמען], דער ־ים [פיזמוינים] liturgical poem, repetitive tale, rigamarole

קאָמאַנדע, די ־ס brigade, company, crew

מוסרניק [מוסערניק], דער ־עס adherent of musar movement

אַזש as far as, as much, as many as

זאַמעט, דאָס Samogitia (western Lithuania)

רשע [ראָשע], דער ־ים [רעשאָים] villain, wicked person

זיטן ל"ר morals, habits, pranks

האַלטן {געהאַלטן} שמאָל be in danger

אַ פּנים [אַפּאָנים] apparently, seemingly

אַרײַנזאָגן אַרײַנגעזאָגט put in a word, tell off

פֿון אַ גאַנץ יאָר normal, ordinary

חבֿרהניק [כעווריעניק], דער ־עס rascal

פֿאַררעכענען פֿאַררעכנט count, reckon, calculate, imagine

שבירת המידות [שווירעס־האַמידעס] method for breaking bad habits (Musar)

אַפּטייק, די ־ן pharmacy

טשוואָק, דער טשוועקעס nail

דערלאַנגען דערלאַנגט hand, serve, pass, present

אויספּײַנען זיך אויסגעפּײַנט show off, swagger

נתפּעל [ניספּאָעל] ווערן be impressed/ elated/ enthusiastic

מאַלע there is no telling/no limit to

דולעניש, דאָס ־ן bother, annoyance

אָנגעפֿאָרענער, דער אָנגעפֿאָרענע newcomer

כּבֿוד [קאָוועד], דער dignity honor, glory

אָנטשעפּען אָנגעטשעפּעט hang, hook, attach

פֿאַרפֿאַלן doomed, hopeless, lost

פֿאַרסמען [פֿאַרסאַמען] פֿאַרסמט poison

מחלוקת [מאַכלויקעס], דאָס ־ן quarrel, row, feud

פֿאַרכמאַרען פֿאַרכמאַרעט cloud, darken

עדה [איידע], די ־ות congregation

אויפֿרודערן אויפֿגערודערט stir, incite, agitate

דרשה [דראָשע], די ־ות sermon

רבותי [ראַבויסײַ] Gentlemen! [*direct address*]

ירמיהו הנביא [ייִרמיִאָהו האַנאָווי] Jeremiah the prophet

שלום שלום ואין שלום [שאָלעם ... וועיין ...] peace, peace, and no peace

דאָ'עט = דאָ וועט

כּת [קאַט], די כּיתּות [קיטעס] sect

מינהג [מינעג], דער ־ים [מינהאָגים] custom

בקבלה [בעקאַבאָלע] according to tradition

איז well, then

יוצרות [יויצרעס] ל"ר liturgical poetry recited on some sabbaths and holidays

שחרית של חול [שאַכרעס־שעל־כאָל] weekday (non-holiday) morning prayers

אָ' = אַז

אי' = איז

קלעקן געקלעקט suffice

שינאת חינם [סינעס־כינעם], די unmotivated

hatred/enmity
אָנ(עט)ווערן אָנגעווווירן lose, forfeit
בית־המקדש [בייסאַמיגדעש], דאָס/דער ־ן Jerusalem
Temple
חרוב [כאָרעוו] destroyed, ruined
אפשיטא [אַפשיטע] all the more, let alone
לא אלמן ישׂראל [לוי־אַלמען־ייסראָעל] 'Jews are not
desolate' = there is still hope
צעכאַפּן צעכאַפּט snatch up
געגליכן זײַן צו resemble
לֶךְ־לְךָ מֵאַרְצְךָ וּמִמּוֹלַדְתְּךָ 'Get thee out of the
country and from they kindred,' Gen. 12:1
יישובֿ [יישעוו], דער ־ים [יישוווים] Jewish settle-
ment, colony
אויסשטרויענען זיך אויסגעסטרויעט build for oneself
וַיָּקָם וַיֵּלֶךְ 'and he [Abraham] arose
and he went,' Gen. 22:3
מתפּלל [מיספּאַלעל], דער ־ים [מיספּאַלעלים] a
praying person
ניגון [ניגן], דער ־ים [ניגונים] melody, tune
ש'כּח'= יישר־כּוח [(יאַ)ש(ער)־קאָײַעך] thank you,
well done
פֿון וויטאָלדס יאָרן from the days of Grand Duke
Vytautas (1350-1430)
מבית [מיבאַיִס] from the house/family of
קײַלעכדיק circular, round, *here*: complete
דויערן געדויערט last, endure, take
בעלן [באַלן], דער ־ים [באַלאָנים] interested person,
volunteer
אויספֿעלן אויסגעפֿעלט be lacking
שושקען געשושקעט whisper
אל רעהו [על רעייהו] to his friend
צעדראַפּען צעדראַפּעט scratch
אָפּזידלען אָפּגעזידלט scold
דאַמאָלסט then, at that time
נאָכגיין * נאָכגעגאַנגען follow
בני ישׂראל [בנײ־ייסראָעל] ל"ר children of Israel
מידבר [מידבער], די/דער ־יות [מידבאָריעס] desert
זקן [זאָקן], דער ־ים [סקיינים] old man
שטעקן, דער ־ס/שטעקענעס cane, stick
פֿאַרבליבענער, דער פֿאַרבליבענע a person remaining
behind
אַ פֿולע many
פּויער, דער ־ים peasant, farmer
רעדל, דאָס ־עך group, small crowd
חידוש, דער/דאָס ־ים [כידושים] remarkable thing,
novelty
רוח [רועך], דער ־ות [רוכעס] devil

אײַנשפּאַרן זיך אײַנגעשפּאַרט be stubborn, persist
צפֿונדיק [צאָפֿנדיק] north(ern)
ארויפֿצוצו upwards
פֿונאַנדערבלאָזן פֿונאַנדערגעבלאָזן scatter by blowing
שפּאַרונע, די ־ס cranny, crack, crevice
בערדיש beard-
קנאָספּ, דער ־ן bud
אינדערווײַטנס in the distance
ארויפֿלייגן ארויפֿגעלייגט lay on
עלעהיי as if, as though, for instance
קאַזיריק = קאָזיראָק, דער ־עס visor
אָפּטראָגן אָפּגעטראָגן take/carry, return
קריין = קרוין, די ־ען crown
טײַטל, דער ־ען pointer
ארויפֿשטעלן ארויפֿגעשטעלט place onto
וואָגן, דער ־ס/וועגן/וועגענער cart, buggy
אָנטרײַבן אָנגעטריבן drive (ahead)
הון, די הינער hen, chicken
מישקל, דער ־ים [מישקאָלים] meter
שטריקל, דאָס ־עך rope, line
בהמה [בעהיימע], די ־ות cow, beast
זאַמדיק sandy
קנויל, דער ־ן cluster, lump; *here*: cloud
אומרויִק uneasy, restless, troubled
צעבלאָזן צעבלאָזן scatter by blowing
פֿון דור־דורות [דאָר־דוירעס] since generations
קאַטאָוועס, דער/דאָס jest
שילטן געשאָלטן curse
חלבֿנה [כיילעוונע] of tallow
וואַקסן of wax
שבתדיק [שאַבעסדיק] for the sabbath
הבֿדלה [האַוודאָלע], די ־ות sabbath-ending rite
דינגען געדונגען hire, rent, lease
ים־סוף [יאַם־סאָף], דער Red Sea
אויף וואָס די וועלט שטייט galore, with might and
main
באַפֿאַרבט dyed, colored
רעכענען זיך גערעכנט count, heed, reckon with
בין, די ־ען bee
האָדעווען געהאָדעוועט keep, raise, breed, cultivate
מכּה [מאַקע], די ־ות plague
פּרעה [פּאַרע], דער ־ס Pharoah
אונטערוועגנס on the way/road
האָדעוואַניע, די ־ס (equipment for)
breeding, keeping
קעסטל, דאָס ־עך box, chest
שטײַג, די ־ן cage
בינשטאָק, דער ־ן hive

שטיבעלע, דאָס ־ך	chamber, dwelling
מעקען געמעקעט	bleat
הירזשען געהירזשעט	neigh, whinny
זשומזשען געזשומזשעט	buzz
אייר [איער], דער	Iyar, 8th Jewish month
פֿאַרשרײַבן פֿאַרשריבן	record, register
פנקס [פּינקעס], דער ־ים [פּינקייסים]	book of records
יציאה [יעציע], די	exodus
בײַטאָגעדיק	daytime-, by day
שטערנװײַזער, דער ־ס	star-finder, star-guide
אויפֿקלאַפּן אויפֿגעקלאַפּט	bang up
נאַכטלעגער, דער/דאָס ־ס	night's lodging
אַפֿריִער	in advance, beforehand
אַלעקסאַנדראָװסקע בולװאַר	*now*: Algirdo gatvė
װערדע, די ־ס	worth, value
דערקריכן דערקראָכן	crawl/creep up to
ביזקל	to, until
װינקל, דער ־־ען	angle, corner
ארץ זבת חלב ודבש	a land flowing with milk and honey [*Hebr.*]
שיער ניט	almost, nearly
שקיעה [שקִיע], די ־ות	sunset
לבֿנה [לעװאָנע], די ־ות	moon
פֿאַרמעסטן זיך פֿאַרמאָסטן	compete, vie
שוכן עפֿר [שױכן־אָפֿער], דער שוכני־עפֿר [שאָכנײ־]	'dweller in the ground' = dead person
מחנה [מאַכנע], די ־ות	camp
מכריז [מאַכרעז] זײַן	proclaim
בשורה טובה [פּסורע־טױװע], די ־ות	good news
ישובֿ, [יישעװ], דער ־ים [יישוּװים]	settlement
אויסטרויע(נע)ן אויסגעטרויע(נע)ט	build
פּלישתּי [פּלישטי], דער ־ם	Philistine
אַראָפּלאָזן אַראָפּגעלאָזט	bring/let down
ריזן	giant-
אויסקלײַבן אויסגעקליבן	choose, select
אַראָפּשײלן אַראָפּגעשײלט	peel
קאָרע, די ־ס	bark
אָפּטעסען אָפּגעטעסעט	square/hew off
פֿלאַך	flat, even
ברעג, דער ־ן/־עס	edge, border
אַרױפֿשטעלן אַרױפֿגעשטעלט	place on
אָנציִען אָנגעצױגן	tighten
אָנשמירן אָנגעשמירט	smear, mark
האָלעװעשקע, די ־ס	cinder, ash
סימן [סימען], דער ־ים [סימאָנים]	sign, mark
אײַנשנײַדן אײַנגעשניטן	cut into
זעג, די ־ן	saw
מקום [מאָקעם], דער/דאָס ־ות [מעקױמעס]	place, locale
כּרך [קראַך], דער ־ן	metropolis, big city
עשׂו [אײסעװ]	Esau
סטאַנציע, די ־ס	station, lodging
אװעקלאָזן זיך אװעקגעלאָזט	set out (on a trip)
אָנגרײטן אָנגעגרײט	prepared
כּנען [קנאַאַן], דאָס	Canaan
געװעלטיקן געװעלטיקט	dominate, rule
װאָלף, דער װעלף	wolf
פֿוקס, דער ־ן(/פֿיקס)	fox
הױלן געהױלט	howl; *here*: hoot
סאָװע, די ־ס	owl
פּראַכטפֿול	splendid, gorgeous
שם [שעם], דער	reputation, prestige, renown
פֿלאַם־פֿײַערדיק	fiery, blazing
טױגן געטױגט	be fit/adequate
קלאָגן געקלאָגט	complain, lament
באַטראַכטן באַטראַכט	look/gaze at, consider
אײַנזען אײַנגעזען	realize, have insight into
גופֿא [גופֿע]	proper, ___self
אָפּשפּיגלונג, די ־ען	reflection
פּראַכט, דיר	splendor, magnificence
שטעקן געשטעקט	is inherent in, resides in
כּמות שהיא [קאָמעס־שעהי]	such as it is, to the extent that it exists
װאָסאמאָל מער	always more
קבלה [קאַבאָלע], די ־ות	Cabbalah
נהורא זעירא [נעהױרע־זעײרע]	'tender light'
ליכטציִער, דער ־ס(/ –)	candle-dipper/maker
װאַכן געװאַכט	stay awake, keep a vigil
קירצן זיך געקירצט	shorten
כאַפּן זיך געכאַפּט	discover, realize
צונױפֿפֿלעכטן זיך צונױפֿגעפֿלאָכטן	braid, entwine
פּסקענען [פּאַסקענען] געפּסקנט	judge, rule, decide
כּשורה [קעשורע]	proper, as it should be
מה־דאָך [מאַדעך]	if (even)
בזמנה [ביזמאַנאָ]	in its proper/assigned time
זונאױפֿגאַנג, דער ־ען	sunrise
מינחה [מינכע], די	afternoon prayer
מעת־לעת [מעסלעס], דער/דאָס ־ן	24-hour period
אויסװאַכן אויסגעװאַכט	stay awake
אויסשלאָפֿן זיך אויסגעשלאָפֿן	get enough sleep
אויסמישן איך אויסגעמישט	mix (up)
יד־אחת [יאַדאַכעס], דער ־ן	agreement, partnership
ליאַדער, דער ־ס	someone from Liadi (*here*: Shneur Zalmen, founder of Chabad)

סאלאַנטער, דער ־ס someone from Salant (*here*: Israel Salanter, founder of Musar movement

שיטה [שיטע], די ־ות doctrine, system, method

חידושן [כידעשן] זיך געחידושט be surprised, wonder

איוסלעבן זיך אויסגעלעבט live to a good age/ the end

מהיכא תּיתי [מעכטייסע] alright, with pleasure

איבעריקנס incidentally

עסק [אייסעק], דער/דאָס ־ים [אַסאָקים] business, concern

מאָדנע strange, queer

דיין [דײַען], דער ־ים [דאַיאָנים] rabbi's assistant

אָנבעמען {אָנגענומען} זיך אַ/מיט מוט pluck up one's courage

שאלה [שײלע], די ־ות question (concerning ritual purity)

היפּוכו של עולם [הייפּויכע־שעל־אוילעם] overturning of the world

דרדקי־חדר [דאַרדעקע־כיידער], דער/דאָס ־ים [־כאַדאָרים] school for the youngest children

וַיַּרְא אֱלֹהִים אֶת־הָאוֹר, כִּי־טוֹב; וַיַּבְדֵּל אֱלֹהִים, בֵּין הָאוֹר וּבֵין הַחֹשֶׁךְ.

'And God saw the light, that it was good; and God divided the light from the darkness,' Gen 1:4.

גרייסן {געגרייסט} זיך מיט boast of/pride oneself on

תּנא־קמא [טאַנע־קאַמע], דער ־ס earliest Mishnaic authorities

הירש, דער ־ן stag

סדר עולם [סעדער־אוילעם], דער order of the world

קאַפּויער topsy-turvy

מחיה [מעכײַע] זײַן refresh, delight

בשלום [בעשאָלעם] in peace

מחוצף [מעכוצעף], דער ־ים [מעכוצאָפים] impertinent person

תּושבֿ [טוישעוו], דער ־ים [טוישאָווים] resident, inhabitant

שאָק, דער/דאָס – sixty, very many

קשיא [קאַשע], ־ות questions

תּשובֿה [טשוווע], די ־ות answer, reply, response

תּמצית [טאַמצעס], דער/דאָס ־ים [טאַמציייסים] essence, gist

ויאמר אֱלֹהִים, יְהִי אוֹר; וַיְהִי־אוֹר. And God said 'Let there be light, and there was light,' Gen. 1:3

בפירוש [בעפּיירעש] explicitly, clearly

באשאַפֿן באַשאַפֿן create

מאַנסביל, דער ־ן male

ווייבספּאַרשוין, דער ־ען female

מעשׂה בראשית [מייסע־ברײשעס], די מעשׂי־ [מייסע־] creation of the world

אייבערשטער, דער almighty

וַיִּבְרָא אֱלֹהִים אֶת־הָאָדָם בְּצַלְמוֹ, בְּצֶלֶם אֱלֹהִים בָּרָא אֹתוֹ: זָכָר וּנְקֵבָה, בָּרָא אֹתָם.

'And God created man in His own image, in the image of God created He him; male and female created He them,' Gen 1:27

בצלם אלהים [בעציילעם־עלויהים] in God's image

בחיי [בעכײַ] Rabeynu Bechai (Bachia)

שער היחוד [שאַער־האַייכעד] tower of seclusion/unity

מידות אלהיות, מידות [מידעס־עלאָהיִוס־מידעס] customs/characteristics as of God

דרינגען געדרונגען argue, claim

בשׂר ודם [באָסערוועדאָם], דער ־ס human, mortal

קדוש ברוך הוא [קאָדעש־באָרכו] the Holy One, blessed be He

וועדליק according to, considering

כּוח [קויעך], דער ־ות [קויכעס] force, strength, power

עד כּאן [אַדקאָן] up to there

בר־נש [באַרנאַש], דער ־ן human being

אָנוואַרפֿן אָנגעוואָרפֿן sketch out, outline

גלײַכעניש, די ־ן comparison, simile, parable

מדרגה [מאַדרייגע], די ־ות degree, level, extent, grade

דערהייבונג, די ־ען exaltation, elevation

בורא עולם [בוירע־אוילעם], דער Creator of the world

מאור הגדול [מאָער־האַגאָדל], דער the large light

מאור הקטן [מאָער־האַקאָטן], דער the small light

בני [בניי] people of

אָנטאָן {אָנגעטאָן} זיך אַ כּוח take pains, force oneself

באַליכטיקונג, די ־ען light, illumination

פּרנסה [פּאַרנאָסע], די ־ות living, livelihood

צופֿרידן content, satisfied

ראיה [רײַע], די ־ות piece of evidence

חולין [כולין] Talmudic tractate

עמוד [אָמעד], דער ־ים [אַמודים] column

באָק, דער בעק he-goat

מקריבֿ [מאַקרעוו] זײַן sacrifice

מה רעש [מאראש] what's the problem
אויסנעמען אויסגענומען be a success, make a hit
בבֿת־אחת [בעוואס־אכעס] suddenly, at one time
אײַנפֿאַלן * אײַנגעפֿאַלן *here*: come together
גורם [גוירעם] זײַן cause, give rise to, effect
הקמת [האקאמאס] the rise/building of
ארויסלאָזן ארויסגעלאָזט issue, publish
שאלה־תּשובה [שײַלע־טשווע] = שאלות־(ו)תּשובֿות [שײַלעס־(או)טשוועס], די published responsa
בכדי [ביכדיי] with the goal/purpose
שבֿט [שייוועט], דער ־ים [שוואָטים] tribe
גובערניע, די ־ס governmental district (Russia)

קרבן חטאת [קאָרבם־כאטעס] sin offering
מחמת [מאכמעס] because of
חרטה [כאראָטע] האָבן regret, repent
אלמאַי [אלעמײַ] why, why then
בשעת מעשה [בעשאס־מײַסע] at the time when it happened
מקיים [מעקײַעם] זײַן fulfill, implement, execute
ישעיה הנבֿיא [יעשײַע־האנאָווי] Isaiah the prophet
נבֿיאות [נעוויִעס], דאָס prophesy
והיה אור הלבנה כאור החמה [וועהאָיע אָר האלעוואָנע קעאָר האכאמא] and the light of the moon was as the light of the sun [quasi-Genesis style]